U0443048

天喜文化

从声音到文字，分享人类语言

沉没的甲午

北洋悲歌与晚清大败局

The Sino-Japanese War

1894—1895

陈悦 著

天地出版社 | TIANDI PRESS

图书在版编目（CIP）数据

沉没的甲午：北洋悲歌与晚清大败局 / 陈悦著.
成都：天地出版社，2024.9 -- ISBN 978-7-5455-8469-1

Ⅰ.K256.307

中国国家版本馆 CIP 数据核字第 2024BF1685 号

CHENMO DE JIAWU：BEIYANG BEIGE YU WANQING DABAIJU

沉没的甲午：北洋悲歌与晚清大败局

出品人	陈小雨 杨 政
作 者	陈 悦
责任编辑	魏姗姗
责任校对	曾孝莉
装帧设计	水玉银文化
责任印制	王学锋
出版发行	天地出版社 （成都市锦江区三色路238号 邮政编码：610023） （北京市方庄芳群园3区3号 邮政编码：100078）
网 址	http://www.tiandiph.com
电子邮箱	tianditg@163.com
经 销	新华文轩出版传媒股份有限公司
印 刷	北京文昌阁彩色印刷有限责任公司
版 次	2024年9月第1版
印 次	2024年12月第3次印刷
开 本	880mm×1230mm 1/32
印 张	22.25
字 数	495千字
定 价	108.00元
书 号	ISBN 978-7-5455-8469-1

版权所有◆违者必究

咨询电话：(028)86361282（总编室）
购书热线：(010)67693207（营销中心）

如有印装错误，请与本社联系调换

自　序

2024年是甲午战争爆发130周年，《沉没的甲午》在此时出版增订本，是对历史的回望和铭记。

本书初版于十多年前的2010年，追溯起来，当时的写作来自一个非常偶然的缘故。

20世纪30年代中期，国民政府参谋本部第二厅第六处参考日本参谋本部在甲午战争后编纂的《日清战史》，学习其体例，引用其内容，又根据中方档案史料研究、核校，编出了一部短小精悍的《甲午中日战争纪要》。因是军方机构所编，该书内容简明、扼要，通篇充斥军事用语、地理名词、时间、数字，绝少文学修饰，是甲午战争后中国官方编订的第一部甲午战争史。2009年，凤凰出版社编辑刘晓燕在图书馆看到了这部书，觉得其内容很有价值，形式十分特别，但距今日久，其过于"干涩"的内容显然无法适应现代人的阅读习惯，于是萌生了新作一部类似甲午战争史著的念头。当年夏天，我接到这一特殊的约稿，几乎不假思索便承允下来。8月18日确定了全书框架，而后按约在9月20日、10月10日、10月30日、11月15日分四次交齐全部书稿，《沉没的甲午》初版就这样在2010年的2月面世。回想过往，面对如此宏大的题目和严苛的写作时间要求，之所以敢于应承，我的信心或是源自对甲午战争历史研究的由衷热爱。

甲午战争是中华民族的锥心之痛。1840年第一次鸦片战争爆发后，中华民族开始探寻自强之道，推进洋务近代化事业，于磕磕绊绊中挣扎前行，希冀求强求富。然而明治维新后迅速崛起的日本，施行侵略扩张国策，截断了清王朝徐图自强的通路，清王朝数十年近代化建设的心血，随着甲午战争失败，被摧残殆尽，甲午战争由此具有了类似命运分水岭般的地位。战争之前，中国社会普遍的自我认识是"天朝上国"，而战争惨败后，尤其是败于原本落后但后来居上的日本后，这才突然发觉中国早已身处即将"亡国灭种"的危险境地，这种在全社会造成的震惊、痛苦令人难以忍受，正如梁启超所说，唤醒了千年大梦。不仅中国，甲午战争之后的很长时间里，日本、朝鲜在近代的命运，实际也都受到这场战争结果的影响，这使得甲午战争有着超出战争本身的重要意义，研究甲午战争也具有关注历史与现实的双重意义。

因何而败？责任者是谁？教训是什么？这些围绕甲午战争而起的一个又一个问题，是一代代中国人常说常新的历史话题，直至21世纪的今天，这些历史之问仍然在回响。每每发生一些社会现象，人们便会习惯性地想到甲午战争、北洋海军，以史为鉴。

也由此，本书原本应当是类似《甲午中日战争纪要》那般的著作，即围绕甲午战争中的各场海陆战役，分章节简单扼要地介绍其始末经过。而在实际的写作中，我长期研究积累的有关甲午战争的新观点、新成果以及新材料，无可抑制地涌动出来，本书就变成一次对甲午战争历史面目的大曝光，最终折射出的就是我对甲午战争战败原因的思考。

　　本书以甲午战争的时间顺序为总脉络,具体则分为独立成篇的章进行论述,用类似史话的笔法,以求可读。书中各章不仅涉及著名的战役,也公开剖析诸如战争中的反间谍行动等一系列特殊事件,还写及盛军统领卫汝贵、盛星怀等特殊人物。篇章中多有完全不同于既往甲午战争研究论断的观点,通过解读史料的方法,破除传统的"好人""坏人"脸谱式的历史表述和总结归纳,用更客观的观察和更立体的分析,将甲午战争战败的深层原因揭示出来,揭露清王朝在这场战争中必然失败的残酷现实。我希望通过这样对历史进行剖析,反映出甲午战争时的中国已九州沉沦、万马齐喑,以及这场战争的战败是一个国家全方位的总体失败。也由此,本书定名为"沉没的甲午"。

　　本书出版后,由于视角特别,且援引大量首次公布的史料为依据,引起了广泛关注和讨论,书中的一些发现、观点,在客观上对甲午战争历史研究的发展起到一定的推动作用。令人欣慰的是,本书初版后,书中关于甲午战争的基本认识不断得到认可和加强。十余年时间里,中国的甲午战争历史研究继续快速发展,取得了很多重要的学术成果,尤其是在田野调查、海外史料挖掘等方面有了更多宝贵的收获,这也使得《沉没的甲午》具备了进一步扩充的基础和必要性。

　　2014年前后,我首先开始对《沉没的甲午》书中的各篇文章进行修订、增删,补充新的史料,修正偏颇之处。在此基础上,2022年,根据新发现的史料、研究成果,我增写了一些篇章,如北洋海军主力停留旅顺经过、怀字军兴亡等。时值甲午战争130周年之际,天喜文化及天地出版社再版此书。本次增订版的章节数量增加至二十七章，较初版有了大幅的扩充，内容的涵盖上更趋广泛，有助于让读者更全面、深刻地反省那场影响了近代中国命运的战争，思考那次前车之鉴。

本书在修订、增写的过程中，一如既往，得到了朋友、同好的热情帮助。王鹤先生从日本防卫省防卫史料研究所帮我找出甲午战争中清军档案等诸多一手材料；崔永元先生多年来始终致力于从日本搜集甲午战争日方史料，此次也无私地提供了大量这类史料；重庆的研究者刘致先生在2014年后自费前往辽东，对沈阳至营口、丹东一线的甲午古战场进行了细致的田野调查；大连的刘勇先生长期对大连、旅顺一带甲午古战场进行田野调查；威海的高洪超、李湘鹏先生也长期对甲午威海战场进行田野调查……他们的研究成果使本书获益颇丰，在此一并致以由衷的感谢！同时也想借助本书，向坚守甲午战争史研究的研究者们，以及关注这段历史的朋友们致敬！

陈悦
2024年2月于福州

目 录

导　言　俯瞰甲午
　　　　——甲午战争全景概述 //001

第一章　"驱虎吞狼"
　　　　——李鸿章朝鲜战略大败局 //049

第二章　朝鲜"太上皇"
　　　　——甲午战争爆发前后的袁世凯 //074

第三章　天朝上国的家底
　　　　——甲午战争前的中国军力 //102

第四章　逃军的谎言
　　　　——丰岛海战迷雾 //122

第五章　上将星沉
　　　　——奉军统领左宝贵殉国始末 //143

第六章　兵败后勤
　　　　——平壤失守的幕后 //162

第七章　将军倒在战场之外
　　——卫汝贵之死 //181

第八章　星落平壤
　　——盛星怀之死 //213

第九章　失落的亚洲第一
　　——甲午战争前的北洋海军 //228

第十章　北洋海军的"洋教头"
　　——琅威理来去记 //258

第十一章　海战谜团
　　——黄海大东沟海战与邓世昌之死 //276

第十二章　洋烈士
　　——甲午战争中的北洋海军洋员 //310

第十三章　聪明误
　　——方伯谦其人其事 //331

第十四章　昆明换渤海
　　——慈禧挪用海军经费的真相 //352

第十五章　谍战
　　——甲午战争中的日谍大案 //364

第十六章　"避战不出"
　　——北洋海军主力停留旅顺经过 //391

第十七章　大连湾失守"罪魁"
　　——怀字军兴亡 //422

目 录

第十八章　远东直布罗陀的陷落
　　　　　　——甲午战争中的旅顺之战 //448

第十九章　后路屏障
　　　　　　——李秉衡征东 //472

第二十章　血染炮台
　　　　　　——威海卫的陷落 //495

第二十一章　悲壮的航迹
　　　　　　——"定远"号铁甲舰最后的战斗 //520

第二十二章　海殇
　　　　　　——丁汝昌之死 //534

第二十三章　冤抑与黑化
　　　　　　——北洋海军的污名 //565

第二十四章　出塞
　　　　　　——湘军悲歌 //575

第二十五章　泣血春帆楼
　　　　　　——李鸿章马关议和始末 //606

第二十六章　瀛海偕亡
　　　　　　——保台记 //631

第二十七章　不负少年头
　　　　　　——孙帝象和兴中会 //660

余　音　遥望家园
　　　　　　——日本的甲午战争清军战俘墓 //670

附录 1　甲午战争大事记 //685

附录 2　中日陆军将领一览表 //696

附录 3　中日海军将领一览表 //698

出版后记 //700

导言　俯瞰甲午
——甲午战争全景概述

远　因

公元1894年至1895年，东亚爆发了震惊世界的战争，由日本侵略朝鲜、中国而挑起的这场战争，战火波及朝鲜半岛和中国的辽东半岛、辽河平原、山东半岛、澎湖列岛以及台湾岛。因为战争爆发的1894年是中国农历的甲午年，这场战争在中国约定俗成的称法是甲午战争、中日甲午战争等，在战争爆发的当时，中国社会曾称这场战争为中东战争[①]、中倭战役等。在日本，因为战争持续的1894年和1895年是日本年号中的明治二十七年和二十八年，日本战后即将这场战争称为廿七八年战役、廿七八年日清战争等，在战争爆发当时，日本还有称其为日清战争、清日战争、征清战役的情况。站在西方世界的角度，1894年至1895年发生的中日战争，是他们所认知的中、日两国间的第一次全面战争，于是西方将这场战争命名为 The First Sino-Japanese War（第一次中日战争），此后1931年至1945年日本发动的侵华战争则被西方世界依序称为 The Second Sino-Japanese War（第二次中日战争）。

---

① "东"代指日本。

甲午战争直接影响了东亚中、日、朝三个国家在近代的命运。在中国，这场战争和中国此前遭遇过的外敌入侵都有所不同，战争对近代中国的命运产生了极为特别的影响，成为将近代中国社会从蒙昧麻木中惊醒的一声警钟，是近代中国国家和民族命运的重要转折点、分水岭。遭遇日本突然发起的侵略，腐朽没落的清王朝惊慌失措，指挥调度招招落后、处处被动，最后落得全方位的彻底失败，其战败的惨痛程度在中国历史上前所未有，战败后中国所遭遇的列强勒索欺凌更是空前酷烈。这次战争使中国人从曾经自诩的天朝大国人彻底变成了"东亚病夫"，坠入痛苦黑暗的深渊，也使中国人开始思索应该如何应对世界潮流、如何挽救国家的命运。

这场战争的挑起国日本以及被卷入这场战争的朝鲜，其国家、民族命运也都因为这场战争而发生了巨大的变化。取得甲午战争侵略胜利的日本得意自大，视侵略为国家崛起、发展之道，利用勒索得到的战争赔款疯狂扩军，此后彻底走上了军国主义侵略扩张的不归之途。处在中、日两国之间的朝鲜李氏王朝，则在这场战争后从原本的中国藩属国变成了被日本玩弄的傀儡，进而在1910年彻底被日本吞并，遭遇亡国的悲惨命运。

这场影响了东亚三国近代命运的战争因何而爆发？其历史的远因可以上溯到战争爆发的近百年之前。

从甲午战争向前回退百年时光，正值18世纪的末叶，当时英国发生了一项革命性的科技巨变，实用型蒸汽机在英国走上了历史舞台。其所迸发出的惊人能力随即得到重视和广泛运用，开启了以机器力代替自然力的历史性变革。这场改变人类社会生产、生活方式的变化，被后世称作工业革命，人类世界从此迈步走向通往未来的近代化（The Modern Theory，又可译为现代化）之路。当喧闹的工业革命在遥远的欧洲凯歌高进时，身处高山大漠和瀚海环绕中的东亚世界，因为自然地理条件的界隔，依然还处在千年不变的旧有文化环境和生产、生活方式中，对万里之外发生的霹雳惊雷般的变化几乎一无所知。直到西方世界因为生产力的极大发展，为了扩大商贸，攫取资源以及拓展政治、军事和殖民利益，实施全球性的势力扩张，开始全面闯入东亚时，中国、日本以及朝鲜这才先后感受到了咄咄逼人的西力东渐大潮，感受到了自身正处在"数千年未有之大变局"中。①

在工业革命大潮袭来之前，东亚世界生活在自我、独特的文化环境中，维持着流传千年的国家秩序、生活方式、道德标准和行为准则。当一个强大的西洋世界从原本被东方认为属于不可知的地球的那一端气势汹汹地出现在眼前时，原有的以中华为世界中心的传统天下观面临崩塌的危机。遭遇这种江河倒悬式的巨变，习惯了东方世界秩序法则的中、日、朝三国面对着艰难和苦涩的应变选择，三个国家面对世界大变局所采取的不同应变态度和措施，渐渐埋下了未来甲午战争的导火索。

19世纪来临时，中国处在清王朝统治下，对外部世界主要采取封闭政策，本国的政治、经济、文化、军事等制度基本沿袭清王朝开国以来的大致模式。当时的中国身为东亚世界的传统领袖，自认为是天下的中央之国，骄傲自大。1840年，英国为了彻底打开中国的通商门户，从海上而来，发动了第一次鸦片战争。面对英军的坚船利炮，装备落后、制度陈旧的清王朝水陆军队完全不堪一击，万

---

① 《筹议海防折》，《李鸿章全集》6，安徽教育出版社2008年版，第159页。

里海疆陷入失防的境地，最终被迫在南京和英国签订了中国近代史上第一个不平等条约《南京条约》，割地赔款，开放通商口岸。近代中国通过屈辱惨痛的经历，感知了外部世界正在发生的重大变化。然而面对这一巨变，清王朝朝野并没有太多人去思考和探寻自身落后失败的原因，甚至并不愿意去承认中国已经落后于西方。战争结束之后，危机感渐渐散去，整个国家又恢复到酣睡的故态。此后到了1856年，第二次鸦片战争的烽烟再起，英法联军不仅侵袭东南沿海，甚至北上攻陷了首都北京，焚掠皇家园林圆明园，酿成清王朝诞生以来前所未遇的大劫难。在此之后，国内外出现巨大压力，皇朝面临统治危机，清王朝中央和地方的一些开明派官员为了救亡图存，开始正视当时中国和西方已然存在的差距，尝试学习西法进行自强，启动了中国的近代化运动，即后世所称的洋务运动，又称自强运动。

第一次鸦片战争使得古老的中国深刻感受到世界正在发生变化

由于中国数千年悠久文化所积累的自负以及清王朝主事者们的目光局限,在当时,国人所认识到的中西差距仅仅聚焦至军事层面上,即他们认为中国的落后只在军事、器物方面,只需要设法改变这一点,便能使中国不再受西方的打扰。这类似于只想从西方搬来一扇坚实的近代化大门,让自己的藩篱重新巩固,从而可以继续关上门不再与外界接触,实际并没有兴趣去真正地改变自身。

在这样的认识导引下,19世纪60年代开始出现的洋务运动虽然表面看起来仿佛是一场近代化改革,实则只是小范围的军事近代化运动,其基本的出发点和目标并不是想要改造中国传统的文化和国家社会制度以适应近代化,而是希望巩固国家的疆土和皇朝的统治。其具体的手段方法,则是根据第一次鸦片战争、第二次鸦片战争中战场上的实践经验,选择学习、引进西方的先进军事装备,实现国防的自强,尤其是海防的自强。

1866年,闽浙总督左宗棠在福州马尾开创综合性的海防近代化机构船政,彻底拉开了洋务运动的大幕。此后,建造和购买近代化的蒸汽动力军舰、钢铁枪炮,编练近代化的舰队,成为洋务运动最主要的内容。与此同步,中国社会上也出现了诸如官办采矿、铺设铁路、架设电报线以及官督商办轮船航运等近代化事业,但是究其本质,大多都是因为军事近代化的需要而开展的配套设施。除一味着手军事近代化、海防近代化,导致中国的近代化存在畸形的缺陷外,清政府开展的洋务运动还存在一些严重的弊端和隐患,个中最为严重的就是缺乏顶层设计和全盘战略。洋务运动虽然得到清王朝中央的部分政治人物支持,但主要仍是由地方的总督、巡抚等官员推动建设,并没有来自国家层面的统筹布局,其建设内容、实施办法，多由各地自我筹谋，而各省份之间又常常囿于地域、政治派系之别，不通声息，互相提防，缺乏相互的协调与配合，堕入各自重复建设的怪圈，甚至为了争夺有限的国家资源支持，互相攻讦排挤，总体上呈现出一盘散沙、各自为政的态势。

位于日本久里滨的佩里登陆纪念碑（陈悦摄）

和中国同处于中华文化圈的日本，在19世纪到来时只是东亚的一个落后小国，其内部实际处在德川幕府政权的统治之下——幕府将军挟天子以令诸侯，天皇只是被幕府玩弄的傀儡。德川幕府在对外政策的选择上和中国清王朝采取的措施相似，即实施锁国政策，封闭保守。当中英第一次鸦片战争发生后，德川幕府大为震惊，开始认真思考东亚老大帝国——中国失败的原因，检讨自身的对外国策。1853年，美国海军舰队到达日本江户湾，以军事恫吓要求日本开放通商时，德川幕府选择了主动打开国门，和美国签订不平等条约，向美国开放通商口岸。此事史称"黑船事件"，后来被日本视作其近代"开国"的起始。

幕府政权的开国政策，随后换来了西方列强纷至沓来、勒索利益的一系列不平等条约，日本中下级武士乃至平民百姓对此感到不解和愤怒，产生了强烈的反感情绪。因不满幕府的对外开放政策，萨摩、长州、土佐、肥前等日本西南强藩联合发起"尊王攘夷"行动，旨在通过拥戴天皇，打击与西洋勾结的幕府分子，重新实施强硬的锁国排外政策，希望以此改变遭西洋欺凌的命运。然而这样的举动立刻遭遇西方列强当头棒喝式的报复：1863年，英国舰队炮轰鹿儿岛挑起萨英战争，日本萨摩藩被击败；1864年，英、法、美、荷四国联军发动下关战争，日本长州藩大败。两大强藩先后败在西方列强手下，引起日本全社会震惊。原本"尊王攘夷"的强藩开始意识到世界大势的变化，最终决定改弦易辙，变保守锁国为彻底学习西方，开始了拥戴天皇，推翻幕府，同时实行彻底的西化改革来实现"富国强兵"目标的运动。

1867年，长期充当幕府傀儡的日本孝明天皇去世，萨摩、长州等藩抓住良机，借着拥戴新君睦仁即位的机会向幕府政权全面宣战。1868年，日本取《易传·说卦传》中"圣人南面而听天下，向明而治"的典故，改年号为"明治"，同时将全面近代化作为日本的国策，日本从此进入了西化革新的明治时代，日本的近代化运动又称"明治维新"。和清政府洋务运动的目标不同，日本的明治维新不仅仅着力于建设近代化的军队，还包括对社会各方面的近代化革命。小到人民的发式、衣着、一日三餐、生活习惯，大到日本政府的组成模式、日本社会的思想和教育、民众的国家意识，无一不在学习西方进行近代化的变革。在举国近代化开始后，日本政府开始思考日本如何迅速富强，参考西方列强侵略、欺压落后国家和民族的手段，萌生了通过向外侵略、扩张让国家快速崛起的恶念。日本由此从一个东亚落后国家渐渐露出了快速近代化的蓬勃朝气，同时也流露出了腾腾杀气。

在中国和日本之间，位于东亚大陆桥头堡位置的朝鲜半岛，在19世纪来临时处在李氏王朝的统治下。自明代以来，朝鲜长期是中国的传统藩属国，向清王朝称臣纳贡。当近代化的大潮拍打着东亚海岸时，朝鲜并没有做出类似中国和日本那样的避害反应，而是置身于宗主国中国的羽翼之下昏昏酣睡。

当时的朝鲜王朝国内政局动荡不安，李氏王朝开国后对内采取特权阶层统治，由两班（"两班"原意是官员觐见时分成的文、武两班，后代指朝鲜的官员阶层）贵族专权。随着这一阶层的不断繁衍，19世纪60年代，两班贵族及其家庭的人口数量几乎占到朝鲜人口总数的六成以上，实际控制着朝鲜的地方各级政权，实施黑暗残酷的压榨统治。占人口少数的平民不仅地位低下，而且要负担养活官员阶层和王室的重责，苦不堪言，成为朝鲜国内政局的重要不稳定因素。在两班阶层之外，朝鲜王朝还面临着一个严重的潜在危机。1863年，朝鲜哲宗去世，因为无嗣，经大王大妃（类似中国的皇太后）决定，选兴宣君李昰应的儿子李熙继位，是为朝鲜

朝鲜高宗李熙

高宗。在李熙成年大婚之前，由大王大妃垂帘听政，李熙生父李昰应作为大院君襄赞国事。1866年，李熙大婚，娶闵氏为妃，大王大妃遂宣布撤帘，但是其生父大院君仍然把持朝政大权。而后性格懦弱的李熙被闵妃左右，闵姓外戚集团开始占据政府高位，并在1873年发动政变将大院君逐出汉城，此后朝鲜王廷便陷入了公媳争权的乱局。

朝鲜半岛连接着东亚大陆，又和海中的日本列岛隔岸相望，战略位置极其重要，中国明末时期，日本枭雄丰臣秀吉为称霸东亚发动侵略战争时，就以朝鲜半岛为登上大陆的跳板。身处如此紧要的地缘位置的国家，国力孱弱，国内政局不安，难免会给抱着侵略扩张野心的外来者以可乘之机。

面对世界近代化大潮，中、日、朝三国所选择的不同的应对态度，直接决定了各自的命运，也为甲午战争的爆发埋下了伏笔。

近代中日两国的博弈

在历史长河中，每一个时代有每一个时代的世界行为法则，有每一个时代的道德观、价值观。19世纪的世界，是一个西方帝国主义列强占据着世界话语权的残酷丛林世界，很多在后世看来属于欺凌弱小的野蛮强盗行径，在当时却是列强之间通行的残忍处世之道。那是一个在不违反主要列强利益的前提下，侵略弱小国家和民族不会遭到谴责，而畏缩保守会变成他人鱼肉的暴力蛮横的野蛮生长时代，生存危机感强烈的日本对此的领悟远早于衣食无忧的中国。

幕府末年，目睹西方列强通过扩张海外殖民地快速崛起的现实，一些日本思想家就提出了具有浓厚扩张主义色彩的"海外雄飞"等理论，认为日本应当学习英、法等西方列强的"成功模式"，趁着东亚势力范围尚未被列强划分干净的时机，迅速向海外扩张，吞并朝鲜和中国，实现日本的崛起，跻身列强之林，彻底摆脱被西方列强奴役的命运。其中被誉为日本明治维新精神领袖和理论奠基人的思想家吉田松阴对这一观点曾有十分露骨的解释：他认为日本对欧洲列强应该"严守国境，厉行条约"，"断不可毁约以失信夷狄"，实行唯命是从的韬光养晦政策；而对待同处在东亚，尚未近代化的中国、朝鲜等邻国，则应采取毫不留情的侵略并吞政策，"征服易取之朝鲜、满洲、中国"，通过掠夺落后的邻邦来壮大日本的国力，以待未来和西洋列强相争高下。

日本美术作品：1873年，日本明治政府讨论对朝鲜战略"征韩论"

明治维新开始后，随着自身国家近代化的不断推进，日本自觉国力和近代化程度已经日益超越中国等东亚邻邦，便开始将侵略落后国家和民族以实现自身自强的策略上升为国策，并跃跃欲试。在日本近代化蒸蒸日上时，面对国家未来之路的选择，日本著名思想家福泽谕吉曾有过这样一段话:"我国不可犹豫,与其坐待邻邦之进步而与之共同复兴东亚,不如脱其行伍,而与西洋各文明国家共进退。对待支那、朝鲜之办法,不必因其邻邦而稍有顾虑,只能按西洋人对待此类国家之办法对待之。"①

这样的观点其实正是日本后来挑起甲午战争的思想原点:古老的东亚世界在西方列强侵略下岌岌可危,如何才能不变成列强下一个目标?中国选择了封闭保守,不惹是生非,日本则选择蚕食同类以壮大自身。

1874年,因为对中国属国琉球和中国领土台湾的觊觎,日本凭借建设小有所成的海陆军出兵侵略台湾,正式吹响了对外扩张的号角。对于日本的侵略,只求力保和局的清政府采取息事宁人的忍让态度,经外交谈判和武力抗衡最终换得日本从台湾撤兵,但留下的祸根直接导致了中国属国琉球于1879年被日本灭国,进而被日本改为冲绳县的悲惨事件。

紧随其后,被日本视作登上亚洲大陆的桥梁的朝鲜也被谋算。1875年,日本军舰"云扬"号故意炮击朝鲜江华岛炮台,实施挑衅,引发江华岛事件。日本模仿昔日西方列强欺侮日本的做法,在1876年逼迫朝鲜王朝与日本签订不平等条约《日朝修好条规》,要求朝鲜向日本开放元山、仁川为通商城市。日本势力借此全面进入朝鲜半岛,直接剑指中国和朝鲜之间旧有的传统宗藩关系,准备蚕食、控制朝鲜。为了遏制日本咄咄逼人的攻势,保住朝鲜这一传统藩属,清王朝在1879年将对朝鲜的管理权从礼部移交给北洋通商大臣,本质上属于将朝鲜事务纳入中国本国的外交与海防建设中一体管理,开始采取积极

---

① [日]福泽谕吉:"脱亚论",《时事新报》,1885年3月16日。

介入朝鲜事务的战略，此后中日两国开始了围绕朝鲜的连续交锋。

1882年，朝鲜因为长期欠发军饷酿成兵变，史称"壬午事变"。7月23日，起义士兵不满闵氏外戚的亲日政策，包围王宫，袭击日本驻朝使馆，大院君李昰应借此发动政变，重掌政权。事发后，日本出兵朝鲜问罪，意图借机挑起更大事端。清政府迅速派海陆军队入朝，拘捕大院君，将其押送回中国，抢在日本全面生事之前快速平息了事端，并在朝鲜留驻重兵震慑日本。

两年后的1884年，正值中法战争，日本认为中国自顾不暇，怂恿朝鲜亲日的开化党发动政变，史称"甲申政变"。驻扎朝鲜的中国军队在驻朝总理通商交涉事务大臣袁世凯的指挥下处置果断，立即出兵攻入王宫，迅速镇压了开化党政变。

借朝鲜亲日派发动政变建立傀儡政权的阴谋被挫败后，日本与中国就朝鲜问题展开外交交涉。1885年，北洋大臣李鸿章和日本代表伊藤博文在天津签订了中日《天津会议专条》（又称《天津条约》），规定中日两国都不在朝鲜留驻军队。也是这个条约，埋下了数年后甲午战争的重要祸根。

在一系列外交、军事争锋的同时，清王朝并没有能够认真深入思考日本敢于挑战东亚旧有国际秩序的底气何在，没有看到日本通过实施国家全面近代化使得综合国力获得增长、膨胀才是其扩张国策的基础，而是短视且一厢情愿地认为，日本是因为海军装备超越了中国才敢于如此的野心勃勃，于是将从海军装备建设上压制日本视作遏制日本的主要策略。

就在1874年日本入侵台湾事件发生之后，清廷决定加快筹建北洋海军，由此19世纪70—80年代在东亚出现了一场中、日两国你追我赶的海军装备建设竞赛，至1888年清廷宣布批准北洋海军成军，中国针对日本的海军装备建设竞赛取得暂时的胜利。然而因日本入侵台湾而起的这轮中日博弈，中国只是建成了一支装备有大型铁甲舰的海军舰队，其背后的国家、社会、陆军的近代化情况都不值一提。对于日本准备发动侵略战争的勃勃野心，清王朝明显估计不足。就在北洋海军成军后不久，自觉海军建设有成，自以为已经压制住日本的清王朝开始志得意满，逐渐放慢了北洋海军的发展速度，直到最后完全停止。

尽管在海军建设方面一度被中国超越，但日本在举国近代化的努力下国力日益壮大，针对中国、朝鲜的扩张侵略图谋丝毫没有停止。进入19世纪80年代后，日本国内经济活跃，在政府的推动下，铁路、矿业、造船、兵工、电报、航运业发展方兴未艾，为日本发动对外侵略战争提供了潜力，而自明治维新后开始的日本近代化教育也已经培育出了具有高度爱国热忱和组织性的第一代新国民。在日本政府的教养和宣传鼓动下，这一代日本人被刻意培植成日本侵略国策的坚定支持者和践行者。在军事领域，除了大力发展近代化的海军，日本还建设起了完全近代化的陆军，并且开始实施近代化的义务兵制度和总参谋部制度，整体的军事实力已经超越中国。

就在清王朝自认为克制住日本之后，1888年，长州藩出身、曾是吉田松阴门生的日本内务卿山县有朋陆军中将向明治政府提交了《军事意见书》，建议进一步加大军备建设力度，为实现扩张霸权做准备，同时建议：鉴于当时俄、英两国在亚洲交恶，日本应做好抢在俄、英之前动手夺取朝鲜之准备。次年，山县有朋出任日本内阁总理大臣，成为明治政府首位陆军军人出身的总理。就任不久，山县有朋即提出《外交政略论》，强调所谓主权线和利益线的概念，将吞并朝鲜、侵略中国明确为国策，而此时日本军队已经为此进行了大量细致的准备。

日本为了克制中国的"定远"级铁甲舰而建造了三景舰。图为三景舰中的"松岛"舰

在中日两国海军军备竞赛白热化的1878年，日本参谋本部下达了系统掌握中国军力情况的命令，于1880年汇总完成了《邻邦兵备略》，对中国海陆军的军制以及全国各地的驻军情况进行了全面调查统计。1887年，曾经在1880年和1887年两度秘密深入中国实地侦察的日本参谋本部第二局局长小川又次，完成了《征讨清国策案》的编写，对侵略中国的国际政治关系的处理、侵略中国的作战计划以及战争之后的善后办法做了详细规划，从参谋作业上完成了入侵中国的准备。[①]

在中国北洋海军成军的1888年，日本海军为克制中国"定远""镇远"铁甲舰专门设计的"松岛""严岛""桥立"三艘同型巡洋舰陆续在法国和日本开始建造，装备了火力超过"定远"的320毫米口径巨炮以及密布舰舷的阿姆斯特朗式速射炮。1891年，志得意满的清王朝停止了北洋海军的新装备引进，日本海军则抓住机会

[①] ［日］安冈昭男：《明治前期日清交涉史研究》，日本岩南堂书店1995年版，第193—201页。

迎头赶上,购买、建造了"秋津洲""吉野"等一系列新式军舰。日本海军的实力开始反超中国海军,清王朝用以克制日本的唯一法宝已经不复存在。①

1893年,日本参谋本部参谋次长川上操六陆军中将亲自到朝鲜、中国,进行了为期三个月的游历,暗中为入侵中国实施前期实地调查——此时日本只需要等待一个挑起侵略战争的借口。

开 战

19世纪中叶之后,崔济愚为对抗西学(基督教),糅合儒、释、道诸说创立的名为东学(东学道)的秘密宗教团体,在朝鲜底层民众中极具影响力。东学道认为,朝鲜近代遭遇任人欺凌的悲惨命运根源在于西方文明的入侵和官僚的腐败,主张以儒家传统的"东学"来抵制邪恶的"西学",恢复古代历史上强大的朝鲜。

> 在古代,我们光荣的执政者的著名大臣和参事们,为了逐渐发展仁爱和爱国的各项原则,而建立了神学校和普通学校,到处都有廉洁的吏治。现在外来宗教象蛛网一样笼罩着我们的国家,迷妄和谣言象野草一样生长起来。到处都是劣政与纷乱。你们是这些大臣和参事的后裔,你们使你们光荣的祖先蒙受耻辱,难道这不卑鄙吗,难道这不是令人厌弃的实际情况吗?……请你们遵奉伟大的教义吧!请做你们同胞的真正的人吧!……②

---

① [日]海人社编著,王鹤译:《日本军舰史》,青岛出版社2016年版,第99—100页。
② [苏]提亚加伊著,向晓译:《1893—1895年朝鲜农民起义》,生活·读书·新知三联书店1959年版,第89页。

朝鲜开化派政治家金玉均

1893年，朝鲜大旱，饿殍遍野，而政府的压榨有增无减，导致民不聊生，各地东学道信众纷纷开始骚动。春秋交替之后的1894年，朝鲜依旧大旱，贪得无厌的全罗道古阜郡郡守赵秉甲强征水税，引起民变。在当地东学道首领全琫准率领下，此民变最终演变成大规模的农民起义。起义军攻占城市，打击贪官，开仓放粮，投奔者越来越多，声势日益浩大。"吾辈举义于此，绝非他故。所望拯百姓于涂炭，奠国家于磐石。当内斩贪虐之官吏，外逐横暴之强敌……"①

1894年是个不平静的年份。就在朝鲜国内东学党起义（也称甲午农民战争）如火如荼的时候，大海对岸的中国黄浦江边也发生了重大事变。1894年3月28日下午2点，上海美租界铁马路大桥北堍的日商东和洋行二楼一号房间内突然传出枪声，闻讯赶到的巡捕在房间内发现一具日本人的尸体，又赶往吴淞口抓获了凶手。而后经租界移交给上海县进行审讯后，结果令人大吃一惊。身中数枪毙命的日本人岩田三和竟然是1885年政变失败后潜逃日本的朝鲜亲日派领袖金玉均，而凶手洪钟宇则是朝鲜政府派出的刺客。

……金玉均是前为本国权臣，因在朝廷大逆不道，杀死几百人，我亲友也被他杀害，国王恨他有十年了。他逃在东洋，

---

① ［苏］提亚加伊著，向晓译：《1893—1895年朝鲜农民起义》，生活·读书·新知三联书店1959年版，第93页。

改名岩田周作。我与朋友前在东洋大阪,奉国王命,叫我们忠心下去,把金玉均杀死,以安王心……今我与他相遇来沪,他改名岩田三和,我今用六门响的手枪(可以装六颗子弹的左轮手枪)把他轰死,旋即走至吴淞,被巡捕追获的,手枪已掉弃在吴淞江内。我为国家大事起见,如将把他轰伤身死情形求电本国,自有回电来的。(洪钟宇口供)①

根据朝鲜请求,金玉均的尸体以及刺客洪钟宇都送还朝鲜,朝鲜政府将金玉均的尸体进行凌迟、暴尸,以示惩戒。看到亲日派领袖落得如此下场,日本国内激起强烈不满情绪,认为中国和朝鲜的举动是对日本的极大侮辱,日本政府所想得到的侵略中国、朝鲜的国内舆论空气已经在渐渐成形。

在朝鲜京城附近示众的金玉均头颅

---

① 《附件二 上海县审讯吉岛德三北原延次及洪钟宇供词》,中国近代史资料丛刊续编《中日战争》5,中华书局1993年版,第5页。

与此同时，朝鲜东学党起义规模越来越大，前往镇压的朝鲜官军一败涂地。5月31日，起义军攻占重镇全州，引起朝鲜举国震惊。在中国驻朝特使袁世凯的积极主张下，6月3日，朝鲜政府正式请求清廷派兵帮助戡乱。因为认为代属国平乱是宗主国义不容辞的责任，5日，光绪皇帝谕令北洋大臣李鸿章派出军队入朝。日本等待多时的良机就此到来。

由直隶提督叶志超、太原镇总兵聂士成率领，原驻防在直隶（行政范围包括今天的天津以及河北大部、内蒙古一部）周边的山海关、古北口、芦台、正定等地的淮军2 465人陆续渡海，在朝鲜牙山湾登陆。听闻中国军队就要到来，加之夏收农忙季节临近，东学党很快退出全州，偃旗息鼓。初到朝鲜的中国军队，顿时失去了对手，整天忙于怜恤孤苦，很有一番天朝上国天兵降临的做派，然而更大的变局就此开始。

就在中国军队应邀进入朝鲜几天后，6月9日深夜，由420人组成的日本先头军队在朝鲜仁川港登陆。不请自来，而且直接进据朝鲜京城汉城。紧接着，16日，日本第五师团第九旅团旅团长大岛义昌少将率领的7 000余人混成旅团全部到达朝鲜，并迅速占领汉城周边的所有要地以及仁川港，日本海军以优势舰只驻泊朝鲜，中、日两国在朝鲜的兵力对比天平出现严重失衡。

对突然出兵朝鲜的理由，日本曲解中日《天津会议专条》中"将来朝鲜国如有重大变乱事件，中、日两国或一国要出兵，应先互行文知照"的条文，称该条款赋予了日本同等的出兵权，日本派兵进入朝鲜是为了保护使馆和侨民的安全。在亲日派领袖金玉均被凌迟示众后不久，日本军队突然大兵临境，引起中、朝政府极度不安。朝鲜立刻与日本展开旨在使中、日两国从朝鲜同时撤兵的谈判。

突然出兵，成功迈出争夺东亚战略要地第一步后，日本政府显然不会就此停手。对中国提出的撤兵方案，日本反将一军，称朝鲜内政腐败，乱局未定，"若不彻底改革弊政，将来绝无长久之安宁，故若眼下施以姑息之策，也只能求得夹缝中短暂的和平。对此，作为近邻友邦，我政府一刻亦不能安然处之，帝国政府在不到完全和平之前，无论发生何种事情，绝不可能从朝鲜撤兵"。[1]随之抛出一个中、日两国联合改革朝鲜内政的议案，按照这一方案，只要朝鲜内政改革一天不成功，日本就将继续在朝鲜驻军，这种近似蛮横无理的要求无非就是为了霸占这座东亚大陆桥头堡。

面对日本的讹诈，清政府在外交谈判中并未让步，但也没有估计到事态的严重程度，加上清廷内部意见分歧，导致决策步步滞后。对驻扎在朝鲜已经处于弱势的清军，清政府既不增援以制衡日军，又不果断下令单方面撤军，陷日本于外交被动。相反，清政府抱着传统的宗藩关系，与虎谋皮，幻想以此说服日本，并寄极大希望于西方列强从中调停。

看到外交讹诈无法使清政府就范，几年前就为此扩军备战的日本决定挑起对中国的战争。深谙国际法的日本政府，为寻找开战的借口，于7月3日单方面向朝鲜政府提交改革内政的纲领；威逼之下，朝鲜国王李熙被迫表态，将进行内政改革。旋即，日本一面逼迫朝鲜接受日本制定的一揽子旨在全面控制朝鲜的具体改革计划，一面向中国发出不要干预朝鲜内政的威胁。

---

[1] ［日］陆奥宗光著，赵戈非、王宗瑜译：《蹇蹇录》，生活·读书·新知三联书店2018年版，第21页。

位于日本广岛的日本战时大本营旧址（陈悦摄）

7月14日，收到日本声明"嗣后因此即有不测之变，我政府不任其责"的"外交绝交书"后，清政府开始意识到事态之严重。15日，军机处会议后，清政府命令李鸿章向朝鲜增派军队。17日，日本在为了适应发动战争需要而建立的战时大本营召开第一次御前会议，决定向中国开战，并根据战局发展态势不同而拟定三套应对方案。19日，日本海军改为战时体制，编组成联合舰队。20日，日本向朝鲜政府发出最后通牒，要求朝鲜在22日前与中国断交、驱逐在朝的中国军队。

当最后通牒期满时，日本并没有得到满意答复，于是立刻按照预定计划发难，于23日0时30分挥兵攻入汉城朝鲜王宫，俘虏朝鲜国王李熙和闵妃，培植了以大院君为首的亲日傀儡政权。

25日，在日本授意下，朝鲜傀儡政权发布文告，授权日本军队帮助驱逐在朝的中国军队。同一天上午，受命在牙山湾守卫援朝陆军登陆场的北洋海军"济远"舰和"广乙"舰,因得知朝鲜王宫被占的重大事变,没有坚持等到最后一批运兵船到来,就在队长方伯谦指挥下返航威海,中途在牙山湾外的丰岛海面与前来寻衅的日本军舰"吉野""浪速""秋津洲"遭遇。7时43分30秒,日舰不宣而战,炮击中国军舰,挑起丰岛海战。突遭优势敌舰攻击,"济远"舰稍作还击便挂白旗和日本海军旗亡命逃跑,"广乙"舰力战不屈,舰体遭重创后退往朝鲜海岸搁浅自焚。海战中途误入战场的运兵船"高升"被日舰野蛮击沉,船上陆军官兵近千人遇难。另一艘误入战场的运输舰"操江"被俘虏。

日本美术作品:丰岛海战

与海上偷袭中国舰船几乎同步,7月29日凌晨,日本混成旅团向驻扎成欢、牙山的清军叶志超、聂士成部发起进攻。因寡不敌众,叶、聂二部相继败退,成欢、牙山落入日军之手。

1894年8月1日,震怒不已的清政府正式发布谕旨对日宣战,

成欢、牙山战斗中被日军缴获的清军将领叶志超的官衔旗

责成北洋大臣李鸿章负责调度北洋地区的海陆军对日作战，言辞之间仍然迂腐地坚持并不被当时的国际法承认的藩属关系。

光绪二十年七月初一日内阁奉上谕：

朝鲜为我大清藩属二百余年，岁修职贡，为中外所共知。近十数年来，该国时多内乱；朝廷字小为怀，叠次派兵前往戡定，并派员驻扎该国都城，随时保护。本年四月间，朝鲜又有"土匪变乱"，该国王请兵援剿，情词迫切；当即谕令李鸿章拨兵赴援，甫抵牙山，"匪徒"星散。乃倭人无故派兵突入汉城，嗣又增兵万余，迫令朝鲜更改国政，种种要挟，难以理喻。我朝抚绥藩服，其国内政事向令自理；日本与朝鲜立约，系属与国，更无以重兵欺压、擅令革政之理。各国公论，皆以日本师出无名，不合情理，劝令撤兵，和平商办；乃竟悍然不顾，迄无成说，反更陆续添兵。朝鲜百姓及中国商民日加惊扰，是以添兵前往保护。讵行至中途，突有倭船多只，乘我不备，在牙山口外海面开炮轰击，伤我运船。变诈情形，殊非意料所及！该国不遵条约，不守公法，任意鸱张，专行诡计，衅开自彼，公论昭然。用特布告天下，俾晓然于朝廷办理此事，实已仁至义尽；而倭人逾盟肇衅，无理已极,势难再予姑容。著李鸿章严饬派出各军,迅速进剿,厚集雄师,陆续进发,以拯韩民于涂炭;并著沿江、沿海各将军督抚及统兵大臣,整饬戎行,遇有倭人轮船驶入各口,即行迎头痛击,悉数歼除,毋得稍有退缩,致干罪戾。将此通谕知之。钦此。①

同一天,日本政府也正式对中国宣战,宣战诏书里处处可见对国际法的利用。

> 为保全天佑万世一系之皇祚,大日本帝国皇帝示尔忠实勇武之有众:朕兹对清国宣战,望文武百官仰体朕意,于陆海从事对清交战,以期努力实现国家之目的。苟限于不违国际法,各应职能,尽一切手段,必期周全。惟朕即位以来,于兹二十余年,坚信为求文明之化,和平之治而决不干涉外国。故使文武常努力于友邦之笃谊,幸与列国之交往逐年亲密。孰料清国之于朝鲜事件,对我有节节破坏邻交、丧失信义之举。朝鲜乃最初受帝国之启导与列国为伍,成为独立之国。然而,清国每每自称朝鲜为其属邦,或明或暗干涉其内政。当其内乱之时,借口拯难于属邦,出兵朝鲜。朕依明治十五年之条约出兵防变,更为使朝鲜永免祸乱,保持将来治安,以维护东亚全局之和平,首先劝告清国协同从事,清国反设词相拒。于是帝国劝说朝鲜改革弊政,内固治安之基,

---

① 《上谕》,中国近代史资料丛刊《中日战争》3,上海人民出版社1957年版,第16—17页。

外保独立之权，朝鲜遂允诺之。但清国始终暗施百计妨碍其目的，左右托词延缓时机以整其水陆兵备。一旦告成，即以其力达其所欲，以大军派往韩土，击我舰于韩海；明则转嫁于朝鲜国治安之责。如是，则帝国率先使之与诸独立国为伍之朝鲜地位，同为此表示之条约均将因之而蒙晦，帝国之权利将为之损伤，东亚之和平将为之难保长久。就其所为，深揣其计谋之所在，实不得不谓自始以牺牲和平，而遂其奢望者。事已至此，朕与和平相始终，宣扬帝国之荣誉于中外，不得不公开宣战。赖尔忠实勇武之有众，迅速恢复永久和平，以全帝国之荣誉。①

尴尬的是，原本应朝鲜政府请求而来的中国军队，因为朝鲜傀儡政府给日军的一纸授权，已成为不受欢迎的非法滞留者，而日军则摇身一变，成了代朝鲜政府驱逐中国军队的"仗义"之师。日本政府玩弄国际法的伎俩，不由得令人咋舌称叹。而由两国对当时世界通行规则的掌握、利用程度的不一来看，似乎不难预见战事的结局。

得悉中日因朝鲜问题正式开战，英、法、德、美等列强立即宣布中立，唯独俄国不做任何表态，犹如一只坐山猛虎在观望着什么。

海陆危机

牙山、丰岛海陆两次败绩，使得淮系陆军和北洋海军在朝廷内

---

① 《日清战争实记》第2编，日本东京博文馆1894年版，第37—39页。

遭到猛烈抨击。

统率北洋淮系海陆军的李鸿章虽然有宰相的尊称，但因清代沿袭明制，实际并不设宰相，皇帝之下的高等枢密机构是军机处，所谓宰相不过是虚名而已。李鸿章的职务仅是北洋大臣和直隶总督，北洋大臣负责北洋各通商口岸的对外交涉以及海防，直隶总督职权则仅限于直隶一省，属于地方官员。驻地在天津和保定的直隶总督李鸿章不仅无法直接参与中央讨论，甚至未经皇帝召见，都不得擅自入京。

此刻对李鸿章统率的北洋海陆军队进行抨击的，是清末政治舞台上一支极有权势的力量——清流党。不同于今天人们对党派的理解，清流党实际并没有统一的组织和纲领，甚至很多时候和被他们视为"敌寇"的"洋务浊流"还有着千丝万缕的联系。这派力量以清廷中枢的京官为主，大都是饱读诗书、满腹经纶的传统科举出仕的官员，是举国知识分子的标杆。他们平时以儒家经典为理论基础，以奏章为工具，议论时政，参劾官员。处理对外交涉事务时，这些缺乏国际全局观念、实务经验不足的书斋官员，往往既不知己也不知彼，仅仅凭着道德标准，本能地主张对外采取毫不退缩的盲目强硬态度。倘若有官员主张对外妥协，则通常会成为他们抨击的对象，甚而被诋毁为汉奸。

甲午战事发生之前，深知中国军力底细的地方主管官员李鸿章主张以外交手段来避免冲突，不要贸然言战，这在清流党眼中显然属于畏缩的举动，引起好几位御史、言官的奏参。以军机大臣、帝师翁同龢为领袖的清流党，背后倚仗光绪帝，早就对经手洋务、多与外国人交涉的李鸿章等洋务派心存不满。海陆初战皆告败北，清流党即对战局的不利大感愤怒，认定原因是李鸿章心存畏葸、调度无方、用人不当，各种弹劾、奏参犹如潮水般涌向李鸿章和淮系海陆军。

中日正式宣战后，清廷以开战上谕的形式，进一步明确以驻扎在北洋海防线上的淮系海陆军作为与日军作战的主力，由李鸿章直接负责指挥、调遣。其他各省则没有得到任何具体任务，大都持观望态度。甲午战争从一开始就出现了以北洋一隅搏击日本一国的奇特局面。

战前，李鸿章乃至很多西方人士都估计装备已近代化的中国陆军与日本陆军实力不相上下，即使一开始偶然遭遇挫折，也有可能凭着兵力、装备方面的优势扳回局面。而中国北洋海军虽然训练较佳，但装备过于落后，加上后勤保障存在严重问题，倘若与当时亚洲排名第一的日本海军决战，后果难以预料。李鸿章的战略部署，就在这一对己方实力的判断下展开。

陆路方面，早在7月15日，李鸿章就受命抽调北洋淮军，准备增援驻扎朝鲜的叶志超、聂士成部。牙山失守，朝鲜南方尽被日军控制，面对迅速恶化的局势，李鸿章制定了以朝鲜北方的重镇平壤为战略要点，紧急增兵守住平壤，以此力挽狂澜的策略。他希望在朝鲜平壤一带集结大型兵团，守住北朝鲜半壁河山，与日军形成陆上南北对峙的局面，从而实现决战于境外，防止战火进入中国的战略意图。

7月16日，经李鸿章陆续调派，前往朝鲜的军队共分南、北两个方向。南路方向，李鸿章抽调直隶淮军精锐2 500人，由记名总兵江自康率领，计划分三批乘坐雇用的外国商船"爱仁""高升""飞鲸"登陆牙山，加强身处仁川附近的叶志超部。除乘坐"高升"的那批遭遇偷袭，几乎全军覆没外，剩余两船所载援军先后登陆，与叶志超部会合。经历成欢、牙山之败后，这支牙山军退避在朝鲜的崇山峻岭间，不知所终。李鸿章命令派出探骑，寻找这支军队，令其退往平壤。

北路方向，包括直隶淮军中兵力最雄厚的宁夏镇总兵卫汝贵部盛军12营6 000人，分统太原镇总兵马玉昆率领的长期驻防旅顺的淮军精锐毅军四营2 100人，

西方铜版画：登船开赴朝鲜的清军

两部均用商船分别从山海关、旅顺运输到大东沟、营口等地上岸，再步行进入朝鲜。另外，还从东北征发了高州镇总兵左宝贵部奉军、靖边军八营3 500余人，副都统丰升阿部盛字练军1 500人，直接由陆路行军，跨过鸭绿江进入朝鲜。8月1日，中日两国宣战当天，李鸿章紧急电令上述部队，从速向平壤集结，其中卫汝贵部盛军派出前哨骑兵，于2日抢先抵达平壤，控制住了这座朝鲜北方重镇。剩余北路各军的大部随后陆续进入平壤，不久，北撤的牙山军也辗转到达平壤。以各将领中官阶最高的提督叶志超为诸军总统，平壤城内集结起了兵力约15 000人的兵团，依托城墙和城外的大同江天险布置防务，预备抗击日军北犯。

海上战场方面，李鸿章认为北洋海军实力不济，而且因为海军自身的特殊性，一旦遭受舰船损失，很难在短时间内进行弥补，于

是制定了"游弋渤海内外,作猛虎在山之势"的存在舰队战略。[1]即尽量避免与优势敌军决战,而将北洋海军作为一种战略威慑力量保持存在,保存实力(即威慑力),牵制敌手,寻机攻击敌方弱势舰船,使日方的海上活动始终存在顾忌。

从7月26日开始,奉李鸿章的指示,北洋海军提督丁汝昌率领舰队主力数次出巡,意图寻找劣势的日舰加以歼除,但一无所获。北洋海军是清廷花费重金和十余年努力建起来的新式武装,在整个中国军队系统里是近代化程度最高的一支部队。清流言官不关心北洋海军的舰船装备实力如何,而只是关心建设和维护这支军队所费不赀,认为此刻这支花了大本钱的军队必须立刻给国家以回报。从8月1日宣战起,每一次海军巡敌不遇,都会立刻招来朝中一阵高过一阵的责骂。8月10日,为了保护己方向朝鲜运兵的船队的安全,始终摸不透北洋海军行踪的日本联合舰队,采用弱舰佯攻、优势主力舰在后埋伏的方式进攻威海,意图引诱北洋海军决战。此举虽然最终因北洋海军不在威海而宣告失败,但日本海军出现在作为京畿门户的渤海,立刻在清政府中引起震动。

8月23日,光绪帝直接干涉前敌的军事部署,严令"……威海、大连湾、烟台、旅顺等处,为北洋要隘、大沽门户,海军各舰应在此数处往来梭巡,严行扼守,不得远离,勿令一船阑入。倘有疏虞,定将丁汝昌从重治罪"。[2]本来根据李鸿章的谋略,多少还带有出海寻歼弱势敌舰希望的北洋海军,就此被死死锁在了渤海湾内。

中日开战后,日本陆军很快编成了由第三、第五师团组成的

---

[1] 中国近代史资料丛刊《中日战争》3,上海人民出版社1957年版,第72页。
[2] 《清实录》56,中华书局1985年版,第418页。

作战兵团第一军，陆军大将山县有朋伯爵任军司令官，预备将陆军经海运投入朝鲜，从速扫除在朝的中国军队。开战初期，日本联合舰队也和中国北洋海军一样，很多时候都在忙于护送陆军运输船队。

随着抵达朝鲜的军队日益增多，从9月1日开始，日本第一军以野津道贯中将指挥的第五师团作为主力，朝北方中国军队主力所在的平壤城前进。侦获这一紧急军情，平壤守将叶志超担心日军会包抄平壤后路，威胁平壤中国军队的补给线，立即发电报向李鸿章请求增派援军以加强平壤后路防御。9月15日，原驻守大连湾炮台的淮系铭军抽调出4 000名精锐士兵，由总兵刘盛休率领登上招商局轮船，在北洋舰队主力护卫下开往大东沟，准备登陆并进扎平壤后路。

日军进攻平壤城

夺取平壤后，为了宣传和夸耀战功，日本国内搭建的平壤玄武门模型

未曾料想，就在北洋海军护送刘盛休部铭军船队航行在茫茫大海上时，平壤大战已经决出胜负。依照预定计划，日军第五师团和第三师团一部，分四路进发，集结16 000余人的兵力在9月14日午夜如期抵达平壤城下，15日拂晓4时27分开始总攻。大同江对岸，马玉昆毅军和卫汝贵盛军各一部2 200余人英勇奋战，抵御前来进攻的日军第九旅团3 600余人，不仅守住了阵地，而且发起反冲锋，连夺日军两道战壕。平壤西南，日军第五师团主力5 400余人与守卫该处的卫汝贵部盛军激战，盛军首先发起前仆后继的冲锋，遭遇重大伤亡后退回坚守阵地，战至午后，该方向日军毫无进展。平壤城北部玄武门外的牡丹台是俯瞰全城的制高点，日军在此投入重兵，包括第五师团朔宁支队和第三师团一部7 800余人，而防守该处险要位置的中国军队仅有左宝贵奉军和江自康牙山军残部2 900余人。恶战至上午8时30分，牡丹台高地失守。午后，玄武门被攻破，奉军统领左宝贵在恶战中以身殉国。有鉴于平壤防御已被突破一个缺口，而且守军补给即将告

馨，总统领叶志超于是下令各军于当晚放弃平壤后撤。

1894年9月16日午后，当北洋舰队护送刘盛休部铭军抵达大东沟并登陆时，远方的平壤实际上已经落入日军手中。根据北洋舰队出发时驻华间谍的报告，并综合进攻平壤过程中缴获的一份清军重要文件，日军得知中国陆军将在大东沟一带有大规模登陆行动，因此日本联合舰队集结了12艘舰船，急驶黄海、渤海巡弋。9月17日中午，日本军舰在大东沟外海和正在警戒登陆场的北洋舰队主力遭遇，爆发激战，史称黄海大东沟海战。历时近五个小时的罕见鏖战中，日本联合舰队凭借火力和舰船机动性能优势，占取了绝对的上风，北洋舰队广大将士虽然浴血奋战，毫无惧色，但终究无法抵消武器装备性能上的巨大差距，最终己方付出战沉四艘军舰的惨重代价，而只获得重创敌舰四艘的战果。

战火烧过鸭绿江

平壤、大东沟海陆两场大会战，因为海军作战较有声色，且成功掩护了刘盛休部铭军安全登陆，清政府普遍认为虽然损失了军舰，但海战仍属于胜仗，清流言官对海军的指责也出现暂停。但平壤陆战场的溃败，令大多数事前看好陆军的人大感意外，平壤城内集结了北洋淮系陆军上万兵力，竟然只防御了不到一天就宣告失守。中国陆军的作战力究竟怎么样？日本军队到底有多强大？……一连串的问号让事前主战的清流言官也不禁感到心虚不安。

兵败平壤，犹如一道分水岭，不仅使得世人对中国陆军战斗力的评估产生了截然不同的判断，同时使清军在朝鲜北部的战略布局因此失去维系，陆战场的格局随之发生巨变。

中朝边界处的鸭绿江江流，远处可以看到天险虎山（陈悦摄）

发源自长白山麓的鸭绿江，是中朝两国间的界河，左岸的白山黑水，就是清政府的发祥之地，陪都奉天（今辽宁省沈阳市）也在国境之内不远处。随着在朝军队陆续退到鸭绿江沿线，清政府的龙兴重地已经处在日军兵锋的直接威胁下，陆战场的战略从与日军在朝鲜抗衡，改为此刻的严防日军攻入国境。9月20日，清政府降旨，同意李鸿章制定的"严防渤海以固京畿之藩篱，力保沈阳以顾东省之根本，然后厚集兵力，再图大举"的战略，任命以善战著称的老将毅军统领、四川提督宋庆帮办北洋军务，赶赴鸭绿江畔，直接到前线统率诸军，组织防御。

两鬓斑白的老将宋庆"轻骑趱程"，从原驻地旅顺出发，在亲军小队护卫下急行，10月8日匆匆赶到了鸭绿江前敌接掌军务。随即，原先在鸭绿江畔忙于整顿残军、构筑工事的淮军将领叶志超、卫汝贵因连日来清流言官针对平壤战败的参劾被革职查办。

关外东北战场上的清军

此时，集结在鸭绿江畔的中国军队，包括从平壤撤回的盛军、毅军、奉军以及东北盛军等败兵，还有由北洋海军护送登陆不久的刘盛休部铭军以及宋庆新调来的四营毅军。不久，黑龙江将军依克唐阿率领的十三营镇边军抵达鸭绿江畔，也加入守军队伍中。清军各部兵力总计23 750人。宋庆、依克唐阿以九连城（今辽宁省丹东市振安区）、安东（今辽宁省丹东市）两座城市为支撑点，在北起长甸河口、南至大孤山的鸭绿江沿线散布兵力，构筑防御线；又根据对日军攻击方向的判断，在被认为将是日军主攻方向的九连城—虎山一带防线右翼，集结了大部分从朝鲜撤回的部队和新增援的铭军、毅军，由宋庆亲自指挥；北方的防线左翼，被认为受攻击的可能性较弱，因此部署了战斗力较弱的东北旗人部队驻防，由依克唐阿指挥。

虽然义州对岸的九连城一带几乎集结了直隶辖境内所有可调的淮系陆军精锐，但就是这么一支当时全中国装备最精良的军队，与日本陆军相比，在近代化训练程度上还处于幼稚阶段。而且这支军队要么是自前敌败归的惊弓之鸟，要么是久经和平、暮气日深的队伍，大战未起，败绩已现。

中方的防御布置初定，山县有朋指挥的日本第一军主力约30 000人于10月22日运动至中朝边境地带。经过侦察，24日上午11时10分，日军从清军防御薄弱的左翼安平河口最先发起攻势，涉渡鸭绿江，驻守该地的依克唐阿部军队很快溃退，鸭绿江防线的左翼首先被突破。24日深夜，日军在右翼方向的鸭绿江江面偷偷架起舟桥，于25日发起总攻，清军指挥混乱，勇怯不一，战至中午全线崩溃，重镇九连城、安东全部失陷。

鸭绿江防线全局崩溃后，清军分三个方向败退，日军则紧随其后追击，战火开始在辽东大地蔓延。宋庆率盛军、毅军、铭军、奉军、牙山军等主力部队退往凤凰城（今辽宁省凤城市），随即又借口无险可守，放弃凤凰城，退向辽阳方向的摩天岭。依克唐阿率靖边军残部从鸭绿江边败退后逃往宽甸，后又放弃宽甸，逃至赛马集一带。丰升阿和聂桂林分别统率东北盛军和奉军残部从安东败逃，狂奔至岫岩。当1894年冬季到来之时，连连败退的宋庆、依克唐阿军团和步步进逼的日本第一军，大致在今天辽宁的辽阳、鞍山、本溪外围一带形成对峙局面。

辽东之战

为实现夺取中国首都北京，逼迫清政府认输媾和的战略目标，除派出第一军意图破山海关进入直隶平原作战外，日本大本营还准备另派一支军队直接登陆渤海湾，在天津一带上陆，和第一军形成对北京的夹击之势。鉴于中国东北的冬季即将来临，第一军在冬季到来之前不太可能攻入山海关，因而日本大本营决定：第一军在冬季到来后转入休整状态，为来年的行动做准备；冬季作战的重点则转为歼灭北洋舰队，扫清日军自海上运兵至渤海湾的威胁。

黄海大东沟海战后，日本联合舰队除个别受重创的军舰迟迟未能修复外，总体上很快恢复了战斗力，而退往维修基地旅顺的北洋舰队，几乎所有军舰都存在重大伤情。旅顺维修设施缺乏，加上大批工人听闻战事逼近而逃跑，修理工作十分迟缓。清政府内的清流言官不顾北洋舰队恶战过后需要维护修理的实情，本着拔除李鸿章信任的海军提督丁汝昌，将海军指挥权从李鸿章手中夺过的目标，终日以听不到海军出海寻敌作战为辞，对丁汝昌进行连番弹劾。而就在这时，为了遂行歼灭北洋海军的计划，日本陆军组成了一个新的军团——第二军，由亲历过普法战争、富有近代战争经验的陆军大将大山岩担任司令官。

第二军兵锋首先指向北洋海军维修基地旅顺，经地形勘查选定位于旅顺东北方向花园口一带的一片荒滩（今辽宁省庄河市）作为登陆场。10月24日，即第一军在鸭绿江畔发起攻势的同一天，第二军首批登陆部队在联合舰队护卫下，没有遇到任何阻击，顺利登上辽东海岸。27日，第二军大部登陆完毕，登陆兵力约24 000人。

由于兵力被大量抽调赴朝鲜作战，在大连湾、旅顺一带防御的清军不仅兵力单薄，而且大都属于匆匆招募不久、未经训练的新兵。面对大举登陆的日军，旅顺、大连湾守军自守不暇，未能组织兵力邀击日军于中途。北洋海军因为舰只迟迟未能修复，加之日本联合舰队优势舰只在大连湾一线形成警戒线，也处于无力回天的局面。

11月4日，日本第二军开始向旅顺外围的重镇金州进攻。金州守军仅有徐邦道部拱卫军2 250人、八旗捷胜营583人，完全不是日军敌手。6日，金州城即被攻破。金州城附近的大连湾炮台群，原先由淮军精锐的铭军驻防，平壤决战前铭军主力被抽调往大东沟，大连湾炮台群防务由铭军分统总兵赵怀业通过新募扩编起来的3 012名怀军担当。大连湾炮台群是一连串炮位对向海面的炮台的总称，3 000余人分防各炮台内，兵力本就不够，面对日本联合舰队军舰在大连湾外徘徊的情势，赵怀业担心日军会从海岸登陆，更不敢抽调兵力参与金州防御。当金州外围战打响，日军主攻方向明确时，赵怀业紧急率领三营精锐驰援，然而到达时金州已经失守，只得随金州败军退往旅顺。群龙无首的大连湾炮台群剩余守军，得知金州失守的消息后则全部逃散。7日，日军兵不血刃占领大连湾炮台群。

北洋海军维修基地旅顺建有陆地和海岸炮台群，总计防御兵力15 200余人。为守住这座由无数金钱和心血打造的军港，李鸿章殚尽心力。得知日军登陆花园口，一方面，李鸿章急调驻扎山东胶州湾的总兵章高元部嵩武军渡海增援旅顺，因遭到山东巡抚李秉衡的反对，直至11月16日才得以登船出发。另一方面，李鸿章致电集结在辽阳外围一带的宋庆军，希望其派出兵力出击金州，掐断日本第二军的后方补给线，迫使第二军分兵回援，由此实施围城打援。18日，宋庆部军团在普兰店以北集结兵力，而同一天旅顺外围战已经打响。

当天上午，日军先头侦察骑兵200余人到达旅顺外围土城子附近时，与前出到此设防的清军姜桂题、程允和、卫汝成、徐邦道等部3 000余人遭遇，清军获得小胜后，就立刻退回旅顺方向。20日，旅顺守军集结5 000余人在石嘴子一带向日军集结地主动发起进攻，结果因被日军压制而退却。

日本美术作品：旅顺大屠杀

21日清晨，利用从国内运来的重型攻城炮助威，日军向旅顺发起总攻，采用集中优势兵力和火力的方式，将中国陆地炮台各个击破。尽管炮台守军顽强还击，甚至在椅子山炮台里发起了惨烈的白刃战，但是每个炮台的驻防兵力过少，完全不是日军敌手，而且火炮所使用的炮弹多为实心弹，对日方并不能造成多少威胁。午后，旅顺外围陆地防御崩溃，日军攻入市街，海岸炮台也相继失守，无路可退的清军转入巷战，和日军搏杀。此后至25日间，日军在旅顺屠杀中国军民两万余人，制造了骇人听闻的旅顺大屠杀惨案。除总兵姜桂题、程允和、徐邦道、张光前等趁夜幕率一部军队突围而出外，其余旅顺守军大都惨遭毒手。

威海卫陷落

旅顺失守之前，鉴于旅顺港入口航道狭窄，舰队如果停留在港内，很容易陷入被敌方封堵港口的困境。北洋海军在11月13日最后一次巡视了旅顺基地后，就退往位于山东半岛的停泊基地威海。

山东在清代属于极为特殊的省份，不设总督，而由巡抚辖治。山东巡抚在职权上和直隶总督李鸿章属于平级，李鸿章凭借北洋大臣管理北洋海防事务的权力，可以指挥山东省威海、蓬莱等地的海防军队，但对山东其他军队的调动都要商请山东巡抚的支持。甲午战争爆发后不久，清流言官为了分解李鸿章的权力，派出与李鸿章有宿怨的安徽巡抚李秉衡出任山东巡抚。李秉衡到任后，阳奉阴违，处处与淮系军队掣肘。当时驻防威海的陆军包括淮系戴宗骞、刘超佩部绥军、巩军5 000余人以及总兵张文宣部护军2 000余人，主要负责威海南北岸炮台、刘公岛炮台的守卫，至于威海东部沿海的荣成一带，威海陆军根本无力分兵防御。在李鸿章的反复电商和清政府的催促下，山东巡抚李秉衡仅派出五营河防军前往驻扎应付。

12月初，日本大本营决定继续实现歼灭北洋海军的目标，将第二军重编为由第二、第三师团组成的山东作战军，总兵力30 000余人，仍然由大山岩担任军司令官。

1895年1月20日，日本山东作战军首批部队在山东荣成湾成功登陆，当晚就击溃了五营河防军，占领荣成县城，随即联合舰队以主力封锁威海湾出口，防范北洋舰队出港，以图全歼。

得知战事爆发，威海绥军、巩军抽调兵力和应急赶来的山东省军队千余人试图在荣成通往威海方向的桥头集构筑阵地阻击日军，结果仅仅发生几场接触战后就宣告解体。1月30日凌晨，日军首先向威海南帮炮台群发起攻击，集合优势兵力，对炮台逐一拔除。战斗到下午，南岸炮台群全部失守。激战中，丁汝昌率北洋舰队军舰冒险驶近岸边，发炮支援陆军，取得了击毙日军旅团长大寺安纯少将的重大战果，但最终无法挽回陆军败退的颓势。南帮炮台群陆续失守后，为免日军使用炮台火炮轰击北洋海军，丁汝昌派出敢死队登陆南岸，炸毁了南帮炮台群中威力最大的赵北嘴炮台火炮；同时还派出数百人组成的北洋海军水兵部队登陆，意图夺回丢失的其他炮台。尽管这支部队曾一度杀入日军前线司令部，最后还是被优势敌军包围，在龙庙嘴炮台附近全军覆没。北洋海军水兵的鲜血染红大海，成为南帮炮台保卫战的终曲。

威海刘公岛战败后，从刘公岛撤出的北洋海军官兵

南岸激战时，因为相信山东巡抚会派出军队前来接防的承诺，原驻守北岸炮台的守军大部赶到南岸参与战斗，全军尽覆。海军提督丁汝昌担心缺乏兵力驻守的北岸炮台火炮被日军利用，忍痛下令自行炸毁北岸全部火炮。负责威海陆地防务的绥军、巩军统领戴宗骞内疚于未能守住威海陆地，退入刘公岛后自杀。

攻占了威海南北岸炮台，日本军队形成对北洋舰队和海中的刘公岛海陆合围的态势。山东巡抚李秉衡不仅不发援兵解威海之围，甚至对朝廷调往山东解救北洋海军的军队也做了挪用处理。在外无援兵、粮弹将绝的艰难处境下，北洋舰队以战伤未修复的军舰顽强地击退了日本联合舰队七次海上大规模进攻。随着包括主力舰"定远"在内的大量作战舰只受日军鱼雷艇偷袭而损耗殆尽，1895年2月11日，北洋海军提督丁汝昌自杀殉国，刘公岛陆军统将张文宣、海军将领刘步蟾和杨用霖也在保卫战期间先后自杀殉国。

1895年2月14日，《威海降约》签署。2月17日，日军占领威海湾和刘公岛，清政府耗费几十年心血缔造起来的北洋海军全军尽覆。

辽河平原战场

日本第二军入侵辽东半岛和山东半岛时，原计划应该准备转入冬季休整的第一军部队不愿白白让第二军抢占风头，也在辽河平原进行攻击作战。

鸭绿江防线全面崩溃的败报传到清廷，引起极大震动。鉴于淮军主力已调用一空，大部分已经在东北前线，清政府开始陆续征发其他各地军队赶往辽阳一带，加强宋庆部残军，以防日军进犯奉天和山海关。经清政府电令，奉天将军裕禄积极招募百姓组成新奉军、靖边军、镇东军等部赶往辽阳外围一带。吉林将军长顺调动靖边军、吉字军等部开往奉天一带。已经在前敌的黑龙江将军依克唐阿从黑龙江催调新编的敌忾军、齐字军赶往前线。除去这些东三省当地应急招募的军队外，一方面由于淮军已经无兵可调，一方面受清流言官对淮军参劾的影响，清政府决定起用湘军出关作战，采取以湘代淮的策略。陆续从内地出关的军队里，有程之伟大同军、蒋尚钧河南军这些各地派来"勤王"的零散部队，其他更多的是湘军，计有魏光焘部武威军、江苏按察使陈湜部福寿军、湖北提督程文炳部武靖军、甘肃宿州镇总兵田在田部乾字军、湖北提督吴凤柱部凤字军、浙江道员李光久部老湘军等军队。这批军队实际大都是紧急招募拼凑的乌合之众，枪械弹药装备不足，又未经近代化的军事训练。

田庄台之战中的日军部队

日本第一军司令官山县有朋率军攻入中国东北后，并不愿意遵循冬季扎营休整的命令而坐视第二军攻城略地，喊出要夺取奉天过年的口号。从鸭绿江边境重镇九连城通往奉天有东、西两条道路，分别是沿九连城—凤凰城—草河口—连山关—摩天岭—辽阳—奉天的东路正道，以及从九连城往西折向大东沟，再北上岫岩—赛马集—海城，最后经辽阳到奉天的西路。日本军队因为从朝鲜参战开始连战连胜，过于骄横自大，只派出少量部队分两路向辽阳、奉天方向攻击前进，先后在东、西路攻占连山关、岫岩等战略要地。而不断溃退的中国军队终于凭借地势和天候优势，在东、西路的摩天岭、赛马集一带先后挫败日军前锋。

由于冻伤严重，且担心补给线被切断，东线日军遂放弃连山关，回撤至凤凰城。清军统将宋庆一度率部追击，意图收复凤凰城而未果。山县有朋不顾冬季作战的不利因素以及日本大本营勒令其转入冬季扎营休整的命令，转而在奉天西路发起攻势。11月29日，日本大本营撤销山县有朋的职务，改由野津道贯继任第一军司令。由于第一军司令换将时，进攻奉天西路的军队已经出动，西路战斗事实上未能被制止。日军在西路方向投入第一军第三师团主力，从岫岩出发，首先击溃了清军在析木城构筑的防御线，于12月13日攻占西路重要城市海城。

海城失守，辽阳、奉天门户洞开，东北战场统帅宋庆无计可施，只得将东北战场军队主力向海城周边的牛庄、田庄台等要地集中，以保证关内湘军援兵的安全抵达，但清军随即又在缸瓦寨、盖平两地接连被日军击败。东北战场混乱不堪的战局，使清政府中枢又对宋庆失去信任，命湘军旧将、两江总督刘坤一出关督师。1895年1月17日至2月21日间，清军调集东北战场上残存的军队以及陆续抵达的湘军，先后四次反攻海城，均以失败告终。

看到清军在海城及周边聚集重兵不断出击，为保证冬季扎营休整的安全，日本大本营又命令前线日军暂缓转入冬营，继续攻击、削弱清军兵团，发起"辽河平原扫荡战"。第二军编组成山东作战军登陆山东半岛后，留下驻防旅顺的第一师团从盖平向牛庄方向发起攻击，2月24日在大平山重创了宋庆部。同时，日本第一军主力也从海城出击，分两路击溃了清军在海城周围构筑的包围圈，并攻占鞍山，直逼辽阳。

3月4日，日本第一军突然改变作战路线，绕道占领牛庄。6日，日本第二军第一师团又攻占营口。9日凌晨，日本第一军第三师团向屯扎在田庄台的东北战场清军主力两万余人发起进攻，展开了决定性的会战。在东北战场兵败如山倒的这支清军兵团经历恶战，全面崩溃，宋庆率残军一路逃至锦州一带。至此，成规模的清军在辽东绝迹。日军的兵锋直指山海关，京津大震。

战　败

山东战场失败，清政府丧失了对日作战主力的海军；东北战场雪崩，清政府又几乎丧失了全国能战的陆军。至此甲午败局已定。

1895年2月22日，李鸿章奉召到达北京，奉派准备前往日本议和。此时，满朝文武中主战的声音已经绝迹。当天，光绪皇帝在养心殿召见李鸿章等人，讨论与日本议和一事。李鸿章对割地、赔款都表现出十分为难，称"割地之说不敢担承，假如占地索银，亦殊难措"，翁同龢对答"但得办到不割地，则多偿当努力"，此前已经去过日本，与日本人略有接触的孙毓汶、徐用仪则说得十分坦率，"不应割地便不能开办"。

1895年3月14日，李鸿章作为清政府的议和特使，从天津乘船东渡日本马关。一周左右的谈判中，李鸿章苦苦相争，日本则寸步不让，并威胁要继续用兵。4月17日，经清政府允准，丧权辱国的《马关条约》草签，主要约文包括：中国承认朝鲜独立；割让辽东半岛、台湾、澎湖列岛给日本；赔偿日本两亿两银军费。5月3日，清政府颁发上谕，宣布承认《马关条约》，甲午战争就此结束。

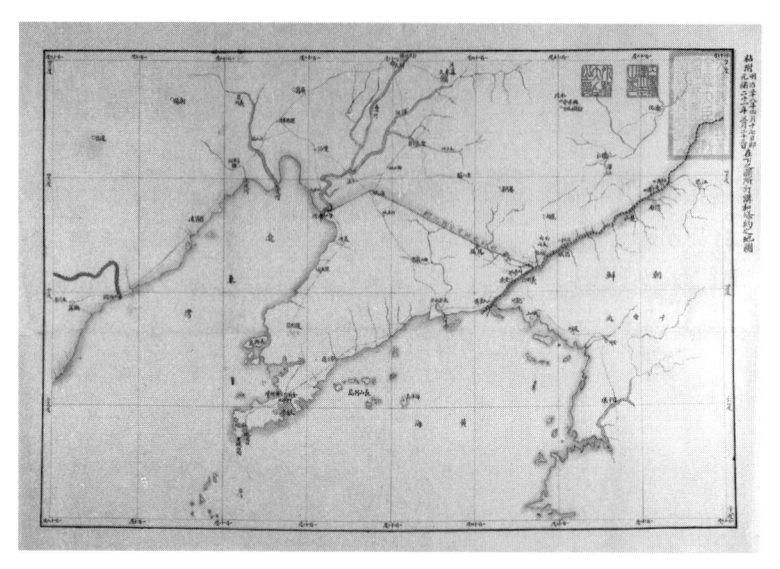

《马关条约》附件,日本要求割让的辽东土地范围图

……自去岁仓猝开衅,征兵调饷,不遗余力,而将少宿选,兵非素练,纷纭召集,不殊乌合,以致水陆交绥,战无一胜。至今日而关内情势更迫,北则竟逼辽沈,南则直犯京畿,皆现前意中之事。陪都为陵寝重地,京师则宗社攸关,况廿年来慈闱颐养,备极尊崇,设一朝徒御有惊,则藐躬何堪自问?!加以天心示警,海啸成灾,沿海防营,多被冲没,战守更难措手;用是宵旰彷徨,临朝痛哭,将一和一战,两害熟权,而后幡然定计。此中万分为难情事,乃言者奏所未详,而天下臣民皆应共谅者也。兹当批准定约,特将前后办理缘由,明白宣示。嗣后我君臣上下,惟当坚苦一心,痛除积弊,于练兵筹饷两大端,尽力研求,详筹兴革,勿存懈态,勿鹜空名,勿忽远图,勿沿故习,务期事

事核实，以收自强之效，朕于中外臣工有厚望焉。①

中日战争居然出现如此胜负悬殊的结局，大大出乎始终旁观的俄国政府的意料。日本从中国勒索到巨款，尤其是占领了与俄国接壤的辽东地域，对俄国造成了极大的刺激。很快，俄国联合在远东有利益索求的德国、法国，三国一起向日本提出交涉，要求将辽东归还中国。最终清政府以多支付3 000万两白银的代价赎回辽东，俄国则借机向中国渗透政治影响，逐步通过强租的形式控制中国东北，埋下了日后日俄决战的伏笔。

《马关条约》提出的两亿两银赔款以及赎辽费3 000万两，完全超出了每年财政盈余不过百万两的清政府的承受能力，俄、法、英、德等国借此趁火打劫，向中国出借以中国海关、税收等权力为担保的高利贷。为了支付甲午战争战败赔款，清政府总共承担了71 748万两白银的本息债务，直到抗日战争爆发前夕，这笔巨额外债仍然是中国政府的梦魇。

孤岛悲歌

台湾岛地处大陆东南海上，清末设省治辖。由于地理位置的特殊性，加上矿产丰富，自1874年台湾事件时，日本政府就暴露了霸占这块土地的野心。甲午战争中，尽管战火并未涉及台湾，日本仍然极为蛮横无理地要求割占。

得知清政府签字割让台湾的消息，台湾岛内怨声一片，福建台

---

① 《清实录》56，中华书局1985年版，第780—781页。

湾巡抚唐景崧也发出了言辞极为尖锐的反对意见："祖宗缔造之艰，史册具在，传至二百余年，失自皇上之手，天下后世谓皇上为何如君？他日更何以见祖宗于地下？臣为祖宗守土，惟有与台共存亡，不敢奉皇上之诏。"又谓："弃地已不可，弃台地百数十万之人民为异类，天下恐从此解体，尚何恃以立国？"①

面对台民的呼声，清政府莫筹一策，无动于衷，于1895年5月20日下旨命令台湾官员返回大陆，准备和日方正式签署交割台湾协议。群情激愤的台湾绅民于25日宣布成立"台湾民主国"，推选巡抚唐景崧为总统，希望以这种假独立的方式，可以从国际法角度上不承认清政府对台湾的割让，等将来时机转变后再回归母国。

早在辽东战场作战的同时，日本就已攻占台湾外岛澎湖列岛，预作入侵台湾准备，因此并没有被"台湾民主国"的成立束住手脚。1895年5月29日，日本近卫师团先头部队抵达台湾，在台湾北部基隆附近的三貂角一带登陆，于6月3日攻占北部重镇基隆，主持台湾保卫战的唐景崧以及刘永福等此后陆续离开台湾返回大陆。11日，日军占领台北，不久宣告成立殖民统治机构台湾总督府，桦山资纪担任首任总督。

6月22日，日本攻占台北附近的新竹，随后近卫师团长北白川宫能久亲王下令向台湾南部全面进军。驻扎台湾的刘永福部黑旗军和楚军两支清军部队，在台湾百姓自发组成的义军支持下，利用台湾地形复杂的特点，不断迟滞日军的进攻。但是由于军械不足，缺乏训练以及人数有限等，战至10月21日，以日军攻占台南为标志，

---

① 《台海思痛录》，中国近代史资料丛刊续编《中日战争》12，中华书局1996年版，第107页。

全台成规模的抗击作战以失败告终，台湾全境沦入日本控制。

日本美术作品：坚持阻击侵台日军的台湾义军

台湾全境沦陷的消息传来时，李鸿章正在北京奉命与俄国办理交涉。甲午战争战事初定，俄国又借着帮助中国赎回辽东的"功劳"，以修建西伯利亚铁路为名，向中国索取土地。甲午战争的失败，标志着中国洋务运动三十年的成果付诸东流，清政府外强中干的纸老虎形象被人揭穿，列强瓜分狂潮时代来临。此刻，不知李鸿章有没有想起，甲午战争爆发之初，同文馆的学生翻译提交的一份英国报纸上的社论。

窃观中国近百余年来国势日衰，如北之伊犁，南之暹罗、缅甸各藩属，相继而为强邻蚕食将尽。现在朝鲜势又岌岌可危。若不及时设法治之，则将来恐更坏于今日。考其致病之由，盖因中国向来之法，其官员以及士子，夙昔仅系诵读古时所载区区列国等书,其于近时欧洲各国情形毫未研究。且至今官宪百姓,究未能与外国真心和好。朝廷虽明知而不能改。故有一种人云:中国之害,系因五十年来与外国交涉并赔偿之款,发捻(太平天国和捻军战争)骚扰,加以洋药(鸦片)遍行,银钱全行外漏,而传教者又复各处惑乱人心之故。又有一种人云:现在清国情形全凭贿赂人情,一切皆循旧习,不效新法。若欲整顿,非另改政治不可……中国曾惧外患频来,亟思有以防御,如设同文馆翻译书籍,操练海军,建造厂坞等事。而迄未能强者,皆因所办并非实意力行,以期自振,不过藉此防备外侮,以毒攻毒耳。今日本乃一极小之国,地不及中国十分之一,而一经革故鼎新,居然强盛若此,竟敢与大国动兵,且能水陆致胜。然究其兴起之由,亦不待外人辩论,中国试自思之可矣……[1]

---

[1] 中国近代史资料丛刊续编《中日战争》5,中华书局1993年版,第70页。

第一章 "驱虎吞狼"
——李鸿章朝鲜战略大败局

1882年1月20日,中历光绪八年十二月初一,保定直隶总督衙门当天正午设宴待客。12时开始的宴席一直持续到下午2时才散,"盛设酒馔,易鼎味者凡九次"①,宾客们的中心话题只有一个,即中华属国朝鲜。作为主人的直隶总督、北洋大臣李鸿章,与当天最重要的来宾、朝鲜领选使金允植,通过翻译的中介曾有过一番内容生动的对话。李鸿章似对朝鲜事务满怀热情,竭力想要帮助朝鲜思考出拯救民生、振作国计的高招,金允植的态度却显得有几分冷淡消沉,似是并无迎合巴结的意思,这一热一冷,恰似当时的中、朝两国关系。

> 中堂使通词问:贵国有何土产否?
> 答:土陋民贫,别无所产,惟衣食所需,仅支自给而已。
> 问:人参为贵国上货,何不多种,售卖他国?
> 答:人参多则价随以贱。
> 问:东国亦养蚕织帛乎?
> 答:然。

---

① [朝]金允植著,王鑫磊整理:《领选日记》,上海古籍出版社2020年版,第36页。

问：多种桑树乎？

答：然。

问：以绵丝卖他国，则可得厚利，贵国绵丝一斤价钱几何？

答：一两银子有余。

问：比中国价太高，卖买无利。棉布如何？

答：国中衣服皆藉于是。

问：棉花颇贱否？

答：然。

问：纸属如何？

答：三南种楮造纸。

问：亦行卖于中国民否？

答：然。

李：此外又有何土产否？

答：别无。

问：贵国所产真个稀少，产茶叶否？

答：全罗道沿海或产茶。

问：国中首富货产几何？

答：贮银十万两为最饶之人。

李：若此者几？

答：无几。

……①

---

① [朝]金允植著，王鑫磊整理：《领选日记》，上海古籍出版社2020年版，第36—37页。

介入危局

朝鲜半岛在14世纪末进入李氏王朝统治时期，也在这一时期向中国的明王朝俯首称臣，接受中国中央政府的册封，就此成为中国的藩属。清代沿袭明制，中、朝之间仍然维系着传统的宗藩关系，清王朝在很长时间里对朝鲜依然采取类似无为而治的管理策略，即不主动介入、干涉其国内政治，朝鲜李氏王朝在国内事务方面具有较强的独立自主性。中国对朝鲜这个属国的羁縻，更多的是依靠着文化、经济等纽带。也由此，有关对朝鲜的事务，清王朝长期交由礼部负责，主要工作不过多是处理进贡、赏赐、分封等仪式性的事务而已。

19世纪到来之后，西力东渐，近代化的大潮开始侵袭东方，东亚世界传统的政治格局、生存模式在外力刺激下发生巨变，原本清静无为的朝鲜由于在地缘、区位上所处的独特位置，重要性日渐上升。

1879年，通过明治维新改革快速成长、崛起的日本夷灭了曾经的中国属国琉球，改置冲绳县，日本对中国的刺激、威胁进一步增加。也就是在这一年，经总理各国事务衙门奏请，清王朝改变祖宗成法，将对朝鲜的管理权从礼部移出，指令由北洋大臣直接监督管理朝鲜事务。这一决策的重要前提就是担心琉球之事在朝鲜重演，为此清王朝同时还命令驻日本公使协助北洋大臣处理朝鲜事务，显现了对朝鲜事务管辖权的调整主要是为了针对、反制日本。[①]

其时担任北洋大臣一职的官员，就是淮系军政集团的首领李鸿章。就此，朝鲜事务正式成为李鸿章政治、外交生涯中的一项极为重

---

① 《清实录》53，中华书局1985年版，第819页。

直隶总督、北洋大臣李鸿章

要的工作,某种意义上,也直接影响了李鸿章一生的勋业声名。

李鸿章所担任的北洋大臣一职,全称是办理北洋通商事务大臣,其前身是清王朝于第二次鸦片战争后的1861年设置的三口通商大臣——当时中国北方沿海的牛庄、天津、登州被定为对外开放通商口岸,为处理对外通商城市的涉外事务而专设三口通商大臣。1870年天津教案发生后,三口通商大臣改称北洋通商大臣,其权限也随之得到扩大,不仅负责处理北洋通商口岸城市的涉外事务,北洋地区非通商口岸发生的涉外问题也归其管辖,甚至涉及日本、俄国的外交事务,北洋大臣也负有一定的具体处理之责。

1874年,日本侵略中国台湾的事件发生之后,清王朝决定着力建设南洋、北洋海防,北洋大臣又被赋予了管理北洋地区海军建设和海防事务的军事职权——总体上可以概括为,北洋大臣是中国北方的外交、海防事务主管官员,兼顾对日本的交涉。三口通商大臣原为专任职务,设衙门于天津。此后考虑到外交、海防都必须调用地方军政资源,北洋大臣遂作为直隶总督的兼差。

李鸿章,号少荃,1823年出生于安徽合肥,1847年中进士,担任翰林院、武英殿编修等职。太平天国运动爆发后,他申请回籍练兵,1859年被湘军大帅曾国藩揽入幕中。1860年为救援被太平军围困的上海,李鸿章奉命招抚合肥一带的乡勇团练武装组建淮军,并率淮勇子弟挺进江南,建立殊勋,李鸿章本人也因功擢升江苏巡抚、湖广总督等职,晚清著名的淮系军政集团就此成形。

1870年,李鸿章被召至天津处理天津教案,事定后改任直隶总督,就任伊始,同时肩负起北洋大臣之职,由此开始了其把守畿辅重镇二十余年的不凡历程。

尽管直隶总督的职守驻地是在保定府,但为了处理外交、海防事务方便,直隶总督李鸿章每年仍会有很长的时间专门驻节于设在天津的北洋大臣衙门。交替在保定和天津两地处理公务,便成为李鸿章日常工作中的常态。1879年,清王朝将对属国朝鲜的管理权移交给北洋大臣,本质上属于将朝鲜事务纳入到中国本国的外交与海防建设中一体管理,标志着清王朝就此结束对朝鲜无为而治式的放任自流管理,开始采取积极介入朝鲜事务的全新战略。

朝鲜李氏王朝以朱子之学立国,统治上维护特权垄断阶层的利益,以此作为政权巩固的基石。李氏王朝的王族亲贵之下,由两班阶层专权。虽然朝鲜也有科举取士制度,但几乎为两班阶层的子弟所垄断,平民子弟尽管理论上也可投考科举,但由此中试而改变命运的概率微乎其微。最终,两班阶层的子弟代代传承,永为官员,纵使不做官而退居乡里,也会成为具有特权的乡绅。为了防止两班阶层占人口比例太大,李氏王朝在1413年曾经下令"庶孽子孙勿叙论",即只有正房夫人的嫡系子孙才能继承两班官位,但随着时间推移,两班人口不断繁殖增长,到了19世纪60年代,两班阶层及其家庭几乎已经占朝鲜人口总数的六成以上。占人口少数的平民是社会地位低下的"贱民",却负担养活官员阶层和王室的重责,占人口多数的两班阶层实际控制着朝鲜的地方政权,向下实施黑暗残酷的压榨统治,向上则对李氏王朝形成了尾大不掉之势，当时甚至在两班阶层中有一句流行语，即"国王不过是吃我们的剩饭而已"。这种头重脚轻式的社会结构，成为朝鲜国内政局的重要不稳定因素。①

朝鲜高宗李熙，大院君李昰应之子（[美]帕西瓦尔·劳伦斯·罗威尔摄）

现代韩国首尔景福宫内的旅游表演项目，再现朝鲜王朝时代的国王出行场面（陈悦摄）

---

① [苏]提亚加伊著，向晓译：《1893—1895年朝鲜农民起义》，生活·读书·新知三联书店1959年版，第20—22页。周一良：《东学党——朝鲜的反封建反帝斗争》，《中日甲午战争论集》，五十年代出版社1954年版。

两班阶层之上，朝鲜王朝当时还面临着一个同样严重的潜在危机。1863年，朝鲜哲宗去世，因为无嗣，经大王大妃决定，选兴宣君李昰应的儿子李熙继位，是为朝鲜高宗。在李熙成年大婚之前，由大王大妃垂帘听政，李熙的生父李昰应作为大院君襄赞国事。1866年，李熙大婚，娶闵氏为妃，大王大妃遂宣布撤帘，但是大院君仍然把持朝政大权。随后不久，闵妃凭借娘家闵氏外戚的力量，影响高宗李熙，从政治上打压大院君，在1873年成功发动政变将大院君逐出京城，此后朝鲜王廷便陷入了公媳争权的明争暗斗乱局。此时，无论是亲中、亲日、亲俄，以及采取近代化或保守政策，都只不过是闵氏和大院君借以攻击对手的政治道具而已。

除此，清政府不得不出手直接干涉朝鲜内政外交，还因为朝鲜已经面临险恶的外部国际环境。

19世纪四五十年代西方列强势力侵入东亚世界后，朝鲜一度并未受到多少影响，仅仅是曾有法国天主教传教士进入朝鲜，引起一番风波而已。然而随着日本试图效法西方列强采取野蛮扩张的崛起之路，与日本一海之隔，形如日本登上大陆的天然跳板的朝鲜，日益被日本加以谋算。1873年，日本政府内出现了旨在征服朝鲜的"征韩论"。1874年，日本入侵中国台湾。不久，日本军舰"云扬"号在1875年故意炮击朝鲜江华岛炮台，挑起江华岛事件，日本政府就此直接剑指中国和朝鲜间的宗藩关系。1876年逼迫朝鲜王朝与日本签订《日朝修好条规》，要求朝鲜向日本开放元山、仁川为通商城市。

1879年，北洋大臣李鸿章接过对朝鲜事务的管辖权之际，摆在其面前的就是这样令人倍感棘手的局面。

"以毒攻毒"

19世纪70年代末，日本正式向朝鲜方向发力，试图撬散中朝间的传统联系，从而获得踏上东亚大陆的跳板、桥梁。当时日本介入朝鲜国内政治，直切其要害，利用了闵妃和大院君两派的政争。根据大院君保守、亲华的特点，日本全力支持高宗、闵妃一派，获取其信任，表面上做出帮助朝鲜推行近代化、改革积弊、改变朝鲜落后面貌的样子。这在一些思想开明的朝鲜两班青年官员中颇受好评。在国际观瞻上，日本主动"帮助"落后的朝鲜，似乎也是各方乐见的好事。

面对日本此种咄咄逼人的形势，需要以何种对策来反制，李鸿章在正式受命主管朝鲜事务时已在思考，并逐渐形成了具有李鸿章自身风格的对朝外交策略，而且颇值得注意的是，李鸿章在朝鲜问题的思考上，不仅针对已露峥嵘的日本，也在思考如何提防同样对朝鲜虎视眈眈的沙俄。

李鸿章对朝策略的要点主要分为两层：首先，确保中国和朝鲜之间自古就有的传统宗藩关系必须牢不可破，必须确保朝鲜继续充当中国东北边境的屏障藩篱；其次，要尽快设法稀释、抵消日本已经在朝鲜产生的影响，防止日本蚕食、控制朝鲜。李鸿章的策略在性质上属于一种努力维持朝鲜旧貌的守势措施，为了实现以上两层目标，他在具体的手段上归为一律，即利用列强牵制日本、沙俄，也即李鸿章在外交方面惯用的驱虎吞狼、以夷制夷之术。其手段看似并不咄咄逼人，实则流露出绵里藏针的老辣。

《日朝修好条规》书影

根据日本借着从《日朝修好条规》中得到的特权，以国际法权利开始涉足朝鲜国内政治的现状，李鸿章决定以牙还牙，即干脆将列强势力全部引入朝鲜，使各列强在朝鲜都有其利益可图，从而达到列强在朝鲜互相牵掣，无法一家独大，而中国可以坐收渔翁之利的目的。

1879年8月26日，李鸿章致信朝鲜领议政（类似首相）李裕元，试探性地向朝鲜方面表达了自己的意图。由于这封信内容详细，阐释颇多，甚至可以视为李鸿章对朝策略的说明性文件。

信中，李鸿章首先阐述了自己对日本政府所持扩张战略的清晰判断。李鸿章认为日本对朝鲜和中国台湾抱有勃勃野心，"北则贵国，南则中国之台湾，尤所注意""近察日本行事乖谬，居心叵测，亟应早为之防"。进而李鸿章从军力方面进行粗略比较，得出了中国军力"自忖尚可勉支"的判断。言外之意是，对通过军事对抗来防御日本入侵朝鲜并不很有信心。据此，李鸿章提出应当采用外交技巧来遏制日本的策略。李鸿章根据中国传统的合纵连横之策以及自己对国际法的理解，认为应该防备日本和列强结盟，使日本以及列强形成分化之势，不让日本或任何一家列强在朝鲜坐大，"为今之计，似宜用以毒攻毒、以敌制敌之策"。李鸿章举出的具体措施则是："贵国先与英、德、法、美交通，不但牵制日本，并可杜俄人之窥伺……倘遇一国有侵占无礼之事，尽可邀集有约各国，公议其非，鸣鼓而攻，庶日本不致悍然无忌；贵国亦宜于交接远人之道，逐事讲求，务使刚柔得中，操纵悉协。则所以钤制日本之术，莫善于此；即所以备御俄人之策，亦莫先于此矣。"①

自觉这一策略成熟可行，1879年8月31日，李鸿章正式就此方略上奏清廷，请求批准"密劝朝鲜与泰西各国立约通商"②，在获准后即刻开始设法实施，此后几乎由中国北洋大臣手把手操纵，朝鲜与各列强建交缔约的工作陆续展开。

李鸿章引列强势力进入朝鲜"以毒攻毒"，首先选中美国，准备从西方列强中相对实力较弱的美国开始试水。

1880年，针对当时美国对朝鲜利益存在兴趣的情况，李鸿章邀请美国远东舰队司令舒菲尔特（R.W.Shufeldt）到天津会晤，撮合美方与朝鲜签约通商。

对李鸿章这一举措，时任清朝中国驻

马建忠，江苏丹徒（今属镇江）人，1877年曾参加船政第一届留欧计划，在法国攻读国际法。辅导朝鲜与列强建交时，主持设计了朝鲜第一面现代意义上的国旗——太极图国旗

---

① 《光绪五年七月初九日复函》，《李鸿章全集》8，安徽教育出版社2008年版，第436—437页（G5-07-003）。
② 《密劝朝鲜通商西国折》，《李鸿章全集》8，安徽教育出版社2008年版，第434—435页（G5-07-002）。

日公使何如璋得知后曾表示了担忧，认为朝鲜是中国的属国，并不是独立的国家，之前听任其和日本签订《日朝修好条规》已经属于严重失计，此时更不应该错上加错再让朝鲜直接和西方列强签订通商条约。何如璋建议干脆由中国包办朝鲜的外交，由中国直接和美国签订朝鲜通商条约。

李鸿章则担心如果采取这种直接践踏朝鲜主权的强硬姿态，可能会诱发日本或俄国借机挑事，导致节外生枝，转而采用其在外交上惯常使用的绵里藏针、工于小算计的方式作为对朝鲜直接和外国签约这一形式的补救。李鸿章在拟定美朝通商条约时，在其中的第一条就列入"朝鲜为中国属国"字样，寄希望通过美国在这份条约上签字画押，不仅使得美国成为中国对日本"以毒攻毒"的工具，还一并将美国拉到赞同朝鲜是中国属国的立场上。

对李鸿章外交上的算计，美方立即窥破，坚决不同意在条约中加入这样的内容。几经争论，最后双方形成了奇怪的折中，即在条约的正文中不列入有关"朝鲜为中国属国"的文字，而是在条约正文之后以朝鲜国王声明的形式注上相应内容。

对此，李鸿章自认为达到了在美朝通商条约中出现"朝鲜为中国属国"字样的目的，而在美国方面的理解中，因为朝鲜国王的声明并不列在条约的正文之内，不属于条约内容，不具有国际法效力，所以并不表示美国承认此点，美国也不会就此为中国和朝鲜进行担保。这种认识上截然不同的分歧，双方似乎存有默契一般，竟然都没有道破。令人奇怪的是，当时在李鸿章幕府中实际有多名曾经留学欧洲的国际法专才，诸如马建忠、罗丰禄等，他们对于这一简单的国际法常识，似乎都没有对李鸿章说明、道破，这或许与李鸿章平时对属下不容置喙的强悍作风有关。据时人称,李鸿章每发一意见,属下有异议者,常会遭呵斥,久而久之,在李鸿章主导的北洋幕府之中,各种策略多出于李鸿章一人,鲜有敢于主动襄赞讨论者。

1882年5月22日,由北洋大臣李鸿章幕僚中的马建忠等国际法人才拟定,由中方和美国谈判确定的不平等条约——《朝美修好通商条约》,经中国要求朝鲜王朝签署认可,中华属国朝鲜和美国建交,美国成为第一个"落入"李鸿章算计中的西方国家。在此之后,自以为得计的李鸿章,又根据此条约的条文内容,手把手指导朝鲜相继和英国、德国等西方国家签署了多个不平等的通商条约。

1883年朝鲜王朝向美国派出的使团。前排左为正使闵泳翊,右为副使洪英植

李鸿章将列强势力引入朝鲜,以实现对日本"以毒攻毒"的布局看似初步完成,而事实上可谓大败。

正如美朝通商条约中并没将"朝鲜为中国属国"字样列入正式约文中一般，朝鲜与其他列强签署的条约也都是如此，此举所导致的后果极为严重。签约行动非但没能哄骗列强为中朝之间传统的宗藩关系背书，反而令朝鲜作为一个独立的国际法主体和主要列强国家签约，从国际法上加强了朝鲜是个独立国家的定义，而这正中日本的下怀。日本此前逼迫朝鲜签订《日朝修好条规》的一大用意，正是为了通过符合国际法原则的条约来证明朝鲜是独立国，从而瓦解中朝之间不具有现代国际法依据的传统宗藩关系，达到操控朝鲜政府的目的。

李鸿章还想要通过让列强在朝鲜都获得通商利益，达到使列强在朝鲜互相牵扯以成相互平衡之势的目的，但这招实际上也大大落空。相比较而言，朝鲜口岸的商贸利益远不如中国以及日本沿海通商口岸，是否能引起西方列强为保护在朝利益而大动干戈尚是未知数。另外，日本在朝鲜的势力扩张采取的是帮助朝鲜近代化、影响和控制朝鲜政府的形式，并没有侵害到其他列强在朝的商业利益，除类似沙俄那样对控制全朝鲜具有兴趣的国家外，其他西方列强对日本在朝的举动基本持听之任之的态度。

更出乎李鸿章意料的是，中国指导朝鲜和外国签订的条约，本质上都是出让朝鲜利益的不平等条约，直接造成了列强势力大量侵入朝鲜，既在朝鲜底层社会产生了愤懑的排外、不满情绪，同时也使一些有志于复兴朝鲜的两班阶层对中国失望，反而认为帮助朝鲜厘革旧制的日本较为可亲。一些年轻气盛的朝鲜官员经过比较后，甚至认为追随日本才是朝鲜自救的可靠途径。

授人以柄

就在李鸿章"以毒攻毒"的对朝政策开始实施后不久,朝鲜国内局势突然发生巨变。大院君李昰应与儿媳闵氏的权争,是加剧朝鲜国内局势动荡的重要因素。

1882年7月23日,因为对闵氏外戚集团的腐败统治和对当时由日本训练的新军可以拿到较优报酬感到不满,朝鲜京军部分官兵发动暴乱,史称"壬午事变"。在大院君李昰应的暗中唆使下,暴动很快变成了一场夺权政变。连续几天时间里,起义士兵占领王宫,杀戮新军中的日本教官,焚毁日本驻朝公使馆,拥戴大院君执掌政权。此后朝鲜王朝一改之前闵氏集团采取的亲日态度,重新恢复排外保守政策,朝鲜国王李熙被软禁,闵氏遭到追杀,逃出京城。

由于事发时李鸿章因母亲故去而回到安徽原籍为母守制,直隶总督一职当时由淮军武将出身的张树声署理。张树声就朝鲜突发政治剧变一事上奏清廷,随后奉命调动淮军吴长庆部,由北洋水师统领丁汝昌率军舰护送海运入朝火速平叛。8月20日,北洋水师统领丁汝昌和庆军营务处(营务处为清代军队中临时设立的机构,主要负责军队的后勤供应以及行营管理等工作)会办袁世凯亲自踏勘、选择了登陆点,大帅吴长庆率领的淮系庆军在朝鲜西海岸的马山浦登陆,而后诱捕大院君,诛杀为首的暴动朝鲜士兵,并恢复高宗李熙的权位,迎逃难在外的闵妃回宫,快速平息

朝鲜高宗的生父、大院君李昰应

了壬午事变。由于出兵果决迅速，抢在日本政府做出全面反应前就平息了事变，因此清王朝在对朝外交政策上发生了重要的变化。

　　淮军小试牛刀就平息了朝鲜的国内变乱，且似乎使得日本望而却步，清政府朝野对中国军力的情况产生了很多过于乐观的判断。很多人认为对待朝鲜和日本问题不用再拘泥于外交形式，不如采取直截了当的武力高压，甚至有人提议中国应当在朝鲜设置监国一职，将朝鲜彻底变为中国的傀儡附庸。当时风头强健的清流言官张佩纶就曾密奏清廷，请求干脆趁热打铁，制定东征之策，简任东征大臣，集结军队加以训练，直接征服日本："……迅练水陆各军，增置铁船，慎选将领，以备进规日本……"①

　　对这类信心满满的意见，清廷谕示"日本蕞尔，包藏祸心，已吞琉球，复窥朝鲜，此不可不密防也。尔其慎之，毋忽"②。对处理壬午事变所取得的成绩，李鸿章同样也谨慎乐观，并不认为淮军在朝鲜取得的成功就标志着中国军力已经凌驾于日本之上，但李鸿章同时发现如果在朝鲜事务上采取一些强硬手段，也颇能奏效，完全可以文武并举，双管齐下。此后，李鸿章对待朝鲜的外交策略开始发生微妙的变化，逐渐加上军事力量这一砝码。

　　平息朝鲜此次政变后，直接肇事者大院君被中方认定为祸首。中方认为其思想保守排外，可能会危及中国在朝鲜引西方列强对日本、沙俄"以毒攻毒"的大战略。最终，本质上属于亲华派的大院君被李鸿章当作朝鲜局势的不稳定因素，奏请清廷批准后押送到保定软禁收

---

① 《张佩纶奏密定东征之策以靖藩服折》，《李鸿章全集》10，安徽教育出版社2008年版，第90页（G8-08-009）。
② 《议复张佩纶靖藩服折》，《李鸿章全集》10，安徽教育出版社2008年版，第89页（G8-08-008）。

管。入朝平叛的庆军则继续在朝鲜驻扎，对朝鲜王朝形成监管之势，同时也震慑日本，成为有清以来罕见的在属国常驻大规模军队的特例。

除这一文一武的两手措施外，李鸿章明显注意到此前日本协助朝鲜改革新政的措施很受朝鲜年轻官员欢迎，于是也开始在此方面进行努力。李鸿章一方面以淮系庆军取代此前的日本教官，训练朝鲜新军，另一方面接纳朝鲜留学生到天津学习陆海军、火炮和机器制造等洋务学问，并且向朝鲜王朝赠送新式的枪炮和轮船。只是中国这种从器物层面向朝鲜灌输猛药的做法似乎并不得章法，非但没有收到预期效果，甚至还出现了朝鲜留学生在天津学习西学期间，因为实在无法快速转变思想学习西学，以致癫狂发疯的怪事，这让中朝双方都略感尴尬。

作为李鸿章在对朝鲜外交策略上一连串新动作中的重要一环，壬午事变之后，中朝两国签订了《中朝商民水陆贸易章程》。李鸿章在指导朝鲜和列强签订条约时，逐渐意识到中国也应该通过和朝鲜订立具有国际法效力的条约来确定相互间的关系。壬午事变后的这一条约就是基于此种认识订立的。该条约属于明显的不平等条约，清政府依据条约从朝鲜获得大量特权，诸如朝鲜向中国开放通商口岸，中国在通商口岸拥有治外法权等，这一条约是清政府破天荒地用国际法形式来确定和属国关系的尝试。不过条约中反复做了强调，即尽管清王朝和朝鲜以国际法形式建交，但并不意味着朝鲜和中国的地位对等，朝鲜仍然是中国的藩属。

通过在朝鲜驻军、签订条约以及软禁大院君等措施，李鸿章的对朝策略初见成效，日本一时偃旗息鼓，而朝鲜王朝对中国则表现得俯首帖耳，"事大"政策成为主流。

然而壬午事变发生后，日本也与朝鲜签订了一个处置善后的条约，即《济物浦条约》。该条约文字内容看似简单，但其中的含义深远，尤其是其中的第五条规定"日本公使馆备兵员若干备警事。设置修缮兵营，朝鲜国任之"，事实上授予了日本在朝鲜的派兵、驻军权，为日本军事介入朝鲜提供了国际法依据。同时，朝鲜国内以金玉均等为首的一些两班官员，经对比中国和日本的近代化建设情况，认为清王朝落后颟顸，跟随中国将没有希望，遂成立以追求朝鲜国家独立自由、实现近代化为目的的开化党。开化党的大部分成员都抱着炽烈的民族热情，认为追随日本能够改变朝鲜的命运，但他们并不清楚，其实他们在日本政府眼中只不过是一颗被利用的棋子而已。身处大国夹缝中的小国，其自身命运的决定权往往并不完全操控在自己手中。

1884年，中法战争时，日本认为中国专注中法战事，无暇东顾，暗中操纵朝鲜开化党人在当年12月4日发动政变，意在清除亲华的闵氏外戚重臣，建立由开化党人主导的亲日政府，史称"甲申政变"。出乎日本意料的是，清军再度采取火爆果决的措施干预，驻扎朝鲜京城的庆军在营务处官员袁世凯等人的指挥下，攻剿叛党和协助政变的日本人，迅速平息了政变。为防范日本政府派兵登陆朝鲜支援开化党，北洋水师还将原本驰援闽台的新锐巡洋舰"超勇""扬威"全部调至朝鲜仁川停泊，向日本示威。

甲申政变平息后，1885年4月，日本政府派伊藤博文为特命全权大使。他抵达天津后，和李鸿章围绕善后进行谈判。日方的诉求旨在"一撤回华军，二议处统将，三偿恤难民"[1]，为此，伊藤博文

---

[1]《日本议立专条折》,《李鸿章全集》11，安徽教育出版社2008年版，第59页（G11-03-019）。

拟撰了五条约文，经双方谈判缩减到两条。其中，日方主要希望约定中日双方都从朝鲜撤出军队，以后也不在朝鲜驻军。

在李鸿章看来，日本主动表态不在朝鲜驻军，是求之不得的好事，如日方能够保证，那么中国已驻在朝鲜的淮军大可撤回。不过李鸿章担忧，"日本久认朝鲜为自主之国，不欲中国干预。其所注意不在暂时之撤防，而在永远之辍戍"。即他担心清军从朝鲜撤军后，日本将来会以朝鲜是自主之国为名，反对中国再向朝鲜派兵。如此，一旦朝鲜未来发生特殊事态，中国就失去了向朝鲜派兵干预的权力。

考虑及此，李鸿章与伊藤博文辩商，希望在约文中加入未来朝鲜发生叛乱，中国可以派兵一条。伊藤博文则坚持不允，双方的谈判陷入僵局。4月15日，清廷指示李鸿章，要求在条约中增加一项条文，即未来朝鲜若发生重大事变，不仅中国可以向朝鲜派兵，日本也可以向朝鲜派兵。[①]对此提议，伊藤博文表示同意。双方最终在天津签订了《天津会议专条》，又称《中日约款三条》或《天津条约》。

天津会议专条

　　大清国特派全权大臣太子太傅文华殿大学士北洋通商大臣兵部尚书直隶总督一等肃毅伯李；

　　大日本国特派全权大臣参议兼宫内卿勋一等伯爵伊藤；

　　各遵所奉谕旨，公同会议，订立专条，以敦和谊。所有约款胪列于左：

　　一、议定中国撤驻扎朝鲜之兵，日本国撤在朝鲜护卫使馆

[①]《日本议立专条折》，《李鸿章全集》11，安徽教育出版社2008年版，第60页（G11-03-019）。

之兵弁，自画押盖印之日起，以四个月为限，限内各行尽数撤回，以免两国有滋端之虞。中国兵由马山浦撤去，日本国兵由仁川港撤去。

一、两国均允劝朝鲜国王教练兵士，足以自护治安。又由朝鲜国王选雇他外国武弁一人或数人，委以教演之事。嗣后中日两国均无派员在朝鲜教练。

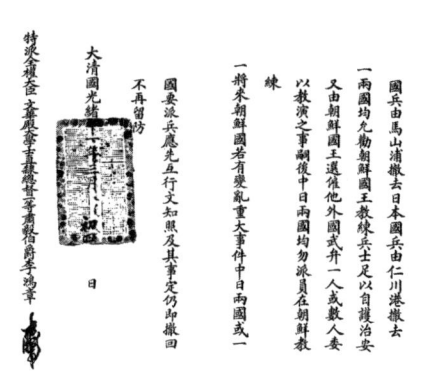

《天津会议专条》书影（局部）

一、将来朝鲜国若有变乱重大事件，中、日两国或一国要派兵，应先互行文知照，及其事定，仍即撤回，不再留防。

大清光绪十一年三月初四日
大日本国明治十八年四月十八日①

根据《天津会议专条》的第三条，倘若朝鲜发生内乱等重大事变，中国、日本可以联合出兵，也可以单独出兵干涉，只要完成"先互行文知照"的程序。这一条由清政府方面主动要求加入的条文，正是1894年日本出兵朝鲜的国际法依据之一，后世很少有人注意到，此条竟然是由中方主动提出的。

在签约的当时，李鸿章对这一条文的自我理解令人吃惊。他非但不认为此条不妥，反而认为日本接受此条是重要的外交胜利。

---

① 王铁崖编：《中外旧约章汇编》第一册，生活·读书·新知三联书店1957年版，第465页。

在李鸿章看来,此条不仅是给日本套上了笼头,而且还将日本拖上了中国的战车。李鸿章认为:因为该条有互相知照的设定,这就使得将来日本要出兵朝鲜生事前,必须先照会中国,可以使中国获得反制的准备时间。在这种制约设定下,日本显然就不敢轻易对朝鲜动武。此外,如果发生了沙俄等第三国入侵朝鲜的情况,中国又可以援引此条,约日本一同出兵朝鲜,让日本为保护中国的属国而战。

> 今既有先互知照之约,若将来日本用兵,我得随时为备,即西国侵夺朝鲜土地,我亦可会商派兵,互相援助,此皆无碍中国字小之体而有益于朝鲜大局者也。①

这样的外交思路,是极为典型的小聪明式外交伎俩。只是李鸿章在算计中忘记了一事,万一将来是中国首先出兵朝鲜的话,这一条约规定将会引起怎样的后果?

得知《天津会议专条》签署,清政府表示满意,谕旨赞扬李鸿章办事得力,"该督等办理此事,相机因应,迅速完结,甚为得体"。②

而在日本一方,对这一条文的理解和清王朝迥异。日本认为,清王朝签订《天津会议专条》,丧失了在朝鲜的驻军权,而且给予日本和中国同等的处置朝鲜突发情况的权力。这是日本外交的一大胜利,大大贬损了清王朝一直坚持的对朝的宗藩关系。

---

① 《日本议立专条折》,《李鸿章全集》11,安徽教育出版社2008年版,第60页(G11-03-019)。
② 《日本议立专条折》,《李鸿章全集》11,安徽教育出版社2008年版,第60页(G11-03-019)。

> 清国政府依照条约，不得已从自己一贯称为属邦的朝鲜撤回诸军，且此后无论何时，若欲向该国出兵，首先必须向日本政府发出照会。签署了具有此种条款的条约，对清国政府乃一大打击。毫无疑问，这大大降低了清国一直以来所主张的属邦论的威力……①

属国沦失

1885年4月18日，《天津会议专条》签订，随后清军如约撤出朝鲜，中日之间围绕朝鲜的外交博弈看似暂告终止。为了在没有驻军的情况下继续保持强力控制朝鲜政府的政策，李鸿章看中了一位青年才俊。壬午事变和甲申政变中，庆军官员袁世凯表现积极、果决，手腕强硬；此前在朝鲜协助训练朝鲜新军时，他也以心狠手辣著名；而且袁世凯还是李鸿章重要幕僚袁保龄的侄儿，别有一层特殊的亲密之情。李鸿章遂推荐袁世凯出任几乎相当于清政府朝鲜总监的驻朝通商事务总办一职。这一选任，并不是因为袁世凯有过人的外交能力，而是李鸿章看重袁世凯飞扬跋扈和心狠手辣的性格特点，想用袁世凯以一当千，震慑、控制朝鲜王朝。因注意到当时朝鲜闵妃又有亲俄的迹象，李鸿章又奏请清廷，将与闵妃不共戴天的大院君放归朝鲜，"以毒攻毒"，以之作为制衡、警诫闵妃的王牌。

不负李鸿章的期望，袁世凯带着大院君一起回到朝鲜后，立

---

① ［日］陆奥宗光著，赵戈非、王宗瑜译：《蹇蹇录》，生活·读书·新知三联书店2018年版，第11页。

刻给朝鲜王室施以下马威，逼迫朝鲜国王李熙亲自出汉城迎接。在大煞了李熙和闵妃的威风后，袁世凯同时又立即给大院君一记当头棒喝，将大院君的几名亲信以乱党之名处死，以此举告诫大院君，清政府之所以放其回国，无非是利用其在朝鲜守旧派中的影响以及与闵氏的宿怨，让闵氏始终有芒刺在背之感，而并不表示支持其夺权。

从此，袁世凯俨然以太上皇的模样驻留朝鲜，对朝鲜一切内政外交事务予以监控干涉，飞扬跋扈，极大地强化和巩固了中国对朝鲜王朝的影响。李鸿章对朝外交战略似是取得了阶段性"胜利"：各国和朝鲜缔约，在朝鲜形成列强互为牵制之势；中国和朝鲜签订通商条约，以国际法的形式确定中朝间具有宗藩关系；中国和日本签订《天津会议专条》，完成了杜绝日本出兵谋取朝鲜的预防措施；命袁世凯坐镇汉城，监管朝鲜李氏王朝，使其无法三心二意，强化了中国对朝鲜的宗主地位。只是这些"胜利"的取得，大多是凭借李鸿章对国际法的一知半解以及其自认为取巧的外交手段。

1885年后，李鸿章多管齐下将朝鲜局势控制住，朝鲜半岛进入了一段较长时间的表面平静状态。然而李鸿章以袁世凯压制朝鲜政府，以列强蚕食朝鲜商务利益，单单忘记了朝鲜国家和民族自身的生存发展。李氏王朝政府的国内统治越发黑暗、腐败，底层社会生计艰难，民众怒火蓄势待发，危机随时可能出现。此外，北洋大臣李鸿章仍然寻找不到良方让朝鲜走上近代化道路，在清王朝尚不知如何进行近代化改革的情况下，朝鲜更是越发落后于世界。这加剧了朝鲜改革派两班官绅对中国的不满。

1885年后，对于看似偃旗息鼓的日本，李鸿章倒是有着较为清醒的判断，认为"大约十年内外，日本富强必有可观"①，将日本视作中国的远患。事实上，就在1882年清政府以火爆的军事干涉快速平息朝鲜壬午事变后，日本政府就开始自我检讨，认为军力不及中国。1884年甲申政变后，日本更是全面展开了针对中国的海军军备竞赛，其直接的目标就是要借着军力的提升，首先在朝鲜争锋中压倒中国，进而直接将矛头对准中国。

从1885年至1894年的近十年间，朝鲜局势看似波澜不兴。自1888年北洋海军成军之后，清廷就志得意满，放缓了军事近代化的步伐，1890年后更是彻底停止了外购海军军火的活动；而日本则后来居上，十年积聚，无论是军力、国力，都逐渐超越中国。就在李鸿章预估的"十年内外"，日本果然富强可观，而李鸿章在朝鲜外交策略上的基石不牢的隐患，也在1894年全面爆发。

1894年3月，流亡日本的朝鲜开化党人金玉均秘密来到上海，据称是李鸿章秘密安排接见。经历1884年甲申政变后近十年的流亡生涯，金玉均决定改弦易辙，希望向中国高层官员求得谅解，进而重返祖国，重展使朝鲜走上近代化之路的政治抱负。然而就在上海期间，金玉均被朝鲜政府派出的刺客洪钟宇刺杀，此后清政府又毫无政治策略地将金玉均的尸体交给朝鲜政府，结果朝鲜王朝对这个亲日派领袖人物的尸体施以肢解辱尸，极大地刺激了日本。

紧随其后，当年春天，被李氏王朝黑暗统治压榨得民不聊生的朝鲜底层社会爆发东学党起义，遂致一发不可收。袁世凯、李鸿章均错误判断了此时日本的外交战略，认为还可以继续让壬午事变往

---

① 《致总署密陈伊藤有治国之才》，《李鸿章全集》33，安徽教育出版社2008年版，第483页（G11-03-005）。

事重现。当清军应朝鲜王朝请求入朝平乱后,日本凭着《天津会议专条》和《济物浦条约》中约定的权力,也同时出兵朝鲜,局势遂致无法收拾。

当李鸿章开始设法央求列强调停中日关于朝鲜的争端时,突然发现列强对于中朝之间的宗藩关系竟然并无认同,当年条约中的漏洞全面暴露。此时的日本则借机生事,以中国破坏朝鲜的国家独立、阻碍朝鲜的近代化为由挑起了甲午战争。

1894年7月23日,即1882年淮系庆军意气如云地登陆朝鲜平息壬午兵变的12周年纪念日,日本在朝陆军攻入朝鲜王宫,迎奉原亲华派领袖大院君入宫,使其成为日本的傀儡。

此后,7月25日丰岛海战爆发,7月29日牙山之战爆发,中国在朝海陆军双双失利,8月1日中日两国互相宣战。8月26日,日本与朝鲜签订《日朝攻守同盟条约》,以驱逐清军、巩固朝鲜独立自主为由,约定"日本国承担对清国的攻守战事,朝鲜国对日军的进退和粮草准备提供尽可能的协助"①。在朝鲜的清军成了国际法上的非法滞留者,李鸿章在朝鲜的外交布局化为乌有。

曾经负责朝鲜外交方略的李鸿章,成为督办北洋军务大臣,总管朝鲜方向的对日作战。9月间,淮系陆军精锐兵溃平壤,北洋海军兵败黄海,清军就此全线退出了朝鲜半岛,中华属国朝鲜彻底落入日本的掌握中。

只用了短短半年多的时间,军事、政治、经济全方面落后的清王朝,在甲午战争中被日本彻底撕下了老大帝国的画皮,在前线的

---

① [日]陆奥宗光著,赵戈非、王宗瑜译:《蹇蹇录》,生活·读书·新知三联书店2018年版,第79页。

哀鸿遍野之中，最终被迫决定向日本乞和。1895年4月17日，李鸿章在《马关条约》上签下了自己的花押。在这份空前屈辱的条约里，日本并没有逼迫中国就朝鲜问题做出表态，因为此时，中华属国朝鲜早已化为过去的历史，日本已经无须考虑中国的态度了。

第二章 朝鲜"太上皇"
——甲午战争爆发前后的袁世凯

甲午战争对近代中国的命运产生了极为深刻的影响。战争为什么爆发？是不是有可能避免这场劫难？自战争末期开始，很多中国人就已经开始思考这些问题。限于信息掌握的不足，对战争爆发的原因以及日本谋我的野心，时人很难触及，人们于是就把目光主要放在中国自身因素方面。1894年春，清政府应朝鲜请求派兵入朝镇压东学党，堕入圈套，客观上给了日本可乘之机，日本人布下的导火索，最终借中国人之手点燃。清政府在宣布接受《马关条约》的罪己诏中，也曾写有充满追悔之意的"仓促开衅"之语。朝鲜政府为何在此时请援？又是什么促使了清政府派兵？一连串的问题最后都聚焦到一个人身上，就是当时清政府派驻朝鲜的驻朝通商事务总办袁世凯。

发　迹

袁世凯，字慰亭，1859年出生于河南项城。叔爷袁甲三是清廷对太平军、捻军战争中的著名将领，生父袁保中是项城当地豪强。袁世凯自幼过继给无嗣的叔父袁保庆，跟随任官江苏的嗣父寓居于金陵（今江苏南京），借着父辈的人脉交情，袁世凯少年时代就和刘铭传、吴长庆等淮军名将相熟。袁保庆去世后，袁世凯至北京依附叔父袁保恒、袁保龄。时任内阁中书的袁保龄与淮系领袖李鸿章交情深厚，又是清流派领袖李鸿藻的得意门生，属于在清流、洋务两派间游刃有余的人物。这些特殊的关系，使得袁世凯涉足官场之初，就拥有了很多同代人无法企及的资源。

从袁保龄早期的一些家信中看，他对生性"浮动异常""不喜章句之学"的侄儿袁世凯并不满意，经常以书信斥责、教育之。根据一些同代人回忆，袁世凯度量狭窄，工于心计，好大喜功，喜欢用金钱解决问题，很有一番纨绔子弟的习气。沿着诗书官宦人家子弟科举出仕的传统道路，在叔父袁保龄、袁保恒的督促下，袁世凯曾两度回河南原籍参加乡试，以博取功名，但都名落孙山。袁氏一族分家后，袁世凯独得嗣父袁保庆名下的丰厚家产，从此更是不思进取，跋扈乡里，"家居多暇，嗜酒好骑马，日饮数斗，驰骋郊游"①。1881年，因为"以事积忤族里，众欲苦之"，袁世凯被迫离开原籍，投奔嗣父袁保庆的密友淮系庆军将领吴长庆，旋即被吴长庆提拔为庆军营务处会办，从此走上了有别于科举正途的另类出仕之路。

清代官员选拔的途径有两种：一种是通过参加科举考试逐级拔选出仕，被称为正途；另外，通过继承祖先辈的封荫，或者通过金钱捐官，乃至像袁世凯这样以临时差委的性质先行任职，以待将来通过某种功绩邀得提拔转正，通通视为别途。正途的官员十年寒窗，

驻朝通商事务总办袁世凯

---

① 中国现代史料丛书《容庵弟子记》，台北文星书店1962年版，第6页。

一朝腾龙，想要在官场上迅速崛起，必然需要依靠亲友、同籍、同乡、同年等各种关系；别途的官员则更是如此。因而清末官员的任用，尤其是临时差委官员的任用，存在大量任人唯亲的问题。由此造成的恶果是，很多官员走上岗位之初，对这一岗位的工作全无头绪、毫无经验，需要在工作中不断揣摩自学，其间不免误打误撞，行政效能低下。

科举考试失败，借着叔父辈的关系，袁世凯在吴长庆军中当上了官，但对于幕府工作没有任何经验，多年始终表现平平。直到1882年朝鲜发生壬午事变，吴长庆、袁保龄奉命率领庆军赴朝鲜平乱，不适合幕府工作的袁世凯显露了其在其他领域的突出才干。为了踏勘、寻找合适的登陆地点，袁世凯与北洋水师统领丁汝昌"赤足履砂石行里许，迨登岸，两足皆破裂"，丁汝昌不由得赞叹："纨绔少年亦能若是！"①

庆军登陆朝鲜后，"以久无战事，纪律稍弛"，袁世凯奉吴长庆命令整顿军纪，"公乃传令各营，有入民居及杂伍者斩。适有犯令者，立斩数人传示"，"有韩绅控奸戮其妇者，公徒步往查，亲督搜捕，竟日夜不食，卒获犯，手刃之"。②甚至一名庆军官员殴伤朝鲜人，吴长庆出面"乞贷其一死"，袁世凯佯装答应，"以案上图书请吴阅，潜出斩之"。③严刑峻法下，庆军军纪一时肃然，袁世凯也因此得到吴长庆赏识，被一举提拔总管前敌营务处。

---

① 中国现代史料丛书《容庵弟子记》，台北文星书店1962年版，第9页。
② 中国现代史料丛书《容庵弟子记》，台北文星书店1962年版，第9—10页。
③ 近代史料笔记丛刊《睇向斋秘录》，中华书局2007年版，第66页。

第二章 朝鲜"太上皇"——甲午战争爆发前后的袁世凯

现代韩国历史和体育爱好者们在首尔模仿京军壮勇营操练（陈悦摄）

壬午事变平息后，庆军留防朝鲜，袁世凯因"治军严肃、剿抚应机"，获升迁候补同知（五品），赏顶戴花翎。正值朝鲜政府请求清军帮助训练和武装朝鲜新军，袁世凯和朱先民、何增珠三人被吴长庆派遣，帮助分别编练。袁世凯在对所部训练时，进一步展露了在军事方面的擅长，"慰亭使译者传谕五百人云，中国练兵，非汝国儿戏比，苟不听约束者，立刻军法从事，五百人咸股栗听命。每日操演时，王教习（袁世凯调用的王姓教官）持鞭睨其侧，呼曰'左足起'，五百人悉举左足，高下如一，有参差者即挥鞭痛抽，步伐进退前后左右如之，举枪放响亦如之，教练甫半月，慰亭请国王及吴帅阅操，居然可观，国王大悦"。①从此袁世凯获得了"能军"的声名，"韩人感戴若父母，妇孺亦知敬爱公……其君臣遇有重要事件，多咨商于公。期间吴公（庆军统领吴长庆）屡赴津就李相（李鸿章）

---

① 王伯恭：《蜷庐随笔》，台北文海出版社1968年版，第9—10页。

议事，常数月不回，留公护诸营……"①

1884年，吴长庆部庆军三营从朝鲜调回国内，驻防辽东金州、旅顺，在朝鲜只留下三营军队，北洋大臣李鸿章举荐袁世凯总理营务处。会办朝鲜防务，"朝王外虽感德，内则趋向不专，阴有择强自庇之意……袁世凯足智多谋，与朝鲜外署廷臣素能联络，遇事冀可挽回匡正"②。年仅26岁的袁世凯，少年得志，一跃成为清政府在朝军队中的领袖级人物。

这一年的年末，以金玉均为首的朝鲜亲日派开化党人，借着中法龃龉的时机，发动政变。得悉开化党人闯入王宫，挟持国王，袁世凯当机立断，率领庆军攻入朝鲜王宫，击退开化党人和驻守宫中的日本人，日本使馆被焚毁。这是清末中日交涉史上至为火爆的一幕。

事发后，袁世凯还曾禀报李鸿章，颇有野心地提出在朝鲜设立监国，"莫如趁此民心尚知感服，中朝即特派大员，设立监国，统率重兵，内治外交，均代为理，则此机不可失也"③。对于中日间的外交政策，袁世凯认为"朝鲜非琉球、安南可比，如资他人，中原焉能安枕，伏乞先派兵轮十数只、陆军数千，先入屯扎。日人见人心不附，又有我兵先入重戍，必可翻然乞和。否则，日兵先至，中国落后，尤难措手"。④这些提议总体上与他多年后在甲午战争前夕的主张如出一辙，属于以兵力慑服日本的强硬策略，从中不难觉察到袁世凯的张扬性格。

---

① 中国现代史料丛书《容庵弟子记》，台北文星书店1962年版，第15页。
② 《密保袁世凯片》，《李鸿章全集》11，安徽教育出版社2008年版，第204页（G11-09-006）。
③ 《照录委办亲庆等营会办朝鲜防务袁丞世凯来禀》，中国近代史资料丛刊《中日战争》1，上海人民出版社1957年版，第426页。
④ 《照录委办亲庆等营会办朝鲜防务袁丞世凯来禀》，中国近代史资料丛刊《中日战争》1，上海人民出版社1957年版，第427页。

第二章 朝鲜"太上皇"——甲午战争爆发前后的袁世凯

《点石斋画报》登载的关于朝鲜甲申政变的新闻画。
上图表现的是甲申政变爆发时的情景,下图表现的是清军攻入朝鲜王宫平叛的情景

如果抛开时代背景，袁世凯的谋略似乎很有章法，但是回到那个时代，这个谋略无疑是欠冷静和缺乏深虑的。

首先，朝鲜甲申政变发生时，中法战事尚未平息，日本正试图联络法国，借机对朝鲜、中国下手，此时使用简单粗暴的武力方式来解决朝鲜问题，极易被日本寻找到干涉朝鲜内政的借口，外交局势将更加不堪。

其次，袁世凯认为增加军队进驻朝鲜，就能吓得日本立刻改变对朝政策，显然低估了日本的军力和对朝扩张的野心。凭借在治军经武方面的心狠手辣，同时倚仗叔父辈的人际关系而一路升迁的袁世凯，对近代国际外交事务完全没有经验，任用这样的官员作为独当一面的外交大员，不能不说存在极大的盲目性。

清廷的朝堂上很快便有人参劾袁世凯"擅启边衅"，处事不冷静，激化了中日矛盾。有关袁世凯在朝鲜期间豢养官妓、贩卖鸦片以及挪用军饷等各种传闻也纷至沓来，袁世凯被迫请假离开朝鲜，回籍"隐居"。中日两国就甲申政变进行善后谈判时，日本谈判代表也极力要求中方惩治袁世凯。北洋大臣李鸿章却对冒失的袁世凯青眼有加，从中不难感受到李鸿章对袁世凯的鲁莽举动有几分欣赏，想要罗致这位特殊的人才，利用袁世凯身上的某些特质。同时，与李鸿章私交甚好的袁保龄也致信袁世凯，告知李鸿章从中极力转圜、保护的情形，要袁世凯感恩戴德。至此，袁世凯彻底投入李鸿章幕下。

经过甲申政变，根据中日两国同时从朝鲜撤军的协定，中国军队完全撤出朝鲜。此时，朝鲜政府认为日本与中国都不可靠，王妃闵氏有与俄国联系的倾向，俄国政府也有将朝鲜变成其保护国的野心。觉察到这一不利形势，李鸿章奏请将壬午事变中被拘捕软禁在保定的朝鲜大院君释放回国，以抵消闵氏的影响力；并申请将袁世凯重新派回朝鲜，驻朝总理交涉通商事务，意图用这位手段泼辣的人物来震慑朝鲜政府。

1886年8月10—11日，袁世凯路过天津，准备转道赴朝鲜上任。李鸿章看到这位年少气盛、略显轻狂的少年官员，笑称"今如演戏，台已成，客已请，专待汝登场矣"。袁世凯请增派著名大员赴朝鲜主持，李鸿章则笑道，"韩人闻袁大将军至，欢声雷动，谁敢抗拒，原议诸员悉无所用，兵亦不须遣，只许汝带水师小队数十登岸作导引足矣"。语近戏谑，但不难看出火爆的甲申政变处置活动后，李鸿章对袁世凯产生的"拼命三郎"印象。

不负李鸿章的期望，袁世凯带着大院君一起回到朝鲜时，立刻给朝鲜王室以下马威。袁世凯携大院君抵达朝鲜仁川时，闵妃深忌这位国王的本生父大院君，明白清政府将与自己不共戴天的大院君放回的用意，于是左右国王，不准派出官员到仁川迎接。袁世凯遂一面大张旗鼓与各国在朝鲜的使节拜会，营造咄咄逼人的外交氛围，一面致信朝鲜政府兴师问罪："某奉朝廷命送尔王父，似此简亵何以对君父？"逼迫朝鲜国王亲自出汉城迎接。大煞了国王和闵妃的威风后，袁世凯又立即给大院君服了一剂"清醒药"，将大院君的几名亲信以乱党为名处死，让大院君明白，清政府之所以将他释放回国，无非是利用他在朝鲜守旧派中的影响以及他与闵妃的宿怨，让闵妃始终有芒刺在背之感，平衡朝鲜的权力天平，而不是要支持他重夺大权。

从此，袁世凯俨然以"太上皇"的模样驻留朝鲜，对朝鲜一切内政、外交事务予以监督和干涉，飞扬跋扈，目空一切，"任意侮辱韩廷君臣"。"袁某性情急躁，办事过火，殊欠和平，与韩官及各国公使不睦。韩王每作一事,袁即疑他国怂恿……"①利用泼辣手段、纨绔习气和痞子腔调来对付胆战心惊的属国,自然无往而不利,但对觊觎朝鲜半岛的外国列强,仅仅凭着这样的本事,是否也能够游刃自如?

失　招

  1894年春天,朝鲜半岛爆发大规模的东学党起义,古阜郡被起义军占领后,朝鲜政府又派遣京军壮卫营前往镇压。壮卫营,就是当年袁世凯随庆军入朝时负责编练的朝鲜新军。意在展露自己的训练成果,袁世凯特别电报李鸿章,请求派出停泊在朝鲜仁川的北洋海军军舰"平远"协同作战,重启中国军队介入朝鲜内务的事端。

日本近代美术作品:朝鲜京军出兵镇压东学党起义。
画中可以看到彼时朝鲜最精锐的军队——京军的军容面貌

---

① 《寄朝鲜袁道》,《李鸿章全集》22,安徽教育出版社2008年版,第451页(G15-02-012)。

得到袁世凯的奏请,也想在属国面前展露一番上国军力的威势,李鸿章当即批准,电令北洋海军提督丁汝昌照办。5月8日,"平远"舰携同朝鲜政府的轮船"苍龙""汉阳"装运朝鲜京军壮卫营南下至群山浦登陆,镇压东学党起义。①5月12日,袁世凯报告李鸿章"'平远'初五到群山卸兵,韩乱党闻兵到即瓦解……饥寇负隅,似不能久支"②,李鸿章当即将这一喜报转奏清廷。然而十几天过后的25日,总理各国事务衙门(以下简称"总理衙门")突然致电李鸿章,告知从海关总税务司赫德(Robert Hart)处得到了"韩兵大败"这一截然不同的消息,询问"赫言与袁道电互异,究竟情形如何"。同时,总理衙门还得到了"倭以'平远'船有华兵四十名,亦欲派兵前往"的突发消息,要求李鸿章予以查证。③

针对总理衙门的问询,袁世凯回复称由"平远"等舰护送的朝鲜京军尚未和东学党起义军发生战斗,"江华兵尚未接仗",至于日本准备派兵前往朝鲜这一敏感话题,袁世凯一口予以否认,称"未闻日有派兵说"④。

按照处理涉外问题的习惯,袁世凯发回的所有报告,李鸿章都当即转电总理衙门或者军机处,以供高层决策参考。5月26日中午,"未闻日有派兵说"的消息顺着电报线从天津传向了北京。几个小时后,袁世凯又向李鸿章发来了进一步的消息,电文中的内容显得极不寻常。

---

① 《两湖招讨誊录》,《东学乱记录》上,大韩民国文教部国史编纂委员会1971年版,第161—162页。
② 《寄译署》,《李鸿章全集》24,安徽教育出版社2008年版,第36页(G20-04-009)。
③ 《译署来电》,《李鸿章全集》24,安徽教育出版社2008年版,第39页(G20-04-023)。
④ 《寄译署》,《李鸿章全集》24,安徽教育出版社2008年版,第40页(G20-04-027)。

电报称,"平远"舰运送朝鲜军队从仁川出发后,日本驻朝公使曾派人询问朝鲜政府"'平'去何为",朝方回答"借送韩兵",日人追问"华兵下岸否",在得知中国没有水兵登岸后,日方提醒"倘下岸须按乙酉约知照"。①

"按乙酉约知照",即按照1885年中日两国签署的《天津会议专条》中第三条的规定,"将来朝鲜国若有变乱重大事件,中、日两国或一国要派兵,应先互行文知照,及其事定,仍即撤回,不再留防"②。根据该条约,日本和中国具有同等的向朝鲜出兵的权力。日方此时提出这一条文的举动,颇值得引起足够重视,如果稍具外交头脑,应当立刻会同日本政府积极协商,以文本形式对两国在当前形势下的举措做出具体约定,杜绝患害。然而派在朝鲜担负外交使命的袁世凯,并没有任何近代国际法知识的系统训练,对国与国之间的折冲完全懵懵懂懂,仅仅停留在控制住朝鲜朝廷就满足的层面。对日本方面提出《天津会议专条》的情况,袁世凯竟判断为"倭人意在知照,亦无派兵说"③。

基于对日本全无警惕的心态,袁世凯在朝鲜朝廷内仍然以"太上皇"的姿态大包大揽。

针对当时朝鲜朝廷内出现的向中国乞兵镇压东学党的声音,5月26日,袁世凯与力主此议的朝鲜权臣、闵氏外戚内务府督办、兵曹判书闵泳骏秘密商谈。袁世凯首先发出"朝鲜文武官员无人!"的言论,闵泳骏不解何意,袁世凯进一步解释,"方今东学党跳梁

---

① 《寄译署》,《李鸿章全集》24,安徽教育出版社2008年版,第40页(G20-04-029)。
② 《日清战争实记》第1编,日本东京博文馆1894年版,第33页。
③ 《寄译署》,《李鸿章全集》24,安徽教育出版社2008年版,第40页(G20-04-029)。

逞凶，韩廷无能制之，招讨重任仅委洪启薰孺子，怎不误国……余谓朝鲜无人即为此"，闵即问"大人可否向我国派一队兵援助剿匪"。这话正中袁世凯下怀，遂异常兴奋地表示，"倘若让我来谋划指挥，不出十日，必将讨灭之"。①

就在第二天，率军前往镇压东学党起义军的朝鲜京军壮卫营正领官洪启薰传来败报，官军在黄龙村大败，"彼徒（东学党起义军）万余名，肆役焱炽，忘生冒死，奔突赶前，追逐三十余里，而彼众我寡之致，我军困疲颠倒，苍黄还阵……"②5月31日，起义军占领了重镇全州，朝鲜朝野震动。

在这一背景下，拿到袁世凯保证的闵泳骏极力游说国王李熙向清政府求援。6月1日，朝鲜群臣会议，李熙担心如果中国出兵，日本也会派兵前来，到时局势无法收拾。与袁世凯密议多日的闵泳骏为极力促成此事，以图尽快清除东学党威胁，他把所有希望都寄托在言之凿凿的袁世凯身上，称袁世凯自会有办法，在东学党局势日炽的压迫下，朝鲜政府当天决定正式行文向中国求援。

日本从明治维新开始，始终针对中国进行扩军备战，寻找机会挑起事端。朝鲜东学党事件发生后，日本政府即敏锐地觉察到可能会寻找到开战的良机。得悉朝鲜政府这一举措，6月2日当天，密切关注中朝动作的日本驻朝代办公使杉村濬派遣书记员郑永邦拜访袁世凯，向其散播外交迷雾，以促成中国派兵，从而为日军也进入朝鲜铺平道路。

精通中文的郑永邦，此后在关于朝鲜的中日交涉中扮演了很有

---

① 《日清战争实记》第1编，日本东京博文馆1894年版，第33—34页。
② 《两湖招讨誊录》，《东学乱记录》上，大韩民国文教部国史编纂委员会1971年版，第171页。

分量的角色。鲜为人知的是,他流利的中文得自他独特的身世。郑永邦的先祖其实是明末将领郑芝龙的儿子、郑成功的亲弟弟田川七左卫门。清初,他在日本为台湾郑氏集团提供海外供应,此后其家族渐渐融入日本社会,成为地道的日本人。①

谈话间,郑永邦以言辞诱导,"倭译员郑永邦以其使令来询匪情,并谓匪久扰,大损商务,诸多可虑。韩人必不能了,愈久愈难办,贵政府何不速代韩戡云"。②袁世凯愚憨地表示"虽然还没有接到公文,但双方已内定,作好了一旦接到公文便可急速出兵的准备"。③同日,袁世凯接二连三向国内发回报告,称朝鲜准备向中国求援兵,日本政府没有他意。

6月3日清晨,杉村濬亲自出马,访谈间以半开玩笑的形式通告袁世凯"如果贵国即将出兵,我国也迫于形势不得不出兵了"。袁世凯当场面色大变,称日本不应出兵。④当天夜间,朝鲜政府向袁世凯递交正式请援文件,袁世凯对杉村濬的话只当作是玩笑,没有引起重视,立刻将朝鲜请援全文电报给李鸿章:

> ……敝邦全罗道所辖之泰仁、古阜等县,民习凶悍,性情险谲,素称难治。近月来附串东学教匪,聚众万余人,攻陷县邑十数处,今又北窜,陷全州省治。前经遣练军前往剿抚,该匪竟敢拚死拒战,致练军败挫,失去炮械多件。似此凶顽久扰,

---

① [日]大谷正,《日清战争》,日本中央公论新社2014年版,第43页。
② 《寄译署》,《李鸿章全集》24,安徽教育出版社2008年版,第41页(G20-04-034)。
③ 《明治二十七八年在韩苦心录》,中国近代史资料丛刊续编《中日战争》7,中华书局1996年版,第3页。
④ 《明治二十七八年在韩苦心录》,中国近代史资料丛刊续编《中日战争》7,中华书局1996年版,第4页。

殊为可虑，况距汉城仅四百数十里，如任其再为北窜，恐畿辅骚动，所损匪细。而敝邦新练各军，现数仅可护卫都会，且未经战阵，殊难用以殄除凶寇。倘滋蔓日久，其所以贻忧于中朝者实多。查壬午、甲申敝邦两次内乱，咸赖中朝兵士代为戡定。兹拟援案请烦贵总理迅即电恳北洋大臣，酌遣数队，速来代剿，并可使敝邦各兵将随习军务，为将来捍卫之计。一俟悍匪挫殄，即请撤回，自不敢续请留防，致天兵久劳于外也。并请贵总理妥速筹助，以济急迫，至切盼待……①

细读这份文件，不难看出其中的良苦用心。首先，朝鲜仔细陈明了请兵外国的急迫性，而后解释之所以向中国请兵，是因为壬午、甲申都有先例，最后声明的"一俟悍匪挫殄，即请撤回，自不敢续请留防，致天兵久劳于外也"，更是纯粹写给日本看的条款，以示这次请兵仅仅是为了剿匪，并不牵涉中国军队常驻的问题。如此符合"规矩"的请兵文件，自然容易让清政府产生安全感，从而答应派兵。整件事中，想要积极促成援兵来朝的"太上皇"袁世凯参与拟稿的可能性非常之大。借助清军大举来朝，平定东学党的机会，"太上皇"的声威进一步隆盛，显然是意料中的事。

为了促成清政府决策出兵来朝，袁世凯还另外发了一份电报给李鸿章，报告与杉村濬的谈话情况，"杉与凯旧好，察其语意，重在商民，似无他意"。②至于杉村濬那句若中国出兵，日本也会出兵的通告，袁世凯只字不提。

---

① 《寄译署》，《李鸿章全集》24，安徽教育出版社2008年版，第44页（G20-05-001）。
② 《寄译署》，《李鸿章全集》24，安徽教育出版社2008年版，第45页（G20-05-003）。

收到电报后的第二天，李鸿章未做更多思索，将朝鲜请援一事正式上奏，同时决定调动直隶提督叶志超、太原镇总兵聂士成部陆军赴朝平乱。外交经验比袁世凯大为丰富的李鸿章，对错综复杂的朝鲜问题竟然不做更多思考，如此匆忙做出决定，这一方面是受袁世凯的日本"似无他意"报告的误导，另一方面则是担心如果东学党事变越演越烈，导致各国以保护使馆、侨民为由出兵朝鲜，届时事态将无法收拾。尽管他是当时中国最富外交经验的官员，在近代国际交涉领域也不过是个外行而已。尽管他手下不乏专门学习国际法的人才，但推举、任用驻外大员时，他眼见的标准不过是亲疏关系和传统的胆气、权谋如何，在涉及国际法运用的此刻，他手下那些落寞的专业人才似乎集体失声了。

日本政府期待已久的战争借口，就这么来到了。

误打误撞

1894年6月6日下午6时，天津塘沽码头人潮如涌，太原镇总兵聂士成率领古北口练军、武毅军等部910人登上轮船招商局的"图南"号商船，踏上了援朝的征程。①同一天，遵照李鸿章的指示，中国驻日本公使汪凤藻向日本政府通报，"派兵援助乃我天朝保护属邦旧例……一俟事竣，仍即撤回，不再留防"。②李鸿章根据袁世凯此前报告的日本必不会多事的判断，认为在向日本政府通报，完成

---

① 盛宣怀档案资料选辑《甲午中日战争》下，上海人民出版社1982年版，第6页。日本参谋本部：《明治廿七八年日清战史》第1卷，日本东京印刷株式会社1904年版，第77—78页。
② 《寄译署并叶军门袁道》，《李鸿章全集》24，安徽教育出版社2008年版，第46页（G20-05-007）。

1885年《天津会议专条》规定的"知照"义务后，日本就不会旁生枝节。

但是，照会发出不久，仿佛是这次派兵举措过于仓促、草率而连带的后果，一连串不寻常的事情开始出现。6日早晨电告完驻日公使汪凤藻后，一封来自日本的电报很快到达天津，汪凤藻报告日本派回国述职的驻朝公使大鸟圭介带领20名警察前往朝鲜。下午，汪凤藻又致电，告知听说日本将要向朝鲜派出军队。突然听到这些消息，李鸿章预感事态有变，但仍故作镇定，回电汪凤藻加以抚慰，"韩未请倭派兵，倭不应派。若以使馆护商为词，究有限"。①

实际上，早在6月1日，日本驻朝公使馆书记员郑永邦从袁世凯口中得知清政府有意派兵开始，日本政府就已经将之作为挑起战争的借口，预先着手进行各项准备。2日，日本内阁即召开会议，决定如果中国出兵，日本就以保护使馆为名首先派遣一个旅团规模的兵力到达朝鲜，同时命令分散在各地的海军常备舰队舰只向朝鲜仁川、釜山等重要口岸集中。3日，朝鲜政府正式发出向中国求援的文件。4日，杉村浚从朝鲜发回报告，"袁氏派其书记官通知我，昨夜朝鲜政府已就请求援兵一事发出公文……据我推测，援兵可能有一千五百名左右，即将由威海卫派来。对此，我政府是否也要立即出兵"。②日本政府遂下定战争决心，为适应战时指挥的需要，于5日在广岛成立了以明治天皇为核心的战时大本营。6日，中国公使递送照会时，日本陆军混成旅团实际上已经在动员集结中。

---

① 《寄译署并袁道》《汪使来电》《复汪使》，《李鸿章全集》24，安徽教育出版社2008年版，第46—47页（G20-05-008）（G20-05-009）（G20-05-010）。
② 《明治二十七八年在韩苦心录》，中国近代史资料丛刊续编《中日战争》7，中华书局1996年版，第5页。

和日方设计缜密、环环相扣的布局形成鲜明对比的是，从东学党事变开始，为巩固自己在朝鲜的地位，加强清政府对朝鲜的藩属控制，积极促成朝鲜向中国乞援的袁世凯，对日本将会就此事有何反应，完全没有考虑。连朝鲜国内事态发展动向、形势判断都完全得自袁世凯的李鸿章，更是两眼一抹黑。

得到李鸿章转告日本驻朝公使大鸟圭介将要带领武装警察返回朝鲜的消息，正在为中国军队已经出发赴朝而欢欣鼓舞的袁世凯，这时才感觉到一丝不妙，流露出"大鸟来，虑生事"的担忧。紧接着，6月7日，日本驻华代理公使小村寿太郎照会总理衙门，告知日本遵照《天津会议专条》的约定，也将派兵进入朝鲜。同日，日本外务省照会驻日公使汪凤藻，对中国派兵照会中提及的"天朝保护属邦"等文字表示异议，认为中朝间的所谓藩属关系不被国际法承认，朝鲜属于独立国家。

日方数管齐下，袁世凯、李鸿章步步被动，在朝鲜以往的几次变乱中，表现得异常勇武敢为的袁世凯，以匹夫之勇面对错综复杂的外交军政关系，显得力不从心。

6月8日上午，袁世凯致电李鸿章，称东学党起义军溃不成军，援朝清军"似即可撤兵，庶得体而免生枝节"。① 紧接着，李鸿章又收到一份袁世凯来电，称刚刚收到日本驻朝使馆代办的密信，告知日本派兵入朝目的是"调护使馆，无他意"。② 得到日本驻朝公使馆的保证，袁世凯又立刻胆壮气扬。朝鲜国王因为听闻日本将要出兵，

---

① 《寄山海关速送叶军门》，《李鸿章全集》24，安徽教育出版社2008年版，第49页（G20-05-018）。
② 《寄译署》，《李鸿章全集》24，安徽教育出版社2008年版，第49页（G20-05-019）。

派人告知袁世凯,"请华兵毋遽下岸,尤毋须进兵"。袁世凯则信心满满地称中国自有办法通过外交阻止日军派兵。如果不能阻止,中国会增兵与日军抗衡。同时,袁世凯电报李鸿章称"华进兵与否,惟视全匪存亡,不能因倭调兵遽停进"。①

此时,运送中国派朝军首批部队的"图南"轮船刚刚抵达袁世凯确定的登陆点——牙山湾,尚未实施登陆。如果此时果断处置,留在海面上静观时局变化,必然会让借口因中国出兵而出兵的日本陷入被动。但是袁世凯对局势的错误判断,致使局势迅速恶化。

近代日本美术作品:1894年6月,清军聂士成部抵达朝鲜牙山

9日,聂士成率领的援朝清军先头部队在牙山登陆。同一天夜

---

① 《寄译署》,《李鸿章全集》24,安徽教育出版社2008年版,第50页(G20-05-021)。

间10时,日本驻朝鲜公使大鸟圭介带领武装警察和海军水兵队数百人登陆仁川。听闻日军登陆的消息,袁世凯寄希望于朝鲜政府和列强驻朝外交官帮助劝阻,但全部无效。10日下午6时,大鸟圭介率领日军冒雨进入朝鲜首都汉城。

清政府派兵是凭着属国的正式邀请,但这种宗藩关系并不被国际法所承认。日本军队不请自来属于无理举动,但因为《天津会议专条》约文不严,反而拥有国际法依据。这一事前完全没有料到的局面,在清政府内迅速提升到高层决策领域进行讨论,总理衙门讨论得出的大致意见是"日乘韩乱,以兵胁议,又托言由华照会兵出,阴鸷极矣",命令袁世凯就地在朝鲜与日方进行会商,以外交方式解决争端。

面对日方不顾朝鲜政府拦阻,强行进兵汉城的举动,身处汉城使馆的袁世凯仍未引起警觉,一厢情愿地认为日军是因为东学党占领全州,韩乱未平,所以如此。"倭与华争体面,兵来非战。""速设法除全匪,全复,华兵去,倭自息。"①

此前日本进入汉城的只是警察和军舰上的海军官兵,人数只有数百人,因此尚可以理解为保护使馆。12日,日本陆军正规军——混成旅团的先头部队第十一联队一大队及工兵小队在仁川登陆。②而就在前一天,东学党因为和政府签署了休战协定,已经撤出全州。此时日本还继续派来军队,显示出其增兵的目的已不是保卫使馆、商民这么简单。

然而袁世凯对此并不在意。6月13日,正在筹划是否要向朝鲜

---

① 《北洋大臣来电六》,中国近代史资料丛刊《中日战争》2,上海人民出版社1957年版,第553页。
② 日本参谋本部:《明治廿七八年日清战史》第1卷,日本东京印刷株式会社1904年版,第107页。

增兵的李鸿章,突然收到袁世凯的来电,报告日本派兵朝鲜的事端已经顺利解决了。袁世凯取得的这场突如其来的"外交胜利",实际源自当天他和来访的日本驻朝公使大鸟圭介的一些谈话。

会谈中,在袁世凯一番"华、倭睦,亚局可保;倘生嫌,徒自害。我辈奉使,应统筹全局以利国,岂可效武夫幸多事"的高谈阔论后,大鸟圭介首先回答,"甚是,适有同见。我廷视韩匪太重,骤遣大兵。我年逾六旬,讵愿生事,即电阻后来各船兵"。紧接着便抛出了此次来访的真实用意,称"接津电,闻华发兵两千来汉(汉城)"。袁世凯未解其中深意,顺势打包票"果汝能阻续来兵,我亦可电止加派"。大鸟圭介原本担心混成旅团全部登陆前,中国派出大军抢先进驻汉城,可能会造成日军登陆困难的危险,于是采取了这招缓兵之计,没有想到袁世凯如此头脑简单地中招。会谈最后,大鸟抛出"我除八百(指当时日军已经到达朝鲜的800人)外尽阻之,尔亦电止华加兵,我二人在此必可推诚商办"的约定,令袁世凯大喜过望,恍如谈笑间化解了一场危机。①

借着叔父的关系当上官,又凭着心狠手辣和办事火爆得到李鸿章重用,以朝鲜"太上皇"跋扈自居的袁世凯完全不知道,坐在他对面这个面似和善的老人,是个如何厉害的对手。

大鸟圭介。甲午战争爆发时为日本驻中国、朝鲜特命全权公使,其阅历、经验均在他的对手袁世凯之上

---

① 《寄译署》,《李鸿章全集》24,安徽教育出版社2008年版,第57—58页(G20-05-053)。

1894年6月12日，停泊在仁川港外海的日本运兵船只（照片中黑色的船只）和军舰（照片中白色的船只）（[日]樋口宰藏摄）

在仁川海边整队的日军混成旅团（[日]樋口宰藏摄）

大鸟圭介1833年出生于日本兵库县一个医生家庭，青年时代先后学习汉学、医学和近代炮兵学，成为德川幕府的陆军军官。日本戊辰内战时，大鸟圭介为对抗明治政府的虾夷共和国陆军司令，虾夷共和国败亡后被捕入狱。1872年出狱后，大鸟圭介赴欧美各国考察政治，回国后任官工部省，投身工业建设，颇有建树。此后大鸟

第二章 朝鲜"太上皇"——甲午战争爆发前后的袁世凯

圭介历任工部大学校长、元老院议官、华族女学校校长、学习院院长等职，1889年开始出任驻中国、朝鲜公使，以工于谋略、遇事镇定闻名。

根据东学党已散，派兵援朝前提条件已无的情况，袁世凯决定由朝鲜政府出面，提议中日两国同时撤军。对这接连到来的"捷报"，李鸿章喜出望外，当即终止向朝鲜增派军队的计划，电告在朝中国军队统领叶志超、聂士成立刻停止所有军事行动。[1]

6月14日，总理衙门又收到李鸿章转递的袁世凯喜讯。袁世凯称已经和大鸟圭介商妥，"华撤兵伊即同撤"。阅历深厚的李鸿章，此时似乎觉察到了一点儿什么，回电给已经被胜利冲昏头脑的袁世凯，"大鸟既与汝约定，日兵究何时必撤，是否尽撤，须取伊信函或回文为据"。[2]对此，袁世凯并不以为意，报告"日信谣防华，遣兵太率，徒足贻笑，鸟甚急"。[3]

然而到了15日，李鸿章突然从驻日公使汪凤藻处得到了一个不好的消息。汪凤藻报告，朝鲜驻日外交官赴日本外务省，以朝鲜东学党已经剿平，中日两国应撤兵之事相告，而日本外务省的回复是未从驻朝公使大鸟圭介处得到任何这类报告。李鸿章急忙致电袁世凯，要求"确查电复"。连日电报不断的袁世凯，瞬间没了声音。16日，汪凤藻再度向李鸿章报告了一则在日本得到的消息，"日派兵增至五千余，意叵测"。[4]就在这天中午，大岛义昌少

---

[1] 《朝鲜汉城速寄叶军门》，《李鸿章全集》24，安徽教育出版社2008年版，第58页（G20-05-054）。
[2] 《寄朝鲜袁道》，《李鸿章全集》24，安徽教育出版社2008年版，第61页（G20-05-063）。
[3] 《寄译署》，《李鸿章全集》24，安徽教育出版社2008年版，第62页（G20-05-067）。
[4] 《寄译署》，《李鸿章全集》24，安徽教育出版社2008年版，第63页（G20-05-071）。

将率领的日本混成旅团主力2 673人全部登陆朝鲜仁川，日本政府一并向中国提出了极具挑衅性质的共同改革朝鲜内政方案。17日，混成旅团另一部登陆釜山。至此，中日两国在朝鲜的军力对比天平出现严重倾斜。

大鸟圭介与袁世凯的所谓约定完全撕毁，颜面极度无光的袁世凯急忙与大鸟圭介磋商，仍然想抓住这根他认为十分和善的救命稻草。看到日军大举临境，屯兵在牙山的清军统帅叶志超也坐卧不宁，向袁世凯发出电报，决定乘日军大部刚刚登陆仁川、釜山之际，急速率领清军进据朝鲜首都汉城。仍然幻想中日同时撤兵的袁世凯对此持反对意见，立即致电李鸿章，要求制止叶志超的行动。

袁世凯与大鸟圭介谈判时，大鸟圭介态度和善，有议必应；但在和谈室外，日本军队挺进的脚步丝毫没有停滞。至此，袁世凯感到难以自圆其说，以他的知识和本领已经无法收局，决定尽快自找退路，电禀李鸿章，"是在此谈商无济事，可否乞电汪星使（汪凤藻）在倭商办"。[①]

回　朝

对袁世凯在此重要时刻竟然想要抽身事外的表现，李鸿章在回电时言辞间已透露出不快，命令"汝须力阻大鸟勿调新到兵赴汉为要"。[②]

此后，借着重兵临境，日本对华交涉步步威胁，丝毫不让，意图割裂中朝间的藩属联系，改组朝鲜现政府，成立亲日政府。清政

[①]《袁道来电》，《李鸿章全集》24，安徽教育出版社2008年版，第66页（G20-05-082）。
[②]《复朝鲜袁道》，《李鸿章全集》24，安徽教育出版社2008年版，第67页（G20-05-085）。

第二章 朝鲜"太上皇"——甲午战争爆发前后的袁世凯

府主要以总理衙门、驻日公使为主与日方谈判，袁世凯在朝鲜事实上处于消极怠工状态，只是虚无缥缈地称自己在联络外国驻朝外交官谴责、劝说日本，再就是不断要求李鸿章派重兵赴朝，震慑日本。

6月30日，中、日围绕朝鲜问题的交涉逐渐陷入僵局，日本借着强大军力不断威逼朝鲜政府单方面接受日本提出的废除与中国藩属关系，朝鲜境内局势日益紧张。当天，袁世凯连发数封电报给李鸿章。先是以日军到朝已近万人，"各处布置，待与华寻衅"为由，申请回国；而后又称朝鲜与日本密谋，决定不认和中国的藩属关系，日军可能会用兵押送自己出境，"果尔辱甚"，申请先回国。李鸿章于第二天回电，"倭允不先与华开衅，岂能拘送使臣，要坚贞，勿怯退"。①7月3日，日本驻朝公使大鸟圭介单方面向朝鲜提出改革内政纲领。4日，袁世凯又搬出不知真假的"韩廷犒赏日兵米肉甚多，韩喜日"故事，申请"应下旗回"。②李鸿章将其请求转奏总理衙门，总理衙门回复日本政府当时只是坚持要朝鲜承认为自主之国，并没有直接剑指中朝宗藩关系的文字。此时如果袁世凯从朝鲜撤旗回国，反而显得中国与朝鲜失和，"办法勿遽失体"，要求"万勿轻动"。③

7月5日，针对日本要求改革内政的最后通牒，朝鲜政府请求日本宽限两天回复。当天中午，袁世凯显得惊慌不已，致电李鸿章，坚决要求立刻回国，"日在韩专忤华意，凯为使系一国体，坐视胁陵，具何面目。如大举（指清政府如准备与日本战争），应调凯回询情形，妥筹办；暂不举，亦应调回"。④下午时分，袁世凯再度电报李鸿章，

---

① 《寄汉城袁道》，《李鸿章全集》24，安徽教育出版社2008年版，第96页（G20-05-193）。
② 《寄译署》，《李鸿章全集》24，安徽教育出版社2008年版，第104页（G20-06-005）。
③ 《寄朝鲜袁道》，《李鸿章全集》24，安徽教育出版社2008年版，第106页（G20-06-015）。
④ 《寄译署》，《李鸿章全集》24，安徽教育出版社2008年版，第107页（G20-06-019）。

"凯在此无办法,徒困辱,拟赴津面禀详情,佐筹和战。倘蒙允即行,以唐守暂代",提出可以让属员唐绍仪在朝鲜代理自己的职务。①

日本近代美术作品:甲午战争爆发前,朝鲜京城街头的日本混成旅团士兵

6日,总理衙门做出指示,因俄国驻朝代理公使韦贝即将赴朝,有望帮助调停中日朝矛盾,要求袁世凯在"势不可挽"之前,必须在朝鲜"静候",等待与韦贝会商。归意已决的袁世凯不得已继续留在朝鲜,但对外交事务全无心思。7日,日本给予朝鲜答复的最后通牒到期,朝鲜国王下令成立名为"改革调查委员会"的虚无机构,企图以此蒙混日本。日方对此极为不满,在其威逼下,朝鲜国王李熙于8日颁布罪己诏,原则上同意进行日本主张的内政改革。10日,

---

① 《寄译署》,《李鸿章全集》24,安徽教育出版社2008年版,第109页(G20-06-024)。

第二章 朝鲜"太上皇"——甲午战争爆发前后的袁世凯

日朝代表在汉城南山的老人亭会商,日方抛出直接干涉朝鲜军队、国体、外交等大政的所谓改革具体方案,共计二十六条,逼迫朝鲜政府于15日做出明确答复。

预感朝鲜局势即将发生剧变,7月11日袁世凯突然称病,"凯素有发烧症,近因久痢气虚,昨夜剧犯,头目昏瞀,周身疼痛,即延洋医诊视。据云热过百度,首置冰始稍轻,似尚不至害事",随即先斩后奏,以"未便晷刻废事"为辞,直接将职任交给属员唐绍仪代理。①

7月15日,朝鲜政府以日本大兵压境,又限定日期,要求朝鲜改革内政,有干涉朝鲜内政嫌疑为由,婉拒日本要求。当天李鸿章接到报告,不过汇报人已经不再是袁世凯,而成了唐绍仪。唐绍仪在汇报中还进一步为袁世凯的病况做证。袁世凯则通过唐绍仪在电报中不露声色的"俟袁道至津稍痊面禀"等注明,准备一旦李鸿章、总理衙门对此不做公开表态,就当成是默认批准而立即返回天津。出乎袁世凯的预料,16日总理衙门突然转发上谕,清政府以皇帝上谕的最高命令形式,命令"袁道前奉谕旨,毋庸调回。切不可径自赴津,如必须令其面禀情形,仍应请旨遵行"。②

看到这一命令,如同突然痊愈一般的袁世凯立刻电报李鸿章。为了回国,袁世凯经历多年宦海生涯,似乎已被磨灭的纨绔本性完全展露出来:"凯病至此,何可得保(不)辱国"③,"凯病如此,惟有死,然虽死何益于国事?痛绝!至能否邀恩拯救,或准赴义平待轮,乞速示"④。代理袁世凯职务的唐绍仪也及时佐证:"袁道病日

---

① 《寄译署》,《李鸿章全集》24,安徽教育出版社2008年版,第128页(G20-06-096)。
② 《译署来电》,《李鸿章全集》24,安徽教育出版社2008年版,第136页(G20-06-124)。
③ 《寄译署》,《李鸿章全集》24,安徽教育出版社2008年版,第136页(G20-06-126)。
④ 《寄译署》,《李鸿章全集·电稿》2,上海人民出版社1986年版,第782页。

重，烧剧，心跳，左肢痛不可耐。韩事危极，医药并乏，留汉难望愈，仪目睹心如焚。韩事以袁道为最熟，调回尚可就近商办一切，无论和战，当可图效。若弃置不顾，可惜。"①

7月18日，袁世凯期望已久的命令来到，"本日奉旨：袁世凯著准其调回。钦此"②，旋即登轮回国，于22日夜抵达天津。③日军攻入朝鲜王宫，战事爆发时，袁世凯已然身处事外。袁世凯在朝鲜见难而退，不肯担负责任，尤其是最后时刻为了回国而上演的活剧，令李鸿章感到异常不满，很快以其熟悉朝鲜情事为由，勒令其返回朝鲜，到平壤前线任事。

近一个月后，8月16日，军机大臣翁同龢的府上来了一位年轻人——袁世凯的堂弟袁世勋。受袁世凯所托，他前来说情。"袁世勋（敏孙）为袁慰廷事来见，慰廷奉使高丽，颇得人望，今来津不得入国门（李相保令赴平壤），欲求高阳（李鸿藻）主持，因作一札予高阳，即令敏孙持去。"④当局者迷的袁世凯，始终不明白自己为何在对日交涉中输给了日本人，也不愿再去思考这个问题，而是看到伴随着战局的恶化，淮系日薄西山，且对李鸿章将自己又派上前线的举动感到不满，借着叔父袁保龄曾是清流领袖李鸿藻门生的关系，私下里悄悄投向清流，寻找其他升迁的道路。

对袁世凯在朝的表现，甲午战争结束后，李鸿章的女婿张佩纶回忆往事，曾不无愤然地说道：

---

① 《寄译署》，《李鸿章全集》24，安徽教育出版社2008年版，第138页（G20-06-133）。
② 《寄朝鲜袁道》，《李鸿章全集》24，安徽教育出版社2008年版，第143页（G20-06-152）。
③ 《涧于日记》，中国近代史资料丛刊续编《中日战争》6，中华书局1993年版，第483页。
④ 《翁同龢日记》5，中华书局1997年版，第2719页。

> 合肥（李鸿章）素仁厚，止以喜用小人之有才者，晚年为贪诈所使，七颠八倒，一误再误……独袁以罪魁祸首，而公论以为奇才，直不可解。花房之役（壬午事件），攘吴长庆功，此不足论。虽曰欲尊中朝，而一味铺张苛刻，视朝鲜如奴，并视日本如蚁，怨毒已深，冥然罔觉。土匪之起，即倭所使。电禀日数十至，请兵往剿。彼岂不知亲家翁之约者？（指中日1885年签订的《天津会议专条》）无乃太疏！①

李鸿章在甲午战争末期入都。战后一天，恭亲王也问及此事，李鸿章的回答则耐人寻味。

> 恭亲王一日问合肥（李鸿章）云："吾闻此次兵衅，悉由袁世凯鼓荡而成，此言信否？"合肥对曰："事已过去，请王爷不必追究，横竖皆鸿章之过耳。"恭亲王嘿然而罢。②

---

① 《致李兰孙师相》，续修四库全书《涧于集》，上海古籍出版社2002年版，第576页。
② 王伯恭：《蜷庐随笔》，台北文海出版社1968年版，第26页。

第三章 天朝上国的家底
——甲午战争前的中国军力

论及甲午战争前清王朝的军力,今人往往以为其有多达上百万的陆军以及大海之上亚洲排名第一的强大舰队。这种印象自然而然会与甲午战争中清军兵败如山倒、百战而无一胜的表现形成强烈反差。很多人都难免为之困惑,为什么拥有如此强大军力的清王朝,会输给小小的日本?很多人会憎恨那些贪生怕死的将领,痛责签约割地的官员,仿佛将这些"奸臣"通通更换,战争就会有截然不同的收局。然而细读清代的档案会发现,纯军事层面的失败几乎是无法避免的,因为那些所谓的堂堂之师,只是纸面上的虚幻景象。

发 问

清代政府中枢设有都察院,是全国最高的行政监察机构,也是以评论时事、弹劾官员为能事的清流言官们的重要阵地。朝鲜东学党事发以来,对朝政决策,言官们一度处于观望状态;尽管私下里议论丛生,但官面上的言论并不多见。直到1894年6月22日,以都察院江西道监察御史(监察御史是清代官职名,负责监督某一地区的吏政,纠参弹劾违纪官员)、浙江余杭人褚成博的一份奏折开始,正式拉开了清流言官全面监督、评论甲午战守决策的序幕。

第三章 天朝上国的家底——甲午战争前的中国军力

那一天，正是日本提出"改革朝鲜内政"无理要求的日子，负责北洋对外交涉事务的李鸿章正在积极寻求列强斡旋，想通过邀请列强介入干涉的方式，破解日本吞占朝鲜的阴谋。褚成博奏参的矛头直指李鸿章，认为李鸿章不想方设法从速增兵朝鲜、威慑日本，反而寻求列强调停，"何能壮声威而折狡谋"，要求清政府在朝鲜问题上采取强硬态度，责令李鸿章增兵和日本抗衡。

7月4日，朝鲜局势进一步紧张，已升任吏科给事中（清代官职名，隶属都察院的言官，负责专门纠察吏制，有直接向皇帝建言的权力）的褚成博再度上折言战。除继续对李鸿章力主外交和议的态度提出严厉批评外，还专门就中日两国的军力做了一番对比。褚成博评价日本是"岛夷小丑，外强中干，久为寰海所共知"。中国历史上对东瀛岛国日本向来小视，加上日本在壬午、甲申两次朝鲜事变中外强中干的表现，更使得清流、士子乃至当时中国百姓，对日本产生不足惧的根深蒂固的印象。

对于中国，褚成博的看法也代表了当时的一般舆论。"我中华讲求海防已三十年，创设海军亦七八年"，北洋的海军和海防陆军"技艺纯熟，行阵齐整，各海口炮台、船坞等工，亦一律坚固""武备修举，足以永靖海氛"。

经过这么一番对比，褚成博表示了不解：帝国既然有如此强大的武备，面对"区区一日本"，为什么要如此退缩？褚成博认为应该"决意主战，大加驱剿，兵威既振以后，办理交涉事务自能就我范围"。最后，他在奏片中做出结论，三军勇怯全视统帅，正是因为李鸿章的怯懦，才使得强大的中国面对日本的挑衅，竟然不做强硬回复，"苟非李鸿章激发天良，感励将士，恐此事终无把握"，要求光绪皇帝"严旨责成该大臣，妥为筹办，不准稍涉因循"。①

海军：逝去的亚洲第一

对这种在当时颇具代表性的敌我实力判断，李鸿章在褚成博奏片递上的几天前，就正式表示了不同的看法。

当褚成博6月22日第一次上奏后不久，清廷于6月25日密谕李鸿章，要求其迅速做好军事应对的准备，"据现在情形看去，口舌争辩，已属无济于事""现倭已多兵赴汉，势甚急迫。设胁议已成，权归于彼，再图挽救，更落后着。此时事机吃紧，应如何及时措置，李鸿章身膺重任，熟悉倭韩情势，著即妥筹办法，迅速具奏"②。李鸿章接旨后，在6月30日复奏，其内容大出清廷的意料，在中枢引起了一场不小的"地震"。

停泊在旅顺军港内的北洋海军主力舰

---

① 《褚成博奏请妥筹海防片》，中国近代史资料丛刊《中日战争》2，上海人民出版社1957年版，第582—583页。
② 《军机处寄北洋大臣李鸿章上谕》，中国近代史资料丛刊《中日战争》2，上海人民出版社1957年版，第568—569页。

第三章 天朝上国的家底——甲午战争前的中国军力

迥异于舆论的乐观估计，李鸿章奏折中称北洋海军可用的战舰只有八艘，陆军方面堪战的军队只有两万人，如果要预备战争，必须要先筹200万至300万两饷银以增募士兵，"就陆路而论，沿海各军将领均久经战阵，器械精利、操演纯熟，合计亦仅二万人"[①]。这样的情况，显然和陆军将兵百万、海军亚洲第一的外在形象相差得太远。

接到奏折，清政府吃惊不已。于7月2日密谕，由驿站五百里加急送往天津，要求李鸿章对此事做出详细的解释。

> 惟该督练办海军有年，前据陈奏校阅操演情形，俱臻精密，自已足备缓急。兹据奏称，北洋铁快各舰堪备海战者只有八艘。究竟海军所练之兵有若干？此外北洋分扎沿海防军若干？及直隶绿营兵丁可备战守者若干？著即逐一详细覆奏。[②]

等到7月4日，就在给事中褚成博上奏分析清军优于日军，表示对为何向日本示弱不理解的这一天，李鸿章的详细奏报也送到了京师紫禁城内。这份奏折是甲午战争爆发前，清政府主管官员对自身军事实力所做的最明确的估计，具有极高的史料价值，从中透露出的是一幕触目惊心的景象。

李鸿章首先报告了北洋海军的情况，对为什么说只有八艘军舰可资海战进行了详细说明：

[①]《酌度倭韩情势豫筹办理折》，《李鸿章全集》15，安徽教育出版社2008年版，第371页（G20-05-047）。
[②]《军机处寄北洋大臣李鸿章上谕》，中国近代史资料丛刊《中日战争》2，上海人民出版社1957年版，第577页。

伏查战舰以铁甲为最，快船次之。北洋现有"定远""镇远"铁甲二艘，"济远""致远""靖远""轻（经）远""来远"快船五艘，均系购自外洋，"平远"快船一艘，造自闽厂。前奏所云战舰，即指此八艘而言。此外，"超勇""扬威"二船，均系旧式；四"镇"蚊炮船，仅备守口；"威远""康济""敏捷"三船，专备教练学生；"利运"一船，专备转运粮械……历考西洋海军规制，但以船之新旧、炮之大小迟速分强弱，不以人数多寡为较量。自光绪十四年后，并未添购一船，操演虽勤，战舰过少。臣前奏定海军章程及两次校阅疏内，迭经陈明在案。①

清王朝在第二次鸦片战争后创办西式海军，追求海防自强。起初以设于福建马尾的船政作为海军建设的主要着力点，1874年日本侵略台湾事件发生后，清政府代之以南、北洋海军建设战略，由北洋通商事务大臣负责北洋（盛京、直隶、山东沿海地区）的海防建设，筹建北洋海军，由南洋通商事务大臣负责南洋（江苏、浙江、福建、广东的沿海地区）海防，筹建南洋海军。实际操作中，因为海防经费的总数有限——每年额定只不过400万两银，且北洋海防事关京畿门户，遂调整成为优先建设北洋海军。

得到清政府的支持，李鸿章从1875年起筹建北洋海军。他从船政调集精英人才，向英、德等国订造了一批先进舰船装备，并聘请西方海军军官，模仿英国海军的模式严格训练，同时在山东的威海卫、胶澳（今青岛），盛京的旅顺口、大连湾等地，营建海军军港和

---

① 《李鸿章覆陈海陆兵数折》，中国近代史资料丛刊《中日战争》2，上海人民出版社1957年版，第583页。

第三章 天朝上国的家底——甲午战争前的中国军力

海防炮台设施，至1888年规模初具。1888年10月3日，慈禧太后懿旨批准了总理海军事务衙门的上奏，颁行带有确定部队编制意义的重要文件《北洋海军章程》，北洋海军正式成军。虽然名为北洋，实际就是当时中国唯一的国家海军。此时的北洋海军，在编舰艇25艘，拥有多处军港和保障基地，附属有军械局、机器局、水师学堂、西医学堂、海军医院等后路配套机构，军队训练水平不亚于西方，因为舰队中有"定远""镇远"两艘称雄亚洲的一等铁甲舰，被誉为亚洲第一舰队。

1885年，"定远""镇远"铁甲舰从德国出发回国。两舰是北洋海军的主力，曾号称亚洲第一巨舰，但到甲午战争时舰龄已将近十年，昔日的风采早已褪去

然而，这些都是1888年的往事。

北洋海军1888年成军后，实力超越日本海军，日本明治政府的扩张战略暂时收敛，东亚局势呈现出了河清海晏的气象。清王朝认为同治朝以来所追求的自强之计已见成效，海防建设已是一劳永逸，并不认为海防建设仍需要连续投入、不断更新，反而从此缩减开支，甚

至于1890年批准户部的奏请，禁止再从外国添购舰、炮、军火，北洋海军的装备建设戛然而止。正如李鸿章奏折中所说，至1894年甲午战争爆发前，除去不能出远海作战的鱼雷艇、蚊子船（包钢壳的木制炮舰）、练习舰、运输舰，以及舰龄过老的"超勇""扬威"巡洋舰外，北洋海军可以出海作战的主力军舰的确只有八艘。至于当时中国其他三支非经制（经制即有国家正式编制）的舰队，李瀚章总督的两广早已将广东水师主力舰"广甲""广乙""广丙"派到北洋随同训练行动，南洋和船政的舰队因为军力不济，根本无从支援北洋海军。

囿于奏章的篇幅，李鸿章只举出军舰数量这一问题，没有更深入地说明这些所谓的主力舰当时的技术状况。实际上，铁甲舰"定远""镇远"和巡洋舰"济远"的舰龄都将近十年，巡洋舰"经远""来远""致远""靖远"的舰龄已接近七年，舰队中最新加入的船政造军舰"平远"舰龄也已五年。北洋海军日常巡弋任务繁重，每年要执行沿中国海岸的巡防航行，其活动区域最北到海参崴，最南到达南海诸岛以及新加坡等南洋地区。长时间、高强度的使用，使得军舰的动力系统老化很快，按当时舰船锅炉使用寿命多为十五年左右的标准，北洋海军的这些军舰大部分已经到了锅炉报废的临界期，最直接的影响就是军舰的航速变慢。李鸿章曾向清政府申请拨款更换锅炉，但没有下文。①

比军舰老化更让人忧心的是军舰设计的落伍，蒸汽动力军舰兴起于19世纪50年代，到了90年代，随着舰船技术、海军战术的不断更新，这一阶段的军舰设计推陈出新，一日千里，往往建造时还

---

① 《致总署　论兵轮分年大修》，《李鸿章全集》35，安徽教育出版社2008年版，第587页（G19-12-006）。

被认为属于翘楚的军舰，等到下水服役时就已被新的设计、技术或战术理念所淘汰。可以说非常不幸的是，北洋海军的主力军舰几乎都是这一时期的产物，设计建造时，算得上是世界上最先进的军舰，然而只过了短短几年，就已落伍。

1891年北洋海军应邀访问日本期间，提督丁汝昌已直观地观察到日本海军不同寻常的发展速度。归国后，他就向李鸿章提出购买快船、快炮。1892年，北洋海军再度访问日本。短短几年间，日本海军迅速扩张的势头更令人吃惊。归国后，北洋海军右翼总兵刘步蟾也曾上书李鸿章，要求添购新式装备。1894年初，李鸿章上奏清廷要求为北洋海军更新装备，所得到的回应仅是内容为该衙门知道的朱批指示。

李鸿章的北洋海军仅有八艘主力军舰的说法，已经足以令清政府吃惊，如果再知道日本海军此时的实力，会更毛骨悚然。

日本海军巡洋舰"松岛"。"松岛"和姊妹舰"严岛""桥立"都是用日本著名景观的名字命名的，并称三景舰，是专门为克制中国的"定远""镇远"而设计建造

日本海军巡洋舰"吉野",航速快捷,火力强大,建成时是世界上最新式的巡洋舰

近代日本的海军建设几乎和中国同时开始,在日本扩张性国策的指引下,两国海军发展始终呈现出你追我赶的军备竞赛形势。早期,两国争先恐后地从欧洲购买军舰:为制衡日本海军的"龙骧"等老式铁甲舰,中国从英国购买"超勇"级巡洋舰,日本立刻购买同型的"筑紫"舰;旋即中国定造"定远"级铁甲舰和"济远"号巡洋舰,日本则定造从"超勇"级升级而来的"浪速"级巡洋舰;看到日本购买了"浪速",中国又定造了"致远"级和"经远"级巡洋舰。然而北洋海军成军后,这种竞赛渐渐成了日本的独舞。

与北洋海军只有八艘军舰可用于海战的窘状相比,至甲午战争爆发前,日本海军共拥有排水量1 000吨以上的军舰31艘,其中可出海作战的主力舰28艘(二等铁甲舰三艘,巡洋舰十艘,炮舰15艘),包括专门为克制"定远""镇远"铁甲舰而设计建造的三艘"松岛"级军舰,还有同时代世界上火力最猛、航速最快的巡洋舰"吉野"。和北洋海军军舰动辄五年以上的舰龄相比,日本海军1891年后服役的全新军舰多达九艘,其中有两艘甚至是1894年刚刚服役的军舰。这些军舰身上，充满了对付既往旧式军舰的撒手锏。①

1894年时，东亚第一海军的桂冠已经属于日本，北洋海军无论在舰只数量还是装备的先进程度上都望尘莫及，唯有一点可弈之资，就是人员。视北洋海军为假想敌的日本也早早注意到这点，现藏美国哈佛大学图书馆的1891年版日本海军情报《清国北洋海军实况一斑》中，就有一段重要的评估：

> （北洋海军）军纪、训练全部学习英国……从舰上官兵的活动观察，纪律极为严肃，武器保养、舰内配置非常到位……舰队内号令均用英语，舰内的布署表、日程表等文件都是中、英双文，舰上的各种训练虽然难免喧嘈杂扰，但极为迅速活泼，从持枪练习来看，姿势标准、动作敏捷。北洋舰队跨国远航活动不多，但在本国沿海的航行非常频繁，却从未发生过任何事故。1889年旅顺演习时，舰队出港动作迅速、运动中阵型保持良好，这绝对不是可以轻侮的进步。

但是在技术较量很起决定作用的近代化海战中，人是否就一定能胜天呢？这不由得让李鸿章为之担忧。

还是在李鸿章上奏的1894年的7月4日，北洋海军提督丁汝昌致电李鸿章，申请率领战舰深入日本军舰密布的汉江一带巡弋。李鸿章回电讥讽："此不过摆架子耳……人皆谓我海军弱，汝自问不弱否？"②

---

① 陈悦：《中日甲午黄海大决战》，台海出版社2019年版，第81页。
② 《复丁提督》，《李鸿章全集》24，安徽教育出版社2008年版，第105页（G20-06-011）。

陆军：纸上的百万雄师

甲午战争爆发前的中国社会，如果说还有少数人对海军实力的估计较为清醒，认识到可能弱于日本，那么在有关陆军的认识方面，则几乎众口一声，都估计中国陆军最终将凭借巨大的人数优势战胜日本。可在李鸿章7月4日的奏折里，看不出这种乐观印象。

>沿海陆军，除胶州台工经始未成外，山东威海卫则绥巩军八营、护军两营；奉天大连湾则铭军十营；旅顺口则四川提臣宋庆毅军八营，又亲庆军六营；山东烟台则嵩武军四营；直隶北塘口仁字两营；大沽口炮队六百七十名：臣前折所谓分布直、东、奉三省海口把守炮台合计二万人者指此。其分驻天津青县之盛军马步十六营，军粮城之铭军马队两营，芦台之武毅两营，皆填扎后路，以备畿辅游击策应之师。至绿营兵丁，疲弱已久，自前督臣曾国藩及臣创办练军渐收实用。无如直隶地面辽阔，与东、奉、晋、豫接壤，北界多伦、围场，皆盗贼出没之区，经年扼要巡防，备多力分，断难抽调远役。[①]

清代入关以后，以八旗和绿营军队为经制常备军。甲午战争爆发前夕，全国八旗兵力250 078人（其中148 200人驻扎北京和直隶，45 117人驻扎东三省，余者分散驻扎各处），绿营兵力440 413人（其中直隶40 805人，山东17 667人，其余分布于各处），总计全国常备

---

① 《李鸿章覆陈海陆兵数折》，中国近代史资料丛刊《中日战争》2，上海人民出版社1957年版，第584页。

军69万余人，其中直接处在北洋沿海省份的兵力超过20万人。但李鸿章计算出的北洋陆军数字里，却出现了八旗、绿营根本不在其中的怪事。

怪事的缘由，是清政府官场上几乎尽人皆知但又说不得的秘密。自清王朝入主中原以来，八旗和绿营军队分散驻防全国，由承担军事作战任务的军队渐渐退化成了主要维持地方治安的力量，武器装备缺乏更新，训练废弛。甲午战争前，清政府的常备军战斗力早已尽丧。可就是如此一支腐朽无用的军队，因为属于维系清王朝政权稳定的"祖宗旧制"，无法轻言改革，每年清王朝并不宽裕的财政中，还要为这批无法承担国防任务的"国防军"支付2 000万两银上下的粮饷开支，相当于北洋海军建军的全部费用。

以弓马取得天下的八旗军

具有讽刺意味的是，李鸿章在奏折里点算出来真正能够派上用处的军队，大都并不在清政府的国家军队编制内。太平天国战争中，八旗、绿营一败涂地，清王朝被迫起用汉族大臣回籍练兵，以称为勇营的地方乡勇武装力挽狂澜。曾国藩一手缔造的湘军，李鸿章创建的淮军，左宗棠麾下的楚军，都是在这样的历史机缘中孕育而生的。

勇营军队系之于乡土，以乡情、亲情为纽带而凝聚，在内战硝烟中，因为战争的实际需要，不断努力获取先进武器来装备自己。太平天国和捻军战争后，勇营军队已然成为当时中国近代化程度最高的陆军，自然而然地扮演起国之干城的角色。这些并没有正式编制、粮饷主要依靠地方省份自筹的乡勇军队，滑稽地担负了国防军的责任。

在旅顺的清军（摄于1891年大阅海军时期）。
驻防于北洋沿海各地的勇营、练军是当时中国陆军中最精锐的部队

甲午战争前，分散在全国各地的各种勇营部队以及模仿勇营的制度挑选绿营精锐改编训练成的练军，总数为459 367人。如果再算上八旗、绿营，清王朝全国的军队规模达到114万人以上，看似十分庞大。然而这上百万的大军中，骨干只有勇营和练军，而勇营、练军中始终保持练军习武，装备较为精良，战斗力较高的，其实又只有驻扎在直隶等北洋沿海省份的一部。

根据李鸿章奏折中的信息，结合日本情报机构资料可知，甲午战争爆发前，驻防在旅顺、大连湾、天津、威海卫等地的淮军等勇营军队，计有毅军、亲庆军、铭军、盛军、武毅军、仁字军、嵩武军等番号，兵力38 642人。另加上奉天的练军部队奉军以及直隶练军中较有战斗力的正定、通永、古北口练军等共14 639人，总计北洋沿海省份

的陆军主力为53 281人，这实际就是清王朝全国精锐陆军的总数。①

这些军队中，很多人担负着守卫炮台要塞的重任，并不能随意抽调。真正能够用作机动兵力的游击之师，只有驻扎在天津小站等地的卫汝贵部淮系盛军11 384人，叶志超、吴育仁、聂士成等部直隶练军、武毅军10 357人，以及驻扎在奉天、凤凰城等地的左宝贵部奉军、靖边军6 008人，共27 000余人。

在天津接受校阅的北洋淮军。
照片中由远及近可以看到淮军部队的三个主要兵种：马队、步队、炮队

在此后的实战中，北洋陆军的机动兵力在第一梯次全部投入朝鲜作战，被人数、重火器装备都优于自己的日军击败。为挽救败局，李鸿章不得已又把驻守炮台要塞的铭军、毅军等守军也投入野战。守军抽调后空下的炮台防务，只得由临时招募的新兵填充，结果在敌军临境时，仓促募集、缺乏训练的新兵根本不足一战，重镇接连

---

① 日本参谋本部编纂科：《清国陆军纪要》，日本博闻社1894年版。

失守。随着五万余北洋陆军精锐日益消耗，清政府抽调各省的勇营、练军应付，这些装备、训练较北洋陆军等而下之的军队更不是日军的对手。

同一时代，日本明治政府的陆军已经全面西化，国内推行义务兵制，普及军事院校教育，建立参谋部制度，全面实现了训练、制度、装备、战术的近代化。除去守卫本土的后备队、要塞炮兵队、屯田兵团、对马警备队等部队外，甲午战争前日本陆军的机动兵力为七个师团（近卫师团，以及第一至第六师团），兵力123 047人。[①]按照日本陆军制度，在战争情况下会临时整合若干师团组成大的兵团，称为军，通常以两个师团为主组成，总兵力在30 000人以上，由此，日军一个军的兵力几乎就相当于清政府全国精锐机动陆军兵力的总和。

兵力不敌日本的同时，清政府陆军的装备和作战能力相比起日军差距更大。

日本自明治维新后建设近代化的陆军，甲午战争前已形成完整的体系，包括步兵、炮兵、骑兵、工兵、辎重兵等多兵种，建构了由小队、中队、大队、旅团、师团组成的部队建制，陆军军官均为经过专门教育的职业人员，陆军士兵也均具有完整的训练背景。在装备方面，日本陆军实现了统一化和专业化，以口径11毫米的日本国产村田十三式、十八式步枪，以及口径8毫米的村田二二式连发步枪为主要的单兵武器，以大阪炮兵工厂生产的75毫米口径青铜材质的山炮、野炮为主要的炮兵武器。[②]另外，日军以从欧洲引进的

---

① 日本参谋本部：《明治廿七八年日清战史》第1卷，日本东京印刷株式会社1904年版，第64—65页。
② 日本参谋本部：《明治廿七八年日清战史》第1卷，日本东京印刷株式会社1904年版，第65页。

阿拉伯马、混血马作为骑兵、工兵、炮兵、辎重兵所用的乘马、挽马和驮马。(甲午战争爆发前,日本全国保有马匹1 547 000余匹,军队常备马匹6 770匹,战争动员后通过征用和购买,军用马匹增加至近40 000匹。)①

与之相比,包括精锐的北洋淮军在内,清军的勇营、练军部队基本还是沿袭明代戚家军的军制,最大的建制单位仅为营(步兵一营的人数是400~800人,骑兵和炮兵一营的人数是100~300人),没有近代化的参谋指挥系统,战时大兵团调度时,极易出现混乱和失控。至于近代化的后勤供应、医疗卫生,对清军来说更是闻所未闻的天方夜谭。

人员方面,清军军官阶层大都没有任何近代陆军指挥、作战知识的教育背景,仅仅是因为自己或长辈在太平天国、捻军战争中立有战功而逐级递升,所掌握的战争知识主要依靠以往内战中的自学摸索,长辈、同僚的言传身教。士兵阶层则更没有任何系统的近代军事知识培训,至多学习一些诸如队列和西式兵器的操法。太平天国和捻军战争结束后,这些军队中的统将和兵士还算有一些实战的经验,随着时间的推移,老成凋谢,这点点经验也早荡然无存。

早在甲午战争爆发20年前的1874年,李鸿章在一封写给大哥李瀚章的信中,就曾透露出对这种现象的忧心忡忡:"昨过盛军,问将领皆四十以外人,不觉老将至矣!再遇艰巨,未知尚堪磨淬否?大抵欲官者多官气重,则朴风渐离,如何?!如何?!"②盛军是整个淮军中的佼佼者,情况已经如此,其他军队则可以想见。

---

① 《日本骑兵史》上卷,日本原书房1979年版,第384—385页。
② 《致瀚章兄》,《李鸿章家书》,黄山书社1996年版,第134页。

淮军装备的克虏伯马拉战车

这种构思奇诡的兵器，即使在同时代的欧洲军队中也极为罕见，然而因为缺乏全方位的近代化改革，装备了先进武器的清王朝陆军，其组织制度、战术思想等仍然停留在古代

装备方面，清军更是问题重重。清军的武器由各主管官员、统帅自行选择购置，淮军、庆军、练军等各军并不一致。北洋海防陆军中，仅步枪一类，就包括了毛瑟（Mauser）、哈乞开司（Hotchkiss）、士乃德（Snider）、林明敦（Remington）、斯宾塞（Spencer）、温彻斯特（Winchester）、马提尼·亨利（Martini Henry）、黎意（Remington Lee）等多种型号，口径有14.7毫米、12.5毫米、11毫米、7.9毫米等多种，零件、弹药各不通用，训练操演、后勤供应都极为复杂。行营火炮方面，北洋海防陆军主要装备克虏伯（Krupp）野炮、山炮，口径包括80毫米、75毫米、70毫米、60毫米等多类，另外则还有哈乞开司五管机关炮、格林（Gatling）炮等速射火炮，总体上呈现出总数少、型号五花八门的状况。军马方面，清王朝没有类似日本所建立的近代化马匹育成体系，所用多为矮种的蒙古马或骡子，它们缺乏爆发力，不适用于骑兵，又缺乏

拖曳力，也不适用于炮兵。

如果说北洋海军虽然硬件战力不如日本，多少还有训练出色的优势，清军陆军则连这个优势也不具备，兵力、装备、训练、战力都不及日本，白白背负了百万雄师的虚名，充其量不过是一支兵力弱小、部分装备了西式武器，但是制度、管理、军事学术还主要停留在古代状态的军队。

轻于一掷

甲午年朝鲜事起，管辖朝鲜外交事务、统率北洋海防军队的北洋大臣、直隶总督李鸿章首当其冲。根据清王朝的官制，总督是地方最高军政长官，遇有战守事宜，将作为该地区的统帅大员，担负指挥作战的责任。当清王朝中枢出现有关对日战守的意见后，李鸿章和北洋海防军队照此执行属于责无旁贷，后人将当时的这种局面称为以北洋一隅敌日本一国，实际是清王朝制度运作中的必然情况。

因为明白北洋海陆军队的内情，李鸿章从日本介入朝鲜，意图借机生事开始，就始终不想以武力解决问题，寄希望通过外交平定风波。然而外交必须以国力为基础，在日本已经下定开战决心的情况下，李鸿章的外交交涉始终不得要领。

日军不断增兵朝鲜，剑拔弩张，而担负军事、外交职责的李鸿章仍然忙于争取列强调停。对此，以议论时事、监督官员为职责，且多为持有天朝上国传统保守思想的清流言官，自然感到无法容忍。局势渐渐紧张之际，针对李鸿章的弹劾也变得越来越多。

十分微妙的是，李鸿章痛陈北洋海陆军力量不足的苦衷之后，催促李鸿章备战的奏折仿佛不约而同般在言辞和内容上都做了格外精心的设计。

北洋海军之所以发展停滞,是因为清政府以节省支出为名,缩减海军投入,明眼看去,直接的倡议者就是清流领袖、户部尚书翁同龢。由此,言官们之后围绕海上战略的督促、批评,都避开海军的军力本身不谈,只是毫无来由地一味批评李鸿章用人不当,导致海军士气低落。

陆军方面的情形更可苦笑。作为清政府主力陆军的北洋各省军队,清政府并不负担供养,地方财政又无力维持过多的军队,不得已而一再裁撤,清政府在言官们预防地方督抚拥兵自重的议论中,对此也乐得默认。此刻一朝大敌临头,朝廷供养的常备军置身事外,而要责成地方供应的勇营部队冲锋陷阵,清政府申饬起来并不理直气壮。所以言官们看到李鸿章有关陆军兵力不足的上奏,并没有人敢于指出平日国家不修武备,同样只是空洞虚无地批评李鸿章用人不当,所以陆军畏敌如虎。

从小受师傅翁同龢等清流思想熏陶的光绪皇帝,深以言官的意见为是,在对日本的外交问题上态度日趋强硬。7月16日,朝鲜局势恶化,言官们连日力言主战,抨击李鸿章畏缩的攻势在此背景下难以获得成功。当天清廷发上谕申饬李鸿章:"现在日韩情势已将决裂,如势不可挽,朝廷一意主战,李鸿章身膺重寄,熟谙兵事,断不可意存畏葸,著懔遵前旨,将布置进兵一切事宜,迅筹复奏。若顾虑不前,徒事拖宕,驯致贻误事机,定惟该大臣是问!"[①] 已不容许李鸿章就军力问题再作辩白,直接催逼他快快把北洋的海陆军队

---

① 《清实录》56,中华书局1985年版,第383页。

第三章 天朝上国的家底——甲午战争前的中国军力

推向前敌,准备作战。

言官们以奏章为武器,不顾军力落后的现实,将国家政策引到主战方向时,其内心的真实想法如何?在冠冕堂皇的奏、片等正式文件中,可见到的都是一片忠君爱国之词,然而在私下的书信、会谈中,言官们却不经意地流露出了一些真相。

积极奏参李鸿章的言官文廷式、汪鸣銮等人,以翁同龢马首是瞻,意见、谋略多经翁同龢审核,被称为"翁门六子",是翁同龢在朝议中制造舆论、互相配合的重要援军。甲午年当科的状元、江苏南通人张謇也名列"翁门六子"之中。他和翁同龢的一封秘密通信中,曾出现了"丁(北洋海军提督丁汝昌)须即拔……似可免淮人复据海军"[①]这样的私房谋略。

甲午战前,翁同龢的小门生王伯恭听到张謇在翁同龢面前大谈"日本蕞尔小国,何足以抗天兵,非大创之,不足以示威而免患"后,曾向翁同龢建言,认为中国军力其实不足,"力谏主战之非"。对此,翁同龢不以为然,嘲笑王伯恭是胆小书生。王伯恭与其辩论,"器械阵法,百不如人,似未宜率尔从事"。翁同龢回答:"今北洋海陆军,如火如荼,岂不堪一战耶?"王伯恭谓:"知己知彼,乃可望百战百胜,今确知己不如彼,安可望胜?"翁同龢对王伯恭的敌我实力判断并不否认,而最后抛出的一句话,终于令王伯恭恍然大悟。"吾正欲试其良楛,以为整顿地也。"[②](即,我正要借这个机会检验北洋的海陆军队,好以此寻找理由整治他们。)

---

① 《张謇致翁同龢密信》,中国近代史资料丛刊续编《中日战争》6,中华书局1993年版,第449页。
② 王伯恭:《蜷庐随笔》,台北文海出版社1968年版,第19—20页。

第四章　逃军的谎言
——丰岛海战迷雾

捷音变奏

1894年7月16日，鉴于日本在双方就朝鲜问题交涉时所持的蛮横态度，加之受清流主战思想影响，清廷做出"如势不可挽，朝廷一意主战"的决定，严饬李鸿章迅速准备战守工作。针对当时日本陆军已经占据了朝鲜京城、仁川等要地的不利形势，李鸿章决定从北洋陆军中抽选精锐，一部从北路进军，打算进扎朝鲜北部重镇平壤，与日军形成南北对峙，另选一部，由海路直接运往朝鲜仁川以南的港口牙山登陆，增援最初应朝鲜政府请求派出的叶志超、聂士成部，厚集在朝鲜南部的兵力，希望以此和北路清军南北呼应。

7月23日凌晨，日本连日威逼朝鲜政府改革内政不成，直接出兵占领了朝鲜王宫，控制朝鲜国王李熙，扶植以大院君为首的傀儡政权，事实上挑起了甲午战争。7月25日，日本操纵朝鲜傀儡政权，宣布废除和清王朝间的各种条约，同时宣布驱逐在朝鲜的清军。[①]就在同一天，日本海军联合舰队的侦察分队——第一游击队，在朝鲜牙山

---

① ［日］杉村濬，《在韩苦心录》，中国近代史资料丛刊续编《中日战争》7，中华书局1996年版，第36—37页。

第四章 逃军的谎言——丰岛海战迷雾

湾丰岛海域突袭中国舰船，引发丰岛海战。这场海战中，拥有"吉野"等三艘巡洋舰的日本舰队占据绝对的优势。中国"广乙"鱼雷巡洋舰力战不敌，被重创，被迫在朝鲜西海岸十八家岛附近搁浅自焚，租借用于运兵的英国商船"高升"被日舰野蛮击沉，运输公文、军饷的运输舰"操江"被日军俘虏，唯有"济远"穹甲巡洋舰全身而退。

美术作品：丰岛海战。作者：[日] 栗原忠二
画面中右侧的白色军舰是日本巡洋舰"浪速"，中央已倾斜并正在下沉的是中国租借的运兵船"高升"

航行在大连湾的北洋海军巡洋舰"济远"，照片摄于1894年5月

丰岛海战后"济远"舰上的伤痕
照片拍摄的是主甲板上厨房的外壁，有密密麻麻的弹孔，可以想见它在战斗中遭遇了怎样猛烈的火力攻击

26日清晨5时49分，伤痕累累的"济远"舰回到北洋海军驻泊基地威海刘公岛。得到战事发生的消息，北洋海军提督丁汝昌急忙于当晚7时率领"定远""镇远"等主力舰出发，前往战地一带搜寻日舰。① 丁汝昌"原冀截冲寇船，糜其一、二冠军者歼击之，庶微足雪死士之冤仇，泄臣民之公愤"②。有关丰岛海战的具体情况，则由"济远"舰管带方伯谦直接向北洋大臣李鸿章做出汇报：

丰岛海战中被日军炮弹击穿的"济远"舰司令塔

二十三辰，突有倭兵船多只，在牙口外拦截我兵船，彼先开炮聚攻，"济远"等竭力拒敌，鏖战四点钟之久。"济远"中弹三四百个，多打在望台、烟筒、舵机、铁桅等处，致弁兵阵亡十三人，受伤二十七人，并水线边穹甲上有钢甲处遮护，只一处中弹，机器未损；倭船伤亡亦多。午时我船整理炮台

① 《濟遠號の航泊日誌》，《日清战争实记》第25编，日本东京博文馆1894年版，第82页。
② 《致刘芗林》，《丁汝昌集》上，山东画报出版社2017年版，第239页。

第四章 逃军的谎言——丰岛海战迷雾

损处,倭船紧追,我连开后炮,中伤其望台、船头、船腰,彼即转舵逃去。但见"广乙"交战中敌两炮,船即歪侧,未知能保否。又运送军械之"操江"差船适抵牙口,被倭船击掉。英轮"高升"装兵续至,在近牙山寸峻西南,亦被倭船击中三炮,遂停轮而沉。①

方伯谦的这份电报后经李鸿章转奏,是清政府决策层对丰岛海战所获得的最初印象。电报里,除去"操江""高升"的不幸损失外,最令人印象深刻的无疑就是"济远"舰远比"广乙"更为突出的奋战情形,尤其是午时用尾炮击中、击退日舰的情况,简直是反败为胜的重大战果。

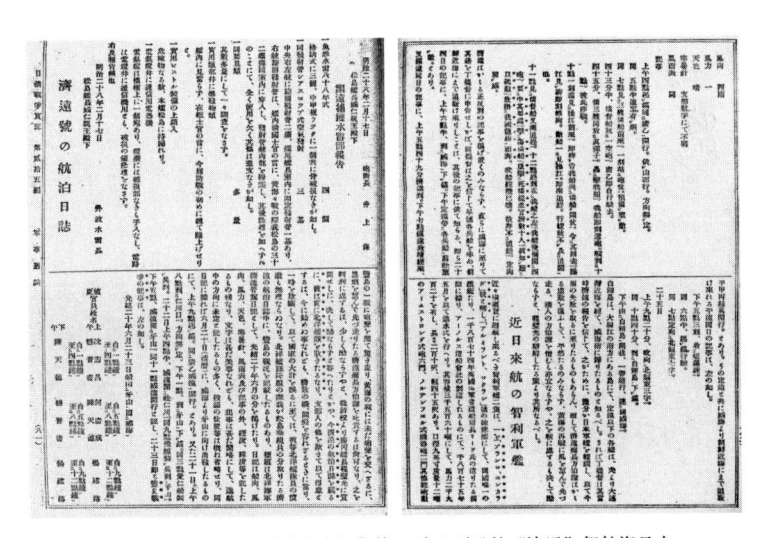

日本战时出版物《日清战争实记》第25编上刊登的"济远"舰航海日志

---

① 《北洋大臣来电四》,中国近代史资料丛刊《中日战争》3,上海人民出版社1957年版,第2页。

除方伯谦致李鸿章的这封电报外,"济远"舰在海战当天的航海日志中对战事情况也有较详细的记述,可以视作对上述报告的重要佐证和补充。(北洋海军模仿英国制度,舰上都有完备的航海日志,称为《管驾日记》,由值更军官等记录,经舰长审核后正式誊入,每月一册,逐日记录舰船的航行、战斗等活动大事,每月记录完成后需缴交,作为重要的文书档案归档备案。)

上午四点起锚,同"广乙"开行。依山而行,方向不定。

上午五点半,看见远处有烟。

上午七点,见倭船三艘前来。七点一刻站炮位,预备御敌。

上午七点四十三分半,倭督船放一空炮。"广乙"即自行驶去。

上午七点四十五分,倭三船同放真弹子,轰击我船,我船即刻还炮,战到十点,彼此停战。

十点一刻,见"操江"前来,即旗告我船与倭开战,令其回去,"操江"见旗即刻转向。敌船一见"操江",即来追赶。行缓故不及避开也。

十一点,见倭督船又来追赶。十二点赶到,在我船之左。我船后台开四炮,皆中其要处,击伤倭船,并击死倭提(提督)并官弁数十人。彼知难以抵敌,故挂我国龙旗而奔。我船舵机已坏,故亦不追赶,定向回威。①

从日志中的描述看,"广乙"舰开战后就"自行驶去",给人以

---

① 《清遠號の航泊日誌》,《日清战争实记》第25编,日本东京博文馆1894年版,第82页。

第四章　逃军的谎言——丰岛海战迷雾

"济远"在独自作战的印象。另外,尾炮击毙日本提督以及日舰挂中国龙旗逃跑等记录,都进一步刻画出了此战反败为胜的结局。最后"我船舵机已坏,故亦不追赶",则圆满地解释了为何击伤日舰后,没有进一步追击获取更大战果的原因。

时隔四天后的7月30日,北洋海军提督丁汝昌率出巡的舰队回到刘公岛,就丰岛海战的情况分别询问"济远"舰管带方伯谦以及舰上的官兵之后,向李鸿章做出了正式的报告:

> 二十三,四点,"济""乙"由牙开,七点余遇敌,彼先开炮,三船聚攻"济远",密如雨点,望台、炮架、三舵机均受伤,阵亡弁勇,初甚失势。"济""乙"炮力不及敌远,还炮不却,迫敌以一船横截"广乙","济"只剩十五生一炮,猛击命中,敌二船始折回,而"吉野"督船尾后,连追不止,"济"停炮诈敌,彼欲驶近拟擒我船,"济"即猝发后炮,一弹飞其将台,二弹毁其船头,三弹中其船中,黑烟冒起,"吉野"乃移逃,四弹炮力已不及矣。查却敌保船全恃此炮,水手李仕茂、王国成为功魁,余帮放、送药、送弹之人亦称奋勇。昌已传令为首李、王赏一千两,余众共一千两,告谕全军,以为鼓励。风闻提督阵亡,"吉野"伤重,途次已没。如果属实,查确后尚当照前定赏额划清补给,以昭信赏。①

丁汝昌的报告,表面上看去如同是对方伯谦报告的补充和细化,所传递的主要信息基本相仿,但如果细细推敲,则可看出:丁汝昌

---

① 《丁提督来电》,《李鸿章全集》24,安徽教育出版社2008年版,第179页(G20-06-291)。

在报告中谈及"济远"击退日舰时，只说"水手李仕茂、王国成为功魁，余帮放、送药、送弹之人亦称奋勇"，但绝口未提"济远"舰管带方伯谦。推功时，丁汝昌竟然略去了海战现场的最高指挥官，于情于理都有不合，似乎是暗示方伯谦与尾炮退敌行动并没有直接的关系。

另外可疑的是，作为北洋海军提督的丁汝昌，在就丰岛海战战况正式具文报告时，必然会调查"济远"舰重要的档案——航海日志，而且"济远"的舰员接受询问时，多少也会透露出一些日志所载的重大战场情况。但在丁汝昌的报告里，"济远"舰航海日志中所载的种种细节显然都被处理过，无论是"击毙倭提督"，还是"日本军舰挂龙旗而奔"等重要战果，都没有着重提起，反而只将其定性为"风闻"，这一情况更是耐人寻味。

中午时分接到丁汝昌的电报后，李鸿章在当天下午回复丁汝昌，表达了自己的一些看法。李鸿章复电中，一语道破天机："'济远'接仗情形已悉。前已据方伯谦电禀转电总署代奏。一炮如此得力，果各船大炮齐发，日虽有快船、快炮，其何能敌？"即表示对方伯谦报告的尾炮击退日舰一事有所怀疑。同时李鸿章还告诉丁汝昌，驻日公使汪凤藻在日本获得的情报也和方伯谦的说法不一致，"未言提督亡、'吉野'沉"。①

丁汝昌、李鸿章已经觉察出"济远"在丰岛海战的表现似乎存在着可疑问题，不过无论是丁汝昌还是李鸿章，都没有把自己的这种不好的判断上呈清廷，也并没有继续就这一问题进行深入调查。

---

① 《复丁提督》，《李鸿章全集》24，安徽教育出版社2008年版，第182页（G20-06-301）。

第四章 逃军的谎言——丰岛海战迷雾

这种看似纵容的行为，其背后的原因很大程度上可能是因为忌惮当时言官们的监督压力。

清廷责成李鸿章向朝鲜增兵之前，就已经接连有言官奏参李鸿章，并且对李鸿章属下拥有国家编制且耗费巨资建设起来的北洋海军有意争夺。7月17日，礼部右侍郎志锐奏参李鸿章"一味因循玩误"，批评叶志超和丁汝昌"铁舰不扼仁川，陆军不入汉城"，是"败叶残丁"。①22日，江南道监察御史钟德祥密奏，参丁汝昌胆怯无能。8月3日，志锐上片，"请令丁汝昌来京陛见，即交刑部治罪"。8月6日，褚成博参李鸿章、丁汝昌，文廷式参丁汝昌。在这种丁汝昌本人实际并没有任何过错，仅仅因为清流言官认为丁汝昌是在执行李鸿章的战略，想将海军的指挥权从李鸿章手中夺出而奏章不断的情况下，丰岛海战的捷音不管真伪究竟如何，都可以用来暂时抵挡言官们的攻势。倘若此时李鸿章、丁汝昌上奏称丰岛海战的战报有假，北洋海军舰长伪报战功，清流言官将据此发起怎样的舆论攻势，完全不堪设想。

在清流言官一边，他们并不掌握海军详情，凭借从方伯谦丰岛海战报告中得到的信息，对方伯谦给予了特别注意。1894年7月28日，军机大臣翁同龢看到了李鸿章转奏的方伯谦报告，给他的感觉是"我船甚单，赖'济远'苦战，未至大损"②。30日，张謇致信翁同龢，建议嘉奖方伯谦，"'济远'既能鏖战而回，当时战状，其管带方伯谦必能尽悉，宜令李（李鸿章）详问以报，略嘉奖之"。李鸿

---

① 《礼部右侍郎志锐奏参倭人谋占朝鲜事机危急请速决大计折》，中国近代史资料丛刊《中日战争》2，上海人民出版社1957年版，第623—624页。
② 《翁同龢集》下，中华书局2005年版，第1079页。

章可能无法料到，丰岛海战的捷音实际对保护当时被言官群起抨击的丁汝昌并无太大作用，甚至还起了负面影响。张謇在末尾暗示翁同龢"（丰岛海战）丁为提督，何以并不前往？"①言下之意，甚至可以嘉奖、笼络能战的方伯谦，进而取代畏葸的丁汝昌。

7月30日，丁汝昌的丰岛海战详细报告做出后，其报告中在推功时没有提到方伯谦，朝中清流并不明晰这一特殊情况背后别有底蕴，对不嘉奖"有功之将"的做法感到不满。8月11日，翁同龢参与拟写的电旨寄发给李鸿章，明言必须嘉奖方伯谦："行军纪律赏罚为先，畏葸者不可姑容，奋勇者亦须奖励。即如管驾'济远'之方伯谦，于牙山接仗时，鏖战甚久，炮伤敌船，尚属得力，著李鸿章传旨嘉奖。"②

至此，对丰岛海战以及方伯谦的评价，清政府高层已经正式定性。

与高层的定性十分配合的是，就在清廷谕旨要嘉奖方伯谦的十天前，社会舆论也掀起类似的风潮。上海出版的《申报》上登载出了一篇明显依据方伯谦报告和"济远"航海日志的细节编写出的报道，刻意推出方伯谦的英雄形象。是谁在给报纸投稿制造舆论，令人浮想联翩。

（"济远"）驶至高丽海面，遇一日本兵船，即互相战斗，自晨战至午后三四下钟时始止。初时，船上炮兵似有畏怯之状，统带方君怒以手枪击毙四五人，余遂愿为效命，奋勇争先，炮火喧天，精神益奋，弹丸飞去，击死一日本督兵官，日船大受

---

① 《张謇致翁同龢密信》，中国近代史资料丛刊续编《中日战争》6，中华书局1993年版，第452页。
② 《军机处电寄李鸿章谕旨》，中国近代史资料丛刊《中日战争》3，上海人民出版社1957年版，第30页。

伤夷。忽日人放一开花炮，击中"济远"船面，毁及船首大炮，司炮之弁及两旁士卒皆及遇难，死者十三人，伤者二十七人，舵轮亦折损。统领乃将轮掾转，仍得行驶自如，船既转，突开后面巨炮以击日船，日船受伤更甚，日兵官知不能敌，急高挂龙旗乞降，并悬白旗以求免击，其时统领正在挥兵夺取此船，忽有日兵船三号冲护而至，此船胆稍壮，将龙旗放下，依然高挂日旗，"济远"统领乃折回威海。观于此事，是"济远"船坚炮利，方统领更谋勇兼至，虽在洪涛巨浪之中，仍有我武奋扬之概，彼"高升"之被击，特处于不及提防耳，否则奋兹罴虎戮彼鲸鲵，区区乌合之师，何足经我扫荡哉。①

揭 伪

尽管清王朝官方对丰岛海战做出了最终的评价，但就在方伯谦受到传旨嘉奖前后，一连串证人证言陆续浮出水面，证明了方伯谦报告和"济远"航海日志所述的丰岛海战战况存在重大的问题。

英国商船"高升"号在丰岛海战中被日本军舰"浪速"野蛮击沉，船员和搭乘的中国陆军官兵死难者众多。极为侥幸的是，该船的英籍船长高惠悌（Galsworthy）等高级船员，以及当时搭乘该船前往朝鲜帮助指导工事营建的北洋海防德籍洋员汉纳根（Hanneken）等人遇救脱险。8月

"高升"号船长高惠悌（Galsworthy）

---

① 《申报》，1894 年 8 月 1 日，第 1—2 版。

6日，中国发行的英文报纸《北华捷报》上登出了一篇高惠悌和汉纳根等人遇救后对济物浦英国副领事所作的证言，详细叙述了他们经历的海战情形。

西方铜版画："浪速"舰击沉中国租来运兵的英国商船"高升"

汉纳根在"高升"号被"浪速"舰击沉时落水，凫水逃生到战场附近的小岛，后被欧洲军舰救起，送回烟台。有关海战，汉纳根在证言中说到了一个细节："……九点钟，我们看见最前一只船，挂有日本旗，其上还有一面白旗招展。该船很快地向我们方面开过来，经过我们时，它把旗降落一次，又升上去，以表示敬意。"[①]

这个情景，"高升"号的船长高惠悌也亲眼得见。他判断出那艘挂白旗和日本旗的军舰实际是中国军舰"济远"："……掠过一艘军

---

① 《汉纳根大尉关于高升商轮被日军舰击沉之证言》，中国近代史资料丛刊《中日战争》6，上海人民出版社1957年版，第19页。

第四章 逃军的谎言——丰岛海战迷雾

舰,它悬挂日本海军旗,旗上再挂一面白旗——这只船后来证明为中国战舰'济远'号。"①

在还没有能够确认日本军舰是否挂白旗和龙旗而奔的时候,证人证言中突然出现了"济远"舰挂白旗和日本旗逃跑的消息,已经足够惊人。

很快,又有一条证据出现。

"操江"号是北洋海军的运输舰,7月24日下午2点从威海开往牙山,负责运送叶志超等部陆军的饷银,以及递送丁汝昌的密令给驻防牙山湾的"济远"等军舰。25日上午,"操江"误入丰岛海战战场,于11时40分被日舰"秋津洲"俘虏。被清政府委派去朝鲜接任京城电报局总办的丹麦人弥伦斯当时就搭乘在"操江"舰上,和该舰官兵一起被俘并被押解往日本。8月14日,弥伦斯在日本长崎的拘留地写了一封长信,追述自己所亲历的丰岛海战情况:

> 二十三早九点,见"高升"轮船为日本大铁甲三号拦住。该船等与"操江"相离约有三英里。
>
> "操江"管驾即行转舵驶回,向西约行一点钟之久,见"济远"兵船突由一岛之后傍岸驶出而行,与一日本兵船开炮互击。
>
> ……至上午十一点三十分钟时,该船驶近"操江",突改向西偏北二度由"操江"船头驶过,相离约半英里。"济远"悬白旗,白旗之下悬日本兵船旗,舱面水手奔走张皇。
>
> "济远"兵船原可帮助"操江",乃并不相助,亦未悬旗

---

① 《高升号船长高惠悌的证明》,中国近代史资料丛刊《中日战争》6,上海人民出版社1957年版,第22页。

通知……①

弥伦斯的说法,与"济远"航海日志中"见'操江'前来,即旗告我船与倭开战,令其回去,'操江'见旗即刻转向"的记录完全不同。但是有关"济远"舰挂白旗和日本海军旗逃跑的情况,则和"高升"号幸存者的目击完全一致。

丰岛海战中直接参与战斗交火的中方军舰除"济远"外,还有一艘鱼雷巡洋舰"广乙"号。该舰在战斗中失去音信,未返回威海,生死未卜。"济远"航海日志中称"广乙"舰一经交战就自行驶去,方伯谦的海战报告说这艘军舰"中敌两炮,船即歪侧,未知能保否",均使人很容易产生"广乙"舰作战并不积极的印象。对此,由于"广乙"舰不知下落,也无从寻求舰上官兵就此对质。

1894年7月底,负责管理电报局、前敌军队后勤等要务的津海关道盛宣怀接到一封特殊的英文信,在丰岛海战后首次得到了关于"广乙"舰下落的确切消息。来信人称"广乙"舰作战受伤,在朝鲜的海滩停泊,十余名舰员到达了牙山,可能已搭乘一艘英国船只返回烟台。②

几天之后,8月4日,9名"广乙"舰水兵乘坐雇用的朝鲜民船抵达山东荣成成山,回到北洋海军,告知丰岛海战当日的情况是"三倭船将'广乙'打坏,复打'济远'……幸船主、大副俟船搁沉十八岛,即起岸得生"。③

---

① 《弥伦斯致博来函》,盛宣怀档案资料选辑《甲午中日战争》下,上海人民出版社1982年版,第145—146页。
② 《关于"广乙"船主在牙山向仁川英领事求援报告》,盛宣怀档案资料选辑《甲午中日战争》下,上海人民出版社1982年版,第106页。
③ 盛宣怀档案资料选辑《甲午中日战争》上,上海人民出版社1980年版,第60页(382)。

第四章　逃军的谎言——丰岛海战迷雾

"广乙"舰在丰岛海战中遭受重伤，后在朝鲜海岸抢滩自毁

8月9日，又有一批共54名"广乙"舰官兵由朝鲜地方官雇船送到荣成成山。①其中"广乙"舰鱼雷大副张浩向北洋海军提督丁汝昌进行汇报，指责"济远"舰在战斗中逃跑：

"广乙"见"济远"三面当敌，前来拯救，不料"济远"瞭望"广乙"驶来助剿，即行开发快车奔逃。②

至9月初，"广乙"舰的管带林国祥终于现身，一行18人被英国军舰"阿察"（Archer）送回烟台。

随着管带林国祥等官兵归队，一篇采自他们在仁川时的访谈，在不少报纸上公之于众，其中关于丰岛海战的情况描述与方伯谦报告和"济远"航海日志完全相异。

---

① 盛宣怀档案资料选辑《甲午中日战争》下，上海人民出版社1982年版，第535页（253）。
② 《甲午日记》，《北平朝报》1928年12月17日，第5版。

> 其时,"济远"在前,竟过倭船之侧,倭船并未扯旗请战,及"广乙"行至日船对面,该船忽开一炮,以击"广乙"。"济远"在前,见之并不回轮助战,即加煤烧足汽炉,逃遁回华……①

落单之后,林国祥指挥"广乙"与优势日舰搏战,"广乙"因受伤过重被迫退向朝鲜西海岸的十八家岛搁浅,为免资敌而自焚。林国祥率领余部登岸前往牙山寻找叶志超部陆军,到牙山后发现叶部已经转移,此后经历颇多波折才得以辗转回国。

来自"高升""操江""广乙"三方的证据,均指证"济远"不仅没有配合"广乙"坚持作战,而且遇到己方的运输舰和运兵船时还不作停留和明确示警,只顾自己逃跑,甚至逃跑时舰上还挂出了白旗和日本海军旗。

"尾炮退敌"的真相

在丰岛海域偷袭中国舰船的日本海军军舰,是由联合舰队第一游击队司令坪井航三少将指挥的"吉野""浪速""秋津洲"三艘巡洋舰,当天以"吉野"为旗舰。战后,各舰舰长以及司令坪井航三都做了战况报告,这些档案文献成为探寻丰岛海战真相的另一把重要的钥匙。

坪井航三在8月8日的战斗详报中综述了海战的经过:

7月25日丰岛海战打响后不久,"济远"舰连续中弹,"广乙"舰则冲入日军阵列,依次向三艘日舰发起挑战,试图发起鱼雷攻击。利

---

① 《中倭战守始末记》,台北文海出版社1987年版,第33—35页。

第四章 逃军的谎言——丰岛海战迷雾

用"广乙"舰冲乱敌阵的机会,"济远"在海战初起时略作还击后,便高速向西方逃跑。这一描述与"广乙"舰幸存官兵所述完全吻合。

"广乙"被重创并退向朝鲜海岸后,日方三舰集合,一起追击远逃的"济远"。将近上午9时,因发现西方海上驶来两艘身份不明的船只,坪井航三下令日本三舰自由行动,战场上形成了"秋津洲"舰追击"广乙","吉野"舰减速观望,"浪速"舰追击"济远"的局面。9时30分,判断出远处驶来的是运兵船"高升"和运输舰"操江"后,坪井航三从旗舰"吉野"上发出号令,召集军舰重新分派任务,决定由"浪速"捕捉"高升","秋津洲"捕捉"操江","吉野"追击"济远"。11时40分"操江"被俘,12时43分"吉野"担心驶离战场过远,停止追击"济远"并折回,下午1时"浪速"击沉"高升"。①

"浪速"舰舰长东乡平八郎对他所指挥的军舰追击"济远"的情况,在他的日记中有更为详细的记载。

> ……我舰乃追击"济远"号。彼乃在小波拉海上举起降旗。这时遇到一艘英国船,我舰鸣空炮令其投锚停船,该船乃立即停下。我舰更加紧追击"济远"号,到了离三千多码时发射船首的大炮。"济远"号至此举起了日本海军旗,上加白旗,表示投降。此时司令官命令我舰靠近旗舰,因此停止进击,等待司令官的命令。②

---

① 《明治二十七八年联合舰队出征报告》影印本,第861—868页。
② 《东乡平八郎击沉高升号日记》,中国近代史资料丛刊《中日战争》6,上海人民出版社1957年版,第32—33页。

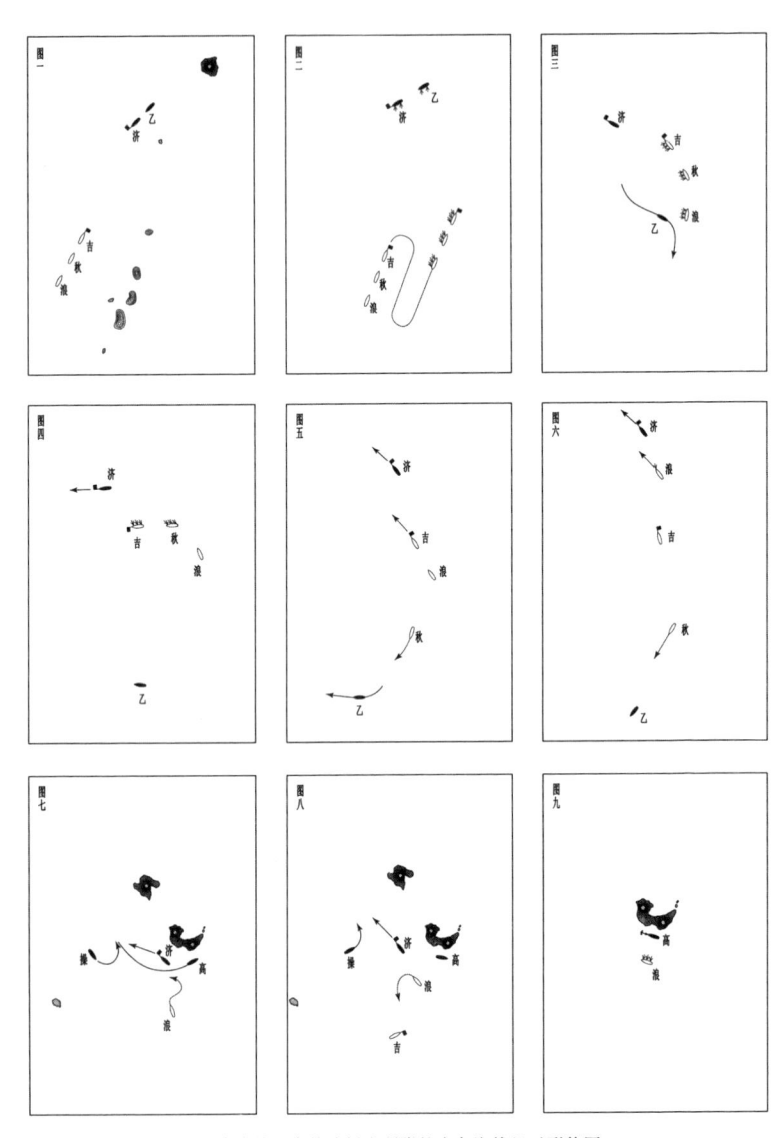

日本参战军官战斗报告所附的丰岛海战经过形势图

第四章 逃军的谎言——丰岛海战迷雾

这篇日记中记载的"济远"舰挂白旗和日本海军旗逃跑的情况，甚至两面旗帜悬挂的位置，都和"高升"上的目击者汉纳根、高惠悌描述的完全一致，进一步证明了这一情况的真实性。

日本"吉野"舰舰长河原要一在战后的报告中也提及追击"济远"的具体情况。

> 8时6分，以12节（12海里/小时）航速尾追"济远"。
>
> ……8时10分，"济远"发射的1颗炮弹在我舰首附近形成跳弹，打断一些信号索具。
>
> 8时20分，"济远"150毫米尾炮射出1颗铁弹，打在我舰右舷外海面上跳起，穿入舰内，击碎了一部发电机后，穿透穹甲甲板，坠入轮机舱。
>
> 我舰重新高速追击"济远"（指坪井航三9时30分重新分派任务后），12时38分追至距离"济远"2500米时，以右舷火炮炮击"济远"。我发射6弹，"济远"回击2~3弹，12时43分我舰停止追击。[①]

"吉野"舰就是方伯谦的海战报告和"济远"航海日志中提到的那艘午后追击"济远"的"倭督船"，但是这艘"倭督船"上的"倭提"坪井航三在海战中毫发无损，舰上日本官兵也无一阵亡，并不存在"济远"航海日志所说的"击死倭提并官弁数十人"的事情。

---

① 《明治二十七八年联合舰队出征报告》影印本，第871—874页。

"吉野"舰舰长河原要一的报告中,能够与"济远""尾炮退敌"的说法有稍许相似性的,只是海战开始后不久"吉野"所受的几次间接损害。不仅伤情不如方伯谦所说的"中伤其望台、船头、船腰"那般严重,而且发生的时间也不是午时,更不存在"吉野"被"济远"击退的情况。(丰岛海战后,"吉野"与第一游击队各舰即回到朝鲜群山浦锚地驻泊,很快于1894年8月7日被派往朝鲜大同江口、大东河口执行侦察任务,之后还参加了炮击威海湾、护送日本运兵船、侦察成山头等行动。)

作为对日方这一记录的映照佐证,中国方面亲身经历"济远"参加丰岛海战全过程的一位当事人——"济远"舰的德籍洋员哈富门(Hoffmann),曾有过一段十分重要的回忆。事后,他回忆当天"吉野"追击"济远"的情况是:"'吉野'受我炮弹小有损伤,展轮径去,待修理后重又折回,与我船奋力攻击。"[1]

按照哈富门的回忆,当时"吉野"并不是被重创,仅仅是"小有损伤",更不是被击退,而是"重又折回,与我船奋力攻击"。

至此,综合中日各方当事人的目击证据可以证明,方伯谦丰岛海战报告存在严重的伪造事实问题,所谓的"尾炮退敌"一说根本不存在。丰岛海战当天"济远"舰的航海日志显然也是编造的,其不仅制造尾炮退敌的虚假功绩,而且把发生在"济远"身上的悬挂白旗和日本海军旗之事,故意转嫁描绘到日本军舰身上,这种饰败为功的作为可谓极度恶劣。

---

[1] 《中倭战守始末记》,台北文海出版社1987年版,第44—45页。

余 音

　　方伯谦丰岛捷报涉嫌造假的消息，通过各种途径逐渐传播开来。随着一些知情人不断透露的消息，方伯谦在海战中躲避到舱室内等其他情状也越来越多地被曝光。李鸿章曾告知丁汝昌，在天津"中西人传为笑谈，流言布满都下"，不过李鸿章本人不愿意自找麻烦，向清廷承认自己最初对方伯谦丰岛海战报告问题失察，而且颇有些推卸责任地私下斥责丁汝昌"……汝一味颟顸袒庇，不加觉察，不肯纠参，祸将不测，吾为汝危之"。①

　　面对李鸿章这些指责，目前并没有资料显示丁汝昌做过积极的回应。有一种说法认为，丁汝昌是因为考虑到丰岛海战时寡不敌众，才饶恕了方伯谦，未进行深究。②

　　丰岛海战报告存在问题的消息，朝中清流也很快知晓。已经发出的奖赏方伯谦的圣旨不方便撤回，一向言辞锋利的言官们对此事干脆采取了冷处理，再不提及。私下里，一些言官不再属意方伯谦，转而看中在丰岛海战中作战奋勇的"广乙"舰管带林国祥，盘算着如何以林国祥来取代丁汝昌。

　　由于清政府没有明确就丰岛海战中方伯谦的表现重新定论，李鸿章、丁汝昌也未就此事深入追究，这件本来证据确凿的史事在很多时候成了糊涂的公案。

　　方伯谦此后依旧担任"济远"舰管带，在黄海大东沟海战中再次临阵脱逃，战后被依律处死。方伯谦死后，出现了亲友为其鸣

---

① 《寄丁提督》，《李鸿章全集》24，安徽教育出版社2008年版，第207页（G20-07-075）。
② 《中倭战守始末记》，台北文海出版社1987年版，第47页。

"冤"之事。在鸣"冤"著作《冤海述闻》中，作者依旧以丰岛海战作为方伯谦的功绩来夸耀，仍然有"方管带发令将船前转看杪准，猝发后炮，一发中其望台下。该船火药炮子震裂，翻去望台，歼其提督员弁二十七人，并水勇无算；再发中其船头，火起水进；又发中其船身，船便倾侧，升白旗龙旗而遁"这类荒诞不经的文字。①

尾炮退敌说和假战报未经清政府追究的情况，造就的事实上的受益者是"济远"舰的普通水兵王国成、李仕茂。目前尚无法了解丁汝昌在报告中称王国成等为功魁的直接理由，也无从确定王国成是否8时10分以后间接击中"吉野"的炮手。相对于这名水兵百年来逐渐被塑造而成的高大英雄形象，1979年，王国成之孙王守谊接受采访时的口述，可能更接近真实。

……（王国成）少年游荡，游手好闲。幼年务农，家境不济。成年在"济远"当兵，后回家取（娶）妻姓姚。甲午战争时，他在"济远"当炮手，丰岛海战中，一炮击毁敌舰舵楼。与李仕茂共得赏银1 000两。1895年回文登营，老婆25岁，已死，无子。又取（娶）张氏，花300两银子买了40亩地。1898年他不愿务农，跑到旅顺，想找熟人。1900年有人捎信回家，他死于旅顺。大哥国庆、二哥国兴。国成吃喝嫖赌死后，国兴去旅顺找尸，未找到……②

---

① 《冤海述闻》，中国船政文化博物馆藏本。
② 戚海莹：《甲午战争在威海》，天津古籍出版社2004年版，第216页。

第五章　上将星沉

——奉军统领左宝贵殉国始末

奉军出征

冠廷仁弟总戎麾下：

……吉林匪党现已肃清，前因增都护谕奏滋事情形，奉旨即令前往查办，不知复奏若何？倭人以重兵屯驻仁川、汉城，胁韩改政，迭经据约辩诘，并邀英、俄各国出为理论，现尚相持不下，如竟不肯撤退，势必至于用兵，不得不预筹战备，韩之北境，接连奉省，近闻倭人于大同江、平壤一带派人潜往测量绘图，意殊叵测，闻奉省已派队往防东边，尚望就近侦探确情，随时示知为盼！

……

愚兄李鸿章顿首[1]

这封信写于1894年的初夏，北洋大臣、直隶总督李鸿章为了预筹战守，商请驻防盛京（今辽宁省）的奉军统领左宝贵协助就近侦

---

[1] 《日清战争实记》第7编，日本东京博文馆1894年版，第101页。

察、了解日军的动向。7月3日，这封信出现在左宝贵的案头。

左宝贵，1837年出生，字冠廷，回族，山东省临沂市平邑县人。他的军旅轨迹，在清朝末年勇营、练军的高级军官中颇具代表性。这类军官全都没有系统的军事教育知识背景，大都是在太平军和捻军战争时代参加行伍，他们的升迁和成功成名则主要依赖在战争中的表现。

奉军统领左宝贵和卫士的合影
身着清朝军官的礼服棉甲，左宝贵犹如从画中走出的古代英雄。甲午年，他所面对的则是完全近代化了的敌手

1856年，不满20岁的左宝贵应募从军，投身正在围剿太平军的清军江南大营。1858年初，左宝贵因为在进攻乌江太平军之战有功，获得了军旅生涯的第一个重要的褒奖——被授予六品军功身份，从而逐渐从普通士卒群里脱颖而出。到太平天国失败时，几乎每战都有突出表现的左宝贵，已经升任至守备。

捻军起义爆发后，左宝贵于1865年被蒙古亲王僧格林沁选中，担任忠勇营营官，随军剿捻。1867年，左宝贵受命统领河间练军，至捻军被镇压后，因功升至参将，调用直隶省。1871年，左宝贵任古北口后营马队营官，隶属直隶总督李鸿章麾下，与李鸿章的交情即从此开始。

太平军、捻军战争中从军习武并借以立功升官的这些军官，随着大规模内战的平息，在和平时代的升迁机会并不太多，左宝贵是这类军官中的佼佼者。1872年，直隶热河马贼纷起，左宝贵奉命率部屡次殄击，并一度追击至盛京境内，"匪众溃散，东荒肃清"，左宝贵"身先士卒，摧锋直前"，被授总兵衔尽先副将，"由是声誉日起"。

1875年，刑部尚书崇实赴盛京、吉林办理边务，鉴于左宝贵击溃直隶热沙马贼的声名，调其率古北口练军同行，将骚扰盛京、奉天一带的几大股匪患一一平息，并帮助盛京训练模仿淮军军制的勇营部队——奉军，因功获记名提督衔。1880年，古北口练军奉命调回直隶原驻地，经盛京将军奏请，左宝贵留用于东北，统率奉军。1889年，左宝贵获得广州高州镇总兵实缺，成为独当一面的领兵大将。[①]

左宝贵统率的奉军，属于地方自募的勇营部队，不在国家编制内，一切供给需要依赖地方，士卒们也没有八旗、绿营军队那种终身职业的保障，实际处于随时都有可能被裁撤的境地。穷苦老百姓为了谋生，可以不在乎名分、工作的性质临时与否而投身勇营当兵，但拥有一定资历、地位的将领无疑不能接受临时工身份。为了稳定将心，勇营军官的职务编制大都借用、安插到绿营的额定编制内，占用绿营的军官编制数，甚至是在没有空缺的情况下采用记名候补的方式，名列国家编制，成为国家承认的正式军人。身在东北统率奉军的左宝贵，职务编制借补的是绿营广州高州镇总兵的官缺。同样的情况比比皆是，例如驻防直隶的淮军盛军统领卫汝贵，职务编制借补占用的是绿营宁夏镇总兵。这种官职身份和具体的职守所在风马牛不相及的情况，是晚清官场的一大奇事。

左宝贵收到李鸿章书信的十多天以后，7月15日，清政府鉴于朝鲜局势严峻，严谕李鸿章向朝鲜增兵。除去取海路前往朝鲜牙山

[①] 《清史列传》15，中华书局1987年版，第4766—4768页。

左宝贵（左）与北洋陆军将领马玉昆（中）、徐邦道（右）的合影，摄于1886年醇亲王大阅海防期间

的武毅军和直隶练军，以及经海运至辽东大东沟、营口等地上岸再沿陆路开进朝鲜的盛军、毅军等部外，奉军也被选中派往朝鲜。虽然驻扎于盛京的奉天等地，处在八旗盛京将军统辖下，但盛京的边海防也属于北洋防务的范畴，作为盛京精锐边防军的奉军也在李鸿章的指挥调度下，因而这支编练多年、多次剿匪获胜的能战之师旋即被选中派往朝鲜。

开拔之前，奉军多年来主要驻防在盛京的奉天府和通商口岸营口、牛庄一带。其中驻扎奉天府的包括奉军亲军步队361人、后营步队451人、新右营步队451人、中营马队314人、右营马队314人、新练亲兵中营马队184人；驻扎营口、牛庄一带的包括奉军左营、右营、中营、前营步队各451人，以及防守营口水雷营的步队拨出的30人；另有驻扎昌图县附近的左营马队314人；总计4 223人。①

除此外，7月16日盛京将军裕禄因"奉军统领左宝贵，前于开辟东边即身亲其事，该处地势民情无不熟谙"，又将驻防在中朝边境的记名提督聂桂林部勇营军队——靖边军配置给左宝贵统率。聂桂林部靖边军当时有右营步队357人驻防通化一带，中营马队、前营步队、左营步队、后营步队各357人驻防凤凰城一带，兵力总计1 785人。②

---

① 日本参谋本部编纂课：《清国陆军纪要》，1894年版，第31—32、35页。
② 中国近代史资料丛刊续编《中日战争》5，中华书局1993年版，第18—19页。日本参谋本部编纂课：《清国陆军纪要》，1894年版，第35、37页。

兼统靖边军不久，左宝贵便得到率军开赴朝鲜的命令，经过与分统聂桂林会商，从奉军和靖边军中各抽选马步四营，以及靖边军炮队，组成了一支八营3500人的队伍（炮队不满一营，中国档案中赴朝奉军均自称为八营），番号分别是奉军左营马队、左营步队、右营步队、后营步队、靖边军右营步队、左营步队、后营步队、中营马队、亲军炮队，对外统称为奉军，左宝贵任总统，聂桂林任分统。①

1894年7月21日起，营口、奉天、昌图、通化等地，一队队奉军、靖边军陆续拔营起程，根据总统左宝贵的命令，向边境城市九连城集结（由营口驻地出发的奉军乘坐民船走水路赴九连城），准备由那里集中开进朝鲜。25日，左宝贵亲率剩余部队从奉天出发，踏上征程。

临走之前，左宝贵拜访了一些城中的好友，依依话别，与左宝贵私交甚好的英国苏格兰长老会传教士、医生司督阁（Dugald Christie）觉察到，英勇善战的左将军临行前却挥不去易水长歌式的悲壮。左宝贵对友人们说道："这次战斗与以往的剿匪不同"，"我必死无疑"。②国内战争中，几乎百战百胜的勇将，此刻表现出这样的忧虑，耐人寻味。

1894年初夏，一小块乌云在东方地平线上升起，不久，整个天空都变得昏暗起来。战争的直接借口并不重要。在许多年里，日本一直为扩张自己的势力，为控制朝鲜而进行积极的努

---

① 《日清战争实记》第7编，日本东京博文馆1894年版，第47页。根据平壤清军俘虏名单以及进军朝鲜途中聂桂林与盛宣怀的电报分析，该书误将奉军后营步队印作"步营步队"。另川崎三郎著《日清战史》第2卷（日本东京博文馆1897年版）第66页误将奉军后营步队当作靖边军。戚其章著《甲午战争史》（上海人民出版社2005年版，第82页）沿用了川崎三郎的误记。
② ［英］杜格尔德·克里斯蒂著，［英］伊泽·英格利斯编，张士尊、信丹娜译：《奉天三十年（1883—1913）：杜格尔德·克里斯蒂的经历与回忆》，湖北人民出版社2007年版，第74页。

力。现在我们知道,即使没有这样的借口,不久日本也会找到另外的借口。近7月末,我们得到未来战争的第一个警告。此时,接到从北京传来的电报,命令我们的朋友左宝贵将军及其所部马上经陆路奔赴朝鲜。在满洲,左宝贵所部是唯一真正意义上的部队,训练有素,一直保持着激昂的斗志,在剿匪战斗中一贯勇猛顽强。第一批部队在接到命令48小时之内就出发了,将军本人和幕僚们一天后出发。他先来向我道别,心情有些忧郁。在他看来,自己已经把士兵训练得最好,并尽其所能去装备他们,只要他发布命令,没有人害怕战死沙场。但是,他也知道,与已经近代化了的日本军队相比,自己所说的最好是多么可怜。他特别清楚中国军队和将军们之间的勾心斗角……①

守御平壤

根据清政府官方的报告,奉军7月28日途经凤凰城,领取了最新下发的电报密码手册后,继续向中朝边境急行军。29日全军到达了鸭绿江畔的重镇九连城,和靖边军会合,全军集结完毕。30日傍晚,左宝贵自己带着亲兵首先渡过了鸭绿江,到达朝鲜义州。

为了保证奉军在行军途中保持军纪整肃,左宝贵还专门下发了军规,对全军加以劝诫,东征诸军中,奉军的军纪一时为人称道。

……

---

① [英]杜格尔德·克里斯蒂著,[英]伊泽·英格利斯编,张士尊、信丹娜译:《奉天三十年(1883—1913):杜格尔德·克里斯蒂的经历与回忆》,湖北人民出版社2007年版,第73—74页。

一、随征之人，有强奸妇女者，无论官兵，均按军法。

一、随征之人，有抢夺民财者，无分首从，均按军法。

一、本军兵丁，有捏造谣言煽惑人心者，按军法惩办。

一、本军兵丁，如拐带军装私自逃走者，由沿途关边度卡查验无护照者，扣留送营，按军法惩办。

一、本军兵丁，有醉酒行凶及聚赌滋事者，一经查出，重责割耳，轻者责革。

一、本军官弁兵夫及随从人等，均经预发薪粮以资足食，如沿途于民间买用食物等项，须先问明市价，公平议买，毋许强劝口角，违者责革，尔商民人等亦不得高招时价，自取其咎。

……

一、每日于开行之先、安营之后、打尖之时，由该管官点名三次，落后不到者重责。

一、每日定四更吃饭、五更起队，各兵既饱食上道，不许中途复买零星食物致使队伍不齐，违者重办。①

7月31日清晨，在奉军分统、靖边军统领聂桂林的具体指挥下，奉军左营、后营步队，靖边军前营步队、中营马队也分批乘坐舟船，渡过鸭绿江，进入朝鲜境内。这些部队于当天中午时分经过义州，继续向北方重镇平壤方向挺进。领先于奉军、靖边军的大队，轻骑在前的左宝贵于8月6日赶到了平壤城，与此前已经抵达的盛军、毅军将领卫汝贵、马玉昆等相会，立即磋商平壤防守大计。

---

① 《日清战争实记》第7编，日本东京博文馆1894年版，第103—104页。

甲午战争时的朝鲜平壤街景

当时，在清政府以及李鸿章十万火急的催促下，各路援朝清军为了加快行军速度，出发时都尽可能地选择不带或少带弹药辎重以及重武器。在军队出发之后，这些大宗物资由各地陆续向前路转运，大多通过海路或陆路汇聚到鸭绿江畔的朝鲜边境城市义州，以此为中转的枢纽，再分批向平壤城运输。

甲午战争爆发前的中国陆军，尤其是北洋海防沿线的陆军，通过购买和自造，部分装备了技术性能并不弱于西方军队的先进枪炮武器，但战术思想、军队制度仍然滞留在古代。对极为重要的后勤保障问题，进驻平壤的各支中国军队采取的还是自古以来传统的各自为政，各支军队各办一套后勤补给系统的办法。勇营军队原本有长夫制度，即编制在军队里的民夫干搬运辎重等杂活，但出征事机急迫，又为节省钱粮考虑，各军大都没有随带长夫，于是从义州到平壤运输辎重粮饷的工作，必须要由军队士兵自行完成。和其他各军一样，左宝贵的奉军也被迫从本就不多的兵力中分出军队担任运输队,"敝军八营三千五百人,除后路转运,只三千人"。①

从当时其他军队的报告里,后路转运的纷乱情况可见一斑。后路转运队一般使用出国前自行携带的车辆,由于朝鲜境内土地贫瘠,缺乏草料喂养骡马,只能从边境城市和朝鲜就地雇用牛和民夫,以七头牛拉一辆车,每天要支付二两五钱银②。由义州通向平壤,地势崎岖,且只有土路通行,各军的运输队拥挤不堪,加上连日阴雨,道路泥泞,牛车行进本就缓慢,由此更显滞涩。有一次,奉军冒险改走水路,干脆从义州将军粮装上木船,沿着朝鲜西海岸驶进大同江,共耗费了长达八天时间,就是这样的情况,左宝贵都觉得要比陆路运输便利得多。③

李鸿章察觉到这样的后勤运输状况不但效率低下,而且分散了各军的兵力,牵扯统兵大将的精力,于8月底致电左宝贵等,提出各军后勤运输应该统一,集中购买2 400头牛,按照驿站的模式,从义州至平壤沿途设立12站,流水接递运输,所用的转运人员从兵力最多的盛军中派出。然而这时正值秋收,朝鲜百姓不愿帮助军队运输,总管东征营务处的盛宣怀协调也不得力,直到平壤大战爆发,在朝清军统一后勤的构思仍然只是空谈。

当时的清王朝军队中并没有设置近代化的参谋部、司令部机构,所有的事务不分巨细,都由统兵大将一人来决断;尽管随行会带有一些师爷、幕友帮办,但这些人的知识积累能否应对复杂的行军、作战事务,是个极大的问号。

---

① 盛宣怀档案资料选辑《甲午中日战争》上,上海人民出版社1980年版,第66页(428)。
② 盛宣怀档案资料选辑《甲午中日战争》上,上海人民出版社1980年版,第79—80页(507)。
③ 盛宣怀档案资料选辑《甲午中日战争》上,上海人民出版社1980年版,第115页(713)。

除去揪心的后勤，装备问题也是左宝贵极为操心的事情。

相比驻防直隶的淮军，旅顺、大连的毅军，隶属于盛京的奉军因为地方财力不丰，装备稍显落后。临行前，李鸿章曾答应设法从上海筹措毛瑟步枪1 200支、子弹20万发给奉军，加强战力。①但当时很多省份都在新募军队，军械需求急迫，盛宣怀私下将这批枪械卖给了台湾巡抚，"本存上海，因钧电未定，已为台湾买去"②。几经周折，李鸿章才从旅顺的军械库存中竭力匀拨出了500支新式毛瑟枪、10万发子弹交给奉军③。

此外，奉军的重火器只有两门加特林机关炮和六门小口径行营炮，左宝贵在7月开拔前与李鸿章磋商，由天津军械局拨给20门新式的75毫米口径克虏伯行营炮及弹药车、弹药等件，其中第一批12门（配套炮车、弹药车各12辆，榴霰弹240发，榴弹960发，国产榴弹1 200发等），连同天津武备学堂派出随军指导的学生许玉峰、商德正、何宗莲、王恩诏，由"湄云"号炮舰从大沽接运直接送到中朝边境的大东沟（今辽宁省东港市）交付奉军。④但是奉军"原只有三千五百人，兵数本不甚多，若由所带各营内再分拨炮队，则步队枪兵兵力过分"，左宝贵于是就已经送到的这12门行营炮向盛京将军裕禄申请新募一营炮队，但是在官僚公文、汇报的层层拖宕下，直到平壤大战爆发，炮队也没有组成，李鸿章赠予的新式火炮成了装饰品。⑤

奉军进入朝鲜时，总计八营兵力，为了执行从义州到平壤之间

---

① 盛宣怀档案资料选辑《甲午中日战争》上，上海人民出版社1980年版，第26页（165）。
② 盛宣怀档案资料选辑《甲午中日战争》上，上海人民出版社1980年版，第70页（448）。
③ 盛宣怀档案资料选辑《甲午中日战争》上，上海人民出版社1980年版，第100页（627）（630）。
④ 《平壤分捕の書翰》，《日本》1894年10月。
⑤ 中国近代史资料丛刊续编《中日战争》1，中华书局1989年版，第219—221页。

第五章　上将星沉——奉军统领左宝贵殉国始末

的后勤运输，专门扣出一营负责此事，此外又抽调出靖边军右营步队，和其他各军抽出的部队一起驻扎平壤北方的安州、江原一带，保护平壤后路，实际进入平壤城的奉军仅有六营多兵力，几乎是赴朝清军中兵力最少的一部。

平壤地处朝鲜半岛西北部的平原地区，南临大同江，江上架设一座舟桥。清军进驻平壤后，分防布置，修建工事，将平壤的城南方向判断为日军的主攻方向，由盛军、毅军等兵力较多的部队分兵防守，奉军也被抽出一营参加平壤南城的守御，另有两营由分统聂桂林指挥配合盛军等作战，而左宝贵直接指挥的只有三营步队和一支炮队，仅1 400余人，被分配防守平壤城的东北部。[①]

平壤城制高点牡丹台（照片中右侧最高的山峰）

平壤城东北山峦绵延，地势险要，其中的制高点牡丹台（现代称为牡丹峰）地势尤为重要，但就是如此要地，在平壤清军的防守

[①]《寄译署》，《李鸿章全集》24，安徽教育出版社2008年版，第223页（G20-07-138）。

中被置于次要地位。深感兵力不足的左宝贵,曾分别致书盛京将军裕禄和直隶总督李鸿章,申请紧急招募新兵,扩充军力:

> 贵现带八营约三千人,即再加二千五百人,兵力不过稍厚。今当倭势猖獗,军务正兴,惟有恳求中堂赏加五六千人,合现在三千余人,共八九千人,庶可以资战守。如蒙中堂俯允,贵当派人赴山东招数营徐、邳一带之人,奉合就近可招数营,均待两个月可成军。惟军械、子药并须求中堂赐拨,如不能准,只可请罢论。仍请裕帅添炮队一二营,随同各军进取而已。①

然而这些努力,最终都因为"饷窘,械更缺"等原因,一一作罢。

纠缠在这许多本不应该由领兵大将一人思索、交涉的事务中,左宝贵还在积极参与平壤御守之策的谋划。多年在中朝边境巡守的左宝贵对日军的战斗力有较客观的估计,认为日军战斗力要高于清军。但在作战方针上,性情耿直的左宝贵坚持认为应该采取主动出击策略,并曾多次派队前出击退日军侦察哨兵。

左宝贵虽然早年也曾置身李鸿章麾下,但后来长年驻防东北,与淮军将领叶志超、卫汝贵,毅军将领马玉昆等,多少存在无法避免的派系、畛域隔阂。另外,左宝贵一力主战的态度,又和持防守待援策略的盛军统领卫汝贵、平壤诸军总统叶志超显得格格不入,兵力弱小的奉军不仅在地理上偏处平壤城东北部,同时也被兵力强

---

① 盛宣怀档案资料选辑《甲午中日战争》上,上海人民出版社1980年版,第92—93页(586)。

第五章 上将星沉——奉军统领左宝贵殉国始末

大的几支大军所疏远。

直隶提督叶志超经历过牙山之败，最先领教了日军战斗力的真容，"对敌人之强弱虚实，早已洞悉于胸"。自感己方军力不足，所以叶志超到达平壤担任诸军总统后，对防守策略始终显得异常保守乃至消极。战前，各军将领分防在平壤城各地，互相间的联络主要通过书信和新架设的德律风（电话）。根据记载，在9月一次难得的诸将见面会议中，针对连日来平壤周边日军前哨踪迹越来越多的紧张局势，总统叶志超提出主动退出平壤：

> 敌人乘势大至，锋芒正锐，我军子药既不齐，地势又不熟，不如整饬各队，暂退嫒州，养精蓄锐，以图后举。①

正当各军将领对此方略"依违参半"之际，左宝贵挺身而出，满面怒色，慷慨陈言：

> 敌人悬军而来，正宜出奇痛击，令其只轮不返，不敢再正视中原。朝廷设机器，养军兵，岁麋金钱数百万，正为今日。若不战而退，何以对朝鲜而报国家？大丈夫建功立业在此一举，至于成败利钝暂时不必计也。②

据时人回忆，这次会商最后不欢而散。"左与叶相聚面商，左主

---

① 《楚囚逸史》，中国近代史资料丛刊续编《中日战争》6，中华书局1993年版，第180页。
② 《楚囚逸史》，中国近代史资料丛刊续编《中日战争》6，中华书局1993年版，第180页。

战，叶主退守，意见不合，左语愤激，叶唯唯谢过。"①

北洋前敌营务处盛宣怀的弟弟盛星怀当时也在平壤，感受到了各将领之间的不和，曾将自己的判断密报给哥哥盛宣怀："左（宝贵）、马（毅军将领马玉昆）力顾大局，惜其器局偏浅，不能融洽。"②

上将星沉

平壤守将正在争论战守策略的时候，日本陆军袭取平壤的军队已经在行进途中。

为进攻平壤，当时日军采取的是分路包抄合围的策略。攻击平壤的日军为第一军部队，分为朔宁支队（第五师团第十旅团一部）、大岛义昌混成旅团、元山支队（第三师团一部）、大迫支队与第五师团主力四部行进，总兵力16 000余人，由第五师团长野津道贯中将统一指挥。

9月14日深夜，几路日军全部按期抵达预定进攻阵地，准备在第二天拂晓向平壤发起总攻。根据野津道贯的布置，大岛义昌混成旅团（3 600人）负责向平壤正面发起佯攻，对平壤城对岸大同江浮桥桥头堡一带的清军阵地进攻，吸引平壤守军注意；朔宁、元山两个支队（兵力7 100人）进攻平壤城北部玄武门、牡丹台高地一带（朔宁支队已提前秘密渡过大同江，绕道平壤北部附近）。和清军的判断不同，日军认为牡丹台制高点是平壤城的要害所在，清军必然防守严密，所以将重兵投入这一方向。

---

① 《楚囚逸史》，中国近代史资料丛刊续编《中日战争》6，中华书局1993年版，第180页。
② 盛宣怀档案资料选辑《甲午中日战争》上，上海人民出版社1980年版，第100页。

负责指挥朔宁、元山支队的日本军官立见尚文少将,和他的中国对手的出身履历情况有很大不同。立见尚文1845年出生于日本桑名藩的一个藩士家庭,小名鉴三郎。作为武士,他从小接受枪术、剑术的训练,后进入德川幕府编练的近代化陆军学习近代军事,在日本近代的倒幕战争中表现出了突出的军事才能。幕府政权倒台后,1877年进入明治政府陆军,历任旅团副参谋长、大队长、联队长等职务。1886年被派往欧洲,学习陆军军事指挥。归国后,1894年晋升少将,任步兵第十旅团旅团长。

此刻,立见尚文所指挥的日军朔宁、元山支队总兵力7100人,他怎么也无法料到,他的对手、防守牡丹台一带的左宝贵部奉军兵力竟然不足2000人。而且就在日军兵临城下的前一天,李鸿章接到叶志超的急报,连日心力交瘁的左宝贵突发中风,"今日左宝贵右偏中风,不能起床"。①

1894年9月15日凌晨4时30分,平壤大战首先在毅军、盛军驻守的大同江对岸一带打响,立见尚文所部也立刻开始了对自己目标的攻击。根据《日清战争实记》记载:"十五日黎明,当旭日将要从东面树林的后面升起的时候,朔宁支队靠近了敌

西方美术作品:平壤玄武门之战

---
① 《寄译署》,《李鸿章全集》24,安徽教育出版社2008年版,第326页(G20-08-124)。

军堡垒。这时江左岸有混成旅团奋战,右方有元山支队自坎北山急袭敌军堡垒。"①

平壤玄武门

平壤失守之后,日军拍摄的奉军营盘照片

朔宁支队首先向牡丹台外围的奉军工事发起进攻。尽管兵力弱于日军,但是清军抵抗极为顽强。战斗中,日军还发现了清军使用

---

① 《日清战争实记》第 8 编,日本东京博文馆 1894 年版,第 10 页。

十三响连发毛瑟枪的特殊情况，这一新式武器就是李鸿章战前从旅顺调拨给奉军的。"突然以毛瑟十三连发枪，从侧面向我军部队射击，其势猛烈，势不可挡。"① 借助炮火优势，经过恶战，日军于当天上午8时30分攻占了牡丹台高地。

日本美术作品：日军进攻平壤牡丹台高地

居高临下的日军随即蜂拥冲向附近的玄武门，意图攻破平壤城北的这道最后防线。日军从牡丹台炮击玄武门，配合以陆军不断向城门发起冲锋。当玄武门的防御到了最危急的时刻，死亡枕藉、枪林弹雨的城头上，突然出现了一个高大的身影。中风未愈的左宝贵，头戴顶戴花翎，身穿御赐黄马褂，走上阵地，大声激励他的士兵们奋勇作战。身为一名高级军官，他深知失去了牡丹台制高点，平壤城防御已到了生死存亡的最后时刻。

---

① 《日清战争实记》第8编，日本东京博文馆1894年版，第10—11页。

面对蜂拥而至的日军，左宝贵毫无惧色，营官杨建胜想搀扶他下城，左宝贵满眼怒火，"击以掌"。对属下劝他换掉黄马褂，以免日军注目的提醒，左宝贵大声喝道："吾服朝服，欲士卒知我先，庶竟为之死也。敌人注目，吾何惧乎？"随着城头上越来越多的奉军官兵倒下，行动不便的左宝贵竟亲自操纵一门加特林机关炮向日军扫射。恶战中，左宝贵左侧额头首先被弹片擦伤，"军门身强胆壮，犹勉力持撑"，继而被一颗流弹正中左胸，满腔热血泼洒在平壤城头。

随后的战斗成了彻底的混战，兵力单薄的奉军将士依托城墙，坚决死守。日军正面强攻不下，改派士兵冒险攀越城墙，从城内打开了玄武门。随着日军如潮水般涌入，平壤北门失守。当时，叶志超听闻北门吃紧，匆匆派盛军一部赶往支援，但援军到时，大势已去。

乱军中，营官杨建胜和几名士兵想把左宝贵的遗体带回祖国，"欲自北门出，而贼兵已入城，塞满街巷，杨某亦死乱军中矣"。[①]左宝贵和他的奉军就这样陨落在异国的土地上。北门失守后不久，当天夜间叶志超下令全军撤出平壤，遭到日军伏击，引发一场大溃败。

后来占领平壤城的日军在清理战场时，发现了左宝贵的遗体；出于对这位勇将的尊敬，在平壤以军礼厚葬。

左宝贵阵亡后，清廷为之哀叹，光绪帝御制祭文："……方当转战无前，大军云集；何意出师未捷，上将星沉……"大战刚起，勇将捐躯，这样的消息犹如晴天霹雳，加之很快传来的平壤溃败的消息，都以血淋淋的事实对清王朝陆军的能力发出了一声凄厉的警报。

---

① 《盾墨拾余（选录）》，中国近代史资料丛刊《中日战争》1，上海人民出版社1957年版，第110页。

第五章　上将星沉——奉军统领左宝贵殉国始末

前敌大将不可谓作战不英勇，但究竟是什么造成了他们的失败呢？

进入九月的金秋季节，传来了一个小道消息，中国在朝鲜北部已经彻底失败，而那里正是左将军开赴的战场。开始，没有人太在意这种传闻，但不久，事态明朗了，甚至有些夸张。中国军队溃散，很可能已被歼灭，左将军殉国，日本军队正在向满洲推进。在这突如其来的灾难面前，奉天的官员们惊慌失措，乱了阵脚，接着的事态会如何发展呢？[①]

[①] ［英］杜格尔德·克里斯蒂著，［英］伊泽·英格利斯编，张士尊、信丹娜译：《奉天三十年（1883—1913）：杜格尔德·克里斯蒂的经历与回忆》，湖北人民出版社 2007 年版，第 78 页。

第六章　兵败后勤
——平壤失守的幕后

1894年9月15日下午,朝鲜北部重镇平壤大雨瓢泼。夜幕降临后,城北的静海门、七星门悄悄打开,中国军队蜂拥出城,冒雨北撤,结果在路途中遭到早已设伏多时的日军截击,死伤惨重。

一位被俘的中国军官事后回忆起当晚的情景,字里行间仍然充满了惊惧。

……忽阴云密布,大雨倾盆。兵勇冒雨西行,恍似惊弓之鸟,不问路径,结队直冲。而敌兵忽闻人马奔腾,疑为劫寨,各施枪炮,拦路截杀。各山口把守严密,势如天罗地网,数次横冲,无隙可入。且前军遇敌击,只得回头向后,而后兵欲逃身命,直顾前奔。进退往来,颇形拥挤。黑夜昏暗,南北不分。如是,彼来兵,不问前面是为敌人抑是己军,放炮持刀,混乱砍杀,深可怜悯!士卒既遭敌枪,又中己炮。自相践踏,冤屈谁知?当此之时,寻父觅子,呼弟唤兄,鬼哭神嚎,震动田野。人地稍熟者,觅朝鲜土人引路,均已脱网。惊惧无措者,非投水自溺,即引刃自戕,甚至觅石碣碰头,入树林悬颈。死尸遍

第六章 兵败后勤——平壤失守的幕后

地,血水成渠,惨目伤心,不堪言状。①

平壤之战是甲午战争中首次大兵团会战,中日两军参战的总兵力大体相当,日军略占优势。战斗于1894年9月15日的凌晨时分打响,在大同江对岸的船桥里地区,以及平壤城西南位置,防守那里的卫汝贵部盛军、马玉昆部毅军等清军主力部队顽强还击,甚至发动了反冲锋,夺取日军的前沿阵地,使得日军进攻数个小时毫无进展,被迫停止战斗。

然而事实上,平壤城南其实只是日军的佯攻方向,日军真正的意图是借此吸引清军的主力,从而快速实现对平壤城东、西两侧的包抄,形成合围。在平壤城东北的制高点牡丹台一带,担负守御任务的三营奉军遭到了优势日军的聚攻。经过血战,奉军兵力、火力不支,牡丹台、玄武门要地相继失守,奉军统领左宝贵在恶战中为国捐躯。

9月15日午后,平壤一带降起瓢泼大雨,战斗就此告一段落。从战局表面的态势看,清军丢失了平壤城外的制高点牡丹台,但平壤城

日本美术作品:甲午战争中的平壤之战
画面中表现的是日本军队在大同江船桥里方向被清军火力压制的情形

---
① 《楚囚逸史》,中国近代史资料丛刊续编《中日战争》6,中华书局1993年版,第182—183页。

的防御仍然稳固,战事尚属不分胜负。然而就在这一天的夜间,清军总统叶志超突然下令全军放弃平壤,撤往北方,结果在途中遭到日军伏击,致使这支北洋地区的中国陆军主力崩溃,一发不可复收。

对平壤城拱手让人、守军遭遇重创等结果,作为指挥者的总统叶志超难辞其咎。百年来人们讨论该战役,批评的矛头也主要对准此人,认为叶志超个人的胆小昏聩是造成平壤之战大败的重要原因。

叶志超,字曙青,安徽庐州府合肥县人,是跟随淮军宿将刘铭传起家的高级将领,早年在太平军、捻军战争中以作战勇猛、不顾性命而著称,乃至获得了"叶大呆子"的诨号。甲午战争前,叶志超官至直隶提督,掌管直隶全省绿营军队,同时统御着北洋地区最精锐的陆军部队——直隶练军。这样一位早年以勇敢著称的将领,为什么会在平壤之战中出现差异如此之大的表现?为什么在平壤之战中表现尚佳的盛军统帅卫汝贵、毅军统帅马玉昆等对放弃平壤也没有异议?究竟是什么促使这些中国将领做出了这个决策?在指责叶志超胆小的各种近似口号的批评中,平壤之败更多重要的原因被悄然掩盖了。

淮军大将、直隶提督叶志超
甲午年朝鲜东学党事件后,叶志超奉命率直隶练军精锐最早进入朝鲜,牙山兵败后率军绕朝鲜东海岸北上,最终到达平壤。因其在平壤诸将中职衔最崇,被任命为总统

子 尽

平壤之战中方相关的公文报告和私人回忆中,都提到了一件十

第六章 兵败后勤——平壤失守的幕后

分重要的事情,即9月15日晚中国军队放弃平壤城的举动实际并不是叶志超一人的决断,而是经过统将们集体会商的结果。

本章开头那段惨不忍睹的文字,出自撤离平壤途中被日军俘虏的盛军军官栾述善之笔。在被送至日本拘押期间,栾述善撰写了名为《楚囚逸史》的回忆文章,文中提到了很多平壤战守的生动细节。据栾述善追忆,9月15日当天的黄昏时分,叶志超曾召集过诸将会议。在会上,叶志超的意见是:"北门之咽喉(牡丹台、玄武门)既失,子药又不齐全,转运不通,军心惊惧,设敌军连夜攻打,何以防御!不如暂弃平壤,增彼骄心,养我精锐,再图大举,一气成功。"①

从城墙上拍摄的平壤城照片
平壤城是当时朝鲜仅次于首都汉城的第二大重要城市,自从牙山战败,朝鲜南部被日军控制后,清军就在平壤城内厚集重兵,防范日军北侵

---

① 《楚囚逸史》,中国近代史资料丛刊续编《中日战争》6,中华书局1993年版,第182页。

按照这段描述，叶志超想要撤守平壤的原因首先是牡丹台、玄武门失守，平壤城的制高点被日军占领，城防受到严重威胁，形势对我不利。其次则是"子药又不齐全，转运不通"，这一问题实际上更为严重。要地失守，尚可以设法尽力挽救，而弹药的缺失，对近代化战争来说，其影响不言而喻。相比日本军队，清军的组织程度、士气和战术水平本来就都不高，如果再缺乏弹药，那这场仗能否坚持打下去，的确是个大问题。

1894年9月19日清早，李鸿章收到了平壤战败后叶志超发来的第一封战报。电文中，叶志超报告了9月13日至15日平壤及附近历次战斗的情况，言及15日的平壤之败，叶志超报告当时撤退平壤的考虑主要有两点：一是"子尽粮完"，即弹药粮草用尽；另外一点是"四山大炮齐向城营施放，兵勇无地立足"，即平壤四周高地被日军占领，而且日军炮火凶猛。这两点原因，与栾述善追忆的9月15日黄昏会议中叶志超提出的撤退理由完全一致，侧面证明了栾述善文章的真实性。

栾述善还回忆道，9月15日平壤城黄昏会议中，当叶志超提出撤退的提议后，"各统领深以为然"，即与会将领对叶志超的判断表示同意。这一点也被一份9月22日的文件证实——曾参加平壤黄昏会议的盛军统领卫汝贵，当天在致电盛宣怀时曾提到平壤弃守前的情况："子药又尽，叶军门不得已与诸将筹商退守之策。"[①]

几位当事人的报告、回忆中所提到的左宝贵阵亡，牡丹台、玄武门失守，形势不利，无疑是不争的事实，而"子尽粮完"则是一条关键原因，无疑对评价清军撤守平壤的性质具有十分重要的作用。

---

① 盛宣怀档案资料选辑《甲午中日战争》上，上海人民出版社1980年版，第167页（1013）。

第六章 兵败后勤——平壤失守的幕后

但这一说法的真实性究竟如何,当时之人并未就此深论,现代一些研究者又过于简单地称这是"谎报军情"①,使得"子尽粮完"这一说法蒙上了一层神秘的面纱。

1895年8月18日,日本商船"丰桥丸"进入天津海河,缓缓靠泊在码头。甲午战争结束后,清军战俘于当天全部被移送归国,有一名对解开平壤之战中的弹药问题极为关键的人物,也在归来的人群里。

一年前在平壤城负责管理盛军军械、弹药的邱凤池,在9月15日平壤城外那个恐怖的雨夜,右侧小腿被日军子弹击中。他挣扎着试图继续追随大队奔逃时,又被赶来的日军用刺刀刺伤左腿,旋即成为日军的俘虏。被释放归国后,邱凤池抱着极大的责任心,通过查找、核对账目,对自己在平壤期间经手办理的军械收发事务做出了极为详细的述职报告。

邱凤池在1894年7月21日于天津新城随盛军大队登船出发开赴朝鲜,职务为办理盛军前敌军械委员,随军管理军火收发事务。邱凤池的报告称,驻守平壤的盛军共收到两批军械、弹药物资,包括75毫米口径克虏伯野炮的炮弹1 200发,两磅山炮的炮弹1 200发,加特林机关炮的炮弹50 000发,各类步枪子弹50万发。到9月15日平壤激战为止,这些弹药经过发放,库存各类步枪子弹仅剩余10万余发,75毫米口径克虏伯野炮的炮弹剩余350发,两磅山炮的炮弹剩余300发,加特林机关炮的炮弹已没有存余。

邱凤池在报告中称,盛军自9月12日在平壤与日军前哨接触以来,至15日中午,所消耗的子弹高达74万发。盛军从国内出发时,

---

① 戚其章:《甲午战争史》,上海人民出版社2005年版,第115页。

每名士兵配发150发子弹，以平壤盛军总数为5 000人计算，也就是到15日中午，盛军已经基本打完了全部的基数弹药75万发。剩余储存的子弹总数只有50万发，不足以再供应一天所需的量。① 同一时间，盛军的炮弹消耗2 800余发（加特林机关炮属于速射武器，消耗数量不在该统计中）。平壤盛军装备各类火炮近20门，出发时每门炮随炮配发50发炮弹，加上邱凤池保管的75毫米口径克虏伯野炮的炮弹、两磅山炮的炮弹共3 400发，2 800余发的消耗量意味着到9月15日下午除库存剩余的600余发炮弹外，各炮已经没有弹药。②

因为9月12日至14日发生的都是小规模前哨接火，盛军最主要的弹药消耗基本发生在15日当天。由此可见，在15日上午的战斗中，盛军的弹药消耗巨大，到了当天中午时分，盛军库存的弹药总数已经少得可怜，根本不足以再支撑一次类似15日这样强度的战斗。

邱凤池的统计数字仅计算到9月15日中午，而且不包括盛军以外的其他各军。各军的总体消耗情况，可以从平壤之战日军缴获的物资清单上一窥端倪。

平壤之战中，日军共缴获75毫米口径克虏伯野炮18门，所获炮弹516发，平均每门炮仅剩下不到30发炮弹；缴获两磅山炮一类的小炮13门，炮弹209发；缴获加特林机关炮四门，炮弹117发（加特林机关炮的射速按每分钟发射20发计，四门火炮的弹药只够发射几分钟）。③

对比这样的弹药情况，叶志超称"子尽"并不为过。

---

① 《邱凤池解运炮弹子药雷电清折》，盛宣怀档案资料选辑《甲午中日战争》下，上海人民出版社1982年版，第459页（629）。
② 《邱凤池解运炮弹子药雷电清折》，盛宣怀档案资料选辑《甲午中日战争》下，上海人民出版社1982年版，第458—459页（629）。从邱凤池报告中发现平壤清军弹药匮乏的研究，首见于刘致：《从邱凤池解运炮弹子药雷电清折看平壤之战》，北洋海军成军120周年学术研讨会论文。
③ 《日清战争实记》第8编，日本东京博文馆1894年版，第18—19页。

第六章 兵败后勤——平壤失守的幕后

粮　完

1894年7月末、8月初，盛军、毅军、奉军以及盛字练军陆续进入朝鲜时，事机紧迫，为加快军队集结、出发的速度，军火、粮食、辎重这类大宗物资并没有能够随军大量携带，主要留待后路陆续筹措后向前线转运。

1886年醇亲王大阅北洋海防时在旅顺接受检阅的毅军等部

甲午时期的中国军队，并没有像日军那样沿途设立兵站进行运输、供给的近代化后勤制度，抵达平壤的驻军依赖的是背后的一套拖沓、漫长的原始补给系统，物资都由平日所驻省份自行筹措、供给，因而几支军队虽然同驻扎在一座平壤城，背后的后勤补给却是各自一套账目，互相之间并不接济。

此次出兵涉及境外，身为津海关道、轮船招商局督办、中国电报局总办，掌管着轮船、电报等近代化运输、通信手段的盛宣怀，理所当然地被李鸿章任命为负责总理后路转运事宜，当起了北洋各支出征军队的总管家，将国内的各股后勤线协调归并到通往朝鲜的这一条干线上来。

从中国北方向朝鲜平壤运兵和物资，距离最近、效率最高的线路就是用轮船运送，从天津、旅顺等北方港口直接横渡黄海，进入大同江卸载。然而，丰岛海战中运兵船遭遇偷袭之后，这条横渡黄海的路线被认为过于危险而放弃使用。北洋各路军队增兵朝鲜时，除了原驻防东北的奉军、盛字练军可以直接从陆路运输物资前往国境外，驻防天津、旅顺的盛军、毅军等军队被迫先用轮船从天津、旅顺装运物资，沿辽东海岸在近海航行到大东沟卸载，再转由陆路运抵中朝边境。

有洋务之城美誉的天津，还是当时北洋一带重要的物资集散地。为供应赴朝军队，除各支军队组建地提供补给外，李鸿章努力借助自己的各种关系渠道，从各地购买、借用西式武器以及补给物资，起初也是通过这条海上之路运往国境。盛宣怀等考虑到运输的安全性，进一步"改良"北洋沿海运输线，改成先从天津用轮船将物资运到旅顺，再卸载、过驳到雇用的百姓木船上，由这些采用风帆或者小拖轮拖带的民船，沿着日本军舰无法进入的近海浅水运往大东沟。以盛军的一次物资运载活动为例，1894年8月16日，粮食、军械等物资自天津新城送出，用轮船装运出发，18日到达旅顺，因为民船一时没有雇齐，看押物资的盛军军官又出不起高价，只能卸载、堆积在旅顺，直到9月初才部分运到鸭绿江畔的义州，单程竟耗费半月之久，效率之低令人咋舌。

天津、旅顺、东北等地经海、陆路运输的物资抵达鸭绿江畔后，还需要雇用鸭绿江民船帮助过渡到对岸的朝鲜。朝鲜江边城市义州成了各路中国军队物资的汇聚之地，盛宣怀就近设立义州转运局帮

第六章 兵败后勤——平壤失守的幕后

助照料,由接收物资的各支军队自行派人到义州,将物资运往平壤。义州通往平壤的道路崎岖难行,运力主要依赖雇用的朝鲜牛车,行进速度缓慢,并且9月10日左右日本陆军就已经向平壤后路包抄,威胁到陆地运输线。因而驻平壤的一些军队从出征到平壤溃败,只通过这条低效的补给线获得过一次补给。

从后来日军在鸭绿江之战缴获的战利品情况分析,因为清政府常年不修武备,地方财力又无力维持大规模的近代化战争物资贮备,大战临头,在义州堆积成山的待运物资里,枪炮弹药所占的比重并不大,从这一点来说,落后的运输并不是造成军火短缺的直接原因。不过,在叶志超所说的"粮完"这一问题上,其出现的主要原因就在运输线上。

没有弹药会严重削弱一支军队的战斗力,没有粮食则会断送这支军队的生命。协调各路后勤运输的盛宣怀与各处的公文往来中,存在有大量关于军粮运输的内容。通过逐一分析这些文件,不难厘清平壤驻军的粮食供应情况。

盛军出发后,统领卫汝贵的儿子卫本良于8月初在天津新城老营备妥3 000石大米。这批大米作为首批军粮,16日起运,9月初到达朝鲜义州,旋即因为义州通向平壤的路上已经出现日本军队,不敢前送,陷入积压状态。直到平壤之战结束多天后,9月21日义州转运局汇报军粮存量时,盛军的这批军粮仍然还在义州,"义州盛军粮台实存三千余包"。①

叶志超率领的直隶练军和武毅军是最先进入朝鲜的中国军队,牙

---

① 盛宣怀档案资料选辑《甲午中日战争》上,上海人民出版社1980年版,第163页(982)。

山战败后，他们的辎重粮草遗失一空，退到平壤时几乎没有任何补给。8月27日，供给叶志超军的2 000石大米从天津用轮船起运，9月9日左右运抵义州。① 然而这批军粮和盛军的军粮遭遇相同，没有一粒运到平壤。

马玉昆统率的毅军是平壤另外一支主要驻军，由于原驻地就在旅顺，其补给不需要像原驻直隶的军队那样先用轮船运过渤海，所以毅军军粮可以直接从旅顺雇民船运往大东沟。毅军的军粮在盛宣怀主管下的招商局船运记录中查不到踪迹，不过平壤之战后义州转运局里也堆积着1 000石毅军的军粮。联系赴朝毅军总数只有四营的情况，由此大致可以判断，这1 000石没有运到平壤的军粮是毅军的全部补给军粮。

有军粮运输成功记录可寻的是左宝贵部奉军。8月28日，奉军冒险使用舟船，从义州解运到了一批军粮，"奉军米粮又义州装船运平壤，走八天，甚平安"。② 驻守平壤的奉军包括左宝贵部奉军和奉军靖边军两部，共六营兵力，所解运的军粮大致约2 000石。

总数约7 000石的军粮堆积在义州无法前运，平壤城里的大部分清军除出征时自行携带的军粮外，没有得到后方运来的任何补给。面对嗷嗷待哺的上万军队，统兵大将叶志超只得与朝鲜地方官商量，请他们帮助就近筹措。朝鲜北部土地贫瘠，人口稀少，重镇平壤也不过只有两万人口，要为一万多中国军队组织军粮，难度之大可想而知。军粮吃紧的窘迫境况中，清军不再挑剔，无论小米、玉米，只要是粮食都一概接受。

---

① 盛宣怀档案资料选辑《甲午中日战争》上，上海人民出版社1980年版，第111页（691）。
② 盛宣怀档案资料选辑《甲午中日战争》上，上海人民出版社1980年版，第115页（713）。

第六章 兵败后勤——平壤失守的幕后

平壤之战后,被日军缴获的清军粮秣

平壤之战后,日军统计的战利品清单中记录的缴获的军粮种类五花八门,共有大米2 600余石、未脱壳的稻谷302石、大麦4石、粟米817石、小麦317石、玉米102石。[①]这一记录印证了平壤清军后期军粮主要依赖朝鲜当地供应的情况。

尽管得不到自己后勤系统的军粮供应,但按照明治时期日本计算单位一石约折合200斤来计算,日军缴获的各类军粮总和有80余万斤,以平壤守军兵力15 000人粗算,这些粮食还可以勉强维持月余。不过,日军档案中所统计的战利品数字不是在平壤城中缴获的数字,而是整个平壤之战期间缴获的数量,并不能简单视作平壤清军溃败前的城中粮食储量。

平壤大战三天前,即1894年9月12日,李鸿章接到叶志超万分紧急的电报。因在平壤"百事创始,心力交瘁",陷入病中的叶志

[①] 《日清战争实记》第8编,日本东京博文馆1894年版,第19页。

超，报告了一桩极为危急的军情：朝鲜咸镜道地方帮助筹措的军粮，11日在大同江上被日军全部掳走，"现五大军只存军粮数日……后路转运至今未到"。①

在日军档案中，这一消息得到完全证实，9月11日日本第五师团主力在大同江上游，即咸镜道来路方向俘获了25艘船只。②以一艘船载运50石计算，被虏军粮约1250石。军粮被虏，9月15日大战当天平壤城内的军粮数目只有1600余石，约八万斤，仅够军队勉强维持一周左右；如果算上城中两万居民也要食用，则仅够维持三天左右，足令人触目惊心。在后路转运无望，周边朝鲜地方筹粮又无法运至，城中粮食仅仅够军民维持几天的情况下，平壤城的的确确已经"粮完"。

弃　城

城北制高点丢失，外城城门被攻破一个缺口，城内军队又濒临弹尽粮绝，叶志超一筹莫展，于是在这种形势下召集诸将会议，提出了弃城北撤的意见。根据当时形势，各军统将对此均表示同意，平壤城内的朝鲜最高官员、平安道监司闵丙奭也没有异议，"亦听任之"。

征求了诸将意见，叶志超在决策撤守重镇这样很容易引火烧身的重大事件时刻，头脑显得十分清醒，准备向国内做出汇报。平壤城对外界的有线电报从14日起已经断绝，无法直接和国内联系，叶志超于是匆匆撰写一封书信，陈述平壤15日上午大战的情况，以及

---

① 《寄译署》，《李鸿章全集》24，安徽教育出版社2008年版，第323页（G20-08-114）。
② 《日清战争实记》第7编，日本东京博文馆1894年版，第42页。翁同龢日记中称为五船，见《翁同龢日记》5，中华书局1997年版，第2728页。

第六章　兵败后勤——平壤失守的幕后

绝不能守的无奈形势，交由亲信员弁潜出城去，步行前往安州一带寻找电报局发送，为自己将来解释为何弃守平壤，从公文程序上预留一条后路。

> 叶提督咸午专足递安州转电云：电线已断，倭兵四面合围，自十二日起，无日不战，超带病督战已三昼夜，实不能支。平壤城低而圮，现倭架炮百余尊俯击，城中人马皆糜烂，又无处汲水，万不能守。盛军人多不足恃。后路韩民竟接应倭兵。如此之速，援师恐来不及，求中堂先将情形奏明云。①

15日下午平壤大雨，刚刚攻破玄武门的日军朔宁、元山支队，在周围高地炮兵的支援下，准备杀进平壤内城。突然，日军眼前出现了意想不到的一幕，平壤城各处城头上接二连三地出现了示意投降的白旗。据日军记录，"同时雷鸣声、枪炮声混杂一处，伴随暴雨，咫尺莫辨。当时敌军虽然乞降，果真投降与否则不知道，然而我军已经战斗疲劳，加上骤雨困扰，立见少将遂命令停止炮击，观察敌军进一步行动"。②

没过多久，平壤内城城门打开一条缝隙，一名朝鲜人走出城来，向日军递交书信。日本军史记载，这封由平安道监司闵丙奭署名的书信冒雨送来时，"信被雨打湿而不可读"。日军指挥官立见尚文少将于是驱马到平壤内城城下，让副官朝城头高喊："如果你们投降，我军可以接受，应速速打开城门，交出武器。"由于言语不通，日军的喊

---

① 《寄译署》，《李鸿章全集》24，安徽教育出版社2008年版，第337页（G20-08-163）。
② 《日清战争实记》第8编，日本东京博文馆1894年版，第13—14页。

话没有得到什么回应，于是双方通过笔谈，用汉字来交流。最后清军提出要求："城内人众，非常杂乱，且雷雨大至，希望延迟到明日拂晓开城。"①日军表示接受，遂退出玄武门，驻扎到牡丹台一带。

战争中，一方军队投降让出城池或阵地，另一方则保证对方军队安全撤离，在甲午战争时是国际法中的一项标准模式。叶志超下令竖白旗，和与日军交涉让出平壤时，是否基于对国际法条文的了解，今人已无法知晓。那位被俘的盛军军官栾述善的回忆录里提到，升挂白旗，与日军交涉停火，其实是叶志超的缓兵之计，他本人并不愿意真的率领军队缴械投降，只是想在尽可能安全的情况下，将清军撤出这座危城。在与日军达成第二天天明投降、交城的协议后，叶志超匆匆传令各军准备当晚暗度陈仓，"密传各营，轻装持械，连夜后退"。②

日本方面，与平壤清军直接交涉的朔宁、元山支队司令官立见尚文少将对清军的举动其实满腹狐疑。作为一名职业军人，他理解不了为什么上午作战如此勇决的清军，到了下午竟然会主动要求缴械投降，本能让他觉得清军的投降让城没有如此简单，估计清军可能会在夜间逃走，下令"严密部署戒备"。③

雨夜，平壤清军向义州等方向撤退，发现这一动向的日军立刻在要道上布置伏击，于是便有了本章开头的那一幕惨剧。

平壤对外的有线电报遭日军截断，中国国内与平壤清军失去了联络，平壤城失守前后几日发生的事情，对清政府朝堂上的官员们

---

① 《日清战争实记》第 8 编，日本东京博文馆 1894 年版，第 14 页。
② 《楚囚逸史》，中国近代史资料丛刊续编《中日战争》6，中华书局 1993 年版，第 182 页。
③ 《日清战争实记》第 8 编，日本东京博文馆 1894 年版，第 14 页。

来说，完全是一片模糊的。

平壤战役中被俘的清军
为了营造宣传效果，日军在摄影时特意安排了几名朝鲜士兵站在清军俘虏身后，给人以日本和朝鲜王朝是同一战线的假象

9月12日接到叶志超军粮告急的电报后，军机大臣翁同龢直觉认为"此师殆哉"。① 如何来挽救这一局势，翁同龢并没有任何主意。13日，北京城雷雨，听着耳畔轰鸣的雷声，翁同龢心绪恶劣，感觉朝鲜即将溃败的局势犹如天意，"天意如斯，可惧哉"。② 9月15日，农历八月十六，平壤清军在半路遭遇日军截杀的时刻，翁同龢在府中赏月，突然想起平壤转运不通，不仅军粮无法运至，连军队的秋衣也积压在义州，守军仍然穿着夏装，于是在日记中写下了"夜月好，百感苍凉，战士暴露，可念也，亦可惧也"的担忧之词。③

天津北洋大臣衙门里，得到前敌将士缺粮消息，李鸿章也是焦急

---

① 《翁同龢日记》5，中华书局1997年版，第2728页。
② 《翁同龢日记》5，中华书局1997年版，第2729页。
③ 《翁同龢日记》5，中华书局1997年版，第2730页。

万分。12日当天，李鸿章数度电报平壤，用各种他能想出来的"好消息"鼓舞叶志超："义州府尹采购米万石，已报购齐……刘子征统四千人赴东沟，十六七开驶，如能安抵安州，可商令相机援剿。""前几日，倭有受伤、受病之四百三十人在仁川回国。又，在仁川医院亦有四百人，多半受伤者……以我揣度，倭兵之抵朝鲜者，有三万五千至四万之谱云。此信甚确。似倭人亦畏我兵之强……"他要求叶志超和平壤各守将"坚忍，力持大局""共奋勉，同心以御此寇"。①

然而到了下午，李鸿章收到了叶志超在平壤失守前发出的最后一封电报。电文中，叶志超已在担忧电报线会被切断，恳求李鸿章"此后无论电线通否，星夜急催援军速来"，最后表露心迹："此处钱粮艰难异常，转运不及，万一后路被阻，大局难支。超受恩深重，固当尽力，恐各军虽说同心坚守，必有不堪设想之处，不敢不先行陈明。"②

叶志超话已至此，李鸿章也深知自己没有更多的办法，只回复了一份文字简短，但是有千钧之重的电文："望设法防剿，勉力支持危局。鸿。"③

9月14日，清政府总理衙门针对平壤局势做出指示，主张"我军粮少，利在速战"，应主动前出攻击日军，劫夺日军的军粮，并担忧如果"株守以待，恐哗溃即在目前"。李鸿章随即转达给平壤，并询问叶志超"日内情形何似，各军能激发忠义痛剿一场否"。④但此

---

① 《寄平壤叶总统》，《李鸿章全集》24，安徽教育出版社2008年版，第324页（G20-08-116）（G20-08-117）。
② 《附　叶总统来电》，《李鸿章全集》24，安徽教育出版社2008年版，第327页（G20-08-126）。
③ 《复叶总统》，《李鸿章全集》24，安徽教育出版社2008年版，第327页（G20-08-127）。
④ 《寄叶提督》，《李鸿章全集》24，安徽教育出版社2008年版，第329页（G20-08-136）。

第六章 兵败后勤——平壤失守的幕后

时平壤城电报已断。同时,为了解决忧心的粮食问题,李鸿章又电报受自己派遣、正在赶往朝鲜,预备现场督促运粮的老部下周馥和袁世凯,"弟等沿途查看粮台,应添设何处,应视平军能否立脚,或退扎何处,筹定办法随时电商,仍兼程速行为盼",言辞之间,已经流露出平壤守不住的预感。①

然而这一切都无法挽回平壤之战的必败局面。

9月16日,那封叶志超在前一天即平壤大战正午时分派专员送出的告急电报到达了清政府中枢。17日早晨,军机大臣们到值房入值时,看到了转递来的这封十万火急的电报。虽然还没有平壤进一步的消息,军机大臣、清流领袖人物李鸿藻认为平壤必不能守,李鸿章要为此负主要责任,"北洋事事贻误,非严予处分不可,尤非拔花翎、褫黄褂不可"。②军机大臣、李鸿章的亲家张之万与之争论,翁同龢站出来支持李鸿藻的意见,"高阳(李鸿藻)正论,合肥(李鸿章)事事贻误,不得谓非贻误"。③争论到最后,翁同龢、李鸿藻占上风。军机大臣草拟了两道奏片,一道要求叶志超设法打通平壤到义州的通道,一道请旨严厉处分李鸿章。中午时分,再有奏折递上,下午就有了回音,光绪皇帝准奏,下旨拔去李鸿章花翎、褫夺黄马褂。批复如此之快,清流人物喜出望外,翁同龢直呼:"真明决哉!"李鸿藻乘势在军机处痛骂李鸿章开战前的主和态度是有心贻误,"词气俱厉"。④

---

① 《寄周臬司》,《李鸿章全集》24,安徽教育出版社2008年版,第328—329页(G20-08-135)。
② 《翁同龢集》下,中华书局2005年版,第1 094—1 095页。
③ 《翁同龢日记》5,中华书局1997年版,第2 730页。
④ 《翁同龢集》下,中华书局2005年版,第1 095页。

平壤战役中被俘的清军

同一天，平壤城外被日军俘虏的盛军军官栾述善和很多难友一样，刚刚得到一个小小的饭团。

> ……死既不能，生更犹死，两手背缚，发用绳联。十八日申刻，始发给饭团一握，舌为匕箸，膝作杯盘，俯首就餐。忽尘埃上坠，泥沙兼半，口难下咽。渴极频呼，仅给臭水一滴。如是者二十余日，忽称送往伊国。足无整履，身少完衣，由中和至黄州，奔波百余里之遥，不容喘息。九月初八日在江口上船，如入陷阱。坐卧不出寸步，便溺均在一舱，秽气熏蒸，时欲呕吐。十六日至日本广岛下船，狂奔十余里，立毙数人，始登火车。十七日到大阪府，住南御堂厂舍。鸟正飞而入笼，蛙欲怒而在井。一日三餐，入口者无非霉烂萝卜。数月遍身尽是腌脏衣服。似僧而有发，如道而无冠。月暗风凄，频洒思家之泪，物换星移，常兴失路之悲。①

---

① 《楚囚逸史》，中国近代史资料丛刊续编《中日战争》6，中华书局1993年版，第183页。

第七章　将军倒在战场之外
——卫汝贵之死

平壤之战结束近一个月后，清政府开始着手追究战败的责任，但清政府并没有提及平壤守军弹尽粮绝的情况和造成这一局面的原因，而是直接把平壤清军总统叶志超和盛军统领卫汝贵认定为罪魁，革职查办。最后叶志超被判处斩监候，卫汝贵则被斩首于北京菜市口。此后，无论是《清史稿》，还是近现代中国涉及甲午战争的著作，几乎众口一词，把卫汝贵描述成一名十恶不赦的罪人。历史的真相往往就在这些近似口号般的评论中渐渐被掩盖。当我们重新拂去岁月的尘埃，通过仔细分析甲午战争期间涉及卫汝贵的电报、函牍、公文、谕旨时，一桩令人触目惊心的冤案血淋淋地浮现出来。

盛军总统

清朝末叶，乡团勇营在内战硝烟中应运而生，成为承担国防责任的主要力量。勇营各支军队的番号习惯从统军大将的名号或者军队诞生地的地名中取字为名，淮军中的盛军就是以创始人周盛波、周盛传兄弟二人名字中的"盛"字而命名的。

19世纪80年代末的一张淮军高级将领合影,卫汝贵的身影可能就在这幅照片中

盛军原为周氏兄弟创办的民团,属于当时合肥西乡一带势力最大的乡勇武装之一,1856年投入知府李元华麾下,在安徽境内与太平军作战,表现出众,深受袁甲三、多隆阿等大员的赏识。1861年末,为支援上海,李鸿章奉恩师曾国藩之命,回安徽原籍招募团练,组建淮军,周氏兄弟所创办的这支乡勇于是投奔归入淮军,编为盛字营,成为淮军初创时期的重要营头之一。此后,盛字营转战江南,和太平军历次鏖战,屡建奇功,到1868年初已发展成为一支拥有步队九营、马队五营的重要军系,即盛军。

剿平太平军、捻军之后,1870年李鸿章被任命为直隶总督。赴任北上时,为了保证将来任内北方防务的万无一失,特别从属下的淮勇子弟中反复挑选,最终圈定周氏兄弟的盛军,奏调随自己一起北上,驻防畿辅。① 其马队屯扎在天津马厂一带,步队主要驻扎在天津新城附近及小站,"扼守北洋门户,拱卫畿疆,兼于海滩荒地试

---

① 《遵旨带军赴直折》,《李鸿章全集》4,安徽教育出版社2008年版,第63页(T9-07-001)。

第七章　将军倒在战场之外——卫汝贵之死

办屯垦"①；一方面开荒屯垦，一方面按照西法练兵，开创了近代天津小站屯军习武的传统。

和周氏兄弟同为安徽合肥人的卫汝贵，字达三，生于1836年，青年时就加入了周氏兄弟组建的乡勇，后又随同他们加入淮军。卫汝贵在盛军中从底层干起，凭着作战英勇一路升迁为副将、总兵，到盛军北调直隶时，卫汝贵已经是盛军中颇具资历的老将之一。卫汝贵的性格与周氏兄弟十分相似，"老于军事，性情憨直"，目力所及主要是领兵打仗，对其他事务则显得较为懵懂，也因此与周氏兄弟意气相投。1884年中法战争期间，为了扩充直隶的军力，巩固边防，李鸿章命令周盛波在安徽招募十营兵员扩充盛军。当时周盛波因为母亲年逾九十，不令远行，留在安徽原籍侍奉，经周盛波推荐，李鸿章以卫汝贵"分统盛军多年，纪律严明，识力强毅，历剿发、捻各逆，尝以偏师独捍大敌，坚不可犯；近来讲求泰西利器操法，苦心集思，深得奥窍，实淮将中出色之员"②，经奏请清廷批准，任命卫汝贵统领新募的盛军部队，足见其当时在盛军乃至淮军中的地位。

1885年至1888年间，一手创建盛军并曾缔造了辉煌战功的周盛传、周盛波兄弟先后去世。由于周氏兄弟没有合适的子侄辈可以接班，资历深厚的卫汝贵便成为最佳的统领候选人，被推到了历史前台。不过当时李鸿章有所担忧，在李鸿章的眼中，盛军并不是一支容易统御的军队。作为驻防直隶的劲旅，盛军必须按照西法时时训练不懈，保持旺盛的战斗力。同时，盛军属于直隶供应的军队，地方财力

---

① 《淮军裁勇就饷折》，《李鸿章全集》8，安徽教育出版社2008年版，第158页（G4-08-002）。
② 《新募盛军到津折》，《李鸿章全集》10，安徽教育出版社2008年版，第607页（G10-09-043）。

有限，该部必须自己开荒屯垦，贴补日用。还有，直隶属于黄河过境省份，加之境内的永定河直通京师，几乎每年都会出现洪涝水患，因此，盛军还担负着京师周边抗洪抢险的重任。如何在与练兵习武无关的开荒创收、抢险救灾等繁重任务之外，保持住必要的战斗力，对统兵大将的能力无疑提出了极高的要求。

另外，盛军是淮军开山时就有的老营头，历年战争中摸爬滚打，从营官到士卒，不乏军功劳绩者。和平年代，这些人俨然一群骄兵悍将，约束不易。1877年就曾出现过盛军部分营头哗变的惊天大事。周盛波、周盛传兄弟是这支军队的创始人，军中多周氏亲族，但也曾多次出现军内有人打小报告，编造周氏兄弟"克扣干没米盐等物……勇丁含怒蓄怨，群思得而甘心"①，"盘剥兵丁，异常刻苦，该提督行为跋扈，李鸿章受其挟制"②。虽然李鸿章认为卫汝贵"训练精严、谋勇兼裕"，但与周氏兄弟相比，卫汝贵无论是统兵的经验，还是在盛军乃至淮军中的声望显然都无法与其相提并论，能否驾驭这支兵力众多、军史深厚且担当着畿辅卫戍重任的淮军老部队，李鸿章没有信心。最后李鸿章决定由盛军将领贾起胜和卫汝贵两人共同会统，直到1893年，贾起胜调任他职，在李鸿章千叮咛万嘱咐下，卫汝贵才当上了盛军步队的总统。

生性憨直，治军严格，经常在抗洪抢险、屯垦练兵等事务中身先士卒的卫汝贵，接掌过总统大印的一刻，想必满怀踌躇之志。当时他又怎能预料，一年过后他和他的盛军将会遭逢怎样的一番际遇？

---

① 《查复盛庆两军折》，《李鸿章全集》10，安徽教育出版社2008年版，第23页（G8-01-032）。
② 《复奏周盛传参款片》，《李鸿章全集》10，安徽教育出版社2008年版，第419页（G10-04-002）。

谣诼四起

　　1894年初夏,朝鲜局势紧张,负责战守工作的李鸿章决策从北洋各地军队中抽调四支军团进入朝鲜,与日益增兵的日军抗衡,史称四大军入朝。作为李鸿章所能掌控的淮军部队中兵力最多的一支,留守多年的盛军被当作一记重注,押上了中日博弈的桌面。7月25日,日军挑起丰岛海战。8月1日,中日两国互相宣战,甲午战争正式爆发。在日军事实上已经控制朝鲜南方的严峻形势下,为了抢在日军之前进入朝鲜北方重镇平壤,以此为依托守住朝鲜北方半壁河山,年近花甲的卫汝贵亲自率领部队,顶着炎炎烈日,从鸭绿江畔的义州启程,急行数百里,于8月4日抵达平壤设防。"贵带中军四营连夜前进,初四早与毅军同到⋯⋯兵勇冒暑带雨,忍饿兼程,苦不堪言,热毙者已不少。"[1]

西方铜版画:即将乘坐火车出征的清军在和送行的亲友话别

---

[1] 盛宣怀档案资料选辑《甲午中日战争》上,上海人民出版社1980年版,第66页(427)。

正当卫汝贵忙于整顿军队,安排补给,布置防务之际,8月16日他突然接到李鸿章一份措辞严厉的电报:

前途人至言盛军奸淫抢掠,在义州因奸枪毙韩民一,致动众怨,定州又枪毙六人。义尹电,由平安道请汝查办,置不复,何以庇纵所部弁勇,致军声大坏,殊为愤闷。务速认真究办严惩,以服民心。闻奉、毅两军纪律较严,汝当自愧。鸿。①

甲午时代出征奔赴前敌的中国军队将领,大都派子弟、托付亲友同乡或巴结高层清流官员,以求得知国内官场上的局势,并请他们随时美言,以巩固后方。卫汝贵平日为人憨直,不懂得个中门径,临行时恰好淮军大管家、总理后路转运事宜的盛宣怀因为弟弟盛星怀跟随盛军出发,反复致信卫汝贵,要其照顾好自己的弟弟。北洋重要官僚对自己有所托付,而且连日有言语密切的书信往来,使卫汝贵发自内心地认为盛宣怀将成为他在后方的重要依靠。在天津新城临行时,卫汝贵也曾连写两封书信,表达自己对盛宣怀的托付之意。

杏荪(盛宣怀)仁仲大人阁下:……兄定于十九日乘潮出口,以后敝军后路各事,均仗老仁仲格外关垂,主持一切,已饬小儿本良随时禀见,务乞老仁仲训诲一切为荷……如小兄卫汝贵顿首。六月十九日。

杏荪仁仲观察大人阁下:……兄渡海后,尚祈时锡箴言,

---

① 《寄平壤盛军卫统领》,《李鸿章全集》24,安徽教育出版社2008年版,第239页(G20-07-200)。

第七章 将军倒在战场之外——卫汝贵之死

以匡不逮,所谓同心若金,攻错若石,相期无负平生,则叨爱尤为无既也。所有敝军后路事宜,既蒙契爱有加,尚祈云天垂庇,在远不遗。小儿本良,遇事就商,老仁仲务宜分条指示,俾有遵循,则千里如同一室也……如小兄卫汝贵顿首。六月十九日午后。解缆匆匆,欲言不尽。①

然而8月16日李鸿章对卫汝贵的指责,消息来源其实就是<u>盛宣怀</u>的密报。四大军东征后,盛宣怀曾秘密授意弟弟盛星怀和电报局委员洪熙等人,随时向其报告前敌情形。在盛宣怀的眼中,一介武夫卫汝贵与自己并没有什么深厚、特殊的交谊,他自然不会费力去为卫汝贵考虑如何疏通后路官场上的关系。引发李鸿章勃然大怒的就是<u>盛宣怀</u>呈上的由电报局委员洪熙等所作的这份密报:

密。盛军所至,奸淫抢掠,无所不至。在义因开枪,击毙韩民一人,致动众怨。在定州又枪毙六人,义尹电由平安道请卫总统查办,置之不复,民心大变,奈何!毅、奉两军纪律较严,卫军毫无布置,大局堪虞。②

按照常理,受到如此严厉的斥责,不管斥责的内容对错,卫汝贵都应立刻做出回应,或认错改正,或解释澄清。可是之后卫汝贵的举动令人感到不可思议,他竟还是整天忙于布置防务,催促后方

---
① 《卫汝贵致盛宣怀函》(一)(二),盛宣怀档案资料选辑《甲午中日战争》下,上海人民出版社1982年版,第60—61页(68)(69)。
② 盛宣怀档案资料选辑《甲午中日战争》上,上海人民出版社1980年版,第86页(553)。

运送火炮、弹药，对李鸿章有关盛军军纪败坏的指责没有做出任何回应。

8月21日至23日，被安排在盛军营务处，整天喊着要杀敌报国，对卫汝贵竟不赞同自己的热血意见而大感不满的盛星怀连续密电哥哥，抨击卫汝贵"军令不严，且待下苛刻，诸将领、勇丁均生异志，其病非在一日""卫总统苛刻军士，久必决裂"。①

26日，言辞犀利的翰林院侍读学士文廷式不知从什么渠道得到盛军军纪败坏的传闻，又加上自己的揣测和夸大，具折上奏提出严厉批评：

> 平壤军士，万五千人，分为四枝，莫相统摄。论其势众，则盛军七千最多。然传闻之辞，以为卫汝贵启行之始，逃散者二营；及至朝鲜，掳掠焚烧，民不堪命；纪律如此，安望有成？②

言官在朝堂上提出批评，意味着盛军军纪的问题已被提到了李鸿章淮系内部所能处理的范围之外，其严重性足以让李鸿章心忧。清流派从中日博弈的一开始，就对他们看来畏首畏尾的李鸿章感到极度不满，屡次参劾李鸿章不成，言官御史改从其部署开刀，以此敲山震虎，警告李鸿章，同时也有削夺兵权的意思。当时李鸿章以丁汝昌统率的北洋海军和卫汝贵统率的盛军为海陆两只重要臂膀，清流派遂特别予以注意，有关盛军军纪的风闻一旦提出，就注定不

---

① 盛宣怀档案资料选辑《甲午中日战争》上，上海人民出版社1980年版，第98页（615）、103页（650）。
② 《翰林院侍读学士文廷式奏请振刷军士激励帅臣折》，中国近代史资料丛刊《中日战争》3，上海人民出版社1956年版，第60页。

会那么容易收场了。

果不其然，28日，另一位笔锋刺骨的言官——监察御史安维峻上奏，借题发挥，矛头对准了整个淮系军队："……淮军纪律之宽，人所共知，倘不严申约束，窃恐蹂躏不堪。"[①]心急火燎的李鸿章深明清流的用意，同时又为属下军队在朝鲜不给自己作脸而恼怒，第二天即致电平壤，要求"破除情面，前往密查，严行整顿"，虽然没有点名批评，但电报中所指的"烧物强奸情事"，无疑就是针对卫汝贵的盛军而来。

至此，卫汝贵才觉察到事态的严重程度，书写长信希望能澄清事实。李鸿章平日对待属下是呼来喝去的家长式作风，这也使得卫汝贵等这些淮系二线将领对李鸿章别有一番特殊的敬畏。感觉闯了大祸，又唯恐直接回复会被李鸿章当作故意找借口而引其勃然大怒，卫汝贵的书信没敢直接写给李鸿章，而是转求他认为是后路依靠的盛宣怀在天津帮着从中解释。卫汝贵显然并不清楚，有关盛军军纪败坏的传闻正是盛宣怀传出的。

> ……惟贵前奉相（"相"即对李鸿章的尊称，李鸿章被授大学士头衔，而明代大学士职掌宰相权力，清代的大学士虽然有名无实，但对拥有大学士称号的人一般也习惯尊称为宰相）电严饬，以敝军沿途骚扰，甚且淫掠毙命至六七人之多。又闻将士不和之语，殊为骇然！贵带兵三十年，虽不敢自谓知兵，尚不至庸劣如是。前此由义来平，沿途居民早已迁徙殆尽，韩地瘠苦，旅店、饭店俱无，兵勇之寻柴觅水亦事之常。且四军同路，陆续而来，

---

① 《福建道监察御史安维峻奏请严申官军纪律以收人心折》，中国近代史资料丛刊《中日战争》3，上海人民出版社1956年版，第68页。

丰军亦名盛军,敝军又较他军稍大,以致众恶皆归。若当时于相前哓哓申理,不惟和气有伤,亦且不成体统。初不意内间至今犹啧啧也。敝军将领皆多年患难之交,自问亦无负于诸将,何至于有事之秋,遽尔解体?总之,贵赋性迂拙,必有开罪于人尚不自知之处,以致众口铄金,此后当力整营规,束身自检,以冀补过将来。吾仲(仲,兄长,对盛宣怀的尊称)知我,当祈于相前略为剖雪,并请于诸至好处代陈下情,是为叩祷。敬请台安,惟希爱照。如小兄卫汝贵顿首。八月初三日。①

两支盛军

卫汝贵的信函,说明了他这么长时间没有就军纪问题回复的原因所在,就是因为认为这一指责过于荒唐了。更重要的是,卫汝贵的信函中,还透露出"丰军亦名盛军"这一重要信息。

丰军即镶白旗护军统领丰升阿所部。李鸿章调派入朝的四支部队,除卫汝贵盛军、马玉昆毅军、左宝贵奉军外,剩余的一支就是丰升阿率领的奉天盛字练军,这支主要由八旗子弟组成的部队番号简称也是盛军。

平壤之战后,日军让朝鲜人穿上盛军军服拍摄的照片

---

① 《卫汝贵致盛宣怀函》,盛宣怀档案资料选辑《甲午中日战争》下,上海人民出版社1982年版,第189页(272)。

第七章　将军倒在战场之外——卫汝贵之死

很快，确实的消息接连传来，李鸿章得到叶志超从平壤发来的报告："丰都统为人长厚，所部各营骚扰百姓异常，虽经超从旁劝谕，该都统即有约束，下亦不遵，地方颇受其害。"①盛星怀此前给盛宣怀的密报中，也有"丰带兵不甚精练，且有骚扰"等话语。与此相近，远在上海的《申报》曾有一份涉及卫汝贵盛军军纪的报道，其中所透露的情形完全不是言官们奏参里的样子，侧面为卫汝贵的辩白提供了几分支持。

> 本报派驻营口访事人来函云：……廿八日午后"广济""海定"两船载送淮军盛字营五千人行抵营口登岸后，在东营子各大车店分住，营关道善观察饬备白面五千斤并粳米、酒肉之类犒赏三军，闻次日尚有续到者，各兵携带帐棚行粮，昼夜赶程，所过之处，秋毫无犯，洵不愧为节制之师……②

然而卫汝贵的解释无疑来得太晚，淮军盛军军纪败坏经过口耳相传，已然在京城里形成了既有印象。

9月5日，对卫汝贵的申饬又提升到一个新的高度，当天清廷以上谕形式传达御史易俊的密奏，要求李鸿章对卫汝贵进行调查，指责中不仅包括军纪问题，还多出了没来由的克扣军饷、不得军心等指责。

> 有人奏，卫汝贵恇怯无能，性情卑鄙，且平日克扣军饷，

---

① 《叶总统来电》，《李鸿章全集》24，安徽教育出版社2008年版，第306—307页（G20-08-057）。
② 《劲旅赴鲜》，《申报》1894年8月5日，第一版。

不得兵心，并闻此次统军经过牛庄一带，地方不胜骚扰，若令久领偏师，必至败事等语。卫汝贵驻军平壤，日久并未进兵，据参悭怯无能，不为无因。①

电谕下达后不久，平壤统帅叶志超调集八成兵力，前出至中和地方，预备截击正在向朝鲜北方运动的日军，结果途中发生了夜晚士兵胡乱开枪，导致不辨目标内讧的骚扰事件。事发，总统叶志超下令放弃行动，仍退回平壤驻守。平心而论，这一事件足以表露当时驻朝清军久不经战事，一旦兵临险境，精神高度紧张，乃至草木皆兵的实情。但当时前出中和的，并非只是盛军，四大军均派有部队。然而之后盛宣怀安插在朝鲜的属下洪熙发出的密电，又将其描绘成了卫汝贵的责任，"盛军兵将不服老卫，且连夕自乱，互相践踏，又不肯赴前敌。诸将以卫既告奋勇，又兵多，尚如此，均观望，无战意"。②

盛宣怀派至朝鲜的洪熙等属下，为什么屡屡编造针对卫汝贵的谣言？目前并没有史料可以解释，仅有的可能就是卫汝贵秉性直拙，在酷暑的朝鲜指挥属下做事时，"必有开罪于人尚不自知之处"。③

军纪问题刚刚初步澄清，突然又冒出军心涣散的指责。李鸿章随即于9月12日电报怒斥卫汝贵。甲午战争爆发后，前敌机要丛集李鸿章一身，使得李鸿章常昼夜难眠，甚而有为前敌战事落泪痛哭

---

① 《军机处寄李鸿章上谕》，中国近代史资料丛刊《中日战争》3，上海人民出版社1956年版，第84—85页。
② 盛宣怀档案资料选辑《甲午中日战争》上，上海人民出版社1980年版，第140页（854）。
③ 《卫汝贵致盛宣怀函》，盛宣怀档案资料选辑《甲午中日战争》下，上海人民出版社1982年版，第189页（272）。

第七章 将军倒在战场之外——卫汝贵之死

的情况。驻扎近畿几十年的盛军，原本是李鸿章视作骨干、寄予厚望的军队，现在竟然不断出来各种劣闻。身在天津的李鸿章无法对这些传闻进行核实，只能痛恨卫汝贵接统盛军不力，又愤恨其给清流制造借口。要与卫汝贵分清界限的想法，逐渐开始在李鸿章的脑中酝酿。

> 现闻盛军在平壤兵勇不服，惊闹数次，连夕自乱，互相践踏。左、马、丰三统将忠勇协力上下一心，独汝所部狼狈至此，远近传说，骇人听闻。汝临行时，吾再三申诫，乃不自检束。敌氛逼近，若酿成大乱，汝身家性命必不能保，吾颜面声名何在？①

痛骂的同时，李鸿章下令，命盛军将领孙显寅分统盛军，言下之意就是对卫汝贵极度不信任，准备分解他的兵权。然而平壤之战中，卫汝贵身先士卒与日军搏杀，赢得前敌将士赞誉，李鸿章看中的孙显寅却临敌畏缩。这使得李鸿章面上极为无光。

值得注意的是，就在平壤大战爆发之前不久，卫汝贵陆续收到数份来自朝鲜官民的呈文。龙西里的郑允赞等人陈情，称清军过境时，军马将庄稼糟蹋一空，希望得到赔偿。博川郡的柳国镇等呈文，称"八月三日天兵过境，牛马鸡猪悉被抢掠"，李縶瑞等呈文，称"八月天兵路过本境，剑拔弩张，各什物被抢去"，希望能够获得赔偿。另有朝鲜某村庄的村长朴基洮给一位清军营官的呈文，称"贵营军兵突入民家，打破窗户，掠走什物，军马纵入田野，一年作物，

---

① 《寄平壤卫统领》，《李鸿章全集》24，安徽教育出版社 2008 年版，第 322 页（G20-08-111）。

尽为糟蹋",希望能够加以禁止。①对这些反映清军军纪问题的文件,卫汝贵并未来得及求证是否和盛军相关,平壤大战即告打响。出人意料的是,当清军从平壤城北逃时,卫汝贵竟然将这几封书信也整理并随身携带,后来日军突破鸭绿江防线时,在清军营地将其缴获。

平壤战败后,卫汝贵率领营兵一路上截留、收拢溃散的部队和军械物资,等退过鸭绿江时,盛军竟集合起了八成兵力。然而此时,针对他收拢残兵不力的指责又蜂拥而来,李鸿章没有理由地怒斥卫汝贵,"汝试思,淮军现只有盛营大队,汝专统此军,驾驭不善,致沿途传播,津京毁谤,皆訾我用人不当"②,又命令盛军马队统领吕本元分统盛军。至此,李鸿章的态度已经表露得非常明确:他已无心去求证传闻的准确性,也无力去辩驳清流对卫汝贵的指责,为了保淮军、盛军以及自己的声名,宁可舍弃已经被传得声名狼藉的卫汝贵。

犹如火上浇油的是,战前盛宣怀的弟弟盛星怀少年气盛,自行跟着盛军上了前线。盛宣怀曾托付卫汝贵予以照顾,卫汝贵也竭力将其留在营务处、电报局等后方场所,但无法预料的是,平壤兵败突围途中,盛星怀竟然中弹殒命。尽管这并非卫汝贵的责任,但身为李鸿章亲信幕僚的盛宣怀对卫汝贵的态度势必就此改变。

9月24日,李鸿章致电叶志超,完全表明了自己的看法:

---

① 《九连城及安东县押收文书摘译》,《JACAR(アジア歴史資料センター)Ref.C06060154100、從明治27年11月至明治27年12月〈秘密日清朝事件諸情報綴〉(防衛省防衛研究所)》,第1 114—1 115页。
② 《寄九连城递盛军卫统领》,《李鸿章全集》24,安徽教育出版社2008年版,第387页(G20-08-338)。

第七章　将军倒在战场之外——卫汝贵之死　　195

闻盛军溃勇无人收集，彼所司何事，不料其无用无能至此，望切嘱勿再算小疲玩，自干重咎。中外论者皆谓该镇不得军心，朝廷深恶其人，平壤军溃，上谕不知如何处分。虽在乎力战，不将溃勇整顿妥协，恐参折纷起，非汝我所能保全之也。①

"杀卫"

1894年10月9日，是卫汝贵命运的转折点。

平壤战败后，李鸿章曾自行上奏请求处分，但当时清廷以"叶志超等督剿不力，本有应得之咎，惟念该军深入异地，苦战连日，此次退出平壤，实因众寡不敌，伤亡甚多，尚无畏葸情事……叶志超等军着加恩，免其议处"。②但视李鸿章为眼中钉，认为淮系军队统将无能以致作战不力的清流言官却并不罢休，除平壤守军总统叶志超外，传闻最多的卫汝贵也是他们意图攻击的目标。

甲午平壤之战中盛军曾在船桥里一带与日军激烈交战，照片为战后的船桥里地区

① 《寄义州叶提督》，《李鸿章全集》24，安徽教育出版社2008年版，第372页（G20-08-282）。
② 《清实录》第56册，中华书局1985年版，第459页。

10月9日，北京城里"雨止浓阴，早蒸晚凉"，李鸿章的重要政敌、有清流领袖之称的军机大臣翁同龢在日记中写道，那一天上午他到军机值房参加会议，当天讨论的内容只有一份御史安维峻的奏折。中午散会，翁同龢就"归酣睡"。① 这篇看似波澜不惊的日记里提到的安维峻奏折，实际是一篇吹响拔除淮系将领号角的檄文："安维峻折：劲叶来〔未〕打仗，卫弃城，丁轻伤妄报，卫、贾同统盛军，李经迈向索三万，卫应之，故令独统。"②

清末言官上折参劾，有个独特的现象，即不关心参劾的事件是否准确，看重的是参劾的内容要惊世骇俗、振聋发聩、出人意料，以达到在朝议中产生轰动效应的目的。为此，一些言官不惜使用编造、夸大等手段。私下里，清流文人们还会评价、讨论哪篇弹劾的故事最为离奇惊人，翁同龢就曾对一篇弹劾李经方自甘当日本人驸马的荒诞奏折大感兴趣，称写得"绝妙"。由此，不论奏参的内容准确与否，对某人某事的先入为主的印象就已产生。倘若编造的故事过于离奇，导致君主震怒，乃至获罪罢官，那么获罪的言官非但不会以此为耻，反而会标榜自己敢谏、强项。清流士子也会将其作为榜样，传为佳话。这种本来是为了杜绝行政失误而设立的监察弹劾制度，到了清末，因为弹劾者不必为自己的言论承担什么责任，已经变异为政治攻击的工具。

安维峻这篇弹章可谓上述奏参的代表。除叶志超、丁汝昌外，卫汝贵是其中弹劾的重点对象，首先把平壤失守的责任推到了卫汝贵头上，指责他"弃城"，同时给出了一个不知来由的骇人故事，即

---

① 《翁同龢日记》，中华书局1997年版，第2 737页。
② 《翁同龢集》下，中华书局2005年版，第1 097页。

第七章 将军倒在战场之外——卫汝贵之死

卫汝贵的盛军统领职务,是花三万两银向李鸿章的儿子李经迈行贿买来的。李经迈并没有奏荐直隶官员的权力,其影射的无疑就是李鸿章。

犹如配合攻击,当天清政府还连发两道上谕,矛头罕见地都对准一个人——卫汝贵。

第一道上谕发给帮办北洋军务吴大澂,要求彻查李鸿章之子李经迈向卫汝贵收取贿赂,许以盛军总统一事。同时借题发挥,称:

> (卫汝贵)此次所领饷银二十万两,竟扣出八万两,由天津商号汇寄家中,应发之饷,故意延宕,以致军心不服……著吴大澂确切查明。①

另一道上谕颁发给新任帮办北洋军务的白发将军宋庆:

> 有人奏……卫汝贵此次驻军平壤,恣意冶游,士卒亦皆占据民房,奸淫抢掠,无所不至。八月十七日,该军哗溃,盛宣怀之弟为该军营务处,弹压被杀。次日倭人来攻,卫汝贵先逃,其军亦纷然鸟散,器械军装全行撒弃。似此大干军法,应

四川提督宋庆
甲午朝鲜战局溃裂后被任命帮办北洋军务,负责在关外对日战守

---

① 《军机处寄湖南巡抚吴大澂上谕》,中国近代史资料丛刊《中日战争》3,上海人民出版社1956年版,第142—143页。

请立正典刑等语。著宋庆按照所参各节，确切查明，据实具奏，不准稍涉徇隐……①

其中提及的平壤之战情形与卫汝贵率盛军血战的实情完全不符，且把兵败撤逃途中死于流弹的盛星怀说成是为了弹压军纪败坏的盛军而被盛军士卒杀死。这个故事究竟是谁编造和提供的，就耐人寻味了。

眼看已经在舆论攻势上占了上风，清流言官不愿放过乘胜追击的大好机会。一天过后，江南道监察御史张仲炘又递上了一道杀气腾腾的奏章，要求收回卫汝贵的兵权：

窃惟此次军务之坏，行间之功罪，天下人类能言之。乃陆军仅处一孙显寅，而不及卫汝贵——以首先遁溃丧师辱国之人，竟得免于咎戾，谁复肯为我皇上效力？②

紧接着，翁同龢等在军机处就定议，免去叶志超、卫汝贵的军权。还在鸭绿江畔整顿军队、着手防务的卫汝贵，此时还不知道这一切。

看着清流对卫汝贵的指责，李鸿章选择了迅速抽身，不愿引火烧身，免得针对卫汝贵的参劾波及自己和淮系军队——尽管他通过密访，发现在收容溃军不力的指责上，又是自己错怪了卫汝贵；尽管他

---

① 《军机处寄帮办北洋军务四川提督宋庆上谕》，中国近代史资料丛刊《中日战争》3，上海人民出版社1956年版，第143页。
② 《江南道监察御史张仲炘奏请严申军令以固防守折》，中国近代史资料丛刊《中日战争》3，上海人民出版社1956年版，第144页。

第七章 将军倒在战场之外——卫汝贵之死

知道清流的那些弹劾都是荒诞不经的言论。受清廷谕令查证卫汝贵案、帮办北洋军务的宋庆,因为忙于在鸭绿江边的布置防务以抵挡日军过江,因此一拖再拖,迟迟没有关于查案结果的回复报告……

10月18日,盛宣怀致电卫汝贵,冷淡地告诉他盛军的军饷不再从天津支付,转到凤凰城粮台项下,一字未提卫汝贵此刻的处境。

10月19日,李鸿章代鸭绿江前敌的总指挥宋庆向军机处转发了一份电报:

> 宋提督号午电:十二日龙泉沟行次,奉军机处字寄初二日奉上谕,查办卫汝贵被参各节。正密查间,十九日奉军机处字寄十一日奉上谕,查办叶志超被参各节,并准李鸿章电总署咸电传旨:叶志超、卫汝贵均著先行撤去统领,听候查办。聂士成向来带兵尚属勇往,叶志超、卫汝贵所部各军,即著宋庆传旨,派令聂士成统带,以专责成。钦此。当即钦遵传旨,撤去叶志超、卫汝贵统领差使,听候查办。①

起解·菜市口

解职之后经过近半个月的沉寂,随着日军突破鸭绿江防线,东北战事日益不堪,卫汝贵又要为清军的兵败如山倒担负责任了。

11月2日,犹如一声号炮,有言官密奏,"倭军半系叶志超、卫汝贵等溃散之卒"。数月来怒气不知该往何处发的光绪皇帝传谕:"旨卫汝贵革职拿问,交刑部治罪。"宋庆为了慎重起见,决定先将

---

① 《寄译署》,《李鸿章全集》25,安徽教育出版社2008年版,第56页(G20-09-206)。

卫汝贵等押往奉天省城盛京，再由奉天官员负责递解入京。

11月20日，六十高龄、白发斑斑的卫汝贵戴着枷锁行进在东北雪原的时候，翰林院编修王荣商上奏，称"论兵事，一和议摇惑；一畏死心重，罢和须除李，致死必杀卫"①，认为中日战事之所以如此不堪，就是因为国内有人言和动摇士气，将领怕死，在没有任何真凭实据的情况下，就喊出了"致死必杀卫"的口号，将杀卫汝贵提升到了振作军心的高度。

此后对于卫汝贵，清流言官已经不再关心罗织罪名，而是日夜盼着将其解送入京，早早斩首问罪，以羞辱淮系，警告李鸿章。12月8日，有人递奏片，称"卫汝贵安坐天津，枢臣何以不催？谓其与王有李、刘子通打点"。②16日，清廷下谕，质问李鸿章，要其就卫汝贵在天津一事做出回复。17日，清廷又发上谕继续催促：

已革甘肃宁夏镇总兵卫汝贵，平时待兵寡恩，此次赴朝鲜援剿不能约束弁勇，纵令到处骚扰，以至民人怨谤，种种罪状，实为偾事之尤！卫汝贵业经降旨革职拏问，著李鸿章、裕禄懔遵叠次谕旨，查明该革员行抵何处，严饬押解员役迅速解交刑部治罪，毋许逗留。③

18日，李鸿章据实上奏，称所谓卫汝贵安坐天津、找人打点的情况并无此事，"据火车站传说，有人自山海关来云，卫汝贵在关外

---

① 《翁同龢集》下，中华书局2005年版，第1106页。
② 《翁同龢集》下，中华书局2005年版，第1110页。
③ 《上谕二》，中国近代史资料丛刊《中日战争》3，上海人民出版社1956年版，第261页。

中前所地方患病，解员崎姓、世姓，现已饬催前进等语。是卫汝贵尚未入直境"。①

闻奏，第二天清廷又颁谕旨："卫汝贵在中前所患病，难保非借词逗留，著李鸿章迅饬沿途州县严催解员赶紧递解送部。"② 直到1月1日，吴大澂上奏，报告卫汝贵并没有逗留情形，已经于12月24日进入山海关，有关卫汝贵躲藏在天津、迁延不前的谣言才终于没有人再提起。然而，12月25日，就在卫汝贵尚在押解途中，还未被判刑定罪之际，两江总督张之洞就接到了抄没卫汝贵家产的上谕：

> 有人奏，已革总兵卫汝贵，起自盛军营兵，巧善逢迎，不数年而统淮军十七营，兵多缺额，饷入私囊，拥资数十万，悉由克扣盘削而来……著张之洞迅速派员将该革员家产严密查抄，解充军饷，不准稍有隐匿，将此由五百里谕令知之，钦此。③

1895年1月7日，北京天气晴暖，翁同龢前晚夜间腹痛不已，天明之后稍好，照常前往军机处入值。也就在这一天，还不知道自己已经被抄家的卫汝贵进了北京城。

刑部立刻组织对卫汝贵进行审讯，在这之前，前敌统帅宋庆的密访查报也已送到。

宋庆奏报首先说明因为战事紧张，所以察访延后，随即就清政

---

① 《北洋大臣李鸿章奏遵查天津并无卫汝贵现已催令沿途赶紧解部电》，中国近代史资料丛刊续编《中日战争》2，中华书局1989年版，第38页。
② 《电谕北洋大臣李鸿章卫汝贵称病难保借词逗留著迅饬催解部》，中国近代史资料丛刊续编《中日战争》2，中华书局1989年版，第43页。
③ 《查抄卫汝贵家产折》，《张之洞全集》2，河北人民出版社1998年版，第958—959页。

府要求密查的卫汝贵诸问题进行了一一报告：

……查卫汝贵向来打仗尚属奋勇，其所部盛军勇队在小站一带屯田多年，耕种时多，训练时少。卫汝贵平时待兵寡恩，赴韩援剿，进兵甚急，后路押运车辆弁勇，既无管束，未免沿途骚扰，以致声名狼藉；其在韩境滋扰尤甚，殊失保卫藩服之政体，韩民怨谤实深。

……查卫汝贵前在平壤，恣意冶游，尚无其事。惟韩官向蓄官妓，平壤道邀约各军统领筵宴，例设官妓伺候。访问各军，公称拒绝，想即此事传闻之误。当贼来扑营时，卫汝贵持刀于枪弹如雨中，往来督战。无如此进彼退，该镇力顾营垒，尚非畏缩；旋与各军同退，亦非先逃。前在沙河，查其兵枪尚有八成，其溃勇纷然鸟散、器械军装全行撇弃一节，乃传闻过实之词。至盛宣怀之弟在该军办理营务处，系于八月十六日夜督率闻战，中倭枪阵亡，并非弹压被杀，奴才前派往平壤督队之弁，目击其事，访问各军兵勇所说亦同。

……又原奏内称，卫汝贵、贾起胜从前分统盛军，声望才略不如贾起胜。上年李鸿章之子李经迈，以私函向卫汝贵及贾起胜各索银三万两，许以总统盛军，贾起胜置之不理，卫汝贵独如数致送，不数日即委总统。因而克扣兵饷，士卒离心……接贾起胜密覆："窃查于十九年正月二十五日，由盛军会同改派天津营务处，均系奉公而行。但骤然改委，多年将士，爱戴流连，不无私意揣测；并未接李经迈私函。理合据实声覆"等语。并专差密查天津各商号实无卫姓兑汇银八万两之事。询之该军弁勇,据云在平壤时,发饷未能如期,交卸后均已清结。

......所有奴才遵旨查办缘由,理合据实覆陈,未敢稍涉循隐......①

按照宋庆的密查,所有言官对卫汝贵的弹劾,均属夸大、不实之词;据此,卫汝贵根本就不应该被革职拘拿。然而,卫汝贵已经被革职送交刑部,对李鸿章和淮系的这一战役眼见就要大获全胜,清流言官甚至光绪帝显然都不会承认自己的决断出了错误。

1月16日,刑部将连日来的审讯结果和处理意见一并上奏。卫汝贵在审讯中,终于获得了自我辩护的机会。

据卫汝贵供称,系安徽合肥县人,统带盛军多年,向在小站屯扎。本年六月间,奉调赴朝鲜援剿,共带步队十二营前往。马队五营陆续进发。当率十营驻扎平壤,留两营与丰升阿所带各营同驻安州。该革员与马玉昆同在平壤城外西南地方驻扎,扼守大同江沿,左宝贵驻守北门外。八月十二三日,曾与倭人接战,屡获胜仗。十四五日,倭人渡江,四路来攻,伊等兵力不支,左宝贵旋经阵亡。又因兵饷缺乏,子药不敷,于十六日晚经总统叶志超传令齐退。到安州亦未扎住,直退至义州。复过鸭绿江,始行停留。至淮军饷章,坐粮每年止发九个月,行粮始行补足十二个月。伊奉调后,共领饷银二十四万两,交卸时除开放马步队口粮、购办骡马车辆、途中船价各项外,尚余

---

① 《帮办北洋军务四川提督宋庆覆奏查办卫汝贵等被参各情折》,中国近代史资料丛刊《中日战争》3,上海人民出版社1956年版,第258—259页。

银米约八万两,移交后任,并无克扣。在平壤退兵,每人除所余子药三四十个不等。

综合言官的弹劾、宋庆的查复,以及卫汝贵本人的口供,刑部按理应该能够得出一个较为客观的结论,然而刑部却对卫汝贵案做出了一个莫须有的定罪结语:

> 据称十二三日倭人两次扑犯,均被该革员独立击退,迨十四日倭人分兵四出,转致不能抵御,窃恐无此情理。

卫汝贵所说十二三日的战斗,指的是与日军前哨的接触战,而十四日的战斗是日军以数万人发起的大规模攻城战,刑部故意将两战混淆,可谓荒唐。

> 即谓叶志超系属总统,伊系奉令退军,独不思该革员所带步队已足十二营,兵力不为不厚,其时尚有马玉昆、左宝贵各营分扼要隘,尽可联络声势,力保坚城,就令有小挫败,亦何至奔数百里之遥,且安州尚有马步数营,亦足以供策应,果能奋勇争先,督兵力战,岂叶志超所能牵掣?

要求卫汝贵不听总统叶志超的命令,单独行事,本就是事后诸葛亮般的不切实际的要求。而且平壤撤退时,四大军在叶志超的命令下齐撤,为何单独追究卫汝贵一人的责任?另外,所谓有马玉昆、左宝贵可以配合的说法,更属无稽之谈。平壤撤退时,左宝贵已经阵亡，奉军大量损失，平壤城的牡丹台高地已经失守，在此情况下，让卫汝贵违反叶志超的命令，单独去联络其他各军留下守城，无异于痴人说梦。

……至克扣兵饷及纵兵掳掠各节，虽均讯无证据，惟宋庆原奏内称，卫汝贵平时待兵寡恩，赴韩援剿，后路押运车辆弁勇，既无约束，未免沿途骚扰，以致声名狼藉，其在韩境滋扰尤甚，韩民怨谤实深。则该革员平日扣减军粮，漫无约束，以致兵丁沿途骚扰，自不得谓非实在确据。

根据卫汝贵的口供和著者查找的档案可得出结论，和平时代压饷粮是保持军队稳定的一项通例，并不独出于盛军。另外卫汝贵带领十营挺进平壤，留在后路的除两营卫汝贵部盛军外，还有丰升阿部盛军。

刑部最终共得出两条罪状。

率兵在酷暑中急行军数百里，最先进入平壤城的卫汝贵被判"逗留不前，不依期进兵"。平壤之战中，率军左右援应，甚至冒险渡过大同江支援对岸守军的卫汝贵被判"与马玉昆不能互为犄角""左宝贵被倭人攻击，又不能亲为救援，以致左宝贵阵亡"。

刑部以第一条罪状判卫汝贵贻误军机，拟斩监候；以第二条罪状判处其"失陷城寨"，拟斩。极为讽刺的是，平壤驻军的总统叶志超居然都没有被判"失陷城寨"的罪名。

刑部将此奏报后，翁同龢等清流官员大喜过望，在其影响下，光绪帝下旨：

已革总兵卫汝贵，平日待兵刻薄寡恩，毫无约束，此次统带盛军，临敌节节退缩，贻误大局，并有克扣军饷，纵兵抢掠情事，罪状甚重，若不从严惩办，何以肃军律而儆效尤？卫汝贵著依律论斩，即行处决，派刑部尚书薛允升监视行刑。①

就在卫汝贵即将人头落地的时刻，突然冒出了一线生机，紫禁城中传出了刀下留人的声音。慈禧太后自光绪帝大婚开始，就较少公开过问朝政，朝中大小事务几乎悉数由光绪帝亲政，但是看着中日战事越发败坏，慈禧在1894年底提出此后要浏览每日的奏章、上谕的要求。当看到有关诛杀卫汝贵的上谕后，慈禧发现该案的情形可疑，于是紧急叫停。

1月16日午后，翁同龢等军机大臣被慈禧召见，慈禧询问："今日卫汝贵罪刑部奏上，奉旨改为立决，汝等有无议论？可从宽否？"慈禧连问几遍，一心想着赶紧诛杀这员淮系大将的翁同龢等"三问莫对"。见军机大臣都不表态，慈禧直接表达自己的意见："吾非姑息，但刑部既引律又加重，不得不慎。"听到太后的这个说法，翁同龢等立刻与之争辩，以"不杀不足以申军律"来顶住从宽的意见。讨论了约半个小时，在翁同龢等人的极力主张下，慈禧太后放弃了坚持。

卫汝贵案一开始，军机大臣翁同龢就表现得极为积极，其中固然有和李鸿章的政争之因——他对连续的参奏都无法触动李鸿章等淮系感到不快，想要立刻获得一个战果。国家生死存亡之秋，竟然

---

① 以上五段引文均出自《刑部奏》，《光绪朝东华录》，中华书局1984年版，第3530—3531页。

被一些人当作党同伐异的大好时机。翁同龢表现积极的另外原因可能在台面之下。其实自从见到弹劾奏章上卫汝贵这个名字起，翁同龢就对这个名字起了兴趣，因为相比其他军机大臣和清流人物，他对卫汝贵还有另外一层记忆。

那是两年多以前的初冬，大雾弥漫，天气严寒。因为当天不需要入值，是难得的节假日，翁同龢睡到很晚才起床。他一面监督仆人打扫尘积如山的几个房间，一面闲在地为友人拟诗。就在这时，家人来报，有个来自天津的淮军军官卫汝贵求见，随行还带来了16石半大米作为礼物。与其他督抚大员风格迥异，李鸿章并不反对自己的属下与其他派系人物结交接洽，甚至还很鼓励，认为自己不过是直隶总督，并不能给手下更大的升迁机会。由此，自李鸿章幕府的亲信幕僚盛宣怀、罗丰禄、于式枚等始，淮军官将大都对京中的言官、权贵有所巴结。身为光绪皇帝帝师的翁同龢，又是户部尚书，后来还入值军机，自然是全国官员攀附的焦点人物之一。为了方便收受各处的礼物，同时保持清誉，翁同龢专门安排一名子侄辈负责处理此事。这天，卫汝贵似乎也想要邀得"翁师傅"的青眼，可是与别人孝敬字画、银票等相比，相当于八九百斤的16石半大米既不值钱，而且一路从天津进入北京，招摇过市。翁同龢看到这位冒失之徒的礼单，哑然失笑，手书一封"函却之"。①

第二年、第三年，这位冒失的卫将军依然百折不挠，每年都选择初冬季节送来近千斤大米。而1894年的初冬，再不会有来自天津

---

① 《翁同龢日记》，中华书局1997年版，第2 406页。

小站的大米到达翁府门前了。

1895年1月16日傍晚，身穿死囚囚衣的卫汝贵糊里糊涂被押送到京城菜市口，沿途围观者人山人海。就刑之前，卫汝贵哭骂不绝，高声喊冤。

杀了一个卫汝贵，前敌的士气并未因此而振作，北京城甲午年频出的时事对联中，倒是多出了"卫汝贵鸣冤赴菜市"这样的词句。

宣统年间，身在小站练兵的袁世凯追忆旧事，提及卫汝贵案，曾有过一段评论：

> 甲午之役，吾身在军中，闻溃卒言：汝贵持刀立阵前，督军力战，日人颇失利；未几，援军大至，势不可当。其败也，譬如机器，以引擎、锅炉、马达速率之不敌，出货固宜不若。仅归咎于货出之一部，谁任其咎？！①

卫汝贵家书之谜

甲午平壤大战后，清王朝朝野流传着许多围绕盛军统领卫汝贵劣迹的风闻，其中影响最深、直到现代仍有一定影响的，无疑是著名的卫汝贵家书一事。

民国初年编纂的清朝官史《清史稿》中，列传二百四十九卫汝贵条目下有这样一段记载：

---

① 刘体仁：《异辞录》，上海书店1984年版，卷3第6页。

第七章 将军倒在战场之外——卫汝贵之死

> 汝贵治淮军久，援朝时年已六十矣。其妻贻以书，戒勿当前敌，汝贵遇敌辄避走。败遁后，日人获其牍，尝引以戒国人。

记载中称卫汝贵率兵援朝时，妻子致信，告诫他不要"当前敌"，所以卫汝贵在平壤遇敌就逃。日军后来获得了这封书信，常常拿来告诫国人。

统兵大将竟然恪守妇诫，置国家之大事于不顾，看来已经十分可恶；而这封书信竟然还被日本人拿去当作笑谈，更使中国人颜面无光。这段极端刺骨锥心的故事，成为甲午战争历史上最令人难忘的片段之一，也因此，时人和后人评论起淮军大将卫汝贵，大都切齿痛恨，认为其死有余辜。但是这封信的完整内容究竟是怎样的，则几乎没有人去查探细究。

占领平壤之后，日军的确在城内缴获了大量清军将领的书信，并很快就在日本国内的报纸和战时大量印行的特别刊物《日清战争实记》《日清交战录》上刊出。这些书信在中国国内没有公布刊行，其内容对国人来说至今仍然极为神秘。著者翻检《日清战争实记》等刊物、报纸，乃至日本防卫省所收藏的甲午战争史料，发现日军在平壤城缴获的清军将领书信主要集中于叶志超、左宝贵两人，属于卫汝贵的书信则十分稀少，而且这些书信都没有涉及卫汝贵家信故事的记录。

唯有一封和卫汝贵家书故事情节几乎完全相同的书信，刊登在1894年9月19日出版发行的《日清战争实记》第3编上，即平壤失守后第四天发行的日本刊物。这是一位年近60岁的中国陆军将领在朝鲜收到的妻子来信，信中也的确有类似"戒勿当前敌"的内容，不过，这封书信的收信人并不是卫汝贵，而是直隶提督叶志超。收信的时间、地点也不是大战临头的平壤城，而是东学党事变刚刚开始时，赴朝清军的驻地牙山。即，此信系叶志超的夫人在丈夫赴朝不久后书写的家信，和卫汝贵没有丝毫关系。

这封写于1894年7月18日的信，全文内容为：

军门大人座右：

妻前月廿四日肃泐一函，因无邮船，初二日始寄去，刻下想已递到。初三日御珊之三侄、陈巡捕共至芦署，接奉手书两封，祗悉一是。因船来即开，故未泐复。上海沈大人送来火腿、洋点心等共八色，已饬李巡捕便船妥交寄呈行辕，计已如数收到。

璜儿前月廿八日于马封递来两函，拆阅后即包封递送牙山呈交，已嘱陈弁富升（粤）初六日由芦署带回；璜儿另函也于初八日交徐先生送呈，计时想均收到。今晨接奉初十日寄来之手示，知此前后所寄之信尚未递到，署内上下人等颇以为念，捧颂之余，实为歉仄。教匪刻已肃清，俟与日本讲和，即撤兵内渡，闻此甚慰。如果和事说定，固属甚好，否则必动干戈。忆吾夫廿余岁从戎至今，每战必先，人所钦佩。此时年近六旬，精神虽好，较前实差许多。总宜调遣得人，勿身先士卒，是为祈。朝鲜天气过热，祈保重柱石之身，公余之暇仍需节劳。此后常有便船，如需食物等件，望即示知，照办备妥寄上。

三侄女于初四日赴榆，因火车未通，初七日始至关。陈妻在芦，健饭如常，大媳亦好，大孙读书颇知上进，现已开笔作文。二孙二孙女读书亦好，三孙吃得亦颇结实，阖署内外上下

第七章 将军倒在战场之外——卫汝贵之死

人等亦皆平安,均请放心勿念。

肃泐布复,敬请福安,预贺捷喜,伏惟垂鉴。

妻孙氏端肃、大媳暨儿女等侍笔

六月十六日灯下安禀①

叶志超的夫人孙氏,是淮军大将、树军统领张树声(字振轩,曾任直隶总督、两广总督)的表妹。叶志超和孙氏的姻缘极富传奇色彩。叶志超青年时是安徽肥西团练首领解先亮的部将,行军作战极为勇猛,身先士卒,"每战勇冠其曹",深受解先亮的赏识。一天,叶志超偶然遇到一位少女,心生钦慕之情,"羡甚",解先亮见状,告诉叶志超"汝战若再捷,吾为汝致此"。得到这一许诺,叶志超的作战表现更为勇猛,解先亮果然也兑现了自己的承诺,找人抢了那名少女做叶志超的夫人。后来叶志超得知少女的表哥原来是当地另外一支团练的首领张树声,当时安徽的团练"寇至则相助,寇去则相攻,视为故常",但叶志超生性胆大,"公然不惧",只是避免与张树声往来。叶志超因为屡获军功而在淮军中渐渐出类拔萃之后,张树声也不再念旧怨,"军门既通显,复为姻娅如初"。②

夫人孙氏的书信,通篇文字都透露着对丈夫的关心,并没有什么不妥。只是其中的"勿身先士卒"一句,容易受人诟病,但看全文即可知晓,其实这句话是以"总宜调遣得人"为前提,不过是妻子知道丈夫早年作战勇猛,经常出生入死,担心此时已经年近花甲,"精神虽好,较前实差许多",如果再有这种冲锋陷阵的举动,太过

---

① 《日清战争实记》第3编,日本东京博文馆1894年版,第98—99页。
② 刘体仁:《异辞录》,上海书店1984年版,第27页。

冒险，因而劝告丈夫对这类事情应该挑选得力的人去负责而已。

就是这么一封叶志超的夫人给丈夫的书信，在甲午战争末期被人莫名其妙歪曲了信的内涵，甚而转嫁到卫汝贵头上，最后还煞有介事写入了正史，可谓天大的冤枉。相反在日本方面，这封信并没有如同一些国人理解的那样，作为清军将领守妇人之诫的笑话。最早刊载该信的《日清战争实记》对这封信的解读，其实不过是"牙山败将叶志超的妻子寄往其夫出征地牙山的手信"寥寥数语而已，而且此后日本的各类史书绝少有提及这件史料的，在日本国内并不曾有所谓广为人知的宣传。

置身前敌，真正领兵打仗的卫汝贵犹如一件殉葬品，倒在背后那些口诛笔伐的言官脚下。文章安天下的言官，会用纸笔记录下他们所理解的"真相"，载之于史册，而只会办洋务、办军事的具体办事者、执行者们，往往会被这些"真相"渐渐地改变了面容，以扭曲的形象被描画在历史的表面之上。

日本美术作品：甲午战争中平壤清军出逃。出自《日清战争写真图》

第八章　星落平壤
——盛星怀之死

1894年7月23日,天津新城码头人潮如涌。出兵赴朝的卫汝贵部头批盛军从各自的驻地出发集结到这里,在军官的督促下,登上海边的轮船,等待开往中朝边境登陆。摩肩接踵的人群里,出现了一位身形瘦削、带着几分书生模样的年轻人,随即又隐去不见……

> 星弟六月十五接电谕后,内外苦阻,佯允不去。十七逃走,十九来函云:走旱路。派人跟追,讵仍附轮渡海至平壤。①

星怀东征

盛宣怀,字杏荪,江苏武进人,1844年出生。父亲盛康,号旭人,道光朝进士,曾任湖北盐法武昌道,与李鸿章交厚。盛宣怀虽然没有科举功名,但凭着父辈的关系入李鸿章幕府。因为人精明,具有才干,深受李鸿章赏识,历任津海关道、轮船招商局督办、中国电报总局总办等职,是李鸿章幕下一位八面玲珑的人物。甲午战争事起,掌管轮船、电报等近代化运输、信息工具的盛宣怀,被任

---

① 盛宣怀档案资料选辑《甲午中日战争》上,上海人民出版社1980年版,第214页(1339)。

甲午战争时李鸿章幕府的重要人物盛宣怀,曾负责管理北洋军队后路转运事宜

命总理后路转运事宜,担任军事运输调度、军事电报传达等要职,类似北洋各路东征军队总管家的角色。办理各类军务、通信事宜,同时身居李鸿章幕府的盛宣怀,还另有自己的后路。他暗中联络清流派大佬翁同龢,向清流派通报李鸿章淮系的各种信息,"以后密电均寄录卿,如有可采,请作为出自钧(翁同龢)意,勿言宣(盛宣怀)禀"。①

对忙忙碌碌的盛宣怀来说,甲午战争中印象最为深刻,也最有切肤之痛的事件,可能并不是国家大局的一再败坏、战事的不堪过问,而是他的弟弟盛星怀死在了朝鲜乱军之中。

盛宣怀的弟弟怎么去了朝鲜?又为何死在了那里?这些问题得以破解,有赖于盛宣怀本人保存书信、电报的好习惯。日积月累,盛宣怀以及他父亲积存的这类资料,汇成了一份十分特殊的私家历史档案。盛氏的这批档案先是在上海盛家祠堂保管,20世纪30年代由盛氏后人捐给上海合众图书馆,新中国成立后因并馆随并入上海图书馆。20世纪80年代起,盛宣怀的相关档案曾按主题分类,陆续出版发行过一批,学术界习惯简称为"盛档"。其中涉及甲午战争时段的档案,因为盛宣怀身份的重要性,成为今天研究甲午战争的必备史料。除官场、战场上的风云变幻外,盛宣怀的弟弟盛星怀前往朝鲜,最后在平壤遇难的全过程,就在盛档的字里行间。

盛星怀,字薇荪,是盛宣怀的五弟,因为三弟、四弟早夭,在

---

① 盛宣怀档案资料选辑《甲午中日战争》上,上海人民出版社1980年版,第54页(343)。

第八章 星落平壤——盛星怀之死

盛家怀字辈兄弟中实际排行老三,盛宣怀习惯称其为三弟。

盛家老三是那个时代中国宦门很多纨绔子弟的典型范例,他们坐享父兄辈殚精竭虑辛苦开创的家业,不用担忧生计前途,也不专心于科举功名,终日里游手好闲,无所事事,自有家庭用金钱给他们捐来官职。1894年,中日两国即将交战的舆论空气越来越浓,谁也没有料到,沾染有鸦片烟瘾的盛星怀突然对军事战争发生了浓厚兴趣,满怀对东瀛小国日本"灭此朝食"的激愤,满脑子是立战功、当英雄的梦想。和当时社会上很多只会口舌愤怒的年轻人不同,盛星怀除了话语,居然付诸行动。

1894年7月16日,清政府向李鸿章发出严谕:"现在日韩情势已将决裂,如势不可挽,朝廷一意主战。李鸿章身膺重寄,熟谙兵事,断不可意存畏葸,著懔遵前旨,将布置进兵一切事宜,迅筹复奏。若顾虑不前,徒事拖宕,循致贻误事机,定惟该大臣是问!"[①]紧张的气氛预示着中日两国的战争一触即发。驻扎在天津一带的淮军主力部队——盛军很快被李鸿章调派前往朝鲜,而盛星怀东征的故事也就此开始。

听说盛军大队整装待发,盛星怀热血沸腾,尽管他不懂军事,也不是军人,但通过大哥盛宣怀的关系,他很快便从盛军统领卫汝贵那里得到了一份临时的官职任命。听闻总理后路转运事务的盛宣怀要把弟弟安插到盛军,卫汝贵不啻如获至宝。从卫汝贵的角度想,如此一来,盛军在东征的各军中必然能够得到盛宣怀的格外关照。

7月18日,卫汝贵写信告知盛宣怀,已经把盛星怀的委任状准

---

① 《清实录》56,中华书局1985年版,第383页。

备妥当：

> 杏荪仁仲观察大人阁下：
> ……令弟薇孙仁仲惠然肯来，实副所望。谨呈公牍一件，即祈转交。此后一方共事，相与有成，为幸多矣。①

得到委任，盛星怀大喜过望，收拾行装准备从天津赶往盛军驻地小站报到，去实现他的英雄梦想。盛宣怀随后将这一消息电报至江苏，向父亲盛康汇报，结果盛康极为不满。军伍本就是那个时代社会上最低贱的行当，更何况大战临头，此时参军搞不好还有性命之忧，老父亲急忙致电大儿子，要求立刻让老三打消去朝鲜的念头。盛宣怀接电后，随即电报通知卫汝贵：

> 舍弟委札，感谢。现奉家严电谕，不准舍弟赴营。来见之时，望代劝阻，勿令随行，以免家严挂念为感。②

19日，盛星怀不顾劝阻，偷偷从哥哥的府邸离开。盛宣怀派人往小站方向追赶，一路未见踪迹。到了21日，盛宣怀突然收到盛星怀寄来的一封信，称自己将会走陆路前往朝鲜。盛宣怀于是又立刻派人前往继续寻找，谁料盛家老三竟然使的是一招暗度陈仓之计，实际上已经在天津搭上了运送盛军前往大东沟的招商局轮船，试验

---

① 《卫汝贵致盛宣怀函》，盛宣怀档案资料选辑《甲午中日战争》下，上海人民出版社1982年版，第51—52页（56）。
② 盛宣怀档案资料选辑《甲午中日战争》上，上海人民出版社1980年版，第3页（16）。

第八章 星落平壤——盛星怀之死

了一把兵法的妙处。

电报委员

整整消失五天后，26日，盛星怀从朝鲜边境城市义州给哥哥发出了报平安的电报。

在落款为"弟"的这份电报里，盛星怀告知自己已于前一天到达了义州，卫汝贵让自己担任营务处委员，负责法律事务，安排妥帖。随后，盛星怀还报告了一些盛军的内部情况，甚至转述了一段李鸿章给卫汝贵的谕令。从此开始，盛军里多了一位随时刺探情报、向国内秘密报告的营务处委员，后来关于盛军军纪败坏的谣言，很大一部分都是盛星怀报告的。

盛大人：

廿三抵义插营，稍养士气，即日前进。总统札委营务处，专司运筹法律，并拨护勇马步五十名。倭已至开，意图平壤。汉线已断，军情不通，行军电务求详。相电札总统云："平壤局必须移，设坐营，可保护，且秘密。"弟。①

接到电报，盛宣怀写长信一封，交由当天开往中朝边境的招商局轮船带往盛军，信文看似是对卫汝贵的关照之举表示感谢，然而仔细揣摩，又能体会出别样的意思：盛宣怀似乎对卫汝贵没有劝阻盛星怀有所不快。

---

① 盛宣怀档案资料选辑《甲午中日战争》上，上海人民出版社1980年版，第28页（175）。

达三仁兄大人麾下：

　　……三舍弟锐志投军，不受严命。其质地颇高明，尚难免少年浮躁，极不放心。吾兄推手足之爱，不下逐客之令，实深感激。当麾下运筹决战，刻无暇晷，岂可以弱弟相累？尚求于贵营中择一老成益友，随时引导，以免陨越贻羞，同深感泐。①

内心深处，盛宣怀对三弟的举动又气又急。很快，盛军进驻平壤城。对日紧一日的局势心知肚明的盛宣怀，一方面，连连提醒三弟"倭必专注平壤，不久必有战事，汝宜早求后路差使，勿大意"②，并拜托卫汝贵给予安排后方差使，"舍弟仍望时时训迪，切勿予以重任，只可帮办后路"③。另一方面，盛宣怀将苦水倒给远寓在江苏苏州的父亲，"近接来电，始知海道渡朝，举动奇特，自谓志不可夺。已电盛军统领派一后路差使，婉劝回津，明日再派弁去，恐终不听"。与此同时，盛星怀的小妾汪氏在天津因为此事大闹，一片乌烟瘴气，"汪姬亦闹决裂"④。

见盛星怀对自己的劝告没有反应，根据父亲盛康的指示，盛宣怀于8月12日以电报商请卫汝贵，要求将盛星怀调离平壤，到后方负责转运。

---

① 《盛宣怀致卫汝贵函》，盛宣怀档案资料选辑《甲午中日战争》下，上海人民出版社1982年版，第90页（119）。
② 盛宣怀档案资料选辑《甲午中日战争》上，上海人民出版社1980年版，第65页（420）。
③ 《盛宣怀致卫汝贵函》，盛宣怀档案资料选辑《甲午中日战争》下，上海人民出版社1982年版，第119页（159）。
④ 盛宣怀档案资料选辑《甲午中日战争》上，上海人民出版社1980年版，第68页（436）。

第八章 星落平壤——盛星怀之死

平壤卫总统:

……舍弟蒙仍给前札,视同手足,感甚。但日奉家严电,转求台端改派后路差使,老亲爱子情切,乞酌行,并传谕舍弟遵照。宣。①

担心卫汝贵也指挥不动盛星怀,盛宣怀同时又发电报给三弟:

平壤薇孙:

奉父电,随营究属冒险,即转恳总统改派后路差使,劝令回津。兄已遵照电恳总统,汝若不遵,须自行电禀苏州,勿使兄为难。②

作为此番劝说的三保险,在自己的劝说和卫汝贵的命令之外,盛宣怀同日又电报苏州,希望父亲出面直接严令盛星怀遵照执行:

已电恳驻平壤盛军总统卫镇汝贵改委后路转运,劝其回津。惟薇孙来电甚是高兴,断不肯回。要想做大官,穿黄马褂。谓父兄胆小故官小。乞以父母命径电平壤,以冀挽回。男。③

这环环相扣的一系列劝说效果却并不好,已经身处平壤的盛星怀态度异常坚决,非要留下,等待打仗立功。盛康感到十分无奈,

---

① 盛宣怀档案资料选辑《甲午中日战争》上,上海人民出版社1980年版,第77页(492)。
② 盛宣怀档案资料选辑《甲午中日战争》上,上海人民出版社1980年版,第77页(493)。
③ 盛宣怀档案资料选辑《甲午中日战争》上,上海人民出版社1980年版,第77—78页(494)。

只能退而求其次，不再指望三儿子回后方，而希望其老老实实待在平壤营务处，不要到一线的前敌去冒险。

  密……星怀既已随营前往，只好听其自然。所幸盛军系属陆营，尚有把握，营务处驻扎在后，非带勇可比，望汝电嘱星怀格外谨慎。武侯一生，亦此谨慎两字可奉为规模。并望汝与总统通函时，恳其勿派前敌差使，须说出自我意，似尚得体。星怀生母亦已将先后来电一并交阅，亦说既已如此，只好听之。旭（盛康）。①

  盛宣怀遂按照父亲的意思电报平壤，但从卫汝贵处得到的消息却让他着实吃了一惊。卫汝贵电报称，已经安排盛星怀在平壤盛军营务处担任闲职，但盛星怀不甘寂寞，非要上前线立功，甚至自说自话招募了一小队兵马，根本劝阻不住。卫汝贵也无法担起这么大的责任，建议盛宣怀派其负责管理平壤的电报局，用些具体的事务来将盛星怀牵制在后方。

  盛鉴：

  前接来电，以老伯钟爱情切，即商令弟留办后路。奈薇荪少年英发，必欲亲赴前敌以立奇功，已招小队，贵再四苦劝，立志甚坚。前敌处处危机，万一差错，不惟有负重托，亦非仰体老伯之道。反复筹维，惟有电报一事，尚可牵留住平，老伯

---

① 盛宣怀档案资料选辑《甲午中日战争》上，上海人民出版社1980年版，第88页（560）。

第八章 星落平壤——盛星怀之死

亦可放心。请作速来电,即留薇孙在平总办行营电线……是否可行?请速回电。贵。[①]

满心立功当官,既不懂军事也不明军规的盛星怀,浑身纨绔习气,怎会听从卫汝贵的劝阻?卫汝贵此时才真正感受到,盛星怀来营是一个多大的麻烦。更有甚者,卫汝贵对盛星怀的劝阻还产生了负面作用:盛星怀不敢与大哥和父亲争执,但依仗大哥的权势,根本不把卫汝贵放在眼中,反而将卫汝贵当成胆小无用之辈,打起了卫汝贵的小报告。

看到卫汝贵来电,盛宣怀也对弟弟的行为摇头不已,只得同意卫汝贵的建议,委派盛星怀为平壤行营电报总办,并嘱咐中国电报总局的官员做好辅佐、看护工作。

苏盛:
　　已将谨慎二字转电星弟。顷卫总统复电,请派总办行营电线,已照准。惟自招小队,欲立将功,糊涂已极,似此顽弟实难管束,只得电请总统将其小队裁撤,似卫已被其缠绕无法。男。[②]

8月19日,盛星怀母亲的劝说随着电报来到了平壤,要求儿子速速回家。这是盛家最后一次召回盛星怀的努力。此后不久,一场

[①] 盛宣怀档案资料选辑《甲午中日战争》上,上海人民出版社1980年版,第88页(562)。
[②] 盛宣怀档案资料选辑《甲午中日战争》上,上海人民出版社1980年版,第88—89页(563)。

大战即降临平壤。

星儿览：

迭接汝兄来电，知汝随同卫总统会办营务处。我与汝母日夜不安，望汝速回。准指分浙江，廖中丞与我素好，相待必优。汝母之意，准将汝受分一项，交汝自行经理。君子居易以俟命，小人行险以侥幸。切嘱汝不为小人而为君子。旭。①

星落平壤

父母和兄长的劝阻对盛星怀完全无效，倒是平壤电报总办的差使，要比之前盛军营务处委员的闲职有意思得多，盛星怀对此十分受用。尽管对电报完全不懂，但在盛宣怀派到此处帮办电报事务的官员洪熙助理下，盛星怀有模有样地整理起电报公务来。

借此，盛军统领卫汝贵眼前清静了许多，不过有了电报局这一便利条件，盛星怀给哥哥发电报打卫汝贵等前敌将领的小报告则方便了许多。远在天津的盛宣怀为弟弟操劳多日的心稍稍放松没几日，盛星怀突然又在平壤生出了新的事端。

盛星怀计划在平壤的电报干线上引出支线，分别通向清军各营盘，为此要求哥哥给他拨钱、拨人、拨物，提升平壤电报局的级别，升格为平壤电报总局。"求速添办行军机器十付，干电瓶三百，碗勾、三股线二百英里。"②平壤城原设有一座电报局，驻军电报在此集中

---

① 盛宣怀档案资料选辑《甲午中日战争》下，上海人民出版社1982年版，第542页（309）。
② 盛宣怀档案资料选辑《甲午中日战争》上，上海人民出版社1980年版，第113页（699）。

第八章 星落平壤——盛星怀之死

收发,并不碍事,倘若将电报线分别引到各个营盘,使各营都能自行收发报,不仅监控困难,而且需要新增大批电报学生、大量电报器材,盛宣怀坚决予以反对。

> 平壤盛守、洪令:
>
> 行军总线无庸设立总局,徒滋靡费……以后该处用款,按月盛、洪禀,钤记公用,此等事切勿夸张。傅相(李鸿章)及支应局手笔极紧。①

此后的日子里,盛星怀在洪熙的配合下,不断与哥哥磋磨,要钱要物。义州转运局还曾电报盛宣怀告急,称盛星怀将义州电报局仅存的一部行军电报机调去了平壤。盛星怀与父兄磋磋磨磨,直到1894年9月14日。这一日,平壤与外界的电报联系中断,盛星怀又从父兄的视线中消失了,而这一消失竟然就是永别。

9月15日深夜,平壤兵溃,残兵陆续退到义州一带集结。21日,洪熙逃到义州,电报给盛宣怀,告诉了盛星怀死于乱军的消息。惊闻噩耗,盛宣怀大骇,没敢立刻通知苏州的老父亲,而是要求洪熙进一

平壤兵溃时,因迷失道路、失去希望而自缢的清军

---

① 盛宣怀档案资料选辑《甲午中日战争》上,上海人民出版社1980年版,第111页(690)。

步核实消息。"薇孙殉节是否十四?何人目睹?其时城未破,骸骨收埋否?"①

平壤战役之后被日军收治的清军伤兵

22日,战前受托看护好盛星怀的卫汝贵也电报盛宣怀,告知盛星怀遇难的大致情况。15日深夜大军从平壤北撤时,卫汝贵把盛星怀带在身边同行,出城后被乱军冲散,盛星怀随即不见。卫汝贵也是到了义州之后,才从盛星怀的仆从赵瑞口中知道了噩耗。"据伊差弁赵瑞禀称,是夜令弟中两枪阵亡。惜哉。贵。"②

与盛星怀同行的洪熙也于22日做出了详细汇报:

> 三大人十六夜与卑职并马带队出城,其时枪弹如雨,三大

---

① 盛宣怀档案资料选辑《甲午中日战争》上,上海人民出版社1980年版,第165页(994)。
② 盛宣怀档案资料选辑《甲午中日战争》上,上海人民出版社1980年版,第167页(1013)。

第八章 星落平壤——盛星怀之死

人始受飞子小伤,又枪中胸隔,赵瑞挽之不起,登时阵亡。卑职出千二百金募人负出忠尸,尚未有人应募,亦即中枪落马。①

隔了一天,盛星怀的仆从赵瑞的报告也发到:

三大人十六夜里枪炮阵亡,已将尸身埋地。彼时瑞等六七人相随,不能舍身相顾,实深惭愧。②

知道消息已然坐实,盛宣怀电报卫汝贵,要求为弟弟申请国家抚恤,"变生不测,舍弟尸骸不归,惨甚!可否转求叶帅电请傅相奏恤,出自恩施"③。正在盛宣怀不知道如何面对老父亲时,24日突然传来一则犹如神话般的消息,有人称盛星怀受伤后,于第二天苏醒,"已带伤而出"。盛宣怀急忙电报叶志超、卫汝贵等,要求"设法访查,如有人救出,赏银二千两",指示赏银可以从自己掌管的转运局公款内代支。④26日,叶志超也得到一则十分配合的好消息,"昨盛军勇来[云],现带伤三处在后,不知是否,再过三日,可得确音"⑤。

三天过后,"好消息"没有了后文,盛星怀确实死在了平壤城外。此后,盛宣怀一手操办,为盛星怀捐了一个三品官衔、加二品封典。处理好这一切后,盛宣怀于10月23日给在上海的长子盛昌颐

---

① 盛宣怀档案资料选辑《甲午中日战争》上,上海人民出版社1980年版,第167—168页(1014)。
② 盛宣怀档案资料选辑《甲午中日战争》上,上海人民出版社1980年版,第173页(1048)。
③ 盛宣怀档案资料选辑《甲午中日战争》上,上海人民出版社1980年版,第171页(1034)。
④ 盛宣怀档案资料选辑《甲午中日战争》上,上海人民出版社1980年版,第173页(1050)。
⑤ 盛宣怀档案资料选辑《甲午中日战争》上,上海人民出版社1980年版,第179页(1088)。

发去电报，要他立刻前往苏州，将下面的这番消息告诉爷爷盛康。

> 星弟到平壤，屡劝不回。各统领亦劝赴义州，不允。逮平壤吃紧，电线中断。八月十七兵退安州，即询星弟下落。接洪引之报：十六兵溃，与星弟同骑出围，离城数里，星中枪阵亡。差官赵瑞、家人高德将土掩埋柳树下。洪令及高德均受枪伤逃回。男闻信惊痛万分。卫军门到义州来电亦同。即电请悬赏二千金负尸出，无人敢入敌境。叶军门电禀中堂请恤。即乞假招魂成服。初拟暂瞒堂上，迭奉电谕不准隐瞒，只得实告……接凶耗后已代捐三品衔，加二品封典，求中堂奏请照阵亡例议恤，附祀左宝贵祠……乞父亲与姨娘不必过于悲伤。俟平壤兵止，当遣妥人同高德等赴原埋处拾骨成殓，送回厚葬。此电令昌颐面呈。男禀。①

显然是盛宣怀的请求和推动所致，1894年12月13日，北洋大臣李鸿章专门上奏清廷，申请将盛星怀作为阵亡将士，按照道员例赐恤，并且附祀于奉军将领左宝贵专祠内一起接受祭祀。为了塑造盛星怀为国捐躯的事迹，李鸿章的奏折中规避了盛星怀在卫汝贵盛军中从事的情节，编造了盛星怀随同叶志超部最早赴朝鲜的故事，并称盛星怀的身份是朝鲜清军的前敌营务处。盛星怀死于平壤出逃期间这一情节也被隐去，改为平壤大战中坚守城池，在巡逻城墙时战死，俨然是名前敌的英雄。一介纨绔，在和平时代可以轻易得到

---

① 盛宣怀档案资料选辑《甲午中日战争》上，上海人民出版社1980年版，第214页（1339）。

第八章　星落平壤——盛星怀之死

从军习武的普通军官可望而不可即的各种职务任命，及至在乱军中死去，还能以殉国之名申请从优抚恤，而在平壤城外真正血战阵亡的将士们却大多无人论及。

> 三品衔花翎分省补用知府盛星怀，随前任直隶提督叶志超办理东征前敌营务处。八月十一日平壤被围，该员率队登陴固守，倭人在北山架炮向城内轰击，弹落如雨。至十六日总兵左宝贵阵亡，城已危在呼吸，激励士卒，效死弗去，巡阵至西北隅，左肩及胸前连受两枪，登时阵亡。臣查盛星怀以文员从戎海外，危城困守，临难捐躯，实堪悯恻。可否仰恳天恩，饬部将三品衔花翎分省补用知府盛星怀照道员阵亡例从优议恤，并附祀左宝贵专祠，以慰忠魂而昭劝激，出自逾格慈施……光绪二十年十一月十七日奉朱批：著照所请。该部知道。钦此。①

---

① 《北洋大臣李鸿章奏盛星怀随叶志超东征阵亡请从优议恤片》，中国近代史资料丛刊续编《中日战争》2，中华书局1989年版，第11页。

第九章　失落的亚洲第一
——甲午战争前的北洋海军

提起清王朝的北洋海军，很多人都知其曾撷取过"亚洲第一"的桂冠，这曾经是中国近代海军史上的辉煌时刻。然而很多人又会疑惑：已然是亚洲第一的海军，为什么在甲午战争中还会一败涂地？疑问到了最后，人们往往习惯性地把症结归结为北洋海军军人的原因：因为训练不精、人事腐败，先进的武器装备没有能够发挥出应有的效果。然而在真正的历史档案中，情况远非这么简单。

扰人的燃煤

廿一曾交"北平"附陈一书，度邀鉴及。煤屑散碎，烟重灰多，难壮汽力，兼碍锅炉，虽在常时以供兵轮且不堪用，况行军备战之时乎？①

1894年7月下旬，猝遇丰岛海战的北洋海军，一面承受着朝中言官措辞激烈的抨击，一面全力备战，并三次前往朝鲜沿海游弋，搜寻日本军舰踪迹。一向为人和蔼的北洋海军提督丁汝昌，在月底

---

① 《致张燕谋》，《丁汝昌集》上，山东画报出版社2017年版，第240页（360）。

30日的一封书信中突然出现了措辞如此强硬的文字。

丁汝昌,字禹廷,又作雨亭,1836年出生于安徽庐江。少时家贫,太平天国战争时代参加淮军中的铭军,凭着军功,在铭军中一路成长,递升为马队营官,乃至铭军分统。李鸿章总督直隶,筹办北洋海军时,调用丁汝昌主持全军。根据一些北洋海军军内的回忆录,丁汝昌平易近人,相比严厉的总教习英国人琅威理,丁汝昌更受中、低层官兵欢迎,北洋海军内曾流传"不怕丁军门,就怕琅副将"的说法。1887年,北洋外购的"致远"等军舰回国,抵达广州时,舰上官兵听说丁汝昌要亲自来厦门迎接,"船中金欣欣相告,云统领在厦门,吾辈不日见吾统领矣"[①]。丁汝昌在官兵中受拥戴的程度可见一斑。

不过离开了海军这个范围,在整个淮军系统中,丁汝昌缺乏资历和家族背景,形单影只,并不受同僚重视。丁汝昌这次在信文中大动肝火,正是因为有位同事将自己的话语当作耳旁风。

丁汝昌此信的收信人是开平矿务局总办张翼。张翼,字燕谋,1847年出生于一个破落的汉军旗人家庭。早年家贫,为人牧马,后进入醇亲王府为奴,在府中伺候醇亲王,博得好评,被提拔为王府管家。醇亲王是光绪皇帝的生父,又兼任总理海军事务衙门大臣,在朝中势力颇大,作为醇亲王府管家的张翼也成了一时的红人。1892年,北洋重要的洋务企业开平矿务局总办唐廷枢去世,经李鸿章保举,张翼走马上任。

---

① 余思诒:《航海琐记》,全国图书馆文献缩微复制中心2000年版,第360页。

李鸿章幕府骨干的合影，第二排左二为张翼，前排左一为盛宣怀

开平矿务局创办于1878年，采用机器开采，并专门修建了运煤铁路——唐胥铁路。到1882年时，"日出煤多至五六百吨，每吨价银五两，今已次第运至津沽。西人有用其煤者，谓此乃无上品，烟少火白，为他国所罕有"。①开平机器采掘的燃煤，出售至各省乃至国外，盈利颇丰，另外开平的优质煤也是北洋海军的重要燃料保障。

1883年后，开平矿务局出产的煤，按开采工作面不同，主要分五槽和八槽（第五、第八开采面）。五槽煤质量最好，是北洋海军的主要用煤，"天津东西两机器局、兵商各火轮船概行烧用"。八槽属于劣质煤，"渣滓甚大，局船两相概不买用，天津存货一千数百吨，贬价招徕，尚无买主"。②

张翼上任后，因其善于经营，开平矿务局销往香港及海外的优

---

① 《中国近代工业史资料》第一辑（下），科学出版社1957年版，第653—654页。
② 《中国近代工业史资料》第一辑（下），科学出版社1957年版，第655页。

质燃煤数量不断上涨，盈利增加，当年就分出10.5%的股息。开平矿务局的大股东有国子监等中央部门和王公大臣，以及直隶总督衙门等北洋的机构、大员，张翼上任伊始就分出如此高的红利，自然赢得各处的夸奖。1894年逢慈禧太后六十大寿，矿务局的表现更令高层满意，"负责矿务局的四位道台上奏，以董事会和股东的名义报效银三万两。朝廷和李中堂都褒奖他们忠义可嘉"。①

不过就在1894年初夏，随着中日两国在朝鲜的交涉局势日益紧张，张翼和开平矿务局突然面临一次难度颇大的挑战。

1894年7月14日，鉴于朝鲜局势日趋恶化，清政府军机处当天向北洋大臣李鸿章寄发密谕，要求迅速做好战守的准备，其中重点提到了北洋各军港的布置以及后勤方面工作的准备："沿海各口，如旅顺、大连湾、威海卫等处，皆关重要，如何布置，均应一一妥筹。其军火、器械、粮饷一切，均应克日办齐，先期给发，方不至仓猝误事。该督奉到此次密谕，立即妥筹赶办……"②

当天，李鸿章即密电北洋沿线各相关官员。开平矿务局总办张翼被要求向威海运输一万吨燃煤，"威海水师应用煤斤亦须运足万吨"，同一天，负责旅顺基地事务的道员龚照玙也通知张翼，称李鸿章要求旅顺基地也要备足一万吨燃煤，"旅顺须存一万吨备缓急，速催赶运"。转瞬之间，开平矿务局被安排了供应两万吨燃煤的紧急任务。③

---

① 《中国近代工业史资料》第一辑（下），科学出版社1957年版，第662页。
② 《军机处密寄北洋大臣李鸿章上谕》，中国近代史资料丛刊《中日战争》2，上海人民出版社1957年版，第612页。
③ 《张翼致盛宣怀函》，盛宣怀档案资料选辑《甲午中日战争》下，上海人民出版社1982年版，第40页（43）。

甲午战争中临时堆积在威海刘公岛西部练兵场上的燃煤

按照北洋海军的制度设定，开平矿务局是北洋海军主要的燃煤供应单位，开采出的燃煤经由铁路运输到天津海口，而后装上货船送往北洋海军军港。在北洋海军多个基地中，实际上只有威海刘公岛基地设有燃煤保管机构——屯煤所。刘公岛是专门的燃料储存基地，开平矿务局送出的燃煤即主要储存在这里。

通常情况下，开平矿务局根据北洋海军的额定燃煤消耗量，按月向刘公岛输送。然而到了1894年7月，在朝鲜半岛紧张的空气中，北洋海军舰船出航日益频繁，燃煤的消耗量大大超出平时。倘若中日两国爆发战争，则开平矿务局经由海上运输燃煤的安全性势必受到挑战，一旦运煤航线中断，将会直接影响到北洋海军舰船的出航。在这种情况下，不但需要在威海刘公岛囤积超出正常标准的燃煤，也需要在旅顺、大连湾等军港临时囤积燃煤，以备不时之需。

现代较少被人关注的是，渤海湾、天津海河在冬季会出现结冰封河的问题，开平矿务局的运输船在此时无法出航向北洋海军军港输送燃煤。倘若中日之间发生战事，且战事持续到1894年冬季仍未能结束，则整个冬季北洋海军都将处在得不到燃煤补充的可怕境地，这也正是李鸿章要求紧急向威海、旅顺两地各囤积一万吨燃煤的根本原因。就在7月14日下达运煤任务后不久，李鸿章再度加码，要求开平矿务局必须赶在冬季封河之前向威海、旅顺两地共囤积三万吨燃煤。

对李鸿章的命令，张翼的表态颇为积极，表示"运煤一事既受傅相委任，自是弟之专责。事关军国大计，弟亦何敢推诿？是无论如何险阻，封河之前总期运完三万吨也"。[①]

根据李鸿章的要求，张翼将开平矿务局全部的四艘运煤船"北平""永平""承平""富平"用于运输北洋海军所用燃煤。除装运量1 000吨的"承平"号要经常跟随北洋海军舰队活动，无法作为专门运力外，按照其他三艘轮船满负荷的运力计算，一个月大致能向旅顺、威海运输13 000吨以上燃煤（"北平"每次可装运450吨，每月最多可航行六次，计运输2 700吨；"富平"每次可装800吨，每月运输六次，计4 800吨；"永平"每次也可装800吨，每月航行七次，计5 600吨），[②]按此，三个月左右能够完成任务。

不过随之而来的问题是，开平矿务局根本不具备在这么短的时间内增产三万吨燃煤的开采能力，仓促之间，只能首先保证数量，而无法确保质量。一些积存滞销的劣质煤就在这样的背景下运往北洋海军军港。

蒸汽时代燃煤犹如军舰的食粮。优质的块状煤燃烧值高，可使

[①] 《张翼致盛宣怀函》，盛宣怀档案资料选辑《甲午中日战争》下，上海人民出版社1982年版，第170页（246）。
[②] 《张翼致盛宣怀函》，盛宣怀档案资料选辑《甲午中日战争》下，上海人民出版社1982年版，第62页（70）。

军舰获得更快的航速,在战时可取得更高的机动力。优质燃煤的燃烧更为充分,热效高,排出的烟气较少,这样也可使得交战前己方舰船不容易被对方发现。劣质煤则散碎,残渣、烟灰多,不仅会迟滞军舰的航速,而且对锅炉等设备还有负面影响。

丁汝昌之所以写信向张翼发火,正是因为大战临头,在自己的百般抗议下,矿务局运到海军军港的还是劣质煤。

> 曩次"利运"装来碎煤曾勉卸之,其半另供岸厂之用,其不肯骤为已甚者,无非从权顾交谊也。乃昨者所有运到包煤,方之"利运"所解者尤多不及。不料既经谆托,转不如不托之良也!系台(张翼)从未及招呼,抑经管人专留此种塞责海军乎?包煤专备行军之需,若尽罗劣充数,实难为恃,关系之重,岂复堪思!自此续运再为散碎,一面仍遣运回,一面电请相帅核办。幸勿怪言之不先也!事非可戏,得弗直陈?①

岂料,发信之后,张翼并不把丁汝昌的警告放在眼里,反而致信丁汝昌,称如果海军需要用块煤的话,可以自行从运到的碎煤里筛选使用。

1894年9月12日,丁汝昌再度致信张翼表示抗议。

> 迩来续运之煤仍多散碎,实非真正五槽。阁下虽经三令五申,而远在津门,因其事私相蒙混,发碎报块,恐足下亦未及

---

① 《致张燕谋》,《丁汝昌集》上,山东画报出版社2017年版,第240页(360)。

周知。俟后若仍依旧塞责，定以原船装回，次始得分明，届时幸勿责置交谊于不问也。威厂存煤，现仅六千吨之谱。军事一日不息，大队须不时出海，以图巡剿。秋将及半，计封河之期不过两月有余，必须加急多运。①

对此，张翼仍然无动于衷，作为开平矿务局总办，他所要完成的只是按照要求的吨数囤足燃煤，无法兼顾质量。

向张翼抗议的当天，丁汝昌率北洋海军大队从威海出发前往旅顺，预备实施护航计划。13日，因刘公岛、成山头等地报告发现日本军舰踪迹，丁汝昌又临时率大队从旅顺折回成山头海域巡弋，再于14日返回大连湾。由于这次节外生枝的折返巡弋，各舰所存燃煤消耗较多（北洋海军舰队补充燃煤后的续航时间大致为三至四天），只得临时命令运煤到威海的开平矿务局"永平"轮船将原船燃煤运到大连湾，于9月15日装上了北洋海军的军舰。9月16日，烧着这种扰人的燃煤，北洋海军的军舰驶向了大东沟。一天后，黄海大东沟海战打响。

打不响的炮弹

劣质煤，只不过是冰山之一角，北洋海军所存在的严重问题还有很多。

甲午战争时，担任北洋海军总教习汉纳根英文秘书的英国洋员戴乐尔，在其1929年于英国出版的回忆录《中国纪事》（*Pulling Strings in China*）一书中提到一桩事情，即甲午战争中，北洋海军军舰的有

---

① 《致张燕谋》，《丁汝昌集》上，山东画报出版社2017年版，第247页（369）。

效弹药极少。同样，北洋海军"镇远"舰的美籍舰长顾问马吉芬参将在战后的回忆录中也有这方面的记述。

北洋海军重要的军火来源地——天津机器局

当时世界海军所用的主流炮弹种类主要包括开花弹、穿甲弹、霰弹等，北洋海军舰船装备的主要是开花弹、穿甲弹。北洋海军各舰装备的100毫米口径以上火炮多为德国克虏伯公司生产，所配套的炮弹、引信也多是德国克虏伯式，部分为从德国克虏伯公司直接进口，部分是天津机器局仿造，炮弹设计样式上分为"1880年前式"和"1880年式"两种，均为弹药分装，即炮弹分为弹头和药包两个独立的部分，发射时先装入弹头，再填上药包，其中弹头是直接对敌方产生破坏、打击效果的部分。

开花弹，又称爆破弹，属于一种燃烧弹，熟铁或钢质，弹体壁薄，内部的药膛容量大，填装有黑火药。命中目标后会爆炸起火，主要通过燃烧来破坏敌方的舰体构造以及通过爆炸杀伤敌方人员。这种炮弹的外形较长，炮弹的头部留有带螺纹的开孔，配套安装弹头着发引信，引信直接撞击目标后会引爆弹头。

第九章 失落的亚洲第———甲午战争前的北洋海军

保存在日本佐世保旧海军墓地的两枚北洋海军"定远"舰主炮开花弹（甲午战争中被日军缴获）（陈悦摄）

保存在日本佐世保旧海军墓地的北洋海军"定远"舰主炮穿甲弹（甲午战争中被日军缴获）（陈悦摄）

穿甲弹，又称实弹、实心弹、填砂弹，是利用动能破坏目标的弹种，熟铁或钢质，弹体壁厚，弹头造型尖锐，是用以打击、摧毁敌方舰船的主要弹种。为了保证炮弹头部的尖锐造型和强度，以便穿透装甲，这种炮弹不能在弹头钻孔安装引信，通常配套使用安装在弹头底部的引信。然而克虏伯公司至19世纪90年代尚未研发出成熟可靠的弹底引信，以至于克虏伯穿甲弹还没有配套的引信，主要依靠穿甲弹击中目标后产生的剧烈震荡引起弹头内填装的黑火药摩擦自燃爆炸，可靠性极差，往往会出现击穿目标后不爆炸的问题。由于克虏伯实心弹击中目标后发生爆炸的概率较低，主要依靠重力砸击来破坏目标，在实际运用中出现了干脆不填装黑火药的情况，改以填充砂土配重，完全依靠击中目标时的冲击来产生破坏力。虽然看似儿戏，却是克虏伯火炮的标准配套炮弹。[1]

甲午战争前，西方列强海军设想中的海战样式是铁甲舰之间的会战，火炮攻击的主要目标是铁甲舰。据此，能穿透敌方军舰的装甲、实现破坏效果的穿甲弹受到重视，成为主弹种，而弹壁薄、采用碰撞引信的开花弹，因击中敌舰铁甲就会爆炸或碎裂，难以对敌舰的结构造成破坏而不被重视，被当作辅助弹种。

北洋海军建军时即受这一思想影响，重视穿甲弹。然而北洋海军的假想敌日本海军并没有大量的铁甲舰，其主要舰种是没有舷侧装甲防护的穹甲巡洋舰。用穿甲弹对这样的军舰进行攻击，极容易出现炮弹穿透能量过剩的情况，即炮弹穿透其船壳板后仍然继续在舰内穿行。由于克虏伯穿甲弹在命中目标后不会发生爆炸，最后的

---

[1] 日本海军兵学校：《炮术教科书》卷四，1893年印行，第7—11页。

结果可能会是炮弹横扫舰内再穿出军舰,无法造成大的结构破坏。在这样的情况下,对付日本军舰最佳的炮弹恰恰是不受西方海军重视的开花弹。这种炮弹可以穿透日本军舰薄薄的船壳板,而后在舰内炸响、燃烧,显然要比穿甲弹、实心弹更为有效。对这种全新的理念,北洋海军到甲午战前已有所领悟,然而由于平时储备的弹种结构局限,北洋海军内还是出现了穿甲弹较多,新被当作主弹种的开花弹数量不足的状况。

根据日本驻华间谍刺探到的情报显示,1894年7—8月间,积极备战的北洋海军向负责海军军械收发的天津军械局申领开花弹,军械局一面紧急寻求外购,一面下令天津机器局赶制海军所需的炮弹。外购需时较长,此时天津机器局能否生产出合用的开花弹意义重大。

7—8月间的天津机器局,除每天正常的上午6时到傍晚6时半的工作时间外,各个车间几乎都在加班加点,整日灯火通明,机器声隆隆。其中拥有300多名职工的炮弹车间,每天再加班数个小时,日夜赶工,但每天仅能生产各种大口径开花弹总计30颗,主要是"1880年前式"开花弹("1880年前式"开花弹的长度是口径的两倍,威力相对较小,另有配套新式克虏伯野炮的"1880年式"开花弹,长度达到口径的四倍,威力更大),不仅产量小,而且质量也不过关。黄海海战之后,北洋海军"定远"舰枪炮大副沈寿堃在总结中曾提到的"中国所制之弹,有大小不合炮膛者;有铁质不佳,弹面皆孔,难保其未出口不先炸者……",正是这类国产炮弹质量的真实写照。①

---

① 《沈寿堃呈文》,盛宣怀档案资料选辑《甲午中日战争》下,上海人民出版社1982年版,第404页(586)。

北洋海军总教习汉纳根在黄海海战后的报告里揭示了一个触目惊心的情况。以北洋舰队的主力铁甲舰"定远""镇远"为例，两舰装备的共八门305毫米口径克虏伯野炮是舰队中最具威力的武器，但是和舰队中所有中、大口径的火炮一样，它们也缺乏开花弹。黄海海战前一个月左右，北洋海军反复向军械局申领炮弹，到了战前，"定远"只得到了55颗国产的普通开花弹，平均一门炮仅能分摊到十多颗，后来黄海大海战时，仅仅一个半小时这类炮弹就使用一空，剩余的三个多小时里，305毫米巨炮只能发射根本不会爆炸的实心弹。[①]

甲午海上主力会战前的北洋海军，中、大口径火炮装备的就是这样的弹药。

即将报废的锅炉

19世纪中期，舰船动力迈入蒸汽化时代。北洋海军各艘主战军舰都是以蒸汽机作为动力；蒸汽机之所以能够运转，依靠的是锅炉提供的蒸汽压力。某种意义而言，锅炉提供的蒸汽压力越大，蒸汽机所能提供的功率也就越大，从而使军舰获得更高的航速。

当时北洋海军军舰上的锅炉主要是火管锅炉，锅炉炉膛内贮满水，炉火通过进入密布炉膛的一根根管道，加热这些管道，从而实现烧沸炉水，使之变为蒸汽的目的。锅炉带有一个先天而来的问题，随着使用日久，火管内会留有大量的烟灰，从而影响导热效能，进而影响输出蒸汽的压力、蒸汽机的输出功率，乃至军舰的航速。由于这些管子密布在锅炉的炉膛内，人无法进入彻底清理，通常的办

[①] 《汉纳根向李鸿章的报告（其一）》，《1894年9月17日的海上会战》，日文抄本原件影印件。

第九章 失落的亚洲第———甲午战争前的北洋海军

法就是每使用一定时间后,就把锅炉拆出船体,另装入一套全新的锅炉。

依照当时世界的通常指标,锅炉的使用寿命在10年至15年。北洋海军的主力舰,舰龄最久的"超勇""扬威"建造于1880年、1881年,服役最晚的"平远"也已是1888年的产物。到1894年时,北洋海军舰船少则服役五六年,多则服役十余年,即使连年都是普通日常航行使用,其锅炉实际上也已经到了报废的边缘,亟须更换。更何况北洋海军的远程航行活动非常频繁,几乎每年都要进行一次巡弋中国南北领海的航行,舰船的使用强度极高。以"超勇""扬威"为例,粗略罗列一下这两艘军舰从服役至甲午海战前的远程航行,就可见一斑。

> 1881年,从英国航向中国。
>
> 1882年,从威海前往朝鲜。
>
> 1883年,从大沽开往上海。
>
> 1884年,从威海前往上海。从上海返回旅顺。从旅顺前往朝鲜。
>
> 1885年,赴朝鲜。
>
> 1886年,赴朝鲜釜山、元山;俄国海参崴。
>
> 1887年,赴厦门。
>
> 1888年,赴朝鲜。
>
> 1889年,赴朝鲜。赴香港。
>
> 1890年,赴朝鲜。[1]

---

[1] 姜鸣:《中国近代海军史事编年》,海军军事学术研究所1991年版。

1893年9月，北洋海军提督丁汝昌就锅炉严重老化的问题向天津海防支应局提出申请，希望拨款给旅顺船坞，以制造新锅炉进行更换，海防支应局对此感到十分为难，要求"宽展年限"①。就在同一年，北洋海军主力舰"靖远"参加舰队演习，在大连湾打靶时锅炉发生故障，"锅炉汽管本皆旧朽，经此震动，多有渗漏"。因为没有备用锅炉可用于更换，丁汝昌不得不申请领取300条火管和1 000磅（1磅约453.59克）火泥等物料，"回防自行修换"，采用修修补补的办法勉强支撑。②

最终，北洋海军军舰的锅炉问题在1893年末上报至北洋大臣李鸿章，经彻底调查，北洋海军所有在编制中的军舰锅炉已经全部老化，"可支二三年及五六年不等"，亟须制造新锅炉全部更换，总计需要150万两银。更换锅炉这样的工程，不在《北洋海军章程》规定的北洋海军军费额度内，需要专案申请特别经费。李鸿章在1894年1月与总理海军衙门商议，申请海军衙门拨发特别经费，先为锅炉情况最为恶劣的"超勇""扬威"两舰制造、换用新锅炉，其余各舰分为十年陆续筹办，计划到1904年完成北洋海军编制中各军舰的锅炉更新。

> 全军二十五船大小锅炉八十一座，约需经费银八十四万两，各船大修约需经费银六十万两，又旅坞添置机器厂房约需经费银六万两，共需库平银一百五十万两，虽系约估之数，实皆力求节省，有绌无盈。现在先造超、扬两船锅炉，余俟随时察看，

---

① 《复李勉林》，《丁汝昌集》上，山东画报出版社2017年版，第207—208页（317）。
② 《致龚鲁卿》，《丁汝昌集》上，山东画报出版社2017年版，第208页（318）。

视情形之重轻定工程之先后,一船造成即一船大修,分作十年,可期次第告蒇。惟需款甚巨,北洋常年经费均系照额指拨,断难腾挪。师船为海防根本,艰难缔造,费逾千万,若不及时修整,何以垂永远而备不虞。①

然而当年的7月甲午战争即告爆发,事实上没有一艘军舰更换了新锅炉,只是临时采取更换锅炉火管等办法稍加修补。这些因高强度使用而老化严重的锅炉早该报废,但此时北洋海军的官兵们却想方设法让它们迸发仅有的一点点剩余能量。情形更为严重的是,提供给这些报废锅炉使用的燃煤还是极为劣质的碎煤。靠着这样的动力,北洋海军在海战时能获得怎样的机动力,不由得让人皱眉。

十年前的先进军舰

在申请为北洋海军军舰更换锅炉几个月后,1894年3月31日,北洋大臣、直隶总督李鸿章又上了一份特殊的奏折。奏折的主要内容是转引北洋海军提督丁汝昌的一份申请,主题是为北洋海军购买新式装备,这是自户部1891年下达的停购外洋军火两年禁令到期之后,李鸿章正式向禁令发起挑战。

> 窃据北洋海军提督丁汝昌文称,"镇远""定远"两铁舰原设大小炮位均系旧式,"济远"钢快船仅配大炮三尊,炮力单

---

① 《致总署 论兵轮分年大修》,《李鸿章全集》35,安徽教育出版社2008年版,第587页(G19-12-006)。

薄，"经远""来远"钢快二船尚缺船尾炮位。"镇""定"两舰应各添克鹿卜（克虏伯）新式十二生特（厘米）快炮六尊，"济远""经远""来远"三舰应各添克鹿卜新式十二生特快放炮二尊，共十八尊，并子药器具。又，"威远"练船前艍后原设阿摩士庄旧式前膛炮，不甚灵动，拟换配克鹿卜十生特半磨盘座新式后膛炮三尊，并子药等件。均系海防必不可少之要需。[①]

从奏折看，丁汝昌的主要申请是为一些军舰添加和更换火炮，单纯的文字似乎波澜不惊，然而这些文字背后实际流露出的是北洋海军军舰已经严重落后于时代的实情。

清政府创办北洋海军的努力，发起于1874年日本入侵中国台湾事件之后。这一时期，世界舰船发展领域，恰好处在舰船、武备新技术层出不穷，设计思想多姿多彩，没有定型的自由时代。

1894年5月在大连湾集结校阅的北洋海军军舰，此时这些军舰多属明日黄花

李鸿章最初迈出向西方购买舰船装备的脚步时，正值西方世界

---

① 《海军拟购新式快炮折》，《李鸿章全集》15，安徽教育出版社2008年版，第304页（G20-02-004）。

最先进的概念军舰——蚊子船问世，于是北洋海防成批地购入这种当时最新锐的军舰，成为欧洲之外装备这类军舰最多的国家之一。可是很快，新的设计理念出现，英国设计师设计出了英国第一型近现代意义的巡洋舰，于是李鸿章又急忙购入了这型最新的军舰，即"超勇""扬威"。与此同时，深深感到压力的日本也匆忙购买了同型的军舰。

拥有了蚊子船、巡洋舰，李鸿章的目光又盯上了那个时代的主力战舰——铁甲舰，最终在德国购买了当时世界上最先进的铁甲舰"定远""镇远"。历史车轮隆隆向前，仅仅几年时间，以"超勇""扬威"为代表的巡洋舰设计被新一代巡洋舰所取代，日本在英国订造了新式的"浪速"级巡洋舰，李鸿章则在德国先后购买了德国第一型防护巡洋舰"济远"、第一型装甲巡洋舰"经远"，并在英国又购买了设计理念超越"浪速"的"致远"型巡洋舰。

这种你追我赶的态势，到1891年随着户部外购军火禁令的到来而终止。十分可怕的是，就在北洋海军停购外洋军舰的时代，借助新材料、新武器的涌现，由英国杰出的舰船设计师威廉·怀特设计的一系列新型巡洋舰、战列舰，宣告了舰船设计千变万化、不定型的少年时代终结，设计成熟化、标准化、定型化的青年时代来临。

北洋海军每一型外购军舰，订造、购买时都是绝对的精华，走在同时代各国军舰的最前列。然而这些军舰基本属于火炮口径至上思想的产物，经历了军舰两舷密布火炮的风帆时代后，伴随着火炮威力的加大，世界上一度出现了崇尚火炮口径的潮流。当时的设计师认为，一门大口径的火炮可以胜过很多门中、小口径的火炮，于是在军舰设计上不再强调火炮的数量,而偏重口径大小。因此,北洋海军的主力战舰上都有一个明显的情况,即火炮数量不多,但口径较大。

另外,这个时代还深受海军战术领域乱战思想盛行的影响。1866年,意大利和奥地利舰队在地中海利萨岛附近爆发激战,这场19世纪中期不多见的蒸汽舰队会战,对此后几十年舰船设计、海军战术的影响颇为深远。战斗中,排列成横队的奥地利军舰依靠撞击战术,击垮了意大利舰队。由此,乱战、撞击战术风靡一时,舰船设计领域顺应潮流,也出现了侧重舰首方向火力,弱化军舰舷侧火力的情况。北洋海军的大多数主力舰都是这一设计思想的产物,军舰舰首方向火力布置较密,但是舷侧火力单薄。

这种潮流到19世纪90年代开始发生重大变化:军舰舷侧方向的火力重新被引起重视,重视火炮口径而轻视火炮数量的设计思想,随着中口径火炮打击力的加强,渐渐被重火炮数量而轻火炮口径,以密集火力来压制少量大口径火炮的思想所取代。这个时代里,大量装备舷侧炮火的军舰成为主流。

更为可怕的是,一种全新的中口径火炮应运而生,即速射炮,中国称为快炮。此前的中、大口径火炮,后坐方式主要采取架退,即火炮的炮架分为上下两个部分,火炮发射后,巨大的后坐力推动驮

甲午战争中,速射炮使日本海军在火力上对北洋海军形成压倒性优势

着炮管的上炮架在前低后高的下炮架上滑动，以爬坡的过程来抵消掉后坐力。这种爬坡带来的震动极大，会使火炮产生较大的位置移动，进行下一发射击时必须重新进行复杂的瞄准计算。同时，火炮爬坡后，并不会自己恢复原位，需要人力操纵将驮着炮管的上炮架推回到原发射位置。经历这么一套复杂的过程，会耗费大量的时间，往往四五分钟，甚至十多分钟才能发射一发炮弹。

速射炮的情况则截然不同，这种新型火炮用带有液压弹簧装置的复进机取代了笨重的上、下炮架，火炮发射后坐后，连接在炮管上的复进机会自动将炮管恢复原位，大大节省了复位、再装填的时间，一分钟可以发射四至五发炮弹，可以实现密集射击。

甲午战争前，和密布先进速射炮的新式军舰相比，北洋海军那些多年前的世界最新军舰，已经显得老态龙钟。

如果说锅炉、燃煤影响的是舰船的机动性能，那么火炮的数量、射击速度，则直接关乎在海战时能否击败敌手。

以后来参加1894年9月17日的中日双方主力军舰为例。北洋海军第一阶段上阵的10艘主力舰（"定远""镇远""靖远""来远""致远""经远""超勇""扬威""济远""广甲"），共装备100毫米以上口径的火炮44门，其中旧式架退炮40门、新式速射炮四门。

日本海军参战的10艘主力舰（"吉野""浪速""秋津洲""高千穗""松岛""严岛""桥立""千代田""扶桑""比叡"）共装备100毫米以上口径火炮101门，其中旧式架退炮31门，新式速射炮70门，大口径火炮的数量超过北洋海军一倍。而日军的新式速射炮每分钟发射炮弹10—12发，北洋海军的架退炮每分钟发射一发，甚至10分钟发射一发。双方火力差距之大，可以想见。

不仅仅局限于火力，北洋海军购买舰船的时代，火炮的瞄准方式是采用六分仪以天体或其他物体作为参照物，分别测量和推算出敌我军舰的经纬度，套用计算公式，求出敌我距离。而日本19世纪90年代后购买的"吉野"舰，已经装备了专门用于火炮瞄准计算的瞄准仪，这种类似大型望远镜的设备，只要在镜头中将对方目标焦距调实，就会自动显示双方的精确距离。

差距还来自动力方面，北洋海军中的"致远"舰曾以超过18节的航速被称为世界最快军舰之一。而几年后，日本的"吉野"最高航速已经超过了23节。北洋海军的最快军舰本就已经落伍，加之锅炉、蒸汽机的老化，更是无法望其项背。

舰炮使用的弹药方面，北洋海军数量可怜的开花弹填充的是黑色火药，即使命中目标发生爆炸，所引起的破坏力也极为有限。日本海军不仅全部使用开花弹，而且其开花弹里填充的是最先进、破坏力极大的烈性炸药，一旦命中目标就会发生剧烈爆炸，还会伴有难以扑灭的大火。

这么大的差距，需要用巨额的资金来立刻缩短，可是北洋海军并没有这种条件。既然更新军舰是不可指望的目标，丁汝昌的希望也就唯有更换、添加一些新式的速射炮了。

为了能使这个请求尽量获得通过，李鸿章在奏折中做了他自认为极为可行的具体资金安排。按照丁汝昌的报告，如果全部施行，购买21门新式火炮，需要61万余两银，李鸿章担心这笔预算难以被批准，提出可以先购买"定远""镇远"两艘主力舰所需的12门新式火炮。

……新式快放炮，每六分钟时可放至六十出之多，其力可贯铁数寸，实为海上制胜利器。各国师船争先购换，北洋海军铁甲、快、练各船原设炮位，当时虽称新式，但较现时快炮实觉相形见绌，且海军以"定""镇""经""来"铁、快等船为巨擘，船坚尤须炮利，若炮位不多，单薄过甚，遇有缓急，固不足恃，亦无以壮声威。亟宜逐渐添购，以资战守……①

其实这种相形见绌，又岂止是火炮？

就是这样一份已经打了很大折扣、精简得不能再精简的装备更新报告，上递到清政府中枢后，仍未能引起重视，所得到的只不过是光绪帝"该衙门知道"五个不痛不痒的红字批注，再没有任何的具体措施。

唯一的希望

与1894年亚洲第一的日本海军相比，北洋海军在技术装备方面完全落后，亚洲第一的荣耀早已经过去。硬件装备是纯数字参数的较量，没有丝毫的能动性。在硬件无法与人匹敌的情况下，唯有的希望只能寄托于操作硬件装备的人能够创造奇迹。

不同于当时中国陆军军官的教育，北洋海军的军官几乎都接受过彻底的近代化职业军人教育。清政府选拔陆军军官时，八旗和绿营军官的选拔主要看世袭、军功以及比较膂力高低；勇营军官

---

① 《海军拟购新式快炮折》，《李鸿章全集》15，安徽教育出版社2008年版，第304—305页（G20-02-004）。

的选拔也大抵如此，更多了些乡亲、世交等关系从中发挥重要作用。无论八旗、绿营或者是勇营，军官更不会去用心、留意新式的陆军战略、战术；更令他们揪心的是如何晋升，如何弃离武职，跻身前途更为明朗的文官队伍。虽然李鸿章在天津创办了武备学堂，希望将西式近代化的陆军军官教育引入中国，但陆军军官队伍的积弊根深蒂固，全无资历、人脉背景的学堂学生，在庞大的帝国陆军军官群体中，犹如杯水车薪，很快就会被吞没于这深不可测的染色缸中。

海军则是一个彻底的外来军种，没有任何成例可循，亦无积弊，犹如在一张干干净净的白纸上从头着墨。从创建海军开始，建造、购买军舰，学习西方、依赖西力的同时，海军人员的配置也相应地模仿西方的制度。中国海军军官的产生方法，几乎是当时英国海军的翻版，学员需要考入船政后学堂、天津水师学堂等专门的海军军官学校，以英语为教学语言进行学习，还要被派上专门的练习舰实习，经过层层考核选拔，才能具备成为海军军官的资格。其中，又只有成绩最优异者，才能进入当时中国唯一的国家海军——北洋海军。为造就人才，还会从海军学校的优秀学员，以及海军内的现役军官中抽选精英送往欧洲留学深造。就海军专业科目的成绩本身而言，中国的海军军官和日本乃至西方的同行相比，并没有多少差距。全面引入了近代化教育制度的海军，军官的专业知识、教育水平，和中国的陆军根本不在一个层面上。

第九章 失落的亚洲第一——甲午战争前的北洋海军 251

设在福州马尾的船政后学堂是近代中国海军军官的摇篮
照片是船政后学堂第一届驾驶班学生合影,他们在甲午海战中多是北洋海军的中坚骨干

北洋海军鱼雷艇部队军官

虽然海军和陆军军官的素质截然不同,但在传统社会眼中却没有区别,二者在当时的中国社会都是地位低贱的武人而已。根据当

时的传统观点,最优秀的年轻人应该努力攻读经书,通过国家科举考试,走上担任政府官员的光明仕途,这样的人生路才是正途。其他无论从武、从商,或者从事洋务,都不是舆论所推崇、鼓励的职业,属于歧途。大舆论背景影响下,除了家计艰难,无力供子弟读书的家庭,或者祖、父辈本就不是从事正途的家庭,早期很少有"良家子弟"会报考海军学校。中国第一座海军学校船政学堂开办时,考虑到开风气之难,不但就学不需要任何学费,而且还会给学员发放生活费、津贴,甚至养家费,以此来招徕贫家子弟。

大部分因为家境所迫才投身海军的年轻人,历经刻苦学习,掌握了不亚于西方海军军官的职业技能。当成为守护帝国海防的军官时,尽管能够得到丰厚的薪饷,但他们仍会发现自己付出的努力在舆论面前一钱不值,根本得不到外国同行那样的社会地位。浸身在晚清腐朽的社会大酱缸中,很多海军军官开始迷惘。

甲午战争爆发前,这些和平年代被社会排斥的军官,瞬间担负上了千钧重责。根据北洋海军外籍顾问戴乐尔回忆,参战前,北洋海军的军官们几乎个个面有忧色,令他们忧郁的不仅仅是他们尴尬的社会身份,更重要的是他们几乎都深知自己国家的海军装备落后的实情——过去的岁月里他们曾屡屡呼吁,但是得不到任何回应——此时他们必须鼓足勇气面对强大的对手。

在外国顾问的回忆里,北洋海军水兵战前的状态迥异于军官,"呈欣欣之色者,大率为水手。彼等举动活泼机敏,以种种方式装饰其炮座,若不胜其爱护者,其向望之情盎然可觉"。[①]

---

① 《泰莱甲午中日海战见闻记》,中国近代史资料丛刊《中日战争》6,上海人民出版社1957年版,第44页。

第九章　失落的亚洲第一——甲午战争前的北洋海军　253

在刘公岛上进行训练的北洋海军水兵

北洋海军"威远"练习舰上的士官和水兵

　　清代中国军队的底层士兵，除八旗、绿营等是世袭的军户外，勇营陆军和脱胎于勇营的海军大都来自农民、渔民群体。这些农渔子弟整日奔波在生存线上，操心于生计，无法奢望投身科举正途，他们投军当兵的最初目的极为简单，就是挣取微薄的薪饷来养家糊口而已。

海军军官的选拔、培训和陆军完全不一样，海军普通水兵的选拔和训练也和只要报名就能入伍，参军之后仅仅稍加练习队列，甚至都不教习操作西式武器的陆军有天壤之别。从《北洋海军章程》的规范，我们可以大致整理出一条普通农渔子弟从参军入伍到成为正式水兵所需要经历的培训之路。

北洋海军的水兵主要来自福建福州和胶东的登州一带沿海，必须年满16岁，不得有犯罪记录，必须略识文字，而且需要有保人作保，满足了这些条件才有资格经北洋海军学校校长或练习舰舰长、舰上高级军官、军医组成的审查团审查挑选。经历了这番审查后的人，获得三等练勇军衔，即北洋海军中最低的军衔低级练兵。三等练勇们首先要在练习舰服役，在船上实际学习一年。这些年轻的农渔子弟，一旦迈入海军的门槛，就进入了全新的世界，所有的教学、口令都必须使用与国际海军接轨的英语。如果能快速地过了语言关，并能通过以下考试，就可以晋升为二等练勇，但此时仍然不是正式的水兵。

1. 熟悉船上各部位的名称、各类索具的名称，以及它们的用途，掌握绳结、索具操作技术。

2. 熟悉各部位船帆以及配套滑车、索具的名称和用途，掌握收帆、绑帆、缝帆的各种技术。

3. 会泅水，会舢板操作。

4. 掌握操舵、测量水深、罗经的使用等技术。

5. 会四种以上火炮的操作，掌握枪支、刀剑的用法。

递升为二等练勇之后，如果在练习舰上再学习六个月，"深谙枪炮、刀剑操法"，或者虽然没有满六个月，但是各种技术"甚精"的，可以经过考核，直接升为三等水兵，分派到军舰上服役。年满19岁的，也可以参加晋升一等练勇的考试，考选合格者将获得免试选拔三等水兵的机会。

三等水兵是北洋海军军舰上级别最低的水兵，上舰服役后，如果遇到二等水兵有空缺，则可以参加考试考选。升为二等水兵后，如果遇到一等水兵有空缺，且这名二等水兵各种技术精湛，"深明大炮操法，无论派充第几炮手，都能称职无误"，则有资格晋升一等水兵。升为一等水兵后，服役两年且必须接受舰上技术的复考，而后才有资格通过考试再晋升诸如水手长、炮长等士官阶层。

采用纯英语教学、操作，而且需要经历如此复杂严格的考试流程，才能成为正式的士兵，这在陆军是无法想象的；也正是因为有了这样完全模仿西方海军的制度，北洋海军水兵的职业技能素质要远高于陆军。更为重要的是，北洋海军各艘军舰入役都较早，加上水兵群体的流动、更新并不频繁，这也意味着，很多北洋海军的水兵在他们自己的军舰上都有了少则五六年，多则十余年的服役经历。由于北洋海军军舰的舰上装备多年没有更新，水兵们经年累月做着相同的工作，对自己岗位操作的熟练程度已经到了近似于条件反射的程度。

水兵们对世界上海军战术、武备发展的变化显然不如军官们了解得多，他们并不清楚中日两国海军存在着怎样的技术代差。他们只是凭着对自己岗位操作异常熟练这份信心，单纯地认为，自己的技术完全可以和日本人拼一拼，因而水兵们脸上没有军官们流露出的忧虑，反而充满了对战斗的渴望。

当时日本海军水兵的选拔方法和北洋海军基本一致，不过日本海军在19世纪90年代后开始大量购入新式军舰，有些军舰甚至是1894年当年才服役的新锐。骤然接触新装备，水兵的操作熟练程度显然较低。黄海大东沟海战中，日本军舰频频发生因为操作失误导致火炮等武备发生炸膛事故的事例，就是最好的例证。

经历过严格的培训，且对自己的军舰极为熟悉、操作极为熟练的北洋海军官兵，相比起与新装备尚未形成很好磨合的日本海军，在人的层面上似乎略占了一点儿优势。但，仅仅凭着这一点，能否抵消装备上的巨大劣势，还需要实战的检验。

  假使中国陆军在其士卒的挑选和效率上，及其将官的训练和能力上，能企及海军，则甲午一战的结果或当大异。中国陆军由素无训练的群队构成。他们的军器仓卒购置，式样繁杂，子弹的供应无法备足。偶有曾受"洋操"的营旅，因为他们缺乏西法管领，又因为数目太少，力量分散，也不足为制敌之用。大多数中国兵，乃是所谓"勇"者，……他们乃是游民或农夫，贪饷给而应募的。应募以后的训练，不过是穿上一身耀目的军装，领得一支来福枪，或者，更受欢迎的，一支抬枪而已。来福枪是不被重视的，它们不幸需要一种特别的子弹适合于特别式样的。抬枪是天国的土产，只需要硝药和弹丸，并且，它的使用需要两个人，一个在前一个在后相帮助着。不过即使士兵缺乏训练和纪律，昧于枪法，假使军事长官有一些现代军事的知识，中国陆军……也会……予敌方以有用的损害。但是它的军官们否定了它一切成功的可能性。我们若知道，在中国，军事的职业是常常被认为恢复名誉的最后途径,或者是糊口的方法之一种,那么,军官们的不够资格,其理由是显而易见的。高级的军事职位、有钱的差缺,当然都被文吏作了,他们就这些职位的唯一理由就是在文官界找不到更好的差事。文官们和武界是合不来的,他们的偏见也有重大的理由。

但在中国的海军上头,日本却碰着另一种敌人。中国人在鸭绿江上是可以得胜的,假使他们的炮弹不是实着泥沙。这不是海军提督的过错,而是军需局的坏蛋官吏的罪恶。中国的海军,在提督丁(汝昌)指挥之下,质料上远胜于陆军。军官们大都是受过欧式训练,当琅威理做他们的领袖时,更是彻底的训练过。中国战舰上的水兵,都是在沿海招募来的,自然是很好的水兵。他们是经过本国的军官和西洋的教官训练过的,即使在他们赌性发作时,纪律偶然松懈些,但他们是受过很好的训练而且知道怎样使用他们的枪炮,那是日本人也承认的。在大吏们吞剥所余的财力的限度之内,满清帝国的海军是摩仿美国式的,海军军官是自成一新阶级的,没有一个对他们稍为敬重的人把他们来和陆军军官相提并论的。就教育和实用的知识而论,他们是远在中国官吏之上的。从中国的官场观点而言,他们是局外人,只因为海防需要海军,他们才被容忍着。[1]

---

[1] 《肯宁咸乙未威海卫战事外纪》,中国近代史资料丛刊《中日战争》6,上海人民出版社1957年版,第318—319页。

第十章　北洋海军的"洋教头"
——琅威理来去记

相熟·浪为美

中国近代史上著名的北洋海军,于1874年日本侵略台湾事件结束后开始筹建,由北洋大臣李鸿章具体负责,是清王朝应对海防危机,尤其是应对肘腋之患日本的重要举措。

和当时已经具有近代舰船基础的船政轮船、南洋轮船以及广东轮船部队不同,北洋海军筹建时,所在的黄海-渤海地区几乎没有任何近代海军基础,于是筹建北洋海军的活动就从最基本的买军舰破题。

经时任中国海关总税务司的英国人赫德(Robert Hart)从中牵线,由中国海关驻伦敦办事处主任金登干(James Duncan Campbell)具体操办,中国北洋海防线购买军舰的活动直接找上了当时的世界第一海军强国英国。中国想要压制当时日本海军已经拥有的"龙骧"等铁甲舰,但又凑不出足够的经费购买更强的铁甲舰,于是在赫德、金登干的引导下另辟蹊径,走上了一条试图花小钱办大事的另类道路。1875年,中方与英国阿姆斯特朗公司签订合同,以45万两银的总价,订造四艘概念舰——小船装巨炮的蚊子船。这种军舰的设计理念是将舰体控制得极为迷你，以此节省总体造价，但是在小小的舰体上，却装上了威力足以压制大型铁甲舰的巨炮。虽然这种军舰有头重脚轻之嫌，虽然巨炮发射时产生的巨大后坐力可能会将小小的舰体震得山呼海啸，但其低成本、高性价比的特点，正合清王朝的胃口。

遵照中方的要求，四艘军舰两两一组进行建造；1876年的夏天，被临时命名为"阿尔法""贝塔"的第一组军舰竣工。中方没有合适的人员，因而由中国海关伦敦办事处帮助雇了一批英国海员驾驶，送舰上门，6月份出发，11月抵达天津大沽。北洋大臣李鸿章在赫德的陪同下，兴冲冲地赶到码头参观盼望已久的洋宝贝，而眼前的景象却让李鸿章大失所望，两艘小炮艇的体量实在过小，怎样也无法想象这种小不点军舰可以出海与铁甲舰逐胜负。更让李鸿章极为不快的是，英国送舰水手排列成队接受他检阅时，一名可能没怎么见过世面的英国人过于紧张，手里握的步枪竟然走火，子弹从李鸿章的头顶飞过，险些酿成悲剧。①

这番情况令在场的赫德恼火不已，生怕影响李鸿章对英国外售军舰的整体印象，随后立即指令伦敦办事处主任金登干，要求下一组两艘军舰的送舰人员必须精挑细选，不能再以乌合之众凑数。1877年2月，第二组军舰"伽马""戴而塔"在英国整装待发，此次经金登干和英国政府反复磋商，英国海军部最终同意由训练有素的现役海军军人以从军队休假的方式，接受中国海关雇用，为中国驾驶送舰。

---

① 中国第二历史档案馆、中国社会科学院近代史研究所合编：《中国海关密档：赫德、金登干函电汇编（1874—1907）》第一卷（1874—1877），中华书局1990年版，第534页。

清王朝从英国订购的"伽马"蚊子船

据时任中国驻英国公使郭嵩焘记述,金登干当次雇来指挥驾驶两艘军舰的是两名年轻的英国海军军官,一名叫作劳伦斯·庆,另一名叫作琅威理。郭嵩焘为了讨个口彩,在给北洋大臣李鸿章等通报时特地为这两名洋人拟了颇有深意的中文名字,劳伦斯·庆被取名"静乐林",琅威理被取名为"浪为美"。二人之中,郭嵩焘对浪为美印象尤深,认为这名英国军官颇为精干。①

琅威理出生于1843年1月19日,1857年以见习准尉身份投身英国海军。1877年,琅威理刚刚30岁出头,任职少校,正是年富力强②。6月,他指挥"伽马"号,劳伦斯·庆指挥"戴而塔"顺利到达福州马尾。在这一过程中,琅威理"本领甚佳"的消息渐渐传到了李鸿章耳中,正在为筹建的北洋水师缺乏有经验的人才而苦恼的

---

① 《复福建船政吴春帆京卿》,《李鸿章全集》32,安徽教育出版社2008年版,第22页(G3-03-022)。
② 王家俭:《琅威理之借聘来华及其辞职风波》,《中国近代海军史论集》,台北文史哲出版社1984年版,第61—63页。

李鸿章，立即萌生了雇用此人当教练的意向，然而琅威理却以"奉英国委带兵船，不能分身"为由婉言拒绝①。

此后，想要聘用一名经验丰富的海军洋教习，成为李鸿章的心愿。1878年，北洋海防又在英国阿姆斯特朗公司以45万两银订造了四艘蚊子船，1879年仍然由中国海关在英国组织送舰队伍送往中国。此前送舰表现良好，且受到中国高层政治人物青睐的琅威理，被中国海关伦敦办事处再次聘用。和此前不同的是，这时的琅威理受到的待遇明显不同，他甚至被中国驻英国使馆邀请参加验收新购的"埃普西隆""基塔""爱塔""西塔"四舰，而且他还在船厂对四舰的设计提出了改进意见，船厂竟然——遵照办理，这更使得这名英国人在中国人眼中与众不同。随后驾驶四舰去中国的过程中，琅威理也不只是一艘军舰的临时舰长，而被赋予了带领这支小舰队到中国交付的使命。

清政府从英国订购的"埃普西隆"蚊子船

---

① 《复丁雨生中丞》，《李鸿章全集》32，安徽教育出版社2008年版，第89页（G3-06-026）。

1879年7月，琅威理率领小舰队前往中国。就在舰队航行途中，李鸿章向当时主管海防建设的总理衙门上书，称有一位姓琅的洋员"诚实和平"，受到海关伦敦办事处主任金登干等的推荐，建议考虑聘用此人担任北洋水师的总教习。11月，琅威理带领的小舰队到达天津大沽。19日，李鸿章前往海口检阅，顺道当面考察了琅威理，认为其"体面明干"，于是坚定了要聘用琅威理的想法。

由于琅威理是英国海军现役军官，如果要接受外国政府的雇用，将牵涉一连串的问题。最主要的就是英国海军能否保留其军籍，而且琅威理个人还非常担心，倘若请假离职到外国服务，纵然保留着英军军籍，也会耽误他个人在英军中的位阶晋升。对此，李鸿章通过中国驻英公使曾纪泽、海关总税务司赫德等与英国政府方面交涉，并不断做琅威理的思想工作，许之以高薪优待。

经过近两年的磋磨，琅威理最终在1882年接受中方的雇用，从英国海军请假，正式到北洋水师任职，职务称为总查，即总管全军的训练事务。不过在协商聘用琅威理期间，李鸿章似乎对琅威理的性格又有了一些更深入的了解，曾有意无意地和朋僚提起，称琅威理性格有些"刚激"。

"不怕丁军门，就怕琅副将"

性格刚激的琅威理走马上任，其主要的使命是作为北洋水师统领丁汝昌的专业助手，负责提高北洋水师的训练水平，并就舰队的军事行动提供专业的参谋意见。从1882年往后的将近八年时间里（1884年中法战争期间，因英国是中立国，琅威理一度暂时从中国辞职），琅威理对于北洋水师战斗力的提升功不可没。

第十章 北洋海军的"洋教头"——琅威理来去记

在普通的北洋水师水兵眼中，总查琅威理是一名严苛到近乎可怕的洋人，尽管琅威理事实上没有任何中国的正式官职身份，只是一位总教头，但是琅威理似乎对清王朝的官场套路并不在意，只是忠实履行自己的使命。面对这位整天在舰队里呼来喝去，对军官、士兵以及其他洋员一视同仁、毫不客气，每每还会出现一些越权嫌疑的洋人，性格温和的统领丁汝昌采取了一种乐观其成的谦让态度。琅威理与丁汝昌，一急一缓、一刚一柔，恰好形成了绝妙的互补。尽管舰队水兵中流传出了"不怕丁军门，就怕琅副将"这样似乎有损丁汝昌威信的顺口溜，丁汝昌也仍然微笑地听着。

在丁汝昌的配合下，琅威理对北洋水师的日常作息和各种训练一丝不苟，严格督办，努力将英国皇家海军的各种套路注入龙旗下的中国舰队。在其督导下，北洋水师于短短几年间迅速正规化，成长为一支训练素养不亚于欧洲国家海军的舰队，成为东亚海上不可忽视的重要力量。

有关琅威理治军的严格程度，最具代表性和最生动的记载见于一本中国外交官的日记。

1886年，李鸿章向英国、德国订造了"致远""靖远"和"经远""来远"巡洋舰。这是北洋海防建设历史上规模最大的一次外购舰活动。当四艘军舰在1887年建成之际，李鸿章决定派遣北洋海军官兵直接赴欧洲接收军舰。当次的接舰舰长为邓世昌、叶祖珪、林永升、邱宝仁，而带队的军官则是琅威理。

1887年9月12日下午2时，琅威理坐镇"靖远"舰，率编队从英国朴次茅斯出港踏上去中国的万里航程，在港的英国军舰鸣礼炮送行。当时在"致远"舰上，负责编队回国途中沿途照料的外交官余思诒，于日记中记录下了琅威理严格治军的实况。

琅威理率队在英国接收军舰后,以巡洋舰"靖远"为旗舰,照片中是停泊在英国朴次茅斯的"靖远"舰,值得注意的是,军舰的后桅杆上悬挂的是北洋舰队的提督旗,显然此时琅威理以"提督"自居,而中方对这种情形并未干涉

接舰时琅威理与"致远"舰军官的合影,右起第五人为琅威理,第六人为"致远"舰管带邓世昌。照片可见琅威理身着英国海军的公服,袖口缝制了其自创的军衔袖章,实际军衔仅是英国海军少校的琅威理,缝制的是类似英国海军上校级别的袖章

第十章 北洋海军的"洋教头"——琅威理来去记

1887年9月13日,西北风大作,编队航经法国西部的比斯开湾附近海域,整个上午各舰按照规定分别进行舰上训练。午餐过后,各舰进行火炮操演。此时,琅威理从编队旗舰"靖远"发出旗语信号,命令原本以双雁行阵形航行的编队立刻改为单雁行阵形,旋即又命令各舰降低航速航行,随后又立刻命令各舰以高速航行。在各舰指挥系统、轮机系统忙碌不堪之际,琅威理又从"靖远"发出信号,命令编队改为复杂的鳞次阵形。正在各舰指挥官准备喘息时,琅威理又发出了"数学题",以旗语询问各舰每小时的用煤量,要求各舰立刻用旗语回答。随后,"靖远"突然又向各舰提问其四小时的燃煤消耗量,不久又要求各舰回答其锅炉储气压力。

在这番几乎是劈头盖脸而来的旗语命令中,琅威理犹如一只目光明锐的兀鹫,死死盯着每艘军舰的反应,发现阵形排列不整齐,即立刻用旗语公开批评。如果对旗舰发出的问题回答稍有迟缓,随之而来的也是琅威理毫不客气的旗语批评。"凡行阵参差错落必诘责,答词迟缓必诘责。"[①]

编队回航途中,这样高强度的训练几乎每天进行。航行于大西洋期间,"终日变阵必数次,或直距数十百码,或横距数十百码,或斜距数十百码,时或操火险,时或操水险,时或作备攻状,时或作攻敌计"。倘若哪艘军舰反应迟缓或者阵形编列不到位,琅威理会立即批评,"诘责随之,不少贷"。[②]

据当时同在旗舰"靖远"上的大副吴敬荣回忆,琅威理每天的工作就是下各种训练命令,甚至在上厕所时还在发出不同的命令,

---

① 余思诒:《航海琐记》,全国图书馆文献缩微复制中心2000年版,第277页。
② 余思诒:《航海琐记》,全国图书馆文献缩微复制中心2000年版,第282页。

"终日料理船事，刻不自暇，常在厕中犹命打旗传令"①。

不仅白昼如此，根据余思诒在日记中所录，当夜幕降临之后，琅威理还会时不时地从旗舰下达夜间灯光信号，常常会让各舰忙得人仰马翻。其对军队训练的严格程度可见一斑，其职业军人的操守也可见一斑。

1887年12月10日，琅威理率领的归国编队驶入台湾海峡，下午5时30分编队到达金门岛附近，岸上炮台向编队鸣炮致敬，而丁汝昌率领的南、北洋水师主力舰队正悬挂满旗，在厦门海面迎候，丁汝昌的旗舰"定远"还奏响军乐。

望见编队到来，丁汝昌从"定远"舰转乘小舢板，驶向编队迎接。见到此状，琅威理急忙乘坐"靖远"的小舢板前往迎候，一派和睦景象。经历了琅威理督率下严格的万里航行，编队各舰中，水兵们听说丁军门来到，四处都是一派欣欣然之色。②

不过，温和的丁军门和刚激的琅总查之间，这时实际上已经出现了一道深深的裂痕，只是外人还不易窥破。

裂痕·长崎事件

就在琅威理率队赴英国接收军舰的一年之前，1886年的夏天，北洋水师舰船编队到达日本长崎港坞修，其间发生了北洋水师水兵和当地日本警察之间的恶性冲突，史称"长崎事件"。

对于琅威理在这一事件中所处的角色，现代中国的一些影视作品、文学作品甚至历史著述中多有诠释，大致的内容较为统一，即

---

① 余思诒：《航海琐记》，全国图书馆文献缩微复制中心2000年版，第325页。
② 余思诒：《航海琐记》，全国图书馆文献缩微复制中心2000年版，第364页。

第十章 北洋海军的"洋教头"——琅威理来去记

北洋水师的水兵在长崎岸上吃亏之后,琅威理怒不可遏,准备下令"定远"等舰炮轰长崎,后来因为李鸿章、丁汝昌的克制,琅威理才没有炮击日本。

然而在真实的历史上,事情其实截然相反。

1886年7月6日,配合正在进行的中俄边界勘定工作,北洋水师统领丁汝昌和总查琅威理率领舰队的全部主力从威海出发,绕经朝鲜釜山、元山,驶往海参崴、摩阔崴巡弋。事毕之后,由于舰队中的主力舰"定远""镇远"已经到了上坞维护的节点,而整个东北亚当时只有日本具备合适的大船坞,于是丁汝昌临时决定率"定远""镇远""济远""威远"四舰就近前往日本长崎坞修,于8月1日进入长崎港。

长崎立神第一船坞(照片中右侧闸门上标有No2.Dock的船坞)今景(陈悦摄)

舰船入坞刮洗船底、重刷油漆期间,一些北洋水师水兵陆续放假上岸。长崎港的港区附近是当地著名的新地中华街,而新地中华街近旁则是日本九州最大的红灯区——寄合町。8月13日晚上,王发等五名北洋水师水兵来到寄合町的一处贷座敷(又称"女郎屋"

或"游女屋")。因当天店中恩客盈门,游女(妓女)数量不敷,再加上店主中村新三郎招待不周,顾此失彼,双方发生争吵推搡,店主招来附近丸山町派出所的警察黑川小四郎。因为言语不和,警察和中国水兵王发扭打到一起,互有损伤,王发则被日方拘捕。

因为清政府在长崎拥有治外法权,海军人员更有特殊的豁免权,事情发生后,清政府驻长崎领事蔡轩立即向日方致书抗议,被捕的水兵随即获释。为防事态扩大化,丁汝昌下令此后不再批准水兵上岸休假。然而琅威理对此存有异议,根据海军通例仍然坚持应该批准给假上岸。

8月15日下午1时后,北洋水师水兵数百人放假上岸,主要在长崎港区旁的新地中华街以及邻近的广马场町一带购物、用餐,日本长崎警方则在该街区外围增加大批警力布控。当晚,陆续有日本警察在不同地点拦住中国水兵,以行为不端等理由进行盘查讯问。6时许,日本警察坂本半四郎、河村健太郎等在广马场附近与一群中国水兵发生口角冲突;不久在另一地点,一些中国水兵和日本警察福本富三郎等发生斗殴,进而事态彻底失控,整个街区里日本警察开始直接攻击中国水兵。由于北洋水师水兵上岸时不允许携带武器,仅有部分人带有水兵刀(小型折叠刀),而日本警察则佩有长剑,水兵死伤较重,至当晚11时事态归于平静时为止,北洋水师共有一名士官、四名水兵当场被杀死,另有45人受伤。日本方面有一名警察被当场打死,30人受伤(其中一人伤重,送医院后不治身亡)。[①]

[①] [日]桧山幸夫总编辑:《伊藤博文文书》第34卷,日本ゆまに书房2010年版,第351—357页。

第十章 北洋海军的"洋教头"——琅威理来去记

长崎事件发生地，日本长崎丸山寄合町今景（陈悦摄）

长崎是日本开埠较早的通商口岸，各国舰船来往较多，而当地也经常发生涉及外国海军人员的恶性事件，诸如英国、法国、俄国等国海军，均曾有水兵在长崎被日本警察寻衅，乃至有水兵在长崎死亡或失踪的前例事件。8月15日晚，北洋水师上岸水兵出现大量伤亡后，相关消息立即被通报给北洋大臣李鸿章，中国驻日本公使徐承祖也向日本外务省发出抗议照会。

此后，双方围绕长崎事件的是非曲直各执一词，各自开始调查取证，北洋水师统领丁汝昌则秘密致电天津、威海，要求留防舰队做好与日本开战的准备。就在这时，琅威理的表现令丁汝昌大失所望。

以琅威理的视角，他自己是英国子民，效忠的是英国，而且其正式的职务身份是英国海军军官，在北洋水师任总查只不过是临时接受外国聘用。尽管琅威理在北洋水师中工作尽职尽责，但这并不表示他对中国存在某种特殊的良好感情，更不代表他对中国完全效忠,实际他只是出于完成其受雇任务的职业责任。遇到事关中国根本利益的场合,琅威理这种过于"冷静、中立"的态度,则是中方所意料不到和无法容忍的。

在长崎事件调查取证时期,琅威理尽量想使自己站在中立者的角度,不偏不向。事发数天后的8月19日晚上8时,琅威理竟然私下应日本长崎县知事日下义雄的邀请,以北洋水师副提督的身份独自前往日方,被录取口供,向日方透露北洋水师就长崎事件的内部讨论,甚至不恰当地做出了一些语义模糊、对中方交涉不利的表态。①

不仅如此,当北洋大臣李鸿章提议将长崎事件进行国际仲裁,并雇用在上海执业的英籍辩护律师担文前往日本交涉后,在进行中日商讨过程中,参与会议的琅威理又做出了一连串不恰当的举动。就其本人而言,站在英国人立场,这些举动可以诠释为坚持客观、公正,但是对视琅威理为战友的北洋水师官兵而言,琅威理的这种自以为公正的举动,就是偏袒日本,是对北洋水师和中国的背叛与伤害。

9月12日,北洋水师统领丁汝昌向天津道周馥致信,将琅威理破坏中方对日备战,乃至偏袒日本等问题和盘托出,希望周馥将此内情透露给李鸿章。

"琅威理当事出之时,亦以倭人随处逐砍我兵,并暗使民艇不渡等事为非。未及,忽一意袒倭。""迨我参赞、状师至,

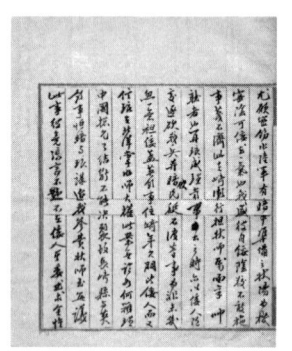

丁汝昌1886年9月12日致周馥信底稿,信中表露出对琅威理极为不满

---

① [日]桧山幸夫总编辑:《伊藤博文文书》第34卷,日本ゆまに书房2010年版,第495—499页。

每议此事，彼（琅威理）竟张言，不韪不在倭人，其委曲求全，惟恐打仗之情显露于外……种种作梗，笔难殚述！"①

琅威理只是想做一个不掺和到无关事件，按照合同规定尽职尽责的职业教练。这种选择，恰恰犯下了大忌。

撤旗·别了，琅威理

清末洋务运动时期，因为缺乏与西方人合作的经验和自信，包括左宗棠、沈葆桢、李鸿章等在内的中国政治大佬，主办洋务事业、选择西方合作对象时，往往秉持着两条最基本的行事准则。

首先是选人方面，通常不是首先考虑对的人，而是首先考虑来人是否熟稔，本着熟人比较可靠的基本判断选用外国洋员。以琅威理为例，就是因为受到了中国海关伦敦办事处主任金登干、中国驻英公使郭嵩焘、福建巡抚丁日昌的推荐后，他才被李鸿章纳入选择范围。

其次则是用人原则。对于为中国服务的洋员，最重要的原则，也是绝不容许触碰的红线，就是"权"。中方所坚持的是权自我操，洋员的作用是为我所用，而不能倒置。

就在长崎事件发生前，琅威理刚刚获得了中国新的聘期合同，月薪增至700两银，中方还授予其对舰队建设和活动的建议权，以及对相关人员的奖惩权，而琅威理在长崎事件中的表现，立即使得双方并不真正牢固的交情产生了裂痕。

1887年，琅威理以提督衔率军赴欧洲接舰。他似乎并不明了中国的"虚衔"和"实职"之间的区别，在欧洲接收军舰后，甚至在

---

① 《致周玉山观察》，《丁汝昌集》上，山东画报出版社2017年版，第80页。

自己的座舰"靖远"上升起了代表提督在舰的海军提督旗。经历了辛苦的万里归航,严格督率编队进行了苛刻的训练后,琅威理率领舰队到达厦门海域,与同在厦门海域的由丁汝昌率领的舰队主力相会。此时双方看起来还是一片融洽,但暗流已在涌动。

按照西式海军的通例,各国海军大多有"将旗"这种特殊的旗帜,用于表示不同的军衔级别。在海军舰队活动中,会在舰队的旗舰上升起与在舰最高军官军衔相对应的"将旗",以示本舰队的级别。当海上舰队相遇时,双方根据对方旗舰上所悬的将旗等级,决定谁先向对方致敬,以及采取什么样的礼仪等级。

琅威理率领从英国接收的"靖远""致远"等四舰到达厦门,与丁汝昌率领的大队会师,全军舰队停泊一处。此时按照海军章程,因为最高指挥官丁汝昌在舰队中,全舰队只应于丁汝昌所在的军舰上升挂代表丁汝昌军衔级别的"将旗",即提督旗。此时,琅威理所在的"靖远"舰上,就应该把先前悬挂的代表琅威理提督衔身份的提督旗降下,以符合军规,并显示对丁汝昌的尊重。然而意外的是,当时琅威理认为"靖远""致远"等四舰尚未到达天津大沽正式交付入列,其赴欧接舰编队的使命尚未完成,事实上编队仍然存在,由此拒绝降下"靖远"舰桅杆上的提督旗,于是北洋水师舰队里出现了两艘悬挂提督旗的旗舰。

丁汝昌对琅威理的举动似乎是选择一笑了之,而琅威理没有意识到,五色缤纷的提督旗未来将成为他在中国迈不过去的一道坎。

1888年末,北洋海军正式成军,成为类似于绿营武装性质的清政府经制部队,全军获得正式的国家编制,原先非正式的"北洋水师"番号成为过去式。北洋海军的成军,以当年清政府批准颁行的

第十章 北洋海军的"洋教头"——琅威理来去记

《北洋海军章程》为标志。这部类似北洋海军"宪法"的根本性规章，规定了全军的官缺数量，全军的领袖称为北洋海军提督，而类似琅威理的提督衔等虚衔，并没有被纳入北洋海军的正式编制。而且《北洋海军章程》中明文规定，提督旗只有提督才能用。

按照《北洋海军章程》规定，每年的秋冬季节北洋海军主力要从黄渤海地区南下，到温暖的华南地区过冬，以防军舰设备冻坏。1889年11月29日，北洋海军正式成军后第一次执行南下过冬航行，提督丁汝昌率领"定远""镇远"等军舰离开威海一路南下，于当年岁末到达香港，在香港度过新年。由于香港有大石船坞，丁汝昌的座舰"定远"，以及琅威理乘坐的"镇远"依次被安排进船坞维护。

2月24日，丁汝昌改乘"致远"舰，率"济远""经远""来远"一起从香港出发远航，巡弋中国的南海诸岛，留下"定远""镇远"等军舰在香港继续修理维护。临行前，丁汝昌向李鸿章发电报汇报，称自己率队南巡后，留港军舰的修理、训练工作由琅威理和两名总兵"督率妥办"。而就在丁汝昌率领四艘军舰离开香港后，留港的北洋海军军舰上突然发生了一场大风波。

按北洋海军的编制体制，设提督一员，总管全军的全面工作，在提督之下设左翼总兵和右翼总兵各

琅威理肖像照。推测拍摄于1890年前后。照片中琅威理身着英式海军礼服，袖口缝制其自创的袖章，竟然采用的是类似英国海军上将的设计。当琅威理以这样的形象扬扬得意时，中方海军人员的观感可想而知

一员，共同掌握北洋海军的军事和训练工作。按照位阶而言，左、右翼总兵是军中仅次于丁汝昌的领导者。

北洋海军成军时，林泰曾、刘步蟾分别出任左、右翼总兵，兼"镇远""定远"舰长。与性情温和且无近代化海军系统知识背景的丁汝昌不同，林泰曾、刘步蟾均为船政学堂科班毕业，还曾在英国伯尼学院留学，在英国海军的主力铁甲舰上代职见习。在林泰曾、刘步蟾二人之下，北洋海军骨干的舰长、军官很多都有类似的教育背景。

在他们的眼中，1882年受聘任总查时的琅威理不过是英国海军中一名连军舰舰长都没当过的中校，与林泰曾、刘步蟾等曾在英国海军的主力铁甲舰上代理过副舰长等高级职务，与英国海军的高级将领有所交流的中国军官相比，资历并不突出，只是因为李鸿章需要一位海军总教练而聘用了这位洋人。尽管琅威理管理严格，展现了职业军人的本领，但琅威理所掌握的和所能教授的内容，其实都只是照本宣科的浅层次水准，琅威理本人并不掌握诸如阵形研究、战役指挥等高深的海军学术。一些北洋海军军官对琅威理更多的是小视之心，再加之琅威理性格"刚激"，在军中呼来喝去，气势甚于丁汝昌，早就使很多军官对其产生了不满心理。

1890年2月25日，上岸交际的琅威理乘坐舢板返回舰队。临近舰队时，眼前的景象令他震怒不已。南下时，丁汝昌乘坐"定远"，琅威理乘坐"镇远"，在"定远"舰桅杆上悬挂代表舰队最高指挥官丁汝昌身份的提督旗。此时，丁汝昌已经离开舰队去巡视南海，"定远"上的提督旗已经降下，琅威理认为理应在他乘坐的"镇远"上悬挂提督旗，以显示提督衔总教习琅威理是此刻舰队的总指挥官，然而出现在"镇远"舰桅杆上的竟然是一面三色的总兵旗。

琅威理登上"镇远",立即气势汹汹质问"镇远"舰长、北洋海军左翼总兵林泰曾,要求立刻将代表林泰曾的总兵旗更换成代表琅威理的提督旗。林泰曾根本不为所动,告诉琅威理,此刻舰队的最高职务军官是总兵,琅威理的提督衔只是荣誉称号,并不是实际官衔。对此,"定远"舰长刘步蟾也支持林泰曾的意见,"镇远"上的总兵旗终究没有被换成提督旗。

林泰曾、刘步蟾和愤怒不已的琅威理,随后分头向李鸿章汇报了这场风波,李鸿章明确表态支持林泰曾、刘步蟾的意见。[①] 等到南巡的丁汝昌返回舰队,丁汝昌在和琅威理谈话时向其正告北洋海军只有一位提督,提督之下就是总兵,琅威理只不过是教习身份,并不可能成为舰队的管理者。

自感受到羞辱的琅威理于舰队北返的4月28日向李鸿章提出辞呈,李鸿章异乎寻常地并未表示挽留。对琅威理而言,升挂提督旗与否,是事关其名誉的事件。而在李鸿章以及中方官员看来,琅威理此举实际上是在争权,这个举动无疑触碰了红线:清王朝可以雇用洋员,但洋员不能越权。

作为后话,辞职后的琅威理投书《北华捷报》大发牢骚,但很快遭到了化名无名氏的北洋海军中人的投稿回击。在此之后,琅威理返回英国,数年后甲午战争爆发,当北洋海军处境艰难之际,李鸿章身边曾有人提议重聘琅威理来华,但并无下文。此时的琅威理,已经成为那个遥远故事的主角,慢慢淡出人们的记忆。

---

① 《附 琅威理由香港来电》《香港交水师总兵林泰曾等》,《李鸿章全集》23,安徽教育出版社2008年版,第23页(G16-02-028)(G16-02-029)。

第十一章　海战谜团

——黄海大东沟海战与邓世昌之死

1894年9月16日凌晨1时许,夜幕笼罩下的大连湾,一支船队悄悄驶出。由北洋海军的"定远""镇远""致远""靖远""经远""来远""超勇""扬威""济远""平远""广甲""广丙"等12艘主力舰,以及"镇中""镇南"蚊子船和"福龙""左一""右二""右三"鱼雷艇组成的庞大护航舰队,在提督丁汝昌统率下,保护搭载着4 000余名大连湾铭军的运输船"图南""海定""镇东""新裕""利运",前往位于中朝边界的大东沟登陆。连日来平壤城粮弹告竭的报告不断,平壤通向义州的后方道路也有受日军威胁的风险,一旦后路被抄袭,后果不堪设想。北洋海军此次的使命,就是让铭军安全登陆,快快进入朝鲜,保护平壤通往中朝国境的后方补给线。

16日午后,船队抵达大东沟口外,立即开始忙碌的转运、登陆行动。龙旗飘扬下的队伍里,此刻所有的人都还预料不到,明天的这个时候他们将身处一场何等残酷的鏖战中。

爆发于1894年9月17日下午的黄海大东沟海战,是甲午战争海上战场规模最大的一场主力会战,同时这场历时长达近五个小时的恶战,还是海军装备发展进入蒸汽铁甲舰时代后,第一场耗时长、规模大的大海战,名留世界海军史。黄海大海战的总体胜负情形几乎尽人皆知,但仔细阅读历史档案会发现,在那片血火映红的波涛下,隐藏有太多的秘密。

战争爆发之谜

关于甲午黄海海战的爆发背景,通常的观点认为,那是甲午战争中自丰岛海战之后,中日两国海军期盼已久的主力对决,是两国海军准备多日,互相苦苦搜寻之后必然发生的战争。可历史的真相,却远非这么简单。

翻检中国方面的档案、史料,有关这次海战的信息可以追溯到1894年的9月9日。当天,盛宣怀致电丁汝昌,传达了将要派海军主力护送运兵船前往大东沟的命令。

> 丁军门:……帅(李鸿章)以新勇难战,电调子珍(铭军统领刘盛休)四千人由大连湾径赴东沟,命弟先电尊处,预备全军护送,以期速稳。一俟子珍电定行期,帅即电令起碇……①

经制定计划,并上报征得李鸿章同意后,北洋海军提督丁汝昌于12日亲率北洋海军的主力从威海起航,定于第二天抵达旅顺,等待从威海护送湖南巡抚吴大澂前往天津的"致远"等舰来到旅顺会合,一起开往大连湾护送运兵船。北洋海军这次行动的任务目标非常明确,并不是要寻找日本舰队进行决战,而只是护卫海上运兵。

---

① 盛宣怀档案资料选辑《甲午中日战争》上,上海人民出版社1980年版,第137页(832)。

虽然在当时万般紧张的局势下，整个舰队已经做好了遇敌必战的准备，但并不能混淆其所执行的任务性质。当时，李鸿章和丁汝昌都深知北洋海军军舰老旧、火炮装备落伍等实情，以这样的舰队与日军决战，二人都没有足够的信心。李鸿章所持的是"游弋渤海内外，作猛虎在山之势"的策略，不与优势敌军交战，保存海军实力，从而保持对日本海军的战略威慑。根据这样的宗旨，北洋海军并不会主动寻找日本海军主力进行决战。[1]

9月13日早晨7时，丁汝昌率领的主力舰队到达旅顺口外，与按期赶来的"致远"等舰会合。就在这时，丁汝昌接到了一个突发的紧急军情。这一天的早晨，山东成山头和刘公岛都观测到两艘日本军舰在近海出没，随即向各处告警。盛宣怀闻讯立即电令轮船招商局，要求原计划当天从上海驶往威海的军火运输船"爱仁"暂停起航，然而如此重要的计划调整竟未及时通知北洋海军。

收到有日本军舰在威海一带海域出现的军情，丁汝昌担心原定14日到达威海的"爱仁"军火运输船在经过成山头至刘公岛海域时遭遇不测，遂临时决定率北洋海军主力从旅顺折返威海，到成山头海域警戒，守候"爱仁"号军火运输船的到来。为此，北洋海军主力在9月13日匆匆离开旅顺口，14日在山东成山头海域坐等到深夜，然而始终没有看到"爱仁"的踪迹。因为运兵大东沟的行动无法拖延过久，后不得不北返大连湾。经过补给燃煤等工作，北洋海军主力于9月16日凌晨护卫着运兵船向大东沟出发。

这次折返成山头的插曲，使得整个大东沟护航行动延迟了两天，

---

[1] 关于此段的具体论说见陈悦：《碧血千秋——北洋海军甲午战史》，吉林大学出版社2008年版，第48—50页。

倘若没有出现这个突发情况，北洋海军原本应在9月15日完成护航行动，9月16日返回威海，这样9月17日的大东沟海战或许就不会发生。[1]

十分蹊跷的是，丁汝昌在临出发之前，于9月15日给李鸿章发去了一份内容奇怪的电报：

> 约铭军明早齐开，令"超勇""扬威""平远""广丙""镇中""镇南"六船、两雷艇随护运兵商轮赴大东沟。余船昌带，今晚开成山，绕青岛、大同江，十九早到大鹿岛。[2]

按照这份电报透露出的信息，护航前往大东沟的只有"超勇""扬威"等六艘弱舰和两艘鱼雷艇，而全部主力舰都将前往朝鲜西海岸，这与北洋海军真实的护航兵力与计划完全不同。之所以在临行前发出这种明显的假消息，最有可能的情况是李鸿章、丁汝昌都已觉察到中国电报通信系统存在情报外泄的情况，而故意借此施放烟雾：用子虚乌有的主力舰队前往朝鲜西海岸的计划，牵制日本海军，从而确保大东沟护航安全实施。

与北洋海军方面的行动相比较，日本方面的情况同样复杂。

甲午战争爆发后，日本海军联合舰队初期主要忙于执行护航任务，往来于朝鲜半岛西海岸和南端之间，保障海运陆军登陆朝鲜的安全。8月15日，海军军令部长桦山资纪密令联合舰队，要求设法

---

[1] 北洋海军护航计划和延迟等情况，详见陈悦：《中日甲午黄海大决战》，台海出版社2019年版，第154—158页。
[2] 《寄译署》，《李鸿章全集》24，安徽教育出版社2008年版，第338页（G20-08-167）。

与北洋海军实施决战。9月6日,桦山资纪从日本本土直接乘舰到达联合舰队在朝鲜海岸的根据地,进一步督促实施这一计划。

1894年9月12日,日本海军联合舰队为了保证陆军进攻平壤的安全,派"吉野""高千穗"前往成山头、威海方向侦察。9月14日,两舰返回,报告在威海没有发现北洋海军的踪迹。9月14日当天,日本陆军向海军通报了一份重要情报:此前11日,陆军在大同江俘获了一艘从辽东大孤山驶来的中国民船,于船中抄获一份清军公函,其内容显示奉军正在加强大鹿岛一带沿海的警戒。同时,联合舰队司令长官伊东祐亨又得到了驻朝公使大鸟圭介的通报:"中国军队取海路前来朝鲜,估计要在大鹿岛一带登陆。"①

甲午战争时日本海军的新锐主力军舰"吉野"

---

① 日本海军军令部战史编纂委员会:《极密征清海战史》卷十,第582—584页。中国近代史资料丛刊续编《中日战争》7,中华书局1996年版,第228页。

第十一章 海战谜团——黄海大东沟海战与邓世昌之死

结合多方信息，桦山资纪判断北洋海军的主力可能正在黄海北部执行一次大规模的运兵行动。在日本陆军已经展开进攻平壤的行动，即将取得重大战果之际，桦山资纪认为海军也应当主动出击，遂要求伊东祐亨立即在黄海实施一次巡海，袭击中国运输舰只，"决定若遭遇敌舰，即击破之"。

经过补给和整备，16日下午5时，伊东祐亨率领本队军舰"松岛""千代田""严岛""桥立""扶桑""比叡"，第一游击队军舰"吉野""秋津洲""浪速""高千穗"，以及炮舰"赤城"和用商船临时改装的代用巡洋舰"西京丸"共12艘军舰离开临时锚地，首先航向大连湾附近的海洋岛，再由此向北方的大鹿岛搜索前进。

日本联合舰队当时分为本队、第一游击队、第二游击队、第三游击队、鱼雷艇队等编队，然而伊东祐亨只率领其中不到半数的舰只出发。倘若日本舰队是为了寻找北洋海军进行主力决战，怎会不倾尽全力？更不寻常的是，桦山资纪乘坐一艘临时改装的代用军舰跟随舰队活动，舰队中另外还编有排水量仅有数百吨的弱舰"赤城"，假如是要进行主力决战，怎会带上这些战力低下的累赘舰船？

实际上，联合舰队此行的目的只是为了寻找、袭击中国军舰和运兵船。十分具有戏剧性的是，北洋海军提督丁汝昌在15日向李鸿章发出的那封充满虚假消息的电报，事实上可能被日方所掌握。基于这一情报，日方判断北洋海军只派出了六艘弱舰护航，由此本队、第一游击队的军舰完全可以实施一次拥有绝对制胜把握的偷袭。跟随在舰队中的"西京丸"根本就没有考虑会参加战斗，只是让海军军令部长督阵时更为舒适。小炮舰"赤城"也完全没有被列入作战阵容的计划，只是担心中国运兵船会躲藏进近岸的浅水河道，大舰吃水深无法进入追击,而把这艘小舰带着担负这一任务。

1894年9月17日的上午10时20分,日本舰队最前列的新锐巡洋舰"吉野"首先发现大鹿岛方向有煤烟,其后果然发现了中国运兵船队踪影。[1] 日本各舰一片欢腾,认为中国舰船"大概不过五六艘运输船载陆军在鸭绿江口登陆,三四艘军舰在掩护。若如此,应把敌舰全部击沉。以此作为我联合舰队的对手,实在微不足道"。[2]

日本浮世绘:1894年9月17日上午,日本联合舰队发现北洋海军踪迹

然而随着双方距离的接近,11时30分,日方发现前方的烟柱越来越多,而且烟柱下的军舰外形渐渐清晰,结果让伊东祐亨大吃一惊。"……前方目标竟然是包括了清国北洋舰队全部精锐的大舰

---

[1] 日本海军军令部:《廿七八年海战史》上卷,日本东京春阳堂1905年版,第241—242页。
[2] 《日清战争实记》第5编,日本东京博文馆1894年版,第38页。

第十一章　海战谜团——黄海大东沟海战与邓世昌之死

队!"①竟然与北洋舰队主力遭遇,伊东祐亨此后判断所谓的中国运兵船情报是北洋舰队布下的圈套,目的是引诱自己进行决战;直至海战结束,他都没有想到去搜寻一下附近海岸是否有中国陆军登陆的踪迹。为了稳定舰队内的不安定情绪,伊东祐亨下令用餐,并允许吸烟,"因为很快就要进行战斗准备,进餐可以使精神彻底镇静下来。而且为了让大家镇静,还允许饭后随便吸烟"。②

和日方发现北洋海军几乎同时,10时30分左右,北洋海军的哨兵终于注意到西南方向海上有一缕诡异的薄烟。12时整,瞭望兵发现西南方的烟柱越来越多,辨别出是日本舰队。北洋海军为了使开战区域尽量远离运兵船停泊区,主力舰队开始疾驶迎击日舰。对眼前出现的日本舰队的来意,北洋海军并没有认为是为了实施主力决战,被伊东祐亨临时调派到非战斗序列的"西京丸""赤城"引起了中方的特别注意。"西京丸"的商船外形、"赤城"过小的体格,被北洋海军判断成日本的运兵船,认为日本舰队的目的是护卫运兵船到大东沟登陆,偷袭中国陆军。于是整场海战里,北洋舰队的作战都围绕着击沉日本"运兵船",以及不让日舰靠近大东沟海岸的目标进行。

日本联合舰队计划偷袭运兵船,结果遭遇了北洋海军主力,认为自己在进行一场主力决战。北洋海军计划守护运兵船卸载完毕就返航,结果遭遇了日本舰队,认为自己是在进行一场捍卫陆军登陆行动的作战。甲午黄海海战,就在双方互相错位的认识中猝然爆发了。

---

① 《日清战争实记》第5编,日本东京博文馆1894年版,第38页。
② [日]川崎三郎:《日清战史》第3卷,日本东京博文馆1897年版,第133页。

北洋海军阵形之谜

1894年9月17日中午12时10分之后,原先停泊在大东沟口外深海区警戒的北洋海军十艘主力舰,在旗舰"定远"的号令下,纷纷拔锚起航,朝向西南方渐渐驶来的烟柱方向冲去。

北洋海军主力舰最初排成两列纵队,而后以舰队中的两艘主力"定远""镇远"为核心,其他各舰分别往两翼变阵展开,形成了一个略似人字形的横队,并最终以这个阵形与排成单纵队的日本联合舰队展开了激战。

阵形是指用来将若干单艘的军舰编组到一起的编队形式,可以发挥集群作战的力量,以取得战斗力、生存力的倍增,因而阵形是海战的重要研究对象。北洋海军在黄海海战中究竟使用的是什么阵形,优劣与否,这一阵形的真实用意是什么,始终是萦绕在这段历史上空的一个常说常新的话题。

黄海海战后,1894年10月7日,丁汝昌就海战而作的正式报告经北洋大臣李鸿章转奏,呈送至清廷。

> ……十八日午初,遥见西南有烟东来,知是倭船,即令十船起碇迎击。我军以夹缝雁行阵向前急驶,倭人以十二舰鱼贯猛扑。相距渐近,我军开炮轰击。敌队忽分忽合,船快炮快,子弹纷集。我军整队迎敌,左一雷艇亦到,各船循环攻击,坚忍相持……[1]

---

[1] 中国近代史资料丛刊《中日战争》3,上海人民出版社1957年版,第134页。

第十一章 海战谜团——黄海大东沟海战与邓世昌之死

报告里提到的夹缝雁行阵，就是北洋海军此战选用的阵形。这一阵形由两个关键要素构成。

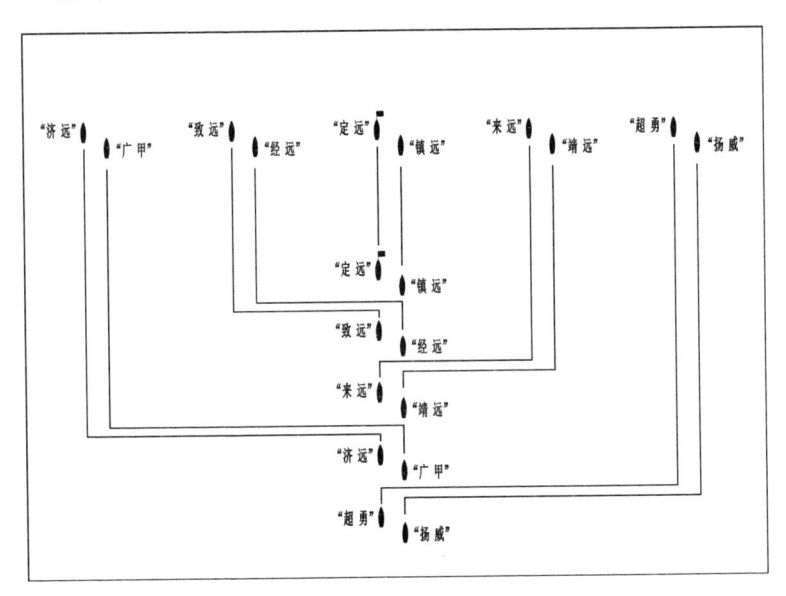

北洋海军黄海海战迎战阶段阵形转换示意图

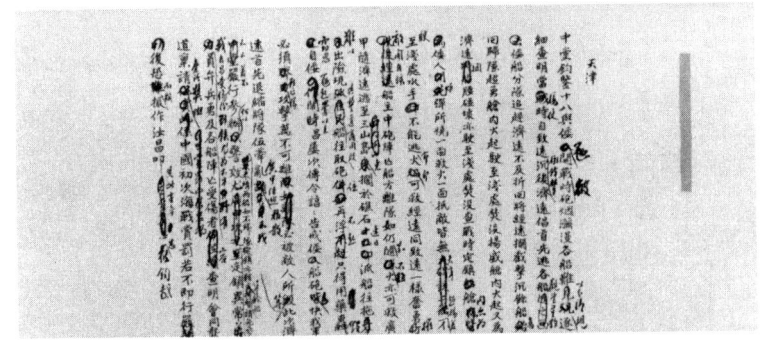

北洋海军黄海海战报告底稿。报告由丁汝昌或刘步蟾进行过批改，内容中提到了海战中的阵形，以及各舰表现等问题。澳门海事博物馆藏

首先是"夹缝"。所谓的"夹缝"，是对阵形中军舰战术单位组成模

式的说明。在当时，一支舰队内的基本战术单位，可以是以单舰为单位，也可以是以双舰或三艘军舰作为一个战术单位，即小队。舰队运动、作战时，一个战术单位会被作为一个单独的作战元素来考虑，为求双舰或三舰为单位的组合在战斗时能发挥出最大的作战效能，同单位内的军舰会排列成一定的舰位组合。其中以双舰为单位，一艘军舰在前方，另外一艘军舰在前舰的左后或右后方45度夹角位置上的战术组合样式，就称作夹缝，分列前后的两艘军舰在作战时可以互相应援、配合。①

其次是"雁行"。夹缝雁行中的"雁行"，是指多个采取夹缝态势的双舰组合小队，横向排开，形成一个横队，如同大雁成行一般的阵形，即横阵。

阵形本身只是一种舰船的编队组合形式，要发挥出作战的威力，还必须辅之以匹配的战术运用规则。北洋海军关于海战的战术规则在海战之前，甚至在甲午战争之前就已经制定和传达给全军，由三条内容构成，是北洋海军舰队无论何时遇敌作战时都应遵循的规则。

> 1. In action sister ships or sub-divisions of pairs of ships shall as far as possible remain together, and support one another in attack and defence. （姊妹舰或者同小队舰，应尽可能协同，互相配合进行作战。）
>
> 2. A ruling principle should be to keep bows on to the enemy. （基本战术法则是舰首保持朝向敌方。）
>
> 3. All ships must as a general rule, follow the motions of the Admiral. （所有军舰必须遵守号令，跟随旗舰运动。）②

---

① ［英］英格尔斯：《海军战术讲义录》上卷，日本海军军令部1894年版，第84页。
② ［英］W.Laird Clowes：*The Naval War Between China and Japan*，*The Naval Annual 1895*，p110。

战术规则中以姊妹舰或同小队军舰的组合为战术单位，采取舰首朝敌战法等内容，仅仅从字面描述上就可以清晰地看出来，这些规则其实都是在强调使用夹缝雁行阵时的战法。由这一早在战前就颁布的战术规则可知，北洋海军选择夹缝雁行阵作为战斗阵形是早已制定的方略，并非遭遇日本舰队时才临时起意的决定。

夹缝雁行阵和三条战术规则组合起来，所呈现出的战法就是19世纪60年代后流行于世界海军的乱战，现代又称机动战术。海战中的乱战，类似于陆战中的肉搏战、白刃战。

在18世纪，风帆时代的欧洲海军受军舰的机动力所限，流行战列线决战（line of battle）。其基本模式是，敌我双方都将军舰编组为纵队，两个纵队采用并列方式——或同向而行，或对向而行，或干脆锚泊不动，利用舷侧火炮进行互相射击，以决胜负。[1]18世纪末，英国海军首创不按照纵队战列线战术，不与敌方进行舷侧火力对抗，而是大胆地将己方军舰编组为横队，直接突入、扰乱敌方阵形，迫使敌方进入近距离交战的战法，"数群攻敌，或一群分应，求乱敌阵"。[2]1805年，英国海军名将纳尔逊（Horatio Nelson）正是采取了这种战术，在特拉法尔加海战（Battle of Trafalgar）中大败排列为单纵队的法国、西班牙联合舰队，宣告了英国的海上霸主地位。

进入19世纪蒸汽时代后，海军主力舰朝蒸汽铁甲舰方向发展。一方面是军舰上的火炮布置思路发生了重要变化，不再于军舰舷侧密集布置火炮，使得以舷侧炮火对抗为主要作战样式的纵队战列线战法更显得不合时宜。另一方面，由于钢铁军舰自身防护力加强，

---

[1] ［英］Robert Gardiner、Brian Lavery：*The Line of Battle*，Conway Maritime Press1992，p 181-183。
[2] 许景澄：《外国师船图表》卷十，光绪十二年柏林使署石印本，第14页。

而同时期火炮的射速较慢、炮弹的破坏效能较弱，难以在短时间内仅仅凭着炮火攻击而击沉、重创敌舰，由此使得追求突击、近战的乱战战术受到欧洲海军界重视。1866年7月20日，奥地利与意大利海军爆发了著名的利萨海战（Battle of Lissa），奥地利海军舰队司令威廉·冯·特格特霍夫（Wilhelm von Tegetthoff）采用"人"字形的横队，以乱战战法突破了成纵队的意大利舰队，通过近距离射击以及撞击，彻底击败了意大利舰队。

利萨海战是甲午战争爆发之前数十年间，世界海军领域发生的唯一大规模的海战，其阵形、战术、战法立刻被海军界奉为圭臬，甚至为了适应发起乱战时采取近距离撞击战术的需要，在军舰水线下的舰首部位装上锋利如刀的撞角几乎成了潮流。北洋海军选择夹缝雁行阵和乱战战术，正是基于这种历史背景，在19世纪70至80年代成长起来的北洋海军，可以说就是这种战术思想的忠实学徒。

北洋海军所选择的这种阵形样式，甲午战争前日本海军大学的重要战术教材《海军战术一斑》中曾有过重点介绍，称是欧洲海军的主流阵形样式，是以进攻为上的阵形，"提倡战斗主义，冲锋至上"，对各舰的勇气、航海技能要求极高。[①]

现代中国有关黄海海战的讨论，经常围绕着阵形"对与错"产生了思考定式。实际上任何一种阵形，从其设计初衷来说都是对的，并不存在所谓"错"的阵形，海战中排列此阵形的舰队击败排列彼阵形的舰队，其关键因素往往在于舰队是否能驾驭得了其所选择的阵形。这和围棋博弈中的定式非常相似。围棋中开局所用的各种布

---

① ［日］岛村速雄，《海军战术一斑》第二篇，第5页。

局定式都有着背后的老谋深算，也都有大量凭此获胜的历史，都是最佳的样式，然而由于博弈的人棋力不一、对定式的理解不一，胜负情况往往迥异。

如果仅考虑北洋海军的舰船样式、火力情况，夹缝雁行阵无疑是最佳选择。包括"定远""镇远"在内的主力舰，多是舰首方向的火力较强，且都装有撞角，适应舰首对敌进行突击、乱战。而犹如冲锋、拼刺刀一般的乱战，还可以规避自身火力不强的问题，避免进行自身不占优势的炮火对战；当冲近敌方阵形时，即可发挥北洋海军各舰操控、机动能力强的优势，以两两配合的战术组合，采取撞角撞击、发射鱼雷、火炮抵近射击等打法，于乱中取胜。

不过，北洋海军使用夹缝雁行阵和乱战战术，隐藏着一个极大的危险和不确定因素。就如同陆军冲锋、拼刺刀时的情况一样，进行乱战必须抓住机会，在尽量短的时间内冲到敌方的阵前，以防在冲击途中遭敌方火力压制和重大杀伤。1894年9月17日参战的北洋海军主力，几乎每一艘的动力情况都不乐观，这样的状况下，能否在第一时间冲到敌军阵前就成了未知数；倘若无法做到，一旦北洋海军在冲击途中被敌方火力压制，后果就不堪设想。

1894年9月17日中午12时5分过后，原本以双列纵队排列的北洋海军十艘主力舰以5节的编队航速前行，航行过程中开始由双列纵队变化为夹缝雁行阵的变阵。此后，北洋海军的阵形变成了宽度超过5千米的横队。居中以"镇远""定远"小队为核心。在"定远"左侧的舰群为左翼，依次是"致远""经远"小队，"济远""广甲"小队；在"镇远"右侧的舰群为右翼，依次是"靖远""来远"小队，"超勇""扬威"小队；总共五个双舰小队，各自呈夹缝态势，小队间的横向间距约为1 000米（一说为500米）。①

变阵过程中，北洋海军编队航速逐渐提高到7~8节。由于原本处在双列纵队末尾的"济远""广甲"和"超勇""扬威"小队需要分别运动到横队阵形的左、右翼末端位置，所要航行的距离较长，以至于这两个小队一度落后于其他军舰，使得原本应当呈现出"一"字横队的北洋海军阵形，变成了中央突出、两翼落后的"人"字形样式，"缘四船鱼贯在后，变作雁行傍队，以最后之船斜行之偏旁最远，故赶不及"。②

1894年9月17日中午12时56分，"西京丸"机关手清水为政拍摄到的战场情况照片中右半部可以清楚地看到由远及近的四艘军舰，分别是"松岛""千代田""严岛""桥立"，在第一游击队的两个烟柱以及本队四艘军舰的间隙中，可以隐约看到远处的海平线上横向排布着一柱柱煤烟，那些就是排列成横队、正在向日本舰队方向驶来的北洋海军军舰。此外，依稀可以辨识出在"千代田"舰尾后方有白色水柱，是北洋海军大口径炮弹击坠海面形成

---

① 黄海大东沟海战中，北洋海军各舰呈现出了一种二舰编组的小队组合模式，无论是日军目击，还是丁汝昌的海战报告，均给人留下这种深刻印象。1894年9月22日，在由李鸿章转呈的海战报告中，丁汝昌没有按照时间顺序叙述海战，而是非常特别地以军舰组合为单位进行报告，其中出现了"'超勇''扬威'""'定远''镇远'""'经远''致远'""'济远''广甲'""'来远''靖远'"的组合描述。

② 中国近代史资料丛刊《中日战争》6，上海人民出版社1957年版，第87—88页。

第十一章 海战谜团——黄海大东沟海战与邓世昌之死

中午12时50分，双方相距6 000米，北洋海军尚未能冲近日军，而日军第一游击队已经全面展开在北洋海军阵前，即将驶向北洋海军的右翼。乱战冲锋的时机即将错过，北洋海军旗舰"定远"被迫首发主炮，远距离攻击正在驶离目标区的日本第一游击队，揭开了大东沟海战的序幕。[①] 远距离射击开始后，北洋舰队以正在从自己阵前通过的日本联合舰队本队作为主要目标，舰首指向日本本队，不断接近。针对日本本队意图绕向北洋舰队右翼的举动，北洋舰队应时地进行了几次航向调整，努力保持舰首对敌，以占领发起多点冲击的最佳阵位。

海战打响约20分钟后，借着日本联合舰队接连发生指挥失误带来的机会，北洋舰队"致远""广甲"等部分军舰于下午1时14分从联合舰队本队中央的位置成功突击，扰乱了敌方阵形，导致自"比叡"之后的数艘日本军舰从本队中被分割出来。进而"比叡""扶桑""赤城"三舰先后遭到北洋舰队军舰攻击，日本联合舰队一度陷入混乱。[②] 黄海海战战场上出现的这一幕充分说明，倘若当时北洋海军的机动能力更强，还有奋力一搏的机会。

想要对北洋海军进行近距离乱战的意图，作为敌手一方的日本联合舰队司令伊东祐亨也有非常清楚的判断，其在战后的报告中称，"敌以各舰首指向我本队的态势，试图向我发起冲击，并不

[①] 关于大东沟海战开始的时间以及"定远"射击时的距离，很多资料记载存在差别。日方资料大致认为"定远"开炮时间是中午12时50分，但对射击距离的指认有5 000米、6 000米等多种说法。而北洋海军总查汉纳根给李鸿章的报告中显示，"定远"开火的时间是在中午12时30分，敌我距离5 200米。

[②] 详见《日本海军黄海大东沟海战战斗报告》。陈悦：《中日甲午黄海大决战》附录六，台海出版社2019年版。

断开炮"。①

黄海大东沟海战下午1时14分之后发生的局部冲击，是整场海战中北洋海军难得的一次发起乱战攻击的实践。在此后的海战中，日军利用其高航速的优势，始终避免与北洋舰队近距离接触，反而将北洋舰队困入腹背合围中。此后北洋舰队陷入混乱，再无法发起乱战。

"飞桥震塌"之谜

19世纪后期的军舰上，大都设有一个奇特的建筑物——飞桥，其实就是军舰上的露天指挥平台。围绕北洋海军司令舰"定远"的飞桥，历史上曾有一场不小的争议。

"定远"舰的飞桥是位于军舰前桅杆到烟囱之间，架设在装甲司令塔之上的一层露天甲板，上面有罗经、车钟等装置。飞桥下方左右分别是两座各装有两门305毫米口径巨炮的主炮台，和飞桥并不连接。飞桥中部底板上有开口，通入装甲保护的司令塔内，这处碉堡状的建筑里有舵轮、罗经等航海设备，是"定远"舰上的操舵、指挥部位。因为司令塔里空间狭窄，视野不佳，平时军官都习惯顺梯而上，到飞桥上指挥，只有战时考虑到安全性，才会进入司令塔中。

甲午黄海海战爆发时，北洋海军提督丁汝昌、总教习汉纳根等人在飞桥上督战，"定远"舰管带刘步蟾在司令塔内指挥，随后不久丁汝昌、汉纳根等就负了伤。关于负伤的原因，现代有一则"定远"

---

① 详见《日本海军黄海大东沟海战战斗报告》。陈悦：《中日甲午黄海大决战》附录六，台海出版社2019年版。

舰飞桥年久失修，被自己主炮开炮引起的震动震飞的故事，流传非常广泛。这主要是因20世纪50年代拍摄的电影《甲午风云》和时代相近的《中国近代史》一书中的相关文字而传播开来："……刘步蟾在桥下突发一炮，飞桥年久失修，被震破裂。丁汝昌、泰莱从空中跌落，都受重伤。"[1]

这段内容的最早出处，实际是"定远"舰洋员戴乐尔的回忆录。戴乐尔称，当时丁汝昌和总教习汉纳根站在飞桥的前部观察局势，自己站在飞桥中部司令塔入口旁，因为对下方司令塔中刘步蟾的命令产生疑义，于是准备走向丁汝昌处汇报，结果就在这时下方主炮发射，导致飞桥震飞，自己和丁汝昌等受伤。

原文为：I reached the Admiral's side, and then a roar of sound and then oblivion; for Liu had given the order for the ten-inch barbette guns to fire, and Ting and I were standing on the flying-bridge immediately above them. That bridge was quite well named: it flew, and so did Ting and I.[2]（我站到丁身旁，随着一声巨响，失去知觉，当刘让10英寸炮开火的时候，我和丁就站在紧挨炮塔上面的飞桥上，这座桥名副其实了，我和丁还有它都飞了起来。）

身为北洋海军右翼总兵、"定远"舰管带的刘步蟾，福建福州籍，船政后学堂驾驶班第一期毕业，曾留学英国，拥有在英国海军铁甲舰上任职的资历。可能因为见识过当时世界最强海军的主力舰，所以刘步蟾对自身的专业素养颇为自负。在北洋海军中服务的西方

---

[1] 范文澜：《中国近代史》上，人民出版社1947年版，第258页。
[2] [英] William Ferdinand Tyler: *Pulling Strings in China*, London Constable&CO LTD, 1929, p50.

人员实际上在其本国海军中地位较低,刘步蟾对这些人员似有轻侮之色。从北洋海军洋员的回忆看,很多洋员对于刘步蟾的观感不佳,认为其为人傲慢,对军中的西方人不友好。戴乐尔的回忆录中,凡提及刘步蟾之处,大都作恶评,这种平日里形成的好恶观感,显然对其在飞桥问题的叙述上产生了很大影响。

戴乐尔回忆录中提到飞桥因为刘步蟾突然下令开炮而"飞起来",连带导致丁汝昌等受伤。但是从"定远"舰的工程结构角度来看,这个说法其实显得非常虚夸。"定远"舰的飞桥中部下方有体量很大的司令塔硬性连接,飞桥前后还另有支柱支撑,如果真发生飞桥被震飞的情况,这些支撑物势必会受损,然而本次海战报告乃至战后的维修报告中,都没有发现相关记载。

北洋海军右翼总兵刘步蟾,性格刚烈,是北洋海军在甲午大东沟海战中的重要指挥者。戴乐尔出于私人好恶,在回忆录中对刘步蟾进行了歪曲性的评价,受这份材料的影响,中国近代史研究中一度把刘步蟾视为负面人物

另外,"定远"的飞桥下方两侧就是主炮台,每侧炮台安装有两门305毫米口径主炮。原本火炮上方有密封的炮罩防护,海战前为了拓展视界,同时方便火炮发射后烟雾尽快散去,两座巨大的炮罩都被拆卸,因而战时两处炮台是完全露天的态势。此时,倘若飞桥真的被震飞,连带崩塌的残骸等物体,势必会砸落到炮台内,致使炮台火炮受损,然而这种情况同样没有发生。

除上述这些难以解释之处外,戴乐尔自己的回忆录中也存在矛盾。后来提及黄海海战结尾时,戴乐尔又称自己和汉纳根一起站立在飞桥楼梯上喝香槟庆祝,充分说明其所说的飞桥被震飞,只不过是一时逞口舌之快的夸张、意气之言。

丁汝昌在飞桥上受伤的真正原因，海战之后其本人有过详细的汇报，只不过这份汇报属于没有大量刊行的档案，普通人无法了解到，而且报告的内容也远没有"飞桥被震飞"的故事看起来刺激和吸引人，以至于真正的原因并不太为人所知。

> 十八日与倭接仗，昌上望台督战，为倭船排炮将"定远"望台打坏，昌左脚夹于铁木之中，身不能动，随被炮火将衣烧，虽经水手将衣撕去，而右边头面及颈项皆被烧伤。比时虽为人抬，尚不觉过重，现在头脚皆肿，两耳流血水，两眼不能睁开，日流黄水，脚日见肿，皮肉发黑，疼痛异常，多言中心即摇摆不定，无能自主……①

作为印证，9月18日丁汝昌率舰队回到旅顺时，旅顺船坞工程总办龚照玙也有一段类似的记录。记录表明丁汝昌所受之伤主要是烧伤，根本没有出现摔伤迹象，"……顷晤丁提督，见其右臂半边被药烧烂，左臂为弹炸望台木板击伤，幸不甚重……"②

鱼雷失的之谜

黄海海战进行到下午2时30分左右，北洋海军原停泊在大东沟附近就近护卫运兵船的"平远""广丙""福龙"等舰艇也赶到战场，

---

① 《北洋大臣来电二》，中国近代史资料丛刊《中日战争》3，上海人民出版社1957年版，第113页。
② 《寄译署》，《李鸿章全集》24，安徽教育出版社2008年版，第345页（G20-08-192）。

加入战斗。

"福龙"鱼雷艇艇长蔡廷干回忆,"福龙"艇到达战场后不久,立刻被一艘日军运输舰吸引。和此战几乎所有的中国舰长一样,蔡廷干也判断这是日军用来运兵登陆大东沟的运兵船,随即指挥自己的鱼雷艇对这艘运兵船展开进攻。

> ……一艘敌武装运输船在前面出现,从我艇首前方经过,向搁浅在大鹿岛西方正在燃烧的我舰驶去。"广丙"立即向该船开炮,武装运输船亦回击。"福龙"见此,一直向敌船疾驶……[1]

蔡廷干,广东香山人,幼年入选中国留美幼童计划,前往美国留学。在美期间,性如烈火的蔡廷干获得了Fighting Chinese(火爆唐人)的绰号。[2] 留美幼童计划因遭顽固派掣肘而中途撤回后,李鸿章接纳了大批留美的年轻人,包括蔡廷干在内的一部分被收入天津水师学堂,学习鱼雷和鱼雷艇技术,蔡廷干因此成为一名鱼雷专业军官。

1894年7月初,李鸿章紧急下令将长期封存在天津大沽船坞的"福龙"鱼雷艇启封。这艘鱼雷艇原本是中法马江之战后福建船政定造,装有三座鱼雷发射管,1890年被北洋海防转购。由于当时北洋海军已经成军,各项编制和经费已经固化,得不到人员编制和额定经费的"福龙"于是被雪藏。直到朝鲜局势吃紧,"福龙"才临时启封,由蔡廷干从旅顺鱼雷营抽调人员,匆匆编组艇员。到大东沟海战爆发,这艘鱼雷艇的艇员实际才编练了不足两个月。

---

① 中国近代史资料丛刊续编《中日战争》7,中华书局1996年版,第262页。
② 高宗鲁搜集译注:《中国留美幼童书信集》,珠海出版社2006年版,第83页。

第十一章 海战谜团——黄海大东沟海战与邓世昌之死　　297

日本美术作品："福龙"鱼雷艇（左）向"西京丸"发起进攻

　　下午3时5分，"福龙"距目标400米，用艇首的两座鱼雷发射管射出两枚鱼雷。针对"福龙"发动的鱼雷进攻，从"西京丸"战斗报告等日方档案可以得知，当时"西京丸"的舰员竟只观测到其中的一枚鱼雷，其应对动作仅仅针对所注意到的一枚鱼雷进行。因为距离过近难以驶避，"西京丸"采取了向左紧急转舵的方法，将舰首对准鱼雷高速前冲。当时的鱼雷以自身存储的压缩空气驱动小型蒸汽机推进，气瓶内的空气压力不高，航速较慢，有效射程也短，因而以舰首朝向鱼雷航行，可以借助舰首掀起的波浪扰乱鱼雷的航向。"西京丸"的迎面航行最终奏效，"福龙"射出的第一枚鱼雷在距离"西京丸"右舷仅一米的位置擦过。鬼使神差的是，"西京丸"的转向规避动作，竟然在无意中也同时避开了其根本没有注意到的第二枚鱼雷。据"福龙"艇长蔡廷干战后描述，第二枚鱼雷在距"西京丸"15米处驶过。①

当时，在双方几乎肉眼能够直接看到对方人员面貌的距离上，"西京丸"以安装在舰首的120毫米口径速射炮猛轰"福龙"，这种口径的炮弹对鱼雷艇而言可谓是致命的威胁，几乎是只要被命中一发就有可能造成艇毁人亡的结局。在这种巨大的危险压迫下，"福龙"坚持逼近作战，同时还以艇上安装的机关炮向"西京丸"猛烈开火，表现出了极强的战斗勇气。

"福龙"在射出艇首鱼雷管内的两枚鱼雷后继续逼近，在距离"西京丸"舷侧只有30~50米时，"福龙"猛然向右侧大转向，使用露天甲板上的鱼雷管射出了第三枚鱼雷。

因为第三枚鱼雷是在"西京丸"舷侧极近的距离发射，以至于"西京丸"没有任何规避的机会，被命中几乎不可避免。在"西京丸"飞桥上督战的军令部长桦山资纪当时以为自己必死无疑，当众失态，大喊"吾命休矣！"②。然而几分钟过去，"福龙"射出的第三枚鱼雷并没能命中"西京丸"。其主要原因在于"福龙"发射这枚鱼雷时距离"西京丸"过近，而且发射前"福龙"为了使后部鱼雷管获得最佳攻击角度，进行了大转向，导致第三枚鱼雷的入水角度过大，进入海中过深，当鱼雷凭着内部的深浅机的动作慢慢上浮到定深深度时，已经从"西京丸"的舰底驶过。

---

① 《日清战争实记》第6编，日本东京博文馆1894年版，第18—19页。
② 《西京丸与桦山中将》，《日清战争实记》第6编，日本东京博文馆1894年版。

第十一章 海战谜团——黄海大东沟海战与邓世昌之死　　299

日本美术作品：看到"福龙"发射的鱼雷袭来，日本海军军令部长桦山资纪在"西京丸"上大喊"吾命休矣！"的情景

"福龙"艇在如此近的距离上攻击日本海军军令部长的坐船，是这次海战中中国海军距离胜利最近的一次尝试，可是竟非常遗憾地失去了。

今天提到"福龙"这次攻敌不果时，很多国人都抱着恨铁不成钢的批评态度。因为他们缺乏对那个时代鱼雷兵器的了解，大都将鱼雷攻击失败的原因归结为北洋海军的鱼雷官兵技术拙劣，甚至认为当时"福龙"的这颗鱼雷忘记了定深。

北洋海军当时所使用的鱼雷，结构类似现代的导弹，由多个具备不同功能的分段连接、组合而构成，用来控制入水深浅的结构是连接在鱼雷战斗部（战雷头）之后的深浅机，其中有一套用于控制鱼雷发射深度的复杂系统，主要部分是一块由特殊的弹簧支撑着的铜片。鱼雷入水后，海水从深浅机与战斗部连接处的八个小型注水口灌入，对铜片产生压力，正常情况下的水压应该与弹簧支撑铜片的力相当，如果入水过深，水压超过弹簧的支撑力，铜片被内压，连带在铜片上的一套复杂的驱动系统此时就会直接连动鱼雷末尾的升降舵，拉动升降舵叶向上，以使鱼雷向上浮，直到鱼雷所在深度的水压与弹簧的支撑力相符，由此实现对定深的调整。反之，如果入水过浅，水压不及弹簧的支撑力，同样也会驱动升降舵，以使鱼雷下潜到定深位置。

考虑到不同海域的海水密度不同，鱼雷下潜的深度也不一样，因而黑头鱼雷上有供使用者自己定深的机关及枢轴，需要定深时用特殊的钥匙钳住枢轴的头向右转，根据计数轮的刻度来确定所需要的深度。但是可以用来旋转调定深的枢轴的头部并不在深浅机的侧壁上，而是位于深浅机与战雷头相连接的横截面上，如果要调定深，需要把战雷头拆下才能看到定深枢轴。因为定深极为麻烦，当时这种工作均在鱼雷的保养工厂内完成，运送上军舰后就不会再去调整定深，海战时根本没有拆开鱼雷调整定深的可能性。

造成"福龙"鱼雷失的的真正原因从技术角度来看实际相当简单：当时的鱼雷入水后，通常都要经过深浅机的一番上下调整，才能够到达预定定深，这段时间里鱼雷在水中运动的路线是一条上下起伏的曲线，直到经过100多米的航行后才能基本调整完毕，开始在预定深度上以直线行进；而"福龙"是在距"西京丸"30~50米距离上发射的鱼雷，显然还没来得及经过调整航行阶段，就已和目标相遇了。以"西京丸"的吃水而言，鱼雷即使在"乍起乍伏"的行进状态下，命中的概率仍然很大，蔡廷干之所以在近距离才下令发射，可能就是考虑到了这个因素，而且此举也会避免射程过远而带来的航向偏差。然而"福龙"发射鱼雷时,艇体刚好经过了大旋转,出现严重的左倾,这样可能导致了鱼雷发射角度过低,入水过深,借助升降舵上浮所需时间较长,以致从"西京丸"船底经过后仍然未能上浮起来。

对此,"西京丸"在战后所作的分析也是类似观点:"鱼雷从我船下通过,在七八分钟以后,出现在我船右方的海面上,接着又沉没下去。终于保住了'西京丸'。原因是鱼雷发射以后要一度较深地下沉,至若干距离以后才浮出,触及敌舰而爆炸。"①

"致远"舰沉没原因之谜

9月17日下午3时30分,是黄海海战战场上一个重要的分水岭时刻。

20分钟前,日本军舰发射的一颗烈性炸药炮弹命中北洋海军旗舰"定远"舰首,引起猛烈的火灾。

> 著名的东洋第一坚舰"定远"号的舰腹被击中,似遭到了大破坏,失去了自由运转的能力,其舰速大大减慢。此时,我舰队前方各舰见是敌军旗舰,不失时机地奔驰而来,一起向"定远"进逼,猛烈发炮。"定远"舰舰内起火,火焰弥漫了半边天空。"定远"舰上的人员皆停止了发炮,集中力量救火。但是,火势猛烈,没有被扑灭的迹象……②

---

① 《日清战争实记》第6编,日本东京博文馆1894年版,第19页。
② 《日清战争实记》第7编,日本东京博文馆1894年版,第8页。

大火熊熊的"定远"舰,整个前部都被烟雾笼罩,主炮全部无法瞄准射击,日舰借机集中火力聚攻这艘北洋海军的灵魂军舰。千钧一发之际,"定远"舰左侧冲出一艘外形秀美的巡洋舰——邓世昌指挥的"致远"舰突出阵列和日军拼杀,以此掩护旗舰。

日本美术作品:甲午黄海海战中遭受重伤,仍然冲击奋战的"致远"舰

据日本参战军舰目击,下午3时之后"致远"舰冲出阵列时,已经呈现出舰体向右倾斜的严重伤情,其左侧的螺旋桨甚至已经有一半露在海面之上。①之后"致远"开始了一段和命运相搏的航程,由于发起冲击时该舰已经身受重伤,舰体严重右倾,实际的航速并不可能很快,以至于并没有引起日本军舰的特别注意。当时,"致远"舰冲出阵列的目的何在,或许今人已经永远无法知道答案;不过,从当时战场的具体态势看,"致远"舰并没有如后世坊间传说

---

① 《日藏甲午海战秘录》,澳门中华出版社2007年版,第121页。

的那般冲向日本第一游击队的"吉野"舰，实际上其舰首所指之处是日本联合舰队的主力分队——本队，由"松岛"率领的"千代田""严岛""桥立""扶桑"等五舰。其舷侧火力之凶猛远远超过"吉野"率领的第一游击队，当时"致远"舰如果是决心冲向联合舰队旗舰所在的本队，其危险程度和壮烈程度远远高于坊间传闻中的冲击"吉野"舰。

犹如一位浑身是伤，但是仍不放弃冲向敌阵的勇士，"致远"舰在下午3时之后开始了一段至为艰难又异常坚定的航行。不幸的是，下午3时30分左右，命运的句点突然画出——在剧烈的爆炸声中，"致远"舰向右翻沉倾覆，没入了大海。

围绕"致远"的战沉，后世主要聚焦于两个话题：一、"致远"因何而沉？二、管带邓世昌牺牲的细节。

有关前者，海战之后，日本参战各舰的战斗报告中对"致远"的沉没几乎都是轻描淡写地一笔带过，所有参战舰长在报告中都没有称是自己的军舰将"致远"击沉。在北洋海军当事人所作的报告、回忆录中，则多有人认为"致远"是被日本军舰发射的鱼雷击沉的[1]，也有人怀疑或许是被日军本队"三景"舰的320毫米口径巨炮击中所致。[2] 这类判断可能是基于"致远"沉没时发生的大爆炸，不过所有参战日本军舰的战斗报告里都没有提到对"致远"发射鱼雷或火炮命中"致远"，而且"致远"沉没时距离日本军舰尚远，单纯从兵器技术角度来看，在没有进入日方鱼雷的有效射程范围内时，

---

[1] 佚名：《甲午日记》，《北平朝报》1928年12月23日，第五版。
[2] 《汉纳根海战报告》，《JACAR（アジア歴史資料センター）Ref.C08040487900、明治二十七八年戦史編纂準備書類13（防衛省防衛研究所）》。

并不具有被日军鱼雷击沉的太大可能性。

西方铜版画：冲击日舰的"致远"舰
由于画家搜集参考资料时发生了偏差，这幅画作中错把"致远"舰画成了"经远"舰的外观形象

因为从双方当事人的报告、回忆录里，都无法直接、准确地获得"致远"沉没的原因，此事便成为历史和军事研究者们热议的课题。围绕"致远"沉没的原因出现了种种分析和推想，其中影响较大的是1895年英国《布雷赛海军年鉴》上登载的一篇文章，作者库劳斯（W.Laird Clowes）认为，有可能是日方军舰射出的一枚大口径炮弹击中了"致远"的鱼雷发射管，引起了"致远"自身的鱼雷大爆炸所致。[①]然而以此为代表的这些议论，都忽视了"致远"舰沉没前一个十分明显的细节，即该舰在下午3时后就出现了舰体向右倾斜的状况，此后倾斜的角度逐渐加大到了将近30度，甚至在海面上都能看到左侧的螺旋桨。

---

① ［英］W.Laird Clowes：*The Naval War Between China and Japan*, *The Naval Annual 1895*。

在当时，舰体的这种倾斜，最可能是由一种原因导致，即"致远"舰在3时之前和日本第一游击队的交火中，右舷极有可能遭遇了重伤，水线处舰体破损，海水大量灌入舰内，引起向右倾斜。这种状况下，根据"致远"舰沉没前并没有被日本鱼雷或炮弹击中的情况分析，该舰最后出现的向右翻沉的情况，极有可能是舰体内部已经进水过多，排水、堵漏失效，伤情最终失去了控制造成的。至于沉没时发生的那场大爆炸，则存在两种可能性，即爆炸引起了下沉和下沉引起了爆炸。如属前者，可能是当时"致远"舰内进水过多，最终冰冷的海水灌入了火热的锅炉舱，造成锅炉大爆炸，以至于军舰沉没。如属后者，则是因为舰内进水过多，军舰最终翻沉，在翻沉的过程中锅炉接触海水而发生爆炸。

值得注意的是，在黄海海战后，中国电报总局总办盛宣怀应两江总督张之洞的要求，曾组织发动部分北洋海军人员撰写过一些反思式的材料，其中由"镇远"舰军官曹嘉祥、饶鸣衢联合署名的一份呈文中透露了极不寻常的细节，即"致远"和姊妹舰"靖远"的水密门橡皮老化，战前两舰曾申请更换，但并没有得到整修：

> 各船遇有所请，或添置，或更换，实系在所必需，虽有请未必如言，譬如"致""靖"两船，请换截堵水门之橡皮，年久破烂而不能整修，故该船中炮不多时，立即沉没。①

倘若曹嘉祥和饶鸣衢所述属实，则"致远"舰因中弹进水过多

---

① 《曹嘉祥、饶鸣衢呈文》，盛宣怀档案资料选辑《甲午中日战争》下，上海人民出版社1982年版，第401页。

而最终导致倾覆的可能性极大。

围绕曹、饶呈文中的这条反思,现代国内有人认为水密门橡皮未能及时更换,责任应由舰长承担。实际上,无论是通读曹、饶呈文的全文,或是仔细分析北洋海军的内部运行模式,都能清晰地看到,类似更换水密门橡皮之类的工程是需要由相关军舰上报至北洋海军提标,再由北洋海军上报计划至北洋大臣李鸿章处,李鸿章向清政府做出资金申请和安排后,派专门机构从国外购买,而后向旅顺船坞布置任务,由旅顺船坞制定施工计划具体实施更换。因为维修资金并不直接掌握在北洋海军手中,旅顺船坞也不归北洋海军管理,所以这种看似简单的工作,实则并不是舰长本人或者北洋海军自身有能力实施的。

围绕"致远"舰沉没的另外一个关注焦点,就是舰长邓世昌牺牲时的细节。邓世昌,字正卿,1849年10月4日(农历八月十八日)出生于广东番禺县龙导尾乡(今广东省广州市海珠区),是船政后学堂的首届外堂生,曾两度赴英国接收军舰,在北洋海军中属于资历很深且治军十分严格的优秀舰长。邓世昌血战殉国的9月17日,是甲午年中国农历的八月十八日,恰好是他45岁的生日,使他的牺牲更为悲壮。有关邓世昌牺牲时的细节,自大东沟海战结束后至21世纪的当下,在中国代代传诵,又随着文学、戏剧、影视作品的表现,渐渐带有传奇色彩。归根结底,现代流传的有关邓世昌牺牲时的细节,主要脱胎于北洋大臣李鸿章

北洋海军"致远"舰长邓世昌在甲午海战中的壮烈表现使得他成为中国著名的海军英雄

第十一章　海战谜团——黄海大东沟海战与邓世昌之死　　307

报告海战情况的奏折,以及邓世昌的三位儿子邓浩洪、邓浩祥、邓浩乾署名的介绍父亲邓世昌生平的《哀启》。

李鸿章的上奏中称,"邓世昌首先冲阵,攻毁敌船,被溺后遇救出水,自以阖船俱没,义不独生,仍复奋掷自沉,忠勇性成,一时称叹,殊功奇烈"[①],提到了邓世昌在海战中落水后本有获救的机会,但是义不独生,而追随战舰自杀殉国的忠烈情况。

邓世昌的儿子署名的《哀启》中,透露出了更多邓世昌牺牲时的细节,诸如仆从刘相忠试图对其进行援救,以及邓世昌平时豢养的爱犬追随主人等生动的内容:

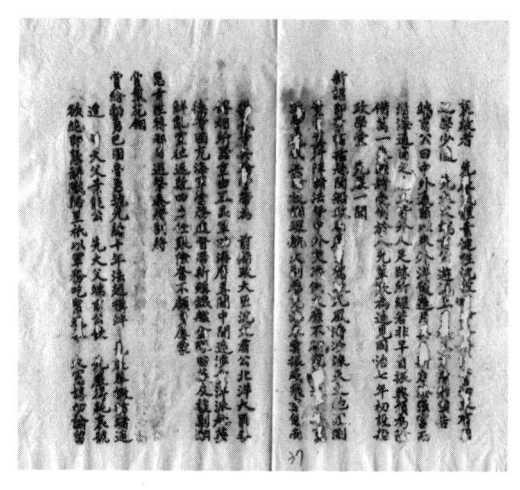

介绍邓世昌生平事迹的《哀启》

先严堕水,犹奋掷大呼,骂贼不绝。义仆刘相忠随同蹈海,携得浮水木桄让予,先严拒弗纳,浮沉波涛间,有平日所豢养

---
① 《大东沟战状折》,《李鸿章全集》15,安徽教育出版社2008年版,第450页(G20-09-015)。

> 义犬凫水尾随，衔先严臂拯出水面，先严撑脱，仍坠波底，犬复紧衔辫发，极力拯出，先严长叹一声，抱犬俱沉。①

李鸿章奏折和邓世昌家人所撰《哀启》，或是根据北洋海军的军中调查汇报而形成，或是依据刘相忠等"致远"舰生还者的口述而产生，属于非常珍贵的原始材料，后世有关邓世昌在黄海海战中殉国的种种描述，历史记录的原型主要来自这两份材料。

除此以外，当时在"镇远"舰参战的美籍洋员马吉芬，于回忆文章《鸭绿江外的海战》中也提到了邓世昌牺牲的情况。"致远"沉没当时，以"镇远"所处的位置并不可能直接目击到邓世昌落水等情况，而且马吉芬因为战伤，在战后不久即离开舰队治疗，他有关海战的回忆很多同样来自军中传闻，乃至当时的报纸新闻。其中，马吉芬记述到邓世昌落水后，他豢养的大狗出现在其身旁，虽然马吉芬可能因为语言不通等问题，对这一传来的消息的理解有所偏差，但实际上恰恰从侧面证明了《哀启》里所写的细节，在黄海海战后确属一个普遍的流传。

除上述材料外，另有一本名为《甲午日记》的重要当事人回忆录在现代中国流传不广，作者为佚名的北洋海军官员，推测是北洋海军提督的提标。该书以日记体的形式收录了当时北洋海军军中的大量见闻。其中有关邓世昌牺牲的部分里，有十分珍贵的细节描述：

> 方其中雷将翻也，"广甲"赶来施救，遥见邓公站立舵楼高

---

① 《邓世昌哀启》，台湾"国军档案"《甲午战役案》。

第十一章 海战谜团——黄海大东沟海战与邓世昌之死

处（只隔"广甲"半里之遥），笑容满面，上下其手，似示水手救命之方，举首瞭望见"广甲"驶来施救，三鞠躬，三摇手，复又三指敌，以官衣蒙首，跃水毕命，吁！死亦烈矣。①

通过这三份相对原始的档案，基本可以勾勒出"致远"舰长邓世昌牺牲时的悲壮细节。

除了舰长邓世昌，"致远"舰沉没时，包括英籍管轮洋员余锡尔、邓世昌的从弟邓世坤等在内的200余名舰员同时殉国，长眠海底，仅有刘相忠等少量人员被"广甲"和"左一"鱼雷艇救起生还。

因为大东沟海战中的壮烈举动，"致远"舰和邓世昌战后即成为中国的海上英雄化身，受到社会景仰。1949年中华人民共和国成立后，至21世纪来临前，各界相继进行过多次试图寻找、打捞"致远"舰的行动；尽管曾多次宣传发现了"致远"舰的沉没位置，甚至宣称在水下打捞出了邓世昌的遗骨，但事实上都是子虚乌有的误会，真正的"致远"沉舰并没有被找到。直到2014年的9月17日，在前一年被发现的丹东港海洋红港区沉船上，人们找到了一门11毫米口径的格林机关炮，从而开始逐渐判断、确认这艘沉船才是"致远"舰。在抱恨没入大海之后，经历了120年的海水浸染，"致远"舰第一次真正地被中国人发现。

---

① 佚名：《甲午日记》，《北平朝报》1928年12月23日，第五版。

第十二章　洋烈士
——甲午战争中的北洋海军洋员

洋员，是清末对外籍雇员的称呼，本身并没有褒贬的意思，但在传统有关中国近代历史的讨论语境中，却往往带有一定的贬义色彩。这些受雇于清王朝的外国人，常常被简单化、脸谱化，视作帝国主义列强的马前卒，来诈骗中国的钱财，或者借机攫取中国的利益。纵使没有上述方面的恶行，大都也会被看作借着清王朝官员的颟顸无知，到中国来招摇撞骗的不学无术的洋骗子。甲午战争前的北洋海防军队制度大量参考了近代英国海军，军中的外籍人士非常集中，然而这些洋员绝非涂黑了的脸谱那么简单。

黄海大东沟海战结束后，根据北洋海军的报告，李鸿章陆续将海战中的殉难者以及表现英勇者的名单奏报清政府，请求予以抚恤、奖励。1894年10月21日，李鸿章专门为参加海战的洋员上了一道请求奖恤的奏片：

>……此次海战，洋员在船者共有八人，阵亡二员，受伤四员。该洋员等以异域兵官，为中国效力，不惜身命，奋勇争先，

第十二章 洋烈士——甲午战争中的北洋海军洋员

洵属忠于所事,深明大义,较之中国人员尤为难得。①

黄海大东沟海战中,随北洋海军舰队一起参加作战的洋员共有八名,包括:舰队总教习德国人汉纳根、"定远"舰管炮洋弁英国人尼格路士(Thomas Nicholls)、"定远"舰帮办总管轮德国人阿璧成(J. Albrecht)、"定远"舰帮办副管驾英国人戴乐尔(William Ferdinand Tyler)、"镇远"舰帮办管带美国人马吉芬(Philo Norton McGiffin)、"致远"舰洋总管轮英国人余锡尔(Alexander Purvis)、"济远"舰洋总管轮德国人哈富门、"镇远"舰总管炮务德国人哈卜门(A. Hekman)。②

汉纳根(1855—1925),德国人。原为德国陆军少尉,1877年自德国军队退伍,由中国海关税务司德璀琳介绍来华。曾参与旅顺、大连湾、威海等地的炮台要塞建设,甲午战争中被任命为北洋海军总查,参加了黄海海战

八人之中,竟然阵亡两名,负伤五名,洋员群体的伤亡率接近九成之高。而整场海战中,北洋海军除去因为军舰战沉而舰员大量殉难的"致远""经远""超勇""扬威"四舰外,其他军舰参战的上千官兵中,阵亡者为50余人,由此洋员的高伤亡率更为显眼。通过时人的回忆,这些外籍人员尽忠职守,乃至慷慨赴死的经历赫然在目。

---

① 《海战请奖恤西员片》,《李鸿章全集》15,安徽教育出版社2008年版,第467页(G20-09-038)。
② 有关北洋海军洋员的情况,本文综合了多方资料,主要包括:日本海军参谋部,《清国北洋海军实况一斑》,1890年版,第36—39页。周政纬:《1894年报纸信息中的北洋舰队阵亡外籍"援兵"小考》,《大连近代史研究》第6卷,辽宁人民出版社2009年版。

尼格路士

北洋海军从创办之初，就开始以高薪雇用外籍人士，帮助训练军队、教习专业技术。总教习英国人琅威理的训练，更是使得北洋海军的训练水平上升到了巅峰。

英国人尼格路士原本是一名英国海军的水兵或士官。1881年丁汝昌率中国海军官兵前往英国纽卡斯尔（Newcastle），接收定造的"超勇""扬威"号撞击巡洋舰，按照中方的惯例，在外购买新式装备时，往往会就地雇用一些专业人员，随军担任技术设备的管理和教习工作。当时清政府为招募人才，给出的薪资条件非常优越，对一些生计窘迫，或者在本国海军内久无升迁的外国人，具有极大的诱惑力。"超勇""扬威"舰装备的10英寸（254毫米）口径阿姆斯特朗后膛炮，是当时北洋水师从未使用过的新式武器，自然要在英国招募专业人员随军指导，尼格路士就在此时应募为炮术军官，被指派为"超勇"舰的炮手，离别家乡，随舰来到中国服务。

进入中国海军后不久，尼克路士就离开战斗军舰，被委派到专门培养专业士官的威海水师学堂担任炮术教习，成了一名教师。因为专业技术佳，工作勤勉，且为人和蔼可亲，和中国官兵的关系极为融洽，颇受欢迎。1894年甲午战争爆发，北洋海军与日本海军的拼死一战势所难免，时为学堂教习的尼格路士自告奋勇，主动要求调上军舰和他

尼格路士（？—1894），英国人。原为英国海军，1881年应募来华。长期在北洋舰队担任炮术教习等工作，黄海海战中殉职

第十二章 洋烈士——甲午战争中的北洋海军洋员

曾经培训出的学生并肩作战，此举意味着他将要在实战中面临生死的考验。

9月17日黄海大东沟海战打响时，被任命为"定远"舰管炮的尼格路士身处305毫米口径主炮炮位上，指挥水兵奋勇作战。战前为了扩展视界，同时便于大炮发射后的烟雾尽快散去，"定远""镇远"主炮的炮罩都被拆除，以露天的姿态对敌作战。露天的主炮台既是对日军最具威慑力的地方，同时又是遭到敌方炮火重点攻击的最为危险的位置。

同在"定远"上的英国人戴乐尔开战后不久，因为飞桥中弹而受轻伤，他包扎完伤口，在露天甲板上往来督战时，遇到舰上军乐队的两名孩子。北洋海军的军乐队由孩童组成，和平时期他们负责演奏军乐，战时则会被分派到各个炮位，帮助运输弹药。两名乐童抬着一颗150毫米口径炮弹，往舰尾的炮位运去，突然日弹袭来，一名乐童吓得扔下手里的运弹盘，躲避开去，另一名则颇为镇定，怒目而视，自己卖力地试图拖动重达100多斤的炮弹。看见戴乐尔经过，不会英语的小乐童努力用手势和表情让眼前的洋员了解尾部炮位缺乏炮弹的情况，于是戴乐尔帮助他抬起炮弹向舰尾送去，满头大汗的乐童则对自己的洋战友报以微笑。"彼急尽其力之所能，使予知船尾之六吋炮正缺乏子弹。予乃代其同伴执役。彼如膺宠赐，巧笑以报。"[①]

帮助运送完炮弹，戴乐尔突然发现尼格路士躺在不远处的甲板上，已经身受重伤。戴乐尔匆忙走近，询问他的伤势，询问是否苦痛，尼格路士告诉他自己并不难受，但深知自己受了重伤，生命已为

[①] 《泰莱甲午中日海战见闻记》，中国近代史资料丛刊《中日战争》6，上海人民出版社1957年版，第50页。

戴乐尔（1865—1928），英国人。英国海军后备少尉，随英国海军中国舰队来华，后转入中国海关服务，长期担任缉私船船长等职。1885年被聘入北洋舰队，参加了甲午战争

时不多，只是请求戴乐尔千万不要把他拖到甲板下的救护室去，让他留在甲板上看着战友们继续战斗。"苦痛欤？否，无所苦痛。惟予知予命毕矣；为上帝之故，勿舁予至可怖之铁甲层。听予留此可得观战之处，平安以死。现在君可去尽职，勿以予为念。"

帮尼格路士草草包扎伤口，设法止住流血后，戴乐尔回到了自己的岗位。尼格路士静静地躺在"定远"舰的甲板上，看着来来往往的官兵，最终因为伤口疼痛剧烈，实在无法支撑，呼唤索取止疼剂。戴乐尔找来了麻醉剂为其止疼。尼格路士因失血过多，已经到了生命的尽头，面对眼前的同乡，喃喃地说出了最后的遗言。

尼格路士的夫人早已过世，在英国留下一双子女，分别为13岁和15岁。这位英国水兵之所以不远万里应募来到中国工作，十多年间未尝返回故乡，就是为了积攒薪金养育子女。为了回报清政府支付的不菲佣金，他尽忠职守，死而无愧。此时他已永远不可能重回故国，再也看不到自己的儿女，于是他向戴乐尔表达了自己无尽的遗憾和忧愁，"语及其女，及对伊之愿望，乃卒"，时年45岁。①

黄海大战结束，舰队回到旅顺后，北洋海军为阵亡的洋员举

---

① 尼格路士阵亡的相关情况，见 The Battle of The Yalu, The Daily Graphic1894年9月26日。《泰莱甲午中日海战见闻记》，中国近代史资料丛刊《中日战争》6，上海人民出版社1957年版，第50页。周政纬：《1894年报纸信息中的北洋舰队阵亡外籍"援兵"小考》，《大连近代史研究》第6卷，辽宁人民出版社2009年版。

行了隆重的葬礼。代表因受伤不能出席的提督丁汝昌的北洋海军督标军官吴应科、代表鱼雷艇部队的"福龙"艇管带蔡廷干，以及"镇远"舰管带林泰曾、"镇远"舰帮办管带美国人马吉芬到场参加，戴乐尔主持仪式，朗读祭文。北洋海军水兵先是持枪列队，对空排射三响致悼，而后按照中国的传统方式向海中抛撒纸钱，与洋战友道别。

1894年10月23日，根据北洋大臣李鸿章的奏请，清政府下谕对尼格路士"按照西国章程给予三年薪俸，以示体恤"。①

余锡尔

黄海海战后，在旅顺举行的洋员葬礼上，一共下葬了两具棺木。除尼格路士长眠其中的一具外，另一具棺木十分特殊，因为这具棺木里并没有遗体。

勇冲敌阵，最终不幸殉国的"致远"舰与她的舰长邓世昌的名字，黄海海战后在中国家喻户晓，成为海上英雄的代名词，但鲜为人知的是，与"致远"舰一起殉难的官兵中，还有一位洋员。

继接收"超勇""扬威"之后，1887年，英国港口城市纽卡斯尔又迎来了一支人数庞大的中国海军部队。时任北洋海军总教习的琅威理率领接舰团抵达英国，办理接收定造的"致远""靖远"等军舰事宜。如同前例，验收、接管军舰的同时，为了让这些崭新的军舰尽快形成战斗力，中国接舰团又在英国招募外籍工作人员，随舰教习、指导。

---

① 《海战请奖恤西员片》，《李鸿章全集》15，安徽教育出版社2008年版，第467页（G20-09-038）。

余锡尔（1865—1894），英国人。经北洋舰队总查琅威理介绍来华，在舰队担任教习等职务。1894年9月17日黄海海战中随"致远"舰殉难

英国海军舰队一位工程师将他的儿子推荐给琅威理，时年22岁的余锡尔就这样跟随接舰团来到了中国。到华后，余锡尔通过对协同驾驶军舰洋员的考选中试，获得了北洋海军的工作职位，在邓世昌管带的"致远"上长期担任副管轮洋员，负责舰上轮机部门的工作。1894年甲午战争爆发时，余锡尔已经升任"致远"舰洋总管轮，原本可以因此回国休假，但和尼格路士的选择类似，余锡尔自告奋勇留在舰队，在"致远"舰上和战友们一起参加战斗。

黄海大东沟海战中，当恶战进行到下午3时，北洋海军旗舰"定远"的舰首被日舰击中起火，燃起的滚滚浓烟遮蔽了整个军舰前部，以至于主炮无法瞄准射击，而日本舰队则乘机聚攻"定远"。千钧一发之际，"致远"舰挺身而出，驶出"定远"之前，向日本军舰发起挑战，以自己的出阵猛攻，为旗舰赢得了扑灭大火的机会。

"定远"舰最终转危为安，而"致远"却因为中弹过多，舰体发生严重右倾，管带邓世昌预感军舰已无法修复，毅然驾舰冲向日本舰队。根据记载，最后时刻，这艘舰龄超过六年的军舰，竟然迸发出了惊人的航速，舰首卷起堆堆如雪的浪花，直到不幸中弹下沉，露出水面的螺旋桨还在飞快地旋转。

和在甲板上作战的人员不一样，处在军舰底部闷热机舱里的轮机部门官兵，属于典型的幕后英雄，从"致远"最后冲锋的航速里，能够看出余锡尔和轮机官兵们竭力一搏的努力。伴随着"致远"中

弹、下沉，锅炉中的热水与冰冷的海水接触，立即发生剧烈爆炸，29岁的英国人余锡尔就这样和舰长邓世昌以及全舰大多数官兵一起，伴随着他们的军舰"致远"，永远地长眠在黄海海底。

舰队回到旅顺后，为了纪念这位年轻的英国战友，按照中国的传统，人们在旅顺大船坞旁，为余锡尔修建了衣冠冢，与他的同乡尼格路士的墓毗邻。①

1894年10月23日，应李鸿章的奏请，清政府也给予余锡尔与尼格路士同样的抚恤，向其家人支付三年的薪饷。②

特殊的烈士马吉芬

除战斗中牺牲的英籍洋员尼格路士、余锡尔之外，黄海海战中北洋海军还有汉纳根、阿璧成、马吉芬、哈卜门、戴乐尔等五名受伤的洋员，其中时任"镇远"舰帮办管带马吉芬也是一位不折不扣的烈士。

马吉芬，1860年出生于美国宾夕法尼亚州的小镇华盛顿。他的祖父曾经参加过美国独立战争，父亲则参加过美国南北战争和墨西哥战争，可谓是行伍世家。继承这一武风盎然的家族传统，生性活泼的马吉芬在1877年考入美国海军的重要学府——位于马里兰州安纳波

马吉芬（1860—1897），美国人，美国海军学院毕业，1885年来华，先后在天津水师学堂、北洋舰队任职，参加了甲午战争

---

① 余锡尔的相关事迹参考周政纬：《1894年报纸信息中的北洋舰队阵亡外籍"援兵"小考》，《大连近代史研究》第6卷，辽宁人民出版社2009年版。
② 《海战请奖恤西员片》，《李鸿章全集》15，安徽教育出版社2008年版，第467页。

利斯市的美国海军学院（United States Naval Academy），追寻他的蓝色梦想。①

在校期间，马吉芬是全校闻名的调皮鬼，曾经将圆形炮弹顺着宿舍的楼梯往下滚，以及偷偷摸摸把校园摆放的古董火炮装上弹药，鸣响礼炮，引起整个地区的震动……这些惊人的举动，至今仍是美国海军学院的传奇故事。马吉芬的活泼并不只表现在恶作剧方面，他曾因为冲入着火的房子救人，而获得海军部部长的表彰，还曾在见习期间，对军舰上的火炮后座装置提出过行之有效的改进办法。这一切，都使得马吉芬成为安纳波利斯的著名人物。

1884年，24岁的马吉芬怀着成为蓝色英雄的憧憬获得了毕业证书，然而残酷的现实随即到来。当时的美国政府对海军建设持消极保守政策，海军实力弱小，以至于南美洲的智利、阿根廷等国家，都可以用海军舰队来恫吓美国。受这一政策的限制，美国海军为了保持适度规模，并不需要过多的军官，刚刚从学校毕业的马吉芬，立即遇到失业的打击。

带着毕业证书和海军发的1 000美元遣散费，马吉芬回到家乡，操持起家务和农活，但却整日失魂落魄。直到有一天，他在报纸上看到一则消息："中国与法国爆发战争，中国政府迫切希望重整海军。"几乎没有任何的犹豫，他就带着遣散费立刻出发，到旧金山的中国领事馆申请签证，热心的领事官黄遵宪还给他起了个中文名字——马吉芬。从此，马吉芬的家信里经常可以看到他用毛笔歪歪扭扭书写的中国名字，而且他还兴致勃勃地向家人注释这些方块字

---

① ［美］Lee McGiffin: *Yankee of the Yalu*——*Philo Norton McGiffin, American Captain in the Chinese Navy*(*1885-1895*), E.P.Dutton&CO., INC.1968.

第十二章　洋烈士——甲午战争中的北洋海军洋员

的意思：马（horse）吉（fortunate）芬（fragrance）。

1885年3月29日，马吉芬乘坐的商船抵达中国天津，随即他就遇到了一个大的打击——没过几天，中国和法国停战了。此后马吉芬如何在北洋海军谋到的职务，当时北洋海军的职务、薪金在一个外国年轻人眼中是怎样的感受，都在马吉芬给母亲的家信中有所体现。

亲爱的妈妈：

我没有什么心情写信，因为我不知道未来会怎样。我花了一大笔钱才来到这里，如果没有点收获，那我真是个傻子。礼拜天的晚上我们通过了大沽口炮台，天亮后驶进港口。河道非常狭窄，密布着水雷。我们的轮船碰到了一个电触发水雷，幸亏没有爆炸。然后，直到上午10点半才到了30英里外的天津城，其中的17英里只有100英尺宽的河道，其间我们的轮船搁浅了10次，最后终于停船上岸了。

我和工程师布鲁斯·格德尔来到一家旅店，听到的第一个消息是——战争结束了！我回到船上无法入睡，我一生中从来没有如此沮丧过，我知道如果他们不雇用我的话，我就完蛋了，我已经没钱离开中国。我一晚上都没睡，到了第二天早上，觉得还不如找个地洞钻进去，我肯定瘦了10磅。上午10点我出去转了一圈，找到美国副领事佩西克，请他把我的求职信转给李鸿章，他答应了。我回到船上，当听说船长要上岸去见李鸿章时，我千方百计跟了过去。

我们进了衙门，经过许多曲折的走廊，在屋里见到了李大人。我们坐下后，一边喝茶和吸烟，一边通过翻译交谈。李鸿章转头来问我:"你为何来中国?"我回答:"我想到中国的军队服役参战。""那你想做何事?""我希望您给我一个职务。""我没什么职位可给你。""我想您会有的——我经过大半个世界来到这里就是为了谋求一个职务。""你想要何样的工作?""我希望指挥新买来的鱼雷艇加入长江的防卫舰队。""你愿意干这个?""当然。"

他想了一会儿,然后说:"我要看看何处有需要,现在才刚开始,月薪100两如何?"我说:"那要看看是什么工作。"(其实我很满意)会谈后,他说如果我干得好,会将我派到舰队的旗舰上去。突然,他又看着我问:"你今年多大了?"我告诉他,我24岁。我知道他很失望,因为在中国,男子在30岁前还被当成是孩子。他说我什么也干不了。我不知道该怎么办,也不知道怎样才能让他信任我。不过最后他同意,如果我能通过水师学堂的多学科评估考试,那么就雇用我。考试最初定在第二天,后来又推迟了一天。这天我被叫去,坐在一群戴着花翎圆帽的人面前,接受了一次令人拘谨的考试,我是勉强通过了。考题涉及船舶驾驶、枪炮使用、导航、航海天文学、代数、几何学、球面三角学、二次曲线、其他不同的曲线以及积分运算。每个专题的五道题我大概能回答三道,但第一组的五题我全答对了。每组题的时间大概只够我回答三道题。最后,一个考官说我不需要把题做完了,他对我很满意。我干得不错,明天他会把情况报告总督。他又看了我的第一份答卷——船舶驾驶,说我这部分成绩最好。

我会在这里待下去,您不必担心。我把这件事告诉了领事,他也很高兴——他是个和蔼的人。我很高兴,吃完晚饭还抽了一会儿马尼拉雪茄。整整一天都在做考题,我写了15张纸和画了一堆草图,真累呀。我咬紧牙关才谋到一个职位,我想我该好好睡一觉了,今晚一定能睡好。

到了礼拜二的早上,我还没从大臣那里收到消息。于是我去找舰队提督,递进去我的名片。他出来热情地接待了我。他说,我出色地通过了考核,我在船舶驾驶方面的长处已经被留意,水师学堂的总办想见见我,问我是否愿意马上去,我答应了。从那里到军械局大概要走五英里,我们(还有一个擅长骑马的朋友)开始了跋涉。我们乘平底船渡过白河,然后是长时间地骑马。这里只有一条小路,可普里查德在走过坑坑洼洼的地方时还始终不停地聊天,而我的马只能像猫一样跳跃前进。刚开始我就觉得很不舒服,我终究没有抱怨,但是坐在马鞍上被颠得东摇西摆。我想在这里一定要有一匹马。雇一匹马和一个马夫的月租是七两银子,相当于我们那里的5.6美元。

好了,终于到达军械局。这里方圆达四英里,制造各种武器——发射药筒、子弹和炮弹、发动机以及其他东西。里面的水师学堂被壕沟和围墙环绕。我想,以我在美国海军学院里的所作所为,在这里肯定不会被录取。我在仆人的引导下穿过几个院子,来到一间摆着黑檀木家具的房间里,总办热情地接待了我。我们坐在中式椅子上喝茶和交谈,一个曾在国外留学的教授担任翻译。总办说我的考核成绩不错,总督将会任命我当船舶驾驶和枪炮科目的教授。我还要负责领航和航海天文学的课程,或者训练陆军和炮兵的学员,以及讲授如何构筑防卫工事。年薪相当于我们的1 800美元,分开按月以金币支付。但是,我要自己租房子,这是他们的意思。当我在工作上露了几手后,薪金马上就增加了。他们要求总督每月给我130两银子（大约186美元）和安排一间房子，但总督说我还是个孩子。在他眼里，我还很年轻，来到这里才一周，而且又没有什么担保人，没准是个骗子。最后他愿意每月付给我100两作为薪水，并答应如果我在水师学堂干得不错的话，会被晋升，合同期是三年。几个月后，我被指派去指挥一艘有装甲防护的训练舰——现在她在船坞里维修——直到一名从英国海军聘请来的舰长接手为止。

我，才24岁，在这么短的时间里就成为舰长了，比在我们的海军里晋升得快多了。当然，在回国去当我们海军的舰长之前，我要在这里待一段时间。我接受了任命，在一周内就上任了。我的房子也安排好了。有一个很长很宽的阳台，有花园，种着杏树，正在开花；房子前半部分是个大厅，长宽分别是18英尺和15英尺，房顶高13英尺；另一间房间更大，房顶中间有个圆顶天窗可以透下阳光，我可以在这里放一个架子种花。中国政府为我的房子配备了床、桌子、椅子、餐具柜、沙发、炉子。还有一个美国式的壁炉，但实际上我并不需要。冬天这里结冰、下雪，但室内的温度计从来没有掉到零度以下。生活上用的盆盆罐罐要自己买。他们为我配备了两个仆人和一个厨师，而我只留下了那个厨师。他们的月薪只有4~5.5美元，实在是太少。我要在这里住下去了，你们觉得怎么样？我想麻烦您叫吉姆把我所有的关于枪炮使

身着中式官服的马吉芬

用、大地测量、船舶驾驶、数学、天文学、代数、几何学、球面三角学、二次曲线、积分学、机械学以及所有其他书脊上写着"海军研究所出版"的书,都装在箱子里给我寄来。当然还要带上几张照片,您知道我会很喜欢的,现在我手头上连一张您,或者父亲,或者其他家人(包括卡丽)的照片都没有。

我这次回信很准时,不是吗?下周的回信可能要晚一点儿。现在我手头的钱还不多,暂时还不能去干什么。美国领事布罗姆利将军很高兴。翻译们说他对我在面试中的表现很满意。

过些日子我会到北京去,还想去蒙古猎虎。但眼下我必须学习、工作和学说中国话。我是这里唯一的既要教船舶驾驶又要教枪炮使用的教员,所以理论和实践什么都要懂。但这对我也有好处,唯一的问题是,我将来是否有可能回到我们的海军去服役。我想这个担心对我的影响很大。如果美国海军部长明白,我在这里所获得的技能上的收获大大超过在海上服务所可能获得的收获,那么他也许会给我开两年假,只发半薪或者四分之一薪水,甚至不发工资,但把我继续保留在美国海军的军官名册上。

日后再详谈,我爱你们。[①]

鸭绿海战中的杨基[②]

担任教官期间,性格活泼的马吉芬和中国师生关系非常融洽,

[①] [美] Lee McGiffin: *Yankee of the Yalu——Philo Norton McGiffin, American Captain in the Chinese Navy* (*1885-1895*), E.P.Dutton&CO., INC.1968。

[②] 即马吉芬传书名 *Yankee of the Yalu* 的音译,Yankee 意即美国佬、美国人。鸭绿海战即我方所称的黄海海战、大东沟海战。

他本人对中国文化也充满浓厚的兴趣。1887年，琅威理率领中国海军接舰团前往欧洲接收"致远""经远"等军舰，应募的英国小伙余锡尔登上"致远"舰时不知是否有几分惊讶，因为当时外派出国在这艘军舰担任大副的中国军官就是美国人马吉芬。

北洋海军成军后，马吉芬被分派到威海水师学堂担任教习，和英

在北洋海军任职时期的马吉芬

国洋员尼格路士成了同事。1894年甲午战争爆发时，马吉芬也和尼格路士一样，自告奋勇请求调上一线军舰，最后被派上北洋海军主力舰"镇远"，担任帮办管带，即舰长顾问。

9月17日黄海海战爆发时，马吉芬在"镇远"舰甲板上来往督战，他的回忆录中，记录了很多当时他所看到的生动战斗情景。

只要仔细留意"镇远"舰的情况就能感受到热烈气氛下的杀气腾腾，一群群肤色黝黑的水兵将发辫盘在头上，袖子挽上手肘，一群群地列队在甲板上的火炮旁，迫不及待准备决一死战。甲板上撒了沙子，还有更多的沙子则已经准备好用来在甲板打滑时使用。在上层建筑内以及舰体内部看不到的深处，弹药吊车、鱼雷舱等处的人员都已经各就各位。甲板上各处都是卧倒的水兵，他们怀抱一个50磅或更重的发射

第十二章 洋烈士——甲午战争中的北洋海军洋员

药包,准备在需要时一跃而起并将其补充给炮位。这些人员为了使火炮能够快速射击,彼此间相隔一段距离卧倒,这是因为发射药包绝不能堆积在甲板上,以免被开花弹命中后发生灾难。

12英寸火炮的炮长,在手持发火绳瞄准时被击中头部,头骨的碎片打在他身边别的炮手的身上。他倒下时,一名在下一层平台上的炮手抱住他的腰,并将其交给下方的人员,然后自己抓起发火绳,代替炮长的位置,重新瞄准射击。

"镇远"舰炮术长的弟弟,还是一个孩子,被他的兄长作为替补人员从威海卫家乡带来参加这次巡航。战斗开始后这位少年在主炮台火炮的后方工作,热心地从炮手那边接过炮刷或者弹撑,然后在炮手需要时再递给他们,做一些力所能及的活儿。当他的兄长负伤以后,他帮助他人将其兄长抬到主炮的下方去,然后看着兄长伤处被用蘸有朗姆酒的绷带包扎好后就重新回去工作,直到战斗结束。我很高兴地说,他一点儿都没有受伤,或许在那些从一开始就在主炮塔里工作的人当中,他是唯一的幸运儿。

当"镇远"前甲板燃起大火时,一位军官召集志愿者救火,虽然此时三艘日舰的炮火有可能随时横扫这片区域,但人们仍然热烈响应,然后奔向九死一生之地,当他们回来时个个带伤。不,这些人绝不是懦夫。无论在何处战场上总会出现几个贪生怕死之辈,但在这里,在别的地方,都有对他们不屑一顾的勇敢斗士。

海战结束了,我们有时间四处进行一下检查,事实上军舰情况很糟糕。"镇远"舰的前桅上部的战斗桅盘有很长时间没了动静,那里原驻有五名士兵与一名军官,前者是操作两门一磅哈乞开斯炮的炮手,后者是一名测距员。桅盘上的两个弹孔预示着情况不妙,检查后发现原来是一枚穿甲弹穿透了桅盘,六人全部阵亡……①

铜版画:马吉芬受伤时的情景
黄海海战中,马吉芬在"镇远"舰参战,当"镇远"中弹受伤起火后,马吉芬参与灭火,不幸受伤

激战之中,"镇远"舰舱面被日舰发射的烈性炸药炮弹击中引燃,大火熊熊,形势极为危险。马吉芬立刻奔向弹雨丛集的舺楼顶

---

① [美]Philo Norton McGiffin:*The Battle of the Yalu*, The Century Magazine,1895年8月。

第十二章　洋烈士——甲午战争中的北洋海军洋员

部甲板，拽着长长的水龙带，指挥士兵们抢险救火。忙碌中，他没有留意"镇远"舰右侧主炮台的305毫米口径大炮正调整射角，转朝左舷方向射击。一声巨大的轰鸣后，305毫米口径炮弹几乎就从马吉芬的身旁飞向日本军舰，马吉芬被火炮发射后产生的巨大炮口风暴吹袭，从舰楼顶部甲板摔落到主甲板上，身负重伤。战后，马吉芬被清政府授予三等第一双龙宝星勋章。随舰队回到旅顺后，他还曾用相机拍摄了"镇远"舰在船坞里维护等一系列照片。

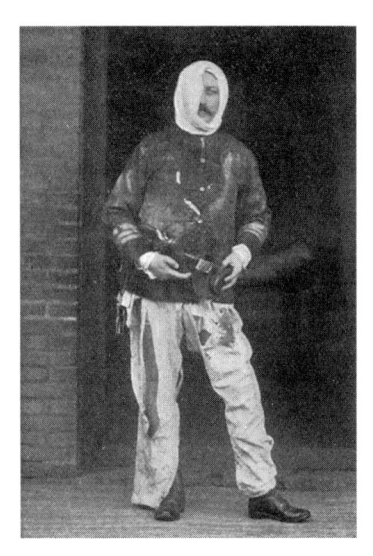

马吉芬战后在烟台的留影
他身着破损的军服，半边脸都裹着绷带，腰间还别着一把转轮手枪

因为受伤，马吉芬后来被送往天津治疗，一小块嵌入头骨的碎片最终无法取出，给他的余生不断带来创痛。养伤期间，北洋海军在威海卫全军覆没的噩耗传来，马吉芬想要再回北洋海军，和他的战友们并肩作战的希望破灭。

1895年初夏，带着创伤的马吉芬回到了阔别已久的美国。当时主流舆论根据胜负论英雄，一片贬低中国海军、赞扬日本海军的声音，曾在那支龙旗舰队服役、战斗过的马吉芬愤愤不平，四处演讲，讲述那支已经逝去的舰队的故事，宣讲他所目睹的英雄们的故事。美国的《世纪》等杂志上，也刊载了马吉芬的回忆录，以及他在中国期间拍摄的照片。

我也坦率地承认日军水兵勇猛、军官精悍，但我也必须为受到轻视的中国水兵鸣不平。日军能够始终坚守在他们的炮位上，但他们的甲板不像中国军舰一样会始终受到弹雨的侵袭。虽说我相信如果他们经历我们这样的处境也仍能坚守岗位，但是由于我方舰少、炮少，尤其是速射炮数量极少，他们并没有经常处于这样的境地中。

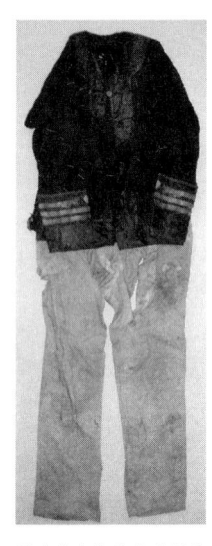

马吉芬在海战中破损的军服后来得以保存，由他的故乡华盛顿镇博物馆收藏

马吉芬持有这种与众不同的观点被很多人当作是一种偏执的表现，甚至还有人联想到他头部的弹片，认为他的精神出现了问题。不被人理解的马吉芬已然融入不了美国社会。和很多洋员一样，在中国他们因掌握的专长技术而出众，受人重视和尊敬，获得了较高的社会地位；一旦回到自己的国家，他们就湮没在芸芸众生中，会产生极为严重的失落感。这可能也是后来有些洋员聘约到期后，仍然坚持要留在中国的缘由。马吉芬心灵所属的那支中国海军已经不复存在，最终他选择了一个和他的性格十分相称的解决之道。

1897年2月11日晚上，纽约一家医院的病房区传出一声沉闷的枪响，马吉芬永远离开了这个世界。似乎是担心人们把他的死与他的伤痛联系到一起，他在简短的遗书上写下了"我虽自裁，但这绝不是为了逃脱苦痛"这样的话语。美国人无法理解个中含义，但是联想到甲午战争，1895年的同一天正是马吉芬极为尊重的北洋海军

第十二章 洋烈士——甲午战争中的北洋海军洋员

提督丁汝昌自杀殉国的日子,马吉芬成了一位甲午战争之后倒下的北洋海军烈士。

> 中国舰队现在已成一段往事,许多勇士不顾时运不济,徒劳地为了挽救其祖国的声威,而被陆上官员的腐败无能和背信弃义荼毒,最终与舰队同殉。这些殉国者中首推丁汝昌提督,他既是一名勇敢的军人又是一位真正的绅士。他被自己的同胞背弃,进行着万难取胜的战斗,他毕生所尽最后的职责仍旧是为了自己麾下官兵的生命。而他则不惜牺牲自己,因为他深知自己无情的祖国对他的怜悯甚至比敌军还要少。当这位身心承受着巨大创伤的老英雄在午夜时分饮鸩自尽,从而获得永久的安息时,他的内心一定充满了痛苦。①

马吉芬墓
墓碑正面装饰着由橄榄枝、海军锚、中国黄龙旗和美国星条旗组成的浮雕图案,碑文简要介绍了墓主生命中最重要的身份和经历:中国战舰"镇远"的指挥官,参加了1894年9月17日的黄海海战

马吉芬曾在回忆录中如

---

① [美]Philo Norton McGiffin: *The Battle of the Yalu*, The Century Magazine, 1895年8月。

此写道。

遵照马吉芬的遗愿，他的遗体被运回故乡安葬。入殓时，马吉芬身着北洋海军军官制服，棺椁上覆盖着一面黄龙旗，以此告诉世人，他是一名真正的北洋海军军官。马吉芬的墓碑正面雕刻着两面国旗，十分特别的是，黄龙旗遮盖在星条旗之上；墓碑的背后镌刻着马吉芬的父亲撰写的墓志铭："纪念深深爱着自己的祖国，但把生命献给另一面国旗的勇士。"墓碑的基座上，刻有马吉芬临终前写下的忏悔词："一颗破碎的和忏悔的心。上帝，请不要小看我。"

这句话，仿佛是历经恶战，无论如何努力也无法赢得胜利的北洋海军将士的心声。

第十三章　聪明误
——方伯谦其人其事

"何以方伯谦先回？"

> 丑刻"济远"回旅。据称昨上午十一点钟，我军十一舰在大东沟外遇倭船十二只，彼此开炮，先将彼队冲散，战至下午三点钟，我队转被彼船冲散，但见击沉敌船四只。我军"定远"头桅折，"致远"被沉，"来远""平远""超勇""扬威"四舰时已不见。该轮阵亡七人，伤处甚多，船头裂漏水，炮均不能施放，驶回修理，余船仍在交战……[①]

1894年9月18日凌晨3时30分左右，黄海海战爆发的消息，随着一艘军舰的归来，在旅顺传开。方伯谦管带的"济远"号巡洋舰从大东沟战场回到了旅顺。负责管理旅顺基地的旅顺船坞工程总办、道员龚照玙向方伯谦询问相关情况，并立即电报天津，向李鸿章做出汇报。

听闻发生了激烈的大海战，而且只有一艘参战军舰返回，其他

---

① 《寄译署》，《李鸿章全集》24，安徽教育出版社2008年版，第342页（G20-08-182）。

军舰和运兵前往大东沟的商船都音信全无，远在天津的李鸿章感到十分担忧，接到报告后连忙电报清廷，同时回电旅顺军港，要求更进一步探查消息。

> "济远"伤易修否，续报若何，极念，即示……"金龙"速饬往探海军及运船下落回报。急急。鸿。①

到了当天上午7时30分，参加大东沟海战的一些鱼雷艇陆续回到旅顺，继而"福龙""广丙""靖远""来远""定远""镇远"等幸存的舰艇也陆续回到了旅顺。显得有些不正常的是，从战场回来的这些军舰都停泊在旅顺的东港池，唯有"济远"孤处西港池。而且除"济远"外，所有参战军舰都在火炮的炮口扎上醒目的红布，以示夸耀战功，或辟邪厌胜，形单影只的"济远"舰显得格外孤立。"全军抵旅时，众船瞭见'济远'停泊港内，同声唾骂。"②

中午11点前，恶战归来的北洋海军提督丁汝昌向李鸿章发出了第一份战事全局情况简要报告：

> 昨日在大东沟外，十二点与倭船开仗，五点半停战。我军"致远"沉，"经远"火，或"超勇"或"扬威"一火一驶山边，烟雾中望不分明。刻督"定远""镇远""靖远""来远""平远""广甲""广丙""镇中""镇南"并两雷艇回旅，尚有两艇

---

① 《寄旅顺龚道》，《李鸿章全集》24，安徽教育出版社2008年版，第343页（G20-08-184）。
② 《甲午日记》，《北平朝报》1928年12月28日，第五版。

未回,"济远"亦回旅……①

仔细对比,不难发现丁汝昌的报告和更早之前方伯谦的说法之间存在一些细微的区别,更容易引起注意的是,"济远"舰明显比舰队早了数个小时回到旅顺。对这个不正常的现象,李鸿章感到其中必然有隐情,在将丁汝昌的报告转电总理衙门的同时,李鸿章回电丁汝昌,道出了自己的不解,要求丁汝昌就此进行调查:"接电。此战甚恶,何以方伯谦先回?"②

较耐人寻味的是,对李鸿章的这一要求,丁汝昌在此后数天时间里都没有做出答复,反而于9月19日派方伯谦指挥"济远"舰,率领蚊子船"镇南"前往大连湾,设法拖救在大连湾大窑口海滩搁浅的"广甲"号巡洋舰。不难设想,倘若方伯谦将"广甲"援救出险,将是一件重要功劳,就算他此前在黄海海战中有不当行为,似乎也可以功过相抵,其中隐约可以感觉到丁汝昌对方伯谦的回护之意。不过,据当事者"广甲"舰军官卢毓英后来回忆,"济远"拖带"广甲"的活动并不顺利,"'济远'用九牛二虎之力拖拽不动,连日百计经营,皆不得下"。③

海战过去第四天,1894年9月22日下午3时左右,正在大连湾内设法拖救"广甲"的"济远"舰上,哨兵发现海湾口出现日本军舰活动的踪迹,随后"济远"便立刻放弃了援救"广甲"的行动,只身逃入大连湾,并于第二天直接逃回了旅顺。

---

① 《寄译署》,《李鸿章全集》24,安徽教育出版社2008年版,第344页(G20-08-187)。
② 《寄旅顺丁提督》,《李鸿章全集》24,安徽教育出版社2008年版,第344页(G20-08-188)。
③ 卢毓英:《甲午前后杂记》,中国船政文化博物馆藏。

就在9月22日这一天，李鸿章终于得到了北洋海军就海战具体情形和"何以方伯谦先回"问题的报告。考虑到北洋海军提督丁汝昌在黄海海战中受伤，已经暂行离职治疗，军中事务实际是由右翼总兵刘步蟾代理，这份署名丁汝昌的报告可能是由刘步蟾撰稿或最终核定的。报告里对"济远"等军舰在黄海大东沟海战中的不当举动做了措辞严厉的批评，并建议李鸿章从严处分。

天津中堂钧鉴：

十八与倭遂开战，彼时炮烟弥漫，各船难以分清，现逐细查明。当接战时，自"致远"冲锋击沉后，"济远"倡首先逃，各船观望星散，倭船分队追赶"济远"不及，折回将"经远"拦截击沉，余船复回归队。"超勇"舱内火起，驶至浅处焚没；"扬威"舱内火起，又为"济远"拦腰碰坏，亦驶至浅处焚没……此次"济远"首先退缩，将队伍牵乱……中堂若不严行参办，何以警效尤……中国初次海战，赏罚若不即行，后恐难期振作。汝昌叩。先此肃布，悉候钧裁。①

9月17日黄海大东沟海战的战场上，中日双方恶战至下午3时30分以后，位于北洋海军阵形左翼的"致远"舰勇战捐躯；几乎与此同时，位于北洋海军阵形左翼末端的"济远"舰逃离战场。而后，"济远"的僚舰"广甲"舰也随之逃跑，造成北洋海军左翼阵形的彻底崩溃，左翼的"经远"舰落单，后遭日本军舰长时间围攻，不幸沉没。

---

① 《北洋海军海战报告底稿》，澳门海事博物馆藏。

第十三章 聪明误——方伯谦其人其事

在"济远"舰逃跑后，北洋海军阵形右翼仅存的"靖远""来远"舰也因为伤重离开战场，前往附近浅水区自救，而右翼的"超勇"则已经在此前的海战中着火焚没，"扬威"舰也受困于日本烈性炸药炮弹击中引起的火灾，在前往浅水区自救途中，被亡命逃跑的"济远"舰撞沉。

这一连串的事态，清楚地说明自"济远"舰逃跑后，黄海海战战场上客观出现了北洋海军阵形崩溃的严重态势，即报告中所称的"'济远'倡首先逃，各船观望星散"。一个人的责任开始明晰，就是"济远"舰的舰长方伯谦。

方伯谦其人

今天想要大致了解方伯谦的生平并不困难。方伯谦曾撰有个人的年谱纪事，记录了自己从出生到1891年春节为止历年的生活、学习、工作大事。这份名为《益堂年谱》的珍贵文物现藏于中国船政文化博物馆，为了解方伯谦其人提供了宝贵的线索。

> 咸丰三年癸丑，十二月十六日吉时生，时家住闽县太平街。①

清王朝咸丰三年，干支癸丑，当时中国

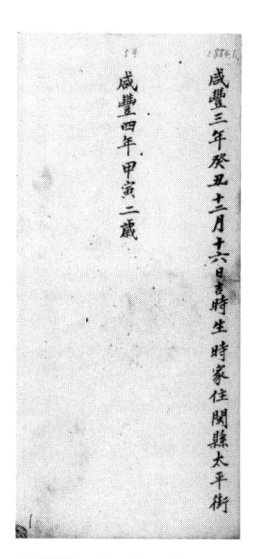

方伯谦撰《益堂年谱》书影

---

① 方伯谦：《益堂年谱》，中国船政文化博物馆藏。

很多地区正处在战争的兵荒马乱中。位于大陆东南的福建，僻处陆隅海边，享受着乱世中难得的和平与宁静。这一年的农历十二月十六日，即公元1854年的1月14日，星期四，正值岁末，春节临近，方伯谦出生于福建省福州府闽县的太平街，大致位置就在今天福州市中心于山风景区西北侧一带。

福州太平街今景（陈悦摄）

方家是书香门庭，"世代业儒、医"①，咸丰八年（1858年）时，搬迁到了太平街附近的宫巷居住。这一年，虚龄六岁（以下年龄均参其年谱，为虚岁）的方伯谦发蒙读书，和那个时代的很多中国家庭一样，方家也期望着这个男孩未来能通过科举考试取得功名，成为学者或官员，出人头地，光宗耀祖。不过从后来的经历看，方伯谦早年虽然一直在攻读诗书，但是所读的塾馆却经常发生变化：八岁时随父亲一起在福州南门外水部的琉球馆念书；十岁时改到福州城中老家太平街附近的福履营，跟随一位姓薛的塾师读书；十一岁后又到了福州城外商户云集的南台岛下杭街，先后在多个塾馆念书。之所以发生这样不断变化读书场所的情况，可能和方家当时家境日益困窘有关。

1866年，福州发生了一桩大事，方伯谦的人生命运也因此而改变。这一年的夏季，时任闽浙总督左宗棠向清政府奏请获准，在福

---

① 《方均自传》，方伯谦故居藏。方均为方伯谦侄子。

第十三章 聪明误——方伯谦其人其事

州郊外的马尾中岐乡兴办船政，设立船厂，自造近代化的军舰，从而整理水师，筹建近代化海军舰队，以此为中国的自强之道。

为了培育相关的人才，船政还专门设立西式学堂，教授和诗书毫无关系的西学科目，意在培养工程师和海军军官。在当时的中国社会看来，工程师只不过是工匠，海军军官则属于武夫，且长期处在波涛汪洋的凶险境地，都不是被推崇的职业、出路。为了能吸引年轻人放弃科举正途，投入船政的学堂，船政一方面在福州和周边的书院、学校对在校学童进行动员，一方面开出了极为优厚的待遇，入读船政的学堂，不仅不需要分毫费用，学堂每月还会发放数目可观的养家津贴，"各子弟到局后，饮食及患病医药之费，均由局中发给""各子弟饮食既由艺局供给，仍每名每月给银四两，俾赡其家，以昭体恤"。如果学生在考试中成绩优秀，另有高额的奖励金，"每三个月考试一次，由教习洋员分别等第。其学有进境考列一等者，赏洋银十元"。同时，船政还保证未来给予学生官身，"各子弟学成后，准以水师员弁擢用……"[①]

这一系列的条件，吸引了大量无力供应子弟读书的寒门家庭，资料显示，船政学堂早期的学生大多是出身贫寒的子弟。1867年，船政学堂的前身——求是堂艺局在福州开办，十五岁的方伯谦就在这一年的6月被家庭改变了人生轨迹，放弃科举正途，自福州正谊书院报名入读求是堂艺局。当时，因为位于马尾的船政建筑尚在建设中，求是堂艺局暂在福州城内外设了三个教学点，教授英语等基础课程，方伯谦被安排在白塔寺教学点，相隔不远处就是他的出生

---

① 《船政奏议汇编点校辑》，海潮摄影艺术出版社2006年版，第16页。

地太平街。1867年末，船政学堂校舍落成，正式分作工程师、海军军官两个不同的专业开展教学，史称前、后学堂。其专业划分，并不以学生自己的专擅、意愿为标准，而是按不同的教学点整体转入，原白塔寺教学点被直接划入后学堂，方伯谦由此踏上了通往海军军官的旅途，成为后学堂驾驶班第一期的学生，同学中有刘步蟾、林泰曾、严复、邱宝仁、林永升、叶祖珪、黄建勋等，多是福州及周边县份的寒门子弟。

在后学堂，方伯谦展现了自己聪颖的天赋和善于学习的能力。因为国家需才紧急，船政学堂的学习任务紧张，入学的中国学生需要在五年的时间里迈过语言门槛，完成西方学生从小学至大学专科的主要理科课程。学堂采取极为严格的考核制度，学生的淘汰率在三分之二左右。后学堂第一期百余名学生中，最终只有方伯谦和十余名同学通过层层考试，在1871年堂课结业。按照学制，而后这些学生又被派往练习舰，经历艰苦的海上实操学习，在营口至新加坡之间的广阔航线上经历风涛。方伯谦在1874年春天通过练习舰的测评，正式毕业，获颁五品军功，具有了清朝军官的基础身份，时年二十二岁。

方伯谦毕业时，日本侵略台湾事件突发，船政大臣沈葆桢奉旨渡台抗衡。方伯谦被派到船政主力舰"伏波"号炮舰担任正教习，"随节赴台"，在台湾还参加了训练驻台陆军的工作，继而担任驻防台湾的船政"长胜"号炮舰大副。

第二年，方伯谦被调至船政舰队的旗

1877年赴英国留学时的方伯谦

第十三章 聪明误——方伯谦其人其事

舰"扬武"号巡洋舰任职,7月15日获得留闽尽先补用千总军衔,11月13日改升留闽浙尽先补用守备。随着方伯谦在船政学堂学习,以及毕业被分派到船政舰队工作,优厚的津贴、薪金使得方家的家境日益改善。当年,方家喜事连连,方伯谦将自己十四岁时订婚的许家小姐迎娶入门,春风得意。

一年过后,1877年,北洋大臣李鸿章和升任南洋大臣的沈葆桢为造就人才,推动发起了海军学生留学计划。方伯谦入选,赴英国深造。先是与何心川、严复、林永升、叶祖珪、萨镇冰等同学一起在英国格林威治皇家海军学院短期进修,而后直接进入英国海军部队,在东印度舰队的巡洋舰"犹太拉"(Euryalus)、"士班登"(Spartan)等任职[1]。

关于方伯谦在留学期间的表现,当时负责管理留学生的洋监督帮办斯恭塞格评价其是"水师中聪明谙练之员"[2]。时任驻英公使郭嵩焘也称,在初次见到留学生时,除严复之外,谈论最畅、话语最多的就是方伯谦。[3]

1880年,二十八岁的方伯谦学成归国,被派到母校船政后学堂担任教习。第二年,作为船政优秀军官的方伯谦被北洋大臣李鸿章选中,调入北洋海防,担任"镇西"蚊子船管带,随后又相继担任"镇北"蚊子船、"威远"练习舰管带。

从此之后,方伯谦的生命中,有几条十分明显的轨迹。

首先是宦场得意。

---

[1] 方伯谦 1878 年 8 月 12 日起在"犹太拉"任职,1879 年 8 月 4 日起在"士班登"任职。见 *Foreign Officers Serving in H.M.S Ships*,方伯谦故居收藏。
[2] 薛福成:《出使英法义比四国日记》,岳麓书社 1985 年版,第 206 页。
[3] 郭嵩焘:《伦敦与巴黎日记》,岳麓书社 1984 年版,第 449 页。

俄国美术作品：北洋海军"济远"舰

　　1885年，北洋海防从德国订购的铁甲舰"定远""镇远"和巡洋舰"济远"归国，方伯谦被派担任其中的"济远"舰管带。1888年，清政府筹议设立北洋海军，方伯谦和同学严复等被暂调至天津，参加了《北洋海军章程》的起草。北洋海军正式成军后，方伯谦被授予中军左营副将实职，更于1891年获得"捷勇巴图鲁"勇号（"巴图鲁"是蒙语，意思为勇士，是清政府授予武将的光荣称号，用于褒奖。"巴图鲁"前冠他字即"勇号"）。1894年初春，朝鲜局势紧张之际，方伯谦被派为赴牙山护航编队的队长，而且能直接与北洋大臣李鸿章通电，可见其在军中的地位。

　　方伯谦如此宦场得意，很重要的原因是其为人精明，专业出色，且善于议论和表现，与上司关系亲近和睦，深受北洋大臣李鸿章、北洋海军提督丁汝昌的青睐。曾有洋员回忆，在北洋海军的会议中，每每议论最多、发言最踊跃的就是方伯谦。

第十三章　聪明误——方伯谦其人其事

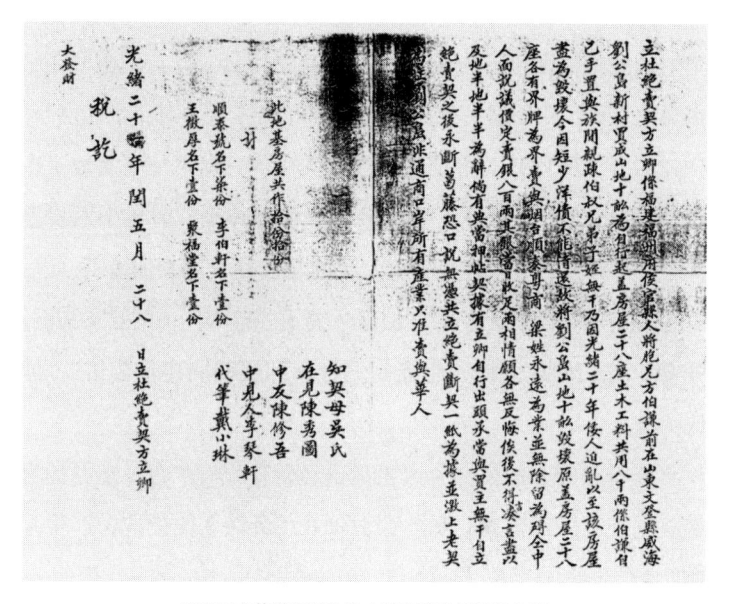

方伯谦生命中，另外一条显眼的轨迹，就是他的生活。

记录了方伯谦在刘公岛上房产信息的清代地契

从被调北洋开始，方伯谦就形成了一个习惯，即将家眷移在驻泊港口居住，例如"光绪七年……奉调来天津……移家眷来大沽住""光绪九年……移家眷住烟台"等。从1885年起，方伯谦显然积蓄日多，当年就在福州购买了位于安泰河旁朱紫坊的新宅。1886年，方伯谦又在威海修建了寓所。1888年，方伯谦分别于威海、烟台两地各建寓所，还通过二弟方仲衡在威海刘公岛上营建大片福州式房屋，出租给军官和眷属。

与置办房产交织在一起，惹人注意的是方伯谦频繁纳妾，以及不断纳妾背后的隐情。

方伯谦二十五岁（1877年）时，长女仙琪出生，三十二岁（1884

年)时,长子焘儿出生,儿女双全。然而不幸的是,焘儿在1885年夭折,之后,没有儿子似乎成为方伯谦的一块心病。似乎正是在此背景下,按照方伯谦自己的记录,1886年12月31日,方伯谦回籍料理父亲灵柩下葬,在处理父亲丧事期间,"纳妾李氏,时年十九岁"。

1889年2月18日,方伯谦的妾李氏生产,诞下一名女婴(次女仙瑛),灰心的方伯谦在4月19日又"纳妾陈氏,时年十六岁"。7月9日,方伯谦的夫人许氏生产,仍然是女婴(三女仙璋),此后不久许夫人病逝。因为无子,方伯谦过继了二弟方仲衡的长子为嗣子。1890年,方伯谦在上海"租老闸钱江里四楼四底房作公馆",迎娶葛氏为夫人。①

官场得意的方伯谦,个人生活也经营得很有声色,丰厚的家产及始终未能得子的遗憾,显然会对他在生死关头时的取舍产生某种影响。

方伯谦其事

方伯谦一帆风顺的军旅之舟,到了甲午战争戛然停止。1894年7月25日,朝鲜西海岸南阳湾的丰岛附近海面,方伯谦遇到了生命中至为重要的一次考验。

1894年7月22日,方伯谦作为队长,率领"济远""广乙""威远"三舰从威海驶抵朝鲜牙山湾,担负登陆场的警戒任务,护卫增兵牙山的中国运兵船。24日下午5时30分,方伯谦得知日本陆军已经攻占朝鲜王宫的紧急军情,于是不顾海上运兵行动尚未结束,决

---

① 方伯谦:《益堂年谱》,中国船政文化博物馆藏。

第十三章　聪明误——方伯谦其人其事

定迅速返航。24日下午，"威远"舰被命首先返回威海，方伯谦自己则指挥"济远""广乙"于25日清晨4时许出发，当驶过丰岛海域时，突然遇到远处驶来的三艘日本军舰。

朝鲜局势已然十分紧张，但中日两国尚未正式交战，方伯谦显然幻想着和平还会继续，并没有做好可能随时爆发战斗的心理准备，"济远"舰

丰岛海战中严重受损的"济远"舰司令塔

上也没有做任何的战斗准备，甚至连遮阳的天幕都没有收起。25日上午7时43分过后，日本军舰突然开火，丰岛海战爆发。

从史料记录看，方伯谦在战斗初起时的表现并没有明显的异常。德国伏尔铿造船厂设计建造的"济远"舰，其战时指挥场所是带有30毫米厚钢铁装甲防护的司令塔，犹如一座小型的碉堡，位于飞桥甲板上，内部有舵轮、传话筒等航海、指挥装置。战斗打响后，方伯谦和大副沈寿昌等即在这座"碉堡"内指挥。按照军舰设计，司令塔理论上是十分安全的场所，其装甲可以抵御炮弹的侵袭，因而在其中指挥的方伯谦等，虽然听到弹片打在塔壁上的巨

丰岛海战后"济远"舰司令塔下方甲板室侧壁的弹痕，从照片不难想见当时的中弹情况之严重

响声，但并没有产生太过不安的情绪。

然而，一颗日本炮弹突然击穿了司令塔装甲，站在方伯谦身旁的大副沈寿昌头部直接中弹碎裂，脑浆四溅。这一突然而至的恐怖情景，使一切发生了改变。脸上、衣服上想必都沾满大副脑浆和鲜血的方伯谦，从司令塔逃离。

> 战斗开始时，舰长、大副、二副都在司令塔里，敌方首轮舷侧炮击就击中这里，车钟、蒸汽舵轮、传话筒都被打坏，大副、二副阵亡，其中一个人的头牢拉在传话筒上。舰长离开司令塔，进入军舰最底层穹甲甲板下的舵机舱……①

不久，"济远"舰挂出了白旗狂奔，见到日本军舰仍然紧追不舍，又升出了日本海军旗，最终因为日本军舰注意力转移到误入战场的运兵船"高升"和运输舰"操江"上，"济远"逃出了险境。

回到威海后，方伯谦并没有如实报告海战中发生的情况，反而编造了"济远"击伤日舰，击毙日本提督，日本军舰挂白旗和龙旗而逃的谎言。为给谎言制造证据，"济远"舰当天的航海日志也做了相应的编造。北洋大臣李鸿章虽然觉察到情形有异，但出于维护北洋海陆军队声名，维护自身政治地位的考虑，并没有深究。

在方伯谦的指挥下，"济远"舰上的官兵从险境全身而退，而且他们编造功绩非但没有被人揭破，反而还得到了赏银，使得"济远"舰的官兵此后对舰长大都是一种感恩戴德的态度。

---

① ［英］T.A.Brassey：*The Naval Annual 1895*，Simpkin, Marshall&CO1895，P97。

第十三章 聪明误——方伯谦其人其事

丰岛海战中举止失常的方伯谦,继续担任"济远"舰管带,又参加了9月17日爆发的黄海大东沟海战。仍然身处装甲司令塔内指挥的方伯谦,其精神情绪从一开始即显得并不正常,当提督丁汝昌从旗舰"定远"发出出击迎敌的信号后,"济远"舰始终迁延在后,一直没有就位。丰岛海战中的恐怖经历,击垮了方伯谦,似乎已经是他心中难以排遣的梦魇。

参加黄海海战的日本各舰和人员,战后都有篇幅浩繁的报告、回忆,对当时和他们作战的中国军舰都有详细的叙述。唯独不正常的是,几乎所有这类报告、回忆都没有提到过"济远"舰。"济远"集中出现在日方报告公文中的时间,是在"致远"舰沉没之后,关于这一阶段战场情况的描述,无论是日方还是中方当事人,都提到一件事,就是"济远"逃跑。

北洋海军"镇远"舰上的美籍洋员马吉芬回忆道:

……卑怯懦弱的方舰长乘坐的"济远",敌舰开始射击后不久即逃出队外,零[二]时四十五分还看见该舰位于我舰右舷舰尾约三海里处,面向西南,向旅顺方向逃跑。我炮手为了惩罚该舰,一连打出许多炮弹。该舰于翌晨二时到达旅顺。毫无根据地宣传清国舰队被日本大舰队歼灭的谎言。舰队一抵港,方舰长便以全部炮台早被击毁,无法防御,为了保护军舰不得已而脱离队伍,作为逃跑的遁词。①

---

① 《鸭绿江外的海战》,中国近代史资料丛刊续编《中日战争》7,中华书局1996年版,第276页。

另一位不具名的参战洋员称:"……'致''经'两船,与日船苦战,方伯谦置之不顾,茫茫如丧家之犬……"①

愈发严重的是,"济远"在逃离战场过程中,又撞上了本已受伤的右舰"扬威",致使该舰重创,最终沉没。

为了遮盖形迹,寻找托词,回到旅顺后的"济远"舰上出现了一系列不寻常的情况。首先是方伯谦所说的军舰上大小火炮全部损坏,"均不能施放"。

统计"济远"全舰,共装备大小火炮18门,然而战后统计全舰中弹仅15颗,很难想见日军在攻击"济远"时特别全神贯注,产生了15颗炮弹全部命中要害,如数伤毁火炮的情况。即使像"定远""镇远"这些真正被日军火力重点攻击的主力舰,也都没有出现这样的伤情。回到旅顺后,丁汝昌曾派英籍洋员戴乐尔查验各舰伤情,根据戴乐尔的检查,"济远"的火炮并不像是被炮火击伤,而像是用炮锤自行砸坏的。

仿佛是画蛇添足,报告炮械全坏的"济远",弹药的消耗量却令人惊叹。

据战后统计,"济远"共消耗210毫米口径炮弹53颗、150毫米口径炮弹100颗。"济远"实际在战场上停留的时间只有不到三个小时,就算火炮都没有坏,一刻不停地在发射,也根本无法实现这么大的消耗量。以舰上装备有和"济远"同型的火炮,且战斗远比"济远"激烈,始终留在海战战场上的几艘军舰进行对比,"定远"舰的150毫米口径炮弹才使用了100颗,"来远"的210毫米口径炮

---

① 《中东战纪本末》,台北文海出版社1980年版,第301页。

弹不过使用了30颗。另外,"济远"舰洋员哈富门曾回忆称该舰的150毫米口径火炮在战斗中仅仅发射了35次,那么多余的那些炮弹是怎样"消耗"掉的,让人起疑。创造如此大的消耗量无非是想说明"济远"始终在激烈战斗,可是过犹不及,大量的弹药消耗和所谓的炮械全毁自相矛盾。

由于这次海战中大量军舰都目击了"济远"逃跑,回到旅顺后,对方伯谦的指责比比皆是。同时,方伯谦为"济远"逃跑而找出的炮械无法使用这一说辞,也漏洞百出。在丁汝昌调询"济远"舰官兵时,一些底层官兵也道出了心中积郁的不满。"提'济远'船上诸弁勇讯供,弁勇齐称:末弁等生长北方,素知忠义,此次倭奴犯顺,无不欲食其肉而寝其皮,只以统带畏缩不前,以致末弁等束手无策……"[1]

方伯谦的同学严复与同乡名士陈宝琛通书信谈及此事,也是颇为感慨:"闻方益堂闻炮即遁,仓卒将黄建勋之'超勇'冲倒,方太无赖矣!"[2]

斩　首

"济远"管驾方伯谦应速撤任,派人看管,候奏参……鸿。[3]

9月22日,接获北洋海军的正式海战报告,李鸿章对方伯谦的

---

[1] 《申报》,1894年10月8日。
[2] 《严复全集》卷8,福建教育出版社2013年版,第97页。
[3] 《寄旅顺丁提督》,《李鸿章全集》24,安徽教育出版社2008年版,第362页(G20-08-244)。

行径感到十分愤怒，当天一面通过总理衙门向清政府汇报，请求处置，一面命令丁汝昌立即撤去方伯谦的职务，收押看管，"济远"管带一职改由原"广乙"舰管带林国祥接任。

被收押之前，丁汝昌曾在海军公所询问方伯谦，方伯谦百般推诿抵赖。丁汝昌愤然道："七月二十三日，尔猝不及防，突与敌遇，犹得以寡不敌众保全船只为词。殆八月十八日，两军船数相当，杀敌致果，全在各船效命，乃身为右翼副将，望敌而逃，将何以报君父厚恩，使士卒效死耶？"

得知将要对方伯谦进行处置，方伯谦的同学林泰曾、叶祖珪、邱宝仁等想联络刘步蟾，一起联名为方伯谦说情。刘步蟾的回答掷地有声："此吾不与也，且大东沟之役，彼固知全军将覆，而欲脱身事外，袖手以观我辈之沦亡，彼已于大局何？"[1]

9月23日，方伯谦指挥"济远"从大连湾逃回旅顺，立即被加以控制，软禁于旅顺海军公所。当晚8时左右，决定方伯谦命运的一刻到来，李鸿章将清政府的谕旨转电旅顺，要求丁汝昌、刘步蟾执行。

> 本日奉旨：李鸿章电奏，查明海军接仗详细情形，本月十八日开战时，自"致远"冲锋击沉后，"济远"管带副将方伯谦首先逃走，致将船伍牵乱，实属临阵退缩，著即行正法……希即钦遵，将方伯谦即行正法具报。[2]

---

[1] 卢毓英：《甲午前后杂记》，中国船政文化博物馆藏。
[2] 《寄丁提督刘镇》，《李鸿章全集》24，安徽教育出版社2008年版，第366页（G20-08-263）。

第十三章 聪明误——方伯谦其人其事

按照北洋海军的基本法《北洋海军章程》的规定，军官的重大违法行为，援引雍正朝《军规四十条》进行处理。在《军规四十条》中，涉及临阵退缩的量刑适用条款共有两项：

一、临阵进止，以鸣螺及金鼓为号。如有官员、兵丁违令，闻号不进及闻号不止者，皆斩。

一、官员、兵丁临阵，俱须勇往直前。如有回顾、畏缩、交头接耳者，皆斩。①

据此，对临阵脱逃的方伯谦，清政府在量刑判决上没有任何问题。

夜间，"来远"舰长邱宝仁谒见丁汝昌，向其求情，希望能直接探视方伯谦。丁汝昌暗许，提醒邱宝仁不要提前泄露有关即将处死方伯谦的消息。有关之后邱宝仁在海军公所内见到方伯谦时的情形，"广甲"舰管轮卢毓英在回忆录中曾有描述。卢毓英根据听闻，称当时邱宝仁问方伯谦有何遗嘱，方伯谦吃惊不已，不断絮叨自己在丰岛海战中的"战绩"，"方骇然不知所谓，犹历历道其牙山战时情状"。②而据《申报》刊载的一名北洋海军知情人的消息，称方伯谦当时不以为意，"昏不知，谓朝廷仁厚，安有杀总镇之刀耶，如或苛求，尽以革职了事，虽一二品或难骤复，而每月薪水数百两固依然也，何必惊惶无措耶"。③

9月24日清晨5时，北洋海军洋枪队数百人及刽子手二人齐聚

---

① 中国第一历史档案馆：《清代〈上谕军令条约·行军纪律〉》，《历史档案》2008年第1期，第3—7页。
② 卢毓英：《甲午前后杂记》，中国船政文化博物馆藏。
③ 《中倭战守始末记》，台北文海出版社1987年版，第48页。

旅顺海军公所门前，等候军令下达。清晨6时，上身赤裸，下穿白色布裤的方伯谦，光着脚被卫兵押赴旅顺海军公所后，一路上神情恍惚，"口中喃喃，盖闽语，听不甚分明"。代理海军提督刘步蟾宣布谕旨。根据后来《申报》刊登的北洋海军中人回忆，至此"方始痛哭流涕，求救于某军门"，"某军门谓：我恨无海军生杀之权，自我操，则七月间已在军前正法，尚复令尔重误国家大事耶"。① 而据北洋海军某官员的回忆，方伯谦在生命的最后时刻和刘步蟾之间还有过一场对话：

> 刘军门云："方义［益］堂，汝恃功妄为（恃修筑旅顺、大连湾、威海卫各处炮台之功），目无王法，意谓终不能致汝于死地乎？"方应曰："吾知罪矣，然临阵脱逃何只吾一人耶？罪同而法因之无异，未有一罪而轻重可相悬殊者（指'广甲'言）。"刘军门应曰："汝伏汝刑，至同逃之人，将亦不免，汝又何必鳃鳃过虑乎？"②

此后，随着刘步蟾令下，一声号枪响过后，刽子手连砍数刀，这名在丰岛海战、黄海大东沟海战中两次逃跑的舰长身首异处，为自己在海战中的恶劣表现付出了生命的代价。对于方伯谦之死，撰写《甲午日记》的北洋海军某军官感慨道："吁！方公精锐聪明，竟死于聪明，所谓聪明反被聪明误者，其方公义［益］堂谓乎！"③

1894年10月8日，《申报》以《统带正法余闻》为标题，登载

---

① 《中倭战守始末记》，台北文海出版社1987年版，第48页。
② 佚名：《甲午日记》，《北平朝报》1928年12月30日—31日，第五版。
③ 佚名：《甲午日记》，《北平朝报》1928年12月31日，第五版。

第十三章 聪明误——方伯谦其人其事

了关于方伯谦被处死的新闻。文章最后,有这样一段文字:

> ……按方伯谦昔年曾与何心川者派赴德[英]国水师学堂肄业,学成由监督师恭萨儿考试,有方伯谦可称水师中聪明谙练之员等语。今竟下场若此,然则所谓聪明者果安在乎?所谓谙练者更安在乎?而下于方伯谦者从可知已,书竟不禁掷笔三叹。①

旅顺口北洋海军公所侧后方的路口,推测为方伯谦被斩首地(陈悦摄)

---

① 《申报》,1894年10月8日。

第十四章　昆明换渤海

——慈禧挪用海军经费的真相

北京西北郊外的颐和园,是燕北之地能够领略江南西子风姿的独特景观,清代帝王们往往喜欢摆脱沉闷肃杀的紫禁城,以此作为行宫,今天这处曼妙的古典园林则是北京重要的观光景点之一。畅游在万寿山下、昆明湖畔,望着横卧水中的清晏石舫,稍有中国近代史知识的人,大都知道这座园林除风景外,还有一点特殊之处,那就是它和中国近代海军的关系。

经历甲午战争,近代中国建立的第一支国家海军——北洋海军全军覆没,抱着惋惜、悲愤的心情检讨其失败的原因,很多人认为是武备落后导致了海军的失利,而海军之所以没有更新武备,通常认为是慈禧太后挪用海军经费修建颐和园所致,当时社会上就流传有昆明换渤海之说(颐和园中有昆明湖,所以用"昆明"代指颐和园)。不过,慈禧究竟是如何挪用了海军经费,挪用了多少,这些细节问题却很少有人注意。当就这些问题仔细查阅史料时,最终的结果却出人意料,所谓的慈禧挪用海军经费一说其实只是讹传或误会。

海军经费和北洋海军经费

海军经费

清末的海军经费和北洋海军经费,两个名词看似相近,实则是两个不能混淆的概念。

海军经费概念,最早产生于1874年日本侵略台湾事件之后。当时,清政府经过海防大筹议,于1875年谕令南、北洋大臣分别筹建海军,每年从各省拨解额定经费400万两银,南、北洋各半,用于各项海防建设事务,这就是海军经费最初的概念。1885年中法战争结束后,清王朝大治水师,在中央设立总理海军事务衙门,简称海军衙门,全国海防、海军建设事务统归该衙门督办,由此海军建设经费也归海军衙门调度,多由各省汇解到海军衙门,再由海军衙门拨发。

不过,清末的海军衙门是个十分特殊的机构,虽然名为海军衙门,但是实际管辖的范围大大超出海军界限。除海军事务外,铁路、矿务、电报、颐和园工程等工作也都收归海军衙门管理。此后,清王朝的海军经费这一概念发生了重要调整,是指海军衙门所经管的经费(现代学术界为了加以区分,也有称之为"海军衙门经费"的),其中有用于海军建设的部分,也有和海军建设根本无关的铁路、矿务、电报、颐和园工程等项目花费的经费。由此,在讨论甲午战争前海军经费的挪用等问题时,首先需要辨明,此时的海军经费并不等同于海军建设所用的经费。

北洋海军经费

北洋海军经费,实际上是海军经费中的一个局部。

所谓的北洋海军经费,指的是根据清政府的指拨,用于维持北洋海军的相关部门、设施运转的经费。1888年北洋海军成军时,根据《北洋海军章程》的规定,北洋海军的舰队连同相关的营务处、机器局、船坞、水师学堂、水师养病院等各机构,每年的俸禄、军饷、恤赏、公费、杂费大约为109.9万两银,这一数目就是清政府额定的北洋海军经费。

《北洋海军章程》对北洋海军经费的申领、报销方法均有规定,申领时由北洋大臣提前估算下一年度的经费数额,而后上报至海军衙门,由海军衙门从海军经费中安排出这笔北洋海军经费开支,或由相关省份的海关直接解款到北洋海军,或者由海军衙门直接从所储款项中直接拨款给北洋海军。关于经费的使用,每过一年,北洋大臣要就上年度的军费领取、花销情况造册,上报海军衙门、户部、工部、兵部核销。

> 每年实用若干,仍由北洋大臣督饬局员先期核估,咨商海军衙门指拨。如由各省关径解北洋,即由北洋随时将收到银数报查;如海军衙门径拨北洋,即由北洋分批具领,陆续支发。每过一年,由北洋大臣将实用数目册报海军衙门并户、兵、工各部分别查照核销。[①]

北洋海军经费,事关北洋海军全军的行政办公开销、人员薪饷、舰船保养维护、舰船燃料供应、机器局军火制造等基础经费,是保

[①] 《北洋海军章程》第四册,海军衙门光绪十四年刊本,第25—26页。

第十四章　昆明换渤海——慈禧挪用海军经费的真相

障北洋海军全军正常运转的基础费用，相当于北洋海军的"活命钱"，一旦缺乏，将直接影响到这支军队的运转和稳定。从北洋海军领取经费的情况看，直至甲午战争爆发之前，每年经由海军衙门拨发给北洋海军的经费在100万两银上下，并不存在欠发等问题。纵使在颐和园工程筹款紧张的时期，也从未发生过挪占北洋海军经费的情况。

事实上，牵涉到"挪用海军经费"问题的，是另外的资金。

专案经费与"海军巨款"

1887年光绪帝亲政，慈禧太后名义上归于退休，不再直接问政。此时，光绪皇帝的生父、海军衙门大臣醇亲王奕譞被任命主持颐和园的重修。这项任命可谓极富深意，修颐和园需要筹措大笔经费，而实为洋务建设衙门的海军衙门经管大量经费；颐和园修完，意味着慈禧太后将远离紫禁城，这对光绪皇帝的生父、同时掌管海军衙门的奕譞自然有一种特殊的动力。

海军衙门负责颐和园工程后，陆续从掌管的经费里向颐和园工程输款。需要注意的是，为颐和园工程所动用的海军经费，是海军衙门掌握的广义的海军经费，同一时期北洋海军的军费并没有受到任何的侵占。而且，在修建

清末海军衙门大臣醇亲王奕譞

慈禧太后叶赫那拉氏
清末海军建设的重要高层支持者，而围绕颐和园工程、海军巨款又颇遭非议

颐和园工程成为海军衙门新的职责后，由该衙门拨款用于该工程，也属顺理成章。

当时，海军衙门用于颐和园工程建设的资金，除本衙门的经费外，一个大项来源是"海防捐"，即以海防的名义募集的社会捐资，以虚职的官衔等作为回报，类似于封建时代常见的卖官。所得的海防捐，大部分用于颐和园工程，小部分则用作铁路建设经费。这笔经费原本就不属于北洋海军，也不在海军衙门经费的额度中，属于海军衙门在经费之外额外敛财获取的资金。

另外一笔用于颐和园的海军经费，在清代档案中有一个专用的名词，称为"海军巨款"。

根据《北洋海军章程》对经费的规定，每年额定100万两银左右的北洋海军经费，只用于供应这支军队正常的维持、运转。当涉及诸如购买舰船、武备，或者修造炮台、基地等需要大笔资金支出的事务时，相应的经费并不从北洋海军经费中凑集，而是由北洋大臣会商海军衙门，作为临时的专案，或是由海军衙门从广义的海军经费中调度，或是就此上奏朝廷，申请专门的资金。即，北洋海军如果要进行装备更新，或者添置新式装备、添建新式炮台，需要申请专案资金。"若购买大批军火，或兴建炮台等项大工，需款较巨，由北洋大臣专案咨商海军衙门办理。"①

1888年秋，海军衙门大臣、醇亲王奕譞提出了预先凑集一笔海军购舰专案资金，作为海军建设基金的设想。根据奕譞的设计，凑集的这笔预备基金，本金将专门用于购买海军舰船或兴办海防事务等大项支出，而由此产生的利息，则补贴到海军衙门负责的颐和园工程中。奕譞就此向北洋大臣李鸿章授意，又经李鸿章向承担着海军经费供应任务的沿江海省份的总督、巡抚授意，各省督抚对此认捐报效极为踊跃，共集得260万两银之巨，称为"海军巨款"。1889年1月16日，奕譞就这笔"海军巨款"的凑集情况以及未来使用安排上奏朝廷，获得慈禧太后下懿旨批准。

> 窃海军经费历年拖欠情形，业经屡详奏牍。自海军章程议定，承平之日，尚须每年添款垂二十万。设遇征调游历，所费益多，势难筹措。而华洋观瞻所系，又不容不竭力图维，撑持全局。臣亦尝思筹一大批银款，存诸北洋生息，按年解京，以补正、杂各款之不足。本银专备购舰、设防一切要务，其余平、捐输二款，拟另款存储，专备工作之需。盖今日万寿山恭备皇太后阅看水操各处，即异日大庆之年，皇帝躬率臣民祝欢之地，故为此居丰行俭之计。
>
> 前经以意函达臣李鸿章转商两江、两广、湖广、四川、江苏、湖北、江西各督抚，设法代谋。现据先后复称：总督曾国荃、巡抚松骏共认筹七十万两；总督张之洞认筹一百万两；总督裕禄、巡抚奎斌共认筹四十万两；总督刘秉璋认筹二十万两；

---

① 《北洋海军章程》第四册，海军衙门光绪十四年刊本，第26页。

巡抚德馨认筹十万两；臣鸿章认筹二十万两；共二百六十万两。自两年至五年不等分批解津……转电到署，臣奕等查绸缪经费正在势将束手，兹得诸臣急公济用，相助为理，不惟海防缓急足恃，腾出闲杂各款专顾钦工，亦不致有误盛典。①

这笔"海军巨款"不属于北洋海军经费，和海防捐一样，仍然是额外筹集的一笔金钱。

其使用的方法也不寻常，各地的资金陆续认缴后，按照最初的设计，全部由北洋大臣李鸿章经管，存进汇丰银行、德华银行、怡和洋行和开平矿务局，作为存款或股份，以获取利息、花红。在具体的操作过程中，"海军巨款"本金并没有丝毫被用于颐和园工程，始终留作未来北洋海军购买舰船装备或处理海防紧急事务的基金，只是以其利息贴补修园工匠。这番细节，在当年属于政府高层政务，外界并不一定能了然其真正的面貌，以至于外界捕风捉影，社会上乃至朝廷中，都产生了海军衙门凑集"海军巨款"用于颐和园工程的片面错讹的印象。就在"海军巨款"凑集时，曾有御史林绍年上奏提出反对意见。林绍年认为，各省督抚报效"海军巨款"，属于搜刮地方的敛财行为，将导致民间受害，当立即停止。

> 今以督、抚之权，竟言报效，安保其不朘削百姓、归怨朝廷？且风气所趋，法令难禁，乃封疆大吏先欲以此取悦朝廷，若朝廷受之，将为督、抚者既开其端，其属吏势必竭民脂膏，

---

① 《海军衙门奏为筹集巨款用备海军要需折》，《清末海军史料》，海洋出版社1982年版，第641—642页。

第十四章 昆明换渤海——慈禧挪用海军经费的真相

以奉迎其上。上下相蒙，交征不已，天下之吏治民生尚可问耶？此孟子所以深言，为人臣者，怀利以事其君之不可也。臣愚以为祖宗彝训，万世所当遵也；时事艰难，深宫所当念也。朝廷所以示天下者，当以节俭为先，不尚货财之进奉；朝廷所以则督、抚者，当以地方为重，无取贡献之殷勤。是在朝廷不宜受此报效也……应请特降谕旨，饬下各督、抚及北洋大臣，将报效一款未解者停解、已解者立即发还。庶天下臣民共晓然于朝廷爱民求治之心，则所保全者甚大。[①]

林绍年的奏折呈上后，引起慈禧太后恼怒，于1889年2月23日下懿旨申斥林绍年。同时，这份懿旨中，就"海军巨款"的性质做了进一步的说明，可以视作清王朝高层对于这笔特殊经费性质的公开澄清，其内容十分值得注意。同样值得注意的是，御史林绍年的奏参，对"海军巨款"的理解虽然失之片面，但对清廷当政者而言，不啻是一次当头棒喝，使得其在处理、运用这笔"海军巨款"时，不得不加倍小心。

> 钦奉慈禧端佑康颐昭豫庄诚皇太后懿旨：御史林绍年奏"督抚报效有关政体民生请旨饬禁"一折，海军为经国要图，自光绪十一年创办以来，规模略具，需款浩繁。前据总理海军事务衙门奏准，由两江等省，于正、杂诸款内腾挪巨款，分年拨解天津，交李鸿章发商生息。各省筹解之银，专备海军不时之

---

① 《林绍年奏督抚报效请饬禁止折》，《清末海军史料》，海洋出版社1982年版，第643—644页。

需。其每年息银,则以补海军衙门放项之不敷,并无令各省督、抚报效之事。该御史所奏,乃以"朝廷责进献,督、抚肆诛求"等语任意揣摩,危词耸听,实属谬妄。林绍年著传旨严行申饬。

1894年7月,面对日本在朝鲜咄咄逼人的挑衅态势,清政府旨令北洋大臣李鸿章预筹战守。为了准备备战资金,海军衙门和户部于7月11日上奏,海军衙门申请动用"海军巨款"本金,提取150万两银作为备战经费,户部则从东北边防经费以及京饷款项中也筹措150万两银备战。清廷当即批示同意,"著依议行。该衙门所筹银两,皆系有著的款,即著李鸿章查照提解"①。由此可见,"海军巨款"本金事实上成为甲午战争爆发之初清王朝战争军费的重要来源。

时至1894年8月1日中日互相宣战后,李鸿章于8月2日电报总理衙门,请求与海军衙门、户部协商,拨款从英国购买新式快船,以增强北洋海军的战力。当天,清政府立即谕旨批准,从"海军巨款"的本金中再提取100万两银,再由户部另筹100万两银,作为购买快船的经费。②至此,总额为260万两银的"海军巨款",已经几乎全部被提取。

260万两银"海军巨款"分存于四处,当得到提取的谕令后,存于英商汇丰银行的1 072 900两银本金最先全部提出(实际提出1 082 900两)。其余存在德华银行的440 000两银、怡和洋行的559 600两银,因尚未到期,无法提取本金,延至1894年末分别提取

---

① 《军机处寄总理海军事务衙门等上谕》,中国近代史资料丛刊《中日战争》2,上海人民出版社1957年版,第599页。
② 《译署来电》,《李鸿章全集》24,安徽教育出版社2008年版,第194页(G20-07-029)。

出了其中到期的112 500两和200 000两，基本完成了7月11日清廷要求从260万两"海军巨款"中提出150万两充作军费的谕令。"海军巨款"剩下的527 500两银存在开平矿务局作为官本，而开平矿务局以这笔资金购买了运煤船并开掘新矿，得到提款的命令后，一时间难以筹措现款归还，只能以向海军提供燃煤折价，约至1894年末向北洋海军提供40 000余吨燃煤，折抵200 000两银。至1894年末，260万两"海军巨款"，共提取出了1 585 400余两现款充作甲午战争军费，另有200 000两银以燃煤折抵，剩余的部分则在随后陆续提取完毕。[①]

甲午战争中及甲午战争之后，有关海军经费被挪用于颐和园工程的风言，其根本的叙述要点在于证明北洋海军装备落伍是受颐和园工程的影响，进而证明慈禧太后等清王朝统治者为了一己私欲，置国家大局于不顾。然而在真实的历史中，北洋海军经费并未被挪占，由海军衙门以海防名义筹措的"海军巨款"资金，事实上本金也丝毫没有进入颐和园工程，北洋海军的装备建设停滞，最根本的原因实则并不是没有经费购置。

1891年6月1日，户部尚书翁同龢上奏筹饷办法，提出了四项措施，其中一项的内容为"南北洋购买外洋枪炮、船只、机器暂行停购两年，即将所省价银解部充饷"[②]。当天，该方案获得光绪帝旨准，从而形成了此后长达两年不允许外购枪炮、军舰、机器的禁锢，在这样的政策背景下，根本不允许提出申请外购海军军火经费的专案，北洋海军的装备建设停滞、倒退，日本海军的装备建设超越中国，恰恰就是在这短短两年时间内形成的。

[①] 《请添拨备倭饷需折》，《李鸿章全集》15，安徽教育出版社2008年版，第465页（G20-09-035）。
[②] 《复奏停购船械裁减勇营折》，《李鸿章全集》14，安徽教育出版社2008年版，第154页（G17-08-001）。

各直省将军都统督抚府尹：

光绪十七年四月二十五日奉上谕：户部奏库绌亏短甚巨，酌拟筹饷办法，开单呈览一折。朕详加披阅，所拟各条于筹补库储尚属切实，著依议行。惟筹饷一事，部臣虽尽心擘画，全赖各省疆臣认真督办，不避怨嫌，庶一切诿卸掩饰之弊可除，克臻实效。现当库存奇绌，各直省将军督抚等受恩深重，必应顾全大局，共济时艰，无待谆谆详谕也。户部原折并单内应由外办四条，均著钞给阅看，将此各谕令知之。钦此。①

附：

甲午战争清军军费收支一览②

收款：
"海军巨款"本金 1 672 900 两
由海军衙门、户部下拨备倭经费及毅军月饷 1 791 959 两
户部拨长芦盐税及各省地丁税银捐款及商业借款、京协饷银 4 443 499 两
奏拨各军漕米缴回价银 185 858 两
户部拨外国银行借款 11 752 544 两
直隶各府县报销军饷 3 893 两
吉林、奉天、陕西、山海关解还代购枪械、借领车驮喂养银 65 973 两
津胜军裁撤后变卖军马价银 1 861 两
洋员缴回节省运输、保险费 103 935 两
合计：20 022 426 两

---

① 《光绪朝上谕档》17，广西师范大学出版社 1996 年版，第 95 页（281）。
② 《东征粮台经支各款数目清单》，中国近代史资料丛刊续编《中日战争》3，中华书局 1991 年版，第 659—661 页。数字计算略有偏差，史料原文如此。

续表

登除：（另案报销支出）
刘坤一饬拨行营经费并湘军军费、天津团练局、北洋新建陆军经费 1 172 772 两
天津机器局经费并制造军火费 240 898 两
奉天省军饷、东三省俸饷、各省协防军队军饷杂银 5 133 737 两
洋员汉纳根承购枪炮定金及招募洋将遣散费 445 741 两
募练定武军经费 367 825 两
驻英公使购买"飞霆"轮船经费及该船回国费用 1 536 127 两
直隶大名府报销银交户部 1 000 两
聂士成建造武备学堂工程银 28 897 两
拱北轮船沉没，湘军杂费 2 342 两
凤凰城等处遗失银、粮核计 67 282 两
合计：8 996 626 两
开除：（报销支出）
军饷、薪费、柴草、津贴、房租、米折、犒赏杂支等 4 134 900 两，户部核销
车驮、炮马、夫役、喂养、驳力、川资、运脚、保险、伤恤杂支、洋员薪饭战俸等 3 024 088 两，兵部核销
购买外洋枪炮、子弹，国内采购修筑制造等项 3 859 595 两，工部核销
合计：1 118 585 两
剩余军费： 7 214 两

第十五章　谍战

——甲午战争中的日谍大案

"重庆"轮事件

六月四日

武毅军

宁局（金陵机器局）造两磅后膛熟铁过山炮四尊，计四箱。

铁身双轮炮车四辆，附件属具齐全。

宁局造两磅后膛炮包铅开花子六百颗，计二十五箱。

宁局造两磅后膛炮包铅实心子二百颗，计八箱。

宁局造铜管门火二千枝，计二箱。

两磅后膛炮铅群子（霰弹）二百颗，计七箱。

制造局（天津机器局）装外国哈乞开司枪子（步枪子弹）二十万颗，计二百箱。

云且士得十三响中针马枪三十枝，计二箱。

局（天津机器局）造云且士得十三响中针马枪枪子一万粒，计五箱。

英国威布烈六响手枪子（左轮手枪子弹）五千粒，计一箱。

蓝官帐（帐篷）二架。

第十五章 谍战——甲午战争中的日谍大案

蓝夹帐十六架。

白单帐八十架。

大红铜锅四十口。

以上共装三百二十六箱、件，派委差弁陈金祥押解塘沽，点交"图南"轮船。

正定练军

制造局造云且士得中针枪子四万粒，计二十箱。

克虏伯八生脱七（8.7厘米口径）田鸡炮（白炮）铜箍开花子一百二十颗，计装七箱……①

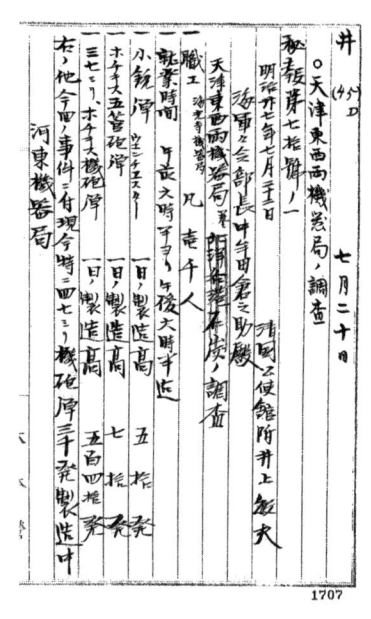

甲午战争时期日本在华间谍搜集的天津东西两机器局情报

这是一份甲午丰岛海战爆发前，机密的清军运朝军械物资清单。不过并不是出自清政府一方的档案，而是来自日本防卫省防卫研究所收藏的甲午战争时期日军的情报资料。类似这样的清单，在日本档案中尚有许多。不光如此，其他诸如中国朝廷里的政局变化，中国军队的调动情况，中国官员间的电报、书信，等等，在日本档案中都能找到极为完备的记录。这些成为研究甲午战争最重要的基础资料之一。这些今天为史家所看重的史料，在一百多年前是绝密的情报，如此重要的信息之所以为当时的日军所掌握，原因在于日本

---

① 明治二十七八年战史编纂准备材料9《清国陆军の兵器、糧食》第一卷，第1 676—1 678页，日本防卫研究所藏。

间谍肆虐，使得清政府的军政机要对日本没有任何秘密可言。

1894年7月25日，北洋海军军舰和运兵船在朝鲜丰岛海域遭到日军突然袭击。偷袭发生后，对日本军舰为什么如此巧合地在这一时间、地点出现的疑惑，在清政府内越来越多人的头脑中出现，北洋大臣李鸿章对此也极为重视。在这之前，有关日本间谍的种种传闻，似乎瞬间就变成了可怕的事实，清政府查捕在华日本间谍的秘密战争就此开始。

8月1日，中日两国正式宣战，双方互撤外交使节，清政府反日本间谍的活动转为公开。北洋大臣的驻地天津，是中国北方重要的通商口岸，华洋杂处，外籍人士众多。同时天津还设有军械局、机器局等机构，是中国军队的重要后勤供应基地，派往朝鲜的北洋陆军主力原也大都驻扎于天津一带，因而使得当地的反间谍任务变得格外重要。从8月1日津海关道盛宣怀收发的几封函件中可以看出，当时天津的反间谍行动的主要领导者是盛宣怀，下辖的具体分管者则是福建船政前学堂毕业生，曾在法国学习国际法，还曾担任过驻法、德参赞的陈季同。陈季同的手下、一位名叫任玉升的千总军官负责具体刺探工作。

陈季同于1日当天向盛宣怀报告了自己的相关工作部署，即由任玉升以日本驻天津领事馆武官处作为重点目标，留意观察进出的人员，从中捕捉蛛丝马迹。"手示敬悉。任玉升现在敝处，拟先饬其详探一

陈季同，福建福州人，船政前学堂第一期毕业生，曾留学法国，甲午战争时在天津负责反间谍行动

第十五章 谍战——甲午战争中的日谍大案

切,并认识其人,再行候谕动手,免致临时周章,何如?"①

任玉升的工作极有效率,在第二天中午即盯上了两名假扮成中国人的日本人,"今午已见二人,其行止亦已详探明确"。②

就在任玉升准备进一步刺探情报,以便采取行动时,8月3日凌晨1时突然发生了"重庆"轮事件。当天,70多名中国士兵闯上停泊在天津内河的英国商船"重庆"号,逐间舱房——搜查,"随带刀枪,其势汹汹,所有在船女人及小孩等因惧而啼号"。搜查工作一直持续到清晨5时,以中国士兵抓走十多名日本人而告终。被捕的日本人一直被拘押到7日,经过反复盘查才被释放。

事后,面对日方通过美国驻华公使提出的抗议,以及"重庆"轮的船旗国英国的抗议,中方的解释是此事为一次偶然的突发事件,属于误会。按照后来清政府官方披露的详细情况,主要肇事者是一个名叫贾长瑞的年轻人,他的哥哥在天津北塘练军当兵,乘坐"高升"轮赴朝鲜时遭遇日军偷袭而丧生,因而贾长瑞对日本异常痛恨。8月2日的晚上,贾长瑞路过塘沽一带,"听见街上人声嚷乱,说有东洋轮船装得许多东洋人来了。又听说都是奸细","但听得众人七嘴八舌,都说东洋人把'高升'轮船打沉了,害了我们许多性命,大家拿东洋人报仇。况且奸细送官有赏"。贾长瑞为兄长报仇心切,于是回家穿上哥哥的军服,冒充军官,号召码头上的人和他一起上船抓日本人,"大家共缚有十几个东洋男女拥下船去"。③后

---

① 《陈季同致盛宣怀函》,盛宣怀档案资料选辑《甲午中日战争》下,上海人民出版社1982年版,第110页(147)。
② 《陈季同致盛宣怀函》,盛宣怀档案资料选辑《甲午中日战争》下,上海人民出版社1982年版,第111页(148)。
③ 《北洋大臣王文韶为拿获误上英船滋事之贾长瑞讯供按律惩办事咨》,中国近代史资料丛刊续编《中日战争》5,中华书局1993年版,第536—537页。

来一支巡街的清军路过,将日本人接管了过去,审问后便都放回。

不过,以这件事在日本谍报机构内所引起的恐慌来看,清政府官方轻描淡写的解释背后可能别有隐情,因为当时这艘船的乘客中恰好有一个身份十分特殊的日本人。

当天"重庆"号商船上被捕的日本人,全部是日本驻天津领事荒尾精的家人或随从。如果荒尾精当时不是因为临时有事而不在船上,很有可能也会被拘捕。荒尾精毕业于日本陆军士官学校,1886年被日本参谋本部派遣到中国组建间谍网络,主要以开设杂货铺为掩护,在汉口、上海、北京等地遍布间谍网。1890年,荒尾精又在上海开设了名为日清贸易研究所的机构,实为间谍培训中心,荒尾精可以称得上是当时日本在华间谍的核心人物。被清政府称为是误会的"重庆"轮事件,似乎是直扑荒尾精而来,而根据荒尾精手下重要的间谍宗方小太郎称,"误上""重庆"轮的中国兵,十分专业地抄走了一份密信:

> ……轮船停泊于大沽时,中国兵枪上刺刀,闯入轮船,拘引日本的妇女数名及领事之子至兵营,备加凌辱,捆缚殴打无所不至,且劫去日本人所携带之银钱达数百日元之多云。堤大尉致井上少佐之密函亦被抢去。①
>
> ……天津侨民撤退时,在大沽遭受中国兵暴行之际,堤君寄给井上之军事方面之秘密函件亦被兵士掠去,因此官府对残留于天津之日本人注意甚严,形势颇危。如果堤、山田等缓

---

① 《宗方小太郎日记》,中国近代史资料丛刊续编《中日战争》6,中华书局1993年版,第113页。

第十五章 谍战——甲午战争中的日谍大案

二三日自天津起程,则将遭受何等之奇祸亦未可知云。①

更为不寻常的是,"重庆"轮事件发生当天,李鸿章的重要幕僚罗丰禄曾函告盛宣怀,通知"在津如有奸细,已可势手查拿监禁"。②到了第二天,立即就有一名潜伏在天津的重要日本间谍落网。"重庆"轮事件中被清军抄走的密信,显然与此事有重要的关联。

石川伍一案

1894年8月5日,李鸿章接到了盛宣怀呈递的一份报告,称抓捕到了一名日本间谍。

> 昨晚拿获日本奸细一名(能说英语,亦能说汉语),剃头改装,于昨日小村走后,搬入东门内刘姓屋内居住,刘系军械局书办。拿获后,请陈季同来看,据云此人名石川,即是出入倭武官处之奸细,已饬天津具[县]讯供及暂行管押,(令研讯供单呈核)。昨日美领事来,云倭人均已跟随小村回去,此间并无人留,而石川不去,且由紫竹林搬住城内,其为奸细无疑。闻津沽尚有多人(俱是汉装),已派任把总王[玉]升觅线跟拿外,理合现行禀知。③

---

① 《宗方小太郎日记》,中国近代史资料丛刊续编《中日战争》6,中华书局1993年版,第114页。
② 盛宣怀档案资料选辑《甲午中日战争》下,上海人民出版社1982年版,第114页(154)。
③ 《盛宣怀致李鸿章函》,盛宣怀档案资料选辑《甲午中日战争》下,上海人民出版社1982年版,第123页(168)。

日本人剃头改装，假扮成中国人的模样，本就十分可疑，更为严重的是，这名日本人居然居住在一名军械局的书办家中。天津军械局是北洋海、陆军重要的军械、弹药收发机构，负责收管包括天津机器局在内的国内军工企业生产的军械及购自国外的军械物资，根据各军的需求统一调拨。倘若军械局的工作人员向日本间谍出卖情报，后果不堪设想。

当天，天津县知县李振鹏突击审讯。名为石川伍一的这名日本人并不承认有间谍行为，坚称自己去日本驻天津领事馆武官处只是见领事。"诘以领事交代什么？供称令其早日回国。"此外那位刘姓的军械局书办也被拿交审问，本名叫刘棻（又作刘树棻、刘芬），供称并不认识石川伍一，是通过一名叫作王大的中国人将房屋租赁给石川，"在军械所充书识廿余年，与倭人石川素不相识，伊委弟王大引伊来暂歇找房"。很快，王大也被拘拿归案，经过刑讯审问，供称自己以每月六元的薪水为石川伍一服务，石川"令其觅房，尚未觅妥，先在刘芬家居住"。①三人的供词恍若早就联通声气，查不出一丝漏洞。

此后石川伍一案开始进行长时间的审问，同时该案的风声也渐渐传到朝中的言官们耳中。8月16日，言官志锐上奏弹劾丁汝昌事，顺带奏参天津军械局总办张士珩，理由是石川伍一案中卷进了军械局的书办。

---

① 《李振鹏致盛宣怀函》，盛宣怀档案资料选辑《甲午中日战争》下，上海人民出版社1982年版，第123—124页，(169)。

第十五章 谍战——甲午战争中的日谍大案

清末《点石斋画报》新闻画:《擒获倭奸》

天津军装局总办候补道张士珩,为李鸿章外甥,昨闻其所用书办家擒获日本奸细,供出日本截我"高升""操江"二船,皆其先期电闻,且匿于天津,欲用地雷炸药轰海光寺军火器械积聚之所。此寺一毁,则天津毁矣,海防废矣。幸而擒获,现闻尚游移未办……①

志锐奏折中指出石川伍一刺探情报,以致日军得以偷袭"高升""操江",同时还准备炸毁天津机器局,都是十分惊人之语,但

---

① 《志锐奏请议处贻误军机之丁汝昌等片》,中国近代史资料丛刊《中日战争》3,上海人民出版社1957年版,第39页。

在石川伍一尚未招供的情况下，志锐是如何得出这些判断的，令人起疑。

事件进展到9月，在天津县知县的审问下，案件的真相渐渐显露出来。9月2日至3日，天津县知县传来曾在日本驻天津领事馆武官处工作的四名中国人，他们都指证石川伍一与武官处来往密切，确凿证据面前，"该犯等无可狡辩，始据吐露谍探各情不讳"。

> 石川伍一（又名义仓告）供：我是日本人，年二十八岁。来到中国有几年了，到过北京、烟台等。因学过华语，上年九月间跟随我国海军武官井上敏夫来到天津，住在紫竹林我国人开的松昌洋行。后来合刘棻结［给］我开过炮械数目清单。我知道刘棻是军械局书办，有意和他交好。他荐王大在我处服役。五月节前，我又托刘棻查开营兵数目。叫王大顺便带来一信，拆看是兵数清单。我先后谢过〈刘〉棻洋银八十元。从朝鲜衅起以后，我又托刘棻打听中国派兵情形。刘棻叫王大给我带来几次书信，却非确实消息。王大亦不知信内情由。至我和刘棻认识，是前在护卫营的汪开甲引进的。刘棻初次给开炮械清单，也是汪开甲转托。这都是中日失和以前的事。我又因于邦起前在水师营当差，托他打听军情电报。于邦起先后到我那里去过四次，我问他信息，总说没法打听。我给过洋银五十元，随后他又送还。我仍给他送去，听说他把洋银存在钱庄，叫我去取，我也没有取回。这也是失和以前的事。后来他就不去了。自宣战后，我国驻津员弁回国，留我在津打听军情，发电知会。我就改装华人。因紫竹林熟人太多，恐怕识破，合刘棻商明，七

第十五章 谍战——甲午战争中的日谍大案

月初三日夜里,先把行李搬到他家。初四日早,我对王大说,领事回国,在紫竹林居住没人照料,所以想要搬到城里潜到他家藏匿的话。不想当日就被军械局访闻,把我拿获。今蒙会审,我实只留津探听军情,别无他谋。安身未定,即被拿获,岂能埋藏地雷炸药?这实是没有的话。是实。①

刘棻供:小的是天津县人,年四十九岁。前在军械局充当书办。本年正月里,合这日本人石川伍一认识,给他开过海军炮械清单,从此交好。小的就把王大荐在石川伍一处服役。后来他托小的查开营伍情形,小的照册写出,封在信内交王大顺便带回。石川伍一先后给过小的谢礼洋银八十元。自朝鲜衅起以后,石川伍一托小的打听派兵情形。却是打听不出确实消息,只就传闻之词写信叫王大来家带去。王大不知信内情由。七月初三日本驻津员弁回国,留石川伍一在津,改装华人,探听军情。石川伍一向小的告知,并说紫竹林熟人太多,恐怕识破,要想另觅住处。小的就叫他到小的家隐藏,如小的探得军情,就近可以知会打电。初三日夜把石川伍一行李搬到小的家里,初四日早石川伍一先到小的家藏匿,不想当日就被军械局访闻把他拿获。并把小的斥革,押令交出王大,先后发到案下来了。今蒙会审,小的给石川伍一探听军情,并把石川伍一藏匿家内是有的。并没有埋藏地雷炸药,石川伍一也没合小的商谋过。这事是实。②

---

① 《石川伍一供词》,中国近代史资料丛刊续编《中日战争》5,中华书局1993年版,第92—93页。
② 《刘棻供词》,中国近代史资料丛刊续编《中日战争》5,中华书局1993年版,第93—94页。

综合两人的口供来看，石川伍一实际是甲午中日两国宣战日方撤离外交人员时预备潜伏在天津的间谍，尚未来得及进行间谍活动就被拘捕。而他在战前，则主要是利用军械局的书办刘棻等人，在天津刺探中国的军队调动以及兵力、武器数量等情报，总体上属于一名较为低阶的间谍。

由于现代能够查阅到日本方面当年极为机密的军事档案，有关石川伍一、刘棻的这一供述的真实性，得以通过对比日方的档案进行验证。

在上海、山东一带活动的日本间谍宗方小太郎曾在报告中提到，"八月四日及六日在北京、天津、芝罘等地之日本人随公使、领事等归国，此时日本之留于华北者，仅天津我友石川一人而已"。[1]日方的机密文件《石川伍一尸体引渡报告》中提到了更多细节信息，称石川伍一隶属于日本海军，正式职务是海军编辑书记，日本岩手县人，"八月初，日清宣战，在清帝国官民撤离时，改装成中国人，单独留下"[2]。这些资料证明石川伍一的确是唯一留在华北潜伏的日谍，在日本外交官乃至侨民大批撤离的情况下，曾与日本驻津领事馆联系密切的石川伍一就非常容易被中国反谍人员锁定。

石川伍一在华期间向国内传回的情报，在日本档案中也能查到。1894年6月末，日本驻津武官向国内报告时，即提到石川伍一曾秘密前往天津小站一带刺探中国军队的情况，并发回了包括中国军队编制和人数、赴朝开拨调动计划，甚至天津军械局总办的书信等重

---

[1] 《宗方小太郎日记》，中国近代史资料丛刊续编《中日战争》6，中华书局1993年版，第120页。
[2] 《石川伍一尸体引渡报告》影印件。

第十五章 谍战——甲午战争中的日谍大案

要情报。这些情况与石川伍一供词中交代的内容吻合，可以大致得出他是隶属于日本驻津武官之下，具体负责刺探情报的一名基层间谍。

言官对石川伍一提出的指控中，所谓准备用地雷炸毁天津机器局的情节，并没有任何证据能加以证明，属于夸大的传闻。而鉴于石川伍一几乎报告了所有中国赴朝军队、军火船只的开航情况，这些情报显然在日本军方进行丰岛偷袭决策时起到了很大的作用，从这一意义来说，石川伍一可以被称为挑起丰岛海战的幕后推手之一。

1894年9月19日，李鸿章对承办石川伍一案的天津县做出批示：

> 据详倭人石川伍一在津改装华服，与革书刘棻即刘树棻勾结，潜探军情，并刘棻将该奸细藏匿在家。迭经该道督饬印委，详加严讯，该二犯初尚狡辩，迨指齐指证人等，始均供认同谋侦探不讳。未便久稽显戮，应即照拟将倭人石川伍一照公法用洋枪击毙，刘棻即行正法具报。其汪开甲等随讯无同谋，该倭人亦无埋藏地雷炸药各节，但事关重大，仍当不厌详究。①

20日，轰动一时的这桩间谍大案尘埃落定。石川伍一按照国际公法被判处死，施以枪决，刘棻则被斩首示众。

天津镇标城守营都司总兵衔遇缺尽先补用副将徐传藻呈：

---

① 《北洋大臣李鸿章为送正法日奸石川伍一刘树棻之监刑文武官职揭帖咨》，中国近代史资料丛刊续编《中日战争》5，中华书局1993年版，第102页。

今开一件为报明事：光绪二十年八月二十一日午时，会同天津县将倭奸刘芬即刘树芬一名绑赴市曹处决。其石川伍一经管带亲兵营官王押赴教场，照公法用洋枪击毙讫。理合开具监刑官职揭呈送，须至职揭者，监刑官天津城守营存城汛千总任裕〔玉〕升。①

江南谍案

就在北洋的直隶天津查出石川伍一案之后不久，南洋地区也破获了一起重大的日本间谍案，案情更为曲折、复杂。

1894年8月19日，遵照清政府和南洋大臣连日下达的严防奸细的命令，南洋水师的"元凯"号炮舰当天照例在浙江一带海面巡弋，随时盘查经过的船只。当检查轮船招商局上海至宁波航线的商船"武宁"号（原"江天"轮）时，船上一名口音奇怪的和尚引起了盘查官兵的注意。在盘问过程中，这名和尚一会儿说自己是广西人，一会儿又说是贵州人，"言语支离，并无随带行李"。士兵们又从他身上搜出显然不是当时中国僧人会有的一些私人物品，"墨盒纸币、普陀山僧名单一纸，时辰表（怀表）一个，洋银二十二元，又小洋计一元四角五分，洋伞一把"。率兵登"武宁"号临检的"元凯"舰大副贝名润立即命令将这名奇怪的和尚带回进一步审查。②

---

① 《天津文武监刑官职揭帖》，中国近代史资料丛刊续编《中日战争》5，中华书局1993年版，第103页。
② 《浙江巡抚廖寿丰为查获日本奸细事咨》，中国近代史资料丛刊续编《中日战争》5，中华书局1993年版，第124—126页。

第十五章 谍战——甲午战争中的日谍大案

具体处理此案的浙江宁绍道台吴引孙见嫌疑犯是僧人，身上带有普陀山僧众的名单，又口口声声说自己是要去普陀山，于是便传讯普陀山的僧人来问话，看能否了解到关于此人的更多消息。未能料想，此举无心插柳，又牵出了一名在普陀山寺庙中的可疑僧人。普陀山法雨寺的方丈被传唤问话，表示并不认识"武宁"号上的僧人，同时透露了他住持的寺庙中有一名叫作高见的僧人形迹也很奇怪。

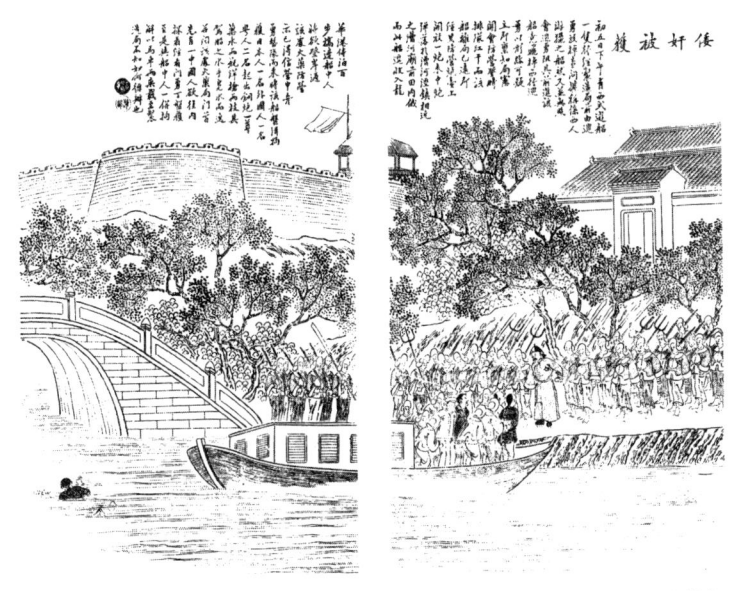

清末《点石斋画报》新闻画《倭奸被获》。此类题材是甲午战争时期中国国内新闻中的热点

"武宁"号上的神秘僧人，以及普陀山法雨寺的高见和尚很快被分别审讯，经过刑讯拷打，两人都交代了实情，原来二人都是扮作中国和尚的日本人。

"武宁"号上的神秘和尚交代自己是日本大阪人，名叫藤岛武彦，时年26岁，家中从事铁商，1879年来到中国读书，后在汉口、宁波、上海等地经商。不过他并不承认自己有任何的间谍行为，称自己在甲午中日两国正式宣战后，经友人介绍认识了日本驻上海领事大越，大越撤使回国前给了他20元路费，让他到普陀山找一位名叫高见的和尚一起回日本。"因想日本人到中国来不便，故于十七日剃落头发，不为识破日本人了。况且小的会讲中国话，普陀地方东洋人又不到的，所以小的扮做和尚，趁搭轮船要到普陀去的……小的实止受领事所托，去到普陀接高见，并没作奸细探听炮台洋面消息事。"①

高见和尚则交代自己是日本冈山人，全名高见武夫，时年27岁，但坚称根本不认识藤岛武彦，"藤岛所说大越领事，亦不认识，并无往来，他为人好歹也不晓得"。②

虽然两名假和尚都说自己没有任何间谍行为，但日本驻上海领事让藤岛去普陀山接高见回国，显得高见这个人物很不寻常。更让人起疑的是，高见坚持称既不认识领事也不认识藤岛，但藤岛却说认识高见，"这个高见和尚小的认得他。他不肯认小的，也是没法"。③

经发审委员梅振宗、浙江鄞县知县杨文斌反复逼问，两名日本人还是不承认自己有间谍行为。宁绍道台亲自审理，并施以酷刑，两人"熬刑移时，不肯复承他语"。为进一步查清该案，藤岛武彦被移交浙江鄞县看押，而高见和尚则被当作诱饵送到宁波天宁寺，交

---

① 《藤岛武彦供词》，中国近代史资料丛刊续编《中日战争》5，中华书局1993年版，第126页。
② 《高见武夫供词》，中国近代史资料丛刊续编《中日战争》5，中华书局1993年版，第126—127页。
③ 《藤岛武彦供词》，中国近代史资料丛刊续编《中日战争》5，中华书局1993年版，第126页。

第十五章 谍战——甲午战争中的日谍大案

由普陀山的僧人看管,"如有日本人到寺探望,即便密告拿究"。[①]

正当浙江省因为从这两名日本和尚身上得不到更多有价值的口供而头疼时,几天前上海破获的一桩日谍案突然使得此案峰回路转:在上海抓捕的两名日本间谍竟然称认识藤岛和高见二人,使得两案得以并案侦破。

1894年8月14日,几名中国捕快突然冲进上海法租界的一处客栈,抓出了两名留着辫子、身着中国服装的商人,尤为重要的是,在这两人身上搜查出了一份特别的暗语注释单。

  北部:
  上等品,即奉天府之兵。
  中等品,即辽阳府之兵。
  下等品,即锦州以西兵之总称。
  西部:
  上等品,即锦州附近之兵。
  中等品,即宁远附近之兵。
  下等品,即由山海关内来之兵。
  东部:
  上等品,即岫岩附近之兵。
  中等品,即凤凰城附近之兵。
  下等品,即由凤凰城东来之兵。
  ……

[①]《浙江巡抚廖寿丰为查获日本奸细事咨》,中国近代史资料丛刊续编《中日战争》5,中华书局1993年版,第125页。

酒类，即骑兵。

皮类，即兵船。

银，即水雷。

金，即防御兵。

……

某物某月初中下旬价何买无卖无，即某兵某月初中下旬某营向某地方发。

何月何日何货行情腾贵若干，即何月何日何兵何营增兵若干。

某月归家得病某月某日已愈，即某月某日某兵由鸭绿江过朝鲜。

……①

根据这些暗语，便可以用看似普通的货单、商贸信息形式隐秘记录中国军队的调动情形。两名"商人"在确凿的证据面前不得不低头，承认自己是日本间谍，分别名叫福原林平和楠内友次郎。

南洋大臣刘坤一感觉"案情关系重大，且该倭奸党类甚夥，尤须一一追究"，将两名间谍押解到省城江宁，由金陵洋务局道员曾广照、罗嘉杰等主持审讯。因为当时已得到浙江僧人案的通报，审讯官抱着试试看的态度向上海间谍询问浙江两名僧人的名字，一问之下，居然大有收获。

问：你叫福原临［林］平吗？

---

① 《日奸通报军情之暗码注释单》，中国近代史资料丛刊续编《中日战争》5，中华书局1993年版，第201—202页。

答：不错。

……

问：你认识藤〈岛〉武彦吗？

答：从前认识他的，现在不知他何处。

问：他现在做么？

答：不知道。

问：他本来做什么的？

答：他在日本大阪做买卖。

问：他多少年纪？

答：大约二十七八。

问：他现在留了辫子么？

答：从前留过，现在不知。

问：高见你知道么？

答：知道，他本来是个和尚，听说他现在普陀山。

……①

问：你是楠内友次郎么？

答：不错。

……

问：从前在上海同居之日本人有若干呢？

答：有姓吉原名洋三郎者，有姓土井名伊八者，有姓岩本名嘉次郎者，有姓饭田名正吉者，有姓白岩名龙平者，有姓森

---

① 《福原林平口供》，中国近代史资料丛刊续编《中日战争》5，中华书局1993年版，第185—190页。

川名省三郎者，有姓角田名隆次郎者，有姓青木名乔者，共八人，连我九人。

……

问：我国运兵船"高升"轮船前在牙山失事，谅必亦是你们打电通知日本的。

答：那时有姓神野者，是海军中官，他在北京公使馆。以外如驻天津之副领事以及烟台领事，均在探听军情。谅必是他们用电通知日本的。①

甲午战争中被侦获的日本间谍

根据福原林平和楠内友次郎招供的情况，浙江方面重新提审两名冒牌和尚，果然大为奏效，二人在证据面前无法狡辩，都招供自己的确是日本间谍。

据高见供："我名武夫，日本国冈山县人，年二十七岁，父母兄弟们都在本国。上年十一月，我到上海住瀛华广懋馆，与日本人福原临[林]平同馆，彼此交好。十二月我到普陀山，今年

---

① 《楠内友次郎口供》，中国近代史资料丛刊续编《中日战争》5，中华书局1993年版，第190—198页。

第十五章 谍战——甲午战争中的日谍大案

二月披剃为僧,密探中国地势。普陀山内除我一人外,别无日本人。这藤岛武彦也是同党,他能中国语,知中国事。他来招我,是要我一同窥探军情。那喃[楠]呐[内]友次郎、饭田正吉、景山长次郎、角田隆四[次]郎都是交好,同到中国⋯⋯"

据藤岛供:"我名武彦,日本国大阪人,年二十六岁,家有父母兄弟。十五年前,我到过中国读书,又到汉口做洋商。今年六月由大阪起程,七月初到上海见日本领事大越。因为中日交兵开战,大越给我盘费洋元,记有暗码,命我先到普陀山招高见武夫一同测绘中国地形,窥探军情。我剃去头发,扮作僧人。七月十六日由上海搭船,十九日到镇海口趁[乘]'武宁'轮船,被中国官兵盘获。我说间谍也是敌国忠臣,这有何妨。那福原临[林]平原是同党⋯⋯"①

至此案件水落石出,10月8日,福原林平、楠内友次郎首先在江苏省城江宁被斩首。藤岛武彦和高见武夫在略晚之后,援引律例"境外奸细入境内探听军情者,不分首从皆斩",经浙江省报由总理衙门请旨获准,于10月27日在浙江省城杭州被斩首。②

冰山一角

天津和江南破获的两起日本间谍案,是甲午战争中清王朝反间

---

① 《浙江按察使司详咨》,中国近代史资料丛刊续编《中日战争》5,中华书局1993年版,第287—288页。
② 《浙江按察使司详咨》,中国近代史资料丛刊续编《中日战争》5,中华书局1993年版,第288页。

谍工作的突出成绩。不过，该两案捕获、处死的都是日方较为低阶的情报人员，并没能触及日本在华间谍网的要害，整个甲午战争过程中，中国方面的军政活动始终还是处在日方的监视之中。

位于日本京都的"征清殉难九烈士碑"，
纪念的是在甲午战争中被中国抓获处决的9名日本间谍（陈悦摄）

日本肥后人宗方小太郎，是日本在华间谍的元老级人物，曾任北京支部主任，甲午战争爆发前，他的主要刺探目标是北洋海军的基地威海卫一带。8月1日中日宣战，日本开始撤离在华外交人员，他依然往来于烟台和威海卫之间，搜集北洋海军的情报。1894年9月16日，北洋海军护送运兵船前往大东沟的消息，即由宗方小太郎的间谍系统预先侦知并报告给日本国内。宗方小太郎在个人日记里对这段时间他的间谍活动有十分详细的记述：

第十五章 谍战——甲午战争中的日谍大案

八月五日，晴。终日在馆。下午七时军舰"镇边"号入港，盖为购买粮食自威海驶来者也。即派人探听威海之动静……

六日，晴。上午七时"通州"号轮船自天津驶来，我国小村公使一行搭乘该轮归国。予致函书记官中岛雄，并赠以桃一篓。又草拟致上海东文三君报告书二通，报告北洋之动静，托中岛君送出……

七日，雨。本日派高儿至威海，使之窥伺动静。舢板自天津来，要求薪金两个月，予根据井上馨之嘱，命其卖去舢板，适当处理。

八日，晴。本日派朴十至旅顺，探听情况。下午二时，以前派往旅顺之迟某经过二十一日归来，因无便船以致延误云。

十日，晴。"武昌"号轮入港，下午三时开往上海。致函东文三君，报告威海、旅顺之形势……下午三时高某由威海归来，谓目下碇泊于该港之兵船有"镇远""定远""经远""靖远""来远""致远""平远""超勇""威远""广丙""广甲""康济""湄云""镇东""镇中""镇北""镇边"十七艘，此外尚有鱼雷艇四艘云。

十一日，晴。上午有便船，送出致上海东君关于威海之报告……

十三日，晴。传说孙金彪派兵二营驻扎于烟台、威海间要地，袁世凯率兵一万五千自天津出发由陆路赴朝鲜云。

十四日，晴。十日"镇远""定远""经远""来远""致远""靖远""平远""广甲""广丙""济远"（十日下午经修理后返回威海）"扬威"十一舰，带水雷艇两艘，自威海出发，赴朝鲜近海；因未遇敌舰，于十三日返威海云。今日"镇远""定远""经远""来远""致远""靖远""广甲""广乙"八舰出威海，巡航旅顺、大沽等处。①

9月25日，因天津的石川伍一被处决，且宗方小太郎经天津寄发的第十二号和第十五号密函被清政府缴获，为安全计，日本间谍本部去电命宗方小太郎迅速撤往上海。28日下午2时，处理完善后事务后，宗方小太郎匆匆离开烟台领事馆，搭乘"连升"号商轮前往上海。

> 出领事馆时已被中国人所知，予虽知事已败露，进退两难，但宁进而失败，遂决心断然登上"连升"号。②

上船之后，宗方小太郎发现了好几个平日相识的中国人，看到这些认识自己的人，更感情况不妙，尤其是其中还有一位长江水师提标的把总军官蔡廷标。宗方小太郎于是决定冒险去会见这位姓蔡的军官。

> 予知若不先发制人，终不能自全，遂自行前往叩其室，会见蔡氏。蔡吃惊无言，予徐徐曰："两国已开战矣。"彼冷然曰："果有此事乎？我未之闻也。"暗示与予断绝之意。予曰："予幸

---

① 《宗方小太郎日记》，中国近代史资料丛刊续编《中日战争》6，中华书局1993年版，第113—116页。
② 《宗方小太郎日记》，中国近代史资料丛刊续编《中日战争》6，中华书局1993年版，第118页。

为儒生，在国内无官职，依旧得放浪于山水之间。今将暂归沪上，以避纷扰。"彼曰："嗟！危哉！足下之死生实在此船中。足下未闻官府悬赏数百金以购买公等乎？"予不动，从容曰："不向船中人告知予为日本人，可乎？"（此言系为考察蔡之心意，以卜其向背而发。）彼曰："当然。若一旦知君为东人，恐我无见君之期矣。"予闻此言即知其意，遂曰："然则遵命，不敢以告他人。亦愿足下秘而不宣也。"蔡曰："诺。"①

从一番对话不难听出，这名姓蔡的军官也曾是宗方小太郎借以获取情报的眼线，否则不会说出"若一旦知君为东人，恐我无见君之期矣"这样的话语，更不会不将宗方小太郎报官捉拿了。甲午战争时期日本间谍渗入中国社会、拉拢中国奸细的程度，已经到了令人不寒而栗的地步。

半借着机智，半凭着恐吓，宗方小太郎预先杜绝了船上相识的中国人举报自己，而后又冒充烟台和记洋行的湖北蔡店籍雇员，躲过了"连升"号上清政府反谍军官的盘查，安全地到了上海，此后继续开展谍报工作，遥控他布设在威海、旅顺一带的谍报网刺探北洋海军的情报。

甲午战争期间日谍肆虐的另外一项原因就是有大量中国人有意、无意地充当了日本人的情报眼线。在天津落网的石川伍一，被捕后还有一份机密供词，这份供词里透露出来的信息更加触目惊心。

---

① 《宗方小太郎日记》，中国近代史资料丛刊续编《中日战争》6，中华书局1993年版，第118页。

供云：我系神大人差来坐探军情的。自光绪九年，即在中国北京、天津等处往来。现在住在军械所刘树芬家中，或来或去。代日本探官事的人，有中堂（李鸿章）签押戴姓、刘姓、汪大人，还有中堂亲近的人，我不认识。我认识刘树芬，系张士珩西沽炮药局委员李辅臣令汪小波引近［荐］的，已有二三年了。刘树芬已将各军营枪炮、刀矛、火药、弹子数目清册，又将军械所东局海光寺各局置［制］造子药每天多少，现存多少底册，均于正月底照抄一份，交神大人带回我国。张士珩四大人与神大〈人〉最好，因此将中国各营枪炮子药并各局每日置［制］造多少底细告知神大人。水师营务处罗丰禄大人的巡捕于子勤，还有北京人高顺，在烟台、威海、旅顺探听军情。神大人同钦差、领事起身之时，约在六月二十八、九，七月初二、三日，神大人半夜在裕太饭馆请中堂亲随之人，并汪小波、于子勤、戴景春、戴姓、刘姓、汪大人、刘树芬等商议密事，遇到有要紧军情，即行飞电。所说皆系实话，未见面的人不敢乱供姓名。我系日本忠臣，国主钦差遣探军情，不得不办。在中国探事的不止我一人，还有钟崎，住在紫竹林院元堂药店。又穆姓在张家口，现在均到北京。又有钟姓一人，由京往山海关，皆穿中国衣服。又有日本和尚，现在北京，能念中国经，皆说中国话。打电报叫日本打"高升"船官兵的信，是中堂衙里送出来的，电是领事府打的。所供是实。[1]

---

[1] 《日本奸细石川伍一供单》，中国近代史资料丛刊续编《中日战争》1，中华书局1989年版，第235—236页。

第十五章 谍战——甲午战争中的日谍大案

显然，这份牵涉到了过多人的供状，李鸿章并没有上奏呈报，后来礼部侍郎志锐获得抄件，专门上奏，也未引起清廷的特别留意。供状中的内容，今天已经无法一一加以核实，不过诸如"中国各营枪炮子药并各局每日制造多少底细"这类情报，的确在日方的档案中能够查到对应的内容，这类涉及机器局上下班时间、加班时间、产量等极细内容的情报，显然不是一般人所能掌握的。

值得注意的是，潜伏于中国的日本情报人员，倘若要将相关情报及时传达至日本，最便捷的手段就是电报。在当时，无线电报尚未发明运用，电报的形式为有线电报，中日两国间的电报主要是通过上海至日本的海底电缆传送，意味着日本情报人员需要到中国政府开设的电报局付费发送电报。这种情况下，显然不能直接把涉及军情的文字内容交由中国电报局工作人员，根据商业电报的明码规则翻译为收发电报所用的数字格式电报码，日本情报人员或者把情报内容按照加密规则改写成外人看不出的暗语，又或者干脆采用密码规则预先把电文翻译成数字码，再交由电报局拍发。

中日甲午战争爆发后，为防日本情报人员利用有线电报传送情报，北洋大臣李鸿章曾严令电报局不得接受不明密码内容的电报发送，并要稽查寄发人的信息。按此，如果电报局严格执行规定，日本间谍在中国获得的情报根本无法用电报快速传回国内。同时，电报局工作人员倘若充满警惕心，必然会对一些发往日本的文意含糊的电报，或无法用商业电报明码解译的密码电报产生注意，进而对前来办理发电报业务的当事人加以关注。然而，整个甲午战争期间，日方情报人员始终能够通过中国电报局向其国内发回以密码或暗语改写的情报电文，这样的情况令人不免怀疑中国电报总局内部是否存在通敌的奸细。中国电报总局是甲午战争期间中国军事行动的重要信息枢纽机构，倘若这一机构内部存在奸细，问题的严重性不言而喻。

和日本颇有效率的谍战攻势相比，甲午战争时期中国在日本并没有任何真正的情报工作，目前所能查到战争期间中国派出的间谍，仅有一位名叫李家鳌的官员。他曾以商务官员身份潜伏至海参崴，在那里刺探俄国军事调动的情报，并间接了解朝鲜、日本情报，然而成果并不突出。

甲午战争中，古老的中国犹如一个耳聋眼瞎的老者，与耳聪目明、身强力壮的日本相搏，尽管秘密战线上破获了几起日谍案，但总体上并未能解决情报外泄的问题。

第十六章 "避战不出"
——北洋海军主力停留旅顺经过

黄海海战后的北洋海军

1894年9月17日午后,北洋海军和日本联合舰队的主力军舰在鸭绿江口外黄海海域进行了甲午战争史上规模最大的一次海上战役——黄海海战(战场范围在现今辽宁省丹东东港至大连庄河所辖海域内)。这场海战的战况空前激烈,北洋海军因为在舰船火力、舰船机动力等诸多要素上落后于日军,蒙受了巨大的损失,以失利告终。

海战前,北洋海军自身共有能够执行出海作战任务的主力军舰10艘("定远""镇远""致远""靖远""经远""来远""济远""平远""超勇""扬威"),另有北派接受北洋海军调遣的广东水师主力军舰两艘("广甲""广丙")。这12艘军舰全数投入了黄海海战,经历恶战,其中的"致远""经远""超勇""扬威"四舰不幸战沉,广东水师的"广甲"舰在逃离战场开往大连湾途中,在大连湾口的大崗山大崗口内(今辽宁省大连市大孤山北石洞附近的小海湾)抢滩损毁。[①]总体上,黄海一战,北洋海军失去了近一半的主力作战军

---

① 《金州押收統領趙懷業往復電文の抄訳》,《JACAR(アジア歴史資料センター)Ref. C06060154100、従明治二十七年11月至明治二十七年12月〈秘密日清朝事件諸情報綴〉(防衛省防衛研究所)》,第526页。

舰，可谓遭受重创。

不仅如此，海战后得以返回旅顺的北洋海军主力军舰，普遍都带有轻重程度不等的伤情。

1894年9月18日，参加黄海海战幸存的北洋海军军舰陆续回到旅顺，不久北洋大臣李鸿章即接到了北洋海军提督丁汝昌、北洋海军总查汉纳根、旅顺船坞工程总办龚照玙等人报告海战相关情况的系列电报。这些电报里，除汇报了海战的经过外，多有提到返回旅顺的北洋海军参战军舰的负伤问题，诸如"船炮皆经受伤，军火亦经用罄"[1]"'镇远''定远'各伤千余处，余船伤亦甚多"[2]等信息，都显现了当时北洋海军舰队存在的严重伤情。

综合战后的各种资料记载，北洋海军参战各舰以中弹数最多的铁甲舰"定远""镇远"和军舰中后部舱房被焚烧殆尽的"来远"舰的伤情最为严重，其他的如"靖远""平远"等舰虽然伤势相对较轻，但也非经维修不能作战。

为恢复北洋海军的战斗力，使其能重新回到海上，只有尽快设法修理这一个办法。在得到李鸿章有关海战战况、军舰受伤情况的奏报后，清政府于海战后的第二天，即1894年9月19日颁布谕旨，就黄海海战之后北洋海军的下一步行动，以及黄海海战之后的战局部署，做出了明确的指示：

>……著李鸿章查明伤亡士卒，请旨优恤，一面饬丁汝昌将各舰赶紧修复，以备再战。倭船数多于我，并图深入内犯，此

---

[1] 《寄译署》，《李鸿章全集》24，安徽教育出版社2008年版，第345页（G20-08-191）。
[2] 《寄译署》，《李鸿章全集》24，安徽教育出版社2008年版，第347页（G20-08-198）。

第十六章 "避战不出"——北洋海军主力停留旅顺经过

时威旅门户及沿边山海关各口十分吃紧，应饬分防驻守各兵弁昼夜调察，严密防范，毋令一船近岸……①

由这份谕旨可以看到，清政府此时对北洋海军的要求是尽快修船，"以备再战"；而对北洋一线，包括旅顺、威海乃至山海关的沿海防务，清政府则要求驻扎各地的陆军加强防范——实际上就是暂时免除北洋海军出海作战的任务，以便其专心修理伤损，尽快恢复战力。

因为当时北洋海军的后路保障机构中仅有旅顺基地拥有大型干船坞，具有大修"定远"等大型军舰的能力，北洋海军各主力舰此后即停留在旅顺实施舰船维修，具体的修理施工由旅顺船坞工程总办龚照玙组织，因此北洋大臣李鸿章之后在涉及北洋海军军舰修理的事务方面，往往是同时向丁汝昌和龚照玙二人下达指示。在这期间，又由于北洋海军提督丁汝昌在海战中受伤较重，于9月21日奉旨给假调治，由右翼总兵刘步蟾暂行代理提督，与旅顺船坞协调修理军舰的事务多由刘步蟾主持。②

根据19世纪90年代的造船工业技术，以及北洋海军黄海海战参战军舰的受伤情况，乃至一些残留至今的北洋海

保存在日本福冈太宰府的"定远"
舰船壳板
弹痕周边的一圈铆钉孔是海战后进行
修补的痕迹（陈悦摄）

---

① 《军机处电寄李鸿章谕旨》，《中日战争》3，上海人民出版社1957年版，第107—108页。
② 《寄旅顺丁提督》，《李鸿章全集》24，安徽教育出版社2008年版，第357页（G20-08-232）。

军军舰舰材（以日本福冈太宰府"定远"馆保存的两块"定远"舰舰材最为明显）来看，当时在修理军舰舰体伤痕方面所采取的方式有两种：一种是更换受损的部件、设备；另一种则是，对于船壳板、上层建筑外板上的弹孔等伤损，主要是用钢铁板材切割成和弹孔形状相近的"补丁"，由工人用铆接法将"补丁"覆盖铆接到弹孔上进行遮补。倘若遇到过大的破口，或者在一个区域范围内弹痕过于密集，则会干脆将该区域原有的整块板材撬去，直接制作一张新板材铆接替换。这些修理，不仅要求有足够的材料备件，而且必须有大量熟练掌握剪板、铆接、钣金等技术的工人。旅顺船坞由于长久没有大的修造工程，其平时的常规作业不过是军舰入坞、刮洗油漆等，因而大量涉及金属加工、铆接的技术工人被外借给开平矿务局、天津机器局等处，突然面对十万火急的军舰修理工程，旅顺船坞的工人根本无法应付。

在清政府颁布修船谕旨的第二天，李鸿章根据北洋海军总查汉纳根的建议，立刻命令开平矿务局和大沽船坞、天津机器局等机构，赶速调集熟练技术工人前往旅顺救急："旅顺船坞急需添匠，赶修兵船。"①天津机器局派出的第一批六名钳工最先于21日赶乘大沽轮驳公司的"金龙"轮船前往旅顺。②开平矿务局首批借调的一名工头、十名工人也从唐山乘火车赶到塘沽，于9月23日搭乘开平矿务局的运输船"富平"号前往旅顺。③

黄海海战后，北洋海军受伤各舰在旅顺船坞的修理活动，由此

---

① 盛宣怀档案资料选辑《甲午中日战争》下，上海人民出版社1982年版，第217—218页（331）（332）（333）（334）。
② 盛宣怀档案资料选辑《甲午中日战争》上，上海人民出版社1980年版，第162页（977）。
③ 盛宣怀档案资料选辑《甲午中日战争》下，上海人民出版社1982年版，第222页（343）。

第十六章 "避战不出"——北洋海军主力停留旅顺经过

渐次开始着手，然而就在这时，与旅顺一海相隔的山东威海突发了一起特殊事件，使得北洋海军在旅顺的修船活动，乃至李鸿章、清政府对北洋海军的调度方略受到了严重影响，也由此引发了后来李鸿章对北洋海军的出巡催促。

日本军舰风波与李鸿章催舰出巡

与北洋海军的状况迥异，日本联合舰队参战军舰在黄海海战中未损失一艘，且在战后很快就恢复了战斗力。

除"松岛""比叡""西京丸""赤城"四艘伤势较重的军舰送回本土修理外，其余军舰在1894年9月19日全部集结于朝鲜西海岸的小乳薐岬锚地，由工作船"元山丸"利用搭载的技术工人和装备、材料进行应急维修，并由运输船"千代丸""土洋丸"提供弹药补给，"玄海丸"帮助撤走伤员。至9月22日，日军修理和补给完毕，完成了战斗准备。[1]

黄海海战前，日本海军能够执行出海任务的军舰达26艘之多[2]，而黄海海战重伤的四艘军舰中，只有"松岛""比叡""赤城"三艘算是可以出海作战的军舰，其中又只有"松岛"一艘算是主力舰。由此可见，日本海军因海战而导致的战力减损十分微弱，而且这种减损只是暂时性的，其战力随着受伤军舰的修复能够很快得到恢复。

---

[1] 日本海军军令部：《廿七八年海战史》上卷，日本东京春阳堂1905年版，第288页。
[2] 黄海海战前日本海军所拥有的可以出海作战的军舰（不含鱼雷艇、代用巡洋舰、辅助军舰等）具体包括："松岛""严岛""桥立""吉野""秋津洲""千代田""高雄""八重山""浪速""高千穗""扶桑""比叡""金刚""筑紫""武藏""大和""葛城""海门""磐城""天城""大岛""鸟海""赤城""摩耶""爱宕""天龙"。总计26艘之多。

西方铜版画：黄海海战后在旅顺进行维修的北洋海军军舰

此时，正值日本大本营决定组成陆军兵团侵入辽东半岛，需要海军预先寻找适合登陆的海岸，于是联合舰队司令长官伊东祐亨在舰队完成战斗准备的9月22日当天，即制定了一个大规模的侦察活动方案。具体由联合舰队的主力（本队、第二游击队及其他附属军舰）于23日出发，前往海洋岛以北至大孤山一线的辽东海岸实施侦察。为确保主要侦察行动的安全，航速较高的巡洋舰"浪速""秋津洲"提前于22日当天下午4时离开锚地，沿威海—烟台—大连湾这一顺序，依次进行侦察，以便了解、掌握北洋海军的动向，而后前往海洋岛以北，与舰队主力会合及做出汇报。①

威海北山嘴炮台（旧址在今威海市合庆山庄酒店），是威海湾北岸炮台群中最靠近外海的一座炮台。1894年9月23日上午8时许，驻守该炮台的绥军突然发现外海出现了两艘形迹可疑的舰船，进而判断

---

① 日本海军军令部：《廿七八年海战史》上卷，日本东京春阳堂1905年版，第288页。

第十六章 "避战不出"——北洋海军主力停留旅顺经过

出是日本军舰。可能是由于紧张，驻守炮台的营官未听取炮法学堂见习生的建议，在8 100米的较远距离上即下令开火，且未按照要塞炮观察、瞄准的程序实施射击，在短短半分钟里即胡乱快速发射了四发，并未命中日舰，随后这两艘日本军舰即从威海湾外向西驶离。①

黄海海战之后的第六天，日本军舰突然出现到北洋海军基地威海附近，这一万急的军情由威海绥巩军统领戴宗骞以电报在当天上报给北洋大臣李鸿章：

> 今早八点钟，有倭兵船两艘窥北口。头船距台八千一百密达，试开两炮，弹正对船身，不及约丈许，旋即驶远，游弋西北山后复向西行。不审有无后帮，容俟侦查续报。②

9月23日被威海北山嘴炮台守军目击到的这两艘日本军舰，正是前一天下午从朝鲜西海岸驶出的"浪速"舰、"秋津洲"舰。二舰在23日上午从威海湾北口外驶过后，继续按照原定侦察路线驶向烟台、大连湾实施侦察，以便为联合舰队主力在海洋岛北方调查登陆海岸的行动提供外围警戒。而随着这两艘日本军舰的一路活动，23日当天李鸿章又接到了一系列的告急电报。

23日下午，威海水陆营务处道员牛昶昞从刘公岛向李鸿章电报："倭船二只向西转向北云。"③

---

① 《寄译署》《寄威海戴道》，《李鸿章全集》24，安徽教育出版社2008年版，第364、375页（G20-08-252、G20-08-293）。
② 《寄译署》，《李鸿章全集》24，安徽教育出版社2008年版，第364页（G20-08-253）。
③ 《寄大沽罗协北塘吴镇并山海关卞统领等》，《李鸿章全集》24，安徽教育出版社2008年版，第365页（G20-08-259）。

东海关道刘含芳从烟台向李鸿章电报告急："倭船早晚两次在口外游弋。"①

到了晚间，李鸿章又接到了旅顺船坞工程总办龚照玙发来的电报："顷有灰色倭船两只，未挂旗，行距口门三十里，慢车东去。"②

突发紧急军情，直接考验的是军事统帅的分析、判断、应变能力。威海、烟台、旅顺等地出现的两艘日本军舰，究竟是不是同一组？日本军舰的意图是什么？应该采取何样的应对策略？这些问题成为当时总揽对日作战具体指挥调度事宜的李鸿章必须立刻做出解答的难题。

也就在军情传来的当天，北洋大臣李鸿章快速做出了判断，而他的判断显然受到了此前从东海关道刘含芳处得到的一个情报的影响。

在两艘日本军舰出现于北洋沿海之前的9月20日，东海关道刘含芳曾向李鸿章通报了一个得自英国驻华公使欧格讷的消息，即日本原有50艘运兵船聚集朝鲜，其中20艘近日消失不见，刘含芳怀疑"恐在北路登岸"③，担心日军可能会在北方某地实施登陆作战。

建立在这一事前获得的情报基础上，当两艘日本巡洋舰出现的警讯传来，李鸿章即判断这可能是日军将要实施登陆作战的前兆。9月23日中午，李鸿章向旅顺船坞工程总办龚照玙、北洋海军提督丁汝昌发去了一份极为重要的指示：

---

① 《北洋大臣来电二》，中国近代史资料丛刊《中日战争》3，上海人民出版社1957年版，第119页。
② 《附　龚道来电》，《李鸿章全集》24，安徽教育出版社2008年版，第366页（G20-08-262）。
③ 《北洋大臣李鸿章奏据闻日用五十轮船运兵恐在北路登岸电》，中国近代史资料丛刊续编《中日战争》1，中华书局1989年版，第237页。

第十六章 "避战不出"——北洋海军主力停留旅顺经过

> 各船除"定""镇"赶修外,其余受伤轻者尚能出口外傍岸游奕否,约有几只,速电知。威海报:今早有日船二在北口外四十里,未知何向。知我船伤不能出故示威风,抑随后再有大队。禹亭须设法预备支持,即不能远出,须傍口外游巡,使彼知我非束手也。鸿。①

这份电报体现了李鸿章对两艘日舰出现的军情所做的一些基本分析判断。李鸿章怀疑当天出现的两艘日本军舰属于前哨,是来探看北洋海军的虚实,此后可能会有大队的日本舰船来到。李鸿章担忧,如果日本军舰发现北洋海军此时已经毫无战斗力,后果将不堪设想,于是指示丁汝昌派军舰前往旅顺口外,设法营造、展现出北洋海军战力仍在的假象,以此达到迷惑、威吓日军的目的。

当天傍晚,李鸿章就两艘日本军舰出现一事,又分别向大沽、北塘、山海关等地的守将罗荣光、吴育仁、卞长胜发去电报,要求各部严密防范,②显现了李鸿章对大队日军进攻方向的判断。朝鲜海岸神秘消失的日军运兵船,在威海等地突然出现的两艘日本军舰,被李鸿章分析成了可能是一场针对渤海湾内的登陆攻势前兆。原本只是日本联合舰队派出执行外围侦察任务的"浪速""秋津洲"二舰,就此阴差阳错地搅起了渤海全线防务告急。

战力大损的北洋海军,尽管在9月19日奉旨专心修船,且至两艘日本军舰出现的23日时,修船的工作只不过才刚刚开始,但此时

---

① 《寄旅顺丁提督龚道》,《李鸿章全集》24,安徽教育出版社2008年版,第363页(G20-08-251)。
② 《寄大沽罗协北塘吴镇并山海关卞统领等》,《李鸿章全集》24,安徽教育出版社2008年版,第365页(G20-08-259)。

外部风云剧变，李鸿章显然已经不容许北洋海军再专心修船，北洋海军在黄海海战后的行动方针由此发生剧变。

停留旅顺

23日，得到李鸿章询问北洋海军是否有军舰能出海巡弋和要求准备军舰"傍口外游巡"的重要来电后，丁汝昌和龚照玙在当天就联名向李鸿章做出了汇报。

> ……各舰受伤较轻者"平远""济远""靖远""广丙"，约半月后修好，"定远""镇远"舵机、炮械、起锚机器破损，昼夜兼工修理，下月末始能修齐。又，"来远"后半部上下甲板烧毁，铁梁弯曲，需二个月后始能修竣，目下无一舰可以出巡。[①]

这份未被收入北洋大臣李鸿章函电集（包括《李文忠公全集》，以及现代整理、编辑的多个版本的《李鸿章全集》）的电报中，丁汝昌、龚照玙对北洋海军军舰的受伤情况以及修理所需时间做了汇报，并据此说明北洋海军军舰此时不具备出巡能力。电报中列出了一个较为清晰的修理时间表，各舰根据伤势轻重，将分在远近不等的三个时间节点上修完，即半个月以后、一个月余以后、两个月以后。由于是伤舰修理工作的具体管理者和北洋海军的提督共同汇报，其开列的应当是二人研究、讨论之后，一致认为较有把握的修竣时间。

[①]《旅顺押收道台龚照玙往复信书抄訳》，《JACAR（アジア歴史資料センター）Ref. C11080920800、雑報告第1冊、明治二十七年11月至明治二十八年2月（防衛省防衛研究所）》，第629页。

第十六章 "避战不出"——北洋海军主力停留旅顺经过

在旅顺船坞中修理的北洋海军主力舰"定远"

在日本军舰于近海出没，后续可能有大队登陆的形势下，李鸿章急切期望北洋海军能立刻有舰只开出军港之外，好让日方知道北洋海军军舰已能出海，从而略有忌惮，阻吓自己所预感到的日方运兵登陆渤海湾内的企图。当接到丁汝昌和龚照玙的报告后，李鸿章对其中受伤较轻、预计修理时间最短的一组军舰产生了兴趣。第二天（9月24日）上午回电丁、龚，

黄海海战中伤情最为严重的"来远"舰，中后部的木制甲板焚烧殆尽，舰体钢梁也出现了变形的迹象

以不容分说的态度施加压力，要求将这组军舰的修理时间从原定的半个月压缩到十天以内。同时命令丁汝昌仍须立刻让军舰出现在外海，哪怕是根本没有出海作战能力的"镇"字蚊子船，以从速布置好吓唬日军的"空城计"。

> "平远""广丙""济远""靖远"四船务于十日内修好，在威、旅附近游巡。不然，日知我无船，随意派数船深入，到处窥伺，若再护运兵船长驱直入，大局遂不可问，切勿迟误。四"镇"炮船无伤，应令同两大雷艇在口外附近巡探，略壮声势，未便置之不问。①

与此同时，李鸿章在9月24日上午也向总理各国事务衙门发去一份相关电报。在给中央的汇报中，李鸿章称北洋海军各舰至九月中下旬即能修齐（按，农历九月中下旬，即10月13日至28日间），并再度表达了自己对日本军舰动向的判断：

> 据烟台电：倭船早晚两次在口外游弋。又，旅顺电：戌刻有倭船两只，距口三十里，慢车东去，此即由威海口外来者，系知我海军受伤，在旅坞修理，未能出剿，故来窥探。电询丁、龚赶修，必须九月中下旬始能修齐，殊为焦急，已分饬各口严防。目前尚无虑，恐其续来大队兵船、护运船深入耳。②

---

① 《寄旅顺丁提督并龚道》，《李鸿章全集》24，安徽教育出版社2008年版，第370页（G20-08-276）。
② 《寄译署》，《李鸿章全集》24，安徽教育出版社2008年版，第370页（G20-08-275）。

第十六章 "避战不出"——北洋海军主力停留旅顺经过

令李鸿章多少有些始料未及的是，如同李鸿章在没有详细询问北洋海军修理的具体工程量等细节，即以不容分说之势要求丁汝昌、龚照玙将所制订的半个月修船计划压缩至十天，当李鸿章所称九月中下旬北洋海军军舰能够修齐的消息上报清政府中央后，清廷于当天下旨，同样以不容分说之势要求缩短工期，正式开始了对海军修船活动的催促："海军修船九月始齐，未免太迟，着加催赶紧。"①

面对朝廷的压力，李鸿章似乎无法进行解释，只得将压力转嫁给旅顺的丁汝昌和龚照玙。尚未等到自己规定给丁、龚二人的十天修船限满，仅仅经过了两天，李鸿章就在9月27日以"旨催修甚急"为由，催促二人，并意味深长地用"切勿任员匠疲玩"这样的话语对丁、龚进行诫告，似乎是在修船问题上为自己预留空间。同时，电报再度提醒丁汝昌，需要立刻派船到旅顺口外活动，以威吓日舰。

> "济""靖""平""丙"四船何日修好，即报闻。信息日紧，即不能制敌，亦可在口外近边游弋，使彼知我非束手待毙。旨催修甚急，切勿任员匠疲玩。②

从日军占领旅顺后缴获的1894年8月至10月旅顺港进出港舰船时刻表看，自9月24日之后，北洋海军事实上有"左一"等鱼雷艇经常出港，虽然在目前所能见到的丁汝昌、龚照玙致李鸿章的函电

---

① 《附　译署来电》，《李鸿章全集》24，安徽教育出版社2008年版，第374页（G20-08-289）。
② 《复旅顺丁提督龚道》，《李鸿章全集》24，安徽教育出版社2008年版，第384页（G20-08-327）。

中未见有相关汇报，但可以认为事实上他们已经一定程度执行了李鸿章的命令。同时，面对李鸿章有关快速修船的接连催促，丁汝昌、龚照玙在9月28日以书信的方式，向北洋沿海水陆营务处盛宣怀详细阐释了修理舰船工作的实际困难，以及难以快速派出军舰巡洋的原因，希望盛宣怀能够帮助就近向李鸿章说明旅顺方面的苦衷。

> 昨日中堂电命"靖远""济远""广丙""平远"四舰修竣出海游巡制敌云，查该四舰昼夜督催赶修，然"靖远""济远"大炮钢底、钢圈破损，无复能用，"平远"请领之开花弹至今未到，"广丙"三门快炮只余六十余弹，以何制敌？倘遇敌即避，彼速力快捷，我速力迟缓，遂更失体面，越发壮彼之声威，殊非得计也。若遇敌接战，则军器不整，何以驰逐折冲？海军兵力本单薄，加之鹿岛之战，四舰沉焚，一舰搁浅，今堪战者只"定远""镇远""靖远""来远""济远""平远"六舰而已，且"平远"速力迟缓，非至十月中后，修理绝难竣工，且各舰炮身多有破损，兵器弹药不知何时能到。念及此事，不堪焦灼之至。若此时再失一、二舰，声势更加减损。昌已有定见，一俟各舰修理告竣，不论舰之多寡，必力战以酬国恩。船人俱亡之时，既是昌责尽之日。昌之决心已如斯，但此只是顾己之义，实与国家毫无裨益……[①]

---

① 《旅顺押收道台龚照玙往復信書抄訳》，《JACAR（アジア歴史資料センター）Ref. C11080920800、雜報告第1冊，明治二十七年11月至明治二十八年2月（防衛省防衛研究所）》，第629—630页。按，当天下午"金龙"轮船从旅顺开往大沽，该信可能是交"金龙"轮船转递。

因为是信文，其包含的信息量远远超过文辞扼要的电报，信中最关键的是披露了当时北洋海军除军舰舰体有伤外，还存在一个巨大的问题，即军舰赖以作战的火炮炮械多有损伤，一些军舰的弹药也十分缺乏。

对于军舰来说，如果火炮无法使用，或者没有弹药，就算是舰体修复得完好如初，显然也不能算是完成了战斗准备。处在天津的大帅尽可以凭着自己的想象，做出纵横捭阖的指挥；但千里之外在前敌具体统兵的将领，则需要考虑更多细节方面的可操作性。

现代有学者曾对当时北洋海军在李鸿章的反复催促下仍然迟迟不出旅顺的情况表达了自己的不解："不知出于胆怯，还是伤势未愈，或者军舰确实难于修复，北洋海军依然毫无动静。"[1]实际上，纵然是在21世纪，一支舰队要完成作战准备，除军员的胆量、健康以及军舰的完整性外，还要考虑诸如弹药、燃料补给等很多因素，并非一桩简单的事情。

黄海海战后的弹药补给

1894年9月28日，丁汝昌、龚照玙在给盛宣怀的信中道出了黄海海战后北洋海军面临的急需弹药补给的问题。既往，在学界有关这一阶段北洋海军活动的研究讨论中，这一问题或是没有受到足够的重视，或是做出了一些明显有误的分析判断，以至于并没有将弹药问题融汇到北洋海军黄海战后在旅顺修理、整备的活动中一体考

---

[1] 姜鸣：《龙旗飘扬的舰队——中国近代海军兴衰史》（甲午增补本），三联书店2014年版，第386页。

量，事实上，弹药问题直接关系到当时北洋舰队的战斗力能否恢复。

从目前所能见到的档案史料来看，黄海海战之后，首先提出弹药补给问题的当是北洋海军提督丁汝昌。之前北洋海军处理弹药问题的通常路径，是向天津军械局报送所需清单，再由天津军械局指示旅顺弹药库拨发；倘若库存不足，则或是安排天津机器局生产，或是采取外购、调拨等方式加以解决。黄海海战结束后，丁汝昌显然仍是依照这一程序与天津军械局协商处理弹药问题，之后则在与北洋沿海水陆营务处盛宣怀的通信中透露出了这些问题。9月25日，盛宣怀曾致电丁汝昌，询问北洋海军所需补充的弹药种类和数量："闻此次海战缺乏开花弹。卅半生脱、廿六生脱、廿一生脱大炮，需添开花弹各若干出？"①

西方铜版画：黄海海战后在旅顺进行维修的"镇远"舰

---

① 盛宣怀档案资料选辑《甲午中日战争》上，上海人民出版社1980年版，第175页（1062）。

这份电文中包含有两层重要的信息。

首先，北洋海军急需补充的是305毫米、260毫米、210毫米三种口径的舰炮炮弹。以当时北洋海军的舰船技术情况分析，其中305毫米口径火炮是"定远""镇远"二舰的主炮，共计八门；260毫米口径火炮是"平远"舰的主炮，共计一门；210毫米口径火炮是"靖远""来远""济远"舰的主炮，共计七门。这六艘军舰恰是当时北洋海军全部的出海主力舰，由此也意味着北洋海军的出海主力军舰均存在主炮弹药不足的问题。

其次，电文中格外强调了需要开花弹（Common Shell）这一弹种。北洋海军上述各舰的主炮均为德国克虏伯式，克虏伯舰炮所配套的主流炮弹种类分为开花弹和穿甲弹（Armor Piercing Projectile）两种（日本海军称开花弹为通常榴弹，称不同材质的穿甲弹为坚铁榴弹、钢铁榴弹、填砂弹）。原本根据世界海军的炮术理论，穿甲弹用于穿透敌方军舰的装甲，破坏其内部结构，从而达到击沉敌舰的效果；开花弹则是通过命中目标后产生的燃烧、爆炸来杀伤敌方人员，毁伤敌舰上层建筑和设施。[①]在未经实战检验前，两种炮弹似乎并没有足够理由偏废，因而北洋海军的中大口径火炮普遍是以一定比例同时装备两种炮弹。然而通过黄海海战的实战表现，北洋海军发现克虏伯开花弹的杀敌效果要好于穿甲弹，因而战后开始格外强调增加开花弹的配置。

针对丁汝昌的要求，原本并不分管军械事务的盛宣怀开始过问此事，向天津军械局乃至天津机器局东局询问、催促，因为并无库

---

① 有关当时克虏伯开花弹、穿甲弹等弹种的性能、特点，参见日本海军兵学校：《炮术教学》卷二，1893年版。

存可以补充，只得依靠天津机器局东局的炮子厂昼夜赶造。9月28日，天津军械局准备了80枚"定远""镇远"305毫米口径主炮用的开花弹从天津起运[①]，然而匆忙间发生了令人不可思议的错误，这80枚北洋海军急盼的305毫米口径开花弹竟被运到了山东威海，而不是送到北洋海军主力舰当时所在的旅顺，对军舰补给毫无帮助。

北洋海军主要的弹药军火供应地——天津机器局东局

根据天津机器局东局的测算，下一批海军弹药需要等到10月8日前后才能生产备妥，计将有80枚305毫米口径开花弹、100枚210毫米口径开花弹、100枚150毫米口径开花弹。[②]尽管从形式上看，天津机器局生产的这批炮弹可能都属于效能较差的旧式克虏伯炮弹，

[①]《顾元爵致盛宣怀函》（一），盛宣怀档案资料选辑《甲午中日战争》下，上海人民出版社1982年版，第248页（375）。

[②]《□□□致盛宣怀函》，盛宣怀档案资料选辑《甲午中日战争》下，上海人民出版社1982年版，第261页（398）。另据战前日本情报机构的侦查，天津机器局炮子厂有工人300余人，每天按再加班半天计算，平均一天最多可以生产30枚炮弹，这一数字与天津机器局在9月29日估计的至10月8日能生产出280枚炮弹的数字基本相符。

即1880年前式①，而从质量上而言，在天津机器局就地监工的北洋海军洋员哈卜门称当时赶造的炮弹问题很大，但就是这样的炮弹，却是嗷嗷待哺的北洋海军所能指望获得的最近的一批弹药补给。

关于此时北洋海军的弹药供给问题，现代有学者认为实际上根本不缺乏，其说法主要以对北洋海军的战斗力影响最大的"定远""镇远"舰的305毫米口径主炮的开花弹为例。根据1894年12月中旬清政府特使徐建寅在威海调查得到的军舰和库存共有403枚305毫米口径开花弹的数字，减去之前9月末、10月初天津军械局分两批发出的共160枚炮弹，结果为243，认为北洋海军在获得160枚炮弹补给之前实际有243枚305毫米口径开花弹的富余存底，由此可见实际上并不缺乏弹药，"显然，要么军舰上其实并不缺乏炮弹，要么相当一部分炮弹没有运上军舰，被堆放在旅顺、威海的基地中。假如由于是后一原因造成弹药供应不足的话，只能说明北洋海军在黄海海战前段作战准备极不充分，丁汝昌对此难辞其咎"。②

实则，这种算法并不可靠，因为在天津军械局于9月末、10月初各运出80枚305毫米口径开花弹之后，至12月中旬徐建寅查验北洋海军之前，有档案可稽的弹药补给起码还有一次，即10月底天津军械局又向北洋海军紧急运送了270枚305毫米口径开花弹。据此，倘若按照论者上述的计算模式和逻辑，以徐建寅12月中旬查验到北

---

① 甲午战争时代，克虏伯火炮的炮弹分为几种不同样式：新式的1880年式，其炮弹长度与直径的倍数比为3.5倍（穿甲弹）、4倍（铁开花弹）、4.5倍（钢开花弹）；旧式的1880年前式，其炮弹的长度和直径的倍数比均为2.8倍。从天津机器局通报的相关档案看，这批炮弹中的305毫米炮弹正是2.8倍口径的低威力1880年前式炮弹，其余各口径炮弹极有可能也属于此类。
② 姜鸣：《龙旗飘扬的舰队——中国近代海军兴衰史》（甲午增补本），三联书店2014年版，第377页。

洋海军存有403枚305毫米口径开花弹，减去上述几次补给增运的430枚305毫米口径开花弹，所得的则是一个尴尬的结果，即北洋海军的305毫米直径开花弹存量在黄海海战后是负数，如按前论点的逻辑，则似乎可以评价北洋海军在黄海海战之后不但已无一枚305毫米口径开花弹，甚至还亏欠军械局27枚。前论的算法、依据和逻辑，显然经不起推敲。

黄海海战后，北洋海军在修船期间所面临的弹药困境，事实上不仅仅体现在305毫米口径开花弹上，其他诸如260毫米口径开花弹、"靖远"装备的阿姆斯特朗式152毫米口径舰炮、"广丙"装备的120毫米口径克虏伯速射炮，因为型号特殊，在北洋地区连赶造都难以做到。

北洋海军驶离

在北洋海军等待旅顺船坞修理军舰和天津军械局运来炮弹的时间里，有关日本军队即将登陆中国沿海的风声越来越紧，北洋大臣李鸿章的应对策略一如既往：一方面命令黄渤海沿岸各守将严防，一方面就是继续催促北洋海军修船、出巡。

9月29日，来自中国海关的消息称有三万日军将要入侵黄海一线，[①]李鸿章闻讯即在当天致电旅顺，命令："师船速修，择其可用者常派出口外，靠山巡查，略张声势。雷艇应往小平岛及附近旅口

---

① 《寄东抚李东海关刘道等电》，《李鸿章全集》25，安徽教育出版社2008年版，第3页（G20-09-001）。

各处梭巡，切勿违误。"①

言辞间，李鸿章对北洋海军使用的方略依然是"略张声势"，既显现了他对当时海军战力虚弱的判断，又显示了他在此情况下想依靠海军的"略张声势"吓退日军登陆的幻想。在此前后，李鸿章受各处情报的影响，就日军登陆的方向产生了新的判断，即感觉日军有意在大连湾一带辽东海岸登陆。

显然是受到了李鸿章判断的影响，清政府在当天也颁旨，要求"海军修补之船赶紧准备护口迎敌"，中央决策也正式从之前的要求北洋海军专心修船，转为催促其准备作战。②

按照李鸿章的命令，北洋海军于30日从旅顺派出两艘鱼雷艇出巡。③ 10月1日，盛宣怀致电旅顺船坞总办龚照玙，私下告知了一则消息，即汉纳根在天津向李鸿章出谋献策，说数日内即能修好"定远""镇远"。

同日，盛宣怀还透露了另外一个非常重要的信息，即李鸿章担忧如果"定远""镇远"在旅顺船坞内修理，迟迟不能出海，会对日军产生吸引力。④ 言外之意，李鸿章之所以不断催促海军出海，除有威吓日舰的用意外，还有一层无法在台面上公开表达的担忧，即担心日军会乘此进犯金州、旅顺，劫夺"定远""镇远"。这种担心

---

① 《寄旅顺黄张姜程各统将并丁提督》，《李鸿章全集》25，安徽教育出版社2008年版，第3—4页（G20-09-004）。
② 《寄旅顺丁军门龚道九连城交刘镇等电》，《李鸿章全集》25，安徽教育出版社2008年版，第6页（G20-09-014）。
③ 《清艦の移動、所在、挙動状況》，《JACAR（アジア歴史資料センター）Ref.C08040477400、明治二十七八年戦史編纂準備書類9（防衛省防衛研究所）》，第2288頁。
④ 《旅順押收道台龔照璵往復信書抄訳》，《JACAR（アジア歴史資料センター）Ref.C11080920800、雑報告第1冊，明治二十七年11月至明治二十八年2月（防衛省防衛研究所）》，第631頁。

铁甲舰迟迟无法离开旅顺会招来日军劫夺的念头,或许也是李鸿章产生日军可能登陆辽东海岸的判断依据之一。

第二天,丁汝昌、龚照玙收到李鸿章来电,电文中果然提到了汉纳根所说的数日就能修好军舰的计划,其具体方案其实是要求各军舰先选择关乎战斗的重点部位进行修理,至于有关居住舱室等的损伤可以延缓修理。针对当时丁汝昌在治疗战伤、北洋海军右翼总兵刘步蟾代理提督的情况,李鸿章还质疑之前海军的无积极回应情况,要求丁汝昌不可置身事外。

> 汉纳根、马船主及管轮洋人皆谓"定""镇"择要修理,如炮台等,其木板舱房各件可缓,则数日便能出海。此二船暂往来威、旅间,日运兵船必不敢深入,关系北洋全局甚大……若刘步蟾等借修理为宕缓,误我大计,定行严参。禹廷虽病,当认真督催,勿为若辈把持摇惑。①

第三天,即10月3日,丁汝昌、龚照玙对李鸿章10月2日的来电做了回复,向其汇报刘步蟾并无故意拖宕的问题,并报告除"来远"外的六艘军舰将于月中出海。

> ……昌、玙严促各舰工程,尊谕木板舱房缓修,当即遵照。如此,除"来远"工程甚巨尚需时日外,"定""镇""靖""济""平""丙"六舰至中旬均可出洋巡弋,惟"镇远"锚机汽

---

① 《寄旅顺丁提督龚道》,《李鸿章全集》25,安徽教育出版社2008年版,第11页(G20-09-038)。

缸被击碎，修理较难，有碍战事。步蟾在船监督工事，昼夜弗懈，该管带本无专断之权，岂敢拖宕迁延？惟可虑者，各舰大炮钢底、钢圈、炸弹俱缺，已向军械局催领。又，"广丙"大炮炸弹仅余六十颗，"平远"炸弹无存，一旦出海遇敌，以何为战，殊堪忧虑。①

10月4日，李鸿章又就此回电，催促丁汝昌、龚照玙提到的六舰快快出海，电文中还对丁汝昌担忧的军械、弹药不足问题，进行了宽慰。

英兵船由大同江回，谓日有运船二十六只，装满运兵，待信即发。是其分路内犯确有明征，不日直奉必有大警。"定""镇""靖""济""平""丙"六船必须漏夜修竣，早日出海游弋，使彼知我船尚能行驶，其运兵船或不敢放胆横行，不

---

① 《旅顺押收道台龚照玙往復信書抄訳》，《JACAR（アジア歴史資料センター）Ref. C11080920800、雑報告第1冊、明治二十七年11月至明治二十八年2月（防衛省防衛研究所）》，第632页。在当天或之后，丁汝昌另单独向李鸿章致长信一封，说明当时的修船和弹药等情况，该信可能由10月6日从旅顺出发的"海定"轮船带往塘沽转递。信文为：屡奉急修各舰之命，于船坞昼夜兼工，本月中"定""镇""靖""济""平""丙"等可全部出坞。如弹药运到，可速装配炸药，以备出海。昌足尚难步履，请假医治，然指挥战事关系重大，力疾乘舰，以鼓舞士气。兹关乎我海军利钝，所以略有所陈。我国海军创设要旨，原在防外寇。然无事时不筹制造军舰需之费；有事时则偏传进剿之命，不计彼我之众寡，惟一味催促接战。现无力操胜算，实惭愧之至。独我师洞悉此情况，谕我不可寻战。然彼此偶遇，势难趋避时，不得不决一死战。所虑者各舰备炮三分之一破损，尾栓炮套迄今未到，多有难以发射者。"平远"运动不捷，火炮又无炸弹。"广丙"仅剩六十余弹。此六舰只不过得三舰的效用。且"定远""镇远"锚机破损，纵然改造，短时难期功成，起锚纵有辅助，耗时仍需两小时。若遇风浪，更为费时。汝昌深受君相重恩，自然不求水火，诸将同心协力，也无不奋力以图战胜者也。胜则国家之幸，否则惟有弃微躯一途。若事后有讥议练兵购舰徒费巨帑、有损国威，以此归罪汝昌，愚衷实无遑顾及。临书不揣忌讳，伏乞鉴谅。该信文引自《丁汝昌集》上，山东画报出版社2017年版，第284—285页。

必与彼寻战，彼亦虑我蹑其后。现船全数伏匿，将欲何为，用兵虚虚实实，汝等当善体此意。"平远"炸弹及钢底、钢圈均须由西洋购运。"广丙"炸弹电询粤东有无存储，未复。各项开花子督促日夜赶造……①

这份电文，表露出李鸿章已经明白北洋海军弹药缺乏的问题。在此背景下，其中"不必与彼寻战""用兵虚虚实实"等话语格外值得注意：这已经是再次用非常直白的语言在劝谕丁汝昌，体现了李鸿章此时万般急切地希望北洋海军出现于海上的心情，恍如只要北洋海军的军舰出现于海上，就能立即阻遏住日军的登陆行动。

从1894年9月中下旬起传出的日本军队可能要发起登陆入侵的消息，实则是空穴来风，到了10月初，有关这一类的消息出现得越发频繁，就是因为日本第二军进攻辽东半岛的准备已经日渐就绪。由于日方舰船大量向朝鲜西海岸集结，加之日本国内的大规模兵力调动，一些相关军情不可避免地被外界觉察，而这正是清政府、李鸿章获得各种关于日军即将登陆入侵的情报的源头。

9月下旬，日本联合舰队经过对辽东海岸的实地调查，决定以花园口海岸作为登陆点。10月5日，为了确保未来辽东登陆行动的安全，日本西海舰队司令长官奉命率巡洋舰"浪速""秋津洲"以及第二游击队（"金刚""葛城""大和""武藏""高雄""天龙"）前往威海、成山头海域游弋，以故意营造出日军将要入侵山东半岛的假象，从而将清军防务的注意力吸引到山东方向。

---

① 《寄旅顺丁提督龚道》，《李鸿章全集》25，安徽教育出版社2008年版，第17页（G20-09-061）。

第十六章 "避战不出"——北洋海军主力停留旅顺经过

10月6日早晨,"浪速""秋津洲"等八艘日本军舰到达威海外海,立刻被威海守军发现,有关八艘日本军舰出现在威海湾外的消息很快汇报至李鸿章处,李鸿章又据此上报总理衙门。[①]之后综合各方面情报,清政府、李鸿章判断日本军舰出现在威海附近,属于"声东击西",仍重点怀疑日军可能会在大连湾一带登陆。

10月9日,李鸿章命令旅顺、大连湾守将加强防备,预防日军登陆,同时命令丁汝昌、龚照玙加速修理军舰,以便出海吓阻可能出现的日军运兵船队,"往来旅、湾之间,俾斯彼大队运船稍有牵制",并要求由洋员马格禄挑选一艘鱼雷艇,驶往大连湾一带侦寻。[②]

龚照玙11日回电显示,得到李鸿章电令之后,北洋海军在10月10日派出"左一"鱼雷艇前往大连湾一带海面实施了侦察,并在大崮山一带预先测量,准备增加布设水雷防线。同时,龚照玙还向李鸿章汇报称,北洋海军的"定远"等六艘军舰将在一两天内出海巡弋。[③]

得知北洋海军主力舰终于将要驶出旅顺,李鸿章显得大喜过望,在13日致电丁汝昌予以嘉勉:

> 订期出海,力疾上船,慰甚。"定""镇"锚机应伤坞赶制,随时赴换。钢底、钢圈及东局不能造之弹子,须俟外洋运到。近日尚无日船内驶,我海军出巡威、湾、旅一带,彼或稍有避

---

① 《寄译署》,《李鸿章全集》25,安徽教育出版社2008年版,第24页(G20-09-087)(G20-09-088)(G20-09-090)。
② 《寄大连湾赵统领旅顺龚道丁提督》,《李鸿章全集》25,安徽教育出版社2008年版,第34页(G20-09-129)。
③ 《旅顺押收道台龚照玙往復信書抄訳》,《JACAR(アジア歴史資料センター)Ref.C11080920800、雑報告第1冊,明治二十七年11月至明治二十八年2月(防衛省防衛研究所)》,第633—634页。

忌，勿先自馁。①

而丁汝昌的出巡决心，显然和天津军械局运送北洋海军弹药的日程安排有直接关系。

此前，盛宣怀曾经向龚照玙、丁汝昌通报，天津机器局将在10月8日造好一批供应北洋海军的弹药。到了10月8日当天，天津机器局承诺的海军弹药并未运出，而是顺延到了9日中午才点交，随即在下午运往塘沽。10日早晨，包括80枚305毫米口径开花弹在内的海军弹药在塘沽装上开平矿务局的运输船"富平"，由于大连湾怀字军的大批军械计划在当天下午运到塘沽后装该船送往旅顺，"富平"轮又在塘沽继续等待，至11日中午才开船驶向旅顺。②

装运着黄海海战之后首批北洋海军补给弹药的"富平"在渤海航行，于11日后半夜出渤海，在12日早晨6时45分平安抵达了旅顺。③从该船之后驶离旅顺的时间看，其物资的卸载可能发生了某种问题（值得注意的是，"富平"轮在塘沽装船时的次序是北洋海军的弹药物资先装入船舱，而后又装入大批旅顺、大连湾守军的军械物资，卸船时似是需要先卸载旅顺、大连湾守军的军械物质），直到

---

① 《寄旅顺丁提督》，《李鸿章全集》25，安徽教育出版社2008年版，第42页（G20-09-157）。
② 《张振荣致盛宣怀函》《张翼致盛宣怀函》，盛宣怀档案资料选辑《甲午中日战争》下，上海人民出版社1982年版，第269—270页（411）、272页（416）。
③ 本时间参考了日军缴获的旅顺港1894年8至10月份进出舰船时刻表，该表记载当天抵达旅顺的有两艘开平矿务局的"平"字运输船，即"北平""承平"。而实际上当天到达旅顺的为"富平"和"承平"，本文即据此将该表中所记载的"北平"船到港、离港时间作为"富平"的到着时间。该表见：《清艦の移動、所在、挙動状況》，《JACAR（アジア歴史資料センター）Ref.C08040477400、明治二十七八年戦史編纂準備書類9（防衛省防衛研究所）》，第2 294页。

第十六章 "避战不出"——北洋海军主力停留旅顺经过

17日下午2时30分才从旅顺驶返。①

在运输船"富平"停留旅顺卸载期间，清政府曾在10月14日向李鸿章询问北洋海军具体的出巡日期。②李鸿章遂电问丁汝昌，10月15日，丁汝昌回复将在此后一两天内出发巡海，计划的路线是先行前往威海，领取被天津军械局运送到威海以及以往储存于威海基地的弹药，而后即北返大连湾巡看。

> 汝昌足伤稍愈，仍不能步履。各船伤重且多，星夜加工修理，都未完备。拟一二日先带六船出口，并过威海添配子药，清理各要事后，再巡大连湾到旅顺。安配"定""镇"起锚机器，容另电报云。③

1894年10月17日下午，运输船"富平"驶离旅顺口。一夜过后，10月18日上午9时，北洋海军"平远"舰最先驶出旅顺口，而后"靖远""镇远""定远""广丙""济远""镇中""左一""福龙""镇南"依次驶出，至傍晚在旅顺口外集结完毕，于当晚8时开向威海，北洋海军黄海海战后停留旅顺的历史就此结束。

当日晚间北洋海军离开旅顺口外时，旅顺船坞工程总办龚照玙向李鸿章发去了令其盼望已久的这一消息，李鸿章立刻电达总理衙门。④10月19日上午9时30分，丁汝昌率领的北洋舰队平安到达久

---

① 《清艦の移動、所在、挙動状况》，《JACAR（アジア歴史資料センター）Ref.C08040477400、明治二十七八年戦史編纂準備書類9（防衛省防衛研究所）》，第2291页。
② 《寄旅顺丁提督》，《李鸿章全集》25，安徽教育出版社2008年版，第45页（G20-09-167）。
③ 《复译署》，《李鸿章全集》25，安徽教育出版社2008年版，第47页（G20-09-173）。
④ 《寄译署》，《李鸿章全集》25，安徽教育出版社2008年版，第55页（G20-09-201）。

违的威海湾。不久之后，龚照玙收到一封电报："小官率舰队刻已抵达威海。"①

1894年10月18日北洋海军各舰驶离旅顺时间表

出港时间	舰名
上午9时	平远
上午9时30分	靖远
正午	镇远
下午1时	定远
下午1时30分	广丙
下午2时30分	济远
下午2时45分	镇中
下午3时	左一
下午4时	福龙、镇南

传统的评论认为，北洋海军在旅顺停留期间属于避战不出，其最主要的证据正是李鸿章多次电令北洋海军出港，而北洋海军显得不为所动。

然而据日军占领旅顺后发现的旅顺港进出舰船时刻表分析，情况则与此完全不一致。

事实上，早在9月18日舰队返抵旅顺后，北洋海军为侦察以及掩护救援"广甲"，就曾派出"济远""广丙"等军舰和多艘鱼雷艇出海。而9月23日因威海等地出现两艘日本军舰，李鸿章要求丁汝

---

① 《旅顺押收道台龚照玙往復信書抄訳》，《JACAR（アジア歴史資料センター）Ref. C11080920800、雑報告第2冊、明治二十七年11月至明治二十八年2月（防衛省防衛研究所）》，第658页。

昌派出军舰出旅顺口巡弋的当天，北洋海军即有鱼雷艇出港。9月24日，李鸿章指示派蚊子船、鱼雷艇前往小平岛一带巡弋，当天下午北洋海军更是有多达六艘鱼雷艇出港。到了10月9日，李鸿章指示丁汝昌派军舰"往来旅、湾之间"。此后11日北洋海军即有"平远""广丙""镇南""镇中"四舰出港，至15日才返回旅顺。从这些记录中引人注意的时间关联度来看，丁汝昌、北洋海军对李鸿章的指令可谓令到即行。

不过由于日军在旅顺缴获的都是旅顺船坞工程总办龚照玙的电报，并没有北洋海军提督丁汝昌单独的呈报（海军档案随舰带往威海，北洋海军覆灭前交至烟台，后佚失），因而目前未能掌握北洋海军停留旅顺期间丁汝昌和李鸿章之间全面的往返函电情况，尚无法了解北洋海军各次派出舰艇时，丁汝昌是否有专门的汇报。但单就北洋海军停留旅顺修理、补给期间所出现的密集的舰艇进出港活动来看，无法简单评价其为"避战不出"。

北洋海军停留旅顺期间大事一览[①]

日期	李鸿章的电令	北洋海军舰船整备情况	北洋海军舰艇进出旅顺情况
9月23日	军舰"傍口外游巡"	军舰尚未修理和补充弹药，旅顺船坞借调的技术工人尚未到来	一艘鱼雷艇上午回港，一艘下午出港

[①] 本表中的李鸿章逐次催促、北洋海军的修整情况，参见前文内容，北洋海军舰艇进出旅顺情况见《清艦の移動、所在、挙動状況》,《JACAR（アジア歴史資料センター）Ref. C08040477400、明治二十七八年戦史編纂準備書類9（防衛省防衛研究所）》。

续表

日期	李鸿章的电令	北洋海军舰船整备情况	北洋海军舰艇进出旅顺情况
9月24日	要求务必于10日之内修好轻伤军舰。要求蚊子船、鱼雷艇至旅顺口外巡探	外调的第一批技术工人到达旅顺	六艘鱼雷艇于下午出港
9月26日		各舰炮身多有破损,兵器弹药不知何时能到	"左一"鱼雷艇回港
9月27日	询问何日修好,"在口外近边游弋"		
9月28日	命令丁汝昌督促各船修竣		
9月29日	要求速修,"择其可用者常派出口外,靠山巡查"		
9月30日			两艘鱼雷艇上午回港,下午出港
10月2日	要求只修军舰紧要部位		
10月4日	要求"必须漏夜修竣,早日出海游弋"		
10月9日	要求军舰出巡"往来旅、湾之间"		
10月10日			"左一"鱼雷艇出港

续表

日期	李鸿章的电令	北洋海军舰船整备情况	北洋海军舰艇进出旅顺情况
10月11日			"镇南""镇中""广丙""平远""左二"出港
10月13日	要求"出巡威、湾、旅"一带	"富平"轮运输开花弹等弹药到达旅顺	
10月14日	询问出海具体时间	"定远""镇远"起锚机未修复,各舰受损火炮未修复,"平远"主炮无开花弹,"来远"舰体未修复	
10月15日			"镇南""镇中""广丙""平远"上午回港
10月17日		"富平"轮船离开旅顺	
10月18日			北洋海军离开旅顺

第十七章　大连湾失守"罪魁"
——怀字军兴亡

怀字军诞生

在甲午战争时的淮军序列中，怀字军是一支没有什么军史渊源的新部队，开战后才匆匆组建，又在这场战争中烟消云散，其命运是甲午战争中清王朝新募部队的缩影。

1894年8月1日中日两国互相宣战，甲午战争正式爆发，北洋大臣、直隶总督李鸿章成为具体负责中方战守工作的指挥官。8月6日，清政府降旨，就战守工作的方针对李鸿章下达指示，基本上可以视作甲午战争开战初期中方的战略规划。

清政府的战略分内外两个方向：在外，要求确保朝鲜平壤清军的后路，即巩固当时在朝鲜与日军的抗衡态势，"平壤后路必须陆续添兵援应，饷需、军火尤须源源接济，毋致缺乏"；在内，则必须确保京畿海陆门户的安全，加强渤海湾沿线要地的防御兵力。关于这些防御工作所需的兵力，清政府指示可以从北洋海防陆军和内地各省的军队中调遣，"至腹地等省兵勇及李鸿章旧部得力将领，应仍遵前旨，迅即调派，以资厚集"。[1]

---

[1] 《附　译署来电》，《李鸿章全集》24，安徽教育出版社2008年版，第208页（G20-07-080）。

第十七章 大连湾失守"罪魁"——怀字军兴亡

遵照这些指示，李鸿章迅即执行，并于8月8日上奏汇报布置情况。李鸿章认为当时内地省份的军队不堪使用，"腹地等省兵勇，仅防本境，又少精械，似无可调之劲旅"，决定以淮军将领为主，新募集一批部队，扩充北洋前敌的陆军兵力，以迅速加强防御，是为甲午战争中北洋陆军规模最大的一次新募扩军。根据安排，直隶、旅顺等地的将领都被要求募集新兵，其中被李鸿章称为"久当大敌，智深勇沈""布置精严，廉明果毅"[①]的铭军老将赵怀业也奉命募练五营新兵，预备屯扎到清政府旨令中特别强调的山海关地区，加强该地的防务。按照勇营部队的传统，部队的番号往往取自组建者姓名中的字号，赵怀业新募的部队即命名为怀字军。[②]

甲午战争前淮军高级将领在旅顺的合影

赵怀业，字少山，号小川，又作筱川，安徽合肥人。和当时大多

---

① 《附　清单》，《李鸿章全集》14，安徽教育出版社2008年版，第489—490页（G18-07-012）。
② 《寄译署》，《李鸿章全集》24，安徽教育出版社2008年版，第210—211页（G20-07-090）。

数淮军高级将领的经历一样，他也是太平天国战争、捻军起义期间投军，凭借军功而崛起。赵怀业早年参加刘铭传创建的铭军，1887年随铭军进驻大连湾一带，逐渐官至记名提督、铭右军统领，受铭军总统刘盛休节制，负责统率铭字右军正营、前营、后营，驻守在大连湾炮台。①甲午开战未久，受命募练新兵一事成为赵怀业军旅生涯中的转折，不仅怀字军的历史从此开始，赵怀业本人也因此成为独率一军的统领、主官。

领受命令时，赵怀业原统领铭右军驻防大连湾炮台，对当地的情形较熟，于是首先以铭军的部分军官为骨干，就近在金州、大连湾一带募兵，至8月末共募齐两营（正营、后营，营官分别为周鼎臣和胡姓），近1000人，以金州本地兵员为主。随即，赵怀业便亲自率领这两营怀字军开拔，8月27日在旅顺登上轮船招商局派来的"镇东"和"利运"号商船，鼓轮出航。28日早晨6时抵达山海关登陆，经与山海关炮台守将卞得祥协商后，驻扎于东关外，等待天津军械局发放武器装备，开始训练。②生长于辽东海隅的这些金州子弟，第一次乘坐轮船出海，第一次看到巍峨壮观的山海关城楼，想来当时军中应当涌动着一番无比激动和兴奋的情绪。

按照李鸿章的要求，赵怀业共要募集五营军队。金州、大连湾地区的本地人口少，凑集两营已属不易，剩下的三营则是由赵怀业派出委员陈子和以及孙、徐两名营官前往人口大省山东，在德州、东昌（今聊城）、临清一带招募。

时至9月初，陈子和等向赵怀业报告了在山东的募兵进展情况，

---

① 《清國陸軍紀要》，日本參謀本部1894年版，第40—41页。
② 盛宣怀档案资料选辑《甲午中日战争》上，上海人民出版社1980年版，第114页（707）。

第十七章 大连湾失守"罪魁"——怀字军兴亡

短短半个多月时间里,已经募齐了一营(前营),另外两营的招募人数分别达到八成(中营)和六成(左营),预计9月中旬可以募齐。9月9日,津海关道盛宣怀以电报通知赵怀业,要求其迅速整顿在山海关的两营怀字军,准备海运往大连湾。

> 赵统领:相已接子珍电,准带四千人克期动身,兄速料理队伍,两日即回津,中堂有面嘱。弟已派定轮船订期到榆,送贵部两营赴湾,即用此船傲铭军赴大东沟,难以再迟。宣。①

一天后,9月10日盛宣怀再度电报赵怀业,转达李鸿章的命令,相应的内容更为具体,并对前一天的电令做了细节修正。盛宣怀告诉赵怀业,其所部五营怀字军将全部调防大连湾,接替铭军的防务。

> 赵统领:帅已奏令阁下带怀军五营趁[乘]轮赴大连湾填扎操练,准十三由津派轮船到榆装傲前往。丁军门准十五统全队到湾。铭军准十五六上船。帅谕阁下务必明日早车来津一见,勿迟。宣。②

显得事态分外紧急的是,这一天的早晨,李鸿章本人也给赵怀业发去了电报。李鸿章要求赵怀业,"回营稍为料理,仍速乘火车来津面商一切"。③

---

① 盛宣怀档案资料选辑《甲午中日战争》上,上海人民出版社1980年版,第137页(831)。
② 盛宣怀档案资料选辑《甲午中日战争》上,上海人民出版社1980年版,第139页(843)。
③ 《寄山海关交赵统领》,《李鸿章全集》24,安徽教育出版社2008年版,第317页(G20-08-093)。

仓促编组的怀字军就这样即将挺进到甲午战争的前线。

移师大连湾

1894年8月末、9月初，平壤清军总统叶志超担忧后方兵力单薄，容易被日军威胁后路，多次向李鸿章请求增加平壤后路驻军。当时，北洋沿线的淮军机动兵力基本都已调往朝鲜，李鸿章经思考，决心将驻守大连湾炮台的淮军老部队——铭军调出，加强平壤防卫。9月7日，由盛宣怀先与铭军统领刘盛休通气，称有计划抽调铭军精锐4 000人海运赴朝鲜，铭军主力调离后，大连湾将由赵怀业部怀字军"填扎"。担心新募的怀字军不会操纵大连湾炮台的要塞炮，盛宣怀还提醒铭军"守炮台兵不应动"。[①]8日，李鸿章又就上述内容正式致电刘盛休，要求其做好出发准备。[②]

甲午战争前驻防旅顺、大连湾的清军在旅顺会操

---

① 盛宣怀档案资料选辑《甲午中日战争》上，上海人民出版社1980年版，第134页（816）。
② 《寄金州铭军刘统领》，《李鸿章全集》24，安徽教育出版社2008年版，第311页（G20-08-072）。

正是基于这一构想，李鸿章通过盛宣怀在9月9日分别向赵怀业和北洋海军提督丁汝昌下令预作准备。10日，丁汝昌将有关护航的具体日期和方案电报李鸿章，盛宣怀于当天就通报给了赵怀业，显然，意思是要求怀字军与铭军的防务移交做到无缝衔接。李鸿章则在这一天正式上奏，汇报北洋海军护卫铭军赴大东沟登陆，由怀字军接替大连湾防务。①

应李鸿章之命，赵怀业匆匆赶赴天津，当面领受机宜。而后，驻扎山海关的两营怀字军立即拔营，9月12日清晨6时乘坐火车开往塘沽。②当晚，赵怀业率军分别登上轮船招商局的"海定""图南"号商船，候潮至13日早晨出航，14日到达大连湾，15日下船。这批在金州、大连湾一带招募的怀字军，又回到了自己的故乡。随着两营怀字军到来，原驻大连湾的十营铭军留下八哨兵力留守炮台，其余4000名精锐士兵在15日登船，16日凌晨由北洋海军主力护航开往大东沟。

按时间计算，两营怀字军从编成、到达山海关训练开始，至此才是第20天。这样一支缺乏训练、武器装备尚未配齐的新部队，就这样接过了北洋海防要塞大连湾的防务重任。为何选调赵怀业怀字军入驻大连湾，李鸿章本人在公文中并没有太多的解释，显然原因应该是赵怀业曾长期率铭军驻扎大连湾炮台，对当地情形熟悉。只是此时赵怀业带领的是一支临时凑集的新募军，不啻乌合之众，能否镇守住大连湾，实在是未知之数。

---

① 《寄译署》，《李鸿章全集》24，安徽教育出版社2008年版，第319页（G20-08-102）。
② 《伍廷芳致盛宣怀函》，盛宣怀档案资料选辑《甲午中日战争》下，上海人民出版社1982年版，第202页。

大连湾位于今天辽宁省大连市的市区至金州区之间，既是辽东重镇金州的海上门户，又是从辽东陆地方向通往旅顺的要隘。大连湾岸线绵长，海湾开阔，从海湾口西侧的老虎滩一带至海湾口东侧的大孤山，海面直线距离15千米左右。李鸿章创办北洋海防，在开工修建旅顺军港后，即于1887年经总理海军衙门商筹，新建威海和大连湾军港，以充实渤海门户防御。[①]在此后，李鸿章将驻防在江苏、山东的铭军调至大连湾，建设军港和炮台工事，作为北洋海军在辽东的运输、补给基地。基地在1891年初步竣工，铭军即就地驻防。

大连湾柳树屯栈桥

照片摄于日军占领后。照片右侧的建筑群是官舍、兵营、水雷营等，从海岸延伸出的栈桥就是柳树屯栈桥

---

① 《威海大连湾筹拨防款片》，《李鸿章全集》12，安徽教育出版社2008年版，第71页（G13-03-028）。

第十七章 大连湾失守"罪魁"——怀字军兴亡

大连湾军港的重心位于海湾内岸线中部的和尚岛,重中之重是在和尚岛西侧柳树屯附近修建的一座铁码头,史称柳树屯栈桥,栈桥上安装有大型的起重吊臂,可用于燃煤、物资装运,是作为运输、补给基地的大连湾军港的核心设施。为了拱卫柳树屯栈桥,在和尚岛上建设了三座壮观的大型炮台,分别称为和尚岛西炮台(旧址在今大连市碧海山庄)、和尚岛中炮台、和尚岛东炮台,各装备德国克虏伯210毫米口径要塞炮两门、150毫米口径要塞炮两门。作为炮台防御的辅助,在炮台前沿的海湾中还布设有水雷阵,由位于柳树屯的水雷营负责维护、操控。除此外,与和尚岛相对的大连湾西侧海岸,还修建有黄山和老龙头炮台,与和尚岛炮台配合,护卫柳树屯栈桥所在的海域,黄山炮台装备克虏伯210毫米和150毫米口径要塞炮各两门,老龙头炮台则是大连湾火力最强的炮台,装备法国施耐德240毫米口径要塞炮四门。西海岸靠近海湾口的位置,另布设一组水雷阵,设有一个独立的观察站进行操控。在大连湾的东侧,还建有一座面朝东方,防卫大窑口海湾的徐家山炮台(旧址在今大连市金州区炮台山公园),装备克虏伯150毫米口径要塞炮四门。

柳树屯栈桥今景(陈悦摄)

大连湾和尚岛西炮台

和尚岛西炮台旧址（陈悦摄）

整个大连湾防御体系，从西侧的黄山炮台至东侧的徐家山炮台，陆上绵延超过20千米，防线广阔，地形起伏，要点众多，此前铭军以十营兵力驻守尚嫌单薄，而这时前来驻扎的怀字军只有区区数营，且都是未经训练的新募兵，怎样布置好防务，对赵怀业的智识、能力都是个巨大的考验。

到防之后，赵怀业亲自坐镇大连湾军港的核心柳树屯，其主要工作是让怀字军尽快完成装备，具备战斗力。

此前在山东招募未齐的三营怀字军，在赵怀业的催促下，从德州一带日夜兼程北上，9月20日晚赶到天津，暂住于新城，27日中午登上招商局的"图南""拱北"两艘商船出发。由于"图南"在出口时发生搁浅而耽误，"拱北"轮于9月29日先到达大连湾卸兵，"图南"于30日到达，怀字军组建时招募的五个营终于齐集一处。与此同时，赵怀业深感大连湾各炮台、要点相互之间的距离较远，与金州城的路途也太远，通信联络十分不便，又向李鸿章提出申请，在大连湾、金州就地增募了一哨骑兵和一哨亲兵步队，以及一营步兵（副营）。这些部队在10月3日前后基本募齐，整个怀字军由此扩充至步队六营一哨、骑兵一哨，总兵力3 012人，另有长夫660人。[①]

和勇营部队组建时的通常情况相似，怀字军募勇成军时，也只是先凑集兵员，至于军服、装备等一应物资，则在之后设法筹措。怀字军的武器装备由赵怀业向天津军械局申请拨发，但当时北洋地区正在大量组建新募军，各路军队都在申请军械，天津军械局的库存即将告罄。或许是根据怀字军的规模，兼顾装备型号尽量统一，天津军械局并没有给怀字军发放淮军主力部队常用的单兵武器德国制毛瑟步枪和美国制哈乞开斯步枪，而是将库存为数不多的美国制黎意连发步枪几乎尽数发给怀字军。9月末，天津军械局首先发放了1 900支该型步枪。后怀字军在大连湾、金州增募一营二哨，天津军械局在10月初追加发放一批，计300支黎意步枪、80支哈乞开斯步枪和80支哈乞开斯连发步枪。[②]从数量看，总数2 360支的步枪供应为数3 012人的怀字军尚有缺口，然而军械局的库存已经捉襟见

---

① JACAR（アジア歴史資料センター）Ref.C06060154100，《金州押收統領趙懷業往復電文ノ抄譯》，第836、839页。
② JACAR（アジア歴史資料センター）Ref.C06060154100，《金州押收統領趙懷業往復電文ノ抄譯》，第845、848页。

肘，无法供应，"此时局库并所要黎意、哈乞枪均无存款［货］，苟有所存，此时不发交各营击敌，将何用之？并不敢少存意见，有妨大局，实在无炮无枪"①。

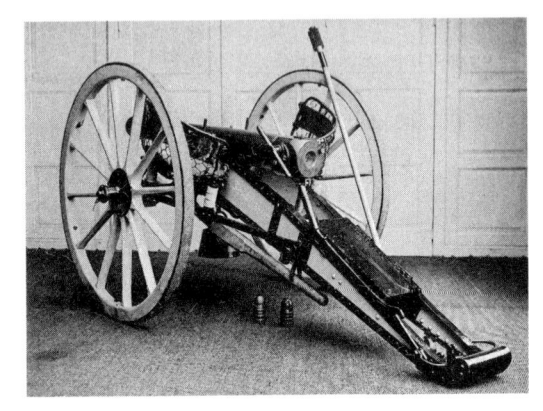

克虏伯80毫米口径野炮，需要骡马拖曳机动

体形小巧的克虏伯60毫米口径山炮

---

① 《顾元爵致盛宣怀函》，盛宣怀档案资料选辑《甲午中日战争》下，上海人民出版社1982年版，第260页。

第十七章 大连湾失守"罪魁"——怀字军兴亡

因为当时大连湾炮台有铭军留守的炮兵驻扎，赵怀业显然是考虑自己所部的怀字军在战时主要作为野战部队使用，一旦有警，将前出作战，为此还申领了野战用的行营火炮。天津军械局当时拨付了八门八生脱克虏伯野炮（80毫米口径，实际口径78.5毫米），连同弹药、引信等于10月2日由"海定"商船运抵大连湾。八生脱克虏伯野炮自重788千克，连同弹药车，整个炮列的重量约1.5吨，需要六匹挽马拖曳才能机动，对通过地带的道路交通条件要求较高。怀字军当时无力置办曳炮的马匹，且大连湾、金州地区的道路条件恶劣，也不利于炮车通过，赵怀业经与盛宣怀和天津机器局顾元爵协商，最后更换了四门重量较轻，可以用五个人拖曳，也可拆卸分解由人力背负的克虏伯七生脱山炮（实际口径75毫米，自重364千克），又在10月19日领到八门金陵机器局仿制的克虏伯式60毫米口径山炮。

和军械同样重要的是军队的粮饷。怀字军第一批部队由山海关经天津向大连湾出发时，赵怀业从天津海防支应局借支到两万两银，其中一万两随军带往大连湾充作军饷，另外一万两则汇解至数千里外的江苏扬州。[①]

清末勇营部队的粮饷供应关系非常复杂，怀字军虽然是在北洋地区筹建，但粮饷供应关系则挂靠铭军系统，由设在江苏扬州的铭军后路粮台供应。赵怀业将一万两银解交扬州粮台，委托粮台帮怀字军在扬州、镇江一带购办六七千石大米；为防北上运输时在江苏、

---

① 《郭维善上盛宣怀禀》，盛宣怀档案资料选辑《甲午中日战争》下，上海人民出版社1982年版，第238页。JACAR（アジア歴史資料センター）Ref.C06060154100，《金州押收統領趙懷業往復電文ノ抄譯》，第853页。

山东等地被沿途税卡抽取厘金，赵怀业还专门向李鸿章请示，由李鸿章出具运输军粮的免捐证明。当时，扬州粮台同时还担负着为刘盛休部铭军购办军粮的任务，事机繁重，办理需时，与怀字军性命相关的军粮直到这支军队覆灭也未能起运。①

从档案记载看，怀字军调防大连湾后获得的唯一的军粮补给是10月2日"海定"轮船从天津运到的525包大米（约六万斤）②，由津海关道盛宣怀和天津军械局等部门帮助筹措。当天"海定"轮船还运到军服44包、帐房12包，③这是怀字军在金州、大连湾之战打响前仅有的重要物资配给。

1894年9月末，赵怀业在金州、大连湾新募了骑兵，但是尚要设法购买马匹，又加之天气渐凉，怀字军各营所穿还都是单衣，亟须置办冬装，赵怀业向天津海防支应局申请再借支三万两银，支应局库储缺乏，直到10月21日才勉强凑集两万两银交给在天津等待的怀字军委员。寒冬已至，天津市面毛皮、冬衣价格腾贵，所得经费根本不足以为怀字全军配齐冬装。10月30日，赵怀业不得已指示先购办3 012套冬装，以保证官兵过冬，至于600余名长夫的冬装只能暂不考虑。④此时，日本第二军已经自辽东花园口登陆多日，正在逼近大连湾，怀字军的冬装已无可能送达。

---

① JACAR（アジア歴史資料センター）Ref.C06060154100，《金州押收統領趙懷業往復電文ノ抄譯》，第853—854、857页。
② 甲午战争期间，为了便于运输，会把粮食分装为容易搬运的包，每包为4斗，约120斤。见盛宣怀档案资料选辑《甲午中日战争》上，上海人民出版社1980年版，第190页。
③ 《"海定"轮船装运军火军米及押运人员单》，盛宣怀档案资料选辑《甲午中日战争》下，上海人民出版社1982年版，第273—274页。
④ JACAR（アジア歴史資料センター）Ref.C06060154100，《金州押收統領趙懷業往復電文ノ抄譯》，第854—855页。

第十七章 大连湾失守"罪魁"——怀字军兴亡

布 防

1894年10月初，随着怀字军部队基本募集成形，赵怀业对大连湾防御的布置思路也呈现出来。

大连湾的和尚岛等处炮台，以大口径要塞炮为主要武装，操作技术性很强，非怀字军所能胜任，仍然由铭军留下的部队驻防。这批铭军初为八哨兵力，规模相当于两营左右。后来随着鸭绿江防线战事吃紧，铭军统领刘盛休在10月初抽调走了六哨，仅剩下两哨分散在各处炮台上。大连湾沿线六座炮台共有100毫米以上的大口径要塞炮24门，以一门炮需要炮手10人计，需200余名炮手，两哨铭军刚好是保障这些大口径要塞炮操作的基本兵力。

此外，赵怀业的六营两哨怀字军主要作为警戒、机动兵力，负责保卫炮台，以及防御大连湾的外围要地。当时无法预知未来大连湾会在哪个方向上遭遇敌方进攻的危险，怀字军采取的是全方向布防的模式，其中西南方向上布置三营：怀字正营驻苏家屯，右营驻老龙头，后营驻在通往旅顺的咽喉要道南关岭；中路核心位置上，由副营及马步各一哨驻柳树屯；大连湾东侧方向上，以徐家山炮台一带为重点，配置怀字前营和左营。[①]具体措施方面，有迹象显示，各营几乎都分出了一定的兵力进驻到炮台内，配合炮台防御。当时怀字军全军共有野炮、山炮等16门行营火炮，这些火炮没有集中编成炮队营，而是分散在各营，很多被直接安放到了炮台上，作为炮台的后路防御火力。

3 000多名未经训练的怀字军散布在绵延20余千米的防线上，

---

① JACAR（アジア歴史資料センター）Ref.C06060154100,《金州押收統領赵怀業往復電文ノ抄譯》, 第841页。

看似处处设防，实则处处兵力单薄；赵怀业感到力不能支，在配置部队的同时，一再向李鸿章告急，希望增派援兵。自9月17日黄海大东沟海战后，北洋海军受伤军舰全部退至旅顺维修，在陆军可用兵力十分有限的条件下，李鸿章乃至清王朝的关注重点实际主要聚焦于旅顺，大连湾布防的紧迫性被置于相对次要的地位。到了10月5日，中国驻英公使龚照瑗突然向李鸿章告警，称根据来自英国政府的消息得知，日军将进攻大连湾。情急之下，李鸿章对战略做出调整，改为旅顺、大连湾并重，"旅、湾相为犄角，有警时，互相援应为盼"[①]。随后在10日，集结在天津军粮城的正定镇总兵徐邦道部拱卫军被派增援大连湾。[②]

得到这一命令时，徐邦道和属下的营官、哨官们踌躇不已，因为该部和怀字军情况相似，主要由新募军组成，实际上10月10日刚刚于天津集齐。徐邦道所部的源流属于太平天国战争时代左宗棠创立的楚军系统，后招募新营，由正红旗汉军统领善庆命名为拱卫军，计有马队、炮队各一营，以及步队三营，其中只有马队是旧有的楚军老营，炮队和一营步队是10月在直隶沧州招募的，另两营步队是同月在山东曹州（今山东省菏泽市）募集的。新募兵的军械、服装、军饷都未配齐，训练更是无从提起。"新募勇队连枪炮尚未见过，遽行前往，倘遇敌兵凭何打仗？"[③]

10月13日下午，拱卫军从天津塘沽登船出发，首先海运到旅顺

---

① 《寄大连湾赵统领旅顺龚道丁提督》，《李鸿章全集》25，安徽教育出版社2008年版，第34页（G20-09-129）。
② 《寄大连湾赵统领旅顺龚道丁提督》，《李鸿章全集》25，安徽教育出版社2008年版，第36页（G20-09-137）。
③ 《徐邦道致盛宣怀函（一）》，盛宣怀档案资料选辑《甲午中日战争》下，上海人民出版社1982年版，第270页。

第十七章 大连湾失守"罪魁"——怀字军兴亡

登岸,等待补给,而后于23日到达大连湾。赵怀业和徐邦道协商,拱卫军进驻徐家山一带,专防大连湾东路方向,原驻防徐家山的怀字军前营、左营则调回柳树屯,厚积兵力,前营另分出一部协助守卫和尚岛炮台,左营分出一部加强驻老龙头的右营和驻南关岭的后营。赵怀业、徐邦道将此布置方案电报李鸿章,李鸿章于10月24日傍晚回电加以认可:

> 汝等会商,将徐镇步队三营扎徐家山一带,一营驻城边,马队应分驻各处来往巡探。新勇既有营盘可驻,必宜加紧操练分合散整之法,除打靶外,不准放枪。怀字前、左两营移扎柳树屯,以备有事时分防援应,庶无疏虞。鸿。①

按此方案,配置于大连湾地域的徐邦道拱卫军和赵怀业的怀字军之间实际上并无统属关系,两军其实是把大连湾的防御一分为二,怀字军担负大连湾向海正面和通往旅顺的西南方的防御,拱卫军负责通往金州方向的东侧防御。在此之上,大连湾地区并没有统一的防务指挥官,赵怀业和徐邦道之间互不统属,两军配合默契与否,依赖的是两位统领的思想、意图之协调;一旦发生意见不同,极易造成互不配合的问题,最终还需要依靠李鸿章来决策、把控。甲午战争中,无论在朝鲜、辽东还是山东战场,前敌军务普遍存在这种现象,各路军事千头万绪,但往往没有指定具体的负责人,只是凭李鸿章一人来驾驭和指挥,前敌的将帅都是在李鸿章的指示下行事,

---

① 《复赵提督徐镇等》,《李鸿章全集》25,安徽教育出版社2008年版,第68页(G20-09-250)。

效率低下，且李鸿章对前敌的地理形势多不熟悉，对敌我态势的快速变化发展又无法立刻掌握，其决策的合理性也令人担忧。

就在李鸿章对赵怀业、徐邦道布防计划加以认可的24日当天，日本第二军第一师团已经在大连湾东北方向外100千米左右处的花园口登陆，发起了进攻金州、大连湾、旅顺的旅顺半岛作战。10月26日，怀字军前营探听到了日军登陆的消息，营官周鼎臣立即向赵怀业报告，赵怀业连忙通报徐邦道，又急电李鸿章，"顷据前营周营官报称：探有倭二千由窑口登岸，已会徐镇严密预备"[①]，"连总统捕获日谍二名，据言倭兵凡三万人已上岸"[②]。主要是为了领饷、吃粮、寻求活路而应募投军的怀字军士兵做梦也未料到自己到了面临生死存亡挑战的凶险之地。

突闻警讯，李鸿章即下达了关于大连湾防守作战的第一个指令。考虑到赵怀业、徐邦道等部都是新募兵，要求"务严督各营严密扼守，勿涉张皇。新勇未操熟，勿轻接战，以散队埋伏于来路要口，密布旱雷为要"[③]。

日本第二军在花园口登陆后，于10月28日向通往金州、旅顺方向的第一个重要商港市镇貔子窝（一作史子窝，今皮口）前进，29日抵达貔子窝。貔子窝通往金州共有两条道路，称为金州大道和复州大道，日军当天分别派出侦察人员，沿两条路行进，侦探清军的布防情况。同一天，赵怀业、徐邦道急电李鸿章，请求援军。

[①]《附　赵统领来电》，《李鸿章全集》25，安徽教育出版社2008年版，第74页（G20-09-273）。
[②] JACAR（アジア歴史資料センター）Ref.C06060154100，《金州押收统领赵怀業往復電文ノ抄譯》，第867页。
[③]《复徐赵统领》，《李鸿章全集》25，安徽教育出版社2008年版，第75页（G20-09-277）。

第十七章 大连湾失守"罪魁"——怀字军兴亡

……皮子窝通金州系两路,一通东门,一通北门,卑军等实分布不开,求恩速拨旅顺数营,过湾帮同抵御,并求拨兵轮数只,在大连湾一带援巡,借壮声威,均深盼祷。赵怀业、徐邦道叩。①

现代复建的金州副都统衙门(陈悦摄)

清末的金州隶属奉天府,设金州副都统管辖,由盛京将军节制,是旅顺、大连湾军港邻近的重要城市。金州城自身的防守力量,仅有副都统连顺率领的八旗捷胜营步队一营、马队二哨,兵力单薄。徐邦道率拱卫军到防后,在金州防御问题上即与赵怀业产生分歧。赵怀业遵从李鸿章的战略,取择要驻守的策略,而原本责任是防御大连湾后路徐家山炮台一带的徐邦道,却积极想要前出到金州城助守,甚至更进一步,主动出击日军。在意见不一的情况下,二人将一段公案呈上李鸿章案头,申请旅顺守军抽拨兵力增援大连湾,请

---

① 《附 赵怀业等来电》,《李鸿章全集》25,安徽教育出版社2008年版,第89页(G20-10-010)。

李鸿章对此决断。

当时,李鸿章已经在催促集结在营口的山西大同镇总兵程之伟部急援大连湾,但程之伟借故迁延不前,使得李鸿章心急如火。此时看到赵怀业、徐邦道联名发来的求援电,回复大加呵斥,直接告诉二人金州不是北洋防务范围,要求二人只要把守住自己的防地即可。

> 倭匪尚未过皮子窝而南,汝等只各守营盘,来路多设地雷埋伏,并无守城之责。旅顺兵单,同一吃紧,岂能分拨过湾,可谓糊涂胆小。鸿。①

失 防

对于大连湾、金州防务,李鸿章所持的战略是,赵怀业、徐邦道所部各固守防区,金州防御则等待从营口赶来的程之伟部专门增援。等到11月2日,程之伟部仍然杳无音信,金州副都统连顺会同赵怀业、徐邦道再度向李鸿章汇报,仍然坚持请示从旅顺抽出部队加强金州防务。

> 业、道等只能各守营盘要路,至金州东、北两门,多有两股道直通皮子窝,卑军等实不敷分扼。程军无消息。求速拨旅防三两营来湾,并请饬兵船来。②

---

① 《寄大连湾赵统领等》,《李鸿章全集》25,安徽教育出版社2008年版,第89页(G20-10-011)。
② 《附　连副都统等来电》,《李鸿章全集》25,安徽教育出版社2008年版,第103页(G20-10-061)。

第十七章 大连湾失守"罪魁"——怀字军兴亡

对此请求，李鸿章旁顾左右而言他，回电命令各军坚持自守防地，"汝等兵力皆单，只能设法固守营盘"。至于程之伟部援军的情况则干脆不提，而是抛出了虚无缥缈的刘盛休部铭军将会回援金州的故事。①

在当天给旅顺船坞工程总办龚照玙的电报中，李鸿章透露出了自己对大连湾防守战略已发生重大变化的信息。当时，李鸿章催调卫汝成部成字军五营海运旅顺，李鸿章向龚照玙表示，这批军队将留防旅顺，不会调往大连湾，"吾意宁失湾，断不失旅，看诸将才能耳"②。李鸿章的战略由湾、旅兼顾又变回了专顾旅顺。旅顺口是北洋海军唯一的维修基地，一旦失守，后果不堪设想，在兵力有限的情况下，李鸿章做出了在旅顺厚集兵力，而对大连湾听天由命、对金州更是无法顾及的总署。

这一重大战略变化，在11月2日也通过盛宣怀传达给了赵怀业、徐邦道和连顺，盛宣怀在电文中直白地通知"旅重于湾"，而且明确地要求一旦大连湾防御形势吃紧，可以退守至旅顺方向。

> 赵、连、徐大人：
> 　　三电均呈相览，今晚卫秩秋五营赴旅，此外实无人可调。帅已电营口，专马催程魁斋进扎，并催子珍回顾湾旅。尊处分守各营，兵力散而不聚，恐难当大敌。帅意旅重于湾，南关岭有险可守，倘湾不得手，须带炮队退守南关岭，以保旅顺为要。米粮如不足，速示，当运赴旅。宣。③

---

① 《复连副都统等》，《李鸿章全集》25，安徽教育出版社2008年版，第103页（G20-10-062）。
② 《复旅顺龚道》，《李鸿章全集》25，安徽教育出版社2008年版，第103页（G20-10-064）。
③ 盛宣怀档案资料选辑《甲午中日战争》上，上海人民出版社1980年版，第245页（1552）。

此后赵怀业所率领的怀字军的表现,完全遵从了李鸿章的战略;而楚军系统的徐邦道,对李鸿章的战略似有不认同,仍然坚持抽出兵力守御金州城,怀字军和拱卫军的战守活动渐行渐远。

还是在11月2日当天,赵怀业接到徐邦道的请求。徐邦道仍然坚持守御金州城,希望怀字军抽调部队协助。赵怀业"辞以不能",徐邦道则"再四不已",最后赵怀业不得已从怀字军前营抽调近一半兵力计200人,由营官周鼎臣率往金州北路的十三里台,与连顺派出的八旗捷胜营200余人会同防守。怀字军前营剩下的200余人兵力,被赵怀业作为直属部队,用以机动,"抽拨二百人自带,相机策应"。①

11月4日,布防在金州大道上的徐邦道部拱卫军在金州以东的陈家店、刘家店一带与日军遭遇,被日军击退,金州、大连湾之战就此打响。

石门子阻击战战场旧址(陈悦摄)

---

① 《附　赵统领来电》,《李鸿章全集》25,安徽教育出版社2008年版,第107页(G20-10-079)。

第十七章 大连湾失守"罪魁"——怀字军兴亡

11月5日和6日两天,金州外围的清军都在石门子、钟家山一线与前来进犯的日军激战。尽管是新募的部队,很多士兵甚至连步枪都未用过,但拱卫军和怀字军前营仍然英勇作战,在十三里台驻守的怀字军前营损失惨重,"周营官身受重伤,兼以兵力太单,遂为倭兵攻败"。[①]上午9时10分,日军攻破金州城。10时许,金州沦陷,城中的八旗和拱卫军从西门、南门拥出,逃往旅顺方向。

就在金州处在生死存亡关头的这一天,赵怀业、徐邦道、连顺连番电报李鸿章、盛宣怀,汇报战事发展,请求指示。赵怀业还特别提及怀字军的军粮、行营炮、炮弹等都存在缺口,希望快快补给。"军米请设法迅运千余石。廿四生、廿一生、十五生各炮子弹,求转恳军械所筹运。再,不拘何项炮八尊,只要灵便均运湾应急。倭寇将至李家店,势甚急,各军皆未到。业。"[②]盛宣怀的回复则是:"如至万不能守,即将炮闩、炮子抛沉海内,免为敌用。看地图,只有南关岭可守。宣。"[③]

金州失守后,赵怀业和怀字军的具体行动是个谜,结合中日史料,可以勾勒出大致的情形。

得知金州之战打响,赵怀业即率领驻柳树屯一带的怀字军副营、左营和前营一部一千余人赶往金州方向救援,临近时看到金州已经陷落,遂率部退向黄山炮台和老龙头炮台一带。其他各要点上的怀字军则处于各自为战的状态。11时30分许,驻苏家屯的怀字军正营被日军击溃,遗弃三门行营炮和一辆弹药车。正午时分,驻南关岭

[①] 《禀李中堂》,《清季名人禀牍奏稿函札》,江苏人民出版社2006年版,第11页。
[②] 盛宣怀档案资料选辑《甲午中日战争》上,上海人民出版社1980年版,第256—257页(1637)。
[③] 盛宣怀档案资料选辑《甲午中日战争》上,上海人民出版社1980年版,第256页(1633)。

的怀字军后营溃散。

据日本军史记载，在日军占领金州城并向旅顺方向追击时，徐家山、和尚岛等炮台的清军曾将要塞炮转向后路，朝金州方向的日军射击，"第一师团已攻陷金州城，将敌人赶到旅顺口方向，但是大连湾各个炮台尚有敌人守备，并不时地将巨弹送向金州城南的师团集合地"。[①]不过就在当晚，和尚岛炮台的守台铭军、怀字军担心后路遭到包抄，在破坏要塞炮的表尺等观瞄配件后，仓促撤往旅顺，"各炮台之守兵恐失其退路，遂于当夜将炮具破坏或埋没，向旅顺口方向逃走"。[②]待到第二天清早，日军小心翼翼地分别向徐家山、和尚岛炮台发起攻势，抵近后发现这些炮台已经人去台空，"当各部队分头行进，偷偷地逼近作为各自目标的炮台、兵营时，该方面敌人已经逃遁，所剩不过二三名残兵"。[③]

大连湾最后的战斗是一场远距离的炮战。看到和尚岛炮台失守，赵怀业坐镇的黄山炮台、老龙头炮台曾向和尚岛炮台进行了数次射击，而后可能感觉大势已去，赵怀业便率领黄山炮台、老龙头炮台一带的怀字军退往旅顺。下午4时许，日军首先占领了老龙头炮台，11月8日早晨又占领了黄山炮台，大连湾全部失守。

在金州、大连湾，日军俘虏了属于怀字军、拱卫军等部的数十名清军，并一一录取口供。从这些战俘的口中，不难看出新募军战斗力之低下。

---

① 《明治二十七八年日清战史》第三卷，日本东京印刷株式会社1907年版，第59页。
② 《甲午中日战争纪要》，山东画报出版社2017年版，第72页。
③ 《明治二十七八年日清战史》第三卷，日本东京印刷株式会社1907年版，第64页。

第十七章 大连湾失守"罪魁"——怀字军兴亡

吴恰儿

小的今年二十八岁，籍贯山东，本年八月随头领徐某进兵营，在营中打更，后被姓张的武弁使唤。金州城的兵数有多少，我十多天前才来，因而不知。听说步兵、炮兵加在一块有三百二十多，骑兵大概八十多，都只知道大概，详细情况实在不知。

陈万春

小的今年二十三岁，籍贯山东，是新招募的兵，今年九月在山东应募，从天津被装上船来到旅顺口。从旅顺口再到此地则是十来天前的事，同行约五个营人马。我们扎在城外兵营，根本不让进城，若私自进城必须被责罚，因此不知道金州的兵有多少。我的队长姓刘，是一营之长。五个营中有两千四百步兵，百余骑兵，兵器和贵国一样，叫不出是什么枪，一次也没练过，不会放枪。

刘玉发

小的今年二十六岁，籍贯山东，本不是当兵的，在杨家屯开一个两间门面的烟店。我会摆弄枪是三年前当乡勇时学会的，号衣是一个当兵的买烟没有钱，抵押给我的。我没撒谎，你要不信，在我那里还有一个五十多岁的老太太替我看门，你们去问问她就知道了。山东人到此地做生意，你们听来可能觉得可疑，可是我没有钱回不去，只有等赚了钱再说，随便你们怎样拷打我，我也没有办法，你们看着办吧。徐邦道有五个营，其中四个营是步兵，另一个营是两哨炮兵，有克虏伯炮二十门。

另有骑兵两哨,马匹二百头。赵头领率六个营,全是步兵,金州城有八旗兵五百人,皆用抬炮,还有骑兵二百五十人。
……①

丢失了大连湾,赵怀业和怀字军残部退到旅顺,被配置在旅顺陆路外围,此后赵怀业被革职。在中方史料中,赵怀业和怀字军自此无音信。同样也是退到旅顺的拱卫军统领徐邦道,则在11月13日分别致信李鸿章和盛宣怀等,报告战事情况,信文中对赵怀业多有批评之辞,称战前曾与赵怀业商量一起前出攻击日军,"赵提督以固守炮台为辞,不肯迎剿",金州失守后,"赵提督此时速急督队出营,方接仗间一并溃败"。徐邦道率领拱卫军退往旅顺途中,"意欲退守南关岭,与赵提督合军,再反戈痛剿,比至,未见怀字营一人"。②

仅从字面上看,徐邦道拱卫军作战勇猛,只是因为赵怀业的怀字军不配合而陷入败局。徐邦道并没有提及李鸿章战前下达的"旅重于湾"的指示,也没有注意到在拱卫军已经退往旅顺时,赵怀业事实上还在大连湾的老龙头一带坚守,然而在赵怀业失声的情况下,徐邦道的文字成为清王朝以及后世对赵怀业进行评价的重要依据。

11月18日,日军逼近旅顺外围,旅顺之战打响。赵怀业率怀字军与其他各军一起进行防御作战,"姜、程、徐、赵、卫各统领每日开仗"。③21日,旅顺失守,赵怀业不知所终,有传闻乘船逃往山东烟台,也有传言死于乱军,清廷遂下旨查拿,并抄没家产。赵怀业

---

① [日]龟井兹明著,高永学、孙常信译:《血证——甲午战争亲历记》,中央民族大学出版社1997年版,第100—101页。
② 《禀李中堂》,《清季名人禀牍奏稿函札》,江苏人民出版社2006年版,第11—12页。
③ 《寄译署》,《李鸿章全集》25,安徽教育出版社2008年版,第190页(G20-10-388)。

第十七章 大连湾失守"罪魁"——怀字军兴亡

所部怀字军，则随着拱卫军等部队顺着海岸线向西突围，共计约五营兵力突出旅顺，[①]后被徐邦道收编，[②]怀字军自此不复存在。

就在旅顺失守后未久，一份不具名的有关金州、旅顺之战战况的报告出现在清廷中枢，内容中对徐邦道的作战情况多有夸奖，而对大连湾、旅顺的其他将领多贬低之辞，尤以赵怀业为最。统领新募军作战失败，可能死于渡海逃亡山东途中，或者死于旅顺城内的赵怀业，就这样被钉在了历史的耻辱柱上，成了大连湾、旅顺失守的罪魁。

> 方倭至攻金河［州］也，徐军苦战三日，乞赵怀业援应，赵阳许之，而不出一兵。金州副都统连顺至赵营长跪乞师，赵以守炮台为辞，坚拒不出。及至旅顺纵兵大掠，姜桂题缚二人予之，卒置不问。徐邦道面责其不赴援，至厉声唾骂，赵甘受之而卒不出战。赵怀业诚罪之魁哉！[③]

---

① 《寄周臬司》，《李鸿章全集》25，安徽教育出版社2008年版，第234页（G20-11-120）。
② 《夹单贺年兼言事，［禀］翁宫保》，《清季名人禀牍奏稿函札》，江苏人民出版社2006年版，第18页。
③ 《幕友记述旅顺失守情形文》，中国近代史资料丛刊续编《中日战争》1，中华书局1989年版，第625页。

第十八章　远东直布罗陀的陷落
——甲午战争中的旅顺之战

花园口登陆

辽东半岛的旅顺港曾被西方人称为亚瑟港（Port Arthur），又被誉为远东直布罗陀（The Gibraltar of the East）。旅顺原是辽东海岸线西南端的荒芜海岸，1880年至1890年，清政府耗费十年时间和大量金钱，将其营建为北洋海军的基地，设有海军公所、船坞、机器局、弹药库、煤栈等重要军事设施，并设炮台守护，驻防陆军卫戍，是北洋海军唯一具备大型舰船修理能力的基地。

旅顺军港全景
照片右侧的长方形人工港池是旅顺军港的东港，照片中部的细条形陆地是旅顺著名的地貌老虎尾，老虎尾遮蔽下的水域是西港池，老虎尾旁的口门就是旅顺军港通向外海的唯一航道

黄海大东沟海战中，北洋海军参战舰只受损严重，战后首先回

第十八章 远东直布罗陀的陷落——甲午战争中的旅顺之战

到旅顺军港,竭尽全力实施维修,由于旅顺船坞的作业能力有限,加之"定远""来远"等舰只伤情太重,迟迟未能彻底修复。相比之下,日本联合舰队除了"松岛""赤城""比叡""西京丸"四舰因重创而返回国内修理,其他各舰伤势均较轻,由工作船"玄山丸"直接在朝鲜西海岸的临时锚地进行修理。海战结束四天之后的9月22日入夜,日本联合舰队就全面恢复了海上行动。

黄海大东沟海战的胜利,使日本大本营进一步坚定了加速对中国进军的决心。为了保障预定于来年春天实施的登陆渤海湾作战计划,除进攻朝鲜、鸭绿江一线的第一军,日本大本营于9月21日着手编组一个新的陆军兵团——第二军。首先编入第一师团(师团长山地原治中将)和第六师团之十二混成旅团(旅团长长谷川好道少将)等部。9月25日任命曾经亲历过普法战争的陆军大将大山岩担任司令官,意在登陆辽东半岛,攻克北洋海军的维修基地旅顺,歼灭北洋海军,彻底扫清日军在黄渤海海上运输的威胁。

经过现场勘察,日军最终选定旅顺口东北方的荒滩花园口作为登陆场。1894年10月24日,在联合舰队全部主力舰的护卫下,日本第二军开始了登陆行动。

1894年10月,日本第二军在花园口一带海岸登陆,入侵中国辽东

清末时期，花园口属于金州厅管辖，当时金州城共驻有八旗步队一营、马队两哨，约500人。另有李鸿章为加强金州防务而于此前调来的正定镇总兵徐邦道部拱卫军步队三营、马队一营。此外，距离金州不远处的大连湾，也已营建为北洋海军的军港，修筑有海岸炮台群，原先一直是淮军的精锐部队铭军驻守。9月16日大连湾铭军精锐被抽调经海运送往大东沟后，铭军分统赵怀业招募新兵，组建了规模为六营二哨的怀字军，驻守大连湾。这些军队兵力总计约6 000人，其中八旗军队驻守金州城内，徐邦道部布防在金州城周边，赵怀业部则分散驻扎于大连湾一线的多个要点，至于荒芜的花园口海滩，根本没有任何军队把守。因此日军的登陆行动未遇到任何的阻击。

10月26日，北洋大臣李鸿章才陆续收到金州、大连湾、旅顺守将有关日军在花园口登陆的报告。

先是大连湾守将赵怀业报告："顷据前营周营官报称：探有倭二千由窝口登岸，已会徐镇严密预备。"①

紧接着旅顺道员王仁宝报告："顷庆军黄提督探马报称：倭船三十六只，带民船百余只，渡兵约三万人，在皮子窝东北地名洋花园上岸，已在彼处扎营。龚道闻已由金州回，正在途。"②

这些部分细节存在偏差的紧急军情，传递出一个十分肯定的信息，即有一支日军已经在辽东海岸登陆。让李鸿章十分困惑的是，当天鸭绿江前线也传来日军渡江的消息，李鸿章难以判断在花园口登陆的这支日军，究竟是要北犯前往鸭绿江一线，还是要南下进攻

---

① 《附　赵统领来电》，《李鸿章全集》25，安徽教育出版社2008年版，第74页（G20-09-273）。
② 《附　旅顺王道来电》，《李鸿章全集》25，安徽教育出版社2008年版，第74页（G20-09-274）。

第十八章 远东直布罗陀的陷落——甲午战争中的旅顺之战

金州、旅顺,于是李鸿章只得下达一个静观其变的命令。李鸿章还担心万一日军是要北上,倘若这时大连、旅顺守军与其交火,可能会把战火引至金、旅地区。

> 电悉。查皮子窝尚在金州以北,务严督各营严密扼守,勿涉张皇。新勇未操熟,勿轻接战,以散队埋伏于来路要口,密布旱雷为要。鸿。①

十分具有戏剧性的是,花园口登陆日军的真实目的,随着当天几名日本间谍的被俘而被侦知。

随日本第二军行动的间谍(装扮成中国人者)在运输船上的留影

日本第二军在辽东花园口登陆时,随行带有化装成中国人的六名日本间谍,登陆当天即被四散派出,负责侦察外围各地的中国军情。其中藤崎秀前往大连湾,钟崎三郎前往金州,向野坚一前往普

---

① 《复徐赵统领》,《李鸿章全集》25,安徽教育出版社2008年版,第75页(G20-09-277)。

兰店、复州，山崎羔三郎前往旅顺，猪田正吉、大熊鹏则往鸭绿江方向的大孤山而去。

> 同仁一行乘舢板在花园口登陆。沿岸村庄居民看到我军舰开来，已经逃走，连个人影也没有了。我们感到很幸运，便用老百姓家遗留下的辫发用具，很好地化妆一番。考虑到如果从此地一同出发，恐引起敌人的怀疑，就错开时间走。最先出发的是午后一点钟，我在最后，午后五点多钟出发。——向野坚一①

六人中最早落网的是钟崎三郎。钟崎三郎扮作中国渔民，10月24日中午12时从花园口出发，当天走到通向金州方向的碧流河时，突然发现周遭情势不对。原来24日当天模糊得悉有日军在花园口附近登陆后，金州副都统即下令八旗捷胜营马队在花园口通向金州必经的碧流河一带渡口"严防日奸偷渡"，凡渡河者必须要有马队统领荣安签发的红色通行证。不知就里的钟崎三郎因为没有这种通行证，经清军稍加盘问就露出马脚，随即被捕。

另外一名落网的间谍山崎羔三郎则比较狡猾。山崎羔三郎出发之后并没有单独行动，而是跟在一群中国人之后，绕开了清军关卡，顺利地过了碧流河。24日，山崎羔三郎投宿在一家中国旅店，第二天天明后在村庄中活动时，其过于斯文的举止、言行引起了村民的怀疑，随后又有人发现他上茅房时，使用的是当地人根本没见过的手纸，很快得到报告的八旗骑兵就出现在了他的面前。

---

① 《向野坚一回忆录》，中国近代史资料丛刊续编《中日战争》6，中华书局1993年版，第185页。

第十八章 远东直布罗陀的陷落——甲午战争中的旅顺之战

第三名落网的间谍是藤崎秀。他出发后也成功地绕过了碧流河上的清军关卡，第二天混在大批中国难民中往金州前进。难民到达曲官屯时，将有关日本人登陆的消息告诉了当地村民，全村陷入恐慌，难民们随之也愈加恐慌。故作镇静、自以为得计的藤崎秀在惊恐的民众里显得格外扎眼，很快就被一些村民捆绑起来交给了路过的八旗骑兵。

在金州被处死的三名日本间谍的名字中都有"崎"字，日方后来称为"三崎"。图为位于日本东京泉岳寺的"三崎"纪念碑（陈悦摄）

三名日本间谍先后被押送到金州副都统衙门，经严刑拷打供出了在花园口登陆的日军是一支大兵团，登陆后的目标是进攻旅顺，而后这三名间谍即被处死。[1]

虽得悉花园口日军的进攻方向，但李鸿章却没有更多的办法。

---

[1] 民国南京政府参谋本部第二厅第六处：《甲午中日战争纪要》，1935年版，第87—88页。《大连近百年史见闻》，辽宁人民出版社1999年版，第38—39页。

当时淮军主力都集结在鸭绿江一线，随着鸭绿江防线的崩溃，正在日本第一军的压迫下在辽东节节败退，根本无力南顾。距离旅顺最近的一支陆军是山西大同镇总兵程之伟部，该部正在李鸿章的催促下于10月19日从营口起程向旅顺方向前进，然而直到11月初仍然毫无音信。李鸿章另计划调度驻扎山东登州的四营嵩武军渡海加强旅顺守军实力，但遭到山东巡抚李秉衡的抵制，不克成行。海军方面，丁汝昌于10月28日深夜率舰队从威海抵达旅顺，旋于29日前往大连湾一带巡弋。有鉴于日军已经完成了登陆，海军对日本陆军无法构成什么威胁，且日本联合舰队主力在花园口一带设立了海上警戒线，李鸿章担心一旦海军有失，渤海防务更无所恃，命令海军"相机探进，不必言死拼"[①]。

金、旅一线以一种完全被动的姿态等待着日军来犯。

金、大失守

11月2日，日本第二军开始向金州、旅顺方向进军。从日军的登陆点前往金、旅地区，主要的道路有金州大道和复州大道两条，日军选择了较为便捷的金州大道前进。

5日，日军的一支骑兵小队奉命前往复州大道，企图割断复州向金州方向的电报线，破坏清军的通信联络。就在这时，复州大道远处突然尘土飞扬，出现了一名骑马飞奔的中国人，日军"高声大喊站住，但那人毫无反应，跑得更快，难以追上，即用手枪击其侧面，他也未回声"，日军于是猛追，"因他身负重物，

---

① 《复旅顺丁提督》，《李鸿章全集》25，安徽教育出版社2008年版，第85页（G20-09-313）。

竟被当场捕获"。①

经过搜身，这名叫王清福的年轻人在便衣里面穿着的是清军的号衣，而且身上还携带了多份机要信件，显然是一名清军的通信兵，于是他便被押赴在金州大道行军的日军前锋部队指挥官、步兵第一大队大队长斋藤德明少佐处接受讯问。接下来发生的事是金州、旅顺之战中又一幕极富戏剧性的故事。

根据中国方面的记载，王清福表现得铁骨铮铮，时人对其颇为称颂，甚至有人作诗加以纪念。

  ……队长斋藤德明始用柔语诱之，继以酷刑拷问。王君坚不吐实。后搜出文件，知事败，义不苟生，大骂敌人，头触石墙而死。②

可是在日军的记录里，情况却截然相反，头触石墙的王清福并没有死。

龟井兹明伯爵是日本近代著名的摄影家，第二军从国内登船出发时，他即带着摄影器材随军同行，一路用照片记录了日军进犯金、旅的全过程。随军期间，龟井兹明还有记日记的习惯，这一天的日记里，恰好记录了王清福的故事：

  带到斋藤少佐营房，少佐命翻译拷问，想知道敌情，但他只

---

① ［日］龟井兹明：《日清战争从军写真帖——伯爵龟井兹明的日记》，日本柏书房1992年版，第94页。
② 《旅大文献征存》第3卷。转见《中日甲午战争全史》第2卷，吉林人民出版社2005年版，第718页。

说名叫王清福,年二十四岁,为一名弁勇,再不多讲一句,只说我是清兵要杀快杀,又向路旁石岩上撞,碰破头颅企图自杀。

斋藤少佐痛斥其无谋,顽而不听,只管要求速死。又说我先带将令到旅顺口,现在将回复州省亲,不幸在此受被俘之辱,不仅如此,被委托带给朋友和家属的私信也被没收,而无面目活着见人,此为弃生求死之理由,请速速斩首,言谈自若,毫无惧色。

少佐为其义勇感动,且悯其情,恳切晓以大义,告他《世界各国俘虏处分法》,又讲述我军之宗旨说道:"尔今天身无寸铁,没带武器,不用负军人责任。你未听说在朝鲜平壤之役你国军官被我俘虏甚多,尔辈今被俘,何辱之有?倘若你能保全性命,他日我军与你国决定胜负之后,还可与父母兄弟朋友相逢。我大日本帝国军队纪律严明,乃王者之师,岂与杀人掠夺之蛮军相同?而且你春秋尚富,想来必有父母,今你徒死,尔父母悲伤之情又如何?"

他听后两眼血泪,感慨之极,稍停答曰"我不幸幼年丧父,只有老母一人在乡,待我归期有日,我不能报海岳之恩,一朝被俘,诚为人子者所不能忍",更含泪浩叹良久。

于是命兵卒给他饭吃,兵卒用一大粗碗好像喂狗般盛了一大碗,颇有轻视之状。少佐斥责说:"此俘虏虽为敌人,但决心自尽,又能思念老母,重友情,实为义勇之士,与寻常的俘虏不可比。优秀军人就应这样,汝等应体谅其志,决不允许加以非礼。"王清福感泣少佐之义,连连向队长叩头,竟断自杀之念,进我野战病院医治头上创伤。这也是战阵上一大佳话,记以表扬斋藤少佐之仁勇。①

根据日军军史记录，王清福此后"全部吐出实情"。最为重要的是，他透露了一条极为重要的军情，即清军布防的重点是在金州大道，而复州大道上实际没有守卫部队。

得到这一情报，日军立即分兵两路，由第一师团长山地元治中将亲率一部绕道复州大道，轻易地逼近了金州城郊。金州大道上，乃木希典少将率领的一部继续前进，击溃了徐邦道部拱卫军，也到达了金州城外，对金州形成两路夹击之势。

日军占领后的金州永安门

6日，两路日军同时向金州发起进攻，首先集中36门火炮炮击50分钟，随后步兵一拥而上，从炸开的金州城永安门攻进城去。城中的八旗军、徐邦道拱卫营残部稍作抵抗，便弃城向旅顺方向退却。

---

① ［日］龟井兹明：《日清战争从军写真帖——伯爵龟井兹明の日记》，日本柏书房1992年版，第94—95页。

日军占领金州后再现的攻城时攀爬城墙的情景

金州城外阵亡的清军遗体

金州之战的炮声隆隆响起时,大连湾守将赵怀业急忙抽调怀字军精锐赶往金州支援,到达金州城外时却看见城头飘扬的是一面面太阳旗。大连湾后路已失,炮台势必不保,这支援军随后不久也往旅顺方向溃退。

大连湾炮台看似固若金汤,其实这是建立在后路没有威胁的前提上的，设计炮台的目的只是为了保证大连湾向海的防务，大型要塞火炮只能向海面方向射击，无法转向身后，背后一旦出现威胁，如果没有大股陆军在后方提供防御保护，整个炮台群对陆路就只能束手无策了。金州城陷落，大连湾炮台群失去后路屏障后，各炮台的守军也大都作鸟兽散。

7日上午，杀气腾腾的日军小心翼翼逼近大连湾炮台，这才发现清军上演的是一出空城计，海防要塞兵不血刃落入敌手。更为离奇的是，日军在和尚岛炮台附近的柳树屯水雷营内，竟然搜寻到了大连湾口水雷群的布置图。他们很快按图清理出航道，日本运输船得以直驶大连湾卸载物资。至此，大连湾成了日军重要的转运港口。

旅顺守军实情

北洋海军的重要军港旅顺是北洋海防部队在辽东半岛的屯驻重点。为了防卫这座军港，清军建筑了大量炮台工事。这些即使今天来看也令人叹为观止的工程奇迹分为两个部分。布置在旅顺港入口处岸边的一连串海岸炮台，以其中的黄金山、老蛎嘴、馒头山三处工程最为坚固，规模宏大，设计优良，是对海防御的主炮台，且装备的大都是利于远射攻击海上之敌的中大口径要塞炮，是整个旅顺炮台群的精华。

旅顺炮台防御的另一部分是陆路炮台，用于防御旅顺口背后朝向金州的陆路方向，是在海岸炮台完工之后陆续建成的后路防御工事，质量和规模上逊海岸炮台一筹，装备的主要是行营炮、机关炮一类利于击人的中小口径火炮。其中最为关键、设计构筑也最为周密坚固的是位于西侧的椅子山高地及周围的椅子山、案子山、望台北三座炮台，居高临下，是旅顺后路炮台群的制高点，其余各处的炮台大都为小型的半永久炮台，类似临时的火炮阵地。

配合炮台工事，早期驻守在旅顺的陆军主要是四川提督宋庆部毅军以及总兵张光前、黄仕林部亲庆军。宋庆部负责后路防务，专守各陆路炮台，张光前、黄仕林的六营亲庆军分别驻扎旅顺口的西岸和东岸海岸炮台。甲午战争爆发后，训练有素、较有战斗力的宋庆部被紧急调往鸭绿江防线守卫国境。临元镇总兵姜桂题临时招募三营半桂字军，记名提督程允和临时招募三营半和字军，共同开赴旅顺填防炮台。

旅顺清军庆字正营营盘

日军在花园口登陆后，旅顺形势立刻紧张。为了增强防守兵力，张光前、黄仕林部亲庆军各又新募了一营，共八营约4 100人；程允和、姜桂题两部也就地扩充至八营，约4 000人。同时李鸿章为加强旅顺前路大连湾一线的兵力，命令盛军统领卫汝贵的弟弟、记名提督卫汝成在天津等地新募五营，并马队一部，共计3 000余人，从大沽乘船海运至旅顺增援。① 金州失守后，原防守金州、大连湾炮台

---

① 《北洋大臣李鸿章奏拟派卫汝成五营赴旅援应电》，中国近代史资料丛刊续编《中日战争》1，中华书局1989年版，第459页。

的徐邦道拱卫军残部1 400余人、赵怀业怀字军以及铭军老营残部2 200人也退至旅顺，加入了守军序列。此外，兼办旅顺水陆营务处的道员龚照玙另直辖约500人规模的部队。[①]

综合上述各支军队，旅顺守军的总兵力保守估计为15 200人左右，然而因为旅顺基地炮台众多，操作火炮、守卫炮台至少需要占用6 000余人，剩余的机动兵力实际只有8 000余人，以如此的兵力投放到开阔的旅顺后路上，其匮乏情形不难想见。更严重的是，旅顺守军普遍存在兵员素质低下的情况，15 200人左右的大军中，新募兵的数量竟然高达11 000人之众，只有守卫海岸炮台的亲庆军中有六营3 000多人是老营军队，陆路炮台的守军以及8 000人的机动兵力则几乎全部是缺乏训练的新募兵，另外还包括有大量溃逃而至、短少武器的败军，旅顺守军的战斗力如何不难想见。

由于僻处海角绝地，旅顺对外的交通并不便利，自日军登陆花园口开始，陆路的补给线就被切断，而活跃在海上的日本联合舰队又使得海上补给线也岌岌可危，其直接影响之一就是军粮供应艰难。最初旅顺的存粮够各军应付半月左右，自卫汝成、徐邦道、赵怀业等部陆续到达后，各军嗷嗷待哺，军粮仅够支撑10天。对于当时为了能够吃上饭活命才当兵的军人而言，粮食的重要性更加凸显；为了争夺军粮，以致出现了各军士兵互相饱以老拳、大打出手的场面。

已然身处这种混乱情形中，旅顺守军还存在一个更为致命的问题，即群龙无首、指挥不一。

[①]《明治二十七八年日清战史》第三卷，日本东京印刷株式会社1907年版，第260—261页。

先后到达旅顺的清军分属于毅军、亲庆军、桂字军、和字军、成字军、怀字军、拱卫军等多达七个系统，各支军队之上并无总统帅，只有兼办旅顺水陆营务处的船坞总办龚照玙从中勉力调和。龚照玙本非武人，并没有多少军事经验，而且品秩较低，难以制驭各支由记名提督、总兵等统率的军队。11月6日，为解旅顺燃眉之急，龚照玙乘坐北洋海军鱼雷艇前往烟台筹粮，之后又前往天津求援。总办离开旅顺，更使得人心大乱，旅顺居民大量出逃，部分官员以及船坞的工人也纷纷逃亡。为稳定军心，旅顺各军公推资历较深的桂字军统领姜桂题为各军总统，然而姜桂题担负如此复杂的近代化战守重任，显然力不从心。

旅顺就在这样的情形中等待着即将到来的恶战。

> 数日之间，难免水陆夹攻一场恶战。西岸由口门至双岛套等处，相去几百里之远，口汊太多，仅弟与程平兄数营分别扼守，地广兵单，万分焦灼。军米大家分食，不过仅敷月底，万一有缺，奈何？！奈何？！敬请我公速求中堂筹兵、筹饷，伤兵轮护送到旅，以资战守，以安人心。千恳万恳，盼甚！感甚！[①]

土城子大捷

土城子是旅顺北方的一处高地，处在金州通往旅顺的必经之道上，距离旅顺仅10千米，是旅顺后路外围的最后一处要隘。11月18

[①]《张光前致盛宣怀函》，盛宣怀档案资料选辑《甲午中日战争》下，上海人民出版社1982年版，第326页。

日，守卫旅顺后路的姜桂题、程允和部的部分兵力以及赵怀业、徐邦道、卫汝成等部，前出至土城子一带设防。这天正是日本第二军开始向旅顺进军的日子。

日本第二军登陆辽东的主要任务就是攻占旅顺、消灭北洋舰队，但在占领金州后日军却转入就地休整，直到11月16日从日本广岛运来的秘密武器攻城炮到达后，才继续开始向旅顺进军。日军战前考虑到旅顺之战中会遇到大量坚固炮台工事，于是从国内紧急调运了一批威力巨大的大口径攻城炮，配属给第二军的计有各型攻城炮和大威力火炮30门，合编为临时攻城炮厂（"厂"在此处意指一种编制单位）。这些攻城火炮主要用于压制敌方炮火，摧毁坚固工事，在当时主要装备80毫米口径以下行营火炮的陆军中，这种武器的威力足以惊人。[1]和海军炮弹中填充的烈性炸药一样，日本陆军的攻城炮也是在甲午战争中首次使用的秘密武器，由此可以看出日本对于发动甲午战争所下的苦心。

18日上午10时，日军先头侦察骑兵200余人到达土城子附近探路，恰好与刚刚赶到土城子设防的姜桂题等部中国军队遭遇。位于高地的中国军队立刻将行军队形转换成作战队形，向日军发起进攻。人数上处于绝对劣势的日军无法支撑，被迫节节后退，"敌人举着红白、红蓝旗帜，潮水般地涌来……我们一面撤退，一面抵抗敌军，四面都是敌人，敌弹像倾盆大雨一般。我军苦战情形难以形容"。[2]至中午时分，日本一个步兵中队闻讯赶到增援，而中国军队的人数

---

[1] ［日］龟井兹明：《日清战争从军写真帖——伯爵龟井兹明的日记》，日本柏书房1992年版，第135—136页。
[2] 《关于土城子之战的补充报道》，中国近代史资料丛刊续编《中日战争》8，中华书局1996年版，第136页。

增加更多，达3 000余人，并派出骑兵反复冲杀日军。担心被中国军队完全包围，日本侦察骑兵和增援步兵又一起继续后撤。

日本美术作品：日本侦察骑兵在旅顺土城子附近被清军压制

中午12时20分，日本前卫步兵大队也到达战场并加入战斗，令日军惊恐的是，中国军队居然在山上架设起了四门行营炮。抵挡不住清军猛烈的炮火，日军接战不久又开始撤退，直到下午日军先头部队的炮兵赶到，进行火力支援，中国军队才逐渐停止攻击。战斗最后于下午4时结束。战斗中日军共阵亡12人（侦察骑兵仅阵亡一人，其余均为后续赶到的增援步兵），其中还包括部分受伤后自杀的日军。此外，有伤者32人。

土城子之战对于中国军队而言，可谓一场胜仗，但它只不过是一场前哨遭遇战，对整个战局没有任何影响。而且在兵力和火力上占有压倒优势的中国军队，围追几百名日本侦察兵，激战六个小时只获得小得可怜的战果，相反己方付出了成倍的人员伤亡的代价。

对此，既需要承认清军作战的勇气，同时也要看到全由新募军组成的军队战斗力之差。

激战停歇，领教过了日军的战斗力，胜利似乎并没有让这些中国军队欢欣鼓舞，得胜的中国军队以没有带做饭的锅和住宿的帐篷为由全部退回了旅顺，"非回旅顺不能得一饱，遂弃险而不守，仍退归"[①]，土城子以及整个旅顺后路完全向日军敞开。

陆防崩溃

1894年11月20日清晨6时40分，部署在旅顺陆路外围的日军各炮兵阵地炮火齐鸣，旅顺之战正式打响。

日军使用的是集中兵力各个击破的打法，攻打旅顺的日本第二军兵力超过两万人，对每个中国炮台都能形成绝对的兵力、火力优势。首先遭到日军攻击的是旅顺陆路最外围的椅子山炮台。椅子山炮台位于旅顺陆路炮台的最左侧，攻击这个炮台时，距离此处较远的其他中国炮台难以提供有效的火力支援。守卫椅子山炮台的总兵程允和部和字军立即向日军的开炮方向还击；看到椅子山炮台遭受攻击，右侧姜桂题桂字军防守的松树山炮台也开炮援助。

根据日军档案记载，虽然中国守军努力发炮射击，但射出的中大口径炮弹大多是实心弹，对日军基本没有产生损害，而日军的火炮射出的则全是开花榴弹，加之射术优良，不断有炮弹在中国炮台内炸开，其重型攻城炮射出的炮弹杀伤效果尤其明显。"敌军炮弹虽为12、15、24厘米的巨弹，但一个也不是霰弹，落在地上也不会爆炸，多是

[①] 《东方兵事纪略》，中国近代史资料丛刊《中日战争》1，上海人民出版社1957年版，第40页。

空弹掠空而过。反之,我军精良的山炮,特别是野炮发射的炮弹,都在敌阵上开花,全部命中,恰如雷电之闪,流星之陨。"①

日本美术作品：旅顺椅子山之战

正在进攻旅顺的日军炮兵阵地

看到椅子山炮台被压制,日军步兵在炮火掩护下开始急步前进。虽然遭到中国重炮的轰击,但是无甚威力的炮弹显然无法阻挡日军,椅子山炮台的战斗最后变成了一场残酷的肉搏战。守台的数百名中

---

① ［日］龟井兹明：《日清战争从军写真帖——伯爵龟井兹明の日记》,日本柏书房1992年版,第153页。

国士兵或用步枪射击，或挥舞大砍刀，甚而搬起石块砸下，努力阻挡企图攀爬炮台胸墙而上的日军。从日军的伤亡情况看，这一阶段的战斗可谓异常激烈：挥舞着指挥刀催促士兵冲锋的第三联队第三中队藤村平三少尉胸部被子弹贯穿毙命；身旁三名手持上刺刀的步枪呐喊助威的日本士兵也全被击毙；第三中队中队长中野能介高举起指挥刀时手指被击断；松浦靖中尉在冲至距炮台胸墙仅10米时左臂中弹，骨头碎裂。混战之中，日本士兵船山市之助首先登上炮台胸墙，高喊"天皇万岁"，正在挥刀参加近战的第三联队第一大队大队长丸井政亚也趁势高喊"复前日之仇（指土城子之战）正在此时"。[①]日军翻过胸墙，冲进炮台。椅子山炮台内出现了甲午战争以来日军从未遇到过的场面，这些没有经过很好的训练、不太会使用大炮和步枪的中国士兵居然大都没有退却，赤手空拳和日军展开了残酷的肉搏战。诚然中国军队，尤其是新募兵的战斗能力低下，但不应回避的是，他们中的大多数人并不缺乏勇气，至于他们为什么没有能发挥手中先进武器的威力，更多地应去反思为什么他们没有得到好的训练。落后、腐败、长期积弊的军队制度，才是甲午陆战中国陆军节节败退真正的重要原因。

攻陷椅子山炮台后，日军继续集中兵力，逐点拔除，相继攻下邻近的松树山、二龙山、鸡冠山等炮台。至21日中午，旅顺外围所有炮台全部失守。

21日中午过后，日军攻入旅顺市街，战事进入了混战阶段。

根据第二军司令官大山岩的战斗部署，除在已占领的后路炮台

---

① 《日清战争实记选译》，中国近代史资料丛刊续编《中日战争》8，上海人民出版社1994年版，第127页。

留下少数兵力警戒外，第一师团全力进攻旅顺市街，混成十二旅团进攻市街东北。为消除部分海岸炮台对市区的威胁，第一师团长山地元治命令步兵第二联队进攻海岸炮台，首当其冲的便是旅顺诸海岸炮台中规模较大且有部分火炮能够转向陆路的黄金山炮台。见到后路失守、大势已去，当时旅顺市街和船坞局内已是一片混乱。成字军统领卫汝成、铭字军统领赵怀业发令整队，但是"无多人"，遂化装成百姓乘乱寻觅民船渡烟台。东海岸炮台守将、亲庆军总兵黄仕林在老蛎嘴炮台试图投海自尽，被部下救起后也觅船前往烟台。因为火炮大都无法转向陆地射击，东海岸炮台里本就人心惶惶，此刻又失去了统一指挥，略作抵抗后，下午1时便也失守。未料到胜利来得如此之快，占领海岸炮台的日军先头部队没有带着国旗，于是就用中国士兵的鲜血在白布上描画，用人血染成的太阳旗在海风中格外刺眼。

令人震惊的是，在攻入旅顺市街后，借口有中国军队脱下军装混迹在百姓中，并称中国百姓家中都藏有武器，日军在旅顺开始了惨无人道的大屠杀，四处纵火，挨门逐户抄杀中国人。从21日午后开始到25日，日军共屠杀中国军民两万余人，将旅顺变成了一座愁云惨雾的死城。

> 午后两点多钟，棉药库被炮击燃，三点钟元葆坊械库、水师药库、毅军坐营、后城衙市先后皆烧，凡附近炮台、村庄及营盘、老水师营皆烧，人皆杀，旗人被杀尤甚。①

---

① 《刘道来电》，《李鸿章全集》25，安徽教育出版社2008年版，第193—194页（G20-10-400）。

第十八章 远东直布罗陀的陷落——甲午战争中的旅顺之战

旅顺失守之际,龚照玙也没有更多办法,带领几名从人准备到金州方向向宋庆部求援,走到小平岛时见前路有日军驻扎,遂寻觅渔船渡往烟台。11月正值北方冬季来临,天气寒冷,海上风急浪大,一叶叶扁舟载着从旅顺逃出的军民冒险求生。

21日入夜,姜桂题、程允和、徐邦道以及西路海岸炮台守将张光前趁着夜幕率军突围,前往金州方向寻找宋庆部毅军(突围出拱卫军三营、成字军三营、怀字军五营、桂字军与和字军三营,共约6 000人)[①]。至此,旅顺各炮台中最后剩下的西路海岸炮台弃守,旅顺城内已无成建制的中国军队,号称东方直布罗陀的旅顺在不到一天时间内沦入敌手,炮台、军械、港内未能撤离的小型舰船全成了日军的战利品。此战,日军仅仅付出了阵亡官兵40人、伤241人、失踪7人的微弱代价。

日军占领旅顺北洋海军公所

[①] 《寄周臬司》《复宋宫保并周臬司》,《李鸿章全集》25,安徽教育出版社2008年版,第234页(G20-11-120)(G20-11-121)。

1894年11月23日,日军在旅顺船坞旁举行祝捷会的情景

11月23日,日军在旅顺船坞旁举行祝捷会,庆祝旅顺之战的胜利。但是日军此战的目的实际并未完全实现,因为北洋舰队并不在旅顺港内,未能摧毁北洋舰队对日军而言无疑是此战最大的遗憾。只要北洋舰队还存在,日军就无法在渤海湾内真正自由行动。因此,日军下一步的目标相当明确:消灭北洋舰队。

在旅顺之战爆发前,因为旅顺与外界的电报联络已断,旅顺诸守将为求援兵曾派出一名叫殷贵的士兵冒险乘船前往天津,向李鸿章递交求援信。11月19日,李鸿章收到求援信后,立刻手书回信一封让士兵带回。而当海关"金龙"号轮船将这名勇敢的士兵带回旅顺时,旅顺已经失守。

诸位统领如面:

连接禀函及探信,悬系之至。"镇东"送去粮弹等项,计匀分接济,足以多支两旬。宋宫保(宋庆)已由复州进队,旨又饬唐仁廉六营、章高元八营由营口继进，不日会合铭军分道进援，倭人前后被我夹击，定行退缩。望诸弟坚忍苦守，相机出奇雕剿。古云：同舟遇风，胡越一心。况皆我淮部子弟，亲若同胞耶！传言黄提督（黄仕林）与张镇（张光前）口角对殴，赵镇（赵怀业）与卫镇（卫汝成）亦有争殴之事，此何时势，尚闹闲气？！尚望其同心御敌……总之旅为要地，朝廷视为关系重大，如弟能死守勿失，必膺五等之封。若任其失陷，只有蹈海而死，何不拼命持久，为淮人振起声名！兄必督饬刘道（刘含芳）、盛道（盛宣怀）等随时设法运济米粮。枪炮弹勿空放，须省啬用之。各营应悬重赏，俾共效命，如现银不足，即给印票为凭，吾当饬照票给银。此时行文不便，即以此信为凭，希诸弟共体此意……此信各营官传观遵办。

鸿章手启，十月廿二日[①]

[①] 《李傅相手谕旅顺诸将书》，光绪乙未拓本。

第十九章　后路屏障
——李秉衡征东

"文武将才，真伟人"

　　位于辽东半岛的旅顺和位于山东半岛的威海，分别是北洋海军的修理和屯泊基地，都修建有炮台、要塞进行防御，两座军港犹如一对卫士，把守在渤海湾口，警戒着京畿海上门户。日军攻占旅顺后，渤海湾口的这套防御体系断失了一只臂膀，北洋海军失去了维修基地，只得退守威海一隅。日军未能在旅顺实现歼灭北洋海军的目标，于是开始筹划进攻威海，消灭北洋海军，扫清从渤海登陆直隶平原的威胁。至1894年的岁末，威海成了甲午战争战场上的焦点。

　　清代的威海是个极为特殊的城市，行政区划上属于山东省的文登县管辖，而从海防体系来说，建有海军军港的威海，海陆驻军又都属于北洋大臣李鸿章指挥。李鸿章的职务是直隶总督，行政管辖区域主要在今天的天津、河北一带，并不能直接指挥山东省，仅能调度驻扎山东沿海口岸的海防军队。大敌临头的局面下，北洋海陆军要想守住威海，必然需要和山东省的军队互相配合，此时山东巡抚能否和直隶总督和衷共济，就成了事关大局的关键之处。

　　甲午战争刚爆发时，山东巡抚是旗人福润。福润的父亲是清末

第十九章 后路屏障——李秉衡征东

著名的理学家——文华殿大学士倭仁。倭仁为人思想保守、顽固，仇视洋务。福润的风格则与乃父有着很大的区别，较为务实。1894年夏季中日开战以来，福润与李鸿章配合默契，在山东先后募集了福字、东字等番号的新军数十营，扩充兵力，以加强登州、烟台、威海等胶东沿海区域的防御力量。然而正当威海筹防工作如火如荼时，1894年8月，山东巡抚一职突然易人。

8月13日，先前因病没有到任而请假一月的新任安徽巡抚李秉衡，在赴任之前先来到京城面圣，领受机宜。根据皇帝的谕令，军机大臣和内阁重臣首先向其询问军事事务，以及询问其能否回原籍东三省练兵等事。三天后的8月16日，清廷突然发布一项重要的人事变动，原山东巡抚福润被调往安徽任巡抚，李秉衡改任山东巡抚。任命发布后，光绪帝连续召见李秉衡三次，进行密谈。23日，经过一夜骤雨，北京城天气由阴转晴，傍晚时分，新任山东巡抚李秉衡造访军机大臣翁同龢，翁同龢"留饭剧谈"。得知李秉衡自幼在江苏生活时，翁同龢别生几分亲切之感，一席交谈之后，翁同龢对李秉衡竟然得出了"兵事将才均极留意，良吏也，伟人也"的评价。①

26日，李秉衡得到了光绪帝指派的特殊任务。当天，翰林院侍读学士文廷

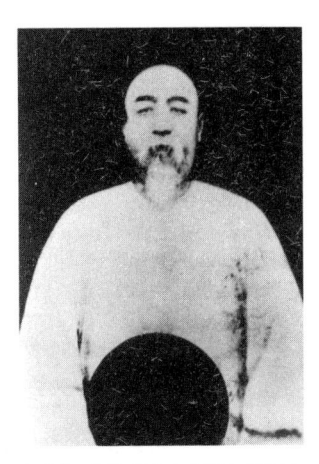

李秉衡，甲午战争中出任山东巡抚，对威海防务多有掣肘。甲午战后，李氏家人模仿《包公案》创作演义小说《李公案》，将其塑造为传奇的英雄人物

---

① 《翁同龢日记》5，中华书局1997年版，第2721页。

式和给事中余联沅以中日开战以来，迄今未见中国军队有何战功为由，先后上奏参劾北洋大臣李鸿章，称北洋大臣李鸿章因循怠弛，用人不当，一味胆小畏缩，以致"贻误大局"。余联沅的奏折里还引出了一段颇吸引人眼球的故事："其（李鸿章）衰老昏庸情状，不能掩人耳目。且日服洋人之药，苟延旦夕，尸居余气，一筹莫展，无怪人言啧啧，胥天下之人无不痛恨于该督也……朝廷若再专任李鸿章，李鸿章又专任丁汝昌辈，一旦兵来无以御之，随重治该二人之罪，深恐悔之晚矣。"①

经翁同龢等奏请推荐，光绪帝命令李秉衡前往事关北洋前敌的山东省上任。在召见李秉衡时，光绪帝要求李秉衡赴任路过天津时，假借会商军事为名，查看李鸿章的病情，"李某病状灼然，请派李秉衡往查"。②言下之意，倘若发现李鸿章真的有奏参里那样的病情，以光绪帝为首的主战派就能派人取而代之了。

种种迹象表明，李秉衡已然成为清流和主战派青眼有加的人物，而当他道经天津，装作会晤海防的模样与李鸿章相见时，李鸿章必然为之惊悚，因为他们算起来其实是旧识。

李秉衡，字鉴堂，祖籍山东福山，后来祖上于乾隆年间闯关东移居辽宁岫岩厅（今辽宁省岫岩满族自治县）。李秉衡从小跟随任江苏金山知县的父亲居住在江南，此后没有走上科举之路，而是通过捐资获得了县丞出身，后来任官直隶，成为直隶总督李鸿章的属下。在直隶期间，李秉衡历任枣强知县、蔚州知州、冀州

---

① 《给事中余联沅奏疆臣贻误大局沥陈危急情形折》，中国近代史资料丛刊《中日战争》3，上海人民出版社1957年版，第63页。
② 《翁同龢集》下，中华书局2007年版，第1 090页。

知州等职，以清廉著称。

1881年，李秉衡由冀州知州升迁永平府知府。就在他刚刚赴任时，吏部追查起了他在冀州任上处理的一桩盗案，因其办案不力，准备予以降级处分。（根据清代官员的议叙制度，对官员的行政奖励主要有"记录"和"加级"两类，以此作为升迁时的重要考核标准。对官员处罚时，则相应有降级等形式。）李秉衡被追究、彻查，直隶总督李鸿章不可能不预有所知。当时总督李鸿章曾行文户部，设法为李秉衡转圜，请求户部以李秉衡以前的加级奖励来抵消这次的降级处分，但最终未能成功，"部议追论劫案，李鸿章上其理状，请免议不获"。①李秉衡是否就此事记恨李鸿章，史料中查无确证，但在直隶背负了行政处分的李秉衡，不久之后突然出现在清流大佬张之洞的麾下。

1882年，清流派重要人物、新任山西巡抚张之洞上奏清廷，举荐晋省人才，长长的名单中，不仅有张佩纶、吴大澂、陈宝琛等清流才俊，李秉衡的名字也赫然在列："山西补用知府李秉衡。德足怀民，才能济变，政声远播，成绩宏多，实为良材大器。"②

直隶的官员李秉衡怎么到了山西，又怎么会被张之洞推荐？这一谜题今天仍然很难解，不过之后李秉衡在张之洞的提拔下，仕途可谓一帆风顺：不仅飞快地升为山西平阳知府，中法战争期间张之洞南下两广，李秉衡随之改调广西高钦廉道，又升任护理广西巡抚，成为清流派在地方能够倚重的实力派人物。

此时，原本应该担任安徽巡抚的李秉衡，在清流和主战派的热

---

① 《李秉衡集》，齐鲁书社1993年版，第772页。
② 《胪举贤才折》，《张之洞全集》1，河北人民出版社1998年版，第91页。

烈支持下被调至山东，对前敌防御而言，似乎并不是什么好的信号。

后路屏障

李秉衡在天津并未发觉李鸿章有什么病情，于是继续向山东行进，于1894年9月11日抵达山东省城济南，第二天就从前任福润手中接过关防、印信、王命旗牌等要件，正式开始视事。

鉴于当时海疆不靖，李秉衡抵任不久，即于9月30日离开济南，前往胶东沿海一带巡视海防情况。在11月9日给清廷的奏报里，李秉衡将自己对胶东海防所持的战略和相应的部署做出了汇报："查山东海防，以威海、登州为最吃重，烟台次之，胶澳又次之。"即把威海和登州作为两大重点。李秉衡认为在李鸿章的经营下，威海筑有炮台，并由淮军的绥、巩军以及护军驻扎，"已成重镇"，而且自己又派出副将冯义德率领两营福字军驻扎在威海后路，总体形势"大致尚属完固"。

登州由于没有炮台，李秉衡认为"设守甚难"，于是从各处寻觅了一些古董铁炮运来设防。原山东巡抚福润为巩固登州防务，曾和李鸿章会商，调动了归北洋大臣领导的山东海防军队——嵩武军中的四营，命候补道员李正荣统率，驻扎在登州。李秉衡到任后，以"该道虽由军务起家，而统率多营，未能办理裕如"为由，[①]革去李正荣的职务，改用记名提督夏辛西接统，以此作为守护登州的陆军主力。

位于登州和威海之间的烟台，是当时北方重要的对外通商口岸，各国使馆林立，受战火波及的可能性较小，而且烟台修建有炮

---

① 《奏查明道员被参各款据实覆陈折》，《李秉衡集》，齐鲁书社1993年版，第152—153页。

台，驻扎着总兵孙金彪的四营嵩武军等部，李秉衡决定亲自坐镇烟台，"烟台隶福山县，登州在其西北，威海在其东南，为各口岸适中之地。臣即驻该处居中调度，以期兼顾"。①

表面看起来，李秉衡的这番部署面面俱到，在并不明晓山东地理的清廷眼中更是无可挑剔，然而只要摊开山东省的地图，就不难发现其中存在的问题。

实际上，登州、烟台两地的驻防部队都是前任山东巡抚福润任内布置就位的，李秉衡只不过将其正式奏报而已，却俨然成了他自己的功劳。更为严重的是，李秉衡的部署里实际忽视了重要的一环。对于北洋海军基地威海而言，其可能会遭到日军登陆威胁的有两个方向，一是通往烟台方向的西路，另外就是往荣成方向的东路。这些地方已经出了威海划界，都属于山东省的防区，北洋海陆军无权过问。福润担任巡抚期间，曾派副将冯义德率福字军驻扎到威海西郊的田村一带，至于威海东路方向的防御，福润虽曾和李鸿章议及，但尚未来得及布置，就被调往安徽任职。威海东路荣成方向，一旦进入冬季，其中的荣成湾、俚岛湾都是极佳的天然避风港，战略地位非常重要，倘若不严密布置防务，极易被敌方夺取利用。然而李秉衡对此置若罔闻，并没有做任何防御安排，仿佛全然不知个中的利害。

其实早在9月28日，即李秉衡尚未离开济南出巡防务时，李鸿章就曾向其致电，用商量口吻请求加强荣成一带的防御：

顷据威海营务处牛道昶炳电：屡据威海渔船归称，成山之

---

① 《奏报驰抵烟台一带筹办海防折》，《李秉衡集》，齐鲁书社1993年版，第158—159页。

> 南里［俚］岛、石岛，成山之西鸡鸣岛，每见日船伏伺。望后多西北风，里、石岛居中之湾澳尤易窝藏兵舰。威防惟此后路，极为空虚，乞电商东抚，速拨数营早日移扎，方恃无虞云。尊处是否有营可拨，祈酌复。鸿。①

李秉衡对此没有任何的回应。更耐人寻味的是，到了10月21日，李鸿章曾再度向其转告荣成一带急需加强海防的情形，依然是杳无音信。李秉衡的山东海防部署，至此实际上已成定局。

在这之后，李秉衡的工作主要从两大方面进行。

首先，李秉衡声称要赶募大支游击之师用来加强山东省的防务，但除草草募集几营外，就再没有更多的作为。论及原因，李秉衡一面称枪弹不足，一面称军饷不足、将才不够。然而在李秉衡与对其有知遇之恩的老上司张之洞的往来电函中，可以看出山东募兵迟迟没有作为的真实原因。

听闻李秉衡要募兵，缺乏枪械，12月2日时任两江总督、正在办理从外洋为各省进口军械的张之洞，极为热情地致电表示可以从已订购的毛瑟步枪中匀分一些给山东省。

> 现与外洋议购小口连珠毛瑟快枪六千枝，每枝配无烟药弹一千，运费二十五分，每枪连弹并运费六十五两，价不为贵，分两批运……尊处如需用时，或一千或两千尚可分用，即请照所需之数汇沪交上海道。购军火须早定，若待已运到后，则各营视为

---

① 《寄东抚李》，《李鸿章全集》24，安徽教育出版社2008年版，第390页（G20-08-347）。

第十九章 后路屏障——李秉衡征东

至宝，立刻分尽，彼时再商分拨，虽备价亦难行也。候复。①

正如张之洞所说，对沿海正在募兵备战的各省来说，新式的毛瑟步枪都如同珍宝，当时即使出钱也难以得到现货。而对于这样一批现成的军械，号称正在募兵的李秉衡却不以为意，没有任何积极的反应。

与上份电报同时，张之洞还发出了一份急电，对山东的防务充满关切。在山东局势日紧一日的情形下，李秉衡对于防务仍然毫无布置，张之洞感到不解。另外李秉衡整日对外声称之所以难以募兵，是因为山东省缺饷，然而张之洞关注到，就在此前，李秉衡向翁同龢主持的户部拨去了30万两巨款，这一情况更令张之洞摸不着头脑。

尊处地要事紧，诸事未备，深为悬系。诸事皆从筹饷起，闻山东并未议如何筹款，并提库款三十万解部，如何措手？募营从选将起，闻现在旧存及新募数营将士皆甚勉强，万不可恃。公素识将官既少，何不问之马玉山，渠知山西、河南、广东等处有可用者否？或敝处有访得者当奉告，以备采择。尊意拟用何省之将，并望告知。曹、濮风气自古强悍，岂无健将劲兵？②

一天后，李秉衡复电张之洞，对于是否需要军械只字不提，对张之洞后一封信的很多疑惑倒是做出了很直接的回答：

电示敬悉。蒙垂顾训诲，感佩至深。解部三十万，十万系奉

---

① 《致烟台李抚台》，《张之洞全集》8，河北人民出版社1998年版，第5883页。
② 《致烟台李抚台》，《张之洞全集》8，河北人民出版社1998年版，第5884页。

部拨提裁兵节饷之费，十万则商捐暂为垫解者，所筹解只十万，以朝廷所急，因亦未敢稍存己私之念。库存虽拙，募勇十营尚可支撑。当此之时，求将最急，至若有营即拨有勇即带之将官，夫人而知天下至大，自当不乏良将，衡则诚少所知。民穷至今日极矣，欲立筹数十万饷，势必滋怨扰民，愚人之计，其惟节用乎？用于受篆之初，力裁虚靡耗费岁近二十万，亦陋之甚矣。兵事放手本是正办，所有各营公费、月饷、长夫到来均已加增，独不能亿万不计，如北洋耳。今日所谓淮军，妇孺皆能论定……①

为何募兵没有钱，却有30万能拨给户部？李秉衡的道理非常简单，在朝廷急需用钱和日寇进逼面前，对他来说，前者的重要性远高于后者，前者涉及官场升迁的资本，而后者，即使募集再多的军队，不过是为了北洋的海防，为他人作嫁衣裳。

此时，目睹时局紧迫，对李秉衡有提携之恩的张之洞也沉不住气了，看着李秉衡一再以没钱为由所作的搪塞，曾经在扩充广东水师时使出征收赌博税充饷办法的张之洞，推心置腹地给李秉衡出了个主意："……鄙人谓宜筹饷，未尝劝公扰民，请公访之相信之友人，或求之本省缉捕各弁，未尝劝公滥用，冒昧妄言，尚祈谅其无他，惶愧惶愧。"②

意思就是建议李秉衡，如果实在是没有经费，就找人出面，巧立名目，从山东百姓头上刮取募兵的费用，所谓"未尝劝公扰民"，实则就是建议李秉衡扰民。以道德文章驰誉天下的恩师都已经直白

---

① 《李抚台来电》，《张之洞全集》8，河北人民出版社1998年版，第5885页。
② 《致烟台李抚台》，《张之洞全集》8，河北人民出版社1998年版，第5884页。

地道出了这个主意，李秉衡仍然不为所动。

大支游击之师之所以迟迟未能募成，当时李秉衡幕府内的幕僚姚锡光在战争后撰写的《东方兵事纪略》一书中，一语道破天机："秉衡之抵山东也，时我东征兵事已棘，识者知倭祸必中山东。其武定、莱州、登州诸府，海面辽阔，东省群吏有增募三十营以塞登莱诸海口之请，秉衡不许。"[1]

张之洞与李秉衡在募兵保境问题上意见显然不合，不过在另外一项工作上，两人的观点则完全一致。

11月21日，北洋海军基地旅顺失守，清流派掀起了针对李鸿章淮系的新一轮政治攻势。作为地方实力派人物的李秉衡，立即与朝中的言官互相配合，联合出拳。

28日，李秉衡上奏，要求诛杀一些相关的淮系海陆军将领，"非立诛一二退缩主将统领，使人知不死于敌，必死于法，不足以儆将弁畏葸之心，作士卒敢死之气"。奏上后，清廷并没有做出正面批示。12月12日，李秉衡再度上奏，直接点名一些淮军将领，要求予以处死，其中就包括当时正在筹办威海防务的北洋海军提督丁汝昌。

……提督丁汝昌为海军统帅，牙山之败，以"致远"船冲锋独进，不为救援，督率无方，已难辞咎。朝廷不加谴责，冀其自知愧奋，以赎前惩。乃丁汝昌骄玩成性，不知儆惧，闻皮子窝、大连湾一带为敌锋所指，将兵舰带至威海，以为藏身之固。倭船四处游弋，不闻以一轮相追逐……

---

[1] 《东方兵事纪略》，中国近代史资料丛刊《中日战争》1，上海人民出版社1957年版，第53—54页。

> 直隶候补道龚照玙为旅顺船坞总办，兼水陆营务处，督带水雷等军，平时克扣军饷，苛算工匠，兵民无不切齿……
>
> 提督卫汝成，为卫汝贵之弟，统带五营。李鸿章令其赴援旅顺，沿途纵勇殃民，与贼无异……
>
> 伏乞皇上立赐睿断，降旨将丁汝昌、龚照玙、卫汝成、卫汝贵各照贻误军机律，明正典刑……①

这篇奏参，对北洋海军提督丁汝昌充满偏见和抨击，而对淮军将领卫汝贵的弟弟卫汝成的批评更为滑稽。李秉衡参卫汝成率军援旅时纵容士兵沿途祸害百姓，可是李秉衡忽视了一个细节，即卫汝成率新盛军从天津援旅时所取的是水路，即直接用轮船海运到旅顺，乘坐在运兵船里的军队，怎么在茫茫大海上沿途祸害百姓呢？显然是卫汝贵部盛军在朝鲜滋扰百姓的谣传，也波及了他弟弟。然而仅仅凭着这类道听途说的故事，督抚大员就能上奏议论，对于前敌将士来说，是何等不公平的事情！

在旅顺失守前，北洋海军的"镇远"舰从旅顺返回威海，入港时不慎触损，管带林泰曾引咎自杀。这一消息传来，清流言官高度关注，认为又找到了抨击李鸿章淮系的新把柄。张之洞得到李秉衡的通报后立刻回电，十分激动，命令李秉衡帮助物色人员，潜伏入北洋海军内部，随时挖掘、报告可以用来参奏的把柄，并提出这两个人员的编制可以从两江开列，名为江南坐探委员："……敝处拟派员赴威海坐探，仓卒无人，祈尊处代选一人，兼充江南坐探委员，常驻威海，

---

① 《奏请将贻误军机之将领明正典刑折》，《李秉衡集》，齐鲁书社1993年版，第176—177页。

第十九章　后路屏障——李秉衡征东

务探确情，随时发电，代定薪水，江南汇寄……"①

李秉衡的回复则是遵办："……嘱委江南坐探委员，容即遵派。"②

于是，两名江南坐探委员悄无声息地到达了威海——这就是北洋海军和威海卫基地赖以为屏障的"坚实后路"。

河防军

旅顺失守后，11月25日，清廷颁布谕旨，"旅顺既失，恐倭将并力以图威海"，要求山东沿海加强防御。对清廷下达的命令，李秉衡回答得十分积极，立即表示自己已经"派兵驻扎沿海，以防威海后路"。

实际上，李秉衡并没有派兵前往威海东路荣成一带驻扎，也没有增加屯扎威海西路的兵力，而是不断愚弄威海的淮军守将戴宗骞，要求戴宗骞从威海守军中抽调兵力，布置到烟台方向。李秉衡当时驻在烟台，应该十分清楚这座城市内各国领馆林立，日军根本不敢在这一带袭扰，但竟然要求防守兵力本就捉襟见肘的威海淮军抽调兵力来此，让人感到匪夷所思。得到李鸿章威海守军"专守威海，不能拔营"的回复后，李秉衡极为不快，去电恐吓威海守将戴宗骞，称倘若威海不派出军队到西路，山东省就将此前在西路的驻军全部再往西撤。

为人过于书生意气，对李秉衡言听计从的戴宗骞据此上报，结果遭到李鸿章痛斥，因为威海陆军仅有数千人，防守威海炮台都已不足，根本不可能再往外抽调。既然威海没有派来军队，李秉衡所谓"以防威海后路"的布局，最后也以山东省派在威海西路的驻军西撤而告终。

---

① 《致烟台李抚台》，《张之洞全集》7，河北人民出版社1998年版，第5 868页。
② 《李抚台来电》，《张之洞全集》7，河北人民出版社1998年版，第5 868页。

从上述布置看，这些军队均距离威海较远，与其认为这是在防守威海后路，不如说实际是担负起了山东巡抚李秉衡驻地烟台的外围防务更为贴切，如此一旦烟台有警，这些军队可以很快向烟台收缩。然而李秉衡在上奏清廷的报告中，却始终表示他在加强威海的防务。

与被着重加强的威海后路（或称烟台前路）相比，位于威海右翼的荣成一带空无一兵。12月23日，日本联合舰队的参谋人员搭乘"高千穗"舰在荣成龙须岛一带上岸侦察登陆场。得到这一情报后，戴宗骞意识到事态的严重程度，遂急忙与驻守威海南岸炮台的淮系巩军统领刘超佩商议，自巩军调出中营的三哨士兵共约300人，由哨官戴金镕率领，携带四门75毫米口径克虏伯行营炮，匆匆前往荣成，在近邻龙须岛的大西庄设防。

按照当时的行政制度，威海城外地域的防务都属于山东巡抚的职责，戴宗骞的举动可谓越界。既然并非职守的威海驻军都已出动，李秉衡也不得不顺势做一番部署威海右翼海岸防务的表面功夫，从聚集在烟台周边的军队中拨出五营河防军，由副将阎得胜率领前往荣成一带驻防。如果单纯从军队的营数来看，李秉衡派出的援军似乎是恰当其时，但其实这支军队别有玄机。

阎得胜统领的五营河防军，名为军，实则是以军队形式编组的修河的夫役，类似于工程兵。山东属于黄河过境的省份，为预防黄河泛滥，境内将民夫按照军队营制编组，一旦遇到水警，就集合赶赴大堤，挖土修河，无事时则各自散去，各安生业。"河防营者，河涨则集，涨平则散，无常饷，知畚局，不知行陈，盖土夫，非战兵也。"[1]

---

[1] 《东方兵事纪略》，中国近代史资料丛刊《中日战争》1，上海人民出版社1957年版，第54页。

第十九章 后路屏障——李秉衡征东

河防营部队不仅缺乏军事训练,而且每营的人数也不满,只有300余人,装备的低劣程度更是触目惊心。山东巡抚李秉衡在荣成海防已经告警的时刻,派出这样的军队去防守威海卫的真正前沿,其敷衍应付程度可见一斑——这就是大敌临头时的"和衷共济"。

西方铜版画:甲午战争中赴威海支援的清军

山东巡抚显然不愿意为了李鸿章的威海而赔上自己的精兵,然而在对各方的报告中,李秉衡还要大力宣传他派出了五营军队增强荣成防务之事,但绝口不提派出的是何种军队。

应援威海

1895年1月20日,日本山东作战军在荣成湾成功实施登陆。

当天清晨得到消息后,李秉衡即电令河防军统领阎得胜,调集分防在荣成沿海的五营军队"合队前往力堵",同时担心往荣成的电报不通,又发电威海淮军统领戴宗骞,要求就近向河防军代传命令。

1895年1月20日,日本山东作战军在山东荣成湾登陆

甲午战争日军荣成湾登陆场今景(陈悦摄)

  收到日军登陆的消息,威海几位守将都分别向烟台告急。针对刘公岛陆军守将张文宣的电报,李秉衡做出回复,称自己已经委托戴宗骞催动河防军前往荣成援救,并许诺"如倭登岸,威有警,弟必派全队力援合击。此时惟有彼此同心,以期集事"。[①]

  至当天午后,李秉衡又分别电报戴宗骞和张文宣,称所有驻扎

---

① 《致刘公岛张统领电》,《李秉衡集》,齐鲁书社1993年版,第605页。

第十九章 后路屏障——李秉衡征东

在威海西路酒馆、上庄一带的山东省军队，已经整队，准备"飞赴威营合力夹击"。①

对自己的这番安排，李秉衡还专门电告总理衙门，要求转奏清廷，称自己"飞电饬分往倭、俚岛各营（指河防军）折赴合力堵击；一面由威海互电合应。并电饬威海西面后路各营抽五成驰应，仍留五成严备西路"。②

一天之内发出的这么多电报，给各方都造成了李秉衡布置得力的印象，至于为什么早不在荣成一带加强防务，则淡化在这些电报之后了。百年之后的现代人，可以同时对比同一天李秉衡对内外的各种布置，对比其言行是否统一，能够获得旁观者清的独特感受。在李秉衡对朝廷、对威海守将说得慷慨激烈的援军举动背后，当天驻扎在威海西路的山东省军队实际只出动了孙万龄部两营兵力。值得玩味的是，李秉衡在调动孙万龄部的电令中，还特别加注了一句话："合戴统领步步驰应。"③言下之意就是要求这支山东省的军队不要行动过于迅速，不要独力对日军作战，应当跟随在威海淮军之后前进。

荣成海边的战斗进行到20日入夜，五营乌合之众般的河防军全部被击溃，荣成县失守，冒雪赶往荣成方向的威海驻军得到消息后被迫折回，而山东省援军当天全无踪影。

21日，威海陆军守将戴宗骞根据"东抚电调七营来威，明后日可到"的保证，④从驻守威海北岸炮台的五营淮系绥军中抽调三营兵力，火速赶往荣成方向阻击日军继续南犯。戴宗骞原本想移缓救急，

---

① 《致刘公岛统领观察电》，《李秉衡集》，齐鲁书社1993年版，第607页。
② 《致总理衙门电》，《李秉衡集》，齐鲁书社1993年版，第607页。
③ 《致酒馆孙分统电》，《李秉衡集》，齐鲁书社1993年版，第606页。
④ 《寄译署》，《李鸿章全集》25，安徽教育出版社2008年版，第334页（G20-12-189）。

认为抽走精锐后的北岸炮台防务,等西路的山东省军队到后就能填补,然而到了22日,李秉衡突然通知戴宗骞:"西路各营暂止开拔,防北岸正所以保威海也。"①意即西路的山东省军队全部停止援威,防守住西路烟台一带的海岸,不让日本人在此登陆就是保护威海。在日军主攻方向已经明了的情况下,李秉衡仍然以此为借口不发援军。

23日至26日,李秉衡在日军登陆荣成当天派出的孙万龄等部山东省军队,以及收拢的阎得胜部河防军溃兵,和戴宗骞派出的威海绥军三营,与日军在荣成通往威海的要隘桥头集发生接触战,旋因威海南岸炮台外围防务兵力短缺,威海绥军根据李鸿章的指示撤离桥头集,向南岸防卫圈收缩。遵循着李秉衡"合戴统领步步驰应"的指示,山东省各军也纷纷后撤,但并没有退向威海方向协同淮军防守,而是一路逃回了原驻地。

被日军占领后的荣成县城

---

① 《致威海戴统领电》,《李秉衡集》,齐鲁书社1993年版,第612页。

第十九章 后路屏障——李秉衡征东

荣成旧县城今景（陈悦摄）

孙万龄等军退回后不久，李秉衡突然下令，要求各军如有不遵调遣或擅自退却者，以军法从事。①此时做出如此突兀的举动，让外人极难摸清头脑，不过很快便有人接了下文。1月29日，孙万龄称河防军统领阎得胜临阵退缩，未经请示，立即将其处死。李秉衡和孙万龄唱这出双簧的用意十分明显，李秉衡借故让山东省军队放弃桥头集，撤回烟台的举动极不光彩，自然需要找出个"罪魁"来承担责任。反观阎得胜，其所统率的河防军的确自荣成作战开始，几乎无战不败，但必须要看到他所统率的实际只是修河道的民夫，如果将这样的军队退缩，乃至孙万龄等山东省军队退缩的责任全部强加于他，显然是极不公平的。

作为后话，阎得胜被孙万龄冤枉处死后，阎得胜的同乡，当时正在登州统率嵩武军的提督夏辛酉极为愤愤不平。甲午战争结束后，1898年，清政府追究阎得胜被处死案，孙万龄获罪，被判革职充军。

---

① 《致孙统领等电》，《李秉衡集》，齐鲁书社1993年版，第629页。

征东尾声

1895年1月28日，日本山东作战军逼近威海南岸，原驻守威海南北两岸的淮系陆军几乎全部聚集到南岸设防，与日军恶战。30日，寡不敌众的南帮炮台全部沦入敌手。

南帮炮台已失的威海卫再也不能失去北帮炮台，否则北洋舰队将会彻底被困死在港中，要确保北帮炮台不失，唯一的希望就是山东省能够派出援军。这次，李鸿章顾不得官场纠葛、派系混争，直接致电李秉衡。他首先转述当天总理衙门寄发的圣旨。圣旨中严令将孙万龄"赶紧折回驻剿"，同时要求将驻守烟台的孙金彪部山东军队也调往威海。转述完圣旨后，李鸿章则用一种协商的口气希望李秉衡"核饬遵办"。通篇文字看似处乱不惊，实则李鸿章就是在哀求李秉衡救救威海。[1]

得到朝廷谕旨的李秉衡自然不会一无所动，1月31日，李秉衡分别致电李鸿章与戴宗骞：

> 天津中堂钧鉴：东案现扎阮家口，近长岛，可与水师夹击，扼其大队犯北口。如能竭力相持以待援军，北台或可保……旧属李秉衡谨肃。麻。

> 刘公岛送戴统领鉴：鱼电敬悉。孙、李两军已扎阮家口，可与水师夹击，扼其大队犯北。请即将此电送交孙、李两统领，代弟转饬严备紧扎，抄截来路为要。衡。鱼酉。[2]

---

[1] 《寄东抚李鉴帅》，《李鸿章全集》26，安徽教育出版社2008年版，第16页（G20-01-051）。
[2] 《致天津李中堂电》《致刘公岛戴统领电》，《李秉衡集》，齐鲁书社1993年版，第640—641页。

第十九章 后路屏障——李秉衡征东

两份电报均透露出一个消息，从桥头集一路退回酒馆、上庄的孙万龄部已经被李秉衡调往威海支援，到达阮家口驻扎，可以与海军并力夹击，防止日军北犯。如果对威海地理不了解的人看到这个部署，显然觉察不出异常，但是只要对威海的地图稍加分析，就能发现李秉衡做出的是怎样的部署。

实际上，阮家口村就位于当初孙万龄部前往桥头集时所路过的羊亭集附近，距离烟台酒馆只有一天左右路程，这个位置既不接近已经失守的南帮炮台，也不靠近亟待援兵的北帮炮台，做出这样不着边际的部署，其目的无非是可以让这支军队一旦遇警迅速退回烟台。给李鸿章的电报末尾，李秉衡用了旧部的字样自称，似乎是在嘲弄李鸿章。给绥军统领戴宗骞的电报则更为惊人，居然让戴宗骞代为向孙万龄、李楹传达这个意在告诉二军"到此为止"的命令。

明欺同僚、战友的同时，李秉衡致电军机处：

> 初五日,（孙万龄部）尚未赶到，而威海南帮炮台已经失守；现又飞饬与绥军合力夹攻。东军只此兵力，已多在威，威设有失，烟台愈形吃重。烟台守将只孙金彪一人，若再调往，无人守御，烟台必危。①

借着朝廷对威海地理茫然不知，李秉衡诡称派出的军队已经与戴宗骞部合力，此后又谎称山东省的军队大都已经调往威海，仅剩的孙金彪部必须留在烟台，不能支援威海。

---

① 《山东巡抚来电二》，中国近代史资料丛刊《中日战争》3，上海人民出版社1957年版，第361页。

见到威海南帮炮台失守，驻扎在阮家口村的孙万龄等部山东省军队没有丝毫犹豫，立即撤退，避免与日军接触。2月1日，孙万龄等部退至威海西路和宁海交界的羊亭河一带时，与绕攻威海北帮炮台的日军遭遇，被击溃，退往烟台。

日军出现在烟台、威海交界的消息，立刻让李秉衡感到惧怕，此前一直坚持烟台一带对威海意义重大的他，口风一变，2月2日致电总理衙门，要求代奏。"秉衡即死守烟台，于大局毫无补救，获罪滋大，目前统筹全局，似应移扼莱州，催集援兵自西而东，节节进规，以固省城门户，以顾南北大局。"①虽然奏章写得义正词严，但明眼人不难看出，巡抚是害怕威海的日军进攻近在咫尺的烟台，为保自身安全而准备逃跑了。

2月7日，李秉衡弃烟台而走，并将集结在烟台周围的数十营山东军队都调往莱州一带。

还有一位双重身份的官员坐镇在烟台城内，即登莱青道兼东海关道刘含芳。虽然因总理登州、莱州、青州一带军政事务而隶属于山东巡抚，但刘含芳身兼的东海关道，又隶属于北洋大臣李鸿章。早年在李鸿章幕府参与建设旅顺、威海等基地的刘含芳，实则是北洋淮系在山东的一位重要代言人。与匆匆逃离的李秉衡不同，刘含芳四处募集从威海溃散而来的绥巩军，重新加以编组成军，一心准备坚守烟台。

2月1日，刘含芳致电李鸿章表露决心："……事在危急，烟吉凶亦未定，芳夫妇当与地共存亡。随侍三十四年，未有此次之难也。"②

---

① 《致总理衙门电》，《李秉衡集》，齐鲁书社1993年版，第648页。
② 《附 刘道来电》，《李鸿章全集》26，安徽教育出版社2008年版，第19页（G21-01-062）。

第十九章 后路屏障——李秉衡征东

战 果

威海南、北两岸失守后，陷入日军合围的北洋海军，战舰不断损失，而且刘公岛上已弹尽粮绝。绝境中的北洋海军终于在2月11日与外界建立了联系。当天，通过冒死送信的密使夏景春，丁汝昌字字泣血的求援书到了烟台。

> ……南北各岸极其寥阔，现均为敌踞，且沿岸添设快炮，故敌艇得以偷入，我军所有举动，敌于对岸均能见及，实防不胜防……自雷艇逃后，水陆兵心皆形散乱，如十六七日援军不到，则船、岛万难保全。①

当时山东省军队的主力被李秉衡收缩在登州、莱州一带，丝毫没有出援的打算。千里迢迢而来的中法战争名将、贵州古州镇总兵丁槐部云贵军队，于1895年2月5日到达山东潍县，其前头部队也在丁槐亲率下到达了黄县。从烟台撤逃至黄县的李秉衡又立刻截留丁槐军，命令其暂住黄县，"顾黄以应登"。原本支援威海的军队，变作李秉衡加强登州（蓬莱）防御的力量。②至于援救威海一事，李秉衡则抛出一个虚无缥缈的计划。

以李秉衡的计划，丁槐军在黄县必须再添募训练20个营，作为沿海北路援军。陈凤楼在莱阳、海阳与孙万林以及皖南镇总兵李占椿等部会合，各军"拟暂驻莱州训练"，等训练纯熟，一切准备停当

---

① 《寄译署》，《李鸿章全集》26，安徽教育出版社2008年版，第48页（G21-01-157）。
② 《致总理衙门电》，《李秉衡集》，齐鲁书社1993年版，第657页。

后,再等待章高元部从辽东撤回,加上从天津等地调来的军队,然后才能谋划如何救援威海。① 在李秉衡的这番貌似积极实为掣肘的战略下,亟待援兵的刘公岛事实上已经被抛弃。

从战斗力而言,缺衣少枪的丁槐军即使到达威海,能否战胜日军也是个未知数;但是在与丁汝昌约定的日期内,如果威海陆地发生战斗时出现援军踪迹,对于苦守海中孤岛的海陆将士必定是一个重要的鼓舞,即给他们以继续战斗的希望,或许尚能延缓覆灭的时间,等待正在进行的外交谈判的转圜。然而,陆军外援的希望又被李秉衡一手掐灭。

2月11日,在外援无望的凄凉中,北洋海军提督丁汝昌自杀殉国。几天后,北洋海军全军覆没。清算北洋海军失败的责任时,清政府内的清流言官众口一词,指向李鸿章、丁汝昌等人,并没有人注意原本应当作为北洋海军坚实后援的山东省。在调查海军覆亡责任时,李秉衡也在调查者之列,而且还是言辞颇为犀利的一位。

> ……丁汝昌以旅顺失事,奉旨革职,拿交刑部,其历次罪案已在圣明洞鉴之中,战败死绥,仅足相抵。倘日后有以请恤之说进者,朝廷必力斥其非……②

---

① 《致济南汤藩台等电》,《李秉衡集》,齐鲁书社1993年版,第658—659页。
② 《奏遵旨详查丁汝昌等死事情形折》,《李秉衡集》,齐鲁书社1993年版,第220页。

第二十章　血染炮台
——威海卫的陷落

战守之争

> 旅失威益吃紧，湾、旅敌船必来窥扑，诸将领等各有守台之责。若人逃台失，无论逃至何处，定即奏拿正法。若保台却敌，定请破格奖赏。闻日酋向西船主言，甚畏"定""镇"两舰及威台大炮利害。有警时，丁提督应率船出傍台炮线内合击，不得出大洋浪战，致有损失。戴道欲率行队往岸远处迎剿，若不能截其半渡，势必败逃，将效湾、旅覆辙耶。汝等但各固守大小炮台，效死勿去。且新炮能击四面，敌虽满山谷，断不敢近，多储粮药，多埋地雷，多掘地沟（战壕）为要。半载以来，淮将守台、守营者毫无布置，遇敌即败，败即逃走，实天下后世大耻辱事。汝等稍有天良，须争一口气，舍一条命，于死中求生，荣莫大焉。鸿。[①]

1894年11月27日，旅顺失守不到一周，威海的海陆军守将接

---

① 《寄威海丁提督戴道刘镇张镇》，《李鸿章全集》25，安徽教育出版社2008年版，第203页（G20-11-003）。

到了上面这份李鸿章发来的电令,文中措辞动情,针对威海的防务做出了纲要性的部署和要求。

威海湾全景(陈悦摄)
海中的大岛屿为刘公岛,上方的陆地为威海北岸,下方为南岸

  位于山东半岛东部的威海,其地理形势三面依山,东面朝向大海,群山环抱下形成了天然海湾,海湾口中央还有一座名为刘公岛的海岛遮风庇护,适宜舰船停泊。北洋海军选定威海作为屯泊基地后,在南、北两岸的山群间分别修筑了炮台群,更使得两岸犹如一双巨臂,牢牢地拥护着北洋海军基地所在的刘公岛。

  当时的威海从行政上归属山东省文登县管辖,但自北洋海防在此设港以来,威海所有的军事建设和防务安排都由北洋大臣李鸿章一手擘画指挥,威海几乎成了北洋大臣在山东的一块飞地。除北洋舰队时常停泊于威海湾中,李鸿章还先后调派了精锐陆军前来,参加基地建设和驻扎守护。李鸿章电报中所提到的收信人,除丁提督是指北洋海军提督丁汝昌外,其余的三人都是陆军守将。

第二十章 血染炮台——威海卫的陷落

电报中的"戴道"指的是威海水陆营务处道员戴宗骞。戴宗骞，字孝侯，安徽寿州（今安徽省淮南市寿县）人，廪生（指清代地方由官家供养的官学生）出身。捻军纵横安徽时，起而创办团练防御地方，后被李鸿章留用于淮军营务处，受到器重。1880年，中俄边界形势紧张，戴宗骞跟随钦差大臣吴大澂出关办理边务，参与关外练兵。后来吴大澂在吉林编练的绥巩军划归北洋海防，戴宗骞任绥军统领。李鸿章决定在威海建设军港时，绥巩军被调至威海，参与基地和炮台的修建，完工后就地驻防，成为威海陆路的主要守军。

甲午战争前，绥军由戴宗骞兼管，包括正营、副营、左营、后营共四营步队，另有亲军马队一哨，负责驻守威海北帮炮台群，另兼管负责维护威海湾西口水雷防线的水雷营。巩军则由分统刘超佩统领，即李鸿章电报中所说的"刘镇"，编有中营、前营、左营、右营，总共也是四营步队，负责驻守威海南帮炮台群，兼统维护威海湾东口水雷防线的水雷营。绥巩军统由绥军统领戴宗骞兼任总统。甲午战争爆发后，为了巩固威海防务，又从山东微山湖一带赶募了三营新兵（绥巩军新兵前营、绥巩军新兵右营、巩字新后营）[①]，总计威海陆路南北两岸共有十一营陆军。

李鸿章电报中所说的"张镇"，指的是驻防威海的另外一支军队的统领。护军是淮军系统内一支颇有来历的精锐老部队，前身是淮军的亲兵护卫营，属于李鸿章的嫡系。这支军队原先在旅顺驻防，1887年调至威海参与刘公岛上的炮台工程营建，完工后就地驻防，由李鸿章的外甥张文宣统领。原有正、副两营，后募前、后两营，

[①] 绥巩军新募兵及其番号情况，见《威海卫押收书类抄译》，日本防卫研究所图书馆藏，第6、7、11页。

总计四营。李鸿章将这支自己的子弟兵派驻到威海，足可以看出他对威海的重视程度。

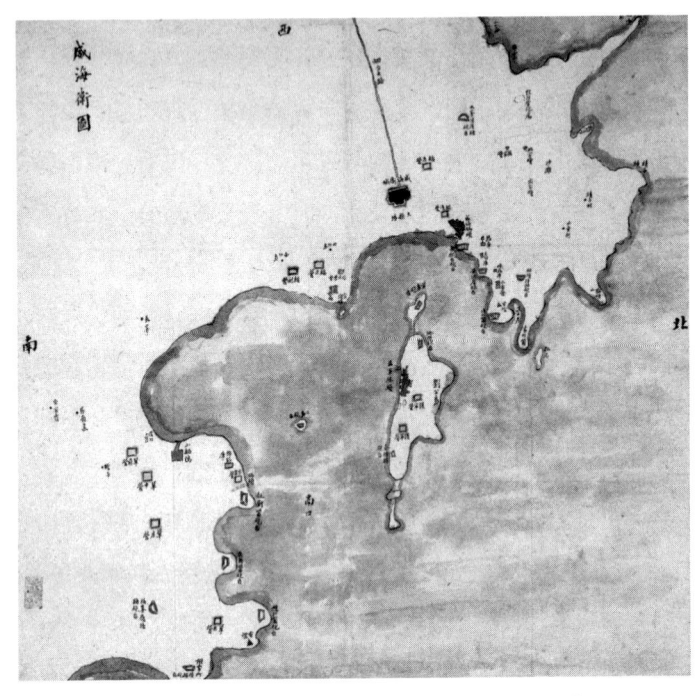

甲午战争时清军绘制的威海布防图（中国第一历史档案馆藏）

综上，防守威海的陆军约7 000人，除去驻守海中刘公岛的护军外，实际威海陆地的防御兵力只有绥巩军约5 000人。威海南帮炮台群包括扼守海口的龙庙嘴、鹿角嘴、赵北嘴三座海岸炮台群以及杨枫岭、谢家所、摩天岭三处陆路炮台。北帮炮台群规模更大，包括祭祀台、黄泥沟、北山嘴、柏顶、九峰顶等炮台。另外威海海中的日岛炮台也归绥巩军驻守。这些炮台总计有各型火炮100余门，5 000人分摊到每个炮位上，每处炮位不足50人，以这样的兵力不

第二十章 血染炮台——威海卫的陷落

用说无法出击远战,连自守都有问题,一旦遇到敌方集中优势兵力各个击破,后果不堪设想。

因为此前得到了山东巡抚李秉衡将会派兵支援威海的许诺,戴宗骞认为与山东省军队来路接近的北帮炮台相对较为安全,决定抽调北帮炮台的守军作为机动兵力,一旦发现有日军登陆的踪迹,即截击于半渡,总体上是一种主动出击的战略。

李鸿章在电报里对戴宗骞的这一想法完全否决。大连湾、旅顺之战时,炮台守军也曾集中兵力前出邀击日军,结果一败涂地,并导致炮台防御空虚,轻易就被日军攻占。而威海的陆军兵力比旅顺更少,李鸿章觉得前出邀击的胜算渺茫,担心威海重蹈覆辙,要求陆军"但各固守大小炮台,效死勿去"[①]。

令李鸿章没有料到的是,几天之后,戴宗骞竟然来电,对自己的战略提出不同意见。

> 东电谨悉。倭避台炮并知威近处海岸防守严密,故注意在空远处上岸包抄。若纵令抄近台营,我所设之旱雷并山岭行炮均无所用。台势依山,前高后低,专避击防之用,若自后来犯,药弹等库皆孤露无藏,颇不易固……宗骞亦知远剿甚难,但鉴于旅、湾不迎击之失,株守必无全理,已抽拨行队,战守各专责成,与孙镇约商,闻警驰援,并力一决,必不偷生苟活,贻中堂羞。求鉴。冬。[②]

[①]《寄威海丁提督戴道刘镇张镇》,《李鸿章全集》25,安徽教育出版社2008年版,第203页(G20-11-003)。
[②]《附 戴道来电》,《李鸿章全集》25,安徽教育出版社2008年版,第212页(G20-11-039)。

戴宗骞认为，倘若日军在远离炮台的地方登陆，而我方不出击的话，一旦炮台被日军逼近包抄，火炮对近在眼前的步兵其实并没有多少打击力。设想仅仅靠着100余门火炮，一旦面对数万蜂拥而上的日军，结局确实堪忧。从电文看，戴宗骞非但不愿执行李鸿章的命令，而且已经从绥巩军抽出"行队"，即机动部队，随时准备在山东省军队的配合下出击作战。

对戴宗骞如此积极主动的请求，李鸿章想不到更多的词语来反对，回信只是从技术上进行辩论，认为炮台一旦遇到大批日军逼近的确难以防守，但可以通过在炮台外围挖掘战壕进行据守来解决，还可以在战壕外大量埋设触发式地雷。

> ……诚虑自后来犯，然炮可回击。再于营内多掘地沟，藏人避枪炮，兵房任其攻毁，不必顾惜，亦能死守。至谓所设旱雷并山岭行炮均无所用，诚所不解。旱雷应移设后面来路，行炮亦可移向后轰击。北塘雷营自制踹雷，不用电线，甚利便。汝处南北两营亦当仿制，以能伤贼为主，不必求精，于来路多设最妙。鸿。①

比戴宗骞的电报晚了一天，北洋海军提督丁汝昌也就李鸿章的电令做出回应，丁汝昌的表态令李鸿章极为高兴。

> 连日会商，各防统将坚约与军舰相辅。戴道意，敌无论何

---

① 《复戴道》，《李鸿章全集》25，安徽教育出版社2008年版，第212页（G20-11-040）。

第二十章 血染炮台——威海卫的陷落

处登岸,以抽绥巩军队驰往剿捕为重。惟地阔兵单,万一不支,后路台垒设一有失,为贼所用,则各军舰势难支。该军各营原扎太散,已亲同勘度酌移,俾可联络。并择要筑行炮土台,多掘沟道,以备设伏。临时不可抽队远行,虽均面诺,仍未敢断其果行,应请电饬叮嘱,用坚至计……昌叩。豪。①

丁汝昌并没有直接评论戴宗骞主动出击的策略,而是道出对"地阔兵单"的担心,担忧万一陆军离开炮台出击,倘若出击不利,又导致炮台缺乏守军而被日军占领并利用,海军军舰就会岌岌可危。

威海海陆守将中,终于有一人支持自己的意见,李鸿章感到有所依仗,当天即向丁汝昌和戴宗骞发出一份电报。得到丁汝昌支持的李鸿章仿佛有了依仗,再没有此前和戴宗骞通电时协商的口气,对戴宗骞大加斥责,要求其必须无条件接受自己的守势战略。

戴前请抽行队赴远处迎剿,我极不谓然,曾经电斥。彼于营台附近毫无布置,又知敌利抄后,平日不讲求多掘地营、地沟之法,屡经电饬札行,置若罔闻,一味张皇求援,真不知兵、不知大局也……丁提督老于兵事,粗知战守方略,务竭诚商办……②

再出李鸿章意料的是,经受此番斥责,性格迂直的戴宗骞仍然坚持己见,要求前出择要驻扎,"宁力战图存,勿坐以待困。总之,

---

① 《附 丁提督来电》,《李鸿章全集》25,安徽教育出版社2008年版,第215页(G20-11-050)。
② 《寄丁提督戴道》,《李鸿章全集》25,安徽教育出版社2008年版,第215页(G20-11-052)。

一拚比较略有所济，以报中堂"①。对此问题，李鸿章不愿意再过多纠缠，没做正面答复，只是催促戴宗骞多挖战壕工事。

龙庙嘴事件

等到1895年1月20日，日军在荣成湾大规模登陆上岸时，戴宗骞仍然按照自己的策略，立即从北帮炮台抽调兵力前出到荣成方向堵截。在桥头集一带与日军交火未能得手后，根据李鸿章的电催，戴宗骞命守军退至南帮炮台群外围，依托一些险要设防驻守。

1895年1月23日，预感威海南帮炮台群即将迎来恶战，李鸿章担心陆军无法坚守，于是给丁汝昌发去一封密电，要求海军密切注意威海南帮炮台陆军的情况。如果陆军存在败退之势，海军应立即将各火炮的炮闩卸除，扔入海中，以免这些火炮落入敌军手中被使用。"日兵扑南岸，计尚须二三日。届时察看刘镇如能死守，如何设法帮助；若彼不支，密令台上各炮拔去横闩，弃入海旁……"②

丁汝昌随即遵照李鸿章的指示，开始预作准备。因为威海南帮海岸炮台炮口朝向海面，为了防范日军从后面偷袭，巩军在炮台背后修筑了一条胸墙工事，即"长墙"；但是南帮海岸炮台群中的龙庙嘴炮台位置和其他炮台相距较远，被划在了胸墙工事带之外。这处炮台显然是南帮炮台群中最难防守的，丁汝昌遂和巩军统领刘超佩以及护军统领张文宣商议，撤除龙庙嘴炮台火炮上的重要零件，

---

① 《附　戴道来电》，《李鸿章全集》25，安徽教育出版社2008年版，第220页（G20-11-066）。
② 《寄刘公岛丁提督》，《李鸿章全集》25，安徽教育出版社2008年版，第341页（G20-12-216）。

第二十章 血染炮台——威海卫的陷落

自行弃守。①

李鸿章对丁汝昌、刘超佩等的这一安排并无任何异议,但戴宗骞却感到异常愤怒。戴宗骞首先对不战而撤守炮台的举动感到无法理解和容忍,其次是这样大的举动,丁汝昌、刘超佩等居然都不和自己进行商议。戴宗骞随即电报李鸿章,引发一番面红耳赤的争吵:"……龙庙嘴台,丁、张、刘议不守。威并未见敌而怯若此,半年来淮军所至披靡,亦何足怪。宪谕特言台炮能回打,龙庙嘴台亦能回打,因甚轻弃。"②

见到戴宗骞的汇报仿佛议论得当,为威海战守问题早已烦恼忧心不已的李鸿章不假思索,又深以戴宗骞的意见为是,回电斥责丁汝昌:"丁系戴罪图功之员,乃胆小张皇如是,无能已极,著严行申饬。"同时命令刘超佩恢复在龙庙嘴布防,"如不战轻弃台,即军法从事"。③

威海南岸龙庙嘴炮台全景

---

① 《丁提督来电》,《李鸿章全集》25,安徽教育出版社2008年版,第345页(G20-12-234)。
② 《寄丁提督刘镇》,《李鸿章全集》25,安徽教育出版社2008年版,第348页(G20-12-244)。
③ 《寄丁提督刘镇》,《李鸿章全集》25,安徽教育出版社2008年版,第348页(G20-12-244)。

受到申饬的刘超佩对李鸿章的批评并不甘心，又回电，对戴宗骞的意见提出异议，再次说明龙庙嘴炮台在长墙之外，战时难保。远在天津的李鸿章仅仅凭着电文中龙庙嘴炮台这个名词，无法想象这座炮台究竟处在怎样的地理环境中，无法做出到底应否撤守的判断，于是急电烟台，请自己的老部下，曾经参与威海炮台修建的东海关道刘含芳协助进行调查。根据刘含芳的调查，丁汝昌对该炮台的担忧不无道理，而戴宗骞又信誓旦旦，称该台可以防御，也无法论定孰是孰非。最终，李鸿章选择了保守的方案，龙庙嘴炮台恢复了防守兵力。

在调查龙庙嘴炮台问题的过程中，刘含芳发现了一个不妙的迹象，即陆军将领戴宗骞与海军将领丁汝昌之间，"彼此均有意见，遇事多不面商"。[①]围绕龙庙嘴炮台的争执正是二人意见相左的一大例证。对日军战力没有了解、主张积极作战的戴宗骞，与饱经战阵且经过海战，对日军的素质有所了解、主张持重的丁汝昌，在战守的主导思想上存在分歧是今人不难理解的事情，现代一些论著将这种争论上升，认为戴、丁二人的私人关系恶劣，则显偏颇。总之，大战临头之际，海陆将领在战守方略上还存在如此差异，而又没有一位职级更高的统帅来及时协调，无形中给威海保卫战埋下了很深的隐患。

1895年1月26日，光绪二十一年正月初一日，李鸿章致电丁汝昌、戴宗骞等威海海陆将领，对威海防务表示担忧：

[①]《寄威海丁提督戴道等》，《李鸿章全集》26，安徽教育出版社2008年版，第4页（G21-01-007）。

第二十章 血染炮台——威海卫的陷落

……陆路防务责成应在该道（戴宗骞）。然如丁（丁汝昌）言，若临警龙庙嘴不守，则岛舰受毁，亦不可不虑。吾令戴与丁面商妥办，乃来电负气相争，毫无和衷筹商万全之意，殊失厚望，吾为汝等忧之，恐复蹈旅顺覆辙，只有与汝等拚老命而已！①

摩天岭

1895年1月30日，天气酷寒，由荣成湾登陆后一路南犯的日本山东作战军，逼近了荣成通往威海南帮炮台群的最后一道要隘——虎山和南北虎口。当天，戴宗骞亲自率领绥军与日军展开激战，然而无论是战斗素养还是兵力，这些前出作战的军队都远远不是日军的对手。坚守几个小时后，绥军不敌退却，戴宗骞率残部撤往威海方向。至此，戴宗骞才真正领略了近代战争的残酷，深刻明了己方战斗力之不济，以及日军作战之凶猛程度。此时，他或许终于清楚了李鸿章、丁汝昌坚决反对他分兵出击的原因。

进攻虎山和南北虎口的同时，日军第六师团主力绕向了威海南帮炮台群。与庞大的日军兵团对抗的，仅有刘超佩所部的巩军等六个营，又因为其中的两个营被戴宗骞调至北虎口前出设防，实际威海南帮炮台地域的中国守军仅为四个营，不足2 000人，再将这2 000人分散到各个炮台、山头、要路，则简直可谓虚无防守。

---

① 《寄威海丁提督戴道等》，《李鸿章全集》26，安徽教育出版社2008年版，第4页（G21-01-007）。

被日军攻占后的摩天岭炮台,照片中可以看到所谓的"炮台"其实只是个简易的炮兵阵地

摩天岭是威海南岸邵家庄附近的一座山岭,位于南帮炮台群外,因为是周围山群中最高的一座而得名。摩天岭山高,重型器械和建筑材料难以运输,原先并没有修筑过炮台,到了威海局势吃紧时,才临时修建了简易的土炮台。名为炮台,实际只是在摩天岭山巅修筑了一圈夯土的胸墙工事,胸墙上每隔一段距离留出一个垛口,以供火炮从中对外射击。装备的火炮威力也极为有限,只有八门临时运到山上的80毫米口径克虏伯野炮。

此刻驻守在这里的就是这座炮台的修建者,由营官周家恩率领的巩军新右营,人数不足400人。这座"炮台"既没有兵舍,也没有弹药库,周家恩和他新右营的士卒连月来就是如此在冰雪覆盖、寒风凛冽的山巅驻守的。

按照近现代军事常识,制高点往往是一场战役中交战双方首先发起争夺的要地,南帮炮台群的战斗也就从摩天岭开始。

第二十章 血染炮台——威海卫的陷落

1895年1月30日上午7时30分，日军以三个大队的绝对优势兵力，分三路向摩天岭炮台发起进攻。根据日方记载，当时立即遭到了摩天岭中国守军的猛烈还击。"战斗从上午7时30分开始，（摩天岭）渐渐变成弹雨硝烟之地，山岭上发射的炮弹犹如雷电般坠落、爆炸，天地之间犹如变成了地狱。"[1]

摩天岭的周家恩部守军虽然是新兵，但对布防显然做了很多的准备工作。战斗开始后不久，清军就引爆事先埋设的电发地雷，然而结局却让人哭笑不得。"突然前方有五个地雷一起爆炸，卷起黑烟，惊天动地，炸起的泥土犹如雨点般散落。然而敌军的地雷构造都属于旧式（指中国军队的地雷填充的均为低威力的黑火药），虽然爆炸的声音非常大，但只扬起了泥沙，所以仅有一名士兵手指负伤，其他都无事。"[2]

上午8时25分，在摩天岭东南方向进攻的日军主攻部队逼近了距炮台200米处，发起最后的冲锋。按照日军的作战惯例，冲锋时为了鼓舞士气，凸显军威，本来应当由号手吹响冲锋号，然而当天过于寒冷，军号和嘴唇稍一接触就会粘连，号手只得放弃这一危险的尝试。日军各队在鼓噪呐喊声中加速攻击，后方的预备队也全部投入了进攻。此时，摩天岭炮台外的最后一道障碍拦在日军面前，巩军新右营除了在山坡上埋设了大量电发地雷，还在炮台胸墙外的前沿地带密密麻麻搭设了不少鹿砦，这种中国古代行军作战中就广泛应用的工事，直到此时也还具有相当的效果，可以迟滞日军的进攻速度，为守军狙击创造便利条件。

看到前方攻击受阻，随同步兵预备队行动的日军工兵小队立刻前

---

[1] 《日清战争实记》20，日本东京博文馆1894年版，第27页。
[2] 《日清战争实记》20，日本东京博文馆1894年版，第27页。

出，付出了伤亡15人的代价后，将鹿砦破出几个豁口，后续日军立刻冲锋。面对即将杀到面前的日军，摩天岭炮台内的火炮已经无能为力，低矮的胸墙无法挡住日军的铁蹄，守军寡不敌众，被迫弃守。

摩天岭炮台的守将巩军新右营营官周家恩撤离时身负重伤，无法行走。他忍着伤痛往后方艰难爬行，最后冻死在冰雪覆盖的山谷之间。"守五顶山（摩天岭）的是一营新'亮子'，营官叫周三麻子。周三麻子打仗可真不含糊，日本人攻了三四个回合才把五顶山攻下来。炮台上只剩下周三麻子一个人，还负了重伤，他咬着牙往炮台下爬，等爬到壁子村西亦冻死了。"①

三百死士

攻占南帮制高点摩天岭炮台后，日军便向威海南帮陆路剩余的杨枫岭等炮台，以及南帮海岸炮台中划在长墙之外的龙庙嘴等炮台发起进攻。

早经丁汝昌等报告，认为无法坚守的龙庙嘴炮台，仅有40余名官兵驻守，②除了操作火炮的人员，再没有多余的兵力用于炮台防御。越过摩天岭，日军顺势攻向龙庙嘴炮台，事情的发展没有任何悬念，日军几乎兵不血刃即占领这处要塞。由于龙庙嘴炮台旁就是威海南岸的水雷营，当时北洋舰队军舰正在水雷营栈桥附近的海中用舰炮猛烈轰击摩天岭方向，夺取龙庙嘴海岸炮台的日军便准备利用中国炮台上的大口径海岸要塞炮来轰击中国的军舰。

---

① 《谢增口述》，见戚海莹：《甲午战争在威海》，天津古籍出版社2004年版，第137页。
② 《寄威海丁提督戴道等》，《李鸿章全集》26，安徽教育出版社2008年版，第4页（G21-01-007）。

第二十章 血染炮台——威海卫的陷落

……炮台里有四名俘虏，我军遂胁迫这些俘虏给这个炮台上的巨炮装弹，命令他们炮击敌舰。敌舰就在距炮台百余间（日本1间为6尺，约1.818米）的近距离上。敌舰突然遭到炮击，其狼狈相不可名状，急忙调转方向向远处逃去。[①]

北洋海军舰上的官兵无论如何也想不到，攻向他们的炮弹来自陆地炮台上的火炮，而操作这些火炮的又是原本应该守望相助的陆军兄弟。

日军使用炮台的要塞炮轰击北洋海军

犹如一副快速崩塌的多米诺骨牌，日军以集中兵力逐点拔除的打法，接连攻陷鹿角嘴、杨枫岭、谢家所等南帮炮台，除孤零零的赵北嘴炮台尚在坚守外，南帮炮台群其他的炮台至30日午后已全部沦陷。

大势已去，然而就在这时几件极富戏剧性的事件发生了。

[①] 《日清战争实记》20，日本东京博文馆1895年版，第29—30页。

日本陆军第六师团第十一旅团旅团长大寺安纯少将是进攻摩天岭方向南帮炮台的日军指挥官。攻占摩天岭后不久，大寺安纯在随从护卫下登上炮台视察，随第六师团行动的日本《二六新报》记者远藤飞云不失时机地对他进行采访，并拍照留念。正当此时，一声惊雷在上空炸响，整个摩天岭炮台笼罩进滚滚烟雾中。

大寺安纯的副官在弥漫的硝烟里高声呼喊着自己旅团长的名字，然而没有任何回应。待四周的烟尘落定，副官这才发现刚刚不可一世的大寺安纯已经倒在血泊中，随军记者也在一旁痛苦呻吟——北洋海军军舰射出的炮弹准确地命中了这里。日军官兵飞速将大寺安纯和随军记者用担架抬下摩天岭，赶往最近的野战医院治疗。随军记者因腹部中弹，伤势过重而毙命，大寺安纯也因为胸口要害中了弹片，在野战医院死去。乐极生悲的大寺安纯成了威海之战乃至整个甲午战争中，日本阵亡的最高级别陆军将领。

当天南帮炮台群发生的另外一桩事则更鲜为人知。就在南帮各炮台纷纷陷落，日军开始攻向硕果仅存的赵北嘴炮台时，根据日方资料记载，北洋海军出动水兵和陆战队，发起了一场极为壮烈的登陆、夺炮台的行动。这一事件，在中国的档案中几乎全无踪影，以至这些勇士可歌可泣的壮举长久以来不为人所知。

甲午战争时日本国内出版的《日清战争实记》中记载，在威海之战时，1月30日下午发生了一场特殊的战事："……又有哨兵自海岸急急忙忙跑来报告：敌水兵三百余人正在登陆，其目的大概是要收复陆地炮台……"[①]

---

① 《日清战争实记》20，东京博文馆，1895年版，第30页。

第二十章 血染炮台——威海卫的陷落

无独有偶,一名参加了威海之战的日本陆军士兵丰田隆成,在自己的日记中也有相关记载:"午后零时二十分许,我队得以安心休息。不多时,敌舰队编成陆战队,会合赵北嘴和鹿角嘴二炮台的败兵,试图收复其各炮台。敌急骤射击向我逼近,我军应战。"①

得到北洋海军水兵登陆的报告,占领南帮炮台群的日军急忙分兵前往阻击北洋海军登陆。根据资料进行分析,日方提及的水兵、陆战队,应当属于北洋海军中的陆战队。北洋海军学习西方制度,舰上设有称为洋枪队的陆战队,人员以安徽籍居多,平时负责军舰上的纪律纠察,战时或是在舰上参加战斗,或是编队登陆作战。各舰的陆战队人员,通常每舰十余人不等,由巡察官指挥;从300人的规模看,这几乎是北洋海军各舰全部的陆战队总和。

战死在龙庙嘴炮台附近的清军

让日军感到惊讶的是,北洋海军陆战队的战斗精神和素养远远

---

① 《丰田隆成战地日记手卷》,中国甲午战争博物馆藏。

超过此前他们所遇到过的中国陆军："……不久枪声大作，敌水兵与我军的战斗开始了。忽一敌兵攀左营（被日军占领的巩军左营）胸墙，进入营中，隐藏于一仓库的外面。我立即报告，然后与五名士兵一起向仓库方向前进。敌兵立即跳出胸墙欲逃，我军狙击，把敌兵击毙。登陆的水兵气焰非常猖獗，像是都有拼死一战的决心。"①

正当海军陆战队与日军激战时，南岸最后一座还飘扬着龙旗的炮台——赵北嘴炮台的守军不支，数百陆军向龙庙嘴方向溃退，赵北嘴炮台实际已经弃守。位于南帮炮台群最东端的赵北嘴炮台是威海海岸炮台中火力最猛的一座，而且其位置刚好与威海湾中的日岛成掎角之势，扼守东口海面，位置非常重要。这座炮台倘若为敌所用，不仅意味着威海东口海面的藩篱被拆除了一角，而且其火炮射程可以覆盖刘公岛，北洋舰队舰只将终日处于炮火威胁下。

根据丁汝昌的命令，北洋海军的"左一"号鱼雷艇搭载由管带王平率领的包括护军前营帮带洪占魁、"定远"舰炮首李升以及25名士兵的敢死队，直驶赵北嘴岸边。王平等攀岩而上，冲进赵北嘴炮台，对要塞炮进行了拆卸炮闩、毁坏炮膛等处理，并炸毁弹药库。最终，敢死队中只有八人得以全身而退，士兵李魁元阵亡，其余人员下落不明。②

随着赵北嘴炮台被清军自毁，已经事实上夺取了南帮所有炮台的日军得以集合兵力反击在龙庙嘴一带的中国陆战队和赵北嘴溃兵。这批在南帮坚持战斗的士兵最后被日军合围至海边，全军覆没，没有一个人留下名字。反而是他们的敌手在军史中记录了他们。另外当时

---

① 《日清战争实记》20，东京博文馆，1895年版，第30—31页。
② 《寄译署》，《李鸿章全集》26，安徽教育出版社2008年版，第17页（G21-01-053）。

第二十章 血染炮台——威海卫的陷落

日军的随军摄影师在龙庙嘴海边拍摄了北洋海军陆战队阵亡将士的遗体。

> 使人感慨的是有的中国兵知道不能幸免而剖腹死去,从炮台里出来的败兵和登陆水兵几乎无一人逃脱。海岸上积尸累累,不可胜数。有的敌兵在海中遭到狙击,二间平方(日本面积单位)的海水完全变成了红色……①

戴宗骞之死

> 自倭登岸后,绥四营全赴南岸,苦战十日,并无接应。现倭队深入南岸,龙庙嘴台已失,卑军现仍死守长岛南[十]八里铺,万难久支……②

> 本日早间倭数道由岭入,巩军陆路台先失。西南路三虎口苦战三时亦撤退,南路长墙旋失。倭夺龙庙台,水师炮力击,倭死不少。现鹿角嘴、赵北嘴尚守。职道率队扼八里墩。倘南岸两台尚存犹可支;倘再不守,倭兵船深入,陆路北台均难存,是职道毕命时,恐无后电矣。鸿。③

1月30日南帮炮台群激战中,绥军几乎全军覆没。前出到南帮外围防御的四营绥军伤亡也十分惨重,虎山口三营绥军败退后残部径直逃往宁海、烟台方向。在南虎口作战的一营绥军在阵地失守后,

---

① 《日清战争实记》20,东京博文馆1895年版,第31页。
② 《寄译署》,《李鸿章全集》26,安徽教育出版社2008年版,第15页(G21-01-046)。
③ 《寄译署》,《李鸿章全集》26,安徽教育出版社2008年版,第15页(G21-01-047)。

仅残部十余人跟随戴宗骞撤往八里墩（位于威海卫以南四千米处的一座高地，因古代设烽火烟墩得名，是威海卫南方最近的一处高地），仍然想据险扼守；旋又因李鸿章的电令而北撤，退回到北岸的祭祀台炮台防守。途中经过威海城的金线顶电报局时，戴宗骞向李鸿章发出了最后一封电报："南岸台全失，守将卒多死。宗骞自赴祭祀台独守北岸三台，倭四面包来，万难久存云。"① 而后似乎是想到了什么，戴宗骞十分怅然地命令电报局的工作人员各自逃命，好自为之。

清军自行破坏后的祭祀台炮台

30日傍晚，暮色茫茫，远望南帮群山，依稀能够看到一面面太阳旗。巩军统领刘超佩九死一生，被几名士兵从南岸前线抬到了祭祀台炮台。战斗中膝盖中弹受伤的刘超佩还不知道，京城里的御史言官们已经在忙着给他罗织罪名了。望着从威海建港时就

---

① 《寄译署》，《李鸿章全集》26，安徽教育出版社2008年版，第18页（G21-01-058）。

第二十章 血染炮台——威海卫的陷落

一直合作的同僚、战友,戴宗骞一脸怆然,这两名将领尽管在威海防御之策等问题上存在不同见解,甚至发生过争论,但此刻已然成了难兄难弟。一心想打好仗,始终持积极应战态度的戴宗骞,如果身处镇压太平天国、捻军的内战战场,或许真能成为一员勇将,然而面对完全近代化的敌寇,他率军拼至尽覆也未能守住防地。一股莫名的悲伤在四周的空气里弥漫。寒风凛凛的炮台上,没有合适的安身之处,戴宗骞、刘超佩和随从们不得不蜷身在黑暗、冰冷的炮台弹药库内。

31日,丁汝昌乘坐火轮舢板来到北帮炮台,与戴宗骞会商防御之策,重伤的巩军统领刘超佩被送往医院疗伤(刘公岛失守后的降军名单中没有刘超佩的记录,他可能在北岸炮台时就已经被残部拥往烟台)。虽然山东巡抚李秉衡根本没有按事前的约定派山东省军队协助北帮炮台防御,但戴宗骞仍向丁汝昌表示自己已经派人四处拦截、召集溃散的绥巩军,力图集合溃军坚守北岸,与海军并立作战。可是,事与愿违,就在这一天,北帮仅剩的一营绥军,即原留守炮台的新募兵居然全营逃散,"在北岸之绥军,见南岸之败,死亡甚惨,六日(1月31日),即望风溃逃"。派在北帮支援的"广甲"舰管带吴敬荣及所部水兵200余人也随之逃往烟台。[①]

令人三叹的是,绥军新募兵见到恶战将临而全部逃散的情况,其原因曾被人归结为戴宗骞平日克扣军饷,军心怨恨所致。

按照清代的营伍制度,新兵入营,通常会扣一个月或数月的军饷不发,留作押金,待将来离营时再全数发还。此举是为了防止士

---

① 《寄译署》,《李鸿章全集》26,安徽教育出版社2008年版,第32页(G21-01-104)。

兵在遇到战事及其他繁难险重任务时擅自逃离，因此用扣留的军饷加以限制，与军规营律双管齐下。戴宗骞扣押军饷的做法在现代人眼中或许难以接受，但在清末，这是通行于军旅的规则。不管这种做法合适与否，总之让戴宗骞一人来为一个时代的通行做法背负责任，显然是极不公允的。另外从新募兵的情况看，即使扣押了两个月军饷作为押金，仍然未能起到强化军律的作用。强敌将至、大难临头时，这些当兵只是为了谋生计的军人还是照逃不误；倘若连这点金钱的限制也没有，可能新募军逃跑的脚步会迈得更早、更快。在那个没有国家观念的时代，百姓参军的目的非常单纯，就是为了找份赖以维持生计的工作，但是倘若为获取这份微薄的收入而要付出生命的代价，显然很多人是不愿意的。

2月1日，威海卫城里已经可以听到从西郊传来的羊亭河之战的隆隆炮声。木然伫立在祭祀台炮台上，面对人去楼空的要塞，戴宗骞一脸惨淡。眼下，整个北帮炮台仅剩下祭祀台炮台内戴宗骞率领的19名绥军官兵和不远处北山嘴炮台内由北帮炮台总稽查段祺瑞率领的200多名炮手，面对即将到来的大批日军，北帮炮台显然难免重蹈南帮覆辙。

狂风恶浪中，丁汝昌乘舢板再次来到北帮，与陆军协商防务事宜，猝然目睹炮台内的情景，同样心情惨然的丁汝昌半晌无语。从北洋舰队的视角看，由于威海湾西口海面狭窄，装备有大量大口径火炮的北帮炮台一旦落入敌手，火力可以轻松覆盖刘公岛，其对刘公岛和北洋舰队的危害将更猛于南帮炮台。最终，丁汝昌艰难地决定自行毁弃北帮炮台。听到这几个如同惊雷一般的字眼，戴宗骞猛然回过神来，言辞激烈地称："守台，吾职也。兵败地失，走将焉

第二十章 血染炮台——威海卫的陷落

往？吾惟有一死以报朝廷耳！他何言哉！"即使戴宗骞明白从军事角度而言北帮炮台应该弃守，但他脑中的传统思维却绝不允许他认可丁汝昌的提议。不战而主动放弃守地，在他来看是无论如何也不能接受的事情，与城池共存亡才是符合道德标准的举动。一切恍若撤守龙庙嘴炮台辩论时的重演，但是丁汝昌这次没有再和戴宗骞争论，水兵一拥而上将戴宗骞从炮台架走，北岸炮台残存的守军也在丁汝昌命令下，随同撤入刘公岛。①

一名北洋海军水兵半个多世纪后回忆戴宗骞入岛时的景况：

> 正月初七下午，丁统领派人去毁北帮炮台，把戴统领从北帮祭祀台接进刘公岛。当时正轮着荣成城厢人王玉清和荣成俚岛人杨宝山两个人在铁码头站岗，把戴统领从船上搀扶下来。他俩后来告诉我，戴统领身穿一件青面羊皮袄，上面抹得很脏，头戴一顶瓜皮帽，还缠了一条手巾，面色很难看，对王、杨俩说："老弟，谢谢你们啦！"接着长叹一口气，自言自语说："我的事算完了，单看丁军门的啦！"戴统领进岛后，第二天喝了大烟，但药力不足，抬在灵床上又挣扎着坐起来。当时萨镇冰守在旁边，又让他喝了一些大烟，这才咽气。戴统领死时，我正在门外站岗，看得很真切。②

2月1日晚，内疚于未能守住威海陆路的绥巩军统领戴宗骞在刘公岛上自尽，痛苦弥留至深夜而逝。

---

① 萧景唐：《威海战事》，清代稿本。
② 《陈学海口述》，《北洋海军官兵回忆辑录》，山东画报出版社2017年版，第99页。

日军占领威海卫后，设在孔庙的司令部

2月2日天明后，"宝筏"轮船载着30名水兵到达北帮炮台，随着惊天动地的巨大爆炸声，北帮炮台的炮位全部自行破坏。同日上午9时，日军第二师团进占威海卫城。不久后，已成废墟的威海北帮炮台被占领，威海陆路全部失陷。

甲午风云散去多年，李鸿章的忠实部下、战争期间曾和袁世凯前往辽东办理后勤的周馥接到一个特殊的请求：戴宗骞的儿子将父亲生前的诗词联缀为集，想要周馥为之作序。蘸墨提笔，念及故人，周馥思绪万千。

……光绪二十年，中日战事起，予转饷辽东，与太仆（指戴宗骞）函电驰问，相励相勉，已知事急不可为矣。登莱青道刘芗林观察（山东巡抚李秉衡逃往黄县后，坚守烟台的刘含芳）忠勇士也，予请其与太仆等密商，力恳文忠（李鸿章）调军助之,已奏准矣,奉旨调南军之过山东者折而东援,乃山东官吏不急于事,挨县派民车输送军械,在途濡滞十余日,比南军未至二百里,而威海陷矣。芗林致予电痛哭,予亦痛哭,料太仆不肯生还矣……①

---

① 《秋浦周尚书全集》,台北文海出版社 1986 年版,第 945—946 页。

第二十一章　悲壮的航迹
——"定远"号铁甲舰最后的战斗

1895年2月4日,清光绪二十一年正月初十,虽然春节刚过,但经历多天浴血厮杀的刘公岛和威海湾一片肃杀。深夜里,在刘公岛铁码头西侧不远处,隐约可以看到一艘军舰的巨大身影,双桅杆、双烟囱的轮廓特征显示了她的身份。这个庞然大物就是北洋海军的旗舰"定远",此时她是威海湾中北洋海军仅存的最强主力舰。再过几个小时,"定远"舰将迎来她生命中最后的残酷战斗。

巍巍铁甲

"定远"舰,曾是那个时代中国海上力量的象征。

19世纪中叶,接连经历第一次、第二次鸦片战争战败耻辱的清王朝,开始了旨在追求军事自强的洋务运动。继1866年批准在福建马尾创建船政后,因为1874年发生了日本侵略台湾的事件,清政府在1875年又快速调整海防建设战略,筹建以日本海军为假想敌的北洋海军。

当时,船政大臣沈葆桢和北洋大臣李鸿章达成一个共识,认为小国日本之所以敢向中国挑衅,主要是因为当时的日本海军拥有了一种强大的武器,而中国还没有这样的装备,即铁甲舰。

第二十一章 悲壮的航迹——"定远"号铁甲舰最后的战斗

铁甲舰在当时世界上的地位，类似于航空母舰之于现代海军。这种军舰是海军装备发展进入蒸汽动力时代后的巨无霸，舰体侧面和要害部位布设有厚重的铁甲，又装备了大口径的巨炮，同时具备强大的生存力和战斗力，是海军中的主战军舰。根据排水量的大小，以五六千吨为界，其上是称为一等铁甲舰的大型铁甲舰，其下称为二等铁甲舰。①

建造完成后停泊在德国伏尔铿造船厂码头边的"定远"舰

1874年日本侵略台湾时，日本海军的序列中已经有两艘从西方转购的二手二等铁甲舰。为了遏制日本的侵略野心，经过长达近六年的讨论、谋划、筹备，北洋大臣李鸿章最终决定向德国伏尔铿造船厂订造一等铁甲舰。为确保铁甲舰的质量，李鸿章商调福建船政的工程师前往德国驻厂监造，又选派了福建船政后学堂驾驶班第一

---

① 许景澄：《外国师船图表》卷一，光绪十年柏林使署石印版。

期毕业的优秀军官刘步蟾赴德学习，准备接掌这艘巨舰。

1881年12月28日，铁甲舰成功下水。下水仪式上，驻德公使李凤苞满怀激情地诵读命名词，宣布其为"定远"。之后，李鸿章又在伏尔铿造船厂订造了和"定远"同型的姊妹舰"镇远"以及巡洋舰"济远"。三舰于1885年初冬回到祖国，升挂龙旗，立即成为北洋舰队的主力。

从德国出发回国时的"定远"和姊妹舰"镇远"

"定远"舰排水量7 220吨，主要武器是四门口径为305毫米的克虏伯后膛巨炮，军舰的中部环绕着厚度为305~355毫米的钢、铁复合装甲。无论是军舰的体量规模，还是防护力、战斗力，"定远"都是当时亚洲之最，和姊妹舰"镇远"一起被誉为亚洲第一巨舰。曾经在德国看着"定远"从骨架一点点建造成型的年轻军官刘步蟾被任命为"定远"的舰长,此后人与舰的生命融为一体。

入役后的"定远"舰,立刻实现了缔造者寄予她的厚望。

在"定远"及姊妹舰"镇远"入役之前,东亚海域风涛不靖,狂浪迭起。1874年侵略台湾失败后,日本明治政府并未消弭对外扩张的野心,一面不断增强海陆军备,一面将侵略的目光投向朝鲜半岛,先后在1875年(江华岛事件)、1882年(壬午事变)、1884年(甲申政变)三度在朝鲜半岛生事,剑指朝鲜、中国。而自从"定远""镇远"入役,日本海军被北洋舰队全面超越,日本的对外扩张战略不得不暂时蛰伏。从1885年起,东亚世界迎来了近10年的表面和平。

船政后学堂驾驶班第一期毕业生刘步蟾,照片拍摄于在英国海军留学实习期间

浴血甲午

在19世纪中后期,受锅炉等动力装备的使用寿命影响,一艘钢铁军舰的平均寿命是10~15年;届期,要么淘汰报废,要么进行开膛破肚的大手术,更换新的动力系统。1881年问世的"定远"舰,进入19世纪90年代后,即将面对其生命的临界点。形势更为严峻的是,从19世纪80年代后,随着海军战术思想、技术装备日新月异的发展,军舰的设计寿命更为短促,今天的新型战舰,明天可能就会被更新的军舰超越。"定远"舰的设计形式,在19世纪90年代到来时,已经被时代淘汰。

就在这关键的19世纪90年代,清王朝中央因为北洋海军业已成军,四海波恬的目标业已实现,以撙节国家开支为名,下令暂停海军装备建设,"定远"舰和北洋海军被捆绑住手脚。而一海之隔的日本,就是在这一时期突然加速添置新型军舰,其舰队的规模、战斗力在1894年到来时超过了北洋海军,成为新的亚洲第一。

1894年,甲午战争爆发。

7月25日,北洋海军舰船在朝鲜西海岸遭日本优势军舰偷袭,丰岛海战爆发。结果是北洋海军两艘参战军舰一毁一伤,运兵船"高升"被野蛮击沉,数百名陆军官兵死难,运输舰"操江"被俘。

9月17日,中日两国海军主力在黄海大东沟附近海域相遇,爆发了人类史上第一次大规模的蒸汽铁甲舰队会战。战斗中,日本联合舰队舰新、炮多、发射速度快、弹药威力惊人,占尽优势;北洋海军虽然舰旧、炮少、发射速度迟缓、弹药效用低下,但官兵英勇,誓死作战。一场本来一边倒的战役,双方鏖战时间竟然达到五小时之久。

战役中,"定远"舰作为北洋海军的旗舰,和姊妹舰"镇远"相互配合,苦战不退。虽然舰炮威力已是英雄迟暮,无法对日本军舰构成大的威胁,但是其厚重的铁甲仍然具有强大的防护力。"定远"舰战斗中中弹超过159处,无一处穿透铁甲,触及要害。海战末期,北洋海军受伤各舰先后退出战场自救,战场上仅剩"定远""镇远"二舰对抗日本海军主力,日舰聚力环攻,却无可奈何,最后首先退出了战斗。战斗中,一名重伤的日本水兵曾发出了"'定远'怎么就是打不沉"的悲叹,也由此,"定远"舰得到了"永不沉没的'定远'"的别号。

第二十一章 悲壮的航迹——"定远"号铁甲舰最后的战斗

日本美术作品：黄海大东沟海战中的"定远"舰

黄海大东沟海战，北洋海军四艘军舰战沉，幸存归航的"定远"等军舰也大都带有累累伤痕，全军元气大伤。随后不久，由于辽东战事紧张，尚未完成修理的舰队被迫离开维修基地旅顺口，撤至停泊基地威海刘公岛。

1895年1月，日本发动山东半岛战役，水陆并进，直指北洋海军。

1月30日，日本山东作战军进攻威海南帮炮台群。"定远"舰率领北洋海军残存军舰冒着搁浅的危险，尽力抵近威海南岸，以舰炮火力支援陆军作战。其间"定远""平远"等炮轰被日军占领的南岸制高点摩天岭，击毙了日军旅团长大寺安纯少将，创下了甲午战争中击毙的日本军官级别最高的纪录。

由于威海陆路守军兵力单薄，南帮炮台最终在1月30日当天午后失守。随后，威海陆上防御如多米诺骨牌般崩塌，至2月2日，日本山东作战军占领了威海卫，与日本海军一起实现了对刘公岛和北洋海军的合围。

刘公岛横亘在威海湾中央，与威海南北两岸陆地间形成了两个海湾口。甲午战争中，威海守军分别在南、北口布设了由铁链、木排、水雷等组成的防材线。北洋海军舰船遂依托这道水上工事，与刘公岛、日岛的炮台相互配合，死死把守威海湾。日本陆军尽管占领了威海陆地，却拿海中的刘公岛和北洋舰队无可奈何；日本海军想要从外海攻入威海湾，却一再被北洋海军军舰和刘公岛炮台击退。最终，日本联合舰队决定采取冒险战法，派鱼雷艇乘夜幕冒险越过防材线进入威海湾，偷袭港内的北洋海军舰船，以此消耗北洋海军的有生力量。

2月4日深夜，"定远"舰静静地停泊在刘公岛西部的深水锚地，海波不兴。时间到了2月5日凌晨，月光渐渐黯淡，刘公岛附近海面上突然响起了激烈的枪炮声。

甲午战争中发生在1895年2月5日凌晨的这场重要战斗，通常被视作是一次偷袭，实则连日来枕戈待旦的北洋海军早就发现了异常迹象，这场战斗其实是中日双方进行的当时世界海战史上罕见的夜间鱼雷艇攻防战。

2月5日凌晨，日军出动了两个艇队共十艘鱼雷艇，中途因为搁浅、故障等问题，有三艘鱼雷艇未能参加战斗，实际进入威海湾执行战斗的共七艘鱼雷艇。这些鱼雷艇鱼贯入港后，航行至威海杨家滩附近海岸边整队，于3时40分前后扑向刘公岛附近，随即被海面上巡逻警戒的北洋海军小艇发现，开始交火。

海面上枪炮声响起后，位于刘公岛制高点的旗顶山探照灯台立即打开电力探照灯，向海面上四处扫射，寻找、锁定目标。然而灯光所及，"定远"舰巨大的舰体轮廓从黑夜中显现了出来，入港偷袭的日本鱼雷艇很快辨识出了"定远"的身份和所在位置,集中发起攻击。

七艘日本鱼雷艇大致分成两个波次冲向"定远"舰。由于鱼雷艇航速快,双方距离近,"定远"舰的主炮无能为力,舰上主要采用机关炮和步枪猛烈射击,以此进行防御。

凌晨3时40分后,第一波次攻向"定远"的共有四艘日本鱼雷艇,"第六号"首先在弹雨中冲近"定远"。由于发射管故障,鱼雷没能射出,该艇带着60余处弹伤狼狈脱逃,在威海南岸龙庙嘴附近触礁搁浅,最后损毁,成为甲午战争中日本海军损失的第一艘舰艇。

随后,"第五号"鱼雷艇冒着弹雨逼近"定远"发射鱼雷,但未能命中;"第十号"发射鱼雷未能命中;"第二十二号"被"定远"等军舰的炮火击退。

大约在凌晨4时15分之后,第二波三艘日本鱼雷艇向"定远"发起进攻。其中"第二十一号""第八号"被"定远"等舰击退,最后一艘发起进攻的日本"第九号"鱼雷艇发射的最后一枚鱼雷击中了"定远"舰左舷尾部的水下舰体,引发爆炸。而几乎就在同一时刻,"定远"舰以舰尾装备的150毫米口径副炮击中了日军"第九号"鱼雷艇,该艇锅炉爆炸,后漂流至威海湾杨家滩附近,在2月5日天明后被北洋海军派出舰艇俘获,拖曳至刘公岛,成为甲午战争中中方缴获的第一艘日军舰艇。

在"定远"舰的设计中,军舰中部的弹药库、轮机舱等要害部位被重点防卫,周边环护着厚重的装甲。而军舰的尾部主要是军官们的住舱、会议室,并没有额外的装甲防御,甚至水密隔壁也不密集。"第九号"鱼雷艇发射的鱼雷击中舰尾,立即引起大量进水。

被"定远"舰击毁的日本"第九号"鱼雷艇,中部可以看到巨大的破口

当时驻节在"定远"舰的北洋海军提督丁汝昌与舰长刘步蟾协商,鉴于刘公岛不具备修理军舰的能力,为了保住"定远"这艘国之重器,他们准备一面抢救、抽水,一面孤注一掷冲出威海湾,冒死向烟台突围。然而"定远"舰从刘公岛附近锚地驶出未久,涌入军舰尾部的海水已经到了无法遏制的程度,舰尾开始下沉。为使"定远"不至于在向烟台突围的途中进水沉没,丁汝昌、刘步蟾又下令调转航向。

此后,"定远"舰开始了一段令人难以想象的航程。

根据丁汝昌、刘步蟾的计划,"定远"将驶往刘公岛东部,一直到达刘公岛防材线连接点的位置,抢滩搁浅,一面可以防范"定远"进水过多沉没,一面可以发挥"定远"舰最后的军事价值,即利用舰上的主炮火力,配合刘公岛和日岛炮台作战,充当一座"水炮台"。

从刘公岛西部驶往东部,看似简单,实则这个决策背后隐藏着的是坚毅的决心。

第二十一章 悲壮的航迹——"定远"号铁甲舰最后的战斗

清末的威海湾、刘公岛海域，由于未经大规模的航道疏浚，水深普遍较浅。只有刘公岛西部靠近海沟，水深能够达到10米以上，其他区域，尤其是刘公岛东部的大面积海域，水深平均只有3~4米。"定远"舰正常吃水深度为6米，中鱼雷进水之后，吃水会更深，前往刘公岛东部，意味着"定远"将要进入海水深度小于其自身吃水的浅水区，舰底将没入海底淤泥层，以搁浅的状态硬生生地挣扎着"挪动"前进。这无疑需要巨大的勇气。

殉　国

1895年2月5日天明后，"定远"已经到达刘公岛东部海滩，与东泓炮台相邻。北洋海军派出潜水员下水，试图查勘被鱼雷击中处的伤情，设法进行补漏，然而"水急天寒，人难久没"，难以进行长时间的水下作业，最终行动失败。进水不止的"定远"舰内，海水淹没了舰体后部的军官舱，并蔓延到了轮机舱；随着锅炉炉火熄灭，"定远"舰彻底失去了蒸汽动力。"定远"舰需要以蒸汽水压动力才能转动的巨大主炮也因此无法使用，充当"水炮台"的设想就此无法实现。

当天入夜，"定远"舰开始进行弃舰的准备，舰员整夜都在将弹药舱里的弹药往露天甲板上搬运。2月6日，由驳船将弹药、舰上的小口径火炮转运上刘公岛，全舰官兵与这艘相伴许久的英雄舰道别，乘"镇北"号蚊子船登岸，暂时搬迁至刘公岛上的海军公所，海军公所由此成为"定远"舰官兵的临时营地。据北洋海军军官卢毓英回忆，"定远"舰长刘步蟾登岸时放声大哭，"将以身殉"，被部下官兵劝止。当到达海军公所后，面对部下，刘步蟾再次表示自己已经做好殉国的准备，希望诸人之后不要再阻止。

"定远"舰官兵参加驻守的威海湾日岛炮台

对撤离上岸的旗舰"定远"官兵,北洋海军提督丁汝昌视其为可以信任、可以担负艰巨任务的子弟兵,其中一部分被派往艰难险要处助守。2月7日,"定远"舰两名军官带领30名水兵,携带小口径火炮乘船驶赴孤立威海湾中的日岛炮台,增援守台的陆军,参加了至为激烈的日岛炮台恶战。2月8日,"定远"舰中的两名军官、30名水兵前往直接面对外海日舰攻击的刘公岛东部炮台增援,参加了此后刘公岛炮台的防御作战。

"定远"舰剩下的200余名官兵,除了部分轮机部门专业官兵被派往刘公岛机器局协助工作,其余的人员主要分成水陆两组:水上的派入巡逻小艇,在威海湾中巡哨警戒;陆上的则接手刘公岛上的巡逻任务,"轮流查街",维持岛内秩序。"定远"舰的官兵就此全部转换了防地,承担起新的作战任务。

在"定远"舰中鱼雷受伤后,刘公岛、威海湾的防御形势继续

第二十一章 悲壮的航迹——"定远"号铁甲舰最后的战斗

恶化。2月6日凌晨，日本鱼雷艇再次对威海湾发动袭击，北洋海军"来远"舰、"威远"舰双双罹难。2月7日，日岛炮台在激烈的炮战中受损严重，被迫弃守。2月9日上午，40余艘日本海军舰船从外海向威海湾南口发起大规模进攻，北洋海军提督丁汝昌坐镇"靖远"舰，亲率仅剩的数艘军舰驶至日岛附近与日军搏杀。战斗中，占领威海卫南帮炮台的日军以要塞火炮击中"靖远"，致使该舰下沉。至此，北洋海军几乎所有能战的大型水面作战军舰都已损失，丁汝昌痛不欲生，准备和"靖远"同沉，被该舰官兵救起。据史料所载，丁汝昌被救起后悲恸不已，大呼："天不使我阵殁也！"

当天下午，鉴于外无援兵而军舰损伤殆尽，且刘公岛上弹药、粮食即将告罄，刘公岛、威海湾防御行将不支。"定远"舰搁浅在刘公岛东部，未来尚有维修可能；倘若刘公岛失守，"定远"舰势必会落入日军之手，为日军所用。为了不遗舰资敌，刘步蟾向提督丁汝昌汇报，提出了自行将"定远"舰炸毁的痛苦决断，"我船既已无用，请毁碎，免留资敌"，随即获得批准。

自爆后的"定远"舰。近处海滩上可以看到威海湾水雷防线的连接电缆

曾亲眼见证了"定远"舰诞生，又与这艘军舰相伴十年之久的舰长刘步蟾，亲自下令在"定远"舰中部弹药舱内装入350磅炸药，于2月9日下午3时15分引爆。曾经是北洋海军象征的"定远"舰，中部被炸出了一个"V"形的缺口，以极其悲壮的形式为国殉节。由于这艘军舰在自爆之前，事实上已经搁浅在刘公岛海滩，"定远"到了生命的终点时，仍然保持着不沉的姿态。日本海军"打沉'定远'"的梦想，变成了不可能实现的目标。

2月9日入夜，威海降下大雪，"定远"舰长刘步蟾在刘公岛上自杀，追随自己的军舰殉国，实践了生前"苟丧舰，必自裁"的誓言，人与舰同生共死。

一天过后，北洋海军提督丁汝昌、刘公岛护军统领张文宣等也先后在刘公岛上自杀殉国。

2月14日，弹尽援绝的刘公岛守军和北洋海军停止了战斗。2月17日，刘公岛失守。

"定远"身后事

1895年，《马关条约》签署，日军强占威海卫。日本海军将"定远"舰残骸的拆解变卖权拍卖，由香川县知事小野隆助购得。

1895—1898年，小野隆助组织船只、人员对"定远"舰残骸进行拆解。

1898年，日本占领军退出威海卫，英国强租威海卫。中方官员向总理衙门汇报，希望明令禁止民间擅自打捞、拆解尚存的"定远"舰残骸。

2000年，《凤凰周刊》组织在威海湾寻找"定远"舰残骸，未有发现。

2002年，威海市启动原尺寸复制建造"定远"纪念舰工程。

2005年，威海市原尺寸复制的"定远"舰建成，作为纪念舰展示。

2014年，山东电视台拍摄纪录片《"定远"归来》。

2019年，水下考古部门对外发布，在刘公岛海域确认发现"定远"舰残骸。

第二十二章　海殇
——丁汝昌之死

1959年冬季的一天，安徽省无为县乡间一处山坡地，锹镐声在荒野里格外刺耳，一群人费力地挖着什么。油着黑漆的棺木被从地下毫不留情地掘出、撬开，里面是一具头戴瓜皮小帽、身着黑色殓衣的躯体；棺中除了一把拂尘，再没有其他陪葬品。很快，相邻的棺木也被挖出，人们把这两具尸体身上值钱的东西掠去后，拖到一旁点火焚毁。

这天被毁掉的是清朝北洋海军提督丁汝昌和夫人魏氏的墓冢。

北洋海军提督

丁汝昌，谱名先达，字禹廷，又常写作雨亭，1836年11月18日上午出生于安徽庐江县丁家坎村（后于1864年迁居安徽巢湖汪郎中村）。[①] 关于他的早年生涯，各种书籍叙述很多，看似十分完整，然而实际上在史学界还是个没有能够完全破译的谜。

流传较广泛的是这样一种说法：丁汝昌家境贫寒，自幼给人帮工，后来参加太平军，之后又随所部投降清军，由此才进入了淮军

---

① 《丁氏宗谱》，1922年刊印，第24页。

第二十二章 海殇——丁汝昌之死

系统。这些内容的资料依据,主要是民国时期庐江人陈诗为《庐江县志稿》撰写的文稿《丁禹廷军门传》,然而陈诗著文时已是20世纪30年代,文章通篇没有交代引用和出处,其实算不得档案史料,只能当作后人的一家之言看待。

从目前所能查找到的清代档案文书,以及当事人函牍和《丁氏宗谱》等材料显现出来的丁汝昌出身,则是另外一番面貌。丁汝昌的生父丁志瑾,过继给堂叔丁志宏为嗣子,其家并不富裕,但也不算极度贫穷,近似中农。丁汝昌在童年有在私塾读书的经历,有一定的教育基础,粗通文墨,这从后来丁汝昌不俗的书法可以一窥端倪。

太平天国战争爆发后,丁汝昌投入刘铭传统率的铭军,并没有加入过太平军的迹象。李鸿章后来举荐丁汝昌统率北洋舰队时,曾称其是长江水师出身,而铭军在江苏常州、苏州一带进攻太平军时,系统内确实隶属过水师营,由此大致可以判断丁汝昌早期可能在铭军水师营当过军官。这一水上部队的经历,在淮军将领中并不多见。太平天国灭亡后,铭军北上镇压捻军,改水师为马队,丁汝昌又成为铭军马队军官,屡立战功,官至提督衔尽先总兵、铭右军统领,并获"协勇巴图鲁"勇号。有关丁汝昌在太平天国和捻军战争期间的活动,以袁世凯在光绪末年为丁汝昌请恤的奏折中所述最为系统。

> 同治元年,由行伍随原任台湾巡抚刘铭传攻克江苏常州府、安徽广得州,皆拔帜先登。嗣追贼宁国,阵毙贼目黄和锦,进剿徐州,援济宁,克长沟寨,解安徽雄河集河南扶沟之围,克复湖北黄县城。五年,毙任逆于赣榆,大捷于寿光。六年,平西捻于

徒骇河。大小百数十战，无役不从，摧坚陷阵，常为军锋……①

相比陈诗所作的小传，以史料勾画出的丁汝昌形象更为可信。

安徽巢湖高林镇汪郎中村的丁汝昌故居遗存（陈悦摄）
1864年时丁汝昌的家人举家迁居高林镇汪郎中村，丁汝昌1874年交卸陕北营务后，一度回乡居住

1874年，因为与铭军大帅刘铭传有嫌隙，丁汝昌自请交卸所管铭军军务回籍。此后的数年，丁汝昌一直在安徽乡间闲居。直到1877年突然受到北洋大臣李鸿章提携。当年11月26日，李鸿章上奏清廷，以丁汝昌"忠勇朴实，晓畅戎机，训练严明，堪胜专阃之任"为由，申请起用，旋获批准。②12月23日，丁汝昌进京赴兵部引见，听候简用。12月25日被光绪帝和慈禧太后召见，旋获旨发往甘肃任职。显得对丁汝昌的任用安排早已有所考量的是，此后丁

---

① 《袁世凯奏议》下，天津古籍出版社1987年版，第1341页。
② 《奏保丁汝昌片》，《李鸿章全集》7，安徽教育出版社2008年版，第472页（G3-10-019）。

第二十二章 海殇——丁汝昌之死

汝昌并没有前往甘肃赴任，而是被李鸿章留在天津。根据李鸿章的解释，原因是丁汝昌回籍筹措赴甘肃的路资，北上途经天津时"伤病复发"，于是请求兵部"展限"。1879年11月29日，李鸿章上奏，将丁汝昌留在北洋海防差遣。

> ……臣查该提督丁汝昌，干局英伟，忠勇朴实，晓畅戎机，平日于兵船纪律尚能虚心考求。现在筹办北洋海防，添购炮船到津，督操照料，在在需人，且水师人才甚少，各船管驾由学堂出身者，于西国船学操法，固已略知门径，而战阵实际概未阅历，必得久经大敌者相与探讨砥砺，以期日起有功，缓急可恃。臣不得已派令丁汝昌赴"飞霆"等炮船，讲习一切；新到各船，会同道员许钤身接收。该提督颇有领会，平日借与中西各员联络研究，熟练风涛，临事或收指臂之助。①

在这篇奏片中，李鸿章说明了自己留用丁汝昌于海防的重要原因：船政学堂出身的管驾阅历尚浅，而丁汝昌久经大敌，恰好可以互相"探讨砥砺"。实际上，这一用人方略脱胎自几个月前南洋大臣沈葆桢给李鸿章的建议。

李鸿章于1875年奉旨筹建北洋海军，数年间一直困扰于人才难得，尤其是统领人才难得，就此事与南洋大臣沈葆桢不断交换意见。1879年8月29日，沈葆桢将自己经过长期思考的海军统领人才的选择标准进行了细化，向李鸿章直陈：

---

① 《奏留丁汝昌片》，《李鸿章全集》8，安徽教育出版社2008年版，第503页（G5-10-011）。

> 铁甲、钢甲竣事，管驾必取诸出洋诸生，统领则仍宜曾经百战忠勇之大将。小者取其才，大者资其望，切劘久之，自有才望并美者出焉。若枯坐以待，才无可试，望则老矣，求其相辅而行亦万不可得，自强在何日乎？①

沈葆桢认为，海军的统领可以选用具有战功、资历，拥有军旅经验的"百战忠勇之大将"，这类人虽然不懂近代海军，但是只要愿意虚心向学即可。在统领之下，海军的舰长等技术军官岗位，则必须选择海军专业科班毕业，乃至是有过留学经历的年轻海军军官，以此相辅相成，用技术专业的年轻军官辅佐具有资望的老将，发挥"小者取其才，大者资其望"的效果，寄希望"切劘久之"，未来能够锻炼出才望兼备的最佳人选。11月29日李鸿章上奏留用丁汝昌的奏片中的说辞，基本就是沈葆桢方案的复述。

按此方案，当时李鸿章麾下淮军中具有资历的老将不在少数，为何选择了丁汝昌？现代人多思考丁汝昌是否与李鸿章有特殊交情，实则关于这一问题另有玄机。清末驻天津的朝鲜领选使金允植曾直接向李鸿章请教，李鸿章的回答也十分干脆。

> （金允植）问：丁提督外貌已是魁伟，可知赳赳干城之材。习于水师，未将陆军否？
> 主人（李鸿章）曰：向带陆军，最称骁勇，水师于前年初带。曾赴德国。驾驶新制船来津。

---

① 《沈葆桢致李鸿章》，陈悦：《从船政到南北洋——沈葆桢李鸿章通信与近代海防》，福建人民出版社2020年版，第306页。

第二十二章 海殇——丁汝昌之死

> 问：与刘铭传、周盛波诸人，何如？
>
> 主人曰：刘、周固宿将，而名位已贵，驾驭殊难。此君尚无习气，易于驱使。①

当时淮军提督、总兵一级的高级将领大多羽翼丰满，"名位已贵"，这些将领统领新建的海军是否能够虚心向学，能否和学堂出身的年轻军官和睦相处，都是未知数，且李鸿章对这些将领也存在"驾驭殊难"的顾虑。丁汝昌则是淮军高级将领中罕见的异数，立有战功，却没有个人势力，甚至被李鸿章看中时，是根本没有职务的闲置人员，李鸿章看中丁汝昌的缘由，正在于"易于驱使"四个字。

丁汝昌在北洋海防，先作为炮船督操熟悉近代化的舰船和舰队事务。1880年，北洋海防在英国订造的"超勇""扬威"号巡洋舰告成，李鸿章力排众议，史无前例地派出数百人规模的接舰团，由丁汝昌率领前往英国接收。在英期间，丁汝昌拜见了维多利亚女王，并且和英国海军一批叱咤风云的名将和舰船设计师进行了交流。同时，丁汝昌在舰队管理方面的才能也体现出来，整个接舰活动期间，中国官兵秩序井然，深受各方好评。丁汝昌温和、平易近人的性

1880年赴英接舰期间，丁汝昌在英国纽卡斯尔拍摄的肖像照

---

① ［朝］金允植著，王鑫磊整理：《领选日记》，上海古籍出版社2020年版，第80页。

1886年醇亲王大阅海军时的丁汝昌，当时他已是北洋水师统领

格，也备受称赞。尤为特别的是，根据一位当时参加接舰活动的军官回忆，在中国人首次驾驶军舰航行在英国至中国的漫长航程中，丁汝昌经常亲自研读海图，制定航线。种种迹象表明，这位中年人已经通过努力学习，很好地融入了自己应该扮演的角色中。

对丁汝昌这样的表现，李鸿章十分满意。1881年，丁汝昌从督操跃升为北洋水师统领，并获赏"西林巴图鲁"勇号，后又实授绿营天津镇总兵。到了1888年北洋海军建军时，丁汝昌被正式任命为北洋海军提督。

不过丁汝昌的海军提督职务，并不能简单地理解成海军司令，因为他还要受到来自朝廷—海军衙门—北洋大臣—北洋海防营务处的层层管理。在舰队事务方面，海军的军械补给由军械局管理，燃煤由开平矿务局负责，后勤维护由旅顺船坞工程局道员负责，丁汝昌对这些部门都没有直接的指挥、统辖权。在舰队内部，丁汝昌主要负责总揽全局，具体的舰队训练等技术性事务则由在他之下的左、右翼总兵负责。虽然丁汝昌遭到一些中高级军官的排挤，但他与洋员和中下层官兵的关系非常融洽，受到这些群体的拥戴，能够驾驭住舰队。

在国际上，丁汝昌当时颇负声誉，最为引人注意的就是他和日本近代海军的创始人胜海舟的私人情谊。1891年北洋海军访日时，丁汝昌独特的人格魅力吸引了日本明治维新元老胜海舟，二人互赠

第二十二章 海殇——丁汝昌之死

刀剑，成为刎颈之交。胜海舟的回忆录中，关于丁汝昌，有如下一段记载：

> "丁氏躯干巨大，面色浅黑，所见之处丝毫没有威严之色，而且举止活泼，不拘小节，言辞率真，类似伧夫。
>
> 访问之时，他说：'您过去创立海军的时候历经苦难，我也曾在国家动乱之时，作为李大人的部下历经了几乎七年的危难。而后蒙受他的重用，开始进入海军，率弟子两百名到达英国，归来后陆续有了十二艘军舰。不过海军的困难随处存在，也有不堪其任之处。如果有司不察其用，这些军舰将会故障百出，成为无用的摆设。所以我可以想象您当时创办海军的困苦。'我和他虽然从未见过，也没有任何旧交，但他竟敞开胸怀和我畅谈，甚是可敬。
>
> 丁对于当时的中国海军做了如下陈述：'今天我国海军尚不尽如人意，我只是期待将来能够做到更好，同时自己为此全力以赴。李中堂也常说，现在我们的海军绝对是什么用也起不到，只是要看未来的十年，期待能够有所大成，今日的海军是为将来刚刚打下的基础。'"

胜海舟为了表示自己的心意，当即将一口宝剑和一首和歌相赠。

丁带他（胜海舟）参观了军舰，参观了军舰的各个角落，他发现其中一切都被妥善整顿，而且所用之物都是中国自产，没有一件外国货。他自从战争（甲午战争）期间，虽然已经和北洋舰队为敌，但是心中还是日夜挂牵着丁汝昌的消息，甚至还要高过当时的伊东（日本联合舰队司令），虽然伊东曾是他的学生。他对丁和李都非常的尊敬。①

"拔丁"风潮

在北洋海防系统内，丁汝昌是一位忠实的命令执行者，也正因为如此，甲午战争中丁汝昌遭遇了一场雷暴般的"拔丁"风潮。

1894年春，因朝鲜事务，中日交涉事起。面对日本的咄咄逼人，李鸿章认为中国军事力量不及日本，寄希望于外交转圜，由此引起言官、主战派的极度不满。他们对李鸿章的举动大为愤慨，各种对李鸿章的指责之词开始纷纷涌现。北洋海军是李鸿章掌握的最近代化的一支武装，清流将夺取海军的指挥权视作整治李鸿章的重要一招。

就在丰岛海战爆发的前一天，张謇向老师翁同龢递呈密信，其中提出了"拔丁"的构想。"丁须即拔……似亦可免淮人复据海军。"至于用什么理由来拔除丁汝昌，张謇尚找不到什么切实可行的方法，只是泛泛举出"丁常与将士共博，士卒习玩之，亦不能进退一士卒"。②与将士一起赌博，极为危言耸听，但并没有实证，至于"不能进退一士卒"，拔擢或革退将士都有《北洋海军章程》明文规定，没有章程规定的情况，丁汝昌自然不能随意进退士卒。为了把海军从淮系手中夺出，丁汝昌成了清流天然的眼中钉，但张謇举出的几条理由都显得极为牵强，似是根据丁汝昌与将士极为和睦的情况而演绎编造出来的故事。

---

① 《胜海舟》，日本民友社1899年版，下篇第89—90页。
② 《张謇致翁同龢密信》，中国近代史资料丛刊续编《中日战争》6，中华书局1993年版，第449—450页。

第二十二章 海殇——丁汝昌之死

望空捉影,想要驱逐丁汝昌的言官们很快遇到了真正的机会。

1894年7月25日,丰岛海战爆发。7月26日,丁汝昌率海军大队出巡,意在雪耻复仇。几天之后,丁汝昌无所收获,返回威海。为了预防日军鱼雷艇利用黑夜或雾天偷袭威海,丁汝昌第一次出巡归来后就匆匆着手布置威海湾防务,在海湾口布设水雷等防材。

升任北洋海军提督后的丁汝昌

8月2日,清廷突然颁发谕旨,大做文章:"……丁汝昌寻倭船不遇,折回威海卫,布置防务。威海僻处东境,并非敌锋所指,究竟有何措置?抑借此为藏身之固?"诘问李鸿章,命令严查丁汝昌有无怯懦情形,如有,应立即换人接统。①

同一天,丁汝昌率舰队从威海出发,二度出巡,仍然毫无收获。这次归来后,北京城里"近日参劾该提督怯懦规避,偷生纵寇者,几乎异口同声"。礼部侍郎志锐甚至上奏要求诛杀丁汝昌,"(丁汝昌)带船出洋,以未遇敌舟无以接仗,退守威海,借口固防,并欲告病求退……方伯谦即令其接统丁汝昌之船……至丁汝昌等罪状得实,则竟治以军法,亦杀一儆百之意也"。②丁汝昌突然发现,自己居然到了要被处死的边缘,清流派意图夺取海军的"拔丁"攻势就此全面开场。

甲午战争中,北洋大臣李鸿章和北洋海军提督丁汝昌尽管都深

---

① 《发北洋大臣电》,中国近代史资料丛刊《中日战争》3,上海人民出版社1957年版,第19页。

② 《礼部侍郎志锐奏请将丁汝昌等拿交刑部审明正法片》,中国近代史资料丛刊续编《中日战争》1,中华书局1989年版,第44—45页。

知北洋海军实力不足的底细，内心都持退守态度，但是二人其实并没有就此进行过开诚布公的交流。在对北洋海军的运用上，二人没有形成过一致的思想、谋略，只是拥有某种心照不宣的默契。不过，一旦遇到来自朝廷高层的压力，李鸿章难以推脱、化解时，往往就会置此前的默契于不顾，转而以严令诫告丁汝昌。也由此，在丁汝昌看来，经常朝令夕改的李鸿章，令人无所适从。

8月7日，在和旅顺船坞工程总办龚照玙交涉弹药、水雷的信件中，丁汝昌做了如下的表露，透露自己痛苦的心情。

> 谕旨严厉，言官交弹，昌固早料有此一段公案……在水军能出海远行之船，合坚窳计之，现仅得有十艘。此外势皆勉强，岂能足恃？兹者，似以东路辽阔之海，概以系之轻减数舶之师，不计数力，战守皆属，虽绝有智虑者亦为之搔首也。数战之后，船若有一须修，复力单而无补。存煤及军械数本不丰，再冀筹添，立待断难应手。后顾无据，伊谁知之！事已至此，惟有驱此一旅，搜与痛战，敢曰图功先塞群谤，利钝之机听天默运而已。①

信中既有面对汹汹议论的悲愤，也颇有几分听天由命的无奈。

8月9日，丁汝昌再度率领北洋海军大队出巡。就在他走后第二天，日本联合舰队29艘军舰突然出现在渤海湾内，京畿震动。不出战，责任在丁汝昌；出战，敌舰乘隙入寇渤海，责任自然还在丁汝昌。8月23日，清廷一改以往通过李鸿章来指挥北洋海军的模式，

---

① 《复鲁卿》，《丁汝昌集》上，山东画报出版社2017年版，第242—243页。

第二十二章 海殇——丁汝昌之死

直接电令丁汝昌:"……威海、大连湾、烟台、旅顺等处,为北洋要隘、大沽门户,海军各舰应在此数处来往梭巡,严行扼守,不得远离,勿令一船阑入;倘有疏虞,定将丁汝昌从重治罪!"[①]对海军完全外行的清廷中枢,直接向海军下达了不得越出旅顺、威海一线的战略命令,比李鸿章采取的守势战略更为极端:一纸谕令将北洋海军彻底锁在渤海湾内。

坐落于威海刘公岛上的丁汝昌公馆

借着日舰在渤海湾出现这一良机,25日,清流言官集中火力,当天就有三名言官上奏弹劾丁汝昌。[②]其中不乏"我军之所以怯,非水师尽无用也,提督不得其人""水陆各军莫不齐声痛恨丁汝昌之畏葸无能""始终以刘公岛为藏身之所,迨倭船扰威海、旅顺等处,犹复销声匿迹,不敢与较"等语。同一天,军机大臣翁同龢也在廷

[①] 《军机处电寄丁汝昌谕旨》,中国近代史资料丛刊《中日战争》3,上海人民出版社1957年版,第51页。
[②] 《侍郎长麟奏请特简主将督办征倭军务折》《广西道监察御史高燮曾奏军务孔亟请停止点景事宜折》《易俊奏丁汝昌贻误军机请饬李鸿章遴员接代折》,中国近代史资料丛刊《中日战争》3,上海人民出版社1957年版,第53—58页。

议讨论这三份奏参时激烈发言,坚持要革去丁汝昌的职务。

26日,攻势继续。翰林院侍读学士文廷式上奏,称"丁汝昌屡经弹劾,罪状昭然;林泰曾、刘步蟾怯懦昏庸,情尤可恶",要求撤职查办。①给事中余联沅上奏,称"丁汝昌阘茸无赖",李鸿章不将其撤换是贻误大局。②当天,光绪帝正式下谕旨革去丁汝昌海军提督的职务,要求其"戴罪自效"。

光绪二十年七月二十六日内阁奉上谕:此次倭人背约肇衅,直隶提督叶志超在朝鲜牙山接仗,兵力过单,当经李鸿章派令丁汝昌前往接应。该提督辄以未遇倭船折回威海办防,置叶志超一军于不顾,已属不知缓急;嗣复统带各船,巡历海口,观望迁延,毫无振作,若不加以惩处,何以肃军律而励人心?海军提督丁汝昌,著即行革职,仍责令戴罪自效,以赎前愆。倘再不知奋勉,定当按律严惩,决不宽贷。懔之!钦此。③

被逼至墙角的李鸿章,于29日上奏清廷,长篇痛陈海军的苦衷,指出装备落后等一系列问题,以此阐释自己的守势战略,"倘与驰逐大洋,胜负实未可知;万一挫失,即赶紧设法添购,亦不济急。惟不必定与拚击,但令游弋渤海内外,作猛虎在山之势,倭尚畏我铁舰,不敢轻与争锋",请求清廷收回处分丁汝昌的命令,"丁汝昌从

---

① 《翰林院侍读学士文廷式奏请振刷军士激励帅臣折》,中国近代史资料丛刊《中日战争》3,上海人民出版社1957年版,第60页。
② 《给事中余联沅奏疆臣贻误大局沥陈危急情形折》,中国近代史资料丛刊《中日战争》3,上海人民出版社1957年版,第65页。
③ 《上谕》,中国近代史资料丛刊《中日战争》3,上海人民出版社1957年版,第65页。

第二十二章 海殇——丁汝昌之死

前剿办粤捻，曾经大敌，迭著战功。留直后，即令统带水师，屡至西洋，藉资阅历。创办海军，特蒙简授提督，情形熟悉，目前海军将才，尚无出其右者……自来用兵，谤书盈箧，而卒能收功者，比比皆是。伏恳圣明体察行间情事，主持定断"。①

不知道是否受到李鸿章充满感情的文字影响，在决定丁汝昌去留的最后一刻，慈禧太后出面过问了此事。9月1日清政府收回前命，下令丁汝昌暂免处分。

> ……朝廷赏功罚罪，一秉大公，丁汝昌统帅全军战舰，未能奋勉图功，以致众口交腾；当此军情紧急之时，不得不严行查究，免致贻害将来。既据该大臣密筹海军彼此情势，战守得失，详晰覆奏，自系实在情形。丁汝昌暂免处分，著李鸿章严切诫饬，嗣后务须仰体朝廷曲予保全之意，振刷精神，尽心防剿；倘遇敌船猝至，有畏缩退避情事，定按军法从事，决不姑宽。威海、旅顺为北洋门户，必须加意严防，勿得稍有疏失……②

革 职

1894年9月17日，黄海大东沟海战爆发。海战中日本舰队有四艘军舰遭受重创，中途退出了战场，使得中方误以为击沉了四艘日舰，战后很长一段时间内，中国方面都认为黄海海战是一次不分胜

---

① 《直隶总督李鸿章覆奏海军提督确难更易缘由折》，中国近代史资料丛刊《中日战争》3，上海人民出版社1957年版，第72—73页。
② 《军机处寄北洋大臣李鸿章上谕》，中国近代史资料丛刊《中日战争》3，上海人民出版社1957年版，第79页。

负的战斗。北洋海军此战表现顽强，成功完成了护卫陆军登陆的使命，而且丁汝昌本人也在海战中受伤，战后清廷对北洋海军有功人员赏赐奖励，朝中对丁汝昌的指责声也逐渐平息。李鸿章极为高兴地致电丁汝昌，"有此恶战，中外咸知。前此谤议顿消"。①

然而好景不长，仅仅半个多月后，黄海大海战的影响便渐渐淡去，"拔丁"的攻势卷土重来。

10月8日，御史陈其璋上奏要求斩杀丁汝昌，理由十分荒唐，竟然称丁汝昌将邓世昌等的功绩据为己有，"丁汝昌海上翱翔，展转避敌……阵亡之邓世昌及两洋将身先士卒，击沉倭人兵船多艘，丁汝昌攘为己功，并且盛叙创伤，以掩其往来逃避之罪"。②户科给事中洪良品也上奏要求淘汰丁汝昌，理由更是莫名其妙，"丁汝昌身督水师，逗留不进"。③第二天，御史安维峻又上奏，要求更换海军提督。④言官们在"拔丁"攻势上环环相套，互相配合。11月2日，多达60余名言官联合奏参，丁汝昌因黄海海战而获得的奖励被撤销。⑤

言官们这一阶段的攻势至11月16日获得重要成果，在几乎众口一词的中枢廷议里，丁汝昌早已被描述成罪无可恕的负面人物。当天，借着日军登陆花园口、进逼旅顺的不利局势，光绪帝发布上谕，以旅

---

① 《李鸿章全集·电稿》2，上海人民出版社1986年版，第1051页。
② 《御史陈其璋奏请将丁汝昌卫汝贵孙显寅三人立置典刑片》，中国近代史资料丛刊续编《中日战争》1，中华书局1989年版，第327页。
③ 《户科给事中洪良品奏陈军务四条折》，中国近代史资料丛刊续编《中日战争》1，中华书局1989年版，第332页。
④ 《御史安维峻奏请将临阵脱逃之卫汝贵立正典刑折》，中国近代史资料丛刊续编《中日战争》1，中华书局1989年版，第334页。
⑤ 《内阁奉上谕卫汉[汝]贵临敌退缩以致全军溃败著革职治罪》，中国近代史资料丛刊续编《中日战争》1，中华书局1989年版，第480—481页。

第二十二章 海殇——丁汝昌之死

顺告警,丁汝昌统带舰队不得力为由,"革去尚书衔,摘去顶戴"。①

黄海海战后,北洋海军各艘军舰大都受伤较重,进入旅顺修理。但是旅顺仅有一座大船坞,而且船坞的工人听闻战火逼近,出现了大量逃散的情形。因而北洋海军舰船的维修进度极慢,直到11月13日北洋舰队被迫离开不利于军舰留守的旅顺时,舰只仍然未能全部修

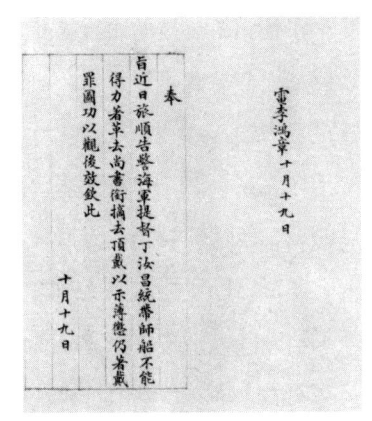

清廷革去丁汝昌尚书衔、摘去顶戴的电谕抄档

复。而黄海海战前令人困扰的弹药、燃煤问题,此时情况更为严重。同时期,日军联合舰队出动全部主力护卫军队登陆辽东半岛,在此局面下,重伤在身的北洋舰队根本无力与日军较量,而清廷将这一无奈情形的责任全部归为丁汝昌胆小,无疑是极不公允的。

从11月16日光绪帝和清流党的一桩秘密活动来看,这天处分丁汝昌实际并非偶然。

当天,早年因故对李鸿章心怀不满的工程技术专家徐建寅受光绪爱妃珍妃的哥哥志锐保举,接受光绪帝召见。清流派推出徐建寅的用意在军机大臣翁同龢的日记中可以一窥端倪,"志锐面奏此人可带二铁甲捣彼海舰……伊颇自任,但恐炮弹不足用"②,就是要以徐建寅来取代丁汝昌。

---

① 《电谕北洋大臣李鸿章丁汝昌统带师船不力著革去尚书衔摘去顶戴》,中国近代史资料丛刊续编《中日战争》1,中华书局1989年版,第551页。
② 《翁同龢日记》第五册,中华书局1997年版,第2749页。

在处罚丁汝昌的谕旨之外，当天清廷还下发了一道起用新人的谕旨，任命徐建寅为特使，前往北洋查看舰船和弹药情形，意即为"拔丁"做准备。①

徐建寅于12月2日从天津出发至烟台，8日抵达威海。令人惊讶的是，他在短短一天的检查后，竟然对北洋海军各主要将领的为人、性格、操守都做出了判断，其中刘步蟾被徐建寅评价成"言过其实，不可用"。按此逻辑，将来倘若革丁汝昌职，海军内的二号人物就失去了优先替补的可能。其次徐建寅对当时威海基地库存的弹药数字进行了统计。这份数据给人的表面印象是威海基地储存的弹药为数颇丰，但其中没有指出弹药质量效用方面的问题。以海战中北洋舰队弹药出现的问题为例，不顾弹药的效能，单纯看数量无法得出多少有益的结论。更为特殊的是，徐建寅的弹药调查报告事后没有正式提交，使得此事又蒙上一层神秘的面纱。②

清流派推出徐建寅后不久，旅顺失守。不出所料，26日，清廷遂以"救援不力，厥咎尤重"为由，将正在威海忙于布置防务的丁汝昌革去提督职务，"仍暂留本任，严防各海口，以观后效"。③27日，安维峻等60余名御史言官联名上奏，集体要求诛杀丁汝昌。这篇杀气腾腾的奏折将旅顺失守的原因归结到丁汝昌一人身上，称旅顺之战时"该提督安然晏坐于蓬莱阁重帷密室之中，姬妾满前，纵酒呼卢，而视如无事"，言辞之荒诞夸张不禁令人咋舌。④12月12

---

① 《翁同龢集》下，中华书局2005年版，第1 105页。
② 《徐建寅禀复查验北洋海军札》，《近代中国海军》，海潮出版社1994年版，附录一。
③ 《电谕北洋大臣李鸿章旅顺已失丁汝昌著革职留任》，中国近代史资料丛刊续编《中日战争》1，中华书局1989年版，第618页。
④ 《请诛海军提督丁汝昌疏》，中国近代史资料丛刊续编《中日战争》6，中华书局1993年版，第533—534页。

第二十二章 海殇——丁汝昌之死

日，山东巡抚李秉衡也上奏清廷，与中枢的清流互为配合，称丁汝昌"骄玩成性，不知儆惧""丧心误国，罪不容诛"，要求将丁汝昌明正典刑。①

一片喧然起哄的呼声中，17日，清廷正式谕令，将丁汝昌拿交刑部治罪，其冤屈程度不亚于莫须有之罪。

仅过了一天，清廷就催促李鸿章更换海军提督，在清廷给出的替代人选中，除了用作配角的"平远"舰管带李和、护理"镇远"舰的管带杨用霖外，真正的人选便是徐建寅。②12月20日，李鸿章做出回复，从资历、才具等方面分析，一一否定了上述三人选接替海军提督的可能性，以"威海正当前敌，防剿万紧，（丁汝昌）经手要务甚多，一时难易生手"③为由，请留丁汝昌。

光绪帝、清流党显然不愿放过这个拔除丁汝昌、整治北洋海军的大好机会。12月21日，光绪帝下谕，不就提督的人选问题纠缠，而是改令右翼总兵刘步蟾暂行署理提督，先将丁汝昌缉拿进京，"俟经手事件交替清楚后，速即起解"。④

令光绪帝和清流党等力量始料未及的是，丁汝昌平素为人和蔼，深受威海军民拥戴。在关乎丁汝昌生死去留的关键时刻，为保住蒙受冤屈的提督，威海海陆军将领官员向李鸿章发出电报，希望清廷收回成命，李鸿章立即转电督办军务处。

---

① 《奏旅顺失守如何惩办将士请训示片》《奏请将贻误军机之将领明正典刑折》，《李秉衡集》，齐鲁书社1993年版，第167—168、176—177页。
② 《附　译署来电》，《李鸿章全集》25，安徽教育出版社2008年版，第257—258页（G20-11-201）。
③ 《寄译署督办军务处》，《李鸿章全集》25，安徽教育出版社2008年版，第261—262页（G20-11-215）。
④ 《附　译署来电》，《李鸿章全集》25，安徽教育出版社2008年版，第269页（G20-11-236）。

在电文中，陆军将领戴宗骞、张文宣、刘超佩等称"丁提督自旅回防后，日夜训练师船，联络各军，讲求战守，布置一切"，对"正仗筹画"时，清廷突然而至的圣旨表示不满，并举出了民心来抗辩，称如果不分青红皂白将丁汝昌抓走，"军民不免失望"，请求留丁汝昌在威海布置防务。①

刘步蟾及北洋海军各舰管带则称"丁提督表率水军，联络旱营，布置威海水陆一切，众心推服"，倘若清廷逮捕丁汝昌，则"水师失所秉承，即陆营亦乏人联络，且军中洋将亦将解体"，希望清廷收回成命，"当此威防吃紧之际，大局攸关，会恳宪恩，设法挽转，收回成命，暂留本任，竭力立功自赎，以固海军根本之地，而免洋将涣散之心"。②

在严峻的海防大局面前，清流借诛杀丁汝昌而削弱李鸿章的举动最终破产。23日，光绪皇帝下旨，允许丁汝昌暂留威海，最后有点不甘心地加了句"俟经手事件完竣即行起解，不得再行渎请"。李鸿章在向威海诸将转达圣旨的电报中，对这句话特别做了注解："查经手事件所包甚广，防务亦在其内，应令丁提督照常尽心办理，勿急交卸。"③

事件虽然平息，但是任劳任怨的前敌统帅发现当自己在外面临强敌之时，所做的任何努力都无法得到政府的肯定，自己也得不到任何信任，且随时都有可能因为敌对派系的谣言而被革职、处死时，这样的精神摧残将会对他产生何等的负面影响？

---

① 《寄译署督办军务处》，《李鸿章全集》25，安徽教育出版社2008年版，第271页（G20-11-243）。
② 《寄译署督办军务处》，《李鸿章全集》25，安徽教育出版社2008年版，第271页（G20-11-243）。
③ 《寄威海戴道张镇刘镇等》，《李鸿章全集》25，安徽教育出版社2008年版，第275页（G20-11-257）。

第二十二章 海殇——丁汝昌之死

……汝昌以负罪至重之身，提战余单疲之舰，责备丛集，计非浪战轻生，不足以赎罪。自顾衰朽，岂惜此躯？惟以一方气谊，罔弗同袍骖靳之依，或堪有济。然区区之抱，不过为知者道，但期共谅于将来，于愿足矣。惟目前军情有顷刻之变，言官逞论，列曲直如一，身际艰危，尤多莫测。迫事吃紧，不出要击固罪，既出而防或有危，不足回顾，尤罪……①

千古艰难

1895年1月20日，日本山东作战军登陆荣成湾，发起了威海战役，陆路的战斗进行到2月2日上午，以威海卫城的陷落为标志而结束。从这一天开始，丁汝昌在海中的刘公岛上，和北洋海军将士处于日军海陆合围中，进行了悲壮的最后战斗。

2月3日，农历的正月初九日，北洋海军和刘公岛、日岛炮台又击退了日本联合舰队的一次大举进犯，击伤日舰"筑紫""葛城"。联合舰队司令伊东祐亨被迫改换策略，派出鱼雷艇，意图破坏威海湾口的水雷防线。同一天，给事中余联沅上奏折，称"丁汝昌恇怯无能，跧伏威海，此次兵事之坏，总由于海军不能御敌，以致倭寇猖獗，夺我天险，入我内地，其罪实浮于卫汝贵诸人""若不将丁汝昌立行褫除，则海军亦断无起色"②；又上奏片，称"不杀丁汝昌，则海军亦断无振作"③。不过，刘公岛这时与外界的通信已经断绝，

---

① 《致戴宗骞》，《丁汝昌集》上，山东画报出版社2017年版，第287页。
② 《给事中余联沅奏陈北洋应办事宜并请饬帮办大臣豫为布置折》，中国近代史资料丛刊《中日战争》3，上海人民出版社1957年版，第370页。
③ 《余联沅奏参李鸿章弁髦谕旨片》，中国近代史资料丛刊《中日战争》3，上海人民出版社1957年版，第372页。

再听不到朝廷里的喊杀声,此后因为听报刘公岛陷入重围,替换海军提督已经没有太多实际意义,言官们的声音也就沉寂了下去。

日本美术作品:北洋海军旗舰"定远"遭日本鱼雷艇偷袭受伤

2月5日凌晨,日本海军十艘鱼雷艇潜进威海湾,发起偷袭,北洋海军旗舰"定远"号竭力抵御,最终不幸被鱼雷击中。中雷的同时,"定远"舰发炮击毁了发射鱼雷的日军"第九号"鱼雷艇,并试图冲出威海湾开往烟台自救,但因舰内进水过多,丁汝昌被迫下令"定远"驶往刘公岛东部海滩搁浅,充作水炮台使用。"我船尾底左忽被其一雷,立时水满船侧,尾舱、机舱水皆骤进,无能堵塞,当即弃锚,勉开日岛助击敌之各舰,半途船尾下坐,急驶东岸,拟作水炮台之用,以辅东炮台。"①

2月6日凌晨,日本海军鱼雷艇进入威海湾,再度实施偷袭,击

---

① 《福州海军学校寄甲午战役情形》,台湾"国军档案"藏《甲午战役案》。

沉了北洋海军重伤尚未修复的"来远"号装甲巡洋舰，以及"威远"号练习舰和"宝筏"号轮船。

2月7日上午，见连日偷袭已使北洋海军主力舰只消耗殆尽，日本联合舰队出动23艘军舰，在日军占领的南帮炮台炮火配合下，大举正面强攻威海湾。丁汝昌亲率"镇远""靖远"等军舰顽强抵抗。乘战斗间隙，水手教习李赞元受丁汝昌委派，携带密信乘坐"利顺"轮船，和出港作战的北洋海军鱼雷艇队一起冲出威海湾。未料鱼雷艇队出口后，向烟台方向四散逃跑，致使刘公岛上士气大落。

当天中午12时，大批军民哀求丁汝昌给予生路，丁汝昌温言安抚。"刘公岛铺户及岛内民人等同赴军门前哀求救命，军门温语抚慰，告以两国交兵非同匪寇，倭人即踞有刘岛，亦不能残害居民，你等尽可放心，众遂散，然而老少啼哭之声，时有所闻。"①

同一天，山东巡抚李秉衡根据逃至烟台的一些鱼雷艇官兵的消息，致电总理衙门，报称北洋海军已经覆灭。②

2月8日，军机大臣翁同龢见到李秉衡的奏折，"愤闷难言"。吏科给事中褚成博上奏，要求不用审讯调查，"电饬李秉衡将丁汝昌密速在军前正法"。③对于李秉衡所报的北洋海军覆灭一说，李鸿章将信将疑，直至2月8日黄昏，从烟台传来消息，英国印度支那轮船公司的"益生"号商船7日下午航经威海湾外时，见到刘公岛炮台仍然挂着龙旗；李鸿章迅即转电总理衙门，各方这才知晓丁汝昌和北洋海军

---

① 萧景唐：《威海战事》，清代稿本。
② 《致总理衙门电》，《李秉衡集》，齐鲁书社1993年版，第657页。
③ 《吏科给事中褚成博奏丁汝昌失陷要地请加诛殛以伸国法折》，中国近代史资料丛刊《中日战争》3，上海人民出版社1957年版，第399页。

仍在战斗。①

而就在2月8日入夜后,刘公岛上已经是人心大乱。当晚,岛上的护军弁兵、海陆军眷属以及居民数百人,裹挟着护军统领张文宣来到丁汝昌所在的"镇远"舰。连带"镇远"舰的很多水兵一起,众人在甲板上喧闹着要求生路:"今已危急万分,粮饷渐尽,火药窨绝,欲战不可,欲守不能,奈何?况我等父母、妻子,统行寄居此岛,倘敌人攻进,将死无遗类矣。千求军门恩施格外,别开我等一线生路。"②威海水陆营务处道员牛昶昞以及各舰管带、洋员也来到"镇远"舰官舱内与丁汝昌会议,有人提议投降,丁汝昌愤然道:"尔等之部下欲杀汝昌,可速杀,吾岂吝惜吾身?"言毕,席间有人落泪哭泣,丁汝昌转命洋员瑞乃尔到甲板上设法安抚闹事的军民。③

想到这些是曾经生死与共的战友和终日相伴的民人,丁汝昌心中无限悲凉;作为一名军人,其天职理所当然是与强敌战至船没人尽。但是设身处地,在当下的处境中,如果没有外援,刘公岛势难坚守,旅顺大屠杀的殷鉴不远,刘公岛上几千条活生生的生命最后的结局可想而知。他们的生死前途此时都掌握在丁汝昌手中。当晚,丁汝昌痛苦地许下诺言,如果等到2月11日还没有援军到来,那时自会给大家一条生路。"丁汝昌晓以大义,勉慰固守,若十七日(2月11日)救兵不至,届时自有生路。"④

---

① 《寄译署》,《李鸿章全集》26,安徽教育出版社2008年版,第40页(G21-01-131)。
② 佚名:《甲午日记》,《北平朝报》1929年2月4日,第五版。
③ 日本海军军令部:《廿七八年海战史》下卷,日本春阳堂1905年版。
④ 《署理北洋大臣王文韶覆奏查明丁汝昌等死事情形折》,中国近代史资料丛刊《中日战争》3,上海人民出版社1957年版,第521页。

第二十二章 海殇——丁汝昌之死

遭日军占领的威海南帮炮台火炮击沉的"靖远"舰

2月9日,元宵节。日军再度强攻威海湾,丁汝昌乘巡洋舰"靖远"率队作战。上午,"靖远"被南帮炮台炮火击中下沉,丁汝昌落水后被救起,涕泪横流,叹息:"天不使我阵殁也!"[①]至此,北洋海军尚有机动力的主力军舰仅剩下"平远""济远""广丙"三艘。当天下午,丁汝昌似乎已经对未来有了某种判断,下令将搁浅的"定远"舰炸毁,以免遗舰资敌。同一时间,前天派出送密信的信使到达烟台。

即刻水手教习李赞元来烟,称于十三日早七点钟,带"利顺"小轮往开北口木筏门。时南口倭舰打仗,北口来倭船四只,开炮将"利顺"锅炉打破,船沉,逃出五人,两点钟被英提督船救起。提督船于晚三点钟开来烟台,行至半路,折回威海,见"镇远"各船尚在口内,刘公岛炮台皆尚在等语。惟望援眼

[①]《清末海军史料》,海洋出版社1982年版,第326页。

穿,水陆数千人徒增血泪。现派李赞元由水路送信,未知能到否。该弁称丁提督等受困,一言难尽,声泪俱下云……①

这天晚上,刘公岛上飘起雪花。亲自布置将"定远"舰自毁后,当晚,北洋海军右翼总兵刘步蟾追随自己的军舰自杀殉国,实践了生前"苟丧舰,必自裁"的诺言。

还是在这个晚上,东海关道刘含芳派出的密使夏景春,九死一生,来到了刘公岛上,"扮作贩卖鸡鸭小船,先到倭船叫卖,捱至天黑混入岛内"②。夏景春随后又冒死离开刘公岛,将丁汝昌的告急信带往烟台。

……

(威海)南北各岸极其寥阔,现均为敌踞,且沿岸添设快炮,故敌艇得以偷入,我军所有举动,敌于对岸均能见及,实防不胜防。十三晨,敌全力攻扑东口,炮声一响,我小雷艇十只畏葸,擅由西口逃出西去,倭分队尾追,被其获去九只,余被击沉。以我艇资敌用,其害与南台同。自雷艇逃后,水陆兵心皆形散乱,如十六七日援军不到,则船、岛万难保全……以上情形求转达丁汝昌、张文宣、牛昶昞等语……③

2月10日,据目击者称,丁汝昌望着威海陆地方向,眼睛瞪得

---

① 《寄译署》,《李鸿章全集》26,安徽教育出版社2008年版,第43页(G21-01-144)。
② 萧景唐:《威海战事》,清代稿本。
③ 《寄译署》,《李鸿章全集》26,安徽教育出版社2008年版,第48页(G21-01-157)。

第二十二章 海殇——丁汝昌之死

如同铜铃一样大,"亲见丁提督望援,两眼急得似铜铃一样"[①]。

时至2月11日,丁汝昌所许诺的期限到了。这一天白天,日军再度发起强攻,丁汝昌督率岛舰,击退日舰,击伤了"大和""天龙"等军舰。深夜,海军公所门前拥满了等待最后消息的军民。时间慢慢地到了子时,所有人都知道了结果——他们已经被整个国家抛弃。午夜时分,军民哀求活命。丁汝昌眼噙血泪,面前的这些人是曾经威震东亚的中国海军,他们曾经和日寇在海上鏖战五个小时,曾经在外援断绝局面下坚守孤岛毫不屈服,还有那些终日与这支军队相伴、为他和他的海军树立"威震海疆"德政碑的刘公岛绅民。在鱼死网不破的结局已经注定时,在大厦将倾求生的本能压倒一切之时,丁汝昌再也无法,也不忍心阻挡他们要求活着的请求。偌大一个刘公岛,此时仿佛是汪洋中正在下沉的一叶孤舟。

北洋海军提督丁汝昌要重新面对1月25日下午英国军舰"塞文"(Severn)号转递来的日军劝降书:

> 至清国有今日之败者,固非君臣一己之罪,盖其墨守成规,不谙变通之所致也。夫取士必以考试,考试必由文艺,于是掌握政权者,必须是文艺之士,文艺乃为显荣之惟一门路。时至今日,犹如千年之前!
> ……
> 三十年前之日本帝国,经历怎样辛酸遭遇,如何免于垂危之灾难,度阁下之所熟知也。当此之时,帝国认真取消旧制,

[①]《寄译署》,《李鸿章全集》26,安徽教育出版社2008年版,第52页(G21-01-171)。

因时制宜,更张新政,此国能存立之惟一重要条件。

......

夫大厦之将倾,固非一木所能支,苟见势不可为,时机不利,即以全军船舰,权降于敌,而以国家兴废之大端观之,诚以微微小节,不足拘泥。仆于是乎以声震宇内日本武士的名誉,请阁下暂游日本,以待他日贵国中兴之际,切愿真正需要阁下报国时节到来,请阁下听纳友人诚实之一言。

......

今日阁下之所宜决者,厥有二端,任夫贵国毅然执着陈旧治国之道,目睹任其陷于厄运而同归于尽耶? 抑或蓄留余力,以为他日之计耶?

......

祐亨顿首[①]

当初收到劝降书时,丁汝昌曾不屑一顾,可残酷的形势迫使他不得不重新捡拾起这封万般沉重的书信。

根据北洋海军军官卢毓英回忆,在这最后期限到来的时刻,丁汝昌因身边的亲信僚属陈恩焘早年曾留学英国,遂回身问陈,西方国家海军处于如此境地时,会做如何处置。"盖以军火已罄,军粮已绝,无可如何,乃问计于陈恩焘。陈曰:外国兵败,有情愿输服之

---

① 《伊东中将致丁提督》,[日]川崎三郎:《日清战史》第5卷,1897年版,第117—120页。劝降书共有中文、英文两种版本,内容有较大差异,其中英文版为伊东祐亨与日军山东作战军司令联合署名,为正式公文,本处选用的是英文版劝降书的译本。另有中文版劝降信,可视为伊东致丁汝昌的私信。

第二十二章 海殇——丁汝昌之死

例。遂引某国某人有行之者。丁之意遂决。"①

又根据北洋海军营务处候选道马复恒的汇报，当晚丁汝昌数次命令将"镇远"舰炸沉，但是已经无人执行他的命令。"水陆兵勇又以到期相求，进退维谷。丁汝昌几次派人将'镇远'用雷轰沉，众水手只顾哭求，无人动手。"②

夜半孤灯下，丁汝昌写了一封字字诛心的信件。他向日本联合舰队司令伊东祐亨提出条件，如果日方答应不伤害和拘留刘公岛军民，他同意投降。

> 革职留任北洋海军提督军门统领全军丁为咨会事：
> 照得本军门前接佐世保提督来函，只因两国交争，未便具覆。本军门始意决战至船没人尽而后已，今因欲保全生灵，愿停战，将在岛现有之船及刘公岛并炮台军械献与贵国，只求勿伤害水陆中西官员、兵勇、民人等命，并许其出岛归乡，是所切望。
> 如彼此允许可行，则请英国水师提督作证。
> 为此具文咨会贵军门，请烦查照，即日见覆施行。

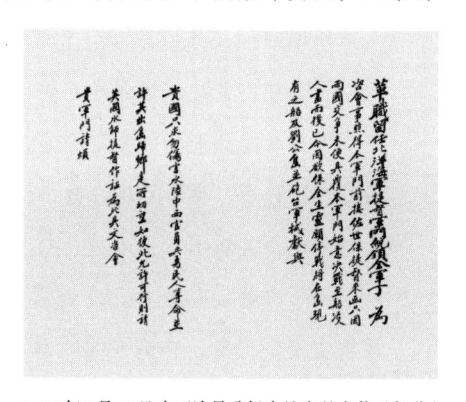

1895年2月11日晚丁汝昌致伊东祐亨的书信（部分）

---

① 卢毓英：《甲午前后杂记》，中国船政文化博物馆藏。
② 《署理北洋大臣王文韶覆奏查明丁汝昌等死事情形折》，中国近代史资料丛刊《中日战争》3，上海人民出版社1957年版，第521页。

须至咨者,右咨伊东海军提督军门。①

同样是在夜半孤灯下,信使夏景春带着丁汝昌的密信从刘公岛成功到达烟台,随即有关"定远"等舰失事的情况,以及这么多天来北洋海军、刘公岛守军战斗情形的消息立刻传至清政府中枢。然而望着十万火急的军情,中枢的人们并没有考虑如何去援救这支军队,反而又把这个消息当成了攻击李鸿章和淮系的大好把柄。文笔犀利的言官文廷式凭着满脑想象,撰写了一份弹劾北洋海防主管人员的奏折。

……臣闻威海失后,海军旋覆,此中情弊,不问可知。丁汝昌向来驻"定远"船,而"定远"被轰之时,乃适在"镇远",其为先知预避,情节显然。自去岁以来,盈廷弹劾,严旨拿问,而李鸿章护庇益悍,卒至国家利器殉于凶人之手,此实人神所同愤,天地所不容。又刘步蟾性本金壬,加之怯懦,素无一战之绩,朝廷误信北洋,委之重寄。今日之事,谁任其咎?又海军营务处道员罗丰禄,阴险奸诈,惟利是图。闻倭人水师将弁皆所狎习,海军不战之故,该员实主其谋,故令军械缺乏,人心涣散,其罪不在丁汝昌、刘步蟾下,应请旨分别正法拿问,以泄天下之愤。其会办北洋海军营务处道员张翼、总办北洋水师学堂道员严复,亦有应得之咎,应请旨一并议处。严复性尤狡猾,主持闽党,煽惑众心,似应从重查办……②

---

① [日]八田公忠:《丁汝昌遗墨》,日本中央新闻社1895年版。
② 《翰林院侍读学士文廷式奏请将海军失律在事人员罗丰禄等分别惩处折》,中国近代史资料丛刊《中日战争》3,上海人民出版社1957年版,第412页。

第二十二章 海殇——丁汝昌之死

在又写了一份给上司李鸿章的绝笔后,丁汝昌需要做的事情都已经安排好了,他为弹尽援绝的刘公岛军民寻找了一条生路,又将以一死承担投降的全部责任。丁汝昌端起浸泡着鸦片的酒杯,一口饮下,满脸的凄楚。"只得一身报国,未能拖累万人。"痛苦地煎熬至2月12日,丁汝昌殉国而去,时年59岁。同一天夜间,身为刘公岛护军统领的李鸿章外甥张文宣亦服毒自尽。

丁汝昌等人的灵柩运上"康济"舰的一刻

位于安徽无为市的丁汝昌墓

丁汝昌死后,威海水陆营务处道员牛昶晒接续完成了和日方谈判投降条件等事宜,日军联合舰队司令长官伊东祐亨未经征得日本大本营的同意,直接答应了中方提出的有条件投降。2月14日,刘公岛降约正式签署,日本海军同意不伤害、俘虏刘公岛军民。17日下午3时,凄凄冷雨中,载着丁汝昌等人灵柩的"康济"舰汽笛长鸣,离开刘公岛铁码头,日本联合舰队各舰鸣炮致哀。

三名中国海军将领,北洋舰队司令丁汝昌将军、右翼总兵兼"定远"舰舰长刘步蟾将军和张将军,在目前的战争中表现出了比他们的同胞更加坚贞的爱国精神和更高尚的民族气节,他们值得中国的人民引为骄傲。他们是通过一种令人哀伤的、悲剧性的方式——自杀,来表现出这种可贵品质的。但是,看来他们也不能找到比这更好的方式来表达情操了。的确,他们被日本人打败了,但他们在战败时不苟且偷生,而是在给上司留下信件后自杀殉国。那些信件无疑非常引人注目,但我们很难指望它们能公之于众。不管这些军官在他们的实际生活中是否像他们离开时表现的那样,但至少他们在展现一个中国人的爱国精神方面做出了贡献。他们向世人展示:在四万万中国人中,至少有三个人认为世界上还有一些别的什么东西要比自己的生命更宝贵。

——美国《纽约时报》[①]

[①] 郑曦原编:《帝国的回忆——〈纽约时报〉晚清观察记》,当代中国出版社2007年版。

第二十三章　冤抑与黑化
——北洋海军的污名

诞生于清末洋务运动时代的北洋海军是中国第一支近现代化的海军，某种意义上也可以说是中国现代海军的鼻祖。通常，濒海国家的人民对于自身的海军，都是以历史愈悠久愈感骄傲，纵使自己的海军曾经遭遇过大的失败，也通常会从失败的黑暗中寻找、提炼可贵之光，抑或是歌颂悲壮的牺牲，以期永志不忘。现代俄罗斯海军不忌讳日俄海战的惨败，恢复使用帝俄时代的海军旗，法国海军坦坦荡荡参加英国举行的纪念历史上击败法国舰队的特拉法加海战阅舰式，都是颇为典型的例子。

与这些现象相反的是中国人对待自己海军的态度。曾经摘取过亚洲第一桂冠、在甲午海战中进行过浴血厮杀的北洋海军，很多时候却处于一种被习惯性地无视乃至羞辱、鄙夷的地位。

随着现代关于北洋海军史和甲午战争史的研究不断深入，通过史料辨析、事迹考证，已经日益证明其实根本没有什么可靠史实依据支撑的北洋海军的这种黑暗化形象，只是一种长期形成的惯性思维模式所致。

追溯起来，北洋海军被抹黑的源头要一直寻到这支军队诞生时。

容忍海军

现代意义的海军产生于欧洲，中国萌动建设这种西式海军的由头，是因为19世纪初遇到的欧洲列强从海上联翩而来，轰开中国国门的"三千年未有之大变局"，此后购轮船、设厂造船，开始小心翼翼地摸索。而近代中国真正向外迈出建设海军的步伐，则是因为1874年日本悍然出兵侵入台湾，上下皆痛感"以一小国之不驯，而备御已苦无策"。为切实修补海防，于是从1875年起清廷分派南北洋大臣负责筹建南北洋海军，历经十余年努力，最终在1888年首先建设成了实力一度排名亚洲第一的北洋海军。

从建设、发展海军的目的来看，近代中国的海军可以说是被外敌打出来的，是被动的避害反应的产物。最初为了解决海防问题，后来则具体化到为了防范"肘腋之患"的日本，给人的感觉是一种受到外力压迫时不得不为之的被动感。海军是西方大工业背景下彻头彻尾的洋事物，也由此，因感受到海防的压力而建海军，便成为在当时黑暗封闭的中国社会中难得的一个进行近代化建设的突破口。

一切都需要学习西方的海军，开始撬动中国社会的近代化。

因为海防和海军的需要，清政府在1866年批准设立船政尝试自造轮船、整理水师的同时，破天荒地批准了开办近代化的工程师和海军军官学校——船政学堂，成为洋式教育光明正大进入中国的起始。

因为海防和海军的需要，1877年，机械开采的开平矿务局开始兴办。

因为海防和海军的需要，1877年，中国向欧洲公派第一批海军、工程专业留学生。

因为海防和海军的需要,原本被守旧社会扼杀而夭折的铁路事业,在唐山至胥各庄铁路线上死而复生。

因为海防和海军的需要,1880年,中国电报总局成立,力排社会浮议,以一根根电报线杆连通南北洋,进而编织成了勾连全国的电报网络。

还是因为海防和海军的需要,1893年,中国第一座自主创办的西医学堂——北洋海防天津总医院附设的天津西医学堂(北洋西医学堂)开办。

……

点算中国近代化道路上一桩桩零的突破,现代中国人感受到的往往是豪迈之情,但在当时的中国,每多一个这样的第一,就意味着海军在传统社会眼中的恶感加强了一分。和日本为了变为一个近代化国家、融入世界而从上至下推动全社会的近代化改革不一样,当时保守的中国社会看似也有洋务事业建设的踪迹,但都是在过往外敌入侵的巨大阴影下被迫为之的不得已之举,并没有全社会的认知和支持为基础。因而同是近代化,日本是举国近代化,而清王朝实际只是一场海军近代化运动。

在这样的大背景下,北洋海军便是被推到风口浪尖的一群人。除了个别老将,所有军官几乎都经历过西式学堂的教育,甚至还有直接留学过西欧的;他们会说英语,生活做派西化,和西方人交往密切,没有经历科举,却凭着西学得到了官职和厚禄。在当时中国主流的知识阶层看来,这些人简直连基础的道德修养和国学功底都尚不具备,却获得了普天下多少寒窗苦读的士子孜孜以求而不得的前途。不仅军官如此,北洋海军中连水兵在日常作训中也以英语为口语,用餐的食谱也是西化的，薪粮也远远超过他们的陆军同行。

虽然北洋海军是当时中国唯一能与世界接轨的军队，但在大多数封闭的国人看来，它又是那么格格不入。

甲午战争时代曾对中日间战争进行报道、分析的英国记者肯宁咸（Alfred Cunningham），在战后出版的专著《水陆华军战阵志》（*The Chinese Soldier and Other Sketches*）中，曾有一章对北洋海军的境遇做了入木三分的评述。

在名为 Chinese Sailors at Weihaiwei（旧译《威海卫战事外记》）的章节里，肯宁咸介绍了他所了解的北洋海军：

> The Imperial Chinese Navy was modelled on the English Navy, as far as the peculations of the civil mandarins would permit. The Naval Officers stood apart in a new class by themselves; no one, however, with any respect for them would compare them with the Army Officers; in education and practical knowledge they were far above the Chinese civil officials. They were outsiders from the Chinese official point of view, but had to be tolerated because the exigencies of coast defence demanded the Navy.① （译为：皇家中国海军是在官吏的许可下效法英国海军的。海军军官自成一个新的阶级，没有一个对他们稍为敬重的人会把他们来和陆上军官相提并论。就教育和实用的知识而论，他们是远在中国官吏之上的。但从中国官场的角度看，他们都是局外人，只是因为

---

① ［英］Alfred Cunningham: *The Chinese Soldier and Other Sketches*, Hongkong: DAILY PRESS 1899, P30-31。

海防需要海军，他们才被容忍着。）

肯宁咸所用的tolerated（容忍）一词，极为生动地刻画了当时整个中国社会对待北洋海军的态度。只是因为有海上门户洞开的殷鉴在前，他们才会压抑着不满和怨怒，坐视这样一支"离经叛道"的军队存在。可想而知，在这支军队能够遂行巩固海防的时期，他们可以容忍，一旦这支军队在海防上有所疏失，他们将会如何对待这支军队。

北洋海军恰如一株来自西方的花卉，移植到了中国的土壤上。接下来的结果只有两种，要么它能促进土壤改造以适应它，要么它就被土壤改造。

进退皆不是

海军在西方列强眼中，是护卫国家海外利益、保卫海上交通线的武装。但清政府亦步亦趋地建起北洋海军，出发点却是为了防住大海。1886年，北洋海军从德国购买的铁甲舰"定远""镇远"归来，一时威震东亚，持续十年之久的中日两国海军竞赛以中国的压倒性优势而暂告一段落。

此后的几年里，19世纪中叶以来中国沿海频发的海患消弭不见，每年北上南下四处巡防的北洋海军成了东亚海域最为活跃的海上力量之一，清政府投资建设这支海军的目的已然实现。1890年，户部上奏，以海军规模已具和国家度支艰难为由，请求暂停海军向国外购买军火。北洋海军的发展就此停滞。值得玩味的是，在高层官场上，除了李鸿章有过一份语近犯上的辩争上奏，并没有任何的反对和质疑声。

也就是在1890年，世界海军发生了翻天覆地的装备技术和战术思想革命。伴随着新式速射炮的诞生，适应快船、快炮的纵队机动战术跃居为主流。日本海军抓住了这一机遇，迎头赶上，在1891年前后就跃居亚洲第一，而被锁住了手脚的北洋海军只能眼睁睁地看着自己被人超越。

1894年春天，中日关系因为朝鲜半岛问题趋于紧张，大战无可避免之际，中国社会对北洋海军的容忍终于告一段落。还在中日两国围绕朝鲜进行外交折冲时，催动北洋海军与日本海军一搏的舆论声音便开始出现。随着7月25日丰岛海战爆发、8月1日中日宣战，这种催逼北洋海军打仗的舆论声势越来越大。

分析史料，可以十分容易地发现，催动北洋海军作战的舆论声音对于当时的战争走向、战场方略、敌我实力对比全无了解，所秉持的是一种坐在道德制高点上任意品评指责的评判者态度，北洋海军则成了被审判和被议论的对象。北洋海军坐守军港，被参为畏葸避战；北洋海军出发巡海，则被骂为是畏敌来攻而远遁。总之，进退皆不是，任何举动都可以被作为罪状而遭到批评。

在这样的舆论氛围中，更多人内心其实更希望北洋海军上阵的结果是战败出洋相，如此不仅可以一释之前容忍海军所积郁的怒火，也可以证明建设海军及其相关的洋务建设活动都是不正确的。

1894年9月17日黄海海战爆发后，舰只损伤严重的北洋海军开始走下坡路。因为舰只伤情严重，舰队迟迟未能重回海上活动，围绕北洋海军的舆论抨击在这时越来越激烈。为了证明北洋海军的失利是人祸，各种围绕北洋海军的谣言纷起，这支曾经的亚洲第一海军的形象开始遭到涂抹并发生扭曲。

舆论对北洋海军的抨击中,出现了诸如海战时丁汝昌躲在蓬莱阁上纵酒呼卢,北洋海军平时巡阅时率淫赌于上海、香港,丁汝昌治军过宽,不能进退一士卒,且和士卒一起赌博等故事。而北洋海军一些军官在拟写战斗失利的原因分析时,某些人面对巨大的社会压力,为了找战败原因而去找原因,将很多原本正常的训练作业活动描述成有可疑之处。所谓北洋海军平时训练弄虚作假、火炮设计前预量距离这类将正常事说成不正常的问题,都在此时埋下祸根。

举国舆论对北洋海军歇斯底里式的抨击,至北洋海军覆灭而告一段落。1895年2月,北洋海军被困刘公岛,终日和日本海陆军对抗时,清政府朝廷和舆论大都不考虑如何救援这支海军,而是在谋划撰写抨击北洋海军覆灭的文章。北洋海军真正覆灭后,果然在舆论中被描述为甲午战败的罪魁祸首,清政府也一股脑儿地将北洋海军所有额定编制撤销,幸存人员遣散,又将从海军衙门开始到内外水师学堂的各种海军建设机构尽行停办。

至此,传统社会对那支被容忍着的海军,取得了报复式的反攻胜利。

发 酵

有关北洋海军的话题,随着北洋海军的灰飞烟灭,在甲午战争后一度转冷。尤其是在巨大的海防压力面前,清政府重新举办海军,而且是由原本的清流保守派们主导海军建设,此时社会对于过往海军的批评之声暂歇,而多着眼于新建的海军。更重要的是,甲午战争的失败严重刺激了中国知识阶层中的青年一代,原本顽固保守的社会氛围开始瓦解，主张学习东洋，乃至进行更大程度的改革变法的思想，在知识阶层中涌动。

可是在甲午战争后，巨额的赔款和大面积的割地给中国造成了空前的灾难。在此之后，在顽固和进步等不同思潮的纠缠、争斗下，又出现了百日维新的失败，进而出现了庚子国变等更大的社会灾难。进入民国，连年的政治混斗和内战，更是使得中国国势一蹶不振，彻底堕入末流国家之列。

对此，痛心疾首者开始反思中国失败的根源。此时，作为中国近代命运分水岭的甲午战争被再度提起，而北洋海军作为失败原因中的重要一环开始被重新审视。不同的是，此时的议论者很多都已不是北洋海军时代的人，议论中所述的事情也更多的是道听途说。很多人对当时吏制、军制的不满，都借着抨击北洋海军而抒发出来，开启了将北洋海军的历史当作现实批评由头的先河。

除此外，一些留学海外的青年知识分子读到了一些关于甲午海战和北洋海军的小说、传记，其中的故事大多是此前中国舆论关于北洋海军的讨论中闻所未闻的。因为自身并不具备甲午战争和北洋海军研究的识见基础，于是这些人大都直接采信，并借着翻译、节选，介绍进中国。著名的"定远"舰主炮晾晒衣裤、北洋海军总兵刘步蟾是卑鄙怯懦的小人、"定远"舰飞桥被自己发炮震塌等桥段都以这一途径传回了中国。

民国时代对北洋海军的黑化，在20世纪30年代左右到达一个顶峰。面对当时日本咄咄逼人的外部压力，国内社会上针对军队腐化、政治腐化的批评，习惯将北洋海军拖出来当作标本议论。在一些人看来，尽管议论的所谓依据、罪状几乎都是编造的故事，但只要最

第二十三章 冤抑与黑化——北洋海军的污名

后总结出的道理正确，求证的过程和拿来的论据是否正确、合适，都可以忽略不计。这种抨击的猛烈程度，可以从一个突发事例中看出：20世纪30年代，民国海军部竟然曾被空军刊物上的一篇文章所激怒，将空军司令部诉诸公堂，理由就是对方过分地抨击、黑化海军先烈。

现代以来，尤其是在20世纪90年代后，随着中国改革开放的深入，面对重新走向大海的国家战略思考时，有关一百多年前的中国海军——北洋海军的议论，又逐渐升温。

这一轮讨论的倡导者和参与者更不是北洋海军时代之人，但对于北洋海军的议论进入了更广阔的方面。其中，北洋海军是甲午战争失败乃至近代中国失败的根源的观点仍然有大量信者。

为了证明这一观点，在综合过往关于北洋海军的各种负面化记录的基础上，议论者凭着想象力又衍生出了很多穿凿附会的新罪证。例如邓世昌在舰上养狗代表军纪败坏，丁汝昌不是海军出身因而具有原罪，北洋海军黄海海战的阵形错误，北洋海军黄海海战不懂得设立代理指挥员，北洋海军平日里以军舰走私，等等。加之从20世纪90年代初开始，甲午战争中因临阵脱逃而被处死的将领方伯谦的旁支后人在怂恿下，发起了为方伯谦翻案，要将方伯谦树立为民族魂的活动。为了洗脱方伯谦的罪名，翻案者又编造了一系列虚假的故事，诸如李鸿章、丁汝昌搞派系斗争，打压方伯谦，邓世昌有勇无谋，与其冲锋导致损失一艘军舰，不如方伯谦逃跑得以保全一艘军舰等，使得原本就已被舆论惯性影响得混乱不已的社会对北洋海军的印象变得更为杂乱。

新时代出现的这种抹黑北洋海军的现象，其用意和百年前没有什么区别，都是在于借古喻今。为了说明一个现代的道理，在寻找负面典型时，刻意将任意歪曲的故事嫁接在北洋海军身上：说腐败问题时，可以拿北洋海军作为证据；说军人没有战斗精神时，也可以拿北洋海军作为证据；说走私问题，还可以拿北洋海军作为证据。

百多年来出现这种几乎一脉相承的抹黑北洋海军的现象，骨子里的原因首先是中国传统文化中胜者为王、败者为寇以及非忠即奸的简单思维，还有至今在舆论中根深蒂固的古旧的历史观：胜利者从降生时开始，必定伴随天现祥瑞，此后一辈子都不会有任何的错误，其所做的每一件事都是后来胜利的必然导引；而失败者追溯起来，其从降生开始所做的任何事情都可以被描述为导致其最后失败的原因。

国人从甲午战争失败时就开始思考其失败之因，但扪心自问，除一代代将北洋海军越描越黑外，真正的失败之因是否有过思索？是否已经找到？当甲午战争这场举国、全民族性的大失败的责任落到一支具体的军队头上后，实际上真正的罪魁祸首已经脱身事外，甚至扬扬得意地扮演起对这支具体化军队的道德裁判者。

在封闭黑暗的清末，北洋海军实则是照亮了通向近代化之路的微弱火光，虽然最终不幸熄灭，但它所指向的那个通往世界、拥抱世界、融入世界的方向，实际是正确的方向。

第二十四章　出塞
——湘军悲歌

弃淮用湘

1894年10月24日，甲午战争战场上同时发生了两件大事。辽东半岛海岸线上，日本第二军成功在花园口实施登陆，揭开了进攻金州、大连湾、旅顺的序幕。北方的中朝国境线上，清军鸭绿江防线于当天被日本第一军突破。一日之间，日军分南、北两路，全面踏上了中国领土。

此后，北路方向上，清军将领宋庆、依克唐阿等统率的鸭绿江防线驻军一路败走，溃不成军，东北重镇安东、九连城、凤凰城、海城、盖平等相继失守。至1895年初，日本第一军的兵锋已经直逼清政府龙兴之地盛京（今沈阳市），形势急剧恶化。南路方向上，日本第二军连续攻略金州、大连湾，于1894年11月21日占领了北洋海军的重要军港旅顺。

朝鲜、东北战事中，北洋陆军数万精锐几乎尽丧，清政府在连战连败的局面下，并不检讨内外政策方面的错失，而是将责任全部归结为淮军等北洋海防军队的无能，朝廷中言官们抨击淮军的措辞之激烈，已经到了无以复加的地步。北洋大臣李鸿章受到严惩，重

甲午战争时的湘军领袖刘坤一

要的统兵大将叶志超、卫汝贵、丁汝昌先后被治罪，中国北方最近代化的国防力量，宣告在战争中被彻底粉碎。为了扭转东北战场的颓势，挽救败局，清政府在主战派推动下，决心起用湘军。

1894年12月28日，清廷上谕，任命南洋大臣、两江总督刘坤一为钦差大臣，节制关内外诸军。"两江总督刘坤一著授为钦差大臣，所有关内外防剿各军均归节制。"①

刘坤一，字岘庄，湖南新宁人，廪生出身，太平天国战争中在家乡参加湘军，跟随族侄、湘军大将刘长佑作战，积功至广东按察使。后来历任广西布政使、江西巡抚、两广总督等职，1886年实授两江总督。甲午战争爆发时，刘坤一是原湘军人物中官位最高者，因而也被视作湘军领袖。

甲午战争爆发后，刘坤一在各督抚中表现得十分活跃，不断上奏汇报在两江所开展的江海防工作，并积极筹派湘军编组和北上等工作。及至12月28日，因东北战场局势恶化，清廷命令刘坤一作为钦差大臣，节制关内外诸军，具体负责战守工作。接到谕旨当天，刘坤一颇感惶恐，认为难以胜任，上奏推辞：

> 臣生长湖南，自效力行间，及服官各省，均在大江以南，于东北一切情形非所素悉，况现在关内外各军统将多不相习，

---

① 《请收回钦差大臣成命折》，《刘忠诚公遗集》，台北文海出版社1973年版，第3 091页。

第二十四章 出塞——湘军悲歌

且或系将军、巡抚或奉命帮办，未便由臣节制。加以衰老之躯，猝膺艰巨，万一贻误大局，关系非轻，再四思维，惟有仰恳恩施，开去钦差大臣差使。①

12月29日，清政府再度降旨，不满意刘坤一的推辞态度，坚决要求其担负起关内外军务重责："现值军务紧要，统帅需人，刘坤一从前带兵多年，威望素著，是以特授为钦差大臣……各营将弁如有不遵调遣，不受约束者，即照军法从事，以一事权。"②

刘坤一旋即于1895年1月3日上奏，汇报军务工作的安排布置。天津等地的防御事务，仍由北洋大臣李鸿章负责；关外各地的防御由盛京将军、吉林将军、黑龙江将军各自负责；关外的大军之中，以淮军为主的军队由北洋军务帮办宋庆统率；正在山海关一带集结的湘军等军队，刘坤一则推荐湖南巡抚吴大澂统率。

惟关内外地方辽阔，营勇众多，臣甫抵都门，一切头绪纷繁，尚须料理，赴关需时，难于遥制。湖南巡抚臣吴大澂忠诚奋发，自请解任带兵，及奉旨驻山海关，征调防守颇费经营，现在山海关之事，该抚臣责无旁贷……③

湘　军

吴大澂，字清卿，江苏吴县（今苏州市）人，进士出身，历任

---

① 《请收回钦差大臣成命折》，《刘忠诚公遗集》，台北文海出版社1973年版，第3 092页。
② 《恭谢天恩折》，《刘忠诚公遗集》，台北文海出版社1973年版，第3 095页。
③ 《通筹军务情形折》，《刘忠诚公遗集》，台北文海出版社1973年版，第3 101—3 102页。

甲午战争时任湖南巡抚的吴大澂，经刘坤一推荐率湘军出关作战

陕甘学政、太仆寺卿、左副都御史、广东巡抚、河道总督等职，喜好书画、收藏，尤以金石书法著名，是一位从京官起家，外放升迁至督抚重任的官员。吴大澂曾在1880年赴吉林帮办东北边防，组建绥、巩等吉林练军，还曾参与处理1884年朝鲜甲申政变，参加1885—1886年中俄勘界等外交事务，经历极为丰富。吴大澂的性格和亲家张之洞极为相仿，喜欢实干，但好大喜功，追求政绩虚名一类，"轻脱喜谀，贪而无实"①。

若从籍贯乃至经历而言，吴大澂和湘系原本风马牛不相及，反而因为早年办理东北边防以及参与中日琉球问题谈判，与李鸿章和淮系官将极为熟悉。但1892年被授湖南巡抚之后，他便与曾湘乡（指曾国藩）有了一层特殊的亲密关系。

湘军是清末和淮军齐名的另一派重要的军政集团，兴起于太平天国战争时代，因曾国藩回籍办团练而成军，其模式、制度成为其后包括淮军、楚军等在内的中国勇营军队的典范。太平天国战争结束后，曾国藩担心清廷对其拥兵过众产生疑忌，同时也因为湘军经历了太平天国之战的胜利，兵骄气傲，斗志已大不如前，于是便大力推荐用淮军支撑国防，而将湘军大幅裁撤。到了甲午战争后期，清政府想要起用湘军时，实际上已经没有湘军的老营部队；此时所谓的湘军，只不过是由湖南调出的军队以及起用一些湘军旧将重新

---

① 《愙斋山房小稿》，中国近代史资料丛刊《中日战争》5，上海人民出版社1957年版，第197页。

第二十四章 出塞——湘军悲歌

招募的兵而已。

1894年8月，正在湖南巡抚任上的吴大澂和朝中的很多言官御史一样积极言战，并且连续上奏，请求派其率领湘军参战。沉寂了几十年后，"湘军"这个名词再度以极高的频率出现在清政府的官文里。"朝旨允准，遂卸抚篆，单骑北行"①，吴大澂首先前往山东威海，"拟率铁舰出洋督战"②。此举未果后，吴大澂9月11日从威海出发，由北洋海军"致远"等军舰护送至天津，"与李鸿章面商，愿赴前敌，不避艰险"。相比起中枢的清流言官，吴大澂可谓积极实干。旋因吴大澂当时根本就是一个光杆司令，经李鸿章劝说打消了冲锋陷阵的念头，留在天津等待各路湘军到齐。"李鸿章因臣所部湘军尚未北来，不宜轻蹈危机，留臣暂扎天津，咨尚军事海防。"③

此后，吴大澂所谓的湘军开始逐渐组成。最初吴大澂仅仅调用了湖南本省的军队，将驻扎长沙的总兵刘树元部抚标亲军四营调动北上。吴大澂的直接上司、亲家、湖广总督（统辖湖南、湖北两省）张之洞认为只这点兵力实在太单薄，根本不足以应战。于是在张之洞的一手组织下，湘军的编组工作真正开始了。

经张之洞办理募集、陆续北上的湘军，计有：原驻扎襄阳的淮军宿将、湖北提督吴凤柱部凤字马队三营、新募步队四营④，原驻湖北武昌的提督熊铁生部铁字军五营、新募五营⑤，以湖北炮队为基础

---

① 近代史料笔记丛刊《青鹤笔记九种》，中华书局2007年版，第120页。
② 《湖南巡抚吴大澂奏请援东抚例帮办海军电》，中国近代史资料丛刊续编《中日战争》1，中华书局1989年版，第187页。
③ 《湖南巡抚吴大澂奏报抵津日期并练兵购械事宜折》，中国近代史资料丛刊续编《中日战争》1，中华书局1989年版，第264—265页。
④ 《致总署、天津李中堂》，《张之洞全集》3，河北人民出版社1998年版，第1987页。
⑤ 《致总署》，《张之洞全集》3，河北人民出版社1998年版，第1995—1996页。

抽出新编的副将吴元恺部恺字炮队四营①，原驻湖南长沙、岳州的总兵余虎恩振字军三营并仓促募集的二营新兵（后总数扩充至13营）②，起用湘军旧将魏光焘在长沙一带新募的10营③，提督程文炳部新募武靖军20营，左宗棠之子左孝同新募忠信军五营。

　　除此外，刘坤一先后调派的两江地区的军队，也相继加入了湘军兵团的序列中，计有：原驻扎江宁下关炮台的总兵李光久部老湘军五营，原驻江宁的臬司陈湜部江南防军三营及新募军三营（后增募至总数10营）④，原驻镇江的总兵刘光才部督标亲军五营、新募两营⑤，记名提督万本华新募长胜军五营，总兵李占椿新募果胜军五营，记名提督杨文彪新募健胜军五营等部⑥。

　　这批湘军看似营数众多，兵力雄厚，实则无异于乌合之众。所有的统将和淮军将领一样，都无近代军事经验，都是内战中凭着军功而起家的人。军中老营人数极少，且训练、装备都在北洋淮军之下，而作为主力的新募军大部分是仓促成军，全无训练，很多到达北方时连武器和军服都还没有备齐（刘树元亲军四营，约2 000人，装备步枪1 800支；魏光焘军初到山海关的七营约3 500人，有枪1 200支；余虎恩军初到七营，只有800支枪）⑦。此外，湘军内部也是矛盾重重，"有一军千数百人，或二三千人，或四五千人，大军万

---

① 《致总署》，《张之洞全集》3，河北人民出版社1998年版，第1 998页。
② 《致总署》，《张之洞全集》3，河北人民出版社1998年版，第1 992页。
③ 《致总署》，《张之洞全集》3，河北人民出版社1998年版，第1 990页。
④ 《筹解湘军行营月饷片》，《刘忠诚公遗集》，台湾文海出版社1973年版，第3 017页。
⑤ 《筹拨行坐军营械饷片》，《刘忠诚公遗集》，台湾文海出版社1973年版，第3 089页。
⑥ 《调集步军十五营并马队三营片》，《刘忠诚公遗集》，台湾文海出版社1973年版，第3 099页。
⑦ 《吴宪斋中丞电稿》，中国近代史资料丛刊《中日战争》6，上海人民出版社1957年版，第187页。

第二十四章　出塞——湘军悲歌

人，大小统领数十，官皆提镇，各执事权不相属"。

西方美术作品：集结在山海关一带准备出关作战的清军

西方美术作品：吴大澂在山海关一带组织清军练习射击打靶

刘坤一接受钦差任命，途经天津时与吴大澂会晤；吴大澂满怀自信，不无得意地称自己既熟悉淮军，现在又担任湖南巡抚，驾驭湘人，必然能够使得湘军、淮军联为一气，获得大战成功。"此行天助成功，已默契于简放湘抚之日。盖淮军诸将皆旧识，不抚湘、不熟湘人，无以联湘淮一气。"①对此，老湘军人士的观感是"其言躁妄"。因为早在太平天国战争时期，湘军、淮军就因功赏等问题形同陌路，湘军被全部裁撤后，落魄的湘军人士对如火如荼的淮军则更视如寇仇；吴大澂早年和淮军走得极近，此时来统率湘军，已使得大量湘将感到不悦，而此人又说出湘淮一气的主张，就更让湘军将领感到愤怒了。

比起沉迷局中的吴大澂，张之洞对这种情形看得更为清楚，而且已经竭力预作安排。从张之洞为吴大澂筹组的统将群体的籍贯，就能看出其用心良苦。张之洞筹发的将领中，特意安排了一些江苏籍的将领，如籍贯江苏徐州的吴凤柱、江苏金坛的吴元恺等。

1894年末，上述各支湘军，陆陆续续抵达山海关一线。吴大澂一方面忙于和各处交涉，为这些缺饷、缺械甚至缺冬衣的军队申请装备，另一方面则颇有些不一般地开始了练兵。

种种迹象显示，吴大澂当时可能获得了一些西方的近代陆军书籍，并从中汲取了不少知识。对于训练军队，他反复强调要"破除从前剿发剿捻之成见"，按照他所认为的近代化标准来练兵。一方面，他着重督促湘军练习枪炮射击，"日督诸将认真演练枪炮准头……此训练中根本功夫"②；另外一方面，吴大澂居然"参用泰西战法"，组织编写、绘制了《平倭战法》《湘军行阵图》等战术教材，

---

① 《愙鼻山房小稿》，中国近代史资料丛刊《中日战争》5，上海人民出版社1957年版，第197页。
② 《吴大澂致翁同龢、王懿荣等未刊函稿选辑》，《档案与史学》2003年2期，第5页。

第二十四章 出塞——湘军悲歌

"一变从前湘将冲锋陷阵之成见"。① 在给其尊称为伯父的清流领袖翁同龢的信中，吴大澂对自己的练兵方法充满自信，颇为自负，"鄙部新勇训练得法，届时军械亦可由外洋转运到，当与倭人决一胜负。鄙意后路站稳，得步进步，小胜勿追，小败勿退，诸将同心，免蹈覆辙……此日淮军气衰，又当以湘军振之"②，并打算效法曾国藩、胡林翼在太平天国战争中力挽狂澜之举。

平心而论，吴大澂的这些举措在甲午战争后的确给人耳目一新的感受，其所指的战术素养、武器使用方法，未尝不是关键要害。而且在兵败如山倒的局面下，吴大澂主张不急于把湘军送上前线，而是厚集兵力，苦加训练后，再行作战，可谓是上佳的策略。不过令人担忧的是，吴大澂自己一知半解的战术知识究竟能否被有效传达到部队，这些缺衣少枪的湘军又能否很好地融会贯通，在未来的大战中，吴大澂的这一切举动会不会落得纸上谈兵的结局。

不久，吴大澂的枪械打靶训练即半途而废，因为子弹获取困难，不容许再这样高强度地训练下去。下属的湘将们对吴大帅的战术素养教育也并不积极。吴大澂所急需的军械、粮饷补给，仍然难以及时补充。根据吴大澂的幕僚回忆，当时为了解决军械问题，不得已转而定制大刀、梭镖以及土炮。

就在这种情况下，为了防止辽东战局进一步恶化，清廷开始催令各项准备皆未就绪的湘军出关上阵了。

1895年1月14日，清廷谕令在山海关节制统率各支湘军的湖南巡抚吴大澂立即领兵出关。

---

① 《吴大澂致翁同龢、王懿荣等未刊函稿选辑》，《档案与史学》2003年2期，第5—6页。
② 《吴大澂致翁同龢、王懿荣等未刊函稿选辑》，《档案与史学》2003年2期，第5页。

> 电寄吴大澂：现在盖平被陷，关外军情更紧，宋庆一军未能制胜，亟宜趁此海口封冻之时，厚集兵力，出关助剿，力挫凶锋。本日已谕令刘坤一前赴山海关驻扎调度，吴大澂任事勇往，久驻榆关，所部刘树元各营，训练当有成效，魏光焘一军纪律素严，吴元恺炮队亦称精锐，著吴大澂统率诸军，即日拔队出关，分起进发，会合宋庆等军，相机进剿，并著宣谕各将领，有能奋勇出力，得获大胜者，朝廷定加以不次之迁，破格之赏，以作士气……①

得悉即将出关的第二天，朝廷中即有御史对吴大澂提出弹劾。显得极不寻常的是，里面提到了湘军几位湘籍将领对吴大澂的态度极不友好，而这一内容在此前从无人提出。

> （吴大澂）手一洋枪，讲究准头，洋洋自得。出门于舆前排立洋乐，皆反身向其舞蹈，且退且走，有似跳神，群以为笑。所部勇丁，每月仅关饷三两四钱，又因单布帐棚不能御寒，有以苇箔糊泥请者，申饬不许，军有怨心。魏光焘、刘光才、余虎恩等，明虽归其节制，因其素不知兵，无不心怀抑郁，且时有鄙薄之词，其不孚众望可见……且其官阶较大，自负不凡，尤恐与刘坤一多所掣肘。②

---

① 《清实录》56，中华书局1985年版，第639页。
② 《张仲炘奏抚臣吴大澂不谙军旅请饬回本任片》，中国近代史资料丛刊《中日战争》3，上海人民出版社1957年版，第309页。

第二十四章 出塞——湘军悲歌

此外，湘军大帅刘坤一的耳旁也传来了这样一类故事：

（吴大澂）既出关，日引算命、风鉴诸色人等互相附会，祖述子平，撮合五行，证以仪表，计日克敌受封，进位宰辅，置酒高会，嬉笑若狂。①

反攻海城

甲午年的除夕过后，正月伊始，湖南巡抚吴大澂正式率军出关。

首批由吴大澂带领出关的湘军，主要是刘树元、魏光焘、吴元恺等部，他们较早到达山海关，装备较为齐整，训练时间较长，战力上略好一些。其他各军则在此后陆续进发。在这之前，湘军的吴凤柱、左孝同、李光久等部已先期出关。从当时各方的电报、公文看，出关时湘军军纪就已表现得非常涣散，例如吴凤柱部四处抢劫民车，以致"车户逃散，数十里内无一车"。②然而湘军的统帅是清流中人，各统将又大都经过清流言官奏保，由此湘军的军纪涣散情形在朝廷中听不到多少指责之声，和当初淮军遭到密集奏参的情况截然不同。

出关之后，湘军选择营口、田庄台、牛庄一带作为屯扎地，与集结在牛庄一带的宋庆部淮军兵团和更远处的依克唐阿以及吉林将军长顺统率的东北练军兵团形成一道保卫奉天门户辽阳的防线。当时距离清军辽阳防线最近的重要日占城市是海城县，为夺回这座重

---

① 《愞鼻山房小稿》，中国近代史资料丛刊《中日战争》5，上海人民出版社1957年版，第197页。
② 盛宣怀档案资料选辑《甲午中日战争》上，上海人民出版社1980年版，第304页（1977）。

镇，在吴大澂率领湘军大队到来之前，东北战场的清军就已先后组织了多次对海城的反攻，但均以失败告终。

西方美术作品：东北战场上的清军

第一次反攻海城

第一次反攻战发生于1895年1月17日，由依克唐阿、长顺率领的东北兵团一万余人分左右两翼展开，形成正面宽度六千米左右的战线，向海城外围的日军阵地发起进攻。日军据守海城城外的双龙山、欢喜山两座高地进行防御。清军兵力虽然超过日军，但战斗素质低下，而且缺乏火炮，没有远距离炮火支援。在日军炮击下，清军右翼长顺部的攻势首先停止，左翼依克唐阿部继之败逃。清军总计阵亡数百人，日军阵亡三人。

第二次反攻海城

几天过后，1月22日，清军又进行了第二次反攻海城作战，仍然以依克唐阿部和长顺部东北军为主，新增加了宋庆兵团前来增援

第二十四章 出塞——湘军悲歌

的徐邦道部拱卫军等援军，进攻兵力增加至两万余人。虽然兵力更多，但军队的战斗力和装备水平并没有任何提高，仍然受阻于日军炮火。依克唐阿部首先在日军骑兵的反冲锋下溃退，其他各军也相继转攻为逃。此战清军阵亡近千人，日军阵亡五人。

久攻不下的海城，俨然成了悬在奉天眼前的一把利刃，清廷不断催促继续加以进攻。2月上旬，吴大澂统率的湘军源源出关而来，无疑为反攻海城增加了新的希望。清政府也寄希望于在辽东战场发动大规模进攻作战，以此牵制日军，减轻山东半岛威海战场的压力。

到达东北前线后不久，吴大澂首先向驻守海城的日军发布檄文，很是做出一副天朝大国堂堂之师的派头。完全不知日军根底，以为自己别具苦心训练的军队足以克制日军的吴大澂，其自负的面目不难从下面这篇檄文中看出。如果说出关之前在山海关操练湘军时，吴大澂身上还能看到一些实干的影子的话，那么此刻起就彻底是一副崇尚虚文的纸上谈兵的面目。甲午战争中，很多中国方面的将领在与日军交手之前，大都是本着传统的天朝上国盲目自大的姿态。而当时整个中国，在战争爆发之前，对日本乃至外部世界，又何尝不是这样的盲目自大？可笑亦可悲。

帮办军务大臣头品顶戴兵部侍郎兼都察院右副都御史湖南巡抚部院吴为出示晓谕事：

本大臣恭奉简命，统率湘军五十余营，训练三月之久，现由山海关拔队东征，正二两月中必当与日本兵营决一胜负。本大臣讲求枪炮准头十五六年，所练兵勇均以精枪快炮为前队。堂堂之阵，正正之旗，能进不能退，能胜不能败。湘中子弟，忠义奋发，合数万人为一心；日本以久顿之兵，师老而劳，岂能当此生力军乎？惟本大臣以仁义之师，行忠信之德，素以不嗜杀人为贵。念尔日本民人，各有父母妻子，岂愿以血肉之躯，当吾枪炮之火？徒以迫于将令，远涉重洋，暴师在外，值此冰天雪地之中，饥寒亦所不免，死生在呼吸之间，昼夜无休息之候，父母愁痛而不知，妻子号泣而不闻，战胜则将之功，战败则兵之祸，拚千万人之性命，以博大岛圭介之喜快。念日本之贤士大夫，未必以黩武穷兵为得计。本大臣欲救两国民人之命，自当开诚布公，剀切晓谕：

两军交战之时，凡尔日本兵官逃生无路，但见本大臣所设投诚免死牌即缴出枪刀，跪伏牌下，本大臣专派仁慈廉干之员，收尔入营，一日两餐，与中国民人一律看待，亦不派做苦工，事平之后即遣轮船送尔归国。本大臣出此告示，天地鬼神所共鉴，决不食言，致伤阴德。若竟迷而不悟，拚死拒敌，试选精兵利器，与本大臣接战三次，胜负不难立见。迨至该兵三战三北之时，本大臣自有七纵七擒之计，请鉴前车，毋贻后悔，切切！特示。①

檄文里说得慷慨激昂的吴大澂，很快把军事重任一股脑儿交给他深深信任的幕僚、湘军前敌营务处晏安澜，后者成了此后很长一段时间里湘军的前敌具体指挥官。

晏安澜，字海澄，又作海臣，陕西镇安人，进士出身，曾任户部主事，和吴大澂一样都有京官的背景。吴大澂出关时奏调他随军作

---

① 《中东战纪本末》，中国近代史资料丛刊《中日战争》1，上海人民出版社1957年版，第183—184页。

战,同行一起帮办营务的还有王同生以及翁同龢的本家翁印若,虽然晏氏号称精通古今兵家之说[①],但对近代战争有几分了解,令人怀疑。

军事差使委托下属办理后,吴大澂便长时间驻在牛庄后方的田庄台,除了继续催饷催械,处理后勤,吴大澂还突然办起了赈务——他看到田庄台附近村落饥民遍野,于是把很大精力放到向各处筹集赈款上,甚至把为湘军买军械的钱也挪出来办赈。赈济饥民,未尝不是善举,但作为统兵大将的吴大澂,大敌临头时将很大精力和资源用于此事,未免主次不分。

吴大澂热心办赈时,1895年2月14日,总管湘军前敌营务处晏安澜带着亲骑卫兵到达牛庄,会晤黑龙江将军依克唐阿,约定于16日联合向海城发起第三次进攻。

第三次反攻海城

2月16日,第三次海城之战如期开始,除东北军和徐邦道拱卫军外,湘军李光久部、吴凤柱部都加入了战斗,进攻兵力增加至三万余人,海城的日军防守兵力仍然不到十个大队。清军进据海城外围多个无日军驻守的村庄,但在日军主阵地前再度折戟,"能战"的湘军初试锋芒即告失利。此战清军阵亡数百人,日军阵亡三人。

进攻海城失败后,湘军将领大都不服气。晏安澜总结失利的原因,归结为湘军参战兵力太少,被东北练军和淮军拖了后腿,称徐邦道部"到处骚扰,民间畏之甚于倭寇,且转觉寇可亲而兵可仇",指责依克唐阿、长顺"皆不能战",认为如果增加湘军在反攻军中的

---

① 《晏海澄先生年谱》,中国近代史资料丛刊《中日战争》6,上海人民出版社1957年版,第272页。

比例，必能获得胜利。①

对晏安澜的意见，没有任何大兵团作战指挥经验的吴大澂言听计从，随即把吴元恺部炮队、刘树元部亲军、魏光焘部武威军派至海城外围，加入湘军作战序列，仍由晏安澜具体指挥。这些部队联合原先围攻海城的清军后，总兵力超过了六万人，在海城外，集结起了甲午战争史上规模空前绝后的庞大兵团。

第四次反攻海城

2月21日，清军仍按前几次的作战模式，分路向海城进攻，发起第四次反攻海城之战，然而战斗仅仅进行了数个小时，各路清军就因战势不支而纷纷停止了进攻。清军共阵亡数百人，日军阵亡两人。战斗中，湘军并没有表现得比其他参战各军作战能力更强，笼罩着湘军的神奇光芒又减损了几分。

不过，战后吴大澂给翁同龢的电报里妙笔生花，看不到丝毫失利的信息，吴大澂称晏安澜等"代澂督战，气甚壮"，湘军"接仗半日，未分胜负；倭炮不准，我军未伤一人"。②给清廷督办军务处的报告里，则称日军"坚伏不出，已饬各军于夜间轮流出队扰之。连扑三夜，使其不得安睡，再约各军四面环攻，或可得手"。③深知海城之战是"湘军发轫之始"的吴大澂，自然不会因为小胜负而自损威名。

因为第四次海城之战中湘军主要都编组在一个方向上作战，战败责任无法推卸给他军，于是参战湘军在战后陷入了内讧，各支营

---

① 《晏海澄先生年谱》，中国近代史资料丛刊《中日战争》6，上海人民出版社1957年版，第280页。
② 《吴愙斋中丞电稿》，中国近代史资料丛刊《中日战争》6，上海人民出版社1957年版，第221页。
③ 《吴愙斋中丞电稿》，中国近代史资料丛刊《中日战争》6，上海人民出版社1957年版，第224页。

头的将领互相指责、辱骂。作为大帅吴大澂的代言人、统一指挥前敌湘军的晏安澜也成了众矢之的。本来湘军将领就对吴大澂并无什么好感，此刻更是群起而攻之。晏安澜面对这样的指责，也无法解释究竟为什么打不赢日军，干脆威胁如果再有人纠缠，自己就选择走为上。部将问其第二天是否继续进攻，晏安澜的答复是："此统领主之，非我事也。我咳嗽不止，夜不得卧，将返牛庄养病耳。"①

就在海城周围各军久攻不下时，宋庆突然统率淮军的嵩武军、铭军、毅军等部在通往盖平方向上获得了一场难得的胜利，一度占领了大平山一带。得知这一消息，湘军诸将"且喜且愧"，随后便称宋庆淮军攻打大平山，导致大平山日本败兵都集中向海城，影响了湘军反攻海城，"乱我军谋，画虎不成反类乎狗"。

第五次反攻海城

2月27日、28日，湘军与东北练军等部联合，第五次进攻海城。清军的头脑似乎过于简单，日军之所以在前四次采取防御态势，主要原因是日本陆军认为冬季不适合开展大规模作战，意图转入冬营，维持双方战线，等待来年开春再战。然而在清军的一再反攻袭扰下，日军决定发起反击。日本第一军向大本营申请，已经在2月16日获准进行辽河平原扫荡作战，即集中第一军的第三、第五两个师团的兵力，全面进攻、击垮当面的清军兵团。②

27日，日军在海城城内留下步兵第三联队作为海城守备队主力，其余第三师团等部突然出城，向鞍山、辽阳方向的清军战线发起反

---

① 《晏海澄先生年谱》，中国近代史资料丛刊《中日战争》6，上海人民出版社1957年版，第282—283页。
② 日本参谋本部编：《明治廿七八年日清战史》第5卷，日本东京印刷株式会社1907年版，第2—7页。

攻。处在这一攻击正面的依克唐阿部、长顺部东北练军全线败退。湘军意图利用日军出击、海城兵力空虚的机会夺取海城，结果仍然无法击败兵力已经大大减少的海城日军，28日再度被阻滞于日军的防线前，第五次进攻海城又告失败。

就在围攻失败的这天，吴大澂还向海城日军守将发出一封劝退信。

> 大清国钦差帮办军务大臣湖南巡抚吴大澂谨寓书于大日本国驻扎海城县陆路统兵大臣阁下：
>
> 自古圣帝明王不得已而用兵，未有以穷兵黩武为得计而能富国利民者也。贵国将士久劳于外，处此冰天雪岭、地气苦寒之土，昼夜严防，片刻不能休息，鞍掌驰驱何所底止？在阁下固不敢告劳，在军士亦极辛苦矣。本大臣陈师鞠旅，为国尽忠，祸福生死置之度外。固当激励将士，奋勇争光，临阵退缩者杀无赦，自可操必胜之券，复我疆土，以报朝廷。此本大臣之责也。
>
> 第念两国民人莫非天地所生赤子，荼毒生灵，必干天怒。每一血战，枪炮如雨之中，两军互有伤亡，动辄击毙数百人。幸我湘军善避枪炮，统计阵亡者不过十余人。然一时侥幸，岂敢自信？本大臣念上帝好生之德，体国家爱民之仁，意欲保全两国民命，早息兵端，同享升平之福。伏望贵大臣度德量力，布置后路，全师而退，还我城池，速即移师金州、旅顺一带沿海地方，即退上轮船较为近便。此地不可久居，明哲保身，惟执事实图利之。本大臣不嗜杀人之心，尽一视同仁之谊，并非不敢战，不欲战也。

第二十四章　出塞——湘军悲歌

开诚布公，书不尽言，伏希亮察。大澂再拜。①

牛庄之火

日军第三师团从海城出击的主攻方向是鞍山站，随着3月1日鞍山站失守，位于鞍山站东北部、作为盛京门户的辽阳城的局势顿时紧张了起来。日军将要进犯辽阳，几乎是所有周边中国军队统将的一致判断，但在下一步的军事战略上，各军却各有盘算。

依克唐阿部、长顺部东北练军被日军击败后，便向辽阳方向退去，意图扼守辽阳。湘军诸将分为三派：魏光焘等主张立即从海城周边驻地撤离，也退往辽阳；和湘军处在一路的淮系拱卫军统领徐邦道则称，如果湘军向辽阳撤退，自己就带兵往西路的牛庄；湘军前敌营务处晏安澜则提议哪里也不去，留守在海城周边的驻地，继续谋取进攻海城，"攻海城即所以援辽"。②见到日军大军出城进犯，城中防守兵力有限，晏安澜觉得无论如何也不应该错过这一为湘军扬名的大好机会。

当时辽阳知州徐庆璋见日军将至，而援军杳无踪迹，曾发出了一封十万火急的电报。

> 万万万万万万万万急。沈阳军宪、唐帅，山海关刘大帅，田庄台吴大帅、宋大帅，北京李傅相，天津王督宪，摩天岭陈

---

① 《致海城日本统兵大臣书》，中国近代史资料丛刊续编《中日战争》6，中华书局1993年版，第512页。
② 《晏海澄先生年谱》，中国近代史资料丛刊《中日战争》6，上海人民出版社1957年版，第287页。

桌宪、吕、孙总统、耿统领，石山站周藩宪钧鉴：

倭贼日逼，已近下岭子，相距辽城四十余里；贼蔓延一片，不计其数。辽城危在旦夕；璋屡求各帅救援，至今无至者。璋死不足惜，其如根本何！哀求诸帅、诸总统，当念根本重地，迅速救援；明日不到，辽城无望矣！璋禀。歌。①

根据晏安澜的谋划，吴大澂对这份十万火急的电报做出的回应显得气定神闲。

辽阳州徐太守：

敝部会攻海城，未便松劲，实难分兵赴援；已请寿帅商之鹤帅，就近派营往助。俟海城一复，必派大枝劲旅赴辽助剿。阁下心精力果，只望坚守十日，倭必大挫。澂。歌。②

3月2日，晏安澜调度海城周边的湘军及徐邦道拱卫军，准备再度进攻海城，然而"公偏告各将，多有难色"③，向湘军大将魏光焘调兵时，也只调到了三营。各军见到日军远离，都大松一口气，根本不愿意继续作战。晏安澜万般气愤，但也无计可施，只得致信大帅吴大澂，倾诉无法会攻海城的苦衷。

---

① 《东征要电佚存》，中国近代史资料丛刊《中日战争》6，上海人民出版社1957年版，第99页。
② 《吴憲斋中丞电稿》，中国近代史资料丛刊《中日战争》6，上海人民出版社1957年版，第231页。
③ 《晏海澄先生年谱》，中国近代史资料丛刊《中日战争》6，上海人民出版社1957年版，第288页。

第二十四章 出塞——湘军悲歌

……约今夜会攻海城,已与诸将定议,但恐又成画饼耳。嗟哉!嗟哉!安澜一腔热血,向何处洒哉?①

正当湘军内部为战略问题意见不一时,湘军实际在军事部署上已经犯下了兵家大忌。当时日军挺进鞍山站、辽阳方向,东北练军在附近溃散,湘军则主要处在日军主力后方的海城附近的包围线上,然而湘军阵线的后方、作为补给中转中心的牛庄却没有留多少军队防守。一旦日军主力分兵扑向牛庄,截断海城周围湘军的补给,海城之围将立刻瓦解,而湘军也将陷入十分危险的境地。

日本美术作品:日军突入牛庄

---

① 《晏海澄先生年谱》,中国近代史资料丛刊《中日战争》6,上海人民出版社1957年版,第288页。

日本美术作品：从牛庄溃退的清军

湘军诸将无法看懂这种近代战争中的局势，但日军对此却洞若观火。海城日军之所以出击，主要目的并非为了攻城略地，而是连日来被周围中国军队攻击，准备实施一次歼灭扫荡作战，清除附近的清军。防守空虚的湘军补给中心牛庄立刻成为日军的重点目标。

3月1日攻占鞍山站后，日军第三师团司令官野津道贯中将原计划让所部休整一天，但通过侦察得知牛庄一带清军防御空虚，遂下令立即向牛庄发起突袭。3月3日下午，日军的主力突然出现在牛庄外围，顿时让清军措手不及。

当时驻守在牛庄的清军主要是魏光焘率领的武威军等部。此前根据牛庄守军的乞援，魏光焘自率原本计划参加进攻海城的武威军回援。鉴于湘军前敌指挥晏安澜仍然坚持要攻击海城，魏光焘遂密商另一位湘军统将李光久，让其率领老湘军撤离海城战线，同援牛庄。

到达牛庄后，魏光焘并没有在外围选择要点驻守，而是一股脑儿将军队全部屯扎在市镇里。由于牛庄没有城墙,清军只能在市镇外围的房屋墙壁上开凿枪眼,营建工事,以此作为防御依托。4日,日军开始进攻牛庄,采用强攻和爆破等措施,很快就突破了外围防线,攻入牛庄市街,形成混乱的巷战。乱军之中魏光焘和李光久各自逃生,剩余的湘军士兵大部被困在市镇中,在日军的逐屋清除和火攻下,死伤惨重。至当天午后,牛庄失守,魏光焘、李光久部折损大半,阵亡2 000余人,海城周围的湘军后勤补给由此被切断。

听说牛庄失守,一直在盼望援军的辽阳知州徐庆璋在日记中写下了这样的感慨:

> 闻湘军魏中丞光焘、李道光久等与贼接仗,连日获胜。初八日被大股冲动,竟致失利。牛庄失守,大军已南退,不知驻于何处。湘军素称劲旅,竟有此失,军务如此,不堪设想。①

曲终人散

得知牛庄发生战事,吴大澂急忙从田庄台驻地率领亲兵预备前往探明实情,旋即因为日军"有直扑田庄台之势,臣仅率卫队二三百名,断难冒险前进"②,又撤往田庄台附近的双台子。原本在海城外围的各路湘军,此后都陆续退至田庄台、双台子一带。

率军屯扎在营口一带的淮军统帅宋庆,从吴大澂的电报中得知牛庄失守、田庄台告急。失去牛庄之后,田庄台是至关重要的粮械

---

① 《辽阳防守日记》,中国近代史资料丛刊续编《中日战争》6,中华书局1993年版,第296页。
② 《帮办军务湖南巡抚吴大澂来电》,中国近代史资料丛刊《中日战争》3,上海人民出版社1957年版,第504页。

补给地，吴大澂以此作为驻地期间，囤积了大量的军械粮草。权衡利弊，宋庆在留下少量军队驻守营口后，也率领大军向田庄台一带移动。"如不亲救田庄，倘有疏虞，不但粮弹不继，且西犯锦州，更难措办；如舍营口，贼必乘虚而入，事处两难，惟有先其所急，决计回救田庄台。"①

随着宋庆兵团主力的离去，3月7日，日军几乎兵不血刃占领了营口。

此后，集中在田庄台的清军大兵团成为日军的重要目标。3月9日，日本第一军和旅顺方向的第二军向田庄台发起了总攻，意图歼灭辽东清军主力。日军在绝对的火力优势掩护下，攻过辽河，轻而易举突破了田庄台的外围防御，宋庆率残部突围出逃。牛庄之战时，中国军队被击败后散入民居，很难彻底抓完，因而攻入田庄台的日军野蛮地四处纵火，直接烧毁他们认为可疑的民居，"城内到处火起，黑烟笼罩全城。田庄台虽不如牛庄，更不如海城，但仍是此地较为繁华的小城。但因彼我两军之兵火，田庄台几乎化为乌有"。②

3月11日，宋庆带领溃败的淮军兵团到达双台子，与吴大澂稍做商议，认为双台子无险可守，于是湘军、淮军一起放弃双台子，又一路撤向了更后方的石山站、锦州。整个东北战场局势崩溃，淮军、湘军都如同惊弓之鸟，山海关门户已然洞开。

至此，清政府对军事彻底绝望，以湘代淮，谁料湘军并未能创造奇迹，照样是连战连败。除去淮军、湘军，整个中国已经没有可

---

① 《帮办军务四川提督宋庆来电》，中国近代史资料丛刊《中日战争》3，上海人民出版社1957年版，第509页。
② 《日清战争实记》第24编，日本东京博文馆1894年版，第18页。

第二十四章 出塞——湘军悲歌

以使用的真正军队，甲午战争的败局已定，清廷十分艰难地做出了向日本求和的决定。

1895年3月8日，因牛庄失守，清政府首次下旨质问吴大澂，"此次贼窜牛庄，湘军初次接仗辄即败退。吴大澂身为统帅，徒托空言，临敌疏于调度，致损军威"，对其处以交部议处的处分。[①]等到田庄台再失守，湘军一溃无法复收。3月15日，清廷再发谕令，撤去吴大澂的军事职务。"前因吴大澂身为统帅，徒托空言，疏于调度。业经交部议处，著即撤去帮办军务，来京听议。"[②]

在即将启程赴京待罪期间，身跨淮系、清流两大阵营的吴大澂分别给各自阵营的大佬写了一封意味深长的信。

天津中堂夫子鉴：

牛庄一挫，湘将伤亡过多；上负朝廷，下负吾师。军事不顺，转圜更难。吾师独肩其任，愧不能稍助万一，孺恋尤深。澂。霰。[③]

牛庄、田庄台大战时，李鸿章已被委以与日和谈的重任。辽海崩溃，中国在谈判桌上已无任何实力砝码，摆在李鸿章面前的是一条注定要承受奇耻大辱的道路。

京城户部大堂翁官保：

[①]《军机处电寄宋庆吴大澂谕旨》，中国近代史资料丛刊《中日战争》3，上海人民出版社1957年版，第511页。
[②]《上谕》，中国近代史资料丛刊《中日战争》3，上海人民出版社1957年版，第536页。
[③]《吴愙斋中丞电稿》，中国近代史资料丛刊《中日战争》6，上海人民出版社1957年版，第237页。

军事一挫,湘军气馁,难期振作。蒙恩内召,有保全爱惜之意。自问精力尚强,朝廷不即废弃,或有委任,仍当竭诚图报,艰苦不辞。惟公知我,敢布腹心。澂。马。①

对世侄吴大澂,翁同龢照顾有加,清流党也没有做什么刁难,进京待罪的吴大澂此后并未受到任何实质性的处罚,而是返回湖南继续担任巡抚。一场轰轰烈烈的湘军复兴就这般虎头蛇尾地草草收场了。

诗人黄遵宪对此义愤填膺,曾作长诗一首,对吴大澂极尽挖苦:

闻鸡夜半投袂起,檄告东人我来矣。此行领取万户侯,岂谓区区不余畀?

将军慷慨来度辽,挥鞭跃马夸人豪。平时搜集得汉印,今作将印悬在腰。

将军乡者曾乘传,高下句骊踪迹遍。铜柱铭功白马盟,邻国传闻犹胆颤。

自从弨节驻鸡林,所部精兵皆百炼。人言骨相应封侯,恨不遇时逢一战。

雄关巍峨高插天,雪花如掌春风颠。岁朝大会召诸将,铜炉银烛围红毡。

酒酣举白再行酒,拔刀亲割生麑肩。自言平生习枪法,炼目炼臂十五年。

目光紫电闪不动,袒臂示客如铁坚。淮河将帅巾帼耳,萧

---

① 《吴愙斋中丞电稿》,中国近代史资料丛刊《中日战争》6,上海人民出版社1957年版,第240页。

第二十四章 出塞——湘军悲歌

娘吕姥殊可怜。

看余上马快杀贼，左盘右辟谁当前？鸭绿之江碧蹄馆，坐令万里销烽烟。

坐中黄曾大手笔，为我勒碑铭燕然。么麽鼠子乃敢尔，是何鸡狗何虫豸！

会逢天幸遽贪功，它它籍籍来赴死。能降免死跪此牌，敢抗颜行聊一试。

待彼三战三北余，试我七纵七擒计。两军相接战甫交，纷纷鸟散空营逃。

弃冠脱剑无人惜，只幸腰间印未失。将军终是察吏才，湘中一官复归来。

八千子弟半摧折，白衣迎拜悲风哀。幕僚步卒皆云散，将军归来犹善饭。

平章古玉图鼎钟，搜箧价犹值千万。闻道铜山东向倾，愿以区区当芹献。

借充几币少补偿，毁家报国臣所愿。燕云北望尤愤多，时出汉印三摩挲。

忽忆辽东浪死歌，印兮印兮奈尔何！①

附：

秋风宝剑孤臣泪

1901年11月6日，追随李鸿章左右近四十年的老部下周馥在天

---

① 阿英编：《甲午中日战争文学集》，中华书局1958年版，第3—4页。

津接到一份急电,"相国病危,嘱速进京"。当周馥赶到李鸿章在北京暂居之所贤良寺时,看到李鸿章已经身着殓衣,处于"呼之犹应,不能语"的弥留状态。

痛苦地支撑到第二天中午,李鸿章依旧双目炯炯,"犹瞠视不瞑"。周馥抚着老主人痛哭。一起经历了太多政坛风雨的忠实僚属仿佛猜出了李鸿章的心事,周馥泣不成声地向李鸿章说道:"老夫子还有何心思放不下不忍去耶?公所经手未了事,我辈可以办了。请放心去吧……"听到这句话,李鸿章突然"张口欲语",但怎样也发不出声来,两行老泪从面颊滑落。周馥哭泣着,不断用手抚摸李鸿章的眼睑,想让这位已经承担了太多痛苦的老人快快瞑目解脱,"余以手抹其目,且抹且呼,须臾气绝,余哭之久,不能具疏稿"。[①]晚清重臣李鸿章与世长辞,生前留下了"海外尘氛犹未息,诸君莫作等闲看"这样的绝命诗。

纵览李鸿章的一生,甲午战争可谓他声名功业的重大转折点。在这之前,他率领江淮子弟平定内乱,被尊为中兴功臣;他竭尽全力推动着中国的近代化建设,得到了"洋务重臣"的声望。而甲午战败,淮系军政集团崩塌,他本人也因淮系海陆军的作战失败以及代表清政府谈判草签了《马关条约》,落得千夫所指的下场;暮年,他又参加了《辛丑条约》的议订,更是一生勋业尽扫。

周馥晚年自订年谱时,追忆起他所认为的李鸿章甲午声名之败的缘由。

早在1891年时,包括李鸿章在内,许多人就已对北洋海陆军的

[①] 《秋浦周尚书全集》,台北文海出版社1967年版,第5 743—5 744页。

第二十四章 出塞——湘军悲歌

现状有所担忧。当时李鸿章出阅北洋海防，对一些将领不遵守军规的行为显得较为宽大，周馥对此颇为不解，李鸿章解释道："陆军将士多昔日偏裨，水师多新进少年，其肯励志图功者不多，又部臣惜费，局外造谣。"周馥"益知时事之难为"。

> 一日，余（周馥）密告相国（李鸿章）曰："北洋用海军费已千余万，只购此数舰，军实不能再添，照外国海军例，不成一队也！倘一旦有事，安能与之敌？朝官皆书生出身，少见多怪，若请扩充海军，必谓劳费无功，迫至事穷力绌，必归过北洋。彼时有口难诉，不如趁此闲时，痛陈海军宜扩充、经费不可省、时事不可料、各国交谊不可恃，请饬部枢通筹速办。言之而行，此乃国家大计幸事也；万一不行，我亦可站地步，否则，人反谓我误国事矣。"

听完属下这番肺腑之言，李鸿章长叹。

> 此大政，须朝廷决行，我力止于此。今奏上，必交部议，仍不能行，奈何？！①

周馥的担忧，不幸在甲午年变成了事实。至于李鸿章为何没有听从周馥的意见，将北洋军备不足的苦衷摆到政府层面上讨论，以此为自己留后路，今人很难加以揣度。在那个潜流暗伏的官场上，

---

① 《秋浦周尚书全集》，台北文海出版社1967年版，第5 699—5 700页。

究竟是什么束缚了李鸿章的手脚？或许甲午年李鸿章和翁同龢的一番辩争，能够说明背后的因由。1894年9月30日，军机大臣翁同龢受命到天津查问李鸿章的战守布置。

　　同龢见鸿章，即询北洋兵舰。鸿章怒目相视，半晌无一语，徐掉头曰："师傅总理度支，平时请款辄驳诘，临时而问兵舰，兵舰过可恃乎？"同龢曰："计臣以樽节为尽职，事诚急，何不复请？"鸿章曰："政府疑我跋扈，台谏参我贪婪，我再哓哓不已，今日尚有李鸿章乎？"同龢语塞。①

甲午战争过去多年后，周馥入京接受慈禧太后召见。言谈之间，慈禧问起甲午战败的原因来，周馥得以将心中积郁许久的话全部道出。

　　太后问及前败军之故，余将户部掯费、言者掣肘各事和盘托出，并将前密告李相国之言亦奏及。且谓李鸿章明知北洋一隅不敌日本一国之力，且一切皆未预备，何能出师？第彼时非北洋所能主持，李鸿章若言力不能战，则众唾交集矣，任事之难如此。太后、皇上长叹，曰不料某（翁同龢）在户部竟如此……②

关于战争失败的原因，李鸿章本人的总结则显得更有深度。甲午之后，随着各界改革政治、实施变法的呼声越来越高，李鸿章在与新疆巡抚陶模讨论中国未来之路的信函中，有过如下的一段话：

---

① 《近代稗海》第一辑，四川人民出版社1985年版，第231页。
② 《秋浦周尚书全集》，台北文海出版社1967年版，第5 700—5 701页。

……今之论者皆知变法，但有治法，尤须有治人，尊意首重储才，自是探源之论，迩日公车章句何尝无深识危言，此在庙堂加以采择见诸施行而已。岂查当路诸公仍是从前拱让委蛇之习，若不亟改恐一蹶不能复振也。兄抚膺衰疾，蒿目艰虞，独居深念仰屋，窃叹亦思竭囊底之智以助局外之效……

十年以来，文娱武嬉，酿成此变，平日讲求武备，辄以铺张靡费为疑，至以购械购船悬为厉禁。一旦有事，明知兵力不敌而淆于群哄，轻于一掷，遂至一发不可复收。战绌而后言和，且值事机纂紧，更非寻常交际可比。兵事甫解，谤书又腾，知我罪我，付之千载……[①]

[①] 《李文忠公尺牍》，台北文海出版社1986年版，第784页。

第二十五章　泣血春帆楼
——李鸿章马关议和始末

　　1895年3月13日，天津海口汽笛声嘶，李鸿章乘坐轮船，踏上了东渡扶桑的求和之路。十分巧合的是，李鸿章对此行的座船十分熟悉，目下飘扬着德国国旗的这艘轮船，原本是轮船招商局的"海晏"号。回想1886年醇亲王检阅北洋海防，旅顺、威海各地龙旗招展、战舰如云之时，就是以"海晏"作为醇亲王的座船。当醇亲王检阅完海防，乘坐"海晏"回程途中，登州庙岛海面突然出现了瑰丽多姿的海市蜃楼，令醇亲王十分欣喜，让随行的画师摹画下这一难得的祥瑞景象，而私下里却有人议论，此景并非吉祥之兆，或许预示了眼前的一切不过是辄来辄去的幻象。

　　回首往事，恍若一场大梦。甲午战争爆发后，为防日军攻击，招商局与德国船商签订协议，将"海晏"假售给德国，更换船名、船旗。李鸿章在备选的几艘轮船中挑中了更名为"公义"的"海晏"作为座船，似乎是要借着这个吉祥的船名，去东瀛寻求他和整个国家期待的公义。

第二十五章 泣血春帆楼——李鸿章马关议和始末

李鸿章前往马关议和时乘坐的"公义"号轮船

求 和

1894年秋季，日军攻入中国境内。面对百战而无一胜的战局，清廷的一些官员在深感失望之余，颇为惊惧，担心局势崩溃，乃至无可收拾，渐渐有了与日本议和之声。11月22日，清廷曾委托海关的德国籍税务司德璀琳（Gustav von Detring）作为特使赴日本接洽议和，日方对由西方人作为清政府的代表表示质疑，该次外交尝试无疾而终。到了1894年末，战场局势日趋恶化，日军已经威胁到清王朝在关外的龙兴之地，持主战态度的光绪帝和言官主战派虽然内心不甘，但因形势所趋，也不得不倾向于迅速议和。

1894年12月20日，清廷任命总理衙门大臣张荫桓、署理湖南巡抚邵友濂为全权大臣，赴日议和。[①] 张、邵二人率团于1895年1

[①]《总署收上谕》，中国近代史资料丛刊续编《中日战争》5，中华书局1993年版，第232页。

月26日由上海出发,30日抵达日本神户,旋即到达日本战时大本营所在地广岛,首度就议和问题和日本政府进行接触。然而当时日本社会在连战连胜的战场态势鼓舞下,充满好战气氛,"我国(日本)一般民众仍未有厌战情绪,一味高叫着媾和时机尚早",而且日本战时大本营和军方正在积极谋划春季发动直隶平原决战,也没有与清王朝议和的准备。随后,以张荫桓、邵友濂所持的外交文书授权不足,且二人的官职、威望不够为由,日方拒绝与之谈判,张、邵使团不得不于2月12日离开日本。①

此时,山东、东北战场的清军节节失利,局势已经极为严峻,清廷遂决定派李鸿章出使,再次尝试议和。2月13日,军机处发密电至天津,催促李鸿章立即交卸职务,前来京城领受对日交涉事宜。在军事败局难以扭转的情况下,主持对日议和显然要应承日本的勒索,担当这一重任必然会担负后世的恶名,清政府担心李鸿章对此顾忌,又在密电后格外强调,不容许稍有疑虑。

……现在倭焰鸱张,畿疆危逼,只此权宜一策,但可解纷纾急,亟谋两害从轻。李鸿章勋绩久著,熟悉中外交涉,为外洋各国所共倾服……此时全权之任亦更无出该大臣之右者。李鸿章著赏还翎顶,开复革留处分,并赏还黄马褂,作为头等全权大臣,与日本商定和约。直隶总督、北洋大臣著王文韶署理。李鸿章著星速来京请训,切毋刻迟,一切筹办事宜均于召对时详细面陈。该大臣当念时势阽危,既受逾格之恩,宜尽匪躬之

---

① [日]陆奥宗光著,赵戈非、王宗瑜译:《蹇蹇录:甲午战争外交秘录》,生活·读书·新知三联书店2018年版,第131—133页。

第二十五章 泣血春帆楼——李鸿章马关议和始末

义,谅不至别存顾虑,稍涉迟回也。①

2月22日,北京城银装素裹,一片肃然之象。李鸿章于当天抵达京师,立刻赶赴紫禁大内,在乾清宫和军机大臣们一起朝见光绪皇帝——这是甲午战争以来李鸿章首次直接出现在清廷最高层的政策讨论会议上。

李鸿章磕头,光绪帝"温谕询途间安稳"。君臣寒暄过后,"如何与日本议和"这一题目就被提了出来。李鸿章的态度显得十分为难,"割地之说不敢担承,假如占地索银,亦殊难措,户部恐无此款"。户部尚书翁同龢则接过此话,称只要能够办到不割地,即使赔再多的钱,户部都有办法筹措,"但得办到不割地,则多偿当努力"。军机大臣孙毓汶、徐用仪则担心"不应割地便不能开办"。②

继光绪帝召见众臣后,当天正因感冒兼风湿卧病的慈禧也勉力而起,在传心殿召见众臣,讨论议和问题。李鸿章提议让翁同龢与自己同往日本,翁同龢立刻坚决推辞:"若余曾办过洋务,此行必不辞,今以生手办重事,胡可哉?"讨论中,谈及议和的条件,李鸿章仍然觉得不能答应割地,表态"割地不可行,议不成则归耳",孙毓汶、徐用仪则"怵以危语,意在撮合",其他军机大臣都默默无语,不得一策。③

---

① 《附 军机大臣密寄》,《李鸿章全集》26,安徽教育出版社2008年版,第52—53页(G21-01-173)。
② 《翁同龢日记》5,中华书局1997年版,第2780—2781页。
③ 《翁同龢日记》5,中华书局1997年版,第2780—2781页。

清政府授予李鸿章赴日本谈判议和全权的授权书

此后数日间，慈禧再未召见大臣，中枢的主和官员屡屡奏请光绪帝就议和做出切实指示，并担心不答应割地势难以谈和。原本并不主张议和的光绪帝意图推脱，要求众臣奏请慈禧决断。2月28日，慈禧传出话来："慈体昨日肝气发，臂疼腹泄，不能见，一切遵上（光绪帝）旨可也。"① 鉴于东北战局急迫，第二天，光绪帝万不得已主持大局，授予李鸿章"商让土地之权"。

3月5日，李鸿章领命出京，预备赴日。

春帆楼

日本马关（今下关），是日本本州西部一座风景秀美的港口城市，面对的关门海峡，是从黄海进入濑户内海的咽喉门户。1895年3月19日，李鸿章带领包括参议李经方、参赞罗丰禄、马建忠、伍廷芳等127人组成的和谈团，分乘"公义"和"礼裕"两艘商船到达这座小城，当天即在船上居住。

3月20日下午2点半，李鸿章带李经方等谈判人员登岸，前往日方安排的谈判地点春帆楼。春帆楼是当地著名的酒店，以善于烹制河豚而著名，酒店正对着气象万千的关门海峡，景色十分宜人，

---

① 《翁同龢日记》5，中华书局1997年版，第2 782页。

第二十五章　泣血春帆楼——李鸿章马关议和始末　　611

中日两国的谈判就在这座饭店二楼的一间屋子里。考虑到此时春寒料峭，日方专门在李鸿章的座位旁添设了一只炭火盆取暖。

日本政府的谈判全权大臣是总理大臣伊藤博文、外务大臣陆奥宗光。双方落座寒暄后，首先互相查看对方政府的授权文件，并就谈判的程序性事务进行了商讨。下午4时15分，首次会谈结束。

日本下关引接寺今景（陈悦摄）

日本下关春帆楼酒店（陈悦摄）
历史上的春帆楼已在第二次世界大战中被毁坏，此图中的建筑为在旧址上新建的春帆楼酒店

为了方便谈判，且考虑到居住在船上过于辛苦，日方根据中国文人和官员客居他乡时喜欢寄寓寺庙的习惯，将距离春帆楼步行只有几分钟路程的引接寺提供给李鸿章一行居住。21日上午10时许，李鸿章即从"公义"轮搬入引接寺内。下午，李鸿章一行步行到春帆楼。2时30分，中日第二次会谈开始。

当天谈判的主要议题是停战。按照国际惯例，和谈应该在双方停战的状态下开始。从这一天开始，日方完全露出了漫天要价的狰狞面目。日方出示了草拟的停战条款，内容为如果要停战，中国应将山海关、天津、大沽三地作为质地交由日军占领，停战期间日军驻扎在三地的费用由中国承担。双方即围绕这一问题展开辩论。

李鸿章："前承贵国请余来此议和，我之来此，实系诚心讲和，我国家亦同此心。乃甫议停战，贵国先预占据三处险要之地，我为直隶总督，三处皆系直隶所辖，如此于我脸面有关，试问伊藤大人，设身处地，将何以为情？"

伊藤博文："中堂来此，两国尚未息兵，中堂为贵国计，故议停战。我为本国计，停战只有如此办法。"

……

李："我两人忠心为国，亦须筹顾大局，中国素未准备与外国交争，所招新兵，未经训练，今既到此地步，中日系切近邻邦，岂能长此相争！久后必须和好，但欲和好，须为中国预留体面地步。否则我国上下伤心，即和亦难持久……"①

---

① 《马关议和谈话录》，神州国光社1951年版，第232—233页。

第二十五章 泣血春帆楼——李鸿章马关议和始末

双方争论到下午4点20分，李鸿章对日方提出的停战要求难以接受，要求将此问题延后讨论，日本方面答应延期三天，要求中方必须在三天后做出正面的答复。结束谈判后，李鸿章立刻就此事电报北京，请求清廷给予指示："顷会议，伊藤等交到停战条款……要挟过甚，碍难允行。伊限以三日即复。又询所索条款，伊谓已预备，俟此议复到，再给阅商……"①

春帆楼旁的日清讲和纪念馆内复原的马关谈判会场（陈悦摄）

根据翁同龢在日记中的记载，李鸿章的这份电报于22日呈送到光绪帝手中，光绪帝阅后大为震惊，"是日有李相密电一件，递后上为之动容"。看着电报里的难题，光绪帝想要请示慈禧太后的意见，慈禧则以生病未愈为由，并不过问。自从光绪帝亲政后，慈禧就退

---

① 《寄译署》，《李鸿章全集》26，安徽教育出版社2008年版，第81页（G21-02-057）。

居幕后，对朝中政事采取的是暗中关注，但不过多干预的态度。甲午战争尚未爆发前，慈禧对中日局势拿捏不住，听由光绪帝做主。此时战局大败，慈禧自然不会出来担负责任。

23日，清廷的回复由总理衙门电报寄出，指示李鸿章不能答应日方占领中国城市作为质地的要求，但是可以答应给予日方军费。如果日本方面对此不能接受，则先不就停战问题进行纠缠，而直接向日方索要其关于议和的条件。"其停战期内认给军费一节，可以允许，若彼仍执前说，则以难允各条暂置勿论。而向索和议中之条款……"①

清廷的这份电报在24日中午到达李鸿章手中。当时，中日两国间的电报网络为有线电报，清王朝的电文指示翻译为阿拉伯数字密码形式，直接发送到日本马关电报局，再由日方递交给中国和谈使团。根据日本方面的档案，日方实际已经掌握了中国的电报密码规则，日本电报局收发中方电报时，能够进行解码译电，也由此，中方谈判的底牌实际完全为日本方面所掌握。②

重要军情

1895年3月24日下午，李鸿章从日本马关电报总理衙门，汇报将遵照指示执行，"将停战姑置勿论，索取议和条款"③。

同一份电报中，李鸿章还提到了一个重要军情信息，即"倭主派小松亲王赴旅顺督师，其志不小，欲甚奢"，并认为，日本此举在

---

① 《附　译署来电》，《李鸿章全集》26，安徽教育出版社2008年版，第82页（G21-02-062）。
② 吕万和：《甲午战争中清政府的密电码是怎样被破译的》，《历史教学》1979年第6期，第68页。
③ 《寄译署》，《李鸿章全集》26，安徽教育出版社2008年版，第82页（G21-02-063）。

第二十五章　泣血春帆楼——李鸿章马关议和始末

于扩大战争，而这也正是日本方面在停战问题上提出苛刻条件的缘由；言下之意，即担心日方可能并不会接受停战乃至议和。"观停战议如此要挟，已见发端，恐难就范。"①

李鸿章电文中提到的小松亲王赴旅顺督师一事，所涉及的正是当时日本政府在准备中的战略决战。

有关日本发动甲午战争的总体战略构想以及战略目标，在中国百余年并不为人注意，实则无论是夺取平壤、突破鸭绿江、占领旅顺，乃至马关索取赔款，都不是日本明治政府发动这场战争的真正目的。

1894年7月，日本战时大本营即制定了指导战争进行和预定战略目标的《作战大方针》。按此，日本军队在甲午战争中的行动分为两个阶段实施：第一阶段，陆军进入朝鲜，海军歼灭北洋海军，夺取黄渤海制海权；第二阶段，日本陆军的主力经海运到渤海湾内登陆，发动直隶平原大决战，和清王朝一决雌雄，是为日本发动甲午战争的最终目标。②

1894年8月1日，中日两国互相宣战后，至当年秋季，日本陆军完成了对朝鲜半岛的控制，日本海军在黄海大东沟海战中重创了北洋海军。随后日本第一军突破鸭绿江防线，日本第二军则登陆花园口，攻向北洋海军的维修基地旅顺。鉴于战事的发展和天气因素，日本大本营认为在1894年冬季不具备实施直隶平原决战的条件，遂决定在1895年春天正式实施决战。

为此，日本大本营编成山东作战军，和海军联合舰队互相配合，

---

① 《寄译署》，《李鸿章全集》26，安徽教育出版社2008年版，第82页（G21-02-063）。
② 日本参谋本部：《明治二十七八年日清战史》第1卷，日本东京印刷1904年版，第177—178页。

攻向山东半岛，以彻底歼灭北洋海军，消除春季直隶平原决战时的海上运输威胁。几乎同时，日本大本营于1894年12月14日确定以陆军第四师团和近卫师团作为未来直隶平原决战的主力，总计预备投入多达七个师团以上的陆军兵力。

1895年初，日本组建征清军，准备实施直隶平原决战计划。
为便于指挥战事，日本直接在旅顺设立了征清大总督府

1895年2月17日，北洋海军全军覆没，日方完全实现了《作战大方针》中第一阶段的目标。3月，日军开始为实施直隶平原决战进行准备，将已经在中国的第一军、第二军以及即将出征的第四师团和近卫师团统一指挥，于3月16日成立征清大总督府，由小松彰仁亲王担任征清大总督，直接指挥对清王朝的最终决战。

按照直隶平原决战的战役预想，日军第四师团、近卫师团将于4月20日前后择机在北戴河一带实施登陆，迅速袭向天津方向，寻求与清王朝的陆军主力进行决战，而后兵临北京，取得击败清王朝的最终胜利。

第二十五章 泣血春帆楼——李鸿章马关议和始末

在这种背景下,清王朝从1894年末开始寻求与日本议和以及试图请求列强调停,事实上在一定程度上干扰了日本大本营实施决战的进程;日方一再拒绝与清王朝和谈,其中也有不想战争终止,坚持实施直隶平原决战的意图。3月19日,李鸿章一行抵达日本的当天,正是日本国内忙于将第四师团、近卫师团向中国输送,准备开始决战之时。在这样的背景下,日方就停火问题开列出了苛刻的条款,实则仍然具有让议和活动无疾而终的潜在想法。

1895年3月24日,李鸿章向总理衙门电报"倭主派小松亲王赴旅顺督师"的当天,驻扎广岛的日本近卫师团战斗部队离开军营,乘坐火车向宇品港(今广岛港)集结,准备前往中国。日本的直隶平原决战计划已然启动。

刺 客

24日下午3时,第三次会谈开始进行,双方就中方提出的先看议和条款的内容进行商谈,至下午4时15分谈判结束,初步达成明日正式会商的意见。

离开春帆楼,李鸿章一行满怀心事,缓步走向不远处的引接寺住地。和这两日的情形一样,路上到处是围观的日本人。"在目力所及的街道两旁,前来一睹东洋的豪杰、清国全权大臣李鸿章风采的人群蜿蜒开来,筑成了一道十里长堤。市内自不必说,看样子近郊的人们也都出门来看西洋景了,人群如同云霞一般。"[①]

---

① 《旧梦谭:马关狙击事件的回忆》(小山丰太郎),见吉辰:《昂贵的和平:中日马关议和研究》,生活·读书·新知三联书店2014年版,第369页。

人群中，有一名衣衫破旧的日本青年神情显得紧张不已。小山丰太郎，1869年3月出生于日本东京附近的群马县邑乐郡大岛村，父母是以养蚕为业的平民；16岁时离开家乡外出学习，曾在庆应义塾读书；1891年被退学，而后在各处流浪闲逛。①

1895年2月，小山丰太郎在报纸上看到中国将派李鸿章赴日本议和的新闻，感到愤懑不已，"大头子李鸿章终于不能不出面了。当他本人前来的新闻渐渐传开的时候，我不自禁地感到了胸中的躁动。随之什么话也说不出，只有头脑发热的感觉"。小山丰太郎认为，日本军队本来可以取得对中国的大胜，"连战连胜的结果是指日可待的。一路追击毫无骨气的支那兵，铁鞭遥遥北指，用不了吹灰之力。用不了半年，就能让四亿支那人在北京城的日章旗之下跪倒了"，可是李鸿章来到日本议和，就会使战争无法继续进行下去，小山丰太郎由此萌生了要把李鸿章杀掉的意图。

在小山丰太郎的理解里，李鸿章必定还是要到广岛议和的。为了筹措前往广岛的路费，1895年3月初，小山丰太郎回了一次故乡，从父亲那里借到了25元，"父亲很爽快地拿出了二十五元钱，应该是从盖房子的钱里拿出来的，让我觉得很惭愧"。

李鸿章于马关谈判期间拍摄的照片。李鸿章将这幅照片洗印多张，赠送给日本各界人士联络友谊，以此作为争取减少日方战争赔偿勒索的努力之一

---

① 《狂汉小山丰太郎公判笔记》，《日本》1895年4月4日第4版。

第二十五章 泣血春帆楼——李鸿章马关议和始末

3月7日，和家人告别后，小山丰太郎返回东京，寄住在叔祖父田口勇三郎家，并通过他的帮忙，到警察局开具了一份购买手枪防身的证明。3月10日，小山丰太郎到横滨金丸铳炮店购买了一支五连发的转轮手枪。在东京的浅草等地偷偷练习了两天射击后，小山丰太郎乘火车到了广岛，在那里从报纸上看到了议和地点实际上是在马关的新闻。此时小山丰太郎几乎花光了所有的路费，不得已将身上的衣服卖给估衣铺，用得来的钱买了件破烂的衣服，"由此，稍微赚到了一点差价"。利用这些钱，小山丰太郎继续赶路，在3月24日这一天到了马关，混进了看热闹的人群里。

下午4点30分左右，从春帆楼返回住处的李鸿章一行距引接寺还有60米，围观的人群中，衣衫褴褛的小山丰太郎突然冲出，拦在李鸿章乘坐的轿子前，左手按住轿杠，右手掏出藏在怀中的手枪，对着李鸿章的头部开了一枪，李鸿章顿时血流满面，倒在轿子中，小山丰太郎也立即被四周围上的军警按住。①

> 今申刻会议，已将停战搁起，向索议和条款，允于明午面交。归途，忽有倭人持手枪对狙，击中左颊骨，血流不止，子未出，登时晕绝。伊藤、陆奥均来慰问，姑令洋医调治，此事恐不能终局矣。再，伊面称，现要攻取台湾，并闻。请代奏。鸿。②

经过检查，子弹击中李鸿章左侧眼下，嵌在骨中，万幸并不致

---

① 《旧梦谭：马关狙击事件的回忆》（小山丰太郎），《昂贵的和平：中日马关议和研究》，生活·读书·新知三联书店2014年版，第342—344页。
② 《寄译署》，《李鸿章全集》26，安徽教育出版社2008年版，第83页（G21-02-064）。

命。和谈尚未实质展开却突然出现行刺，日本政府上下极为震动，担心此事会引起西方列强的干涉。日方对李鸿章极尽优遇——日本皇后亲手缝制绷带。另外，山口县知事、警部长被撤职，小山丰太郎立即被审判。在法庭上，小山丰太郎称之所以要刺杀李鸿章，是因为"日本的战果还不充分……如果现在实现和平，那么当清国再度兴起的时候，迟早必然重新反对日本。为了破坏媾和会议，他决心暗杀李鸿章"。① 最后，日本山口地方裁判所于3月30日判处其无期徒刑。

得知李鸿章遇刺，清廷更为惊愕。虽然一些本就对言和心存不满的清流言官上奏参劾，称此事是李鸿章和日本串谋的诡异情事，然而清廷此时迫切想知道日方的谈判底牌，深恐李鸿章就此称病，不予和谈，数日内连发多封电报慰问。

……览奏，殊深骇愕！事机不顺，竟至于此。李鸿章以逾七之年，远使异域，受此重伤，医药能否应手，苏醒之后，精神脉气如何，枪子能否取出，轸念之怀，刻不能释，著李经方即时电复。和议条款允于今午面交，若该大臣不克亲往，盼其将条款先行送交，即日电达……②

割地赔款

鉴于李鸿章在议和期间遭遇行刺，为不使谈判遭受影响，经日

---

① ［日］藤村道生：《日清战争》，岩波书店1973年版，第159—160页。
② 《附 译署来电》，《李鸿章全集》26，安徽教育出版社2008年版，第84页（G21-03-002）。

第二十五章　泣血春帆楼——李鸿章马关议和始末

本天皇谕准，3月28日，日方在停战问题上做出了重要让步，不再就停战问题预设条件。3月30日，李鸿章和陆奥宗光签署停战协定，约定至4月20日为止，除台湾、澎湖地区外，其他奉天、直隶、山东等战场上，中日双方无条件停战，日本正在准备的直隶平原决战计划也因此暂停。

此后因为李鸿章正在养伤恢复中，由李经方出面和日方具体接洽。1895年4月1日，中日双方在春帆楼举行第四次会谈，日本明治政府拟定的停战条约草案终于交送给中方，要求在四天内给出答复。由于约文的内容过长，李经方分作两封电报才得以将全文传回国内。

日本美术作品：马关谈判

日方提出的议和条件令清政府目瞪口呆，其中军费赔偿要求为三亿两银，割地条款则索取辽东的大片领土、台湾全岛及附属岛屿、澎湖群岛，对清廷来说无异于晴天霹雳。李鸿章于4月5日向日方做出初步的书面回复,就日方的需索进行一一分析,解释中国的为难情形,希望能够获得删减。①日方根本不为所动,只是要求中方尽快做出正面回应。②

因为当时日军兵锋已近山海关,光绪皇帝希望和议速成,清政府于4月9日提出了自己的修正方案,主要内容为中日两国共同保证朝鲜独立,中国赔偿日本军费一亿两银,割让安东县、宽甸县、凤凰厅、岫岩州四地。③

4月10日下午4点,沿着从引接寺通向春帆楼的小道,伤势稍愈的李鸿章重新来到会场参加谈判,中日进行第五次会谈。

针对中国提出的修正方案,以及连续提交的说明为难情形的说帖,日本方面抛出了一项将军费赔款缩减为两亿两银,以及在一些枝节条款上稍做减少的修正案,对其余则丝毫不让。10日这天的谈判即围绕日方的修正案展开。

李鸿章首先就赔款数额与日方反复争论,但是毫无结果。

伊藤博文:"……中堂见我此次节略,但有允、不允两句话而已。"

李鸿章:"难道不准分辩?"

伊:"只管辩论,但不能减少。"

……

---

① 《复伊藤陆奥和约底稿说帖》,《李鸿章全集》36,安徽教育出版社2008年版,第66—70页(G21-03-002)。
② 《附　照译伊藤等英文复函》,《李鸿章全集》36,安徽教育出版社2008年版,第71页(G21-03-004)。
③ 《第一次拟改日本和约底稿》,《李鸿章全集》36,安徽教育出版社2008年版,第71—72页(G21-03-005)。

第二十五章 泣血春帆楼——李鸿章马关议和始末

李:"即以此已译三端开议。第一,赔款二万万,为数甚巨,不能担当。"

伊:"减到此不能再减,再战则款更巨矣。"

李:"赔款如此固不能给,更巨更不能给,还请少减。"

伊:"万难再减,此乃城下之盟,不能不如此。"

伊:"中国财源广大,未必如此减色。"

李:"财源虽广,无法可开。"

伊:"中国之地十倍于日本,中国之民四百兆,财源甚广,开源尚易,国有急难,人才易出,即可用以开源。"

李:"中国请尔为首相如何?"

伊:"当奏皇上,甚愿前往。"

李:"奏如不允,尔不能去。尔当设身处地,将我为难光景细为体谅。果照此数写明约内,外国必知将借洋债方能赔偿,势必以重息要我,债不能借,款不能还,失信贵国,又将复战。何苦相逼太甚!"

伊:"借债还款此乃中国之责。"

李:"不能还则如之何?"

伊:"已深知贵国情形为难,故减至此数,万难再减。"

李:"总请再减。"

伊:"无可减矣。"

……

李:"我未能答应,借债之权在人不在我,能借到自能早还,日虽得胜,何必逼人太甚,使人不能担当?"

伊:"不能担当是否不允之说?"

李:"我诚愿修和,但办不到事不能不直说。"
伊:"照我节略已竭力减少矣。"

见无论怎样辩说,日方在赔款问题上根本没有商量的余地,李鸿章无奈之下转而就割地问题和日方辩论,要求减少割占的土地,伊藤博文的态度仍旧是丝毫不让。

李鸿章:"再讲让地一节。历观泰西各国交兵,未有将已据之地全行请让者,以德国兵威之盛,直至法国巴黎都城,后将侵地让出,惟留两县之地。今约内所定奉天南部之界,欲将所据之地全得,岂非已甚?恐为泰西各国所訾笑。"
……
李:"譬如养子,既欲其长,又不喂乳,其子不死何待?"
伊藤博文:"中国岂可与孩提并论。"
李:"今贫瘠实甚,犹如小孩……"
李:"台湾全岛日兵尚未侵犯,何故强让?"
伊:"如所让之地必须兵力所到之地,我兵若深入山东各省将如之何?"
李:"此日本新创办法,兵力所已到者,西国从未全据,日本如此岂不贻笑西国?"
伊:"中国吉林、黑龙江一带何以让给俄国?"
李:"此非因战而让者。"
伊:"台湾亦然,此理更说得过去。"
……

第二十五章 泣血春帆楼——李鸿章马关议和始末

李:"总之现讲三大端:二万万为数甚巨,必请再减;营口还请退出;台湾不必提及。"

伊:"如此我两人意见不合,我将改定约款交阅,所减只能如此,为时太促不能多办,照办固好,不能照办,即算驳还。"

李:"不许我驳否?"

伊:"驳只管驳,但我主意不能稍改。贵大臣固愿速定和约,我亦如此。广岛有六十余只运船停泊,计有二万吨运载,今日已有数船出口,兵粮齐备,所以不即运出者,以有停战之约故耳。"

至此谈判陷入僵局,伊藤博文要中国就日本提出的所谓让步条件在三天内做出答复。临谈判结束时,见日方态度如此强硬,平生信奉"洋人论势不论理"的李鸿章深知中国此时没有任何实力砝码,在没有"势"的情况下根本无法与日本讲"理",十分悲哀地放下辩论姿态,转为乞求日方。

李鸿章:"赔款还请再减五千万,台湾不能相让。"

伊藤博文:"如此,当即遣兵至台湾。"

李:"我两国比邻,不必如此决裂,总须和好。"

伊:"赔款、让地,犹债也,债还清,两国自然和好。"

李:"索债太狠,虽和不诚,前送节略实在句句出于至诚,而贵大臣怪我不应如此说法,我说话甚直,台湾不易取,法国前次攻打尚未得手(指中法战争),海浪涌大,台民强悍。"

伊:"我水师兵弁不论何苦皆愿承受,去岁北地奇冷,人皆以日兵不能吃苦，乃一冬以来，我兵未见吃亏，处处得手。"

李："台地瘴气甚大，从前日兵在台伤亡甚多，所以台民大概吸食鸦片烟以避瘴气。"

伊："但看我日后据台必禁鸦片。"

……

中堂起席与伊藤作别，握手时再请将赔款大减，伊藤笑而摇首云："不能再减。"①

谈判结束，李鸿章即按例将当天的辩论情形向国内发送电报请求训示，由于被迫从日本电报局发电，所有内容都在日方的掌握之中。"……似此乘胜贪横，悍然不顾，实非情理能喻。伊请三日回信，倘不准，定即添兵。广岛现泊运船六十余只，可载兵万余，小松亲王专候此信，即日启行。鸿力竭计穷，恳速请旨定夺。"②

清政府接到日方事实上的最后通牒后，满朝皆惊，翁同龢在当天日记中写下了对此"不欲记，不忍记"的话语。日本媾和条约的大致条款内容也通过种种渠道传播到外界，举国为之哗然。在关外督师的钦差大臣刘坤一、署理两江总督张之洞、山东巡抚李秉衡、台湾巡抚唐景崧等各省督抚大员先后电奏，表示无法接受日本的议和条件。京中翰林院、总理衙门、国子监、内阁、六部的数百名京官也联名上书，表示抗议。

已经深知战局不可问的光绪皇帝，再没有如同中日开战时那般热血激愤，对日态度已全然转变。权衡再三，光绪帝于4月14日中

---

① 《马关议和谈话录》，神州国光社1951年版，第240—246页。
② 《寄译署》，《李鸿章全集》26，安徽教育出版社2008年版，第100页（G21-03-048）。

第二十五章　泣血春帆楼——李鸿章马关议和始末

午谕旨电报李鸿章，告知已默认日方提出的条件，命令李鸿章与日方签约。"奉旨：李鸿章十九日三电均悉。十八日所谕各节，原冀争得一分有一分之益，如竟无可商改，即遵前旨与之定约。钦此。"①

1895年4月15日，星期一，日方要求中国做出答复的日子。前一天接到清廷电旨后，李鸿章必然是满腹愁思，谁都知道在这样屈辱的条约上签字对个人意味着从此身败名裂。面对日方咄咄逼人的军事威胁，中国朝廷里又没有一人愿意扮演签约的角色，此刻只有李鸿章来担负这一千古骂名。今天的人们已经很难揣度李鸿章当时心中的想法，不过从这天下午的谈判里可以略微发现一些迹象。大局已定之时，感到无力回天的李鸿章希望将日本提出的条约要求能减少一些是一些，用这一举动来表露自己确实已经尽了最大的努力。然而他并不知道，清政府指示他同意日方条件、从速签约的电报内容，他的谈判对手也已知道。这一天北京城里的抗议浪潮越来越大，紫禁城中，光绪帝因为前日发出的电报没有收到李鸿章的回复，担心李鸿章畏难退缩，又发出电报催促从速签约："二十日午刻电发，想夜间必可接到，希即遵旨办理，以免延误。"②

15日下午2时30分，春帆楼里举行中日第六次会谈，决定中国命运的一刻即将来到。谈判在李鸿章的争辩中开始，已经暗中知道中国底牌的日方代表伊藤博文对此显得极为不耐烦。

　　伊藤博文："我早已说明，已让到尽头地步，主意已定，万不能改，我亦甚为可惜。"

---

① 《附　译署来电》，《李鸿章全集》26，安徽教育出版社2008年版，第107页（G21-03-073）。
② 《附　译署来电》，《李鸿章全集》26，安徽教育出版社2008年版，第107页（G21-03-075）。

李鸿章:"现已奉旨令本大臣酌量办理,此事难办已极,还请贵大臣替我酌量,我实在无酌量法。"

伊:"我处境地与中堂相似。"

李:"尔在贵国所论各事无人敢驳。"

伊:"亦有被驳之时。"

李:"总不若我在中国被人驳斥之甚。"

伊:"我处境地总不如中堂之易。中堂在中国位高望重,无人可能摇动。本国议院权重,我做事一有错失,已可被议。"

李:"去岁满朝言路屡次参我,谓我与日本伊藤首相交好。所参甚是!今与尔议和立约,岂非交好之明证!"

伊:"彼等不知时势,故参中堂。现在光景彼已明白,必深悔当日所参之非。"

李:"如此狠凶条款签押又必受骂,奈何!"

伊:"任彼胡说,如此重任彼亦担当不起,中国惟中堂一人能担此任。"

李:"事后又将群起攻我。"

伊:"说便宜话的人到处皆有,我之境地亦然。"

李:"此固不论,我来议和,皇上令我酌定,如能将原约酌改数处,方可担此重任,请贵大臣替我细想,何处可以酌让,即如赔款、让地两端,总请少让,即可定议。"

伊:"初时说明万难少让……已尽力让到尽头,不然必须会议四五次方能让到如此。我将中国情形细想,即减至无可再减地步,盖议和非若市井买卖,彼此争价,不成事体。"

李:"日前临别时请让五千万,当时贵大臣似有欲让之意,如能让此，全约可定。"

伊："如能少让不必再提，业已让矣。"

李："五千万不能让，二千万可乎……"

李："无论如何，总请再让数千万，不必如此口紧。"

伊："屡次说明，万万不能再让。"

李："又要赔钱，又要割地，双管齐下，出手太狠，才干太大！"

伊："此非关办事之才，战后之效不得不尔，如与中堂比才，万不能及。"

李："赔款既不肯减，地可稍减乎？到底不能一毛不拔。"

伊："两件皆不能稍减，屡次言明，此系尽头地步，不能少改。"

李："我并非不定约，不过请略减，如能少减即可定约，此亦贵大臣留别之情，将来回国，我可时常记及。"

伊："所减之数即为留别之情……初约原本不改，因念中堂多年交情，故减万万。"

李："如此口紧手辣，将来必当记及。"

……①

寄译署（总理衙门）：……午前接皓马电，即约伊藤在公所会商，赔款、让地二端，无可商改，遵旨即与定约……鸿于画押后，即登轮回津，再将和约原本，专员送京，敬候批准。请代奏。鸿。②

---

① 《马关议和谈话录》，神州国光社1951年版，第247—249页。
② 《寄译署》，《李鸿章全集·电稿》3，上海人民出版社1987年版，第498—499页。

1895年4月17日,《马关条约》在日本草签,李鸿章随后即携带约文回国。按照和约规定,草签完毕,要使条约真正生效,还需要双方国家政府正式签署生效文件,并进行互换。将近半个月之后,5月2日光绪帝正式在条约上签字。"上犹迟疑,问各国回电可稍候否。济宁（孙毓汶）坚以万不可恃为词,恭邸（恭亲王）无语,乃议定。众枢在直立候,上绕殿急步约时许,乃顿足流涕,奋笔书之。"①

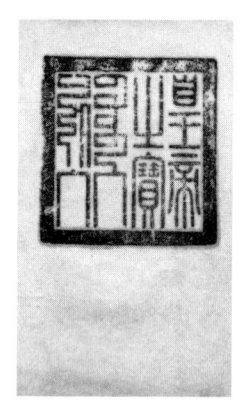

《马关条约》生效文件上中日两国加盖的印玺

1895年5月3日,清王朝在《马关条约》上加盖国玺。5月8日,中日两国代表在山东烟台互换条约批准文书,《马关条约》生效。由于清政府没有任何能力来支付日方勒索的两亿两银巨款,必须借助外债,连同各国银行索取的高额利息,以及《马关条约》签订后在俄、法、德三国干涉下,中国赎还辽东的费用,实际上中国为甲午战争的失败付出了五亿两银左右的战争赔款。

---

① 易顺鼎：《盾墨拾余》,中国近代史资料丛刊《中日战争》1,上海人民出版社1957年版,第127—128页。

第二十六章　瀛海偕亡
——保台记

全台绅民敬电禀者：

　　台湾属倭，万众不服，迭请唐抚代奏台民下情；而事难挽回，如赤子之失父母，悲惨曷极！伏查台湾已为朝廷弃地，百姓无依，惟有暂行自主，死守不去，遥戴皇灵，为南洋屏蔽。留台抚暂仍理台事，并留刘镇永福镇守台南。一面恳请各国查照割地绅民不服公法，从公剖断，台湾应作何处置，再送唐抚入京、刘镇回任。台民此举，无非恋戴皇清，图固守以待转机。情形万紧，伏乞代为电奏。全台绅民同叩首。①

"民主国"

　　1895年初春，中日《马关条约》草签的消息逐渐传出，将根据条约割让给日本的台湾岛陷入悲恸愤慨的气氛中。时任福建台湾巡抚唐景崧连日上奏，痛陈台湾民情，哀求清政府设法挽回。海峡左岸的大陆，朝野内外也充满了一片保台之声。但随着《马关条约》的定议，对战争前景已经彻底失望的清廷不为所动，"令喻台民不可滋生事端，

---

① 《台湾八日记》，中国近代史资料丛刊《中日战争》6，上海人民出版社1957年版，第393页。

并无一语抚恤"。4月19日，清政府电令福建台湾巡抚唐景崧，命其作好把台湾移交给日本的准备，电文中的"台湾虽重，比之京师则台湾为轻"一句，可谓道出了清王朝牺牲台湾的真正目的。

> 割台系万不得已之举，台湾虽重，比之京师则台湾为轻。倘敌人乘胜直攻大沽，则京师危在旦夕。又台湾孤悬海外，终久不能据守……交割台湾，限两月，余限二十日。百姓愿内渡者，听；两年内，不内渡者作为日本人，改衣冠。①

得悉此讯，唐景崧惊惧不已，仍然竭力上奏请求挽回。台湾各界民众则对清政府渐形失望，"台民不服闭市，绅民拥入署，哭声震天。二百年文物之邦，忽沦化外，迁徙谈何容易！其惨自不待言"②。期待清王朝拯救台湾的希望破灭后，为了不受日本奴役，台湾各界于5月15日发出了本文开篇的那份电报，通电全国，声明挽留巡抚唐景崧和总兵刘永福，寻求自救。

台湾岛内以在籍原工部主事丘逢甲、道员陈季同等为首的一批士绅、官员在万般无奈之下，提出了独立自救的设想，计划以台湾形式上的虚假独立来抵制清政府将台湾割让给日本的决定。在他们想来，如果台湾"独立"，那么清王朝就无权处置一个独立国家的命运，《马关条约》中割让台湾等内容就会自然作废。

唐景崧，字维卿，广西灌阳人，甲午战争时接任福建台湾巡抚

---

① 《台湾八日记》，中国近代史资料丛刊《中日战争》6，上海人民出版社1957年版，第385页。
② 《台湾八日记》，中国近代史资料丛刊《中日战争》6，上海人民出版社1957年版，第385页。

第二十六章 瀛海偕亡——保台记

这一创想历来认为出自丘逢甲，但参与其事的陈季同是早年福建船政派往法国学习国际法的留学生，又曾任驻德国、法国参赞，陈氏在这项援引国际法来设法保台的谋划中，显然起了极大的作用；[①]其提出国际法所载"割地须问居民能顺从与否""民必须从，方得视为易主"[②]一说，是以形式上的假独立来对抗割让的重要法理依据。

5月23日，台湾官绅各界发表《独立宣言》，推举福建台湾巡抚唐景崧为"总统"。

> 照得日本欺凌中国，索台湾一岛，台民两次电奏，势难挽回。知倭奴不日即将攻入。
>
> 吾等如甘受，则吾乡吾土归夷狄所有。如不甘受，防备不足，故断难长期持续。屡与列强折冲，无人肯援，台民惟有自主。
>
> 台民愿人人战死而失台，决不愿拱手而让台。台民公议自立为民主之国。决定国务由公民公选官吏营运。为达此计划且抵抗倭奴侵略，新政府机构中枢必须有人主持，确保乡里和平。凤敬仰巡抚承宣布政使唐景崧，会议决定推举为台湾民主国总统。
>
> 初二日公同刊刻印信，全台湾绅民上呈。当日拂晓，士农工商集筹防局，开始严肃此壮举。乞勿迟误！以全台民之名布告之。[③]

25日，唐景崧身穿清朝官员朝服，在丘逢甲等台湾官绅民众拥戴下，来到巡抚衙门，面朝北方叩首大哭，几经推辞后正式就任"民主国

---

① 《让台记》，中国近代史资料丛刊续编《中日战争》12，中华书局1996年版，第64页。
② 《台湾八日记》，中国近代史资料丛刊《中日战争》6，上海人民出版社1957年版，第388页。
③ 黄昭堂：《台湾民主国の研究》，日本东京大学出版会1970年版，第60页。

总统",位于台北的福建台湾巡抚衙门随即改为"民主国总统府"。历史上台湾"民主国"建立的这一幕,是为了抵制日本侵略而做出的最后的努力,唐景崧在"民主国"成立后发布的通电宣言内就有十分清楚的说明:"惟是台湾疆土,荷大清经营缔造二百余年,今须自立为国,感念列圣旧恩,仍应恭奉正朔,遥作屏藩,气脉相通,无异中土……"①

"民主国"的年号、国旗等设计,显得与众不同。台湾"民主国"年号为"永清",寓意永远臣属清朝。"国旗"选用了一面蓝底黄虎旗,比清朝的国旗龙旗从规格上低了一个等级,而且旗上的老虎图案造型也非常特别,是一副俯首帖耳、忠诚顺从的姿态。另外从国际法角度来说,由于外界对台湾"民主国""独立"的真实目的大都心知肚明,并没有任何国家承认台湾"民主国",这个"独立"事实上在国际法上并未成立。

清末《点石斋画报》登载的新闻画,表现台湾"民主国"成立时的情景。从图中可以看到,包括"总统"唐景崧在内,官员们都身着清王朝的官服,由此可以体会其中假独立、真保台的良苦用心

---

① 《中东战纪本末》,中国近代史资料丛刊《中日战争》1,上海人民出版社1957年版,第202页。

第二十六章 瀛海偕亡——保台记

台湾官绅想要采用台湾"民主国"作为护身符，但并没能阻止日本占领台湾的脚步。日本明治政府一面着手与清政府处理交割台湾的外交手续，一面开始了武力镇压台湾军民反抗的准备，预备以武力占领全台。曾参加过黄海大东沟海战的日本海军军令部长桦山资纪被任命为台湾总督兼军务司令，率领日本近卫师团等部乘坐运兵船，在联合舰队舰只护航下来到台湾近海。

台湾交割

根据《马关条约》的规定，清政府应当在双方交换条约文本后两个月内完成台湾、澎湖等割让土地的交接。5月8日《马关条约》换约完成之后，日方即开始反复催逼清政府办理交接台湾的手续。和马关求和时的情形一样，当大局败坏，势必将要与日方谈判签订合约时，清王朝中几乎人人畏缩，不出一言。此时，无论谁经手具体办理交接台湾事宜，尽管只是为清政府行犬马之劳，并无法左右决策，但作为有形的签字之手，必然将承担千古骂名。5月18日，清政府内有言官上奏，要求仍由李鸿章、李经方父子办理割让台湾事务，言辞间充满了冷嘲热讽：

> ……此事既系李鸿章、李经方始终主谋，岂有功届垂成，反自逍遥事外之理？且该大臣等既能定割地请和之策，自必具用夷变夏之才。国家用人专一，若忽舍而他求，臣恐其迫胁朝廷且未有已也。相应请饬派李鸿章、李经方等迅速亲赴台湾，依限交割，以终遂其志，而闲执其口。①

---

① 《刑科给事中谢隽杭请派李鸿章李经方赴台交割折》，中国近代史资料丛刊《中日战争》4，上海人民出版社1957年版，第120页。

中国历史上有十分独特的"好皇帝"逻辑，经历数千年的封建统治潜移默化，封建王朝的臣民历来对统治者有莫名的崇敬、畏惧心理；纵然统治者犯下过错，舆论抨击往往不敢针对君上，而大多把问题归于奸臣当道，是奸臣蒙蔽了圣听，统治者并无责任，舆论往往认为揪出一二奸佞小人，就能化解一场巨大的政治危机。《马关条约》签署，举国哗然，此时正需要有一二奸臣塞责，舆论愤怒的矛头几乎自然而然地指向李鸿章父子。办理交割台湾事宜，李鸿章父子无疑是最佳人选。

接到奏折的当天，清政府即下旨，鉴于李鸿章年事已高，且在马关议和期间曾经遇袭受伤，于是任命李鸿章的儿子李经方为割台专使。李鸿章的外交顾问科士达回忆了李鸿章听到这一消息时的心情：

> 同一天晚上收到通知称，已任命李鸿章之子李经方为委员。这个任命使总督（李鸿章）大为不快与惊恐，因为这显示了北京方面有意把所有关于条约的非难和责任，包括实际移交割地的最讨厌的职务，都放在他和他的家庭肩上……总督完全明瞭从皇帝来的这样一个谕旨的力量及意义。他完全崩溃了。①

李鸿章跳脱不出做王朝忠臣的思想窠臼，也深惧凶险的政场形势，当天将谕旨转电给在上海治病的儿子，称"我父子独为其难，无可推诿"②，要求儿子接任。李经方同样深知个中利害，他不愿意

---

① 《科士达外交回忆录》，中国近代史资料丛刊《中日战争》7，上海人民出版社1957年版，第483—484页。
② 《寄上海交李经方》，《李鸿章全集》26，安徽教育出版社2008年版，第151页（G21-04-124）。

第二十六章 瀛海偕亡——保台记

再像父亲那样承担不应归于自己的责难,回电推辞。

19日,李鸿章将这一情况电报总理衙门,希望改派福建台湾巡抚等官员或者责成闽浙总督派员就近办理。

> ……李经方自马关随同回津后,因忧劳成疾,病势沉重,回南就医。顷电传旨饬遵,据复称,素未到台,情形不悉,地方官绅无一知者。日本所派桦山亦素未谋面,无从商办。现正延医调治,牵发旧疾,怔忡日剧,神智不清,断难胜此艰巨……李经方实不胜任,理合自行检举,请旨收回成命……①

清政府并不为李鸿章的这种推辞所动,21日严词斥责,勒令李氏父子必须承接割台的责任。

> 奉旨:"李鸿章电奏已悉。李经方随同李鸿章赴倭,派为全权大臣,同订条约;回津后,尚未覆命,何以遽行回南?昨派令前往台湾商办事件,又复藉病推诿,殊堪诧异!李鸿章身膺重任,当将此事妥筹结局,岂得置身事外,转为李经方饰词卸责?……现在倭使将次到台,仍著李经方迅速前往,毋得畏难辞避;倘因迁延贻误,惟李经方是问!李鸿章亦不能辞其咎也!钦此。"②

---

① 《李鸿章全集·电稿》3,上海人民出版社1987年版,第549—550页。
② 《军机处电寄李鸿章谕旨》,中国近代史资料丛刊《中日战争》4,上海人民出版社1957年版,第127页。

27日，更有侍郎长萃上奏，气势汹汹地要求李鸿章亲自赴台办理交割，甚至将李鸿章是否执行这一任务上升到了是否忠诚于朝廷的高度：

> ……窃见大学士、直隶总督李鸿章，受国厚恩，总理海军数十年，靡饷无算，一旦临敌，率皆溃散，其辜恩负国，已可概见。迨奉命议和，不顾事之可否，遽尔定约而归……今者和局既成，事多棘手，而最难者莫如交割台湾一事。该大臣既已约之于先，谅必能善之于后，且能与倭人议事者，除该大臣外别无一人。拟请皇上恭请懿旨，饬令该大臣亲赴台湾，办理交割事宜……设该大臣抗违懿旨，托病不行，则是该大臣不惟不畏皇上，并不畏皇太后矣；则是该大臣但知有倭人，不复知有我大清矣。拟请皇上奏明皇太后，立将该大臣置之重典，以维国体，以厌人心，天下幸甚！不然，听其优游事外，略不绳以法度，不惟目前台湾之事漫无办法，且恐唐代藩镇拒命之祸将接迹于此后矣。①

在这样的巨大压力下，李氏父子不得不担起割让台湾的骂名。5月30日，李经方乘坐"公义"轮由上海出发，于6月1日下午4时30分许抵达台湾淡水三貂角海面，在桦山资纪所乘坐的"横滨丸"右舷外下锚。由于当时台湾岛上军民已经在准备抗敌，双方无法登陆办理点交等工作，6月2日便在"公义"轮上直接会谈，在当晚12时签订

---

① 《侍郎长萃请饬李鸿章亲赴台湾办理交割事宜折》，中国近代史资料丛刊《中日战争》4，上海人民出版社1957年版，第129页。

第二十六章 瀛海偕亡——保台记

《交接台湾文据》，李经方作为清政府代表，将台湾割交给日本。[1]

6月3日，日军占领基隆后，在城中的显眼地方贴出了这样一张告示：

> 大日本帝国皇帝陛下根据明治二十八年四月二十七日于马关订立的和平条约，拥有大清帝国皇帝陛下割让之台湾全岛及附属岛屿、澎湖列岛，即格林威治东经一百十九度至一百二十度、北纬二十三度至二十四度之间的岛屿的永久完整主权。拥有上述岛屿上的城堡、兵器、制造所等所有官有物。本官奉敕命，在皇帝陛下的名义下，接收上述各岛。在大日本帝国的领土上，顺从地从事合法生计的众民，将始终享受完全的保护。
>
> 明治二十八年六月二日于基隆
> 台湾总督海军大将子爵桦山资纪[2]

十三天"总统"

唐景崧，字维卿，广西灌阳县人，进士出身，授翰林院编修，累迁至工部主事，为人"性豪爽，饮酒赋诗，遨游公卿间"[3]。唐景崧担任京官期间，在京官的群体中并不特别出众，直到1883年中法两国因为越南问题引发争执，才以一桩特殊的事功在清政府中崭露头角。

1882年，为了攫取在越南北部的利益，法国派出远征军侵入越

---

[1] 《接收台湾补充报道》，《日清战争实记》第31编，日本东京博文馆1894年版。
[2] 《日清战争实记》第32编，日本东京博文馆1894年版，第6页。
[3] 连横：《台湾通史》下，商务印书馆2010年版，第781页。

南北境，占领河内等重要城市。此举严重侵害清王朝对越南的宗主权益，面对法国入侵中国的藩属国越南的举动，清王朝既想阻止法国蚕食越南，又担心此举会引火烧身。两难之中，时任工部主事的唐景崧注意到，在越南北部以至中越边境，屯扎着一支以往因被清政府军队围剿而自广西出境的中国农民武装——黑旗军。这支军队出境后投效越南政府，曾先后数次在河内附近击败过入侵的法国军队。当时法国正在胁迫越南政府驱逐黑旗军出境，处于生存危机中的黑旗军也极有回归父母之邦的意向。唐景崧认为清政府应该设法笼络这支名义上归属越南政府的中国农民武装，并加以支持，使其成为清政府在越南境内向法国施压的工具。因为黑旗军统领刘永福和自己都是广西人，唐景崧于是上奏，自请前赴南疆，招抚刘永福，使黑旗军为清廷所用。①

尽管黑旗军在越南北部与法军浴血厮杀，最终战败，退入中国广西境内，但清廷主战大员对其敢战的表现十分赞赏，仍予以重赏。万里请缨前往越南的唐景崧也因功升任福建台湾道，从此开始结下和台湾的缘分。任官台湾后，唐景崧在政务之余尽显书生本色，捐资兴学，备受岛内读书人的拥戴，颇得民望。唐景崧的道台衙门也成为岛内名噪一时的文人聚会场所，"景崧雅好文学，聘进士施士浩主讲海东书院。庠序之士，礼之甚优。道署旧有斐亭，葺而新之，暇辄邀僚属为文酒之会。又建万卷堂，藏书富。太夫人能诗，每一题成，主评甲乙。一时台人士竞为诗学"。②

1891年，唐景崧升任台湾布政使，驻节台北。几年后甲午战争爆发。1894年10月间，福建台湾巡抚邵友濂调任湖南巡抚，唐景崧

---

① 《请缨日记》，中国近代史资料丛刊《中法战争》2，新知识出版社1955年版，第42—45页。
② 连横：《台湾通史》下，商务印书馆2010年版，第782页。

第二十六章 瀛海偕亡——保台记

被命署理巡抚,此后又成为台湾"民主国总统"。上任伊始,立即面临抵御日军侵略的重大考验。

台湾岛内山脉纵横,交通险阻,清代时经沈葆桢、刘铭传的苦心经营,近代化建设略有端绪,但并未能建立起完全沟通台湾岛南北的有效陆上通路,因而自然形势将全岛天然分割为北、中、南三部,互相之间最便捷的交通方式仍然是轮船海运。

省城台北和重要港口基隆都在台湾岛的北部,因而北部的防御兵力最多,计有驻守基隆的统领张月楼(兆连)部铭字营及炮队营1 000余人,驻守淡水的统领廖廷芳部沪防军、卫队营、隘勇等3 000余人,以及驻守台北府城一带的筹防营、隘勇、义军、团防军8 000余人。①总数虽然逾万人,看似规模较大,但其中大都是新募军,缺乏近代化的枪支武器,战斗力极其有限。其中新募自大陆的士卒军纪较差,自从清政府弃守台湾的命令发布后,军心更加摇动。

日本近卫师团在台湾登陆

---

① 日本参谋本部编:《明治廿七八年日清战史》第七卷,日本东京印刷株式会社1904年版,附录第109页。

在中日两国签署交割台湾协议之前,日本近卫师团先头部队已于1895年5月29日在台湾北部的三貂角一带海滩登陆。守军一触即溃,日军随即向北方重要港口基隆挺进。6月2日,即中日两国办理交割事务当天,日军突破了基隆外围清军的重要防线瑞芳。3日,日军4 000余人在军舰炮火配合下,发起对基隆的进攻,当天下午在阴雨中占领了基隆。"敌军兵力是十一个营,多数是广东兵,非满洲兵可比。尽管他们进行了出乎意料的抵抗,但了解了我军(日军)的厉害后,亦和满洲兵一样害怕。"①

日军随即进攻基隆通向台北方向的要地狮球岭,驻守该地的清军林朝栋部奋勇还击。然而高昂的士气最终无法抵消战斗素养和兵力方面的悬殊差距,至傍晚6时,狮球岭失守。当基隆制高点狮球岭战斗进行到白热化阶段,急需援助时,唐景崧的部将李文魁冲进巡抚衙门,大呼:"狮球岭亡在旦夕,非大帅督战,诸将不用命!"②

这时的台北城里,因为听到风传基隆失守,"立时哗溃,如水决风发,莫可遏抑"。"民主国"的很多大臣四散奔逃,设法潜回大陆,"诸大臣若陈季同等挟资宵遁。城门洞开,达旦不休"。③

听到李文魁关于狮球岭告急的报告,唐景崧的表现异常失态。"景崧见其来,悚然立,而文魁已至屏前,即举案头上令架掷地曰:'军令俱在,好自为之。'文魁侧其首以拾,则景崧已不见矣。"④战火真正燃烧到面前时所带来的巨大恐怖,几乎瞬间击垮了唐景崧,

---

① 《日清战争实记选译》,中国近代史资料丛刊续编《中日战争》8,中华书局1994年版,第496页。
② 《台湾民主记》,中国近代史资料丛刊续编《中日战争》12,中华书局1996年版,第139页。
③ 《台海思痛录》,中国近代史资料丛刊续编《中日战争》12,中华书局1996年版,第109页。
④ 《台湾民主记》,中国近代史资料丛刊续编《中日战争》12,中华书局1996年版,第139页。

第二十六章 瀛海偕亡——保台记

此前慷慨请命的言语已不知何去。

根据多位时人的记载，唐景崧此后潜入内府，携带巡抚印和部分资财，逃往不远处的淡水，消失在了茫茫夜色中。台北城则随着"总统"的出逃、前敌溃兵的涌入，陷入了彻底的混乱。乱兵认为自己上当受骗，遭到了抛弃，歇斯底里地四处劫掠烧杀，连"总统府"都燃起了大火。"各败军游勇、无赖土人凶悍无人理，执枪随手攻击，甚于寇盗。""诸军士劫库藏，烧衙署，火光烛天，呼声震耳。"① "自唐景崧逃亡以来，暴兵四处掠夺，或烧家屋，或掠家财，像狂风一样到处抢劫。"② 为图自保，台北的三名欧洲人作为租界和绅商代表出城寻找日军，"请倭人入城定乱"③，另有一名中国商人辜显荣也到城外迎接日军入城。④

日本美术作品：日军占领台北府城

---

① 《台海思痛录》，中国近代史资料丛刊续编《中日战争》12，中华书局1996年版，第109页。
② 《日清战争实记选译》，中国近代史资料丛刊续编《中日战争》8，中华书局1994年版，第507页。
③ 《台海思痛录》，中国近代史资料丛刊续编《中日战争》12，中华书局1996年版，第109页。
④ 《让台记》，中国近代史资料丛刊续编《中日战争》12，中华书局1996年版，第70页。

日军设立的殖民统治机构——台湾总督府

6月6日，日军派出的先头部队500人跟随洋商一起进入了台北城，兵不血刃占领了台湾省城台北。14日晚7时，日本台湾总督桦山资纪到达台北。17日，桦山资纪宣布台湾总督府开厅视事。

潜逃在外的唐景崧等官员大都集中到淡水，很多人都登上正停泊在港的台湾海防善后局轮船"驾时"号，"军民皆蚁附而登"。轮船出港时突然遭到港口炮台的炮击。炮台守军称："抚军初与吾辈约，死守不去。今寇未临于城下，潜挟资而返，置吾辈于此，为倭人坑戮。舟一起轮，立开炮轰击！"①

这样相持数天后，"舟中水米皆耗，数千人以为不饱渔腹，亦将饿毙舟中"，用船上所载的海关税金来贿赂炮台守军。6月6日清早，"驾时"终于驶出，然而炮台仍发炮向其攻击，船上被击毙八人，最后"驾时"在附近列强军舰的炮火掩护下冲波而去。炮台守军未曾料

---

① 《台海思痛录》，中国近代史资料丛刊续编《中日战争》12，中华书局1996年版，第109页。

到的是，唐景崧当天实际上并不在这艘轮船上，而是于当晚偷偷搭乘德国商船"亚沙"悄然离台。① 据称唐景崧的部将李文魁对其出逃的举动愤恨不已，跟踪到厦门意图刺杀唐景崧。"文魁亦蹑景崧后，至厦门，谋刺之。事泄，为清吏所捕，戮于市。"②

从5月25日上任到6月6日黯然离台，唐景崧的"民主国总统"只做了短短的13天。

> 顷台局洋匠手报，唐抚昨往沪尾，今早附"雅打"商轮内渡，沪尾炮台拦截，经德兵轮放炮救之，始开去……③

黑旗将军

占领台北后，日军即着手准备向南肃清台湾中、南部的反抗力量，从而控制全台。由于一路山岭险峻，道路难行，加上瘴气肆虐，日军的推进速度非常缓慢。同时，唐景崧离台后，很多籍隶台湾本岛的士绅官员和百姓仍然寄希望以"民主国"的方式进行抗战。鉴于台湾中部防守空虚，聚集在台南的军队成为保卫台湾最后的希望，士绅们推举坐镇台南的中法战争名将刘永福接替"总统"一职，刘永福坚决谢绝，最后仅同意以台湾军务帮办的名义领导抗敌，坐镇台南。

刘永福，又名刘义，是地道的草莽英雄。他生于广东钦州古森

---

① 《台湾抗战始末记》《台海思痛录》，中国近代史资料丛刊续编《中日战争》12，中华书局1996年版，第7、109页。
② 连横：《台湾通史》下，商务印书馆2010年版，第785页。
③ 《福州将军庆裕等来电》，中国近代史资料丛刊《中日战争》4，上海人民出版社1957年版，第157页。

清末《点石斋画报》新闻画：黑旗将军刘永福

洞小峰乡（今属广西防城市）一个贫苦的农民家庭。因为家境窘困，没有任何接受教育的机会。1854年，17岁的刘永福遭遇了生命中一次大磨难——这一年他的父亲、母亲以及相依为命的叔叔相继撒手人寰，刘永福不仅无力购买棺木安葬亲人，还为了偿还父母生前的欠债，被迫将全部家产变卖抵债，最后落得流离失所、衣食无着的悲惨境地。当时的钦州，正处于太平天国起义后，清王朝统治薄弱的境地中，各地的起义造反活动此起彼伏。为求生存，刘永福和一些乡亲加入了当地一支小股农民起义军。早年的痛苦经历使得刘永福骨子里始终有强烈的生存危机感。此后的日子里，为了生存，为了活得更好，刘永福曾不断改投山头，寻求新的生机。

1860年，刘永福改投另一股农民军，旋因该军的粮饷待遇缺乏，又转投农民军王士林部。当这支农民军也到了粮饷无着的地步时，刘永福又毫不犹豫弃之而去，改投与王士林为敌的土豪黄思宏部。29岁时，黄思宏部粮饷紧张，刘永福率200余人弃营而走，投到规模更大、待遇更好的起义军吴亚忠麾下。在吴亚忠部，刘永福当上了小头目，管辖自己带来的200余人，当时起义军内各个营头都以不同的旗帜作为标识，刘永福仿制驻地附近北帝庙中陈设的黑底北斗七星旗，以此为号，黑旗军即从此创始。

第二十六章 瀛海偕亡——保台记

1867年，清军调集兵力大举围剿吴亚忠起义军。刘永福当时备受吴亚忠赏识，升至义军左翼先锋，且吴亚忠已经准备将妹妹嫁给刘永福。但在吴亚忠作战受伤，清军大兵压境，起义军粮饷出现困难时，刘永福又抛弃起义军，率自己所部逃入越南。

当时与中国相邻的越南北部，聚集了不少从中国逃亡来的反叛武装力量。其中有的接受招安，归附越南王朝，成为越南政府雇用的团练；有的则自行在越南攻城略地，占据地盘自立为王。越南政府自身的军力，根本无法肃清边境，于是采取招安一批、攻打一批，让境内的中国武装力量自相攻灭的措施。

进入越南后的黑旗军，选择了在他们看来较光明的一条道路，即依附越南政府，攻剿越南当地反叛势力和其他退入越南的中国起义军。多年颠沛流离、刀锋刃口求生存的生活，使黑旗军成了一支极为骁勇的军队。几次剿匪作战大获成功后，黑旗军受到越南政府的重视，刘永福也获得越南政府给予的官职。1869年，黑旗军击败了越南北部实力最大的一支中国流亡起义军，即刘永福当年在吴亚忠起义军中的战友黄崇英率领的黄旗军。至此，黑旗军在越南北部扎稳脚跟，以位于中越边界的越南城市保胜（今越南老街）为总据点，设卡抽税，除越南政府按常例发给的粮饷外，黑旗军自行征收的税金每年可达八万余两银，从此黑旗军衣食无忧。

然而好景不长，法国势力侵入越南北部，严重影响了黑旗军的财路，黑旗军开始袭击法国船只，并先后击败、斩杀了前来镇压的法军军官安邺、李维业等，成就了刘永福和黑旗军能战的声名。这几次胜利，几乎都是在黑旗军占有压倒性兵力优势的情况下获得的。1882年，清政府派唐景崧入越招抚刘永福，然而当孤拔统率的法国正规军到来后,黑旗军几乎屡战屡败,最后于1885年中法战争结束后全部撤回中国境内。

黑旗军的士兵主要是极度贫苦的百姓,亡命异国,以作战凶狠著名。而中法战争结束,本因在中国境内被官军痛剿、没有出路而出境躲避的黑旗军,借此全部归国。面对太平的生活,这支军队立刻解体,"此时一般将士,个个欢欣,人人喜乐,皆相谓得回祖国,光宗耀祖,亲友交游,重相见面"。[①]至甲午战争爆发时,传说中的黑旗劲旅事实上已不复存在。

黑旗将军刘永福因为和唐景崧相熟,在其推荐下与清廷的言官清流等京官权贵结交,在朝议中得到格外的好评,被授予记名提督、南澳镇总兵。甲午战争爆发后,刘永福被调往台湾会办军务,临行时所部只有300余名黑旗军老官兵。刘永福另在广东潮汕一带招募新兵,凑足了数千人。虽然人数不少,但缺乏装备和训练,且军纪极坏。"乌合之众,仓卒成军,以之言战,何能御侮?"

唐景崧出逃,刘永福担起台湾防卫的重任,在所发的檄文中词气慷慨,可传说中的黑旗将军和黑旗军能否守住台湾呢?

讨倭奴檄

钦命帮办全台防务、前闽粤南澳总镇、依博德恩巴图鲁刘,为檄告四海事:

……本帮办百战之余,精神犹健,所有前在越南之部曲五千人,均系耐劳善战、奋不顾身。如其倭奴悔过退师,偿我兵费,

[①] 《刘永福历史草》,《钦州文史》4,钦州政协文史资料,第238页。

归我侵地，则本帮办体皇上不嗜杀人之意，抑又何求。倘犹逆命抗拒，盘踞滋扰，不量力、不度德，非礼非义之事且悍然为之，行将率黑旗一旅之师进攻台北，凡属倭奴，痛杀无赦……①

今天的人们再来读这篇檄文，恐怕只能报以苦笑。甲午战争时清王朝的前敌将帅，之所以能写出这类自不量力的话语，无外乎是既不知己也不知彼。而在那个蒙昧的时代，又只有这一类的话语会受到赞许，任何清醒的谨慎言论往往都会被当作怯懦的表现而受到谴责。更为可怕的是，带着盲目自信的官员，埋头按照自认为得计的战术，进攻自认为不堪一击的敌手时，一旦突然看到对方战斗力的真面目时，其精神信念往往会立刻轰然崩塌，乃至于连最后一点儿作战的勇气都会丧失。

就在刘永福发出檄文时，日本总督桦山资纪也发出了一份劝降书，不过不知道什么原因，劝降书晚了将近两个月才到刘永福手中。

> 大日本国台湾总督、海军大将子爵桦山资纪呈书刘君永福足下：
> 自从客岁，大日本国与大清国构难也，清国海陆之前军每战不利，其出外之师败于牙山，溃于平壤，覆于黄海，旅顺之要隘、威海之重地，相寻而陷，北洋水师之兵轮覆没殆尽，燕京之命运岌岌乎在于旦夕之间。于是乎大清国皇帝钦差全权大臣李鸿章及李经方请讲和，大日本国皇帝容其请，着全权大臣会见于下关议和，和成而订条约数款，台湾全岛并澎湖列岛咸

---

① 《刘永福历史草》，《钦州文史》4，钦州政协文史资料，第85—86页。

为大清国皇帝所割让……本总督乃开府台湾，扶绥民庶，整理政务，凡百之事，将就其绪。乃闻足下尚据台南，漫弄干戈，会此全局奠定之运，独以无援之孤军把守边陬之城池，大势之不可为，不待智者可知矣。

足下才雄名高，能明事理，精通万国公法；然而背戾大清国皇帝之圣旨，徒学顽愚之为，本总督窃为足下惜焉！若能体大清国皇帝圣旨之所在，速戢兵戈，使民庶安堵，则本总督特奏大日本国皇帝，待以将礼，送还清国，各部将卒亦当宥恕其罪，遣还原籍……①

雄风不再

1895年8月23日，刘永福就桦山资纪的劝降书回信，坚决予以拒绝：

……足下总督全师，为一国之大将，长才卓识，超迈寻常；何不上徼天时，下揆民心，憬然觉悟，及早改图，将台北地方全行退出？不惟台民感戴弗忘。即外洋各国亦必以足下为能审事机、知进退。否则，余将亲督将士，克日进征，恢复台北，还之我朝。恐彼时足下进退维谷，反获不仁不智之名；与其后悔，曷不早图？②

可在这份义正词严的书信之后，刘永福实际已经方寸大乱。

---

① 《刘永福历史草》，《钦州文史》4，钦州政协文史资料，第91页。
② 《刘永福历史草》，《钦州文史》4，钦州政协文史资料，第90页。

第二十六章 瀛海偕亡——保台记

日军占领台北后，于1895年6月下旬继续往南推进，台湾士人徐骧、吴汤兴等率领的台湾本地义兵竭力袭扰，利用台湾的复杂地形，以劣势武器与日军进行了可歌可泣的战斗，意图保卫新竹。随着6月22日新竹失守，日军进一步向南进犯，台湾义军转而在日军后方进行袭扰，甚至意图反攻新竹，最后大都不幸失败。

战至7月底，日军大体剿灭了台湾北部的中国军队。8月3日，日军近卫师团主力从台北大举南下向新竹出发，于14日占领苗栗。同一时期，根据桦山资纪关于增加兵力的请求，日本战时大本营从大连湾驻军中抽调了混成第四旅团，于8月9日到达基隆加入台湾作战，侵台日军遂调整部署，由混成第四旅团承担台湾北部地区的驻守，近卫师团集中兵力进攻台湾中部和南部，首要的目标是彰化城。

8月23日刘永福给桦山资纪回信的当天，日本近卫师团正在向彰化前进，黑旗军、台湾义军集中兵力在外围拼死抵抗，前敌作战的将士们并不知道，他们视为精神支柱的黑旗将军刘永福，此时已经准备弃他们而去。

见到日军不断南进，从8月中旬开始，刘永福已接连向南洋大臣、两江总督张之洞告急，言语之间已经萌生退意。日军凌厉的攻势似乎已让刘永福感到惧怕。中法战争时，张之洞是清廷清流人物中对刘永福颇为保举的大员，此时刘永福也将其视作再生父母，乞求生路。

8月19日，刘永福致电张之洞乞援，并乞求允许自己回大陆：

> 闽粤饷无济，台南已无法可筹。民不许行，我公不救，兵民皆乱，福死何益，痛哭乞援，望切望速。以后或为通商口岸，或乞俄

援，求善法使福行，天地父母，只公一人，乞救福死而拯民生。①

未等到张之洞的回音，8月21日刘永福再发电报，称"事急矣，生死安危惟公是命"②，乞求张之洞指示机宜。

22日，刘永福三度致电张之洞，话语更为直白：

> 谕福（刘永福）守两月俄即出援，今两月有余，南中幸无恙，今仍未见，俄欺公乎？福不负命，今饷械具绝，民兵将乱，何以战守？……天下仰我公一人，乞为大局计。痛哭流血，乞速设法救援。守走死生，望公一言为定。为守为走，总祈代设善法……事急矣，乞即确切示覆，以决行止。福。③

同一天，张之洞致电闽浙总督边宝泉，让其设法向刘永福转达自己的意见。当时，为防引起日本的不满，清政府严令沿海各省不得接济台湾抗日，张之洞的答复无疑将让刘永福绝望。

> ……屡次函电均悉。两次奉旨禁止接济台饷械，敝处实无从设法，万勿指望。俄国并无两月后来援之说，不知何人讹传。刘镇、黎守等或行或止，听其自酌。④

8月25日，即刘永福向桦山资纪发出掷地有声的拒绝信后第三

---

① 《刘镇来电》，《张之洞全集》8，河北人民出版社1997年版，第6577页。
② 《刘镇来电》，《张之洞全集》8，河北人民出版社1997年版，第6578页。
③ 《刘镇来电》，《张之洞全集》8，河北人民出版社1997年版，第6578页。
④ 《致福州边制台》，《张之洞全集》8，河北人民出版社1997年版，第6577页。

第二十六章 瀛海偕亡——保台记

天，日军兵锋已近彰化。并未收到张之洞指示的刘永福，又在当天再度电报张之洞乞援，话语也更加直白，直接向张之洞讨要轮船，准备离台。

>……福奉命来台，未奉命而往，民又苦留，进退维谷。乞公始终成全，设法并赏轮船，俾福安然内渡，则生衔环，死结草，断不忘公前后大德……①

刘永福似乎预感张之洞靠不住，同日又写了一封书信，直接向日军乞和，称"现在本帮办意欲免使百姓死亡受累，故本帮办亦愿将台让与贵国"，所列的交换条件之一是"本帮办所部兵勇以及随员人等，亦须厚待，不可侮辱，将来须请照会闽浙总督、两广总督或南洋大臣，迅速用船载回内地"。②由于这封书信是委托英国军舰转交的，事实上过了很久才到达日军手中。

并未及时得到刘永福的降书，日军于8月28日攻陷彰化，黑旗军和台湾义军将领吴汤兴、吴彭年等英勇战死。受制于补给困难，以及台湾山野环境恶劣，因病减员严重的日军在彰化休整至9月末才继续南进。在此期间，黑旗军和台湾义军曾数度发起袭扰，都告失败，刘永福则继续留在台南不得一策，而两江总督张之洞依然遵守谕旨，对台湾抗战不予丝毫援助。

1895年9月26日，张之洞向刘永福发出了一封文意十分明确的

---

① 《刘镇来电》，《张之洞全集》8，河北人民出版社1997年版，第6 583—6 584页。
② 《台湾抗战日方资料》，中国近代史资料丛刊《中日战争》6，上海人民出版社1957年版，第495页。

电报，彻底熄灭了黑旗将军的希望。

> 守台之举，出自阁下义勇，鄙人并未置词。至守台两月，俄即来援之说，实系讹传。俄国在北，如何能顾及台湾？鄙人并未发此电。今或去或留，仍请阁下自酌，鄙人不敢与闻。至协济饷械，叠奉谕旨严禁，万不敢违。愧歉万分，务祈原谅。①

9月末，日本台湾总督府和战时大本营协商，从中国辽东海运第二师团至台湾，在台湾地区集结起了包括近卫师团、第二师团、混成第四旅团等部的庞大兵力，编为南进军，由台湾总督府副总督高岛鞆之助担任南进军司令官。南进军成为甲午战争历史上日军继第一军、第二军、山东作战军之后的第四个军一级规模的兵团。

日军渡过台湾淡水河

---

① 《致台南刘镇台渊亭》，《张之洞全集》8，河北人民出版社1997年版，第6 638页。

第二十六章 瀛海偕亡——保台记

为了加快占领台湾，南进军调整战略，近卫师团、第四混成旅团继续由北向南推进，而第二师团则直接经船海运到台湾南部的枋寮附近登陆，对台南府城形成南北夹击之势。

10月9日，北白川能久亲王率领的近卫师团攻陷了台湾南部重镇嘉义。10日，日本军舰"浪速"在外海遇到了帮刘永福送降书的英国军舰，刘永福在8月25日投出的有条件投降书这才到了日军手中。

此时，胜券在握的日军对刘永福的投降已经不屑一顾，南进军司令高岛鞆之助中将代表桦山资纪作回书一封，对刘永福大加羞辱：

……据该书，汝似欲具条件乞和。曩依下关条约本岛归我日本帝国版图时，总督桦山海军大将好意起见，夙陈利害顺逆之理，恳谕汝速投兵撤回。乃汝当时故意左右其辞，斥此好意，窃据南部台湾之地，以至今日……今大军逼于咫尺，命在旦夕，乃腼然乞和，且具条件，拟一如对等国将领相接议事之式，此本职所最不可解者也。汝若悔前非，欲诚意乞降，惟有面缚自来军门乞哀而已。如今后再发此种使书，本职将断不理睬也，并此告知。①

对战局已经没有信心的刘永福接到日方这封充满羞辱的信后，仍然试图达成有条件投降，在11日作回信给南进军司令高岛鞆之助，与其进行辩论和解释，希望日方能够接受自己的投降。

---

① 《台湾抗战日方资料》，中国近代史资料丛刊《中日战争》6，上海人民出版社1957年版，第495—496页。

……七月中致书桦山君后，即将由内地征募之兵士按留台南，决无由我动兵攻击之行动。彰化、云林战争以前之事，都因台湾土人蒙我大清国皇帝深仁厚泽达数百年之久，不忍徒以此地归诸贵国，自然动及干戈者也。本帮办已由彰化退回云林，再由云林退回嘉义矣。想必执事不知此心底，犹且战斗，而失信义。本帮办待人以信，故于七月间手接桦山君来书即速令兵士撤回……尚祈两国停兵，以伸和议。若和议既定，本帮办当即招率将士以全台湾让于贵国，决不食言。①

　　对刘永福的书信，日军不予理会，继续加紧对台南一带的攻势。10月12日，刘永福干脆委托两名英国人，携带自己的另一封书信，直接前往日军营地乞和。日军的态度依然强硬，称没有议和，只有投降一说，而且必须是刘永福亲自来乞降才会接受。至此刘永福向日军求和的希望也告破灭。

　　10月18日，日军逼近台南外围，台湾保卫战到了最后的时刻。此后刘永福的活动，在根据其晚年口述的回忆录《刘永福历史草》中有十分生动的记载。

　　19日，台南外围最后一道防线曾文溪部失守，台湾义军的重要将领徐骧战死，整个台南府城的防御形势恶化。面对日军的重围，刘永福万念俱灰，来到台南的白莲庵求签。

　　公回城，左思右想，知不是头路。此日傍晚，自到白莲庵

---

① 《台湾抗战日方资料》，中国近代史资料丛刊《中日战争》6，上海人民出版社1957年版，第496页。

第二十六章 瀛海偕亡——保台记

求签，焚香跪求，摇签一二点钟之久，其签不出。公祝曰："我刘某为国为民，今日受困已达极点，如有何项生路，望神指示，或去，或匿在台湾呢？"屡求不出。再苦泪下而求之，忽然走出一签云"木有根枝水有源"，尚有下三句不记得，其大概说为君计，今日事至如此，我做神亦无主意也。复再求一条，得第十签，其词不记得，但其解曰"求财不得；求病必死；求子生女；失物无回；出行多阻"云。公求签回署，见签语不佳，郁郁不乐，仍无决断主裁。且粮饷已罄，人心已变，将有溃哗之虞，即自己近身之人，其举动亦多有不同。公睹此情形，无论如何，拼死亦要内渡回也。

当晚，刘永福即预备秘密逃离台湾。当时正有一艘英国商船"福利士"在港，刘永福即先派人将自己的细软、官印以及豢养的几条爱犬送上英轮，搭附回国。因为惧怕英轮目标太大，刘永福自己则计划搭乘附近的一艘木船渡海。

公欲搭木船，着伴当亚鹤往去探问，并嘱曰"尔出去问此船行否，须说有一客想搭尔船。他若根问是何人，尔即说此人系来此处做生意的，因刘钦差要勒他签题军需银二千两，他不允，刘欲使人押他，现他带银走。尔若肯搭他，他愿送银四百于尔也"云云。亚鹤奉命跑去，将此情由探问。其船主答应……公即预备一切，此日唤亚鹤先落船伺候，公夜间方放艇往去过船。

20日，整个台南府城陷入混乱。傍晚，刘永福带领三子刘成良，以及黑旗军残部，携带台湾民众为义军筹军饷而凑集的大笔金钱从台南出逃，前往附近的安平港口。"台南营勇杂乱无纪，其稍精壮可用之湘、淮勇皆战死前敌。所余皆永福所带之广勇，一味劫掠，敌至，纷纷溃乱。永福惧不敢出，令军士树白旗降倭，已由安平口附英国轮船内渡。"①

根据日方后来侦获的情报，刘永福为了让"福利士"搭送他回国，向船长支付了9 000银圆巨款。

当晚9时，"福利士"号申请出港，由日本军舰"八重山"对其实施检查，"八重山"舰的军官在舱内发现载有1 500余名中国壮丁，但因为在船中没有搜出军械而放行。得知此事之后，日军舰队司令东乡平八郎认为检查得不够细致，又派"八重山"舰追上"福利士"，再度登船进行检查，其间刘永福先后躲在锅炉舱、船员舱、货箱、麻袋内等处，躲过了检查。

此后的航行途中，刘永福先是腹饥索食，后又犯鸦片烟瘾四处索要鸦片，台湾之失已经忘在脑后。

> ……其夜，公肚太饿，陈湘泉谓火轮之打杂工人曰："尔与我煲粥一碗与我，要银若干？"打杂曰："二元。"湘泉即应承他，喊他煲来。有顷，煲好，公曰："取一碗与我也！"打杂仔即捧粥一碗与公。公见全是米泔，并无米粥，焉能充饥。公谓曰："我不是要米泔解渴，乃是要粥食而已。"随喊他换过，仍

---

① 《台海思痛录》，中国近代史资料丛刊续编《中日战争》12，中华书局1996年版，第115页。

第二十六章 瀛海偕亡——保台记

旧如前。打杂仔曰:"系此的咯!"任捞亦是这样。盖其煲一煲粥放亦不够半两之米。公迫得亦吞了一碗,以免饥饿。

轮船将到厦门,公烟甚瘾。时老番大火在舱房内,公不知西语,公对着大火用手指灯火烧烟,又以手作竹吹烟状,向大火拱拱手。大火即取酒一樽与公。公摇首说,不是要酒。大火以为嫌此酒不佳,复再取一樽与公。公亦摇首,大火因语言不通,即喊亚贵回房询公。公即谓亚贵曰:"我烟甚瘾,有洋烟否,取来与我吹之,我后来知你之厚意也。"亚贵曰:"船到厦门埠头矣,不必吹烟,上去正吹了。"

公其时登了岸,脱离虎口,如渡过慈航,喜得还生,不胜欣幸。湘泉即带公住一老妓寨三楼暂歇,开灯吹烟。此妓乃湘泉旧好。妓问公曰:"大客在厦门向来做何生意?"公曰:"我在台湾亦做有生意,不甚大的,不过千数百金,在台湾一概失得干干净净。奈何!"①

1895年10月21日,刘永福回到了大陆,置身妓院吞云吐雾,一释半年以来的惊惧。而在此时,群龙无首的台南陷入混乱。在英国传教士的引导下,日军兵不血刃,于10月21日上午8时40分进入台南府城。随后不久,台南的外港安平也被日军占领,驻守在台南、安平一带的五营清军投降,台湾义军四散,保台之战失败,台湾"民主国"灭亡,甲午战争的余音至此画上了休止符。

---

① 《刘永福历史草》,《钦州文史》4,钦州政协文史资料,第254、258页。

第二十七章　不负少年头
——孙帝象和兴中会

孙帝象

宫太傅爵中堂钧座敬禀者：

　　窃文籍隶粤东，世居香邑，曾于香港考授英国医士。幼尝游学外洋，于泰西之语言文字，政治礼俗，与夫天算地舆之学，格物化学之理，皆略有所窥。而尤留心于其富国强兵之道，化民成俗之规。至于时局变迁之故，睦邻交际之宜，辄能洞其阃奥。当今光［原文如此］气日开，四方毕集，正值国家励精图治之时，朝廷勤求政理之日，每欲以管见所知，指陈时事，上诸当道，以备刍荛之采。嗣以人微言轻，未敢遽达。比见国家奋筹富强之术，月异日新，不遗余力，骎骎乎将与欧洲并驾矣。快舰、飞车、电邮、火械，昔日西人之所恃以凌我者，我今亦已有之，其他新法亦接踵举行。则凡所以安内攘外之大经，富国强兵之远略，在当局诸公已筹之稔矣。又有轺车四出，则外国之一举一动，亦无不周知。草野小民，生逢盛世，惟有遂听欢呼、闻风鼓舞而已，夫复何所指陈？然而犹有所言者，正欲于乘可为之时，以竭其愚夫之千虑，仰赞高深于万一也。

——孙文《上李傅相书》①

1894年9月至10月间,甲午战争战局炽烈,淮军、北洋海军接连失利,清王朝败迹已露。此时,中国坊间传出了一桩特别的新闻,上海出版的《万国公报》上连载刊出了一篇名为《上李傅相书》的长篇雄文。一位籍贯广东香山、名叫孙文的草根人物,以这种公开信的形式,向他心目中的中国改革之父李鸿章痛陈他所理解的改革之道,展示自己的才能,渴望能够得到赏识和擢用。

孙文,字载之,号逸仙,谱名德明,1866年出生于广东省著名的侨乡香山县(今中山市)的翠亨村。按照地方土俗,有孩童出生,为保平安成长,男孩大都会寄名于当地一座名叫北帝庙的神庙,起名字时也多选用带有寓意北帝庇佑的"帝"字。孙文的胞姐孙妙茜后来回忆,这个孩子降生后,祖母黄太夫人给他起乳名为"象",取意当地一座风水口碑很好的山的形状。久而久之,家人便习惯呼这个小孩为阿象、帝象,甚至到了他发蒙就学时,正式的学名孙文都不常用,而习称孙帝象。②

年幼的孙帝象对自己的常用名并不满意,感觉十分土气,不情愿接受。不过后来随着他本人的成长,及其在中国近代史上的地位,这个名字竟被后世阴阳学家评为无比玄妙的征兆。

很巧合的是,孙帝象的祖父和父亲都痴迷于风水学说,这一特

---

① 孙中山:《上李傅相书》,《万国公报》1894年第69、70册。
② 庄政:《孙文先生名字号考述》,《近代史资料》98期,中国社会科学出版社1999年版,第239—240页。

青年时代的孙帝象

殊情况似乎为这种玄妙的说法提供了一点儿合理性。不过祖父、父辈的爱好，导致家业荒废，家道中落，到了帝象出生时，这户孙姓家庭的生计已经十分窘迫。帝象原本有二兄二姊，夭折一双，仅剩兄姐各一。长兄孙眉，少时生性顽皮，绰号"张飞"，不喜读书，不为父亲所喜，家中借一位在夏威夷王国火奴鲁鲁（檀香山）经商的亲戚回国的机会，就让亲戚把孙眉带往檀香山做工挣钱、闯世界，未想孙眉离别故土后，竟刻苦耕种，后来在夏威夷景色秀美的茂宜岛上置得了一片大产业。①

香山一带侨乡有不重科举功名而习惯送子弟"下南洋"闯世界的风俗。沿从此俗，1879年，在家中念了几年私塾，和哥哥同样顽皮的孙帝象也被遣往檀香山，依附事业有成的哥哥，学习英文，以求为将来安身立命打下一点儿基础。当年秋季，檀香山意奥兰尼书院②便多了一位学名为 Sun Tai Cheong（孙帝象的威妥玛拼音译法）的学生。

四年后，孙帝象从夏威夷回到了翠亨村。关于返回的原因众说纷纭，帝象后来的革命挚友陈少白称，是因为帝象在夏威夷求学期间皈依了天主教，思想保守的哥哥孙眉对此无法容忍，引发口角争斗，帝象一气之下就返回了故里。③对此，孙帝象本人称其实是自己准备加入天主教，哥哥孙眉极为反对，而将其遣回故里。根据香港美国纲纪慎会（American Congregational Mission）礼拜堂现存的

---

① 中国近代史资料丛刊《辛亥革命》1，上海人民出版社2000年版，第21—22页。
② 一说为奥阿厚书院（Oahu College）。见葛培林：《孙中山与香港》，政协中山市文史资料委员会2005年版。
③ 中国近代史资料丛刊《辛亥革命》1，上海人民出版社2000年版，第22—23页。

第二十七章 不负少年头——孙帝象和兴中会

登记证记载，孙帝象实际是1883年在该礼拜堂受的洗礼。

归乡的帝象与邻村年岁相仿的少年陆皓东相识。在西方社会的几年生活经历，耳濡目染，使得年少的帝象和痴迷风水学说的祖父辈迥然不同，他认为"迷信为愚昧的原因，亦为进步之桎梏"，天然具有了一种叛逆思想。很快，思想付诸行动，孙帝象在老家掀起了一场不大不小的波澜。他和陆皓东"蓄意破除多神迷信与偶像崇拜"，当地的北帝庙、天后宫里的神像都先后遭殃，"中山先生和陆皓东跑到北极殿，将北极帝君竖起的中指折断，并说：'你这样威风，现在又奈我何？'接着又迅速跑到邻座金花殿，将金花娘娘的脸划成又花又丑怪的大花脸"。①

这样悖逆不道的举动立刻触犯众怒，孙帝象和陆皓东都不见容于乡中，被各自家庭遣送往外地。帝象被逐往香港，先是入拔萃书院（Diocesan Home）学习，旋入读中央书院（Government Central School），学号2746。②陆皓东则到了上海，学习当电报生。正是在香港求学期间，帝象的举动益发出格，和从上海赶来的陆皓东一起正式皈依了天主教。

帝象的名里带有北帝崇拜的意思，皈依天主时，就在登记簿上将自己的常用名改为孙日新。教区长老区凤墀根据粤语发音，将日新改为读音相近，但字意更雅致的逸仙二字，从此孙文的常用名就从帝象变成著名的孙逸仙（Sun Yat Sen）。③

在香港中央书院完成基础学业后，孙逸仙转读广州博济医局附

---

① 《孙中山生平事业追忆录》，人民出版社1986年版，第10页。
② 《革命先烈先进传》，台北中国国民党党史会1965年版，第1页。
③ 冯自由：《革命逸史》，中华书局1981年版，第12页。

设的南华医学堂（今中山医学院前身），预备将来以行医为业。当时南华校中有一些学生带有会党背景，其中尤以在广东势力极大的三合会为多。一位参加了三合会的名叫郑士良的同学成为孙逸仙的好友，平日言语间流露出的"反清复明"教义思想，对孙逸仙影响颇大。后来成了民国元戎、革命先行者孙文的孙逸仙，在其回忆录《革命原起》中称，就在这个时期，他立下了要推翻清王朝的雄心壮志，"始决倾覆清廷，创建民国之志"。①

1887年，曾有西医经历的香港华人名士何启（兴中会会员，香港启德机场创始人之一，现代澳门赌王何鸿燊是其堂孙）为纪念英籍亡妻雅丽氏（Alice Walkden），在香港开办了一家华人西医医院，旋即为了培育华人西医人才，在北洋大臣李鸿章赞助下，开设香港西医书院（Hong Kong College of Medicine for Chinese）。新校初创，由于兼通中西文字且又有志从医的青年如凤毛麟角，西医书院在香港招生不足，于是把招生的范围扩大到了广州。

在南华医学堂就读刚一年多的孙逸仙看到香港西医书院的招生公告，鉴于"学课较优，而地较自由，可以鼓吹革命"，决定立刻前往香港。借着具备中英文语言功底的优势，他顺利通过考试入校。孙文后来自述，因在香港没有内地的种种束缚，心中萌发的反清思想得以尽情展露。"致力于革命之鼓吹，常往来于香港、澳门之间，大放厥词，无所忌讳。"②同学陈少白回忆，那一时段的孙逸仙犹如着魔，"他进校以后，天天谈革命，同学中当

---

① 中国近代史资料丛刊《辛亥革命》1，上海人民出版社2000年版，第3页。[日]宫崎滔天：《支那革命军谈》，日本法政大学出版局1967年版，第7—8页。
② 中国近代史资料丛刊《辛亥革命》1，上海人民出版社2000年版，第4页。

第二十七章 不负少年头——孙帝象和兴中会

然没有人同他谈的。或有以为大逆不道而避他的,或是当他中风病狂而笑他的"。

孙逸仙整日畅谈革命造反,又极推崇太平天国领袖洪秀全,在学校里得了个"洪秀全"的绰号;又因与志趣相投的陈少白、尤列、杨鹤龄等张口闭口皆是造反等话题,被人称作"四大寇"。

"四大寇"合影,左起第二人为孙逸仙。该照片由合照中第五人关景良收藏,后翻影分赠至好

1892年7月,孙逸仙在同考二人中以分数排第一的成绩从香港西医书院毕业,遂准备以行医为生。初期孙逸仙准备在香港开设药房,后计划受挫,又改到澳门行医,旋即因为不具备葡萄牙政府颁发的行医资格证书,被迫歇业。再迁至广东省城广州行医,又因当时中国社会对西医所知甚少,不被信任,生意极为冷清。

对这段不佳的创业史,陈少白为尊者隐讳,称孙逸仙在澳门、广州行医极为成功,"不满两三月,声名鹊起,几乎没有一个人不耳闻其名,极端钦佩的,就诊者户限为穿",只不过因为孙逸仙"并不积蓄",所以赚到的钱"总在各方面用了出去,以致赚来的钱到手就完"。①

兴中会

惨淡经营了两年多，1894年，在香港的陈少白突然得到广州孙逸仙药房的来信。药房伙计万般慌张地通知，"孙先生失踪了，药房中开销很难，收入不敷，只剩十几块钱了"。陈少白赶到广州，代为维持打理，孙逸仙则音信全无。多天过后，"他突然跑来了，手里拿了很大一卷像文件的东西"。孙逸仙称，失踪的日子里，自己实际是回翠亨村老家撰写《上李傅相书》去了。

甲午战争的爆发、北方战局的不利，让孙逸仙认为自己看到了出人头地、改变中国命运的机会。陈少白回忆，"以后，他对于药房也不管理了，就到上海去要把这封信上给李鸿章。我没有办法，就让他去。同时我就替他把两间药房收拾起来，交回那些出过股本的人"。从此，孙逸仙抛下医学之途，开始追求少年时就魂牵梦萦的改革梦想。孙逸仙首先经在轮船招商局任职的同乡郑观应介绍，将《上李傅相书》呈给李鸿章重要部属盛宣怀，再辗转呈交李鸿章，希望借自己这篇改革方略得到李鸿章赏识，"欲乞傅相专委办农务"，但最终没有任何结果。

这封没有起到预想效果的信，之后便被孙逸仙投到《万国公报》公开登出，以显示自己的才华和怀才不遇。进入清政府系统任职、改变中国命运的梦想被击破后，孙逸仙彻底失去了对清王朝的兴趣，乘舟西去檀香山，决定趁着清政府对日战争失败的孱弱时刻，开始

---

① 中国近代史资料丛刊《辛亥革命》1，上海人民出版社2000年版，第27页。

第二十七章 不负少年头——孙帝象和兴中会

取而代之的造反。"他看透了满清政府的昏庸腐败,女主西太后的愚昧专横,光绪皇帝的软弱无能,与之谈维新,和对牛弹琴一样,是不会有丝毫效果的。"①

美术作品:兴中会在檀香山成立

1894年11月24日,北洋海军重要军港旅顺被日军占领不久,在秋意宜人的夏威夷茂宜岛上,30余名华裔青年在激动地议论时事,由孙逸仙提起的反清秘密组织檀香山兴中会正式成立。除入会会员每人缴纳五块银圆底银外,在长兄孙眉的帮助下又筹得数万经费,孙逸仙即预备以此发动推翻清王朝的起义。第二年正月,孙逸仙与檀香山兴中会骨干邓荫南等携款秘密回到香港,召集陆皓东、陈少白等旧日同学、同志,并且并入了当地人杨衢云领导的带有反清思想的小组织辅仁文社。他们模仿檀香山兴中会制度,于1895年2月

---

① 罗家伦:《国民革命画史》,台北中国国民党党史史料编纂委员会1958年版,第4页。

21日成立兴中会总会,而把原檀香山兴中会改为檀香山支会,定立誓词为"驱逐鞑虏,恢复中华,创立合众政府",是为以推翻清政府为目的,决不容任何妥协、调和的彻底的革命团体。

> 中国积弱,非一日矣!上则因循苟且,粉饰虚张;下则蒙昧无知,鲜能远虑。近之辱国丧师,剪藩压境,堂堂华下[夏],不齿于邻邦;文物冠裳,被轻于异族。有志之士,能无抚膺!夫以四百兆苍生之众,数万里土地之饶,固可发奋为雄,无敌于天下。乃以庸奴误国,荼毒苍生,一蹶不兴,如斯之极。方今强邻环列,虎视鹰瞵,久垂涎于中华五金之富,物产之饶,蚕食鲸吞,已效尤于接踵;瓜分豆剖,实堪虑于目前,有心人不禁大声疾呼,亟拯斯民于水火,切扶大厦于将倾。用特集会众以兴中,协贤豪以共济,抒此时艰,莫我中夏……
> ——檀香山兴中会成立宣言[①]

孙逸仙和他的同伴们,大都怀着一腔热血和报国无门的愤懑,对甲午战争连战连败,以及国家任人欺凌的悲惨现状痛心疾首,对居于统治地位的清王朝失去信心,从而决定直接付诸武力,取而代之,以实现他们梦想的中国的新生。

1895年,兴中会在香港开设了名为"乾亨行"的商行,当作秘密办公机关,又在广州双门底租赁王氏家祠,对外称开设农学会,实际就是兴中会在广州的总指挥所。经推选,孙逸仙担任起义总统领,决

[①] 中国近代史资料丛刊《辛亥革命》1,上海人民出版社2000年版,第85页。

定发动顺德、香山、北江、香港四地的革命力量，定于10月26日，即农历九月初九日重阳节会齐广州，直捣黄龙，攻取两广总督衙门。

未料事机不密，九月初广州城将会发生武装暴动的消息不胫而走，在民间传得沸沸扬扬，引起了广州当局的高度注意。起义预定日到来时，又别生事端，由杨衢云负责召集和带领的香港方面起义主力以及由他们负责运输的起义用军火根本未到广州，使得已经按期集合的起义军人心大乱。10月27日，广州巡勇管带李家焯得到兴中会变节自首会员的密报，率兵包围了王氏家祠，陆皓东等多名兴中会会员被捕。28日，香港兴中会组织的部分人员没有听从孙逸仙立即停止所有行动的命令，乘坐"泰安"轮运送武器抵达广州。清军立即登船搜捕，共有45名起义人士被拘拿，其运输的武器弹药全部被抄获。兴中会发起的首次起义遂告夭折，但革命的烈火已经就此燃起。

> 吾姓陆名中桂，号皓东，香山翠微乡人，年二十九岁。向居外处，今始返粤，与同乡孙文同愤异族政府之腐败专制，官吏之贪污庸懦，外人之阴谋窥伺……今事虽不成，此心甚慰，但我可杀，而继我而起者不可尽杀，公羊既殁，九世含冤，异人归楚，吾说自验，吾言尽矣，请速行刑。
>
> ——陆皓东被捕后笔供

余音　遥望家园
——日本的甲午战争清军战俘墓

清军战俘

1894年春夏之交，日本挑起了针对朝鲜和中国的侵略战争，中国史称甲午战争。作为战争中必然会出现的情况，几乎在甲午战争战端开启之际，战争俘虏就已出现，其中尤以被日方俘获的清军战俘为多。

1894年7月25日，北洋海军的"济远"号巡洋舰和广东水师的"广乙"号巡洋舰在朝鲜南阳湾丰岛海域遭日本海军第一游击队的"吉野""浪速""秋津洲"三舰偷袭，爆发了甲午海上战场第一战——丰岛海战。当"济远"舰逃跑、"广乙"舰重伤退出战场后，被雇用运送中国陆军官兵的英国商船"高升"因拒绝投降被日舰"浪速"号野蛮击沉，运输舰"操江"无力抵抗，被日舰"秋津洲"号俘虏，"操江"舰自舰长王永发以下84名海军官兵成为那场战争中最早一批成建制被俘虏的中国军人。[①]

---

① "操江"舰被俘人员中有一人在临时关押地死亡。抵达日本后，其中的丹麦籍洋员弥伦斯被释放，实际羁押在日本的共82人。

余音　遥望家园——日本的甲午战争清军战俘墓

西方铜版画：在日本游街示众的清军战俘

当时日军对敌方俘虏采取的是运回日本本国实施羁押的方式。据见证此事的人记载，为了在日本国民面前炫耀战功，来自"操江"舰的中国俘虏一度成了日军的宣传品。运输战俘的军舰抵达佐世保时，"船近码头即放汽钟摇铃、吹号筒，使该处居民尽来观看"，而后强迫中国俘虏在街头游行示众，"使之游行各街，游毕放收入监，以示凌辱"。①

继"操江"舰俘虏之后，甲午战争爆发后数量最多的清军战俘产生于平壤之战。1894年9月15日，中日两国陆军在朝鲜北部重镇平壤爆发激烈的大兵团会战。因为粮弹不继，后路被截，驻守平壤的中国军队总统叶志超决策弃城，于当天午夜冒雨率部弃城北撤，中途遭到日军伏击，造成了惨重伤亡。突围途中大批中国官兵因迷路、被包围、受伤，成为日军的俘虏。根据日本军史记载，被俘清

---

① 《弥伦斯致博来函》，盛宣怀档案资料选编《甲午中日战争》下，上海人民出版社1982年版，第147页。

军中有47人因为试图逃跑被日军斩杀，25人因伤势过重死去，三名在羁押期间因病死去，其余554人经海运送至日本。①

平壤战役中被俘的清军

辽东金州、旅顺战役中被俘的清军

---

① 《日清战争统计集》下卷2，日本海路书院2005年版，第1 073页。

余音　遥望家园——日本的甲午战争清军战俘墓

平壤战役失败后，甲午战争的战火越过鸭绿江烧进中国境内。在接连进行的辽东战场金州、旅顺等诸战役以及威海卫保卫战中，又有大批清军被俘后被押至日本。甲午战争中被运送到日本看押的被俘清军总计1 004人（东北战场海城、牛庄等战斗中被俘的清军，被日军就地羁押于东北地区），其中职衔最高者是武毅军副将、记名提督谭清远。

作为最先到达日本的中国战俘，"操江"舰的80余名官兵被送到日本九州岛最西端的长崎，拘禁在佐世保军港附设的监狱中，按照军官和士兵分别关押，每间囚室安置11至12人。而后在8月16日移交给陆军相关部门监押，并于8月23日由日本陆军大臣批准施行战俘处理方法，日本对甲午战争中的清军战俘的处置开始形成一定之规。所有到达日本的清军战俘，此后均海运至广岛宇品港上岸，由位于广岛的留守第五师团司令部负责管理并送往不同的羁押地。

当时日本分别在本土的东京、佐仓、高崎、丰桥、名古屋、大津、大阪、姬路、广岛、丸龟、松山等11座城市设立名为"俘虏厂舍"的战俘营，具体则是在这些城市中选定一些宗教寺院充当关押点，如大阪的难波别院、东京的浅草本愿寺、大津的东本愿寺、松山的长建寺和大林寺等。对于抵日时身上有伤或患病的清军战俘，则单独羁押于这些城市的日本陆军预备病院，由红十字会人员进行救治。

甲午战争是近代日本经历的第一场大规模对外战争，清军战俘也使其第一次面对处理大批外国战俘事务的问题，主要处理方式上参照了欧洲国家的先例。清军战俘在日本主要是被羁押，没有被投入苦役活动，不过日方经常性押送战俘外出进行侮辱性的游行示众。羁押期间，日方对清军战俘不断提审，以图获取有关中国国内政治以及各支军队的情报。另外日方还以被俘的清军官兵作为人种范例，经常进行各类医学测量活动。1894年出版的日本战时刊物《日清战争实记》上，就曾以《日清两国兵体格的比较》为题，刊载过这类测量结果。在俘房的日常生活供应上，日本军方和民政部门一度互相推诿，都不愿投入过多资金，使得战俘的饮食、服装供应较为粗劣。

1895年春，随着《马关条约》的签订，甲午战争以中国的失败告终。大战终止时，两国议及战俘交换问题，经过多次谈判，最终在当年的夏季完成交接。

8月18日，关押在日本的清军战俘被放回。当天早晨6点30分，满载清军战俘的日本商船"丰桥丸"抵达天津大沽口外。中国交接委员、大沽炮台守将罗荣光派遣炮舰"镇海"号前往迎接，将放回的战俘976人从"丰桥丸"接驳回天津。

中国战俘刚刚脱离牢笼，很快遇到了自己祖国的责罚。按照俘房不祥的传统观念，饱经折磨重归故土的战俘中，士兵一律就地解散，军官则革除所有官职后遣散。被放回的"操江"舰长王永发曾经上书为病死在日本的部下请求抚恤，结果招致清廷严词责骂。在平壤因伤被俘的军官谭清远等不仅被革职，还被追究被俘的罪责。这些曾为国家付出了鲜血的"不祥之人"很快便从档案中消失，有关甲午战争中的清军战俘的记载则成为一段几乎被湮没的历史。

余音　遥望家园——日本的甲午战争清军战俘墓

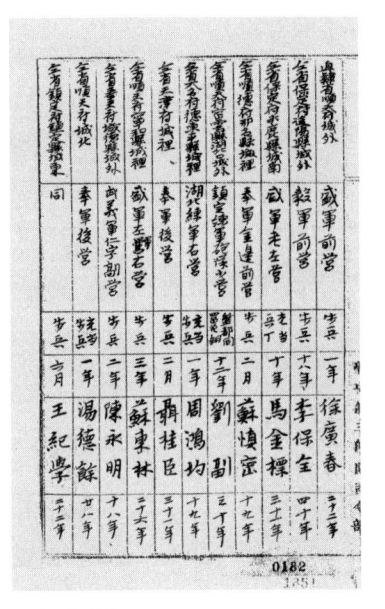

日本档案中的甲午战争清军俘虏名录

　　根据日方统计，清军战俘在日本期间因生病或其他原因共死亡26人，其处理办法是就近于关押城市的日本陆军墓地中择地安葬，其墓碑的形式、规格则按照日本陆军的标准制作设立。[①]在2007年至2015年间，笔者利用赴日考察的机会，分三次对位于大阪、大津、广岛的旧日本陆军墓地进行了探访，在三地均发现至今尚保存有清军战俘墓；而佐仓、高崎、松山三地的旧日本陆军墓地因为变乱、毁坏的缘故，尚未找寻到有关清军战俘墓的线索。

---

① 《日清战争统计集》下卷2，日本海路书院2005年版，第1071页。

清军战俘在日本关押情况一览[①]

关押城市	战俘数量	被俘地区	在日本死亡	在日本逃亡	送回中国
东京	179	金州	—	—	179
佐仓	103	牙山、平壤、九连城、金州、旅顺、威海	6	—	97
高崎	42	凤凰城、连山关、金州、盖平、威海	1	—	41
名古屋	100	平壤	—	—	100
大津	100	平壤	2	—	98
大阪	276	成欢、平壤、九连城、虎山、安东、凤凰城、岔路子、四面城、分水岭、大连湾、金州、旅顺、盖平、七里沟、海城、千山、荣成、威海、澎湖、日本	9	1	266
广岛	8	平壤、凤凰城、金州、海城、荣成、威海、澎湖	3	—	5
松山	96	牙山、平壤、丰岛	5	—	91

大阪真田山陆军墓地

大阪真田山陆军墓地中的战俘墓是现代中国甲午战争史研究界最早关注的清军战俘墓。

---

① 据《日清战争统计集》下卷 2 相关资料整理，参见该书第 1 075—1 076 页。

该墓地因位于真田山之麓而得名，是日本历史较久远的军人墓地之一。1871年，日本陆军省在真田山旁开辟"真田山埋葬地"，即陆军墓地，主要安葬日本陆军系统因公亡故的官兵，至二战结束该墓地弃用为止，共埋葬了至二战结束之前各场战事中死亡的日本陆军官兵和军夫，总计建有坟墓5 299座以上。此外，该墓地还埋葬了甲午战争中的清军战俘和第一次世界大战日军进攻青岛时俘房的德军战俘。

日本大阪真田山旧陆军墓地

根据日方档案记载，羁押在大阪的清军战俘共有九人死亡，而经过反复查证，真田山陆军墓地中的清军战俘墓现存只有六座，消逝的三座或许是因为日久风化等原因已经无存。目前现存的六座清军战俘墓先后分作两次下葬，其墓碑的形制与日军士兵相似，即类似方尖碑形的立柱碑，碑的正面刻有墓主姓名，两侧刻墓主身份和去世时间等信息，六座战俘墓的墓碑铭文内容分别为：

刘汉中，马兵五品顶戴，明治二十七年十一月九日大阪陆军临时病院死亡。

刘起得，明治二十八年一月三十日大阪陆军预备队病院死亡。

李金福，河盛军步兵卒，明治二十八年七月十六日大阪陆军预备队病院死亡。

吕文凤，朝鲜皇城清国电报局巡查，明治二十八年六月十一日大阪陆军预备队病院死亡。

西方诊，大正四年五月，帝国在乡军人会西区联合分会再建。

杨永宽，大正四年五月，帝国在乡军人会西区联合分会再建。

六名战俘中，1895年6月11日和7月16日在大阪死亡的吕文凤、李金福的所属单位、部队番号最为明确。

吕文凤隶属朝鲜皇城清国电报局，即清政府设于朝鲜京城的电报局，身份是一名武弁。其被捕的时间可能就是在甲午战争初起时，日军占领汉城后。

李金福的部队番号为"河盛军"，根据其死亡的时间，以及甲午战争中参战清军各部的番号进行分析，"河盛军"极有可能是"河成军"之讹。这支部队

大阪真田山陆军墓地中的清军战俘李金福墓碑

是驻防山东省济南附近的河防军队，1894年12月末，河成军左营由营官赵得发率领到达荣成，驻防于荣成县城的南门外。[①]1895年1月20日，日本山东作战军在荣成湾成功登陆后，于当天占领了荣成县城，战斗中共俘虏12名清军，李金福即可能是在此战役中被俘。

其他四名战俘的身份较难辨析，尤其是其中的西方诊，显然使用的是化名。值得注意的是，西方诊和杨永宽的墓碑是大正年间重新竖立的，这从侧面也说明了大阪陆军墓地的部分清军墓碑可能曾经出现过风化、损毁等情况。

比较特别的是，大阪的六座清军战俘墓的墓碑上，在墓主姓名前原都有"清国捕虏"字样，而现存的墓碑上"捕虏"二字均已被凿去、涂抹。其改造的时间不确，据墓地管理员介绍，极有可能是第二次世界大战日本战败后所为。

广岛比治山陆军墓地

广岛在日本旧称军都，甲午战争时是第五师团司令部驻地，日本政府的战时大本营也设在该地。广岛的陆军墓地位于比治山南麓，营建于1872年，共埋葬有4 500名日本陆军军人、军夫以及外国战俘等。据墓地略志记载，第二次世界大战中日军在墓地内营建高射炮阵地，导致很多坟墓被挖掘集中安葬，以致出现了大量的墓碑无对应坟墓的情况。二战结束后，该墓地重新修整，在1959年修整完毕。

[①] 《奏查明荣成县失守情形折》，《李秉衡集》，齐鲁书社1998年版，第183—185页。

广岛比治山陆军墓地中的四座清军战俘墓碑

经考察,现比治山墓地内的清军战俘墓碑有四座,其保存的形式十分特殊。四座清军战俘墓极有可能早经破坏,四座墓碑现被并列安放,墓碑后有重修者竖立的纪念碑,上书"慈恩塔"三字,题写者为20世纪60年代两度出任日本文部大臣的滩尾弘吉。

经过辨识,四座墓碑中其实只有三座属于清军士兵,另外一座实际是一位甲午战争中被俘的中国平民,其具体的身份和被俘地点不详。这一情况,与甲午战争中有三名清军战俘死于广岛的记载相符。十分遗憾的是,在四座墓碑中,有一座清军士兵的墓碑风化严重,已经很难辨清墓主的名字。

四座墓碑上可知的铭文大致分别是:

故捕虏徐万得,清国登州府永成县,济字右营步兵,明治廿八年二月。

故盛军右营步兵张文盛,明治廿七年十月廿四日殁。

(碑文极难辨认,仅能识别出)清国威海军左营兵卒。

捕虏清人王殿清,明治廿八年三月五日殁。

与大阪真田山墓地中的清军战俘墓相比,广岛比治山墓地的三座清军士兵墓上的铭文较详细,所属部队明确。

其中徐万得的籍贯为登州府永成县,经比对,"永成"是山东荣成方言中"荣成"二字的读音,这名士兵应为山东荣成县人。其所属的部队番号为济字右营,该部原驻济南附近,1894年末由巡检徐抚辰率领到达荣成,驻防于荣成县南门外,是日本山东作战军登陆荣成湾、攻占荣成县城时俘虏的12名清军之一,和葬于大阪真田山墓地的河成军士兵李金福同时被俘。

张文盛所属部队为盛军右营,属于淮军中由卫汝贵统领的盛军,具体推测为盛军的中军右营。该部原驻防于天津附近,1894年8月初进入朝鲜,被分配在平壤城的西南侧构筑阵地,担任防守。[①]该部出现大量人员被俘的情况发生于1894年9月15日夜清军放弃平壤北逃时,推测张文盛即于此时被俘,极有可能被俘时受伤,因而在到达广岛后未过太久,即在10月24日死亡。

碑文模糊,已经无法辨识出姓名的那名清军战俘,从其番号看可能属于驻防威海的淮军绥军或巩军左营的士兵,推测是在1895年威海南帮炮台之战时被日军俘虏的。

---

① [日]川崎三郎:《日清战史》第二卷,日本博文馆1897年版,第64—72页。

大津皇子山陆军墓地及清军战俘关押地

日本大津陆军墓地位于日本滋贺县大津市的皇子山山麓,甲午战争中在大津共关押有100名清军战俘,全是1894年9月15日在平壤俘获的,其中军衔最高者为二品顶戴遇缺尽先即选巡检邱凤池和蓝翎尽先把总张玉升,均为淮军中的盛军军官。关押期间,这批战俘中有两名在大津死亡,葬于皇子山的大津陆军墓地。

经实地调查,笔者在大津墓地中找到了这两名清军战俘的墓。他们的墓与在甲午战争中死去的日军、军夫的墓处于同一片区,墓碑形制也和日军士兵的一致。和大阪、广岛的清军战俘墓碑相比,大津陆军墓地的清军战俘墓碑上铭文更为简单,只有墓主的名字(窦少青、汝恒信),以及已经风化不可辨识的死亡时间等,没有墓主的所属部队番号信息,连标示墓主身份的"清国""捕虏"等文字都没有。

大津墓地中的清军战俘汝恒信墓　　大津墓地中的清军战俘窦少青墓

不过比较特别的是，葬于大津的两名清军战俘的相关信息却能在日本的军史档案中找到十分详细的记录。根据日本军史记载，窦少青是安徽合肥县人，汝恒信是安徽阜阳县人，鉴于该批清军战俘中的军衔最高者属于盛军，推测二人是卫汝贵部盛军的士兵。二人和另外98名清军战俘被押送至日本后，分配至大津的大津别院关押，其间窦少青和汝恒信感染赤痢，被单独隔离至大津的本长寺。窦少青在1894年11月10日死亡，时年20岁；汝恒信在同月12日死亡，时年28岁。①

笔者在对大津墓地考察后，根据所获得的清军战俘关押地信息，又在大津市内寻找大津别院和本长寺两处关押点，均发现有建筑遗存。其中大津别院原为寺庙，是日本佛教真宗大谷派东本愿寺的别院。值得一提的是，1891年俄国皇太子尼古拉访问日本期间，在大津遭日本警察袭击受伤。事发后日本明治天皇赶到大津慰问俄国皇太子，其间天皇即以大津别院作为临时行宫，称为天皇行在所。未能想到，1894年关押清军的俘虏营，在几年前还曾充当过天皇的行宫。现大津别院尚保存有本堂、书院两栋建筑。另根据日军军史档案，甲午战争中清军战俘在此关押时，可能是为了消磨战俘的反抗意志，日方经常派僧人对战俘讲经说法。大津的另外一处清军战俘关押点，即窦少青和汝恒信二人的死亡地，是大津的本长寺。经过反复寻找，著者发现这所寺院现在隐身在一处居民区中，属于日莲宗的寺庙，现仅存大殿。

---

① 《JACAR（アジア歴史資料センター）Ref.C06060106100、明治二十七年6月〈二十七八年戦役諸報告〉（防衛省防衛研究所)》。

曾经关押清军战俘的日本大津别院

战俘窦少青、汝恒信的死亡地——大津本长寺

附录1　甲午战争大事记

1894年

1月

24日，北洋大臣李鸿章致函总理衙门，商讨更新北洋海军各舰的锅炉等动力装备。

2月

15日，朝鲜全罗道古阜郡发生东学党起义（也称甲午农民战争）。

3月

3日，北洋海军提督丁汝昌率舰队访问新加坡、槟榔屿等地。

24日，北洋海军提督丁汝昌率舰队由新加坡北返。

28日，朝鲜王朝刺客洪钟宇在上海刺杀流亡的朝鲜亲日派政治人物金玉均。

31日，北洋大臣李鸿章上奏，申请为北洋海军购买新式快炮。

4月

7日，金玉均尸体和朝鲜刺客洪钟宇被运往朝鲜。

26日，朝鲜东学党起义军占领古阜官衙。

5月

5日，日本海军常备舰队主力从神户出发进行巡航训练，经小笠原、长崎、奄美大岛、那霸、台湾淡水至福建福州马祖和马尾一带停泊。

7日，北洋大臣李鸿章从天津出发巡阅海军，先后在旅顺、大连湾、威海、胶澳、烟台等处视察防务和海军舰队操演，至27日结束。日本海军"赤城"舰应邀观摩。

12日，驻防朝鲜的"平远"舰配合朝鲜官军镇压东学党起义军。

19日，日本颁布《战时大本营条例》。

6月

1日，东学党起义军占领全州。

2日，日本内阁会议，决定以保护侨民为名向朝鲜派出军队，要求陆军、海军进行准备。

3日，朝鲜政府向清政府乞援。

5日，清政府应朝鲜请求，决定派兵入朝，协助镇压东学党起义军。同一天，北洋海军加派"济远""扬威"驻防朝鲜。同一天，日本成立以明治天皇为中心的战时大本营。日本驻朝公使大鸟圭介率警察乘坐"八重山"舰赶往朝鲜。日本陆军以第五师团第九旅团为基础编组混成旅团。

6日，清政府首批援朝部队从天津乘船出发。

8日，清政府首批援朝部队被海运到达牙山。

9日，大鸟圭介率日本警察、海军陆战队在仁川登陆，次日进入朝鲜京城。

11日，东学党起义军与朝鲜政府签订《全州和约》，起义军解散。

12日，日本混成旅团首批部队到达朝鲜，次日进入朝鲜京城。

16日，日本混成旅团主力在朝鲜仁川登陆。日本向中国提交有关共同改革朝鲜内政的《第一次绝交书》。

20日，北洋大臣李鸿章寻求俄国调停中日争端。

22日，北洋海军加派"镇远""超勇""广丙"三舰驻防朝鲜。

24日，日本海军常备舰队主力从朝鲜撤回佐世保，进行集训。

7月

1日，北洋海军驻朝鲜的"镇远"等主力军舰撤回山东威海。北洋海军各舰在旅顺船坞进行坞修备战。北洋海军启封封存的鱼雷艇和蚊子船。李鸿章寻求英国调停中日争端。

13日，日本海军编成警备舰队。19日更名为西海舰队。

14日，日本向中国提交《第二次绝交书》。

16日，清政府责成李鸿章向朝鲜增派陆军。

17日，日本战时大本营决定在朝鲜挑起战争。

19日，日本海军组成联合舰队，伊东祐亨任司令长官，统辖常备舰队和西海舰队。

20日，日本向朝鲜政府递交最后通牒，要求必须在22日之前就是否和中国断绝外交关系、是否驱逐在朝鲜的清军等事做出明确表态。

22日，北洋海军"济远""广乙""威远"由威海驶往朝鲜牙山，后"威远"接命返回威海。

23日，驻朝鲜的日本陆军混成旅团攻占朝鲜王宫，控制朝鲜国王。日本联合舰队由佐世保出发，前往朝鲜。

24日，李鸿章增派陆军的运兵船"爱仁""飞鲸"先后抵达朝鲜牙山卸载。

25日，丰岛海战爆发，北洋海军损失"广乙"舰，误入战局的"操江"舰被俘，运兵船"高升"被击沉。同日，日本陆军进攻在朝鲜的清军，击败叶志超、聂士成部，攻占成欢。

26日，北洋海军主力第一次出海寻敌。

31日，卫汝贵部盛军先头部队抵达平壤，开始布防。

8月

1日，中日两国互相宣战，清政府责成李鸿章督率北洋地区海陆军与日本作战。英国、俄国、德国、意大利、丹麦、荷兰、美国、葡萄牙、挪威、瑞典陆续宣布中立。

2日，北洋海军主力第二次出海寻敌。

4日，卫汝贵部盛军主力到达平壤。

6日，左宝贵部奉军到达平壤。

7日，日本联合舰队主力出海寻敌。

9日，北洋海军主力第三次出海寻敌。丰升阿部盛京练军到达平壤。

16日，李秉衡改任山东巡抚。

19日，叶志超率牙山败军到达平壤。

30日，山县有朋担任日本第一军司令长官。

9月

8日,日本战时大本营移驻广岛。

15日,日本第一军攻占平壤。

16日,北洋海军主力护卫运兵船从大连湾驶往大东沟。同日,日本联合舰队主力从朝鲜西海岸出发,实施黄渤海巡海。

17日,黄海海战爆发,北洋海军损失"超勇""扬威""致远""经远"舰。

20日,清政府任命四川提督宋庆帮办北洋军务。

21日,日本以陆军第一师团、第六师团一部为主编成第二军。

25日,大山岩被任命为第二军司令官。

10月

12日,朝鲜东学党起义再起,以反日为目标。

15日,日本第二军从广岛宇品港开始海运出征。

24日,日本第一军先头部队渡过鸭绿江,日本第二军在辽东花园口登陆。

25日,日本第一军突破清军鸭绿江防线。

26日,日本第一军占领九连城、安东。

31日,日本第一军占领凤凰城、大东沟。

11月

2日,清政府设立督办军务处,由恭亲王奕䜣督办,指挥前敌军务,节制各路军队。

5日,日本第一军占领大孤山。

6日，日本第二军攻占金州以及大连湾炮台群。

7日，慈禧太后六十寿诞。

13日，北洋海军提督丁汝昌率舰队主力抵达旅顺口外，协商海陆防务，当天返航威海。同日，日本第二军部署旅顺作战计划。

18日，日本第二军侦察骑兵在旅顺土城子和清军发生遭遇战。日本第一军占领岫岩。

20日，旅顺清军在旅顺外围石嘴子一线向日军发起进攻。

21日，日本第二军总攻旅顺，当天旅顺失守。

24日，檀香山兴中会成立。

29日，野津道贯担任日本第一军司令官。

12月

28日，清政府任命南洋大臣刘坤一节制关内外防剿各军。

1895年

1月

5日，清政府派张荫桓、邵友濂为全权大臣，赴日本议和。

10日，日本第一军占领盖平。

14日，清政府谕令湖南巡抚吴大澂率军出关作战。

17日，东北清军第一次反攻海城，失利告终。

20日，日本山东作战军在山东荣成湾登陆，当天占领荣成县城。

22日，东北清军第二次反攻海城，失利告终。朝鲜东学党起义军在泰仁被日军击溃，第二次东学农民革命失败。

28日，清政府议和使臣张荫桓、邵友濂到达日本长崎。

30日，日本山东作战军攻占威海南帮炮台群。

2月

1日，日本内阁总理大臣伊藤博文、外务大臣陆奥宗光与清政府使臣张荫桓、邵友濂在广岛会面，以张、邵没有完全授权文件为由终止谈判。

2日，北洋海军自行破坏威海北帮炮台群。同日，日本山东作战军占领威海卫。

5日，日本鱼雷艇潜入威海湾偷袭，北洋海军"定远"舰中鱼雷重创。

6日，日本鱼雷艇再次潜入威海湾偷袭，北洋海军"来远""威远"被击沉。

7日，北洋海军鱼雷艇队从威海湾出逃。

9日，北洋海军"靖远"舰被日军用炮台火炮击沉。同日，北洋海军将搁浅的"定远"舰炸毁。

11日，北洋海军提督丁汝昌自杀。

14日，《威海降约》签署。

16日，东北清军第三次反攻海城，失利告终。

17日，日军占领刘公岛、威海湾。

21日，东北清军第四次反攻海城，失利告终。同日，兴中会总会成立。

27、28日，东北清军第五次反攻海城，失利告终。

3月

上旬，日本大本营确定《第二期作战计划》，准备投入7个师团及后备军，由征清大总督府指挥，实施直隶平原决战。

1日，日本第一军攻占鞍山站。

4日，日本第一军攻占牛庄。

7日，日本第一军攻占营口。

9日，日本第一军攻占田庄台，东北清军兵团溃败，山海关门户洞开。

14日，北洋大臣李鸿章一行赴日本议和。

16日，日本任命小松彰仁亲王为征清大总督。

19日，李鸿章一行抵达日本马关。

20日，李鸿章率中国使团与日本和谈代表伊藤博文、陆奥宗光等在马关春帆楼进行第一次会谈。

21日，中日双方在马关进行第二次会谈。

24日，中日双方在马关进行第三次会谈，李鸿章在结束当次谈判返回住处时遇刺。

25日，日军占领澎湖。

30日，中日签订停战条约，日军直隶平原决战计划暂停。日本成立占领地总督部，第二师团长佐久间马太担任总督。

4月

1日，中日双方在日本马关进行第四次会谈。

10日，中日双方在日本马关进行第五次会谈。

13日，日本征清大总督府成员从广岛前往旅顺。

14日，清廷谕令李鸿章可以接受日本议和条件。

15日，中日双方在日本马关进行第六次会谈。

17日，中日双方在日本马关进行第七次会谈，草签《马关条约》。李鸿章一行回国。日本战时大本营由广岛迁至京都。

23日，俄国、德国、法国驻日本公使联合到访日本外务省，劝告日本放弃对中国辽东地区的占领。

5月

3日，清政府批准《马关条约》。

5日，日本答复俄国、德国、法国，表示同意放弃对中国辽东地区的占领权。

8日，中日代表在山东烟台互换条约生效文件，《马关条约》生效。

10日，日本任命桦山资纪为台湾总督。

17日，日本征清大总督府成员从旅顺返回本土，22日解除编制。征清大总督府直属部队于5月18日至8月陆续返回日本。

18日，日本第二军司令部从中国撤离。

21日，日本第一军司令部从中国撤离。

23日，台湾"民主国"成立，福建台湾巡抚唐景崧被推戴为"总统"，领导台湾抗战。

30日，日本战时大本营由京都迁回东京。

6月

2日，清政府代表李经方在"公义"轮上会见桦山资纪，交割台湾。

3日，日本近卫师团占领基隆。

6日，日军占领台北。

17日，日本设立"台湾总督府"。

22日，日军占领新竹。

7月

22日，署理直隶总督王文韶奏请裁撤北洋海军全部编制，缴销印章。

8月

14日，日军占领苗栗。

18日，日本将关押在日本本土的清军战俘976人海运至天津交还。

28日，日军占领彰化。

9月

1日，中日双方在辽东甘泉堡交换战俘。日本释放关押在辽东的清军战俘598人，中国释放日本战俘11人。

月末，日本组建南进军，进行台湾南部作战。

10月

9日，日军占领嘉义。

21日，日军占领台南。

22日，日本成立威海卫占领军司令部。

11月

8日，日本、中国签订归还辽东半岛协议《辽南条约》，中国以3000万两银赎回辽东。

18日，日本大本营下达从辽东半岛撤军命令。

24日，凤凰城归还中国。岫岩、安东、大孤山等地陆续归还中国。

28日，海城、营口归还中国。

12月

2日，盖平归还中国。

10日，复州归还中国。

20日，金州归还中国。

21日，旅顺归还中国。

23日，大连湾归还中国。

25日，辽东半岛日军及占领地总督部撤离。

附录2 中日陆军将领一览表

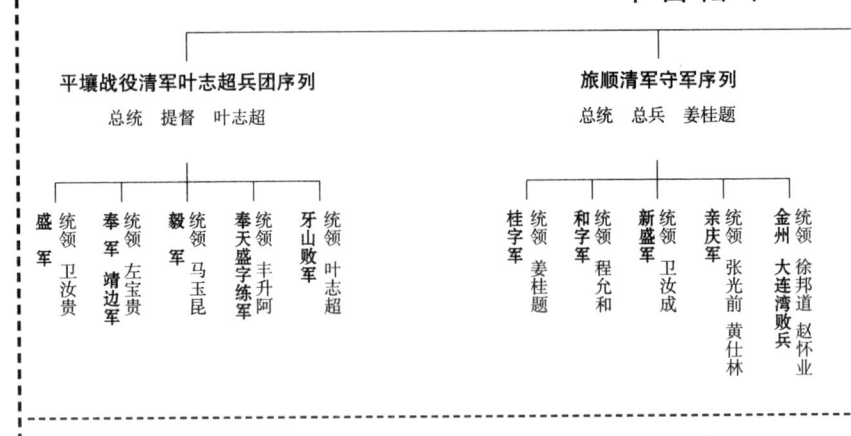

中国陆军

平壤战役清军叶志超兵团序列
总统 提督 叶志超

- 盛军 统领 卫汝贵
- 奉军 统领 左宝贵
- 毅军 统领 马玉昆
- 奉天盛字练军 统领 丰升阿
- 牙山败军 统领 叶志超

旅顺清军守军序列
总统 总兵 姜桂题

- 桂字军 统领 姜桂题
- 和字军 统领 程允和
- 新盛军 统领 卫汝成
- 亲庆军 统领 张光前
- 统领 黄仕林
- 金州 大连湾败兵 统领 徐邦道 赵怀业

日本第一军战队序列
（平壤、鸭绿江战役时编制）

军司令官 大将 伯爵山县有朋　参谋长 少将 小川又次
炮兵部长 少将 黑田久孝　　　工兵部长 大佐 矢吹秀一

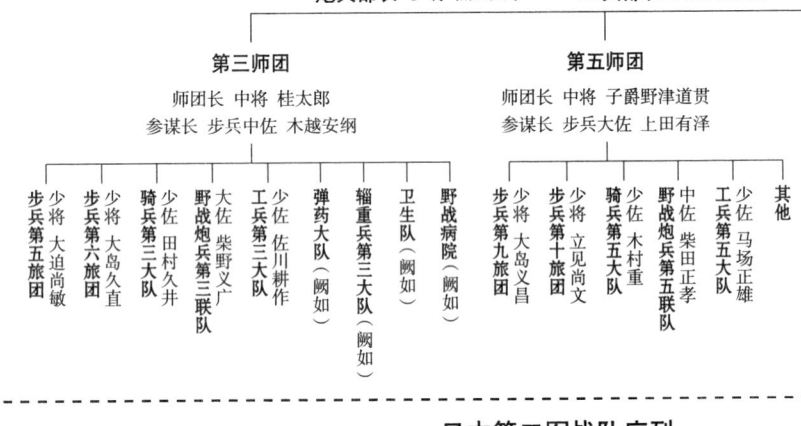

第三师团
师团长 中将 桂太郎
参谋长 步兵中佐 木越安纲

- 步兵第五旅团 少将 大迫尚敏
- 步兵第六旅团 少将 大岛久直
- 骑兵第三大队 少佐 田村久井
- 野战炮兵第三联队 大佐 柴野义广
- 工兵第三大队 少佐 佐川耕作
- 弹药大队
- 辎重兵第三大队（阙如）
- 卫生队（阙如）
- 野战病院（阙如）

第五师团
师团长 中将 子爵野津道贯
参谋长 步兵大佐 上田有泽

- 步兵第九旅团 少将 大岛义昌
- 步兵第十旅团 少将 立见尚文
- 骑兵第五大队 中佐 木村重
- 野战炮兵第五联队 大佐 柴田正孝
- 工兵第五大队 少将 马场正雄
- 其他

日本第二军战队序列
（大连湾、旅顺战役时编制）

军司令官 大将 伯爵大山岩　参谋长 步兵大佐 井上光
炮兵部长 大佐 黑濑义门　　工兵部长 大佐 胜田四方藏

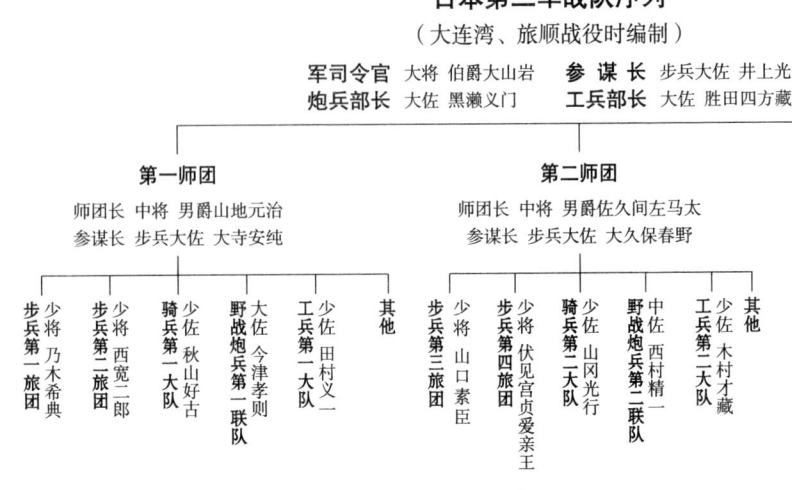

第一师团
师团长 中将 男爵山地元治
参谋长 步兵大佐 大寺安纯

- 步兵第一旅团 少将 乃木希典
- 步兵第二旅团 少将 西宽二郎
- 骑兵第一大队 少佐 秋山好古
- 野战炮兵第一联队 大佐 今津孝则
- 工兵第一大队 少佐 田村义一
- 其他

第二师团
师团长 中将 男爵佐久间左马太
参谋长 步兵大佐 大久保春野

- 步兵第三旅团 少将 山口素臣
- 步兵第四旅团 少将 伏见宫贞爱亲王
- 骑兵第二大队 少佐 山冈光行
- 野战炮兵第二联队 中佐 西村精一
- 工兵第二大队 少佐 木村才藏
- 其他

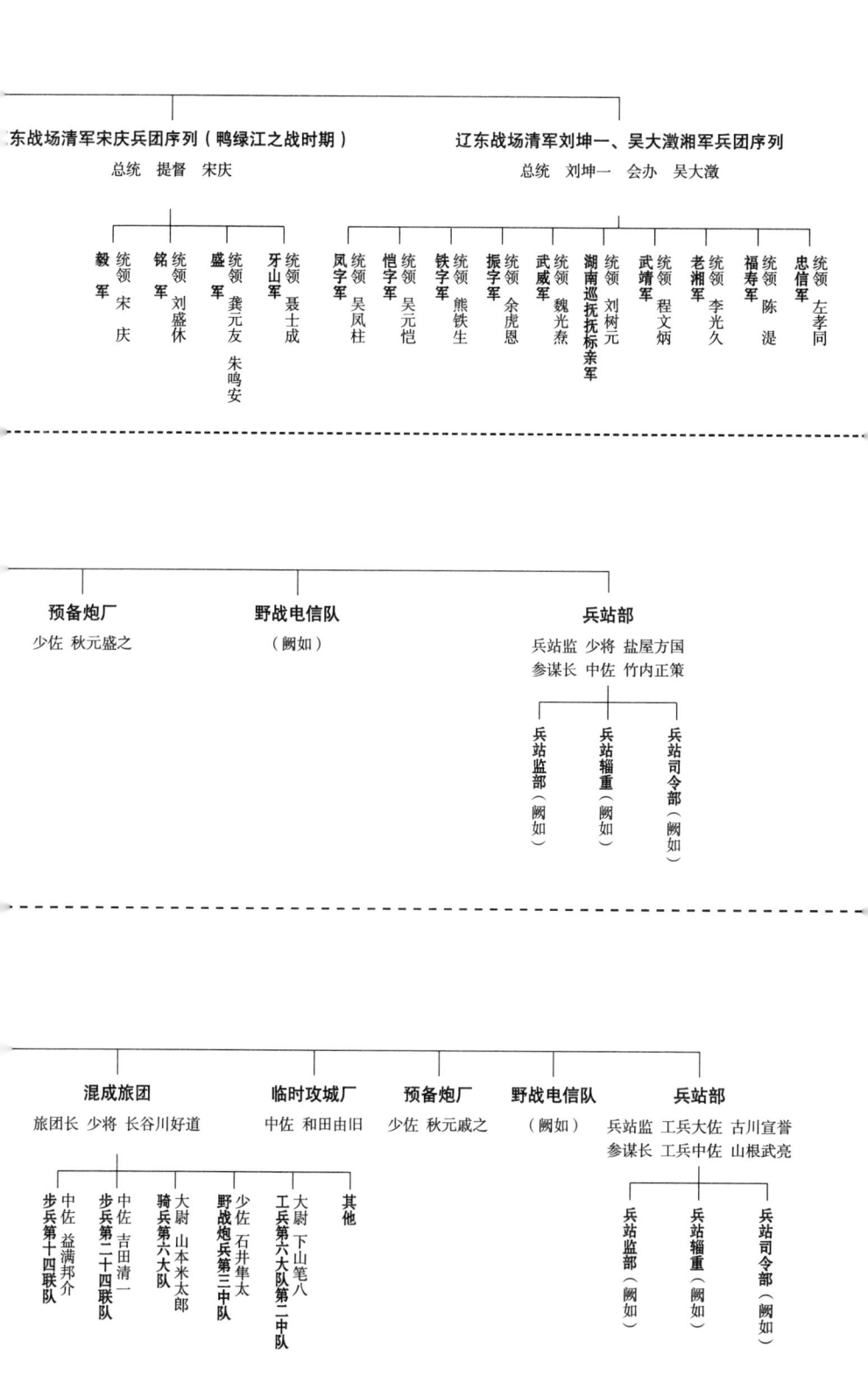

东战场清军宋庆兵团序列（鸭绿江之战时期）

总统 提督 宋庆

- 毅军 统领 宋庆
- 铭军 统领 刘盛休
- 盛军 统领 龚元友 朱鸣安
- 牙山军 统领 聂士成
- 凤字军 统领 吴凤柱
- 恺字军 统领 吴元恺
- 铁字军 统领 熊铁生
- 振字军 统领 余虎恩
- 武威军 统领 魏光焘
- 湖南巡抚抚标亲军 统领 刘树元
- 武靖军 统领 程文炳
- 老湘军 统领 李光久
- 福寿军 统领 陈湜
- 忠信军 统领 左孝同

辽东战场清军刘坤一、吴大澂湘军兵团序列

总统 刘坤一　会办 吴大澂

- 预备炮厂　少佐 秋元盛之
- 野战电信队　（阙如）
- 兵站部
  - 兵站监 少将 盐屋方国
  - 参谋长 中佐 竹内正策
    - 兵站监部（阙如）
    - 兵站辎重（阙如）
    - 兵站司令部（阙如）

- 混成旅团　旅团长 少将 长谷川好道
  - 其他
  - 大尉 下山笔八
  - 工兵第六大队第二中队
  - 少佐 石井隼太
  - 野战炮兵第三中队
  - 大尉 山本米太郎
  - 骑兵第六大队
  - 中佐 吉田清一
  - 步兵第二十四联队
  - 中佐 益满邦介
  - 步兵第十四联队
- 临时攻城厂　中佐 和田由旧
- 预备炮厂　少佐 秋元戚之
- 野战电信队　（阙如）
- 兵站部
  - 兵站监 工兵大佐 古川宣誉
  - 参谋长 工兵中佐 山根武亮
    - 兵站监部（阙如）
    - 兵站辎重（阙如）
    - 兵站司令部（阙如）

附录3 中日海军将领一览表

北洋海军舰船序列
（含战前广东水师支援的舰只）

海军提督：丁汝昌　　左翼总兵：林泰曾　　右翼总兵：刘步蟾

舰船	舰长		舰船	舰长	
铁甲舰"镇远"	林泰曾	（兼）	撞击巡洋舰"超勇"	参将	黄建勋
铁甲舰"定远"	刘步蟾	（兼）	撞击巡洋舰"扬威"	参将	林履中
穹甲巡洋舰"致远"	副将	邓世昌	无防护巡洋舰"广甲"	守备	吴敬荣
穹甲巡洋舰"靖远"	副将	叶祖珪	鱼雷巡洋舰"广乙"	守备	林国祥
装甲巡洋舰"经远"	副将	林永升	鱼雷巡洋舰"广丙"	都司	程璧光
装甲巡洋舰"来远"	副将	邱宝仁	运输舰"操江"	参将	王永发
穹甲巡洋舰"济远"	副将	方伯谦			
近海铁甲舰"平远"	都司	李和			

北洋海军官阶对应的现代军衔

提督：中将　　总兵：少将　　副将：上校　　参将：中校　　游击：少校
都司：上尉　　守备：中尉　　千总：少尉　　把总：少尉补

日本联合舰队舰船序列
（不含本土防御军舰）

联合舰队司令长官：中将　伊东祐亨（兼）　　参谋长：大佐　鲛岛员规

常备舰队

司令长官：中将　伊东祐亨
参谋长：大佐　鲛岛员规
（甲午战争开战前情况，不含附属军舰）

舰船	舰长	
穹甲巡洋舰"松岛"	大佐	尾本知道
穹甲巡洋舰"严岛"	大佐	横尾道昱
穹甲巡洋舰"桥立"	大佐	日高壮之丞
穹甲巡洋舰"吉野"	大佐	河原要一
穹甲巡洋舰"秋津洲"	少佐	上村彦之丞
穹甲巡洋舰"浪速"	大佐	东乡平八郎
穹甲巡洋舰"高千穗"	大佐	野村贞
装甲巡洋舰"千代田"	大佐	内田正敏
二等铁甲舰"比叡"	少佐	樱井规矩之左右
二等铁甲舰"扶桑"	大佐	新井有贯
通报舰"八重山"	大佐	平山藤次郎

西海舰队

司令长官：少将　相浦纪道
参谋长：少佐　出羽重远
（甲午开战前情况，不含附属军舰）

舰船	舰长	
二等铁甲舰"金刚"	大佐	片冈七郎
炮舰"天龙"	大佐	世良田亮
炮舰"大岛"	少佐	迎敦忠
炮舰"大和"	大佐	上村正二
炮舰"磐城"①	少佐	柏原长人
炮舰"葛城"	大佐	小田亨
巡洋舰"高雄"	大佐	泽良涣
炮舰"赤城"	少佐	坂元八郎
炮舰"武藏"	大佐	伊东常

---

① 开战前西海舰队军舰"金刚"在夏威夷，故常备舰队"磐城"舰在该舰归队前暂编入西海舰队。

蚊子船"镇东"	守备 陈镇培		鱼雷艇"福龙"	都司 蔡廷干
蚊子船"镇西"	千总 潘兆培		鱼雷艇"左一"	都司 王 平
蚊子船"镇南"	都司 蓝建枢		鱼雷艇"左二"	守备 李仕元
蚊子船"镇北"	游击 吕文经		鱼雷艇"左三"	守备 郑得春
蚊子船"镇中"	都司 林文彬		鱼雷艇"右一"	守备 徐永泰
蚊子船"镇边"	都司 黄鸣球		鱼雷艇"右二"	守备 刘芳圃
练习舰"威远"	游击 林颖启		鱼雷艇"右三"	守备 曹保赏
练习舰"康济"	游击 萨镇冰			

鱼雷艇战队（威海卫之战期间）

第一艇队	队长：少佐 饼原平二	第二十三号 大尉 小田喜代藏 "小鹰" 大尉 长井群吉 第十三号 大尉 佐伯胤贞 第七号 大尉 秀岛七三郎 第十一号 大尉 笠间直
第二艇队	队长：少佐 左藤幸右卫门	第二十一号 大尉 吉冈良一 第十四号 大尉 贵岛喜太郎 第八号 大尉 羽食政次郎 第九号 大尉 真野严次郎 第十八号 大尉 矶部谦 第十九号 大尉 岩村团次郎
第三艇队	队长：大尉 今井兼昌	第二十二号 大尉 福岛春长 第五号 大尉 石田一郎 第六号 大尉 铃木贯太郎 第十号 大尉 中村松太郎

出版后记

130年前的甲午年，爆发了一场令我们痛心、值得永远铭记的战争——甲午中日战争。十几年前，陈悦老师在精研海军史、甲午战争史的基础上，写出这部《沉没的甲午》，引起广泛关注；时至今日，他又补充了更多田野调查的最新研究成果和海外原始资料，对本书做了增补、修订，于这个值得纪念的年份，出版这部《沉没的甲午——北洋悲歌与晚清大败局》。

本书在编辑过程中遇到了不少困难。书中专业术语不少，且陈悦老师引用了大量历史文献，其中不乏大量未曾出版的档案资料，难于查阅核实，因此不得不请托陈悦老师协助进行大量核校工作。部分在编辑、审校过程中面临的疑问可能同样会存在于读者的阅读过程中，大致罗列于下，略做说明：

1. 书中军事、船舶专业术语极多，看似常见的词语，但意义不同于日常用语，咋看之下略怪异，但并非错误。如"存在舰队"（简言之即因自身舰队劣势，选择将舰船停留港内保存实力，并通过自身的"存在"发挥威慑作用）、"前敌"（大部队前方与敌方接触的区域）、"前出"（小股部队脱离主力大部队向前探出，多为侦察、伏击、排障）、"坞修"（在船坞内进行修理工作，多是修理水下船体、推进设备等)、"提标"(清朝提督亲辖的绿营兵,也是官名)等。另有一些习惯称法,如"蚊子船"(包钢壳的木制炮船,其俗称意指这种军舰虽然体格小巧如蚊,但是被叮上一口也不好受)。

2.括注类型不同,所引原文如此。一些史料在后期出版时有订正,但因原文为信件或电报或报纸等其他资料,原件如此不便于文中径改,故有不同括号的括注,包括注改错字、补字、其他文中括注,系校勘体例,皆从引书原文。如( )为补充说明,[ ]校改错字,〈 〉补字,等。但原书有部分未订正完全,故会有部分引文出现有订正与无订正两种情况,悉依原文。

3.部分通假字前后不一,名、姓不一,或外国人名译名不一,从其引文原文,未改。文中所提外来品,如枪炮等译名取清朝当时习用译名,部分与今有不同。口供类为讯问时记录,记录者以自己听到的字音判断书写,未加订正,时有人名等同音字讹误,非引文错误,乃原文如此。

4.页下注部分书籍为日文、英文原版,无中译本,采用原书名以示区别。部分日语原版书因日语中有大量和制汉字,看似中文繁体,实为日语,非未简化。此类引文系作者自行译出,故行文为现代汉语。另有部分战时书籍虽为日本出版,无中方版本,但因日方有侵略意图有大量人员研习中文,故部分资料也以中文出现,行文类清时文言。另,当时朝鲜尚为清从属国,虽发音不同但汉字通用,故一些史料记载也全部为汉字,如韩文教部国史编纂委员会1971年整理的《东学乱记录》,虽系韩国1971年整理出版,故书名为简体汉字。

5.关于电文信函标号问题。书中大量引用电文信函,电文信函本无题，后人整理成书时添加，多名为"致×××""寄×××""×××来电"等。其中有部分为《附××××××××》，此因所引出处多为《李鸿章全集》，以李电文为主，但部分为复电，是回复他人电文，故其后附有他人电文原文，以成前后文对照之意，如题为《附 叶总统来电》等，指其电文为叶志超拍来，非李鸿章发出。盛宣怀、丁汝昌等大量电文、信函同上。此类因为信件、电文，本无题名，全系后加，同名甚多，皆以页码后标注的编号区分。

6.日方战时资料有"JACAR（アジア歴史資料センター）Ref.C06060154100,《金州押收统领赵怀业往復電文ノ抄譯》"，"JACAR（アジア歴史資料センター）Ref.C06060154100"之类，此为资料合集名及编号，"金州押收统领赵怀业往復電文ノ抄譯"为该书名。因其为电报抄本，无具体引用篇名，除电报抄本外其他引用的内容则有如"九连城及安东县押收文书摘译"之类的篇名。

7.电报自发明后很长时间只有对应的英文和拉丁文字符。1873年，法国驻华人员威基杰挑选了部分常用汉字，编成了第一部汉字电码本《电报新书》。中文电码表采用了四位阿拉伯数字作代号，从0001到9999按四位数顺序排列，用四位数字表示最多一万个汉字、字母和符号。电报中一些不常见的汉字，经常是用同音或近音的"错字"代替的，另有一些可能属于拍报人手误或理解错误产生的错字、漏字，皆依原文。

本书体量较大，所引资料极多，更兼有部分较专业的词语、表述，虽经数番校订，仍不免有挂一漏万之处，敬请专家与读者教正。

从声音到文字，分其人游四海

天喜文化